岡田莊司 編

古代文学と隣接諸学7

古代の信仰・祭祀

竹林舎

監修のことば

『古代文学と隣接諸学』と題する本シリーズは、古代日本の文芸、言語や文字文化を対象とする文学のほか、歴史学、美術史学、宗教史学などの隣接諸分野の研究成果を広く包摂した全一〇巻の論文集である。すでに公刊されている『平安文学と隣接諸学』『中世文学と隣接諸学』などに続くシリーズとして、二〇一四年初夏、私が本シリーズの企画、編集のスーパーバイズを求められて以来、編者の委託、執筆者の依頼、内容の検討を経てここに実現するに至った。

『古代文学と隣接諸学』の各巻に共通する目標ないし特色は、古代日本の人々の様々な営みを東アジアの視点から認識する姿勢である。作品や資料を遡及的、解釈的に捉えるだけにとどめず、歴史的展開の諸要素を一々細かくフォーカスして、古代史像の総体的な復元に立ち向かうことである。特に歴史学については、古代史における王権や国家の働きをア・プリオリに認めるのでなく、個々の事実に基づいて真の成り立ちや実態を追い求め、本質を突こうと努めている。加えて、人々のイデオロギーや心性、社会と密接な芸術、生活空間、環境、交通などにも目配りしている。

このように『古代文学と隣接諸学』は、核とする文学とそれに隣り合う専門分野の第一線で活躍する大勢の中堅、気鋭による多彩で豊富な論考を集めて、今日の研究の最高峰を指し示すものである。

本シリーズには学際研究の新鮮なエッセンスが満ちている。学際研究は異分野の研究を互いに認め合って接近し、知識やヒントを得たり方法論や理論を摂取したりすることができる。既成の事実の再考察を促すこともある。さらには研究の融合、進化をも可能にする。文学では、上代、上古、中古などという独自の時代区分を考え直すことになる。文学と文芸の関係性を解く糸口が得られる。世界文学と日本文学をめぐる議論を作り出すかもしれない。歴史学でも、多様な知見に耳を傾け、または抗うことによって、細分化する傾向にある古代史研究の総合化、体系化の方向を展望できるであろう。

本シリーズが多くの読者を魅了し、諸学の成果を踏まえて未知の地平を切り拓き、今後の研究を押し広げ、深めるきっかけとなることが大いに期待される。それが新たな文学と文学史の再構築につながり、ひいては日本の人文科学の進展に寄与するならば幸いである。

二〇一七年四月

鈴木靖民

目次

Ⅱ 文学の発生源

Ⅲ 古代律令祭祀の成立と展開

Ⅳ　異文化・信仰との交流

はじめに
――神祇信仰と祭祀・災異――

岡田　荘司

災異列島日本

平成最後の夏の終わり（九月四・六日）、関西圏では暴風雨により大地の樹木が倒され、北海道では南西部を震源とする大地震が発生し、土砂崩れが起こり、青山が枯山に変貌した。被災された多くの方々は、一日も早い普通の日常生活を取り戻すことを願っている。古代の祭祀も、社会の秩序回復とその安定が祈願の主旨であった。

古代の神話と歴史において、自然災害の記述は数多くみられる。天武七年（六七八）十二月、筑紫国で大地震があり、大地は裂け、民家が倒壊した。また、同十三年十月には、土佐国から伊豆諸島まで、太平洋岸の東南海に津波が発生する大地震があり、諸郡の官舎、百姓の倉屋、寺塔、神社が壊れ、古老は「是のごとく地動《なゐふ》ること、未だ嘗て有らず」（『日本書紀』）と答えている。これらの災害は、神話のなかで、素戔嗚尊に仮託され、青山を枯山にし、天照大神に会うため、天上に昇ろうとすると、「山川悉く動み、国土皆震ひき」（『古事記』）とある。七世紀後半の歴史・事象は、象徴的に神話に投影され、長らく語り継がれてきた。

推古七年（五九九）四月、地震のため、「四方に令して、地震神を祭らしむ」（『日本書紀』）とある。国史上、唯一の「地震神」の記述である。「地震神」は、「なゐのかみ」と訓み、「なゐ」は居処をいうことから、地域・土地の神をさしていう。特別な「地震神」が存在したわけではない。地震は限られた地域で発生するとともに、その地震を鎮めるためには、地域の神の祭祀振興を図ることが求められた。

古代国家の最大の関心事は、社会の体制維持のため、旱魃・風水害など自然災害の脅威と疫病流行への対応であった。旱魃など災異の事象と古代律令祭祀制の展開とは密接な関わりをもってきた。これらの災異現象は神の祟りとされ、天皇も数多くの神の祟りに遭うことになる。神と天皇、神と人との間は、祭祀を軸にして常に緊張した関係のなかにある。

律令祭祀の祖型

律令祭祀制の祖型、起源伝承は、『日本書紀』崇神天皇紀の三輪山祭祀にあたり、「天社・国社」と「神地・神戸」を定めたことが記されている。崇神天皇五年、国中に疫病が蔓延し、多くの人々が死亡した。天照大神と大和国魂神を天皇の大殿内で祭祀していたため、齟齬が生まれ、このため天皇は神に許しを乞う祈願を行った。天皇は災異を究明するため卜うと、大物主神の神意が示され、わが子大田田根子をして祭祀を執り行うことが求められた。神意のままに、大田田根子を神主とし、また、他の神々を祀り、ここに祭祀は尽くされ、疫病は終息し、五穀も豊かに稔った。神祇祭祀は、災害を鎮め秩序ある状態に回復させる復興機能をもった。

これが律令神祇祭祀の起源になっている。自然に繋がる神の世界は、天皇といえども貫徹できない祭祀権の限界があり、神祭りの厳しさ、畏怖感を伝えている。律令祭祀制の祖型となる三輪山祭祀は、天皇直接の祭祀（親祭）は認められず、氏族祭祀に介入できない原則が確立していた。天皇祭祀権（天皇＝皇御孫命による国家統合の祭祀権）と氏族祭祀権（氏族・地域の統括者による個別祭祀権）とは、不可侵の関係にあり、祭祀権の二重構造のもと、氏族祭祀は独自性をもち、地域については委託・代行の祭祀が、災害を鎮め、地域の安定化に効果があった。

律令制以前（大化前代）には、地域ごとに自己の属する守護神以外を祭ることはできない原則があったが、令制以後は、地方豪族による人民支配は否定され、地方神の祭祀権は、すべて最高司祭者としての天皇に集中したとの理解が、戦後祭祀研究の主流となっていった。しかし、天皇が直接の祭祀を執り行えたのは、皇祖天照大神一神のみで、それ以外の神々に対しては、地域・氏族による個別祭祀権は残りつづけ、天皇は間接的に関与するのみであった。以後の諸国における国司祭祀は天皇祭祀権の代行行為であり、東国における源頼朝にはじまる鎌倉殿将軍祭祀も、天皇祭祀権の一部委託にほかならない。祭祀権が完全に天皇のもとに一元化したのは、明治四年（一八七一）五月、「神社は国家の宗祀」であることが表明されたときからである。

祭祀体系の東西軸

七世紀後半になると、国家統治組織の変革が推し進められ、祭祀の体系も確立してゆく。記紀神話の骨格は、高天原〈天つ神〉世界と天下（出雲）〈国つ神〉世界との二極の構造のなかにあり、出雲は大陸へ向けた交流基地、根国・底国につながった異郷世界として映し出された。国作りの大神である大己貴神（大国主神）は、葦原中国を天つ神に献上する。以降、その統治は天つ神の皇孫（皇御孫命＝天皇）の権限にあるとされ、神話の地上再現が大己貴神の鎮まる神殿、杵築大社の創建へとつながる。伊勢と出雲との東西軸の中心に置かれたのが、大和・大神神社である。出雲の大己貴神は自身に問いかけ、大和三輪山に住むことを望み、「皇御孫命の近き守り神」（『出雲国造神賀詞』）として特別の霊威を現した。

この神話世界を地上に具現化するために、神郡（評）が地方（畿外）の伊勢大神宮・鹿島神宮など、特定七神社に設けられ、斉明朝・天智朝になると、神郡が設置された杵築大社と鹿島神宮に神殿「神の宮」が創建された（『皇大神宮儀式帳』『日本書紀』『常陸国風土記』）。祭祀体系の基本軸は、宮都（大和の飛鳥諸宮と藤原京）から見ると、東南の東国の入口、東方経営の出発基地に伊勢大神宮、西北の外部に接し、東アジアに広がる出雲に杵築大社が祀られた。

東方へは、伊勢を出発地とし、中臣氏と関係深い鹿島神宮・香取神宮が東北経営と蝦夷対策を目的に重視された。西方では、難波宮に近い摂津住吉津の住吉神社、紀の川河口を領域に治める紀伊日前国懸神社を出発点に、瀬戸内海から玄界灘につながる宗像神社が一帯となり、海上安全と大陸との交流・防衛のため、国家の生命線として機能した。

列島における祭祀の東西軸を基本線にしながら、神話と神社配置の東方・西方の構成が組み合わされた国家領域統治の体系が設計され、天智朝以降、天社・国社祭祀制が構想され、天武朝・持統朝において、稲作豊穣の予祝儀礼として祈年祭の幣帛供進（班幣）を中心とした律令神祇官社制度が機能を開始する。

循環型祭祀体系の形成

祭祀体系が整備されていった要因の一つには、七世紀後半の代々天皇に、神の災いが直接及んだことがあげられる。孝徳天皇は、神祇を軽んじたと記録されている（『日本書紀』孝徳即位前紀）。生国魂神社の樹木伐採がその理由とされており、これは白雉三年（六五二）に完成する難波長柄豊碕宮の造営に用いられたと推測されている。完成から僅か二年後に天皇は亡くなる。次の斉明天皇は筑前国に朝倉宮を造営するにあたり、裏手にある朝倉社（延喜式内社「麻氏良布神社」）の神木を伐採したため神の怒りがあり、その二か月半後に亡くなる。神の祟りが天皇の身体に及んだとみられる。また天智天皇は、近江大津宮の大蔵で火災があり、この十日後に亡くなる。火災は神異現象として恐れられた。さらに天武天皇は病気の原因を卜う（御体御卜）と草薙剣の祟りと特定され、その三か月後に亡くなる。七世紀後半には、四代の天皇に向けて神の祟りが継続して発生しており、持統天皇からみて祖母（斉明）と父（天智）・夫（天武）の三代にわたり、神威の災いを受けたことは、天武・持統朝神祇祭祀制の形成に反映していったであろう。

これに対して、地域の首長は、共同体を代表して地域の神祭りに関わり、神意を知り災害等の神の怒りに対応した。神社は人間の居住域から離れた、山と里との境界線に鎮まってきた。祟る神を鎮祭し神社を創始する伝承が、『常陸国風土記』行方郡条に記録されている。石村玉穂宮（継体天皇、六世紀前半）の御世、箭括麻多智は葦原を開墾して新田を開いた。この時、夜刀（谷戸）の神は田の耕作を妨害（自然災害の発生）したので、麻多智は武装して追い払い、山の入口に来たところで、境界のしるしの柱を堺の堀に立て、夜刀の神に対して、以後自身が「神祝」となって、永く後まで敬い祭るので、「冀はくは祟ることなく恨むことなかれ」と告げ、ここに「社」を設け祭った。これにより、耕田十町が開墾され、麻多智の子孫が祭祀を受け継ぎ、今（奈良初期）に至ったという。氏族祭祀のはじまりは、常陸国夜刀神伝承のとおり、地域開発者の定住、祭神の神裔氏族による祭祀権の継承によって、祭祀集団が確定され、地域に災害が起こると、人々は共同で、地域・氏族の神祭りを催すことになる。

地域の神祭りを覆う形で、天照大神の皇孫として国土を統治する天皇が、国家の祭り主として、国土に起こり、人々に災害をもたらす状況に対して、社会秩序の回復と統治に責任をもつ地位にあった。天皇による神への祭祀と神祇官社制をはじめとする諸神祇制度は、災異への対応を基点としている。

これまでの古代神祇祭祀論として、戦前は神への崇敬を絶対肯定する「敬神」論が主流とされたが、戦後はその反対に、神祇イデオロギー・支配体制論が主軸となり、研究の発展がみられた。しかし、これら戦前・戦後に区分される二方向の論議の共通した背景として、古代において神々の祟りに対応した国家・天皇と地域社会・神社との循環型祭祀体系が機能していたことがあげられよう。

祭祀起源の二系統

［三・四世紀～］　居館内神殿――祖神祭祀　　⇓宮中・新嘗・天皇親祭〈内廷〉　↓大嘗祭
［五世紀～］　　自然景観――磐座・聖水祭祀⇓神社・天神地祇祭祀・神祇官班幣〈外廷〉

祭祀起源の二系統として、古く居館内神殿・祖神祭祀の原形がはじまり、一方では自然景観を背景にした磐座・聖水祭祀から発した神社が成立していった。これらは七世紀後半以後、伊勢の神宮祭祀に集約されるとともに、この二系統が律令祭祀の骨格を形成していった。天皇宮中では新嘗と、その規模を全国へ拡大した大嘗祭が成立した。同時期の天武朝・持統朝に律令祭祀の班幣儀礼が立ち上がり、天皇親祭と神祇官祭祀とが、国家祭祀の両輪となって機能することになる。

本来、天照大神と天皇とは、神代における宝鏡奉斎と「同床共殿」の神勅により、宮殿内に同居することが本義であったが、崇神天皇のとき、国内に疫病がはやり不都合が生じたため、大神をより丁重に祀るため、垂仁天皇のとき伊勢に鎮座した。

宮廷において祟る神を外へ導き鎮めることは、祭祀作法の重大事とされ、『延喜祝詞式』には、「遷却祟神」（たたりがみをうつしやる）祝詞が伝えられてきた。その祝詞文によると、「皇御孫尊の天の御舎の内に坐す皇神等は、荒び給ひ健び給ふ事なく」「此の地よりは、四方を見はるかす山川の清き地に遷り出で坐して、吾が地とうすはき坐せ」と申し上げ、さらには「祟り給ひ健び給ふ事なくして、山川の広く清き地に遷り出で坐して、神ながら鎮まり坐せ」と、祟ることを鎮める文言が加わり、自然景観の豊かな山川の清き場所を最高の鎮座地として、導く内容になっている。そして、もっとも重視すべき「同床共殿」の本義は、代替わりの大嘗祭と毎年の新嘗・神今食（中世後期に廃絶）の斎行、そして平安期には内侍所（賢所）祭祀に受け継がれていく。祭祀の本義は、農耕生育への感謝と災異現象へ対する予防とであり、天武朝にそれを大和国内に集約させたのが、律令祭祀に組み込まれる広瀬大忌・龍田風神祭であった。

私たち祖先は日本列島を生活の場に選択したときから、自然の恵みに沢山の恩恵をうけるとともに、厳しい自然災害を切り抜けてきた。古代の国家と天皇祭祀は自然災害への対応を組み込むことで、祭祀への理解が深まり、古代人の思想・意識に触れることが可能となる。

本書の構成について

右に、本書『古代文学と隣接諸学』第七巻「古代の祭祀・信仰」の序文として、勝手ながら私見を述べさせていただいた。古代の信仰とその祭祀については、戦後の古代神祇祭祀研究において、さまざまな学説が提示されており、本書にお集まりいただいた先生方には、異論が数多くあると思われるが、論議をすすめるために書き記したものであるので、ご理解を頂きたい。

古代文学の柱は、『古事記』『日本書紀』に記された神話であろう。神話は口承文学と文字言語による文学との接点のなかで伝えられてきた。その過程では、地域・氏族の神話と天皇・国家の神話との整合性が求められ、極めて政治性の高い内容にまとめあげられた。『古代文学と隣接諸学』のシリーズのなかで、本書では神々・祭祀・信仰をキーワードに、とくに後者の隣接諸学について、歴史学・祭祀考古学・神道と宗教史学・民俗学など、各視点から論述を立てていただいたものである。

日本列島に人々が住み、地域社会の形成がはじまり、古代国家の展開にともなって、神々への信仰とその祭祀も体系化されていった。文字と文学のもととなるコトバには霊妙なはたらき、呪能があり、言霊の作用があると信ぜられてきた。言霊は神々への祝詞に語り継がれ、それは「言挙げ」をしない秘儀性が重視されてきた。神々の世界は禁忌に包まれていたが、神々を俗世界の境界に引き出すことで、祭祀が成立した。神祇祭祀は、日常の生活を一時遮断し、神々と融合することで、もう一度原初の時に回帰することであった。それは自身と社会・共同体において、秘儀性のなかで秩序を取り戻す時間と空間であった。その秘儀性とは、特別の秘儀があったわけではなく、ただただ「言挙げ」を禁忌とし、神々との時間を共有し、その神威をいただき随順する態度が求められた。明朝斎行される石清水祭をはじめとした諸祭祀・祭式は、そうした信仰と深層心理から成り立っていたのであったが、それを取り巻く環境には、国家・社会の諸関係に拘束され、とくに古代においては、極めて高い政治性が反映することになる。本書は、そうした社会環境や外来文化との影響関係なども組み込んで、お届けするものである。

本書は、「Ⅰ祭祀考古学からみた古代祭祀」「Ⅱ文学の発生源」「Ⅲ古代律令祭祀の成立と展開」「Ⅳ異文化・信仰との交流」の四章、二十論文から構成されている。古代の国家・社会・文化の結節点でもあった神祇祭祀とその信仰をとりあげ、さらに周縁の事象にも目配りをした。

第Ⅰ章では、近年の発掘調査に基づいて、伊勢と出雲、そして大和の纏向遺跡、秋津遺跡をとりあげ、笹生論文で祭祀考古学の観点から総括をお願いした。古代を理解するためには、記紀神話をはじめとする文献史料とともに、考古学の成果は重要である。これまで古墳の発掘が先行してきたが、近年は祭祀考古学と王・豪族の宮殿・居館の発掘がつづいており、その成果が個別に集積しつつある。本書には、発掘に携われた現場の声を最新の情報でお届けいただいた。これらによって、先に述べた「祭祀の二系統」の起源が、さらに明確になることを期待している。

第Ⅱ章では、古代における文学の発生とともに成立していった祝詞は、祭祀の本義を記したものであり、神楽についてはは中世への展開をとおして、その事象と系譜と変容を考察している。さらに民俗の事象として、古代国家の稲作儀礼を原点に、現代までの系譜をたどり、日本文化の本源を理解しようとする。ともに折口信夫古代学・民俗学が考察する手立てとして深く関心をもたれた範疇に属している。

第Ⅲ章では、古代国家の形成に直接関係する律令神祇祭祀制の成立とその展開を、それぞれの研究姿勢と角度から考察いただいた。祭祀研究において律令祭祀は、記録が他に比べて充実していることから、戦前・戦後をとおして、もっとも研究が進んできた分野であるが、視点・方向性・論議が錯綜していることも事実である。本書のなかでも、論文数は七本と、一番多いのは、律令祭祀をもう一度、各方面から再構成を目指したものである。

第Ⅳ章では、神祇信仰の周縁にあたる仏教・陰陽道・道教・神仙思想・修験道など、仏教伝来から平安時代の宗教的世界までを、東アジアとの異文化交流の視点から考察を深めて頂いた。神祇と祭祀に象徴される神道は、よく我が国固有の民族信仰であるという定義がある。しかし、これは幻想である。古代の祭祀・祓・斎戒などは、中国・朝鮮半島をはじめとした東アジアの信仰・思想との影響関係と共通性とが指摘されてきた。この章では、その周縁のさまざまな事象を明らかにすることで、この国土に展開してきた神祇祭祀の特質を、間接的に明確にすることを目指している。

以上の各論は、それぞれ平成の時代に、信仰・祭祀とその周縁に関して、学問研究の牽引役を務められてこられた方々ばかりである。わたしとは研究の方向性が異なっていても、それぞれの枠組みを乗り越えて、一堂に会することができるのは、今回が最初で最後であろう。戦後の古代神祇祭祀研究は、飛躍的に進歩を遂げてきたといえる。とくに戦前の神祇研究を批判することで出発したこの分野は、論文数も多く、論議も多様化してきた。これまで第一線で活躍されてきた研究者の皆様が、ここに集まり、新たな論考を持ち寄り、同じ土俵に登ることは、今後の信仰・祭祀研究と異文化・異信仰との交流研究の基礎になると考えている。

Ⅰ　祭祀考古学からみた古代祭祀

神祇祭祀の起源と史的背景
——祭祀考古学の視点から——

笹生　衛

一　はじめに

神祇祭祀の起源とは何か、その実態とはいかなるものだったのか。この問いに正面から取り組んだのが、大場磐雄である。彼は、昭和初期、静岡県伊豆下田の吉佐見洗田遺跡の発掘調査を行い、神祭りの遺跡「祭祀遺跡」の存在を確信した。さらに、これを受けて、日本の基層信仰、特に神祇祭祀の性格と歴史を考古学資料にもとづき解明する「神道考古学」を提唱した。[注1]大場の神道考古学は、その後、東アジアを視野に入れ、神道に限らず祭祀という宗教行為を包括的に対象とする祭祀考古学[注2]へと発展した。それでも、現代の研究には、大場の神道考古学の影響が色濃く残されている。「依代」にもとづく神観は、その一つである。例えば、大場は、古墳時代の神観と祭祀について次のように述べている。

一定の場所に斎庭を選定し樹枝（榊のごとき）に石製の剣・玉・鏡を吊し、これを神籬として神霊を招き、

その前に多数の土師器や小土器を掘り据え置き並べ、それらの中には御酒御饌を盛り、厳かな祭祀を執行した。[注3]

つまり、神霊は祭祀の場に常在せず、祭祀にあたり一時的に招く存在と考えている。ここには、民俗学者、折口信夫が『髯籠の話』で示した「をぎしろ・よりしろ」の強い影響がうかがえる。この「をぎしろ（招代）・よりしろ（依代）」の言葉は、現在においても古代の信仰や神・霊魂観を考える上で多用される。しかし、「依代」の概念そのものは、すでに指摘してきたとおり歴史・考古資料の検証をへたものではない。それが古代祭祀の神観として妥当なのか、原始・古代以来の宗教史の中で如何に位置づけられるべきなのか、現代的な視点での再検証が急務である。[注4]

また、古墳時代の祭祀研究は、亀井正道の編年研究[注5]以来、古墳時代中期（四世紀後半～五世紀）以降の祭祀用模造品の分析に焦点があてられてきた。ところが、一九九〇年代以降の信仰関連の資料の蓄積により、現在では古墳時代前期以前、縄文・弥生時代を視野に入れた研究も可能になりつつある。

そこでここでは、まず、古代の神観・祭祀像について、近年の認知宗教学の成果を取り入れた新たな視点にもとづき再検討し、それを受けて弥生時代から奈良時代の律令祭祀までの神観と祭祀の流れを概観してみたい。

二　古代の神観と祭祀の構造

祭祀考古学は考古学の一分野である。したがって、信仰関連の遺構・遺物を収集・分類し比較検討する作業が研究の基本となる。しかし、宗教・信仰という人間の精神活動を研究対象とするので、「物資料」の分析のみでは不充分である。このため、そもそも祭祀とは如何なるものなのか。なぜ人間は祭祀を行わなければならないのか。また対象となるカミ（神）は、どのような存在なのか。古代の祭祀を考古学から考えるうえでも、まず、この点を現代的な視点で整理し、明らかにしておく必要があるだろう。

認知宗教学と神観　そこで参考となるのが、近年、急速に研究が進んでいる認知宗教学の研究成果である。認知宗教学とは人間の脳の認知機能との関係で宗教・信仰を理解しようとするものである。ここでは、文化人類学と認知科学を専門とするパスカル・ボイヤー氏の研究を参照しながら、古代の神観と祭祀について整理してみよう。

人間は、様々な現象の背後に、その現象を、そうさせている存在「行為者（Agents）」を直観する。これは、人類が捕食獣から身を守るため進化の過程で身につけた脳の認知機能であると、ボイヤー氏は指摘する。[注6]さらに認知宗教学を専門とするスチュアート・ガスリー氏は、人間の脳の認知機能は、その行為者の姿を、自らの姿に重ねて擬人化するとも指摘している。[注7]例えば、「日が照る」「風が吹く」「山から水が流れ出る」「海の潮の流れが激しい」などの様々な自然現象の働きに、それを起こし司る行為者を直観し、その行為者は人間と同じ姿と考える。これは人間の脳の認知機能に由来するということになる。

このような認知宗教学の考え方は、すでに井上順孝氏が指摘しているように、[注8]『古事記伝』で本居宣長が、「カミ（神）」についてまとめた次の文章と整合する点は多い。

さて、凡て迦微（カミ）とは、古の御典等に見えたる、天地の諸の神たちを始めて、其の祀れる社に坐ます御霊をも申し、又人はさらにも云わず、鳥獣木草のたぐい、海山など、其余何にもまれ、尋常ならずすぐれたる徳のありて、可畏き物を迦微とは云なり。

これは、本居宣長が『古事記』などの記述から導き出した、古代日本の神観といってよい。ここでは、人をはじめ鳥獣草木から海・山の自然環境まで含め、「尋常ならずすぐれたる徳」＝「普通ではない特別な働き」があり、恐れ多いと感じさせる存在をカミと定義する。特別な働きの背後に行為者を直観し、カミ（神）とすることは、先のボイヤー氏の指摘と矛盾はない。

これに、ガスリー氏が指摘する人格化の要素が加わることで、特別な現象（働き）が現れる場所に、その行為者「神」が居られる（坐す）という考え方につながってくる。海流の荒い玄界灘の只中にあり、真水が湧く宗像・沖ノ島。『記紀』は、その特別な働きが現れる沖ノ島には女神が坐す（居します）＝居られると、共通して記している。そして、そこには四世紀後半以来の祭祀遺跡が残されているのである。特別な現象の行為者を直観し、人格化するという流れで、宗像・沖ノ島に坐す女神の神格は理解できる。女神が坐す場所に、四世紀以来、貴重な奉献品が納められてきたのであり、その神は、当初から人格化して考えられてきたはずである。これは、『延喜式』神名の神社名で多く見られる「〜に坐す神社」の表現に通じ、特別な環境の働きが現れる場所に行為者としての神が坐すという古代の「坐す神」の神観を復元できる。人間の環境に対する認知と古代の神観は密接に関係していたのである。

祭祀の構造　では、このような神に対する「祭祀」とは、どのように理解できるのだろうか。特定の働きの行為者（カミ・神）は、人格化して直観されるので、神と人間との関係には、人間同士の関係が適応されることになる。神々へと自らが貴重とする品々を捧げ、自らが美味しいと感じる飲食を供えて持てなせば、神々は返礼として望ましい働きを実現してくれるはずと直観する。これが、祭祀の基本的な構造である。しかし、同時に、危険に対する直観も働く。神に礼を失した祭祀を行い、穢れた捧げ物や飲食を供えれば、神は怒り人々が望まない負の働き＝「祟り」＝「災害など」を招くとの直観である。古代日本の神祇祭祀で、神の祟りを防ぐため厳重に穢れを忌避し、厳格な祭祀の構成「祭式」が存在するのは、このためである。もし、これらを違えると、神の祟り＝災害につながり、その祟りは天皇へも及ぶ。これに対して祭祀を行い鎮めるという、岡田莊司氏が提唱する古代神祇祭祀の「循環型祭祀体系」[注9]は、この祭祀の構造で理解できる。

日本列島は、周囲を寒流と暖流が洗い、中緯度のプレート境界に位置する。このため、四季の変化は明瞭で、急峻な山岳や火山があり、水量豊かな河川が流れ、自然の恵みは豊富である。その一方で、台風などの風水害、火山噴火や地震といった自然災害も頻発する。このような環境だからこそ、自然環境の特定の働きに行為者「カミ・神」を認める直観「信仰」は重要であり、それへの働きかけ「祭祀」は、長期間、伝統的に維持されてきたのではないだろうか。

また、このような神（行為者）の「直観・信仰」と神への「働きかけ・祭祀」が、人類「ホモ・サピエンス」の脳の認知機能にもとづくものならば、それらは旧石器・縄文時代から存在した可能性は高い。しかし、古代へつながる神観と祭祀は、やはり、日本列島内で水田稲作が本格的に定着した弥生時代中期（紀元前四世紀頃）を画期として成立したと考えられる。

三　弥生時代の祭祀と墳丘墓

縄文時代と弥生時代の間には、大きな環境変化があった可能性が高い。南関東の千葉県内では、縄文時代後期（紀元前二〇〇〇年頃）、河川周辺には泥炭層を形成する低湿地がひろがっていた。この泥炭層からは縄文時代後期の土器が出土し、当時、河川周辺の低湿地は重要な人間活動の舞台となっていたと考えられる。

ところが、この層は、弥生時代中期（紀元前四世紀頃）までの間で、厚い砂質土・シルト層で一気に覆われている。この砂質土層が、千葉県内、東京湾東岸の低地では、弥生時代の水田・集落と墳墓群（方形周溝墓群）が営まれる基盤層となっていった。そのような事例は、複数の遺跡で確認できる。[注10] 縄文時代後・晩期に低地の地形を一変させる大規模な環境変化が発生、これに対応した形で灌漑用水系を備えた水田稲作を受容し、新たな墓制の方形周溝墓が急速に定着して弥生時代へ移行した。縄文と弥生の間には、環境面で極めて大きな断層が存在していたと考えられる。このような中で、弥生の信仰・祭祀は形成されることになる。

弥生時代の祭祀　弥生時代、列島内には金属製の武器・利器がもたらされた。これに伴い銅剣・銅鉾、銅鐸を祭器具として用いるようになる。それまでにはなかった金色に輝き鋭利な青銅製の武器類、金属音を出す銅鐸、これらそのものが特別な働きをもつ存在しとして認識されたと考えられる。青銅製祭具を使った祭祀の具体的な内容については諸説あり現時点では明確にできない。[注11] しかし、静岡県の都田川流域の谷では十点の銅鐸が集中して出土しており、[注12] 島根県の神庭荒神谷遺跡からは銅剣三五八本、銅鉾十六本、銅鐸六点の銅製祭具がまとまって出土した。[注13] 神庭荒神谷遺跡の近くには銅鐸三十九点が出土した加茂岩倉遺跡がある。[注14] いずれの遺跡・出土地点も、谷の奥まった部分に面する斜面という特徴的な地形に立地する。谷は水が湧出し、水田稲作に不可欠な灌漑用水の水源となる地形である。そのような特徴的な地形に、これら多量の青銅製祭具は埋納されていた。特定の場所・環境と密接に関係していたと考えられる。弥生時代、青銅製の祭具を使った信仰・祭祀は、やはり、水田稲作と結びついていた可能性が高いだろう。

弥生時代の後期後半（紀元二世紀頃）になると、銅製の祭器具と入れ替わるように、墳丘墓が成立する。墳丘墓は、西日本の各地、瀬戸内（吉備）地方、山陰と北陸、近畿地方北部などで成立する墓の形である。土を高く盛り上げ、各地域で特徴的な形の墳丘を作り、有力首長の遺体を木棺・木槨に納め、鉄製の武器・工具、玉類などを副葬品として葬る。墳丘上では多量の土器を使用し飲食を供献した。弥生時代、近畿地方周辺で発生した方形周溝墓の葬法を発展させた形態である。特に吉備地方の墳丘墓では、底部に穴を開けた壺と器台を組み合わせ大型化した供献用土器を使用し、特別な死者への飲食の供献をことさらに強調し象徴的に表現したと考えられる。[注15]

死者・遺体への認知

特別な人物（有力者・首長）の遺体に対する行為にも人間の認知機能が深く関わっている。再びパスカル・ボイヤー氏の研究成果をもとに整理してみよう。

人間は、遺体を見ると、まず、遺体は自ら動くことはないと直観する。そして、そのまま放置すれば腐敗して悪臭を放ち、嫌悪すべき状態となる。さらに、不用意に手を触れれば、感染症を引き起こしかねないと感じる。つまり、遺体は穢れた危険な存在と直観する。一方で、遺体は、その死者の生前を知る人々にとっては、生前の人格（性格・地位・能力など）を直観的に想起させる存在でもある。人々は、遺体を見ることで、その人物の人格を直観的にイメージしてしまう。ボイヤー氏は、これを「人物ファイルシステム」と称している。遺体と死者の人格が一体で認識される。だから、人間は遺体に対して生前と同様に接しようとするのである。[注16] 人間にとって、死者の遺体とは、穢れた危険な存在であると同時に、生前の人格を思い起こさせる特別な存在なのである。

また、ボイヤー氏は、「先祖から物質的財産を受け継ぐ社会――とくに相続材を共同で管理しなければならない社会」では、祖先への信仰が重要な意味を持つと述べている。弥生時代の日本列島で、共同で管理しなければならない相続材とは、灌漑用水系を備えた水田が相当する。祖先（死者）と、財産・地位を受け継ぐ子孫との関係を社会的に説明する上で、祖先の人格を直観させる遺体は、弥生時代、社会的に重要な役割を果たすようになったと考えられる。遺体を棺で保存し飲食を供える方形周溝墓が、東国で稲作とともに受け入れられた要因は、ここにあったのだろう。

このような遺体に対する直観は、三世紀の日本列島で確認できる。『魏志』倭人伝に「已に葬れば、挙家水中に詣りて澡浴し、以て練沐の如し」とあり、当時の人々は、死者の埋葬後、水辺で身を濯ぐ禊と同じ行為をしていた。死に対する穢れ意識の存在をうかがわせる。さらに、『古事記』で伊邪那美命は、黄泉国で腐敗し穢れた危険な存在として描写されており、伊邪那美命の神格（人格）は腐敗した遺体と一体に語られている。これは、まさにボイヤー氏が指摘する遺体への認知と一致する。

死者への祭祀　墳丘墓では、木棺・木槨で遺体を密閉し、腐敗の穢れと危険性を防ぐと同時に、遺体から直観される首長の人格にもとづき、死者（遺体）の意志に沿うよう、貴重な品々（副葬品）を捧げ飲食を供えたのである。まさに、遺体・死者の人格を強く意識した墓の形であり、このような墳丘墓での行為は、そのまま亡き有力者・首長への祭祀といってよい。

弥生時代後期、各地の首長は、水田稲作の指導的な役割、他地域との交渉・調整など、生活を維持する生産・物流面で極めて重要な役割を果たすようになり、その中から、さらに有力な首長が誕生したと考えられる。そのような首長の遺体に対して祭祀を行い、生前の役割（人格）にもとづき、地域の生活・生産の平安・安寧を加護してくれるように祈られた。影響力が大きかった首長ほど、その働きは大きいと考えられたはずである。しかし、同時に危険への直観も働く。遺体に対し意に沿わぬ行為や祭祀が行われれば、祟り＝災害につながるとの直観である。生前の影響力が大きければ大きいほど、その危険性は大きくなると考えられたはずなので、丁重に墳丘墓での祭祀は行われたと推測できる。この結果、墳丘墓での祭祀は重要性を増して肥大化し、銅製祭器具を使う祭祀に替わっていったのではないだろうか。

四　古墳時代の神観と祭祀遺跡

1　倭国の形成と古墳・祭祀

地域性が強かった各地の墳丘墓は、三世紀中頃、ヤマト地域の大集落、奈良県の纒向遺跡周辺で統合され、全長二八〇メートルの巨大な前方後円墳、箸墓古墳が造られた。時代は古墳時代へ移行する。箸墓古墳を画期として成立する前方後円墳（古墳）の特徴は、以下の五点にまとめることができる[注17]。

①墳丘の大規模化。②墳丘の形態・規模の序列化。③長大な木棺・石室による遺体の密閉と塀・埴輪列による区画・遮蔽。④銅鏡、鉄製の武・工具、玉類・石製の腕輪など多量の副葬品。⑤壺形土器・器台が象徴する飲食の供献。

これらの要素は、有力者（首長）の遺体を丁重に扱い、祭祀を行った墳丘墓の葬法を、さらに象徴的に大規模化した形である。

ここで古墳の副葬品の中に銅鏡が加わる。弥生時代中・後期、北部九州の墓に納められていた漢式鏡の系譜をひく銅鏡は、質・量的にも副葬品の中核的な品目となる。また、弥生時代に始まる遺体への飲食の供献は継承され、壺と器台は大型化し壺形土器・円筒埴輪となっていく。このような、前方後円（方）墳に代表される古墳は、三世紀後半以降、東北地方から九州まで、地域差はありながらも各地で受け入れられた。

纒向遺跡の祭祀　箸墓古墳の北に接する纒向遺跡では、列島内各地の土器が出土し、三世紀前半までには都市的な大集落が成立したと考えられ、ヤマト王権につながる勢力の拠点となった。[注18]その中枢部には高床構造の大型建物が建ち、これに接して大型土坑（SK‐三〇〇一）が発見された。この土坑からは、多量の遺物とともに食物のものと考えられる動植物の遺存体が出土した。魚骨には鯛・鯖・鯵・鰯など海の魚が含まれ、鳥獣骨には鴨・鹿・猪がある。さらに稲・粟などの穀物と約三〇〇〇個の桃の種がある。この他に黒漆塗りの弓、剣形の木製品、手捏土器、ミニチュア土器といった祭祀・儀礼に関連する遺物が加わる。[注19]ミニチュア土器には、伊勢湾沿岸の台付き甕（S字口縁甕）を小型にしたものがあり、鯛・鯖・鯵などの海の魚とともに持ち込まれたのだろう。三世紀には、祭祀に関連するヤマト地域と伊勢湾沿岸地域との結びつきが、すでに存在したことを示唆する。前方後円墳（古墳）とその祭祀が確立したのとほぼ並行して、纏向遺跡の中枢部では海・山の幸に稲・粟、桃といった豊富な食物を供える供膳の祭祀が、伊勢湾沿岸地域と関係しながら成立していたと考えられる。

三世紀代の祭祀とアワビとの密接な関係を示す遺跡が、南関東、房総半島南部の海岸で確認されている。千葉県のこうもり穴洞穴である。[注20]ここは岩礁性の海岸に面する海蝕洞穴で、多量のアワビ殻と約四十点の卜骨が出土し、卜骨の焼灼に係わったと考えられる焼土痕も確認している。洞穴内で約五メートルの範囲でアワビなどの貝殻層を確認している。アワビ殻の層は二層あり、上層の厚さは一五センチに達する。洞穴眼前の磯で、多量のアワビを集中的に採り、その多量の殻を、意図的に内面を上へ向けて敷き詰め、そこで卜骨を使い神意を判定する太占が継続的に行われたと考えられる。

このト骨やアワビ殻の遺構に伴い伊勢湾沿岸の台付き甕（S字口縁甕）の破片が出土している。年代は、纏向遺跡の祭祀土坑とほぼ同時期の三世紀代で、アワビを通じた東国の海岸と伊勢湾岸地域との直接的な結びつきが認められる。三世紀の纏向遺跡の祭祀土坑から出土した稲・粟、鯛・鯵に、アワビを加えると、大嘗祭で供えられる神饌の内容と一致する。ヤマト地域と東国が、伊勢湾岸地域を中継点として結びつき、そのネットワークの中で得られた食材を使用し、ヤマト王権が生まれた場所で、最初期の前方後円墳、箸墓古墳と並行して、纏向遺跡の供膳の祭祀が始まった。その祭祀は、後に皇祖神を饗応する神今食・新嘗・大嘗祭[注21]へとつながっていたのではないだろうか。ちなみに、『延喜式』内膳司で、六月の神今食の料と新嘗祭の供御の料には、筆頭の塩に続き「東鰒」をあげ、特に東国産のアワビを指定している。神今食・新嘗祭の供膳には、東国のアワビが特別な意味を持っていたと考えられ、三世紀のこうもり穴洞穴から出土した卜骨と多量のアワビ殻の背景を考えるには示唆的である。

南関東と伊勢湾沿岸を含む東海地方、さらにはヤマト地域との結びつきは、三世紀代、関東の土器型式の変化や搬入土器の存在から明瞭になる。弥生時代後期（二世紀）から古墳時代前期（三世紀）頃にかけて、東海地方と南関東の広範囲で、河川や集落・水田が洪水で埋没する環境変化が発生していた[注22]。この大きな環境変化と連動しながら、ヤマト・東海・関東という結びつきが深まっていったのだろう。そのような中で、重要な死者を丁重に葬り祀る前方後円墳は成立し、皇祖神を饗応する大嘗祭につながる祭祀が成立したと考えられる。

鏡と刀剣　この三世紀前半頃には、新たな漢の優れた銅鏡が日本列島に持ち込まれた。後漢末期（二世紀頃）に作られた「画文帯神獣鏡」である。鏡背面の内区には、伯牙、東王父・西王母、黄帝の神仙と霊獣の精緻な像を刻み、「百身挙楽、衆事主陽、世徳光明、富吉安楽、子孫番昌、（位）至高升、生如金石」などの吉祥句を連ねる。吉祥句は、この鏡が特別な働き（力）を持つものであることを明記する。さらに外縁には龍車にのる日・月の運行を表現する。精良な白銅質で、まさに「白銅鏡（ますみのかがみ）」「宝鏡」と呼ぶに相応しいその優品は、箸墓古墳に隣接する初期の前方後円墳、ホケノ山古墳から出土している[注23]。画文帯神獣鏡を入手し分配すること

で、初期のヤマト王権は政治的な求心力を高めていたと考えられ、この鏡の系譜は三角縁神獣鏡へ継承された。[注24]

後漢末期の優れた刀剣も日本列島へと持ち込まれていた。奈良県の東大寺山古墳から出土した鉄刀は、その典型例である。全長一一〇センチ、内反り素環頭大刀の環頭を青銅製の飾りへ換えたもので、峰に金象嵌で後漢の年号「中平」（一八四〜一九〇年）と「上應星宿、（下辟不祥）」の文言を含む吉祥句を刻む。[注25]内反り素環頭大刀は、石上神宮の禁足地から出土した鉄剣と同じ形である。禁足地には神剣「韴霊」を納めたと伝えられており、[注26]内反り素環頭大刀は、神剣の具体的なイメージと重なっていた可能性は高い。三世紀、日本列島へ持ち込まれた優れた銅鏡や刀剣は、政治的・宗教的に極めて大きな意味を持つようになり、これらの優れた銅鏡・刀剣は、神を象徴し、神として扱われる「宝鏡」「神剣」の原形になっていったと考えられる。優れた機能（働き）を持つ鏡・刀剣は、その働きに行為者（神）を直観し、そのものが神として扱われたのだろう。『日本書紀』第五段一書第一で、伊弉諾尊が大日孁尊と月弓尊を生むときに手に持つ「白銅鏡」は、ホケノ山古墳で出土したような、白銅質の優れた画文帯神獣鏡からイメージされたのではないだろうか。

三世紀前半から中頃、①古墳とその祭祀が成立、②纏向遺跡の中枢部で多種多量の飲食を供える供膳の祭祀が成立、③優れた鏡と刀剣の強い政治性・宗教性が顕在化した。これら三つの要素は、ほぼ並行して展開し、ヤマト王権を核とした「倭国」の成立と相互に関係するとともに、後の祖や神の祭祀へと受け継がれていったと考えられる。

2　天下意識と祭祀遺跡の形成

四世紀後半、古墳の祭祀は大きく変化した。三重県の石山古墳（前方後円墳）では、後円部の墳頂に葬られた三体の遺体の上に、死者を象徴するように家形埴輪を置き、周囲を円筒埴輪で方形に区画し、甲冑や盾、蓋（きぬがさ）の器財埴輪を配置していた。また、副葬品には農具（鎌）・工具（刀子・斧・鉇）の石製模造品が加わった。この変化は、奈良県の佐紀盾列古墳群の佐紀陵山古墳で始まったようだ。[注27]佐紀陵山古墳は、佐紀盾列古墳群の中では最も古い段階に造営された可能性が高く、[注28]現在、垂仁天皇皇后、日葉酢媛命の陵墓とされている。家形埴輪は、古墳における死者を象徴し、盾形埴輪には保護・防禦する機能が考えられ、いずれも古墳時代後期まで継続して立てられていくこととなる。古墳の死者を象徴する家形埴輪の周囲を円筒埴輪で区画・遮蔽し、死者を祀る形が確立する。それは五世紀代の人物埴輪列へと継承された。

祭祀遺跡の出現　古墳が変化する四世紀後半、日本列島内で共通する神祭りの痕跡「祭祀遺跡」が明確となる。その典型例が、宗像・沖ノ島祭祀遺跡である。初期の十七号遺跡では神を象徴する巨岩の隙間に、捧げ物として多数の銅鏡、鉄製の刀剣、翡翠の勾玉、碧玉製の腕輪を纏めて納めていた。これらの品々は、四世紀代の大型古墳の副葬品と共通する。

四・五世紀、中国大陸では晋王朝が衰退・滅亡し、五胡十六国・南北朝にわかれて政情は不安定化した。朝鮮半島では高句麗が百済・新羅に軍事的な圧力をかけ、東アジア情勢は大きく変化した。その中で、倭国と百済などとの連携や、倭国の朝鮮半島における軍事行動が行われ、日本列島と朝鮮半島との人的・物的な交流が活発化した。[注29]これを背景に、四世紀後半、倭国の中枢「ヤマト地域」と朝鮮半島を最短で結ぶ航路上の宗像・沖ノ島で、前期古墳の副葬品と共通した品々を捧げた祭祀が成立したと考えられる。

日本列島と朝鮮半島との交流が活発化するなか、五世紀には鍛冶・紡織・須恵器生産という新たな技術、多量の鉄素材が列島内に流入し、古墳の副葬品の中心は鉄製の武器・武具、農・工具、乗馬用の馬具へと変化する。

この古墳時代中期、五世紀前半頃を画期として、東北地方から九州までの各地域で共通の品々が出土する祭祀遺跡が残されるようになる。共通の品々とは、祭祀用の石製模造品（鏡・有孔円板、剣形、勾玉・子持勾玉・臼玉、刀子形、斧形など）、土製模造品（鏡、勾玉など）、手捏土器、飲食を盛り供える土師器・須恵器、そして、当時、最新の技術・素材を象徴する鉄製の武器、農・工具である。さらに、五世紀後半から六世紀には馬具が加わった。

近年の発掘調査は、五世紀代の祭祀遺跡が多様な遺構・遺物の集合体であることを明らかにした。千葉県の千束台遺跡や愛媛県の出作遺跡では、石製模造品の未成品と製作過程で生ずる石屑とともに、加工した鉄素材の鉄鋌、鍛冶炉や鉄滓を確認している。祭祀遺跡で石製模造品の製作と鉄製模造品の製作のような簡易な鉄加工を行っていたことがわかる。また、遺物には多くの木製品が含まれていた。刀形・船形といった祭祀用の模造品だけではない。主なものに、糸を紡いで布を織る一連の紡織具、楽器の琴、火鑽臼、杵、柄杓、瓢などの調理具、供献用の机「案」がある。さらに、閂穴を削り出した扉材、梯子材など高床倉の存在を示唆する建築部材が出土する。このような木製品が出土した五世紀代の代表的な祭祀遺跡が、静岡県山ノ花遺跡と奈良県南郷大東遺跡であり、同様の遺物は六世紀から七世紀代の島根県前田遺跡で確認できる。これらの品々は、五世紀から七世紀の祭祀の場へ伝統的に受け継がれていたのである[注30]。

建物・施設の遺構としては、建築材に対応する高床建物を含む掘立柱建物跡があるほか、近年、祭祀の場と重要な建物を区画・遮蔽する籬（垣・塀）の存在が明らかになった。その「籬」の遺構は、四世紀代の奈良県秋津遺跡まで遡り[注31]、五世紀後半では兵庫県神戸市の松野遺跡の例がある[注32]。群馬県の金井下新田遺跡では、六世紀初頭、榛名山から噴出した火山灰に埋没した状態で、高床建物と大型竪穴建物を、高さ二メートルの網代垣が区画・遮蔽した遺構が発見されている。[注33] 儀式用の小型銅鏡、石製模造品が出土し、土師器・須恵器をまとめた土器集積遺構が伴い、隣接地点には鍛冶工房が営まれていた。

神へ穢れた品々や神饌を供え、礼を失した祭祀を行えば、神は負の働き「祟り」を示すとの直観から、祭祀の場は清浄に管理する必要があり、特定の範囲を区画し結界する必要が出てくる。この必要性から成立したのが、秋津遺跡、松野遺跡、金井下新田遺跡で確認できた籬であったと考えられる。祭具・供献品の準備・製作は、それらの清浄性の確保に目的があり、籬は祭祀へと穢れなどの悪影響が及ばないよう、また、強い神（神の鏡や刀剣）の働きが周囲に影響を与えないよう、区画・遮蔽したと考えられる。この籬こそ、「神籬（ひもろき）」の実態であったと考えられる。[注34]

祭祀の実態　これらの遺物・遺構をまとめると、五世紀頃の祭祀の実態が見えてくる。まず、祭祀で使用し供える品々は祭祀の場の周辺で特別に製作・調理し、事前に準備されていたと推測できる。また、祭祀の場には供献した品々や祭具を収納・保管し、閂で封できる高床倉が建っていた。中には、祭祀の場や高床倉など祭祀と関連する建物・施設を籬が区画・遮蔽し、周囲から結界するものがあったと考えられる。これらにもとづくと、当時の祭祀の構成「祭式」は、①祭具・供献品（鉄製品・布類・石製模造品など）の準備・製作、食膳（神饌）の調理→②祭祀（案に供献品を置き捧げ、神饌を供え、拝礼するなど）→③貴重な供献品の収納（高床倉）、神饌の撤下・食器の集積（土器集積遺構）という流れであったと推定できる。

この祭祀の流れは、延暦二十三年（八〇四）の『皇太神宮儀式帳』（以下、『内宮儀式帳』）が記す三節祭（六・十二月の月次祭、神嘗祭）の祭式とほぼ一致する。さらに『内宮儀式帳』で、祭祀に先立ち神意を伺うために弾く琴と、五世紀代の祭祀遺跡の琴の存在は一致する。神宮祭祀の直接の起源は五世紀代にもとめられ、その祭祀の構成は、五世紀代に日本列島の各地の祭祀で共有されたと考えられる。

祭祀遺跡が明確化する五世紀代、南関東の東京湾東岸、千葉県内の小糸川流域では、沖積低地へと集落が進出して拠点となる大規模な集落が成立する。ここでは、二・三世紀頃の河川の埋没や流路の変化など地形の変化を受けて、五世紀代に新たな土木技術（排水溝など）を投入し、積極的に沖積地の開発を行っている状況が確認できる。一方で河口付近の砂丘列には墳丘長一一四メートルの大型前方後円墳の内裏塚古墳が築造され、これを盟主とする内裏塚古墳群が七世紀代まで継続する。内裏塚古墳の墳丘規格は、履中陵古墳（百舌古墳群の上石津ミサンザイ古墳）の五分の二の相似形となっており、ヤマト王権との密接な関係がうかがえる。[注35]

また、小糸川の支流、江川に面する郡遺跡では五世紀までに移動した流路に護岸施設や堰が設けられ、ここが新たな灌漑用水源に組み込まれたと考えられる。この流路に沿って大規模な掘立柱建物を含む建物群が成立し、居館的な性格を推定できる。その周辺や流路内からは多量の土器とともに祭祀関連の遺物（木製刀形・船形、土製勾玉、滑石製剣形、手捏土器、卜骨）が出土し、祭祀の場が近くに存在していたと推定できる。五世紀の沖積地の開発に伴い新たな灌漑用水系が形成され、その重要な部分に新たな祭祀の場が設定されていたのである。このような沖積地の開発を主導したのが、ヤマト王権と密接な関係を持ち、内裏塚古墳群に葬られた首長であったと考えられ、彼らは同時に郡遺跡の祭祀を執行したと考えられる。[注36]

瀬戸内地方、岡山平野でも四世紀から五世紀にかけて集落立地が変化し、造山古墳に代表される大型前方後円墳が成立する。松木武彦氏は、その背景に「近畿地方の中央勢力」（ヤマト王権）と深く関わった有力者による広域な地域支配を指摘している。[注37]東京湾東岸でも同じ背景を考えることができるだろう。

各地の祭祀遺跡から出土する最新の鉄製武器、農・工具、鉄鋌、初期須恵器などは、このようなヤマト王権と地域有力者（首長）との密接な関係の中で、地方の祭祀の場にもたらされていたと考えられ、五世紀代の祭祀遺跡は、同時期の大規模古墳群の成立と同じ背景の中で明確化していたと考えてよいだろう。

天下・神観と祭祀　古代祭祀の基本的な構成が成立する五世紀、日本列島では、国家形成の新たな段階を迎えていた。埼玉県の稲荷山古墳から出土した鉄剣の金象嵌銘には「治天下」「大王」の文字が含まれ、熊本県の江田船山古墳から出土した鉄刀の銀象嵌の銘文も同様である。これらの文字からは、「大王」が統治する「天下」という国家領域の意識が形成されていたことがうかがえる。この天下の自然環境のなか、生産・交通の面で特別な働きが現れる場所に、その働きを起こし司る行為者「カミ（神）」を直観し人格化して祭祀を行った。そのような環境・場所は、『記紀』や『延喜式』祝詞で神が「坐・居（ま）す」所とされ、祭祀遺跡が立地する。古代の「坐す神」の神観である。宗像・沖ノ島の祭祀遺跡とその神観も、この考え方と一致する。

列島内の各地では、五世紀代、ヤマト王権の大王が供与した最新の鉄製武器・武具、農・工具と美しい布を捧げ、地元の人々が準備した祭具を使い調理した飲食を供え、各地の有力者が祭祀を実施し、環境の働きの行為者「神」に、望ましい働きを願い、負の働き＝災害の防止を祈った。これが、五世紀の新たな景観の形成、それを基盤に成立した国家領域「天下」の認識と一体となった古代祭祀の本質であり、この祭祀こそが大王による「治天下」の重要な要素だったのである。

五　律令祭祀の成立

七世紀、東アジアの情勢は、再び大きく変化した。五八九年、隋が南北朝を統一。その滅亡後、六一八年には中国大陸に強大な統一帝国、唐が建国した。唐は朝鮮半島の高句麗・百済を滅ぼし、新羅を強い影響下に置いた。このような情勢を受けて、日本列島の倭国は、唐の律令制度を取り入れた国家体制の再編成を行うこととなる。孝徳朝から天智朝、天武・持統朝に実施された諸政策は、「倭国」から律令国家「日本」への道程を示すものであり、「大王」は「天皇」の称号へと変化した。

神郡と神宮　これと連動して、祭祀の再編成が行われた。その一つが七世紀中頃の神郡（評）の設置である。『内宮儀式帳』や『常陸国風土記』によれば、神宮の度会・多気郡（伊勢国）、鹿島（香島）神宮の香島郡（常陸国）は、七世紀中頃の孝徳朝に設置された。その他、安房郡（安房国）、名草郡（紀伊国）、意宇郡（出雲国）、宗像郡（筑前国）も、七世紀後半から八世紀初頭までには、国家的に重要な神々の祭祀を支える神郡として設置された。

同時に、これらの神々の祭祀の場は整備されていったと考えられる。『内宮儀式帳』が記す神宮の中枢「大宮院」の建物配置は、南北の中心軸上に東西棟の正殿を置き、東西対称（シンメトリー）に建物を配置する。正殿の南側には広い儀礼空間として第三重が位置し、その南に斎内親王と女孺の侍殿が建つ。周囲は五重に瑞垣で区画・遮蔽され、垣内への主な出入り口は中心軸上に設けた門となる。このような建物と儀礼空間の配置は、『日本書紀』が白雉三年（六五二）に成立したとする、孝徳天皇の新しい宮殿「難波長柄豊碕宮」（前期難波宮）と基本的に共通する。神宮で「御鏡」を奉安する正殿は、前期難波宮で天皇（大王）が出御する内裏南殿に対応し、大宮司・禰宜、勅使が幣帛を捧げ祝詞を奏し拝礼を行う第三重は、多数の官人が天皇を拝する朝堂院に対応させることができる。つまり、御鏡を奉安し区画遮蔽してきた「神籬」を、最新の宮殿の構造にあわせて造り替え、皇祖神と天皇を重ねて、皇祖神の御鏡を拝礼できるようにしたと考えられる。「神の籬」から「神の宮・神宮」へ

の転換である。[注38]

神宮のこの変化は、前期難波宮の完成と並行して七世紀中頃には行われたと考えられ、この直後、斉明天皇五年（六五九）に出雲（杵築大社）で「神の宮を修厳」（『日本書紀』）し、香島（鹿島）では「神の宮を造らしめき」（『常陸国風土記』）とされている。神郡の祭祀の場は、「神の宮」として整備されていたのである。

祭祀組織の整備　七世紀中頃、『内宮儀式帳』が神宮で祭祀組織を統括する大宮司の設置を記すように、他の神郡でも七世紀中頃から後半には祭祀組織の整備が行われたと考えられる。神郡となる宗像郡、その沖ノ島祭祀では七世紀後半が大きな画期となっている。神宮神宝と類似する金銅製雛形が出現することは、すでに指摘されてきた。加えて重要な点は、須恵器を中心とした食器類を大量に使用するようになることである。そこには焼成時に円孔を開けた祭祀用の特殊な食器が含まれている。さらに、七世紀後半以降の五号遺跡、八・九世紀の一号遺跡では玄界灘式の製塩土器が出土している。地元で祭祀用の特別な須恵器と塩を生産し、宗像の神々を祀る沖ノ島などの祭祀の場へと供給する体制が整えられていたことを示唆する。これは、『内宮儀式帳』にみえる神宮への土器・塩の供給体制と共通する。七世紀後半、神宝だけでなく祭祀組織を含め宗像・沖ノ島祭祀は神宮と類似する形へと整えられていったのだろう。この後、八世紀には、石川県寺家遺跡で確認された気多神社の神戸集落[注39]のように、列島内の主要な神社の祭祀に必要な人員や品々を供給する祭祀組織の整備が進められたと考えられる。

七世紀後半、宮殿構造にならった祭祀の場「神宮」の成立とともに、祭祀そのものが宮廷儀礼の形式で整えられた可能性が高い。『延喜式』巻八祝詞にある古代の祝詞では、神へ申し述べる際に「神の前に白さく」と表記する。この「前に白さく」は、七世紀後半頃の「前白」木簡に見える上申文書の形式と一致する。これは、祝詞の形式が当時の行政文書を踏襲して作られていたことを示し、祭祀と行政的な宮廷儀礼との対応関係がうかがえる。[注40] 神祭りにおける儀礼の構造と形態は、七世紀末期ころ、律令制度に対応した宮殿と儀礼の形に合わせて整備され「神宮・神社」が成立した。ここに律令祭祀は完成したと言ってよいだろう。神社建築の成立には、従来から指摘されてきた寺院建築の影響よりも、むしろ宮殿建築との類似性に注目すべきだろう。

これと並行して進められたのが、七世紀後半の『記紀』編纂である。神郡で祀られる神々は『記紀』神話の中心的な神格として位置づけられ、列島内各地で、その神々を祀る主要な祭祀の場は、律令神祇制度に裏付けられた「神社」となっていったと考えられる。そして、七世紀末期までには、大王（天皇・朝廷）が五世紀に由来する伝統的な貴重品「幣帛」を供与し、稲作の順調な進捗を願う律令国家の国家祭祀「祈年祭」は成立したのである。[注41]

六　まとめ

古代日本における祭祀には二つの系統が考えられる。一つは祖先・死者に由来する「祖」の祭祀であり、もう一つは自然環境の働きに由来する神への祭祀である。古代の神への祭祀が成立するうえで、五世紀が大きな画期となっていたことは、すでに指摘されてきたとおりである。しかし、ここでは、皇祖神（祖）を饗応する祭祀、神今食・新嘗祭（大嘗祭）の淵源は三世紀に遡り、前方後円墳の成立と並行して形成された可能性を指摘した。古代祭祀は、三世紀と五世紀の画期を経て七世紀末期に律令祭祀として完成した。

これらの画期には、地形・環境や景観の変化が少なからず影響していたと考えられる。縄文時代晩期頃の大規模な沖積地の環境変化を受けて東国に水田稲作が定着し、紀元後二・三世紀の洪水や河川の変化を境に、南関東と東海地方（伊勢湾沿岸地域）、さらに近畿地方（ヤマト地域）との結びつきが強くなっていく。そして、奈良の纒向遺跡に都市的な大集落が成立し、列島内で、特別な死者（祖）の遺体を葬り祀る施設として古墳を共有した。ここが古代祭祀の一つの淵源となった。

つづく五世紀、各地の首長はヤマト王権と密接に関係しながら、沖積地の開発を積極的に進め、奈良・平安時代へとつながる新たな景観を作っていった。そこには、ヤマト王権から供与された最新の鉄製農・工具、新しい土木技術が投入されたのだろう。その時代に、列島内の広範囲で祭祀遺跡が明確化した。五世紀の新たな景観の中で、生産・生活・交通にとって重要な働きが現れる場所で、行為者（神）を認知し祭祀を行った。それが五世紀以降の祭祀遺跡なのであり、そこから、後の神社へ発展する祭祀の場が生まれていった。恵みと災害が表裏の形で現れる日本列島の自然環境、その働きにもとづく神観と祭祀が確立した。そして、七世紀後半、東アジアの情勢変化を受けた、倭国から日本への国家形成の道程の中で律令祭祀は完成したのである。この後、古代の神観・祭祀は、十世紀頃の環境・景観の変化を受けて再び変化し、本地垂迹説のような中世的な神仏観が形成された。やはり、神観は環境の働きと深く関係していたのである。

注

1　大場磐雄『神道考古学論攷』葦牙書房、一九四三。

2　大平茂「第Ⅰ編　第4章　祭祀考古学の大系――新しい神道考古学の枠組みにむけて――」『祭祀考古学の研究』雄山閣、二〇〇八。
3 大場磐雄『祭祀遺跡』角川書店、一九七〇。
4 笹生衛『神と死者の考古学』吉川弘文館、二〇一六。
なお、大場磐雄の研究以降、考古学研究で使用された「依代」の用語と概念の整理については、時枝務氏の論考に詳しい。

時枝務「神道考古学における依代の問題」『立正大学大学院紀要』三十一号、二〇一五。
5 亀井正道『建鉾山――福島県表郷村古代祭祀遺跡の研究』吉川弘文館、一九六六。
6 パスカル・ボイヤー（鈴木光太郎＋中村潔訳）『神はなぜいるのか？』NTT出版、二〇〇八。
Pascal Boyer. (2002), *Religion Explained : The Human instincts that Fashion Gods, Spirits and Ancestors*. London, Vintage Books.
7 スチュアート・E・ガスリー（藤井修平訳）「神仏はなぜ人のかたちをしているのか　擬人観の認知科学」『〈日本文化〉はどこにあるのか』春秋社、二〇一六。
8 井上順孝「宗教研究は脳科学・認知科学の展開にどう向かいあうのか」『宗教哲学研究』第三十五号、宗教哲学会、二〇一八。
9 岡田莊司「天皇と神々の循環型祭祀体系――古代の祟神――」『神道宗教』一九九・二〇〇号、神道宗教学会、二〇〇五。
10 例えば、東京湾の東岸、小糸川中流域の常代遺跡では、弥生時代中期の流路や方形周溝墓の基盤となる厚さ約二メートルの砂質土層の下に縄文時代後期の泥炭層を確認している。同じく養老川下流域の村上遺跡でも弥生時代後期の流路の基盤層となる砂質土の下に縄文時代後期の土器を多量に含む泥炭層を確認している。
（財）君津郡市文化財センター編『――千葉県君津市――常代遺跡群』㈶君津郡市文化財センター他、一九九六。

（財）千葉県文化財センター編『村上遺跡群埋蔵文化財調査報告書――市原市村上遺跡・村上山王前遺跡・廿五里十三割遺跡――』（財）千葉県文化財センター他、一九九七。
11 弥生時代の信仰・祭祀に関する近年の研究では、小林青樹『倭人の祭祀考古学』（新泉社、二〇一七）がある。
12 静岡県編『静岡県史　資料編1　考古一』静岡県、一九九〇。
13 松本岩雄・足立克己編『出雲神庭荒神谷遺跡』島根県教育委員会・島根県古代文化センター、一九九五。
14 角田徳幸・山崎修編『加茂岩倉遺跡』島根県教育委員会・加茂町教育委員会、二〇〇二。
15 近藤義郎『楯築弥生墳丘墓』吉備人出版、二〇〇二。

16 注6文献に同じ。
17 近藤義郎『前方後円墳の時代』岩波書店、一九八三。
福永伸哉「前方後円墳の成立」『岩波講座　日本歴史　第1巻　原始・古代1』岩波書店、二〇一三。
18 寺澤薫『日本の歴史2　王権誕生』講談社、二〇〇八。
19 桜井市纏向学研究センター編『奈良県桜井市　纏向遺跡発掘調査概要報告書――トリイノ前地区における発掘調査――』桜井市教育委員会、二〇一三。
20 岡本東三「こうもり穴洞穴」『千葉県の歴史　資料編　考古2（弥生・古墳時代）』千葉県、二〇〇三。
21 岡田莊司『大嘗の祭り』学生社、一九九〇。
22 東京湾岸の小櫃川流域では、芝野遺跡で弥生時代後期中頃に、河川に面する集落と水田が洪水層で埋没、同じ菅生遺跡では弥生時代後期から古墳時代前期に水田が洪水層で埋没している。また、静岡県の安倍川下流域の登呂遺跡では、後期の中頃と末期（紀元後二世紀中頃と後半頃）の二度にわたり安倍川の洪水で集落が埋没し放棄された。
（財）千葉県文化財センター編『東関東自動車道（千葉・富津線）埋蔵文化財調査報告書7――木更津市芝野遺跡――』（財）千葉県文化財センター他、二〇〇一。

（財）千葉県文化財センター編『一般国道409号（木更津工区）埋蔵文化財調査報告書――木更津市菅生遺跡・祝埼古墳群――』（財）千葉県文化財センター他、一九九八。

岡村渉「静岡県登呂遺跡の再発掘調査」『日本考古学』第13号、日本考古学協会、二〇〇二。
23 奈良県立橿原考古学研究所編『大和の前期古墳　ホケノ山古墳調査概報』学生社、二〇〇一。
24 福永伸哉『三角縁神獣鏡の研究』大阪大学出版会、二〇〇五。
25 東大寺山古墳研究会、天理大学・天理大学付属天理参考館編『東大寺山古墳の研究』真陽社、二〇一〇。
26 石上神宮編『石上神宮寶物誌』石上神宮、一九二九。
27 京都大学文学部考古学研究室編『柴金山古墳と石山古墳』京都大学文学部博物館、一九九三。
石田茂輔「日葉酢媛命御陵の資料について」『書陵部紀要』第一九号、一九六七。
28 徳田誠志他「神功皇后　狭紀盾列池上陵墳塋裾護岸その他整備工事区域の調査および墳丘外形調査」『書陵部紀要』第五六号、

二〇〇五。
29 田中史生「倭の五王と列島支配」『岩波講座　日本歴史　第1巻　原始・古代1』岩波書店、二〇一三。
30 笹生衛『神と死者の考古学』吉川弘文館、二〇一六。
31 米川仁一「古墳時代前期の方形区画施設について」『河上邦彦先生古稀記念献呈論文集』河上邦彦先生古稀記念会、二〇一五。
32 神戸市教育委員会編『松野遺跡発掘調査概報』神戸市教育委員会、一九八三。
33 原雅信「金井下新田遺跡の囲い状遺構と祭祀遺構について」『平成二十九年度遺跡発表会　金井下新田遺跡の謎にいどむ』公益財団法人群馬県埋蔵文化財調査事業団、二〇一七。
34 笹生衛「神の籬と神の宮――考古学からみた古代の神籬の実態――」『神道宗教』神道宗教学会、二〇一五。
35 小沢洋「内裏塚古墳群」『千葉県の歴史　資料編　考古2（弥生・古墳時代）』千葉県、二〇〇三。
36 笹生衛『神仏と村景観の考古学』弘文堂、二〇〇五。
37 松木武彦「倭王権の地域構造――小古墳と集落を中心とした分析より――」『国立歴史民俗博物館研究報告』第二一一集［共同研究］古代東アジアにおける倭世界の実態、国立歴史民俗博物館、二〇一八。
38 注34論文に同じ。
39 羽咋市教育委員会編『石川県羽咋市寺家町・柳田町　寺家遺跡　発掘調査報告書　総括編』羽咋市教育委員会、二〇一〇。
40 注30文献に同じ。
41 岡田莊司「古代の国家祭祀――祈年祭の淵源を探る――」『神道史研究』第六十五巻第二号、神道史学会、二〇一七。

出雲の古代祭祀と神・社

松尾　充晶

はじめに

古代の出雲は『古事記』『日本書紀』神話上の重要な舞台となっただけでなく、杵築大社や出雲国造の存在に代表されるように、実社会でも神祇祭祀面で強烈な個性を放った地域であった。加えて、奈良時代の地誌である『風土記』が全国で唯一、ほぼ完本で伝わるという恵まれた事情がある。この『出雲国風土記』を糸口に、地域社会における古代祭祀・伝承・神社等々について、様々な研究が蓄積されてきた。さらに近年では、古墳時代の祭祀遺跡や奈良時代の神社遺跡の発掘調査事例が増加し、考古学的なアプローチによる研究が進展したことも大きい。本稿はこうした研究の現状を踏まえて、出雲における奈良時代以前の祭祀、特に神社の実態について検討を試みたい。

一　『出雲国風土記』に見る奈良時代の神社

1　神はどこに坐すのか

古代の地域社会では、神はどこに坐すと観念されていたか。それを知るのに最も有効なのが『風土記』の記述である。『風土記』は奈良時代の地誌であり、和銅六年（七一三）に発せられた編纂の命に応じて各国で作成されたが、大半は今日までに失われ内容を知ることができない。ただ出雲国のものはほぼ完全に伝わっており、ここから極めて貴重な当時の土地情報を読み取ることができる。

あらためて『出雲国風土記』から、神が坐す空間についての記載を探してみよう。実際のところ、神に関する記述は全体を通じて頻出するのだが、その登場箇所は（イ）郡郷名の由来、（ロ）神社名の列記、（ハ）自然地形の説明、の三パターンに分かれる。このうち（イ）は地方行政単位としての郡や郷の名が神の名や発言、行動に由来することを述べたもので、例えば「この地を巡行していた神が稲種を落とされたので、多禰（タネ）郷という」といった形をとる。重要な伝承ではあるが、神がどこに坐すか、どのような祭祀空間が存在したのか、という歴史的事実を読み取ることはできない。また（ロ）は郡別に神社の名前だけを羅列したもので、出雲国内の神社を網羅的に知ることができる一方、社名以外の情報、例えば個別神社の立地や施設といったことは全く述べられていない。

（1）神社の立地に関する自然地形記載

その点で、神の坐す空間について最も客観的情報が得られるのが（ハ）自然地形の説明、の箇所である。ここは「山川原野の名号の所由を言上せよ」という風土記編纂の官命に呼応したもので、山野や河川といった自然地形の①位置（郡家からの方位と距離）、②規模、③産物や利用状況、④名前の由来などが説明される。一例をあげよう。「高麻山。①郡家の正北一十里二百歩。②高さ一百丈、周り五里。③北の方に樫・椿等の類有り。東と南と西の三つの方は、並びに野なり。④古老の伝へて云はく、神須佐能袁命の御子、青幡佐草壮命、是の山の上に麻撒き給ひき。故、高麻山と云ふ。即ち此の山の岑に坐すは、其の御魂也。」このように地理情報を数理的・客観

表1『出雲国風土記』神・社の坐す空間

郡名	種別	項目	主体	位置	記載
意宇郡	山	熊野山	社	―	熊野大神の社坐す
意宇郡	山	久多美山	社	―	社有り
意宇郡	山	玉作山	社	―	社有り
意宇郡	山	神名樋野	―	―	―
島根郡	埼	加賀神埼	社	此処	支佐加比売命の社、此の処に坐す
島根郡	浜	美保浜	社	西	西に神社有り
島根郡	浜	野浪浜	社	東辺	東の辺に神社有り
島根郡	浦	質留比浦	社	南	南に神社有り
島根郡	島	蜈蚣島	社	東辺	東の辺に神社
秋鹿郡	山	神名火山	社	山下	佐太大神の社は即ち彼の山下なり
秋鹿郡	山	安心高野	社	上頭	上頭に樹林あり。此は則ち神の社なり
楯縫郡	山	神名樋山	神	嵬西	石神は即ち是、多伎都比古命の御魂なり
出雲郡	山	神名火山	社	山嶺	曽支能夜社に坐す伎比佐加美高日子命の社、即ち此の山の嶺に在り
出雲郡	山	出雲御埼山	社	西下	西の下に、謂はゆる所造天下大神の社坐す
神門郡	山	吉栗山	※		所造天下大神の宮材造る山なり
神門郡	山	宇比多伎山	※		大神の御屋なり
神門郡	山	稲積山	※		大神の稲積なり
神門郡	山	陰山	※		大神の御陰なり
神門郡	山	稲山	※		大神の御稲なり
神門郡	山	桙山	※		大神の御桙なり
飯石郡	山	琴引山	神	山峯	所造天下大神の御琴あり／石神有り
仁多郡	山	御坂山	※	―	此の山に神の御門有り
仁多郡	山	玉峯山	神	山嶺	山嶺に玉上神在す
仁多郡	山	菅火野	社	峰	峰に神社有り
仁多郡	山	恋山	神	村	阿伊村に坐す神、玉日女命
大原郡	山	城名樋山	※		所造天下大神大穴持命／城を造りたまひき
大原郡	山	高麻山	神	岑	此の山の岑に坐すは其（青幡佐草日子命）の御魂なり
大原郡	山	船岡山	※		阿波枳閇委奈佐比古命の曳来て居えましし船、即ち此山是れなり
大原郡	山	御室山	※		神須佐乃乎命、御室を造らしめ給ひて宿らせる所なり

的に記述する方式が取られており、④を除いて伝承説話的性格が薄い。従って、ここに記載されている内容は、基本的に当時の現実や認識を反映するとみて良いだろう。例えば先に挙げた高麻山の場合は、「高麻山」という名の由来を説くために（遠い過去に）神が麻（の種）を撒いたとの伝承を掲げる一方、現時点の情報として山の峯に青幡佐草壮命の御魂が坐している、という事実が述べられている。

このような、神・社が坐す空間の認識を客観的に記載したとみられる箇所を抽出したのが表1である。例外的に島根半島の海浜部に浜・浦と言った臨海地形があるが、それ以外は山（特に山の峯）に限られることが明白に見て取れる。[注1]

（2）『風土記』説話が語る、山峯に坐す神

このような、神は山の峯に坐すという観念は日本古代の地域社会に普遍的なものであり、それを色濃く反映する説話は各地にある。『常陸国風土記』久慈郡賀毗礼峰条を例にあげよう。生活域にある松の木の股に荒ぶる神が坐していて、うっかり木に向かい大小便をする人を激しく祟って苦しめた。困った人々は神に対し、不浄な人間の居住域に神が坐すべきでないことを告げ、高山の浄き境へと遷り鎮まるよう敬い祭った、このような説話だ。山峯に坐す荒ぶる神を祭る、という観念は『播磨国風土記』揖保郡伊勢野条等にも見られる。古代社会において人々が山を見上げ、そこに坐す神に畏れを抱いていたこと、そしてその神を鎮める祭祀を行なっていたこと、を風土記説話は雄弁に物語っている。

2　人はどこで神を祀るか

（1）風土記説話と祭祀遺跡の接点

各地の『風土記』は奈良時代の八世紀前葉に編纂されたが、説話伝承の内容は奈良時代に生まれたものではない。編纂時すでに古老のみが伝承するような、相当古くからの言い伝えが採録されているのであり、数百年さかのぼる信仰の歴史をもつ伝承も多く含まれていることであろう。そのような奈良時代の伝承の背景にある祭祀の伝統をうかがわせるのが、『出雲国風土記』楯縫郡神名樋山条である。

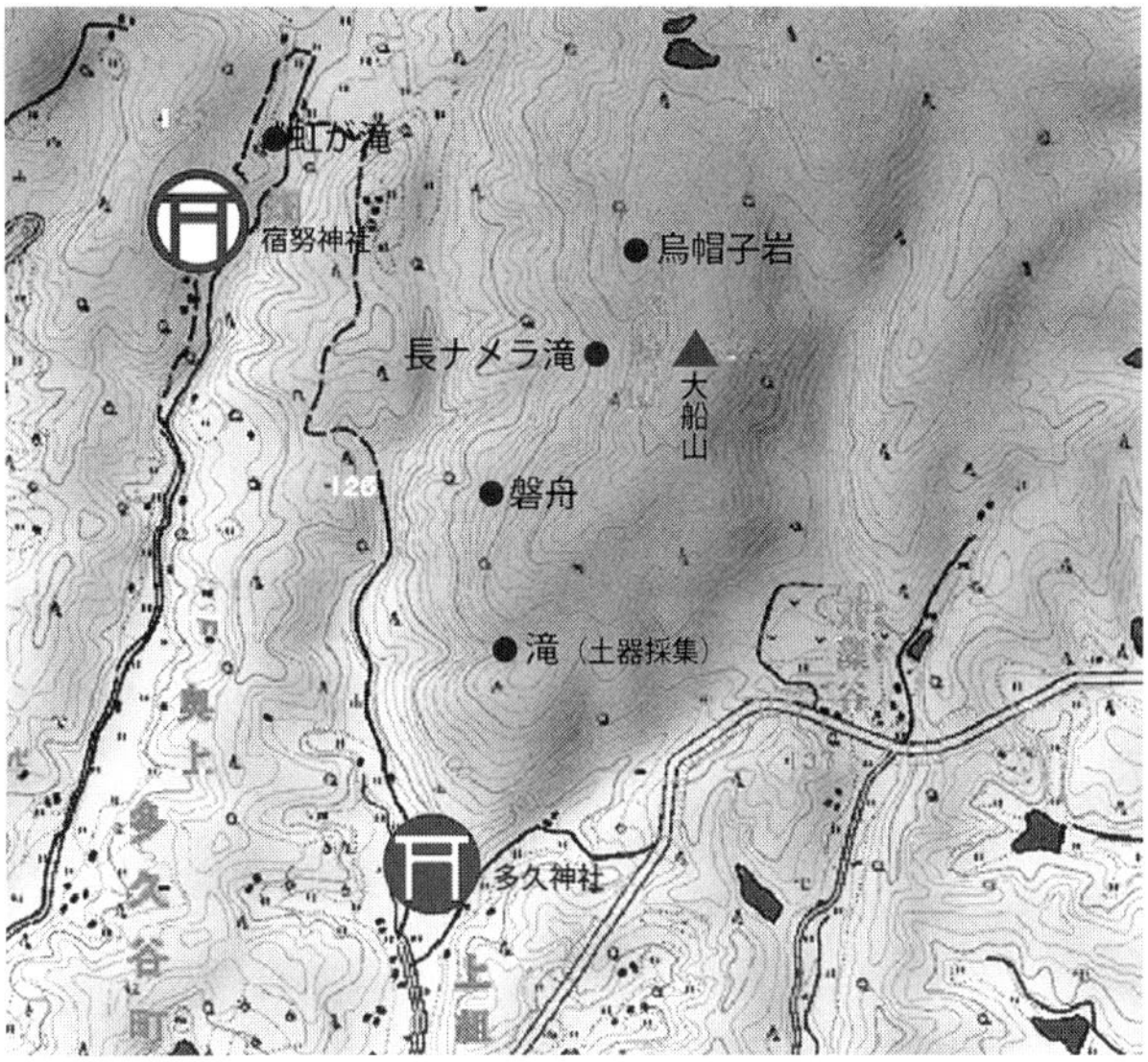

挿図１　『出雲国風土記』楯縫郡神名樋山の周辺図

「神名樋山。（略）嵬の西に石神在り。（略）古老の伝へて云はく、阿遅須枳高日子命の后、天御梶日女命、多宮村に来坐して、多伎都比古命を産み給ひき。（略）所謂石神は、即ち是、多伎都比古命の御託なり。旱に当りて雨を乞ふ時は必ず零らしむる也。」

日照りに際して雨乞いをすると、山峯に坐す多伎都比古命が雨を降らせてくれる、というのだ。この楯縫郡神名樋山は現在の大船山（島根県出雲市多久町）に比定され、今も『風土記』の記載通りに、稜線上に「石神」が一三〇〇年の時を超え現存している（現在の地元呼称は「烏帽子岩」）。この山が抱く地下水は地表下を伏流し、山腹の谷筋に沿って小さな沢や滝を作り出しているのだが、その滝の一つから古墳時代の土器が出土していることが注目される。[注2] 土器は山中にある小さな滝壺背後のくぼみからまとまって出土していて、水が湧き出る滝の場所を祭祀空間として選び、神への供献行為が行なわれたことがうかがえる。土器の年代は時期幅があって、最も古いものは古墳時代前期にさかのぼる。これは『風土記』に説話が採録される三百年以上前から「タキツヒコ＝水を司る滝の神」への祭祀が行われていたことを示しており、信仰と伝承が長期間、伝えられてきたことが読み取れるのである。

さらに注意されるのは、神が坐す場と、人が祀る空間が同一地点ではないこと。『風土記』伝承に述べられるように、神は山の峯、しかも峯にそびえる「石神」に坐すのであるが、古墳時代の人々が祭祀を行うのは石神の前ではなく、神の威力が発揮される中腹の滝の前であって、神の至近まで近づこうとしていないのだ。このような、「神の坐す空間≠人が祭る空間」という図式は奈良時代も同様であった。『出雲国風土記』に記載される多久社が人が祭る空間に相当するがそれは神名樋山を仰ぎ見る山裾に設けられており、峯の石神を神社と呼んではいない。

（２）山口・水口での祭祀

今日の感覚では、神は常設の社殿内に常在するのであって、神坐す空間と人が祀る場は同一であるのだが、古代において両者は別であった。このことを読み取れるのが、『常陸国風土記』行方郡条に載る箭括氏麻多智の説話である。その一部の概略を簡単に述べると、麻多智が葦原であった谷を開墾したところ夜刀神が妨害するので、麻多智は武装して夜刀神と戦ってこれを追い払う。そして山口に標柱となる杖を立て堺とし、「これより上は神の地、下は人の田」と宣言し、社を設け、自らが神の祝となって永代に敬い祭った、というもの。この説話に関しては古代史・上代文学の様々な視点から言及が為されているが、本稿の視点では神と人との空間が杖を境として区切られること、両者の境界にあたる山口に社が設けられること、が重要である。元々は細い谷筋に伸びる湿地帯は自然界に属し神の空間であったが、そこを開墾し水田を安定して営むためには、神の怒りに触れないよう「永代に敬い祭る」ことが必要であった。そしてその祭祀空間すなわち社は、谷の田に引く水が涌き出でる、山口に設定されたのである。

古墳時代の祭祀遺跡は水辺に形成されることが多く「水辺の祭祀」と称されることもあるが、多くの場合そこが選ばれた背景は単に水辺であることではなく、水利に関わる空間、具体的には灌漑のための水路や取水口、堰などである場合が主流であった。直接は農耕水利に関わらない湧水地や井泉の祭祀もあるが、広くは水の生成に対する安定的利用が目的であり、通底するものである。

そのような古墳時代の水利に関わる祭祀遺跡として、大家八反田遺跡（島根県大田市大代町）を例にあげる。[注3]ここでは古墳時代中期（五世紀中頃）、自然河道の中に設けられた取水堰を舞台に共同体の祭祀がおこなわれた。堰や水路中、川べりに捧げられた多量の土器が発掘された他、モモ、クルミ、トチの種が多量に出土しており、モモが実る初夏に、川から田へ水を引き込む堰で、安定した水の恵みや田の稔りを祈った行為が想定される。祭祀の場に立つと視線の真正面には三角形で秀麗な山（中世山城があったことから、城山と呼称される）があり、この山の頂に坐す神を山口・水口に迎えて祭る「御阿礼型」の祭祀構図が想定される。

大家八反田遺跡で出土した神への奉斎品には果実や土器に納められた食品類の他、粘土で造形し焼き固めた鏡・勾玉の模造品が含まれていた。こうした土製模造品は古墳時代の祭祀遺跡に通有のもので、象徴的な神への捧げ物として調製されるものであるが、注目されるのはカエルを模した土製品一点が含まれることである（挿図2）。一般的に人形や動物形（馬形など）は出土例が多いが、カエル形土製品は類例がない。珍品であり評価が難しいが、これは捧げる対象としての神が〝蛇〟の姿で観念されていたことを示すものと解釈したい。

古代社会で自然界を体現する神が蛇体に観念されることは一般的であったとみられ、前述の『常陸国風土記』

行方郡条で田の耕作を妨害する夜刀神も「その形蛇の身にして頭に角あり」と記される通り蛇身であった。大家八反田遺跡で出土したカエル形土製品は、このように蛇に観念される自然神に対し、安定した水の恵みを祈念したものと理解される。このように水を司る神が蛇の姿をしていて、治水・利水を図る人間との間に軋轢が生じる構図は『日本書紀』仁徳六十七年是歳条にもみることができる。ここでは備中国の川島川に虬（角の無い竜、とされ大蛇を指す）がおり、その毒で多くの人が亡くなり人々が苦しんでいたが、笠臣の祖である県守がこれを退治した、と記される。この記事は川の氾濫や渇水に苦しんでいた人々が、地域首長（ここでは笠臣の祖）の主導のもとで使役され治水・用水事業をおこなうことで、これを見事に克服した、という経緯を背景に伝承された説話と理解される。[注4]『書紀』に採録された笠氏の伝承の眼目が、水の制御に成功した祖先の功績にあるため、川島川の虬はただ退治される存在として描かれるが、箭括氏麻多智が自らが祝となって永代に祭ることを宣言した夜刀神のように、荒ぶる自然界を表象する虬とは地域首長が共同体を代表して祭り鎮める対象、すなわち神であったと理解される。

挿図２　大家八反田遺跡出土のカエル形土製品（大田市教育委員会所蔵）

二　出雲の古墳時代祭祀遺跡と神・社

前章では、『風土記』説話を中心に古代の神と人との空間的関係を整理し、「水辺の祭祀」の背景にある観念について述べた。本章では、実際に祭祀がおこなわれた遺跡事例を取り上げながら、その展開過程を見ていきたい。

1　出雲大社境内での祭祀の初源

実は出雲大社の境内は出雲の中でも古い祭祀遺跡である。その事実は、出雲における祭祀の展開を考える上で注意される。平成十二年、境内中心地でおこなわれた発掘調査で、古墳時代前期後葉の多量の土器とともに玉類が出土した。[注5] これらは祭祀行為に伴うとみられ、出雲大社境内における祭祀の初源にも位置づけられる。出土した玉の内訳は、メノウ製勾玉一点、蛇紋岩製勾玉一点、滑石製臼玉十二点（挿図3）。少数であるが、調査が四十五平方メートルほどのごくわずかな範囲であったことや、調査終盤で玉が包含されていることに気づいて以降に土砂をふるいかけしてようやく回収したものであることを考慮すれば、出雲大社境内での祭祀には多量の玉類が使用されていたことが推察できる。これらはわずかな資料であるが、出雲とヤマト王権との交渉を考える上でたいへん重要なものであり、少し詳細に見てみよう。

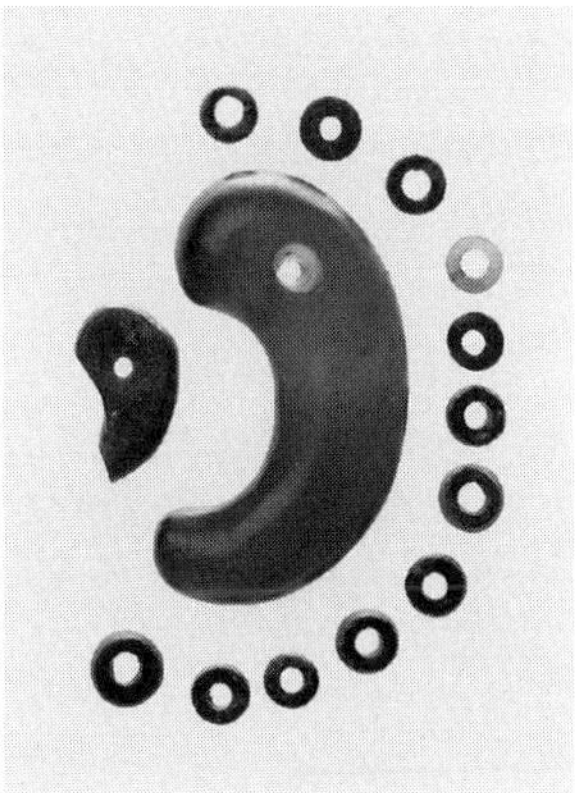

挿図3　出雲大社境内出土の古墳時代玉類（出雲大社所蔵）

まずメノウ製勾玉であるが、そもそも出雲産の赤いメノウ製勾玉が生み出されるまで、勾玉は緑色（ヒスイ・碧玉等）に限られていた。古墳時代前期後葉に初めて出雲で赤（メノウ）と白（水晶）の勾玉が創出されるが、しばらくの間、その供給先はヤマト王権周縁に限定されていた。したがってこの時期のメノウ製勾玉が出雲内で出土することはほとんどなく、出雲の古墳に副葬された事例はわずかに、大和の佐紀盾列古墳群の勢力と直接的関係にあった人物、上野一号墳（島根県松江市宍道町）一例に限られている。出雲大社境内遺跡は、メノウ製勾玉が創出されたごく初期の事例であり、しかも古墳への副葬ではなく祭祀での奉斎品である。出雲内では流通しないメノウ製勾玉を入手できたことからみて、この祭祀の主体者が出雲―ヤマト王権の玉の動きに関与できる有力な人物、首長であったことをうかがわせる。また、小勾玉の素材である蛇紋岩と、臼玉の素材である滑石は出雲平野周辺にもともと存在せず、遠隔地から搬入されたものである。特に注目されるのは臼玉で、これは祭祀専用の玉としてヤマト王権周辺で創出され、古墳時代中期以降、列島各地に製作地が広まったものだ。したがって出雲大社境内遺跡の前期後葉の臼玉は、各地で滑石製玉類生産が始まるよりも前の、全国的にみても最初期のもので、発信地である畿内からもたらされたもの、と評価できる。出雲大社がなぜ現境内地に鎮座するのかは大きな謎であるが、古墳時代前期の祭祀空間を継承していることを玉類が示しており、その内容が出雲とヤマト王権の交渉を反映している点も示唆的であろう。宗像沖ノ島での祭祀開始期とも同調しており、国土領域を意識した王権との接触が、先駆的な畿内的祭祀を出雲に持ち込むきっかけになった可能性もある。

2　首長がおこなう祭祀遺跡

先に述べた出雲大社境内での古墳時代前期の祭祀は単発的で、その後に継続しない。これは境内での調査がごく限定的という制約のせいであろうが、地理的拡散が認められないのは事実である。出雲全域では古墳時代中期以降、ミニチュア土製品や石製品（有孔円盤等）、玉類を使用した遺跡が散見されるがいずれも小規模で、かつ単発的なものにとどまる。

そうした中で特筆されるのが、首長層が主宰する質の高い祭祀の出現である。五世紀後葉の石田遺跡（島根県松江市浜佐田町）は出雲ではその初期のもので、『出雲国風土記』に佐太水海と記された内水域に面した谷に立地している。谷の最奥部にある湧水地点に水を貯める木組みの槽が設けられており、その下流側から祭祀に伴う多量の土器、木製品が出土した。[注6]その中でも注目されるのが大型の木製琴である。共鳴槽が付く槽作りのものが二個体分以上あり、全長が一九二センチと全国でも最大級である。木製琴は六大A遺跡（三重県）、南郷大東遺跡（奈良県）、山ノ花遺跡（静岡県）など古墳時代の祭祀遺跡から出土例があるがいずれも造りが丁寧で非常に上質であって、いずれも高階層者による祭祀に用いられたとみて良い。石田遺跡は、湧水地で地域首長がおこなう祭祀の場と考えられる。

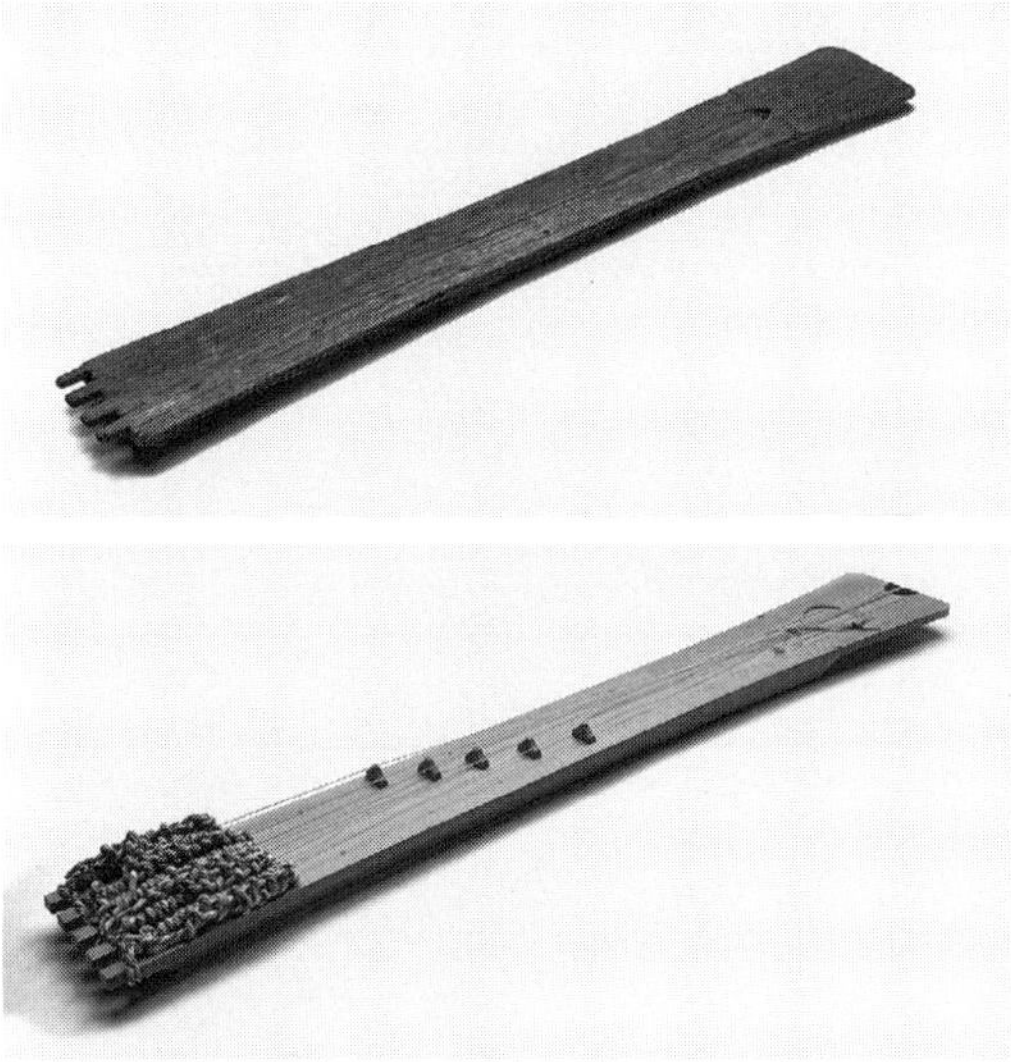
挿図4　前田遺跡出土の木製琴（上）と復元品（下）

そのような首長による祭祀の代表例が、前田遺跡（島根県松江市八雲町）であろう。[注7]川辺の祭祀場から大型の木製琴（挿図4）や頭椎大刀、玉類が出土しており、献じられた品の質・量が卓越している点から有力な階層がおこなった祭祀とみられている。特に、出雲で最大の古墳系列（山代古墳群）との地理関係などからみて、後の出雲国造出雲臣につながる出雲最有力氏族がおこなった可能性も高い。ここでの祭祀は五世紀後半に始まり長期間継続し、六世紀後葉にピークを迎える。祭祀で捧げられた品々は灌漑水路の取水堰に堆積するようにして出土しており、おこなわれた祭祀が前章で述べたような水利上の要地でおこなう稲作儀礼であったことをうかがわせる。

3　神坐す山と神社、祭祀遺跡

前述の前田遺跡は、古代社会における神坐す空間と神社、祭祀遺跡の関係を考える上でたいへん示唆的である。これをやや詳しく取り上げよう。遺跡が立地する意宇川水系は、郡内最高峰の熊野山（現呼称は天狗山）に流れを発し、後に出雲国府が置かれる意宇平野に注ぐ。『出雲国風土記』は水の源となる熊野山について、「熊野山。郡家の正南一十八里。檜・壇有り。所謂熊野大神の社、坐す。」としており、熊野大神の社が熊野山にあったことがわかる。ここでいう「熊野大神の社」を熊野大社（『延喜式』では名神大社「熊野坐神社」）と全く同一の神社施設を指すとする理解もあるが、前章で楯縫郡神名樋山の石神と多久社の関係を例に述べたように、山中にある神の社（根源的祭祀空間）と、山麓にある神社（祭祀をおこなう空間、施設）は別であった。したがって、熊野山に坐す大神の社とは、今も元宮と称され祭祀がおこなわれる、山頂付近の磐座など自然空間を指すと見るべきであろう。『出雲国風土記』が「大社」と呼称するのは杵築大社と熊野大社の二社だけであり、意宇郡が杵築大社と熊野坐神社の神郡に設定されていることが示すように、両者は出雲国造が奉斎する、出雲を代表する神社であって、熊野大社の施設は熊野山の麓に相当に整備された社殿群という形で存在していたと考えられる。

熊野大神の神格は『延喜式』出雲国造神賀詞にその神名が「伊射那伎の日真名子、かぶろき熊野の大神櫛御気野命」とあらわれるように「奇しき御食」を支配する食物神であり、熊野山から流れ出る水に依拠した食物生産、すなわち稲作儀礼がその根底にあった。その点であらためて意宇川の流れを見ると、前述の前田遺跡を起点とする耕地を経て、さらに意宇平野に注ぎ広大な水田の水源となっている。意宇平野は古代出雲国府が置かれるが、近年その下層に溝で囲まれた方形区画が存在していたことが指摘され、古墳時代中期後半の首長居館ではないかと推察されている。[注8] 古墳時代の首長居館として著名な三ツ寺Ⅰ遺跡（群馬県）が水利の拠点、水配りの要に設置されていて、下流域の開発拠点としての性格を備えていた、という理解があるが、[注9] 出雲国府下層の首長居館も意宇平野の開発拠点として、稲作に関わる重要な祭儀の場になったことが想定できよう。意宇平野は古墳時代中期後半、渡来人の灌漑技術を導入して基幹用水路を整備し、大規模な開発が進んだと考えられている。これが古墳時代後期以降、上流側の支谷へと次第に開発が進展し、祭祀の場も新たに設定されていく。その一つが、前田遺跡であった。前田遺跡は田に水を引き込む地点でおこなわれた稲作儀礼の場所であるが、大局的には熊野山に坐すと観念された水を支配する食物神（熊野大神）への祭祀の一部であった。

熊野大神は意宇川水系全体に信仰される広域神であったが、その信仰圏内に複数存在した前田遺跡のような祭祀の場が、奈良時代の『風土記』段階には神社群として継承されていったことが想定される。『出雲国風土記』意宇郡条及び『延喜式』神名帳により、熊野大社から前田遺跡に至る間の意宇川沿いに多数の神社（官社・式内社）が近距離に連なって存在していたことがわかる（挿図5）。これはそれぞれが個別の神社として扱われているが、総体的に熊野大神に連なる一連の信仰空間を継承したものと理解すべきであろう。後述するように『出雲国風土記』記載の神社は国内に均一に分布するわけでなく、村落分

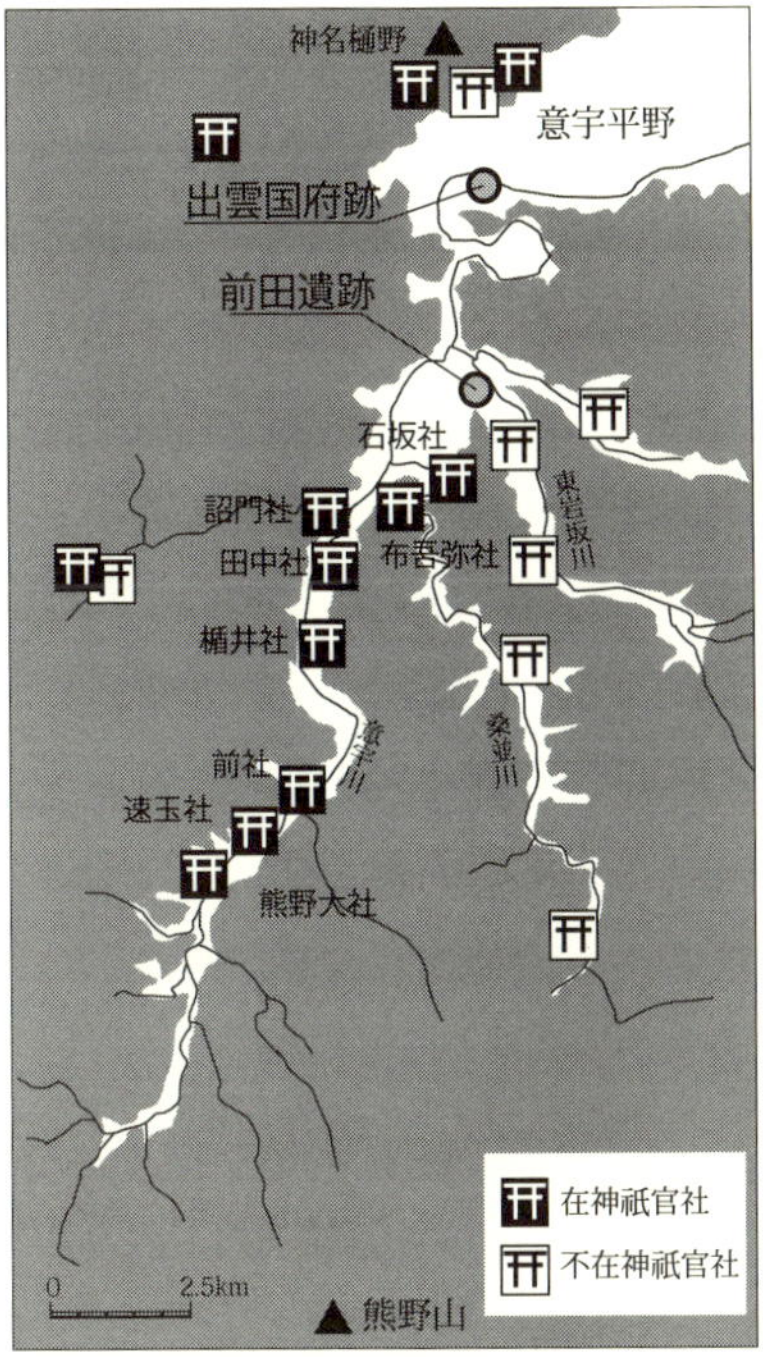

挿図5　熊野大社と意宇川沿いの神社群

布や人口粗密と対応しない、局所的に集中する地域があるのだが、熊野大社周辺はその代表である。こうした神社群の集中は多分に人為的なもので、熊野大神という神格の大きさというよりは、奉斎氏族の勢力の大きさと見ることもできる。つまり、古墳時代に出雲で最有力だった首長層が耕地の開発を進める中で上質な品々を用いた水辺の祭祀遺跡が営まれ、さらにその奉斎氏族が伸長して出雲国造出雲臣となった段階では、熊野大神は出雲を代表する神として高い神格を具え、熊野大社を始めとする濃密な神社群が成立していくのである。このように熊野大神は出雲国内でも特別な神ではあるものの、山に坐す神に対して、麓の田の水口で共同体の利水を主導する首長が祭祀をおこない、祭祀空間が神社となっていく、という一般的な基本形を良く示すものだといえる。

三　古代出雲国の神社

1　出雲国における古代神社の特徴

ここまで述べてきた古墳時代の祭祀遺跡や『風土記』から読み取れる神観念は決して出雲に特有なものではなく、水田耕作を基軸にする列島全体に広く普遍的にあるものであろう。その一方、出雲に極めて特徴的に認められるのが、国内神社のあり方である。出雲国の神社は天平五年（七三三）の『出雲国風土記』からその全体像が知り得るわけだが、その特徴は以下の三点にまとめることができる。それは①成立が古いこと、②数が多いこと、③非官社が存在すること、である。それぞれ具体的には、①八世紀前葉に出雲国の官社がほとんど出揃っており、②その数が一八〇余社と近隣他国に比して突出して多く、③神祇官に把握される官社一八四社以外に、「不在神祇官」とされる神社（非官社）が二一五社も存在している、という点を指す。

こうした出雲国の神社は、前述したような普遍的な共同体の地域神の祭祀を網羅したものではなく、そうしたものから意図的に、選択的に抽出した存在だと考えられる。前述の熊野大社周辺に密集する一方、山間部を中心とする飯石郡、仁多郡には官社の空白地帯が広がるなど、国内でも粗密・偏在が顕著であって、村落、共同体単位と対応しないことが明白である。結論を急げば、こうした出雲国の神社分布は出雲国内の神祇祭祀を主導した出雲国造とそれに連なる有力氏族の政治圏・信仰圏に対応したものと考えられる。『出雲国風土記』は飯石郡三屋郷の地名由来を「所造天下大神（大穴持命）の御門、即ち此処に在り。故、三刀矢と云ふ。」と説くが、「御門」の外にあたる三屋郷より山間部には官社が設定されず、「御門」の内が大神の出雲世界、と観念されたことをうかがわせる。こうした伝統的出雲世界とは、令制出雲国成立以前の出雲国造の首長権が及ぶ領域を前提としており、古墳時代後期に確立されたものが踏襲されているのである。

そのような出雲世界の内側に多数の神社が意図的に選定されている背景について、大国主神の御子神たちと対応する神社群の設定が企図された、という仮説を示したことがある。注10 ここで詳しくは述べないが、その着眼点となったのが出雲国の官社が『出雲国風土記』段階で一八四社、約二〇〇年後の『延喜式』で一八七社とほとんど増加しないことである。多くの国で八世紀後半以降に官社設定が進むのに対し、出雲国は八世紀初頭に一八〇の神社「＝百八十社」を前提にした官社の選定がおこなわれたことが想定できる。「百八十」は漠然と多数を示す表現と理解されているが、実は『古事記』『日本書紀』で「百八十」は多数表現として一般的でない。『記』国譲り段で大国主神が「僕が子等百八十神」の服属を宣言、また『紀』第八段一書第六に大国主神の御子神が「凡て一百八十一神有す」とするように「大国主神の御子＝百八十神」とする観念が、国家神話が編まれる七世紀後葉から八世紀前葉にかけて存在していたことが重要であり、ここでの「百八十神」は多数の神、という表現に限らず実数としての一八〇が意識されている。出雲国内の百八十の神社はこれと呼応・整合するために実際の地域社会に設定されたものであったと考えられる。神話構造上、国譲りを果たした大国主神は国津神の統合、国土造成神であり、その御子神とともに一体的に出雲で手厚く祭り鎮められていることが、天皇に及ぶ災厄を避け国家の安定を保障するものとして期待されたのであろう。こうした出雲像はあくまで全国各地の神々を把握しようと神祇制度を整えた律令国家にとって意義を持つ地域像であったが、それを出雲国造が統べる地域側も意図して負い、主張したことが想定される。

2　遺跡が明らかにした、奈良時代神社の実像

古代国家の安定を地方神祇の祭祀が支える、その基幹が出雲国内の神社である、という構図は、大国主神の鎮まる杵築大社の周辺に神社が密集する事実からも見て取ることができる。『出雲国風土記』には官社・非官社あわせて三九九の神社が載るが、そのうち一二二社、実に全体の三〇％余りが杵築大社の立地する出雲郡にまとまっている。九郡からなる出雲国内において、仁多郡のように一〇社しかない郡もある中で、出雲郡一郡への集中は明白である。さらに出雲郡内神社の六割を超える七七社は、杵築大社周辺の北山山系南麓に密集しているのである。この北山山系は『出雲国風土記』に出雲御崎山として記載があり、「西の下に所謂所造天下大神の社坐す」とされる。これこそが杵築大社であるが、杵築大社だけでなく出雲御崎山の麓には濃密な神社群が形成されていた（挿図6）。その数もさることながら、この地域の特色は「同社」「同〇〇社」が集中することだ。これは『風土記』の記載順で直前に記された〇〇社と同名の神社であることを示す表現であり、同名の神社が複数、併存していたことをあらわしている。例えばアズキ社と呼ばれる神社は表記が異なるものを含めて四〇もの同名社

が存在していた。山裾に広がる狭小な扇状地にそのような多数の神社が物理的に併存していたとは考えにくく、実態を伴わないものとする理解もあったが、その一方で、この地域に社殿建築を備えた神社施設が奈良時代に実存していたことを明らかにしたのが青木遺跡（島根県出雲市東林木町）の発掘調査であった。

青木遺跡は道路建設に先立ち平成十四～十五年に発掘調査され、神社社殿を含む建物群が確認された。[注11] 一一〇五点の墨書土器、八六点の木簡という多量の文字資料が出土し、遺跡が神社施設であることを裏づけている。具体的には共同飲食儀礼に伴う食器と、儀礼に必要な物資調達に関わる木簡であり、神社で行われたとされる儀制令春時祭田のような儀礼、田植えなどの集団労働における魚酒の提供を示すものと考えられる。祭祀に要する物資の調達の際に付けられた、貢進者を表示する付札木簡の分析から、遺跡を中心に半径二キロ程度の範囲にある伊努郷、美談郷、神戸郷から人々が青木遺跡に物資を貢納したことが読み取れ、さらに墨書土器「美社」「伊努」「県」の存在から、遺跡が『風土記』に記載がある

	キヅキ社（7）	アズキ社（40）	クサカ社（2）	イヌ社（12）	ミダミ社（13）	アガタ社（3）
官社	(6) 企豆伎社、同社 5	(11) 阿受伎社、阿受枳社 2 同阿受社、同社 7	(2) 久佐加社 来坂社	(7) 伊努社 2、伊農社 同社 4	(2) 弥太弥社 弥多弥社	(2) 阿我多社 県社
非官社	(1) 支豆支社	(29) 阿受支社、同社 25 同阿受支社 3		(5) 伊努社、同社 3 同伊努社	(11) 弥陀弥社、同社 9 同弥陀弥社	(1) 県社

挿図6　北山山系南麓・杵築大社周辺の同名社分布

挿図7　青木遺跡の神社施設復元模型（島根県立古代出雲歴史博物館所蔵）

「美談社」「伊努社」「縣社」であることがわかる。神社の中心施設とみられるのが二×二間の総柱建物三棟で、貼石を施した方形基壇の内側に建てられていた。三棟ともに、出雲大社本殿に代表される大社造の基本的要素を備えた社殿建築として復元が可能である（挿図7）。その他には神社の管理施設とみられる礎石建物や、石敷きで飾った井泉、果実を充塡した土師器甕五個の埋納遺構など、祭祀儀礼に関わる特殊な遺構が多数確認され、さらには絵馬や神像といった神社特有の出土品も数多く得られた。青木遺跡は古代の地域社会における神社の実像を示す遺跡として注目を集め、様々な議論の契機となった。

青木遺跡の神社社殿は、天平五年（七三三）の『出雲国風土記』の完成とほぼ時期的に重なる、神亀三年（七二六）～天平八年（七三六）の間に建設されたことが判明した。地方の神社としては整備時期が早い事例と言えよう。全国的に見ると、社殿を伴う神社跡と推定される遺跡は八世紀後半以降に成立し、金貝遺跡（滋賀県）、桜町遺跡（富山県）、三ヶ所遺跡（山梨県）など、青木遺跡と同様に田地開発の拠点となる地点に設けられる場合が多い。[注12] 一般的には、境内施設を固定し社殿をもつ神社は八世紀後半以降、拠点的な神祇祭祀施設として地域社会に整備されていったと考えられる。出雲国内の場合、『風土記』に三九九社記載される神社の多くはそのような存在ではなく、伝統的で自然物との結びつきが強い祭祀空間であった。社殿を伴う人工的施設として整備されるのは、主要交通路に近接し、有力郡司氏族が関与した一部の神社に限られていたとみられ、出雲の場合はその一例

が杉沢遺跡（島根県出雲市斐川町）である。[注13]

杉沢遺跡では低丘陵の山頂で目隠し状の柵列を伴った建物跡が確認され、付近に御井神社があることや丘陵裾より「三井」墨書土器が出土することなどから、八世紀後半～九世紀初めの御井社に当たる可能性が指摘されている。ここで社殿とみられる建物はやはり二×二間の総柱建物で、青木遺跡と同様に大社造の系譜に連なる。全国的にみて、神社推定遺跡の中心（本殿相当）建築は様々な形態を取り一様ではないが、出雲においては地域的な神社社殿の建築様式が早くに成立していた可能性も指摘されている。この点を取ってみても、出雲のあり方は独特で極めて地域色が強い。

おわりに

本稿では、『風土記』や祭祀遺跡を素材にして神観念と祭祀の内容、神社成立の背景、奈良時代の神社の実態について言及を試みた。神話や古代神祇祭祀において特異な輝きを放つ出雲ならではの地域的特性もあるが、本稿では出雲の地域史に終始しないよう、列島古代社会に普遍的な要素、一般的構造に留意して述べてきたつもりである。古代祭祀、信仰の実態については、特に地域資料に乏しく不明なことが多いが、近年の発掘調査により神社に関わる地域資料も増加しつつある。古代社会において極めて大きな役割を占めていた祭祀・信仰面について、小論が研究の一助になれば幸いである。

注

1 拙稿「古代の祭祀空間——『出雲国風土記』にみる地域社会の神と社——」（『史林』第九八巻第一号、史学研究会、二〇一五年）では、生業地勢に応じた共同体と神社の対応関係について検討した。

2 『古典に登場する名勝地調査』島根県教育委員会、二〇一八年／大国晴雄・西尾克己「楯縫郡の神名樋とその祭祀」『山陰史談』第一五号、山陰歴史研究会、一九七九年

3 拙稿「古墳時代の水利と祭祀」（『古代文化研究』第二三号、島根県古代文化センター、二〇一五年）で大家八反田遺跡の詳細について報告し、祭祀の内容について検討を加えた。

4 川島川の伝承については、亀田隆之「古代説話における水の問題」（『日本古代用水史の研究』吉川弘文館、一九七三年）などの考察がある。

5 『出雲大社境内遺跡』大社町教育委員会、二〇〇四年

6 『石田遺跡発掘調査報告書』松江市教育委員会、二〇〇四年。石田遺跡の祭祀に首長が関与したことについては、拙稿「社殿の成立過程とその背景——出雲国——」（『古代文化』第六六号第三号、古代学協会、二〇一四年）で言及した。

7 『前田遺跡（第Ⅱ調査区）』島根県八雲村教育委員会、二〇〇一年

8 池淵俊一「出雲国府跡における古代以前の遺構について」『史跡出雲国府跡——9 総括編——』島根県教育委員会、二〇一三年

9 若狭徹『古墳時代の水利社会研究』学生社、二〇〇七年

10 『百八十神坐す出雲』島根県立古代出雲歴史博物館企画展図録、二〇一五年／『古代祭祀と地域社会』島根県古代文化センター研究論集第一六集、二〇一六年

11 『青木遺跡Ⅱ 弥生~平安時代編』島根県教育委員会、二〇〇六年／このほか青木遺跡について重点的に論じたものとして『国史學』第一九四号、国史学会、二〇〇八年などがある。社殿建築の復元については、浅川滋男ほか「出雲市青木遺跡の「原始大社造」に関わる復元的考察」『古代祭祀と地域社会』島根県古代文化センター研究論集第一六集、二〇一六年がある。

12 このような神社の立地については、拙稿「古代神社の立地環境と構造」（『古代祭祀と地域社会』島根県古代文化センター研究論集第一六集、二〇一六年）で論じた。

13 『杉沢Ⅲ遺跡』斐川町教育委員会、二〇〇一年

伊勢地方の祭祀・信仰

——祭祀考古学からみた古代祭祀——

穂積　裕昌

日本古代史上における伊勢の重要性は、いうまでもなく大王家の祭場たる伊勢神宮が、当地に営まれたことである。

この経緯を語る『日本書紀』垂仁二十五年条では、崇神五年から続く疾疫や百姓流離などの政情不安とその対応に対する最終的な帰結として、倭姫命によるアマテラスの伊勢鎮坐が語られる。これを考古学的な視点を含めてどう読み説くかは重要な問題である。また、これとは別に、伊勢地方の祭祀考古学の知見から、古代文学との接点を見出しうるテーマが他にも存在する。ここでは、そうした古代文学との接点をもつ調査資料も紹介しながら、祭祀考古学からみた伊勢の古代祭祀について論じていきたい。

一　古代の井泉と「誓約」儀礼

古代において、清冽な清水が湧く井泉は、それ自体が祭祀対象として祀られた事例のあることが多くの論者から説かれている。このことは、周囲に水が巡る場に設けられた祭祀遺跡の存在や、井戸や泉を祭祀対象とした古社の存在、それに「記紀」や『常陸国風土記』などに記された聖なる井の記載などからも類推することができる。

ひとつの事例を挙げよう。天武朝に伊勢から分立するまでは伊勢国の一部だった伊賀では、三か所の井泉（うち二か所が石組）から湧き出た水が、要所に突出部や立石を伴う貼石溝に導かれる大規模な貼石遺構をもつ遺跡が発見された。伊賀市比土に所在する城之越遺跡である。[注1] 貼石溝からは、四世紀後半から五世紀にかけての高坏・小型丸底壺を主体とする大量の土器群や木製武器形などの祭祀系物品群が出土しており、井泉から貼石遺構群を含む一帯は、古墳時代の特異な貼石祭儀場であったと評価でき、城之越遺跡が大規模な祭祀遺跡であったことを示している。城之越遺跡では、この貼石遺構の約一〇〇メートル東

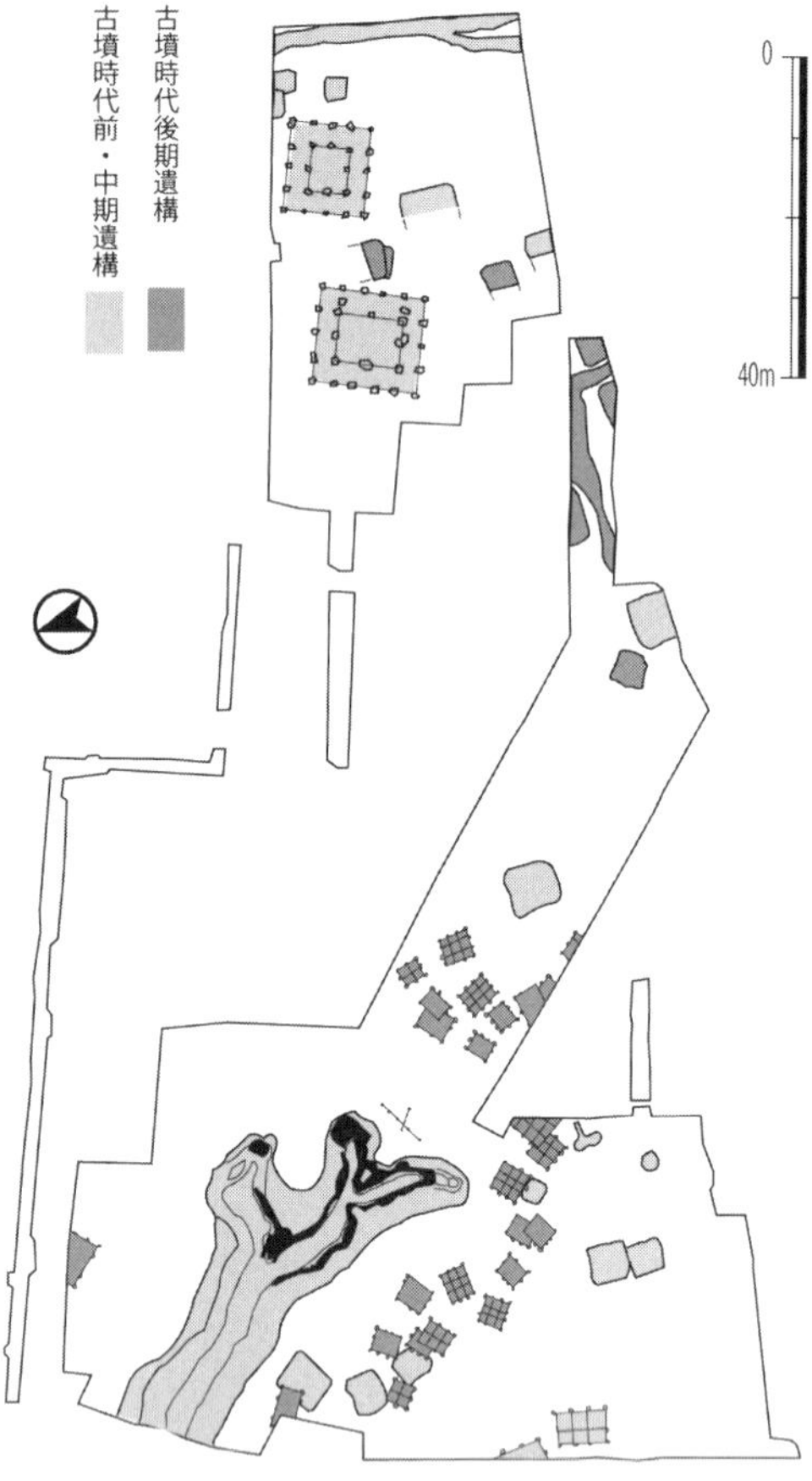

挿図１　城之越遺跡の古墳時代遺構配置

側に主軸を一致するかたちで二棟の四面庇付大型掘立柱建物も発見されている。この建物の性格をどのように捉えるかはいくつかの考え方があるが、古墳時代前期段階で建物が祭祀遺構に伴っている確実な事例であり、後に形成される神社の先駆的な存在形態を示している。そして、城之越遺跡では、大規模な貼石遺構を形成するなど祭祀場の固定化を推し進めた契機は、清らかな湧水の存在にあった。このように、湧水や湧水の湧出地となる井や泉を神聖視して行われる祭祀は、「湧水点祭祀」として捉えることができよう。[注2]

城之越遺跡の所在する比土に隣接する伊賀市古郡に所在する神戸神社は、伊勢神宮の式年遷宮時の古材を受ける神宮ゆかりの神社で、『皇太神宮儀式帳』が記す倭姫命の伊勢鎮座伝承中の「伊賀穴穂宮」に比定される。また同書「供奉朝大御饌夕大御饌料地祭物本記事」にみる神宮の朝御饌夕御饌に奉る年魚(鮎)を取る淵と簗を打つ瀬も、神戸神社の脇を流れる長田川(木津川本流)にその故地があることを付言しておこう。[注3]

さて、城之越遺跡で発見されたような湧水点を石組で覆い、石組の井泉とした類例は、伊勢にもある。津市六大A遺跡は、三重県の県庁所在地である津市の北部、伊勢湾に注ぐ二級河川、志登茂川右岸の段丘斜面に営まれた遺跡である。[注4]六大A遺跡では、小さな開析谷を基盤とした弥生時代後期から古代に続く幅一五～三〇メートル、長さ一〇〇メートルに及ぶ旧河道が発見された。この旧河道には土器や木製品、それに石製品などの大量の出土遺物があり、なかには刀形や鐙(鉾)形をはじめとする木製形代類、琴、ミニチュア土器や手捏ね土器の類、滑石製模造品類などの祭祀系物品群も大量に含まれており、周辺で繰り返し祭祀が行われていたことが窺える。また、旧河道の左岸は岩質の地山から滲み出す湧水の出口に相当しており、そこに弥生時代後期から古代に至る十二基もの井泉が付設されていた。なかでも古墳時代中期以降は、城之越遺跡の井泉と同様、石組で覆われ、須恵器や滑石製模造品が奉祭されるなど、祭祀・儀礼の痕跡が顕在化する。

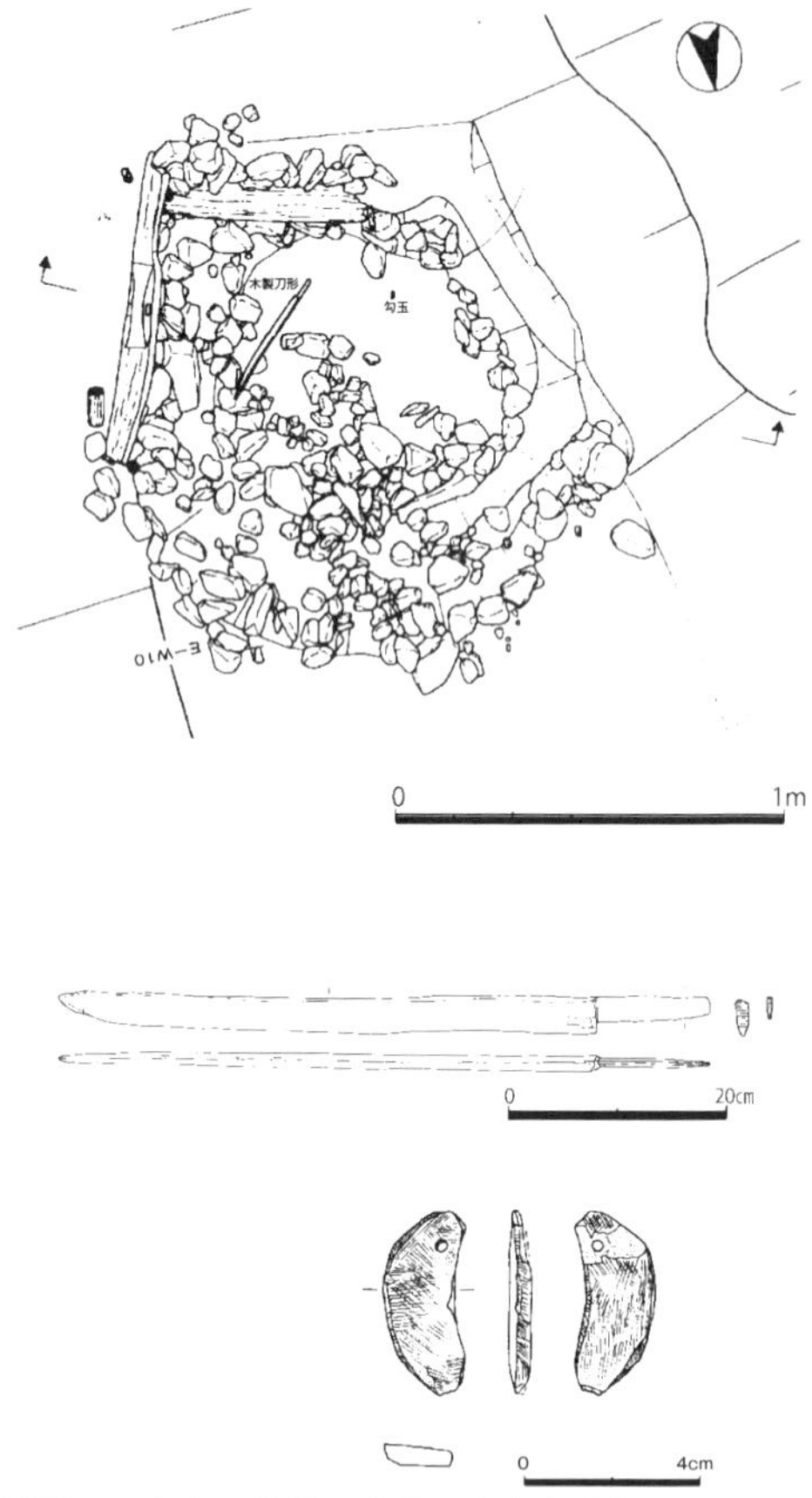

挿図2　六大Ａ遺跡の井泉1と出土遺物（木製刀形と勾玉）

このうち、もっとも注目されたのは、長径二・三五メートル、短径二・二五メートル、深さ四〇センチの石組井泉である井泉1である。石組みの外側を扉板からの転用材と板材をL字状に組んでダム状の枠板とし、滲み出た水を溜めるための工夫をするとともに、石組みは人頭大から拳大の礫が用いられていた。礫のなかには地山である岩盤を砕いて石組みに組み込んでおり、まさに「磐井」ともいうべき状況を呈していた。この井泉1では、土器供献は伴わず、底に滑石製勾玉と木製刀形が一点ずつ置かれていた。このうち、滑石製勾玉は、断面が薄くなったいわゆる模造品タイプで、全体的に丸みも乏しく、かなり形骸化が進んでいる。一方、木製刀形は非常に丁寧に作られており、素材には刀形としては珍しいアカガシ亜属を用いている。把の表現はなく、中茎を表している可能性があり、こうした例は他に例を見ない。そして、これら二点が床面に接するかたちで出土したことは、どの段階かはともかく、これらが井泉1の機能している段階で投入された物品であることを

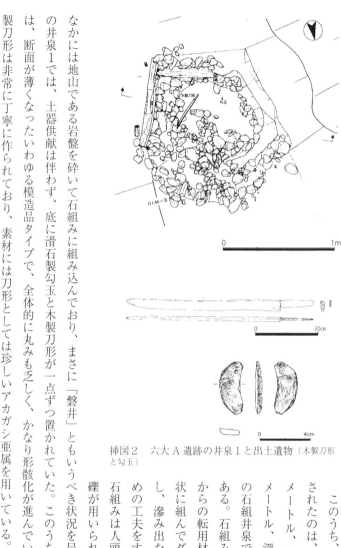

示しており、何らかの儀礼に伴っていたとみられる。

以上の考古学的な知見をまとめると、遺構の存在形態としては「旧河道に付設された井泉」であり、出土品の組み合わせとしてはともに模造品、形代である「勾玉と刀のセット関係」ということになろう。そして、注目されるのは、この遺構と出土品の構成が、『古事記』上つ巻の「天の安の河の誓約」段や『日本書紀』神代上第六段で語られている「天安河原」にある井戸「天真名井」を挟んで繰り広げられた、アマテラスとスサノヲによる誓約（ウケヒ）説話と構造上の共通点をもっていることである。注5

記紀の誓約説話は、根の国へ赴こうとするスサノヲが、姉アマテラスに別れを告げるため高天原へ来た際に、驚いたアマテラスが武装したうえでスサノヲと天ノ安ノ河の「天真名井」で相対し、互いの持ち物を取って、天真名井で濯ぎ噛んで息を吹き出す「誓約」を行ったところ、その息の中から次々に神々が現れる、というもので、この誓約に際して用いられた物品がスサノヲの持つ「十握剣」（剣）と、アマテラスの着けていた「八坂瓊の五百箇の御統」（玉）である。

誓約は、土橋寛による定義に従うと注6、「過去・現在・未来の知ることのできない「真実」（神意ではない）を知るための卜占の方法として、また誓約を「真実」なものにするための方法として実修される言語呪術」とされる。こうした誓約行為は、「記紀」では数多く見られるが、ここで立てられた誓約を『日本書紀』正文で確認すると、以下のような条件と内容をもつものであった。

場所：天安河原にある天真名井

目的：スサノヲに邪悪な心がないこと（赤心であること）を証明すること

条件：スサノヲが生んだ子が女だったら汚い心、男だったら清い心とみなす方法：スサノヲのもつ十握剣をアマテラスが、アマテラスのもつ八坂瓊の五百箇の御統をスサノヲがもち、それを天真名井で濯いで噛んで吹きだし、その細かい霧のなかから神を生み出す

結果：スサノヲの息からは天忍穂耳尊をはじめとする男神が、アマテラスの息からは田心姫以下の女神（いわゆる宗像三神）が出現し、スサノヲがウケヒに勝ったようにみえたが、アマテラスはスサノヲが噛んだ八坂瓊の五百箇の御統は本来自分のモノ（物実）であるから、スサノヲが生んだ男神は自分の子供として引き取った

このように、誓約はあらかじめ取り決めておいた二者選択の条件設定（「AならA'、BならB'」）に対して、実際の行為として実修する（演じる）ことによって、ひとつを選択したり（「真実」を知るための卜占）、あらかじめ結果の分かっているものを追認することによって、それを真実たらしめるように働く。後者の場合は、既成の事実を追認することによって、ひとつの意図を「見せる場」として機能することになる。そして、「記紀神話」天安河原で語られる誓約説話では、河（天安河原）・井戸（天真名井）・剣（十握剣）・玉（八坂瓊の五百箇の御統）が舞台装置として用いられている。そして、この構成が、六大A遺跡における大溝内の井泉と、その出土遺物としての刀形・勾玉と一定の対応関係を認めることができるのである。

六大A遺跡井泉1での知見から、「記紀」で語られる「誓約」儀礼と、井泉における儀礼に一定の対応関係があると仮定したうえで、他の遺跡でのあり方や、「記紀」に記された他の誓約関係記事にも注視してみると、実に興味深い関係が確認できる。

前述のように、伊賀の城之越遺跡では、貼石祭儀場の源流となる湧水点に三か所の井泉があったが、注目すべきはこのうち最も北側にあった井泉から匏（瓢箪）が出土していることである。というのも、「誓約」を介して

『記紀』の関係説話をみると、『日本書紀』仁徳天皇段において、河へ匏を投げ入れて、その浮沈によって真偽を判断したという記述が十一年冬十月条と六十七年条の二か所でみられるからである。このうち十一年冬十月条では、いわゆる難波の堀江工事に際して北の河の害を除くため茨田堤を築いた時、工事が難航したため武蔵人強頸と河内人茨田連衫子の二人を人身御供として河伯に祭ろうとしたところ、強頸は泣き悲しみつつも従って水に没り死に、その堤が完成したが、衫子は入水に抵抗して匏を取って水に臨み、匏を水の中に投じて、匏が沈めば親ら水の中に入り、浮けば自分が入らなくても堤は完成するとするとの誓約を立てた。結果沈まず、衫子は死なずに堤が完成した、というものである。

このように、匏を介して、誓約儀礼と考古資料との接点がみられる。

しかも、こうした「誓約を行うための井泉」ということを具体的に示す記事が、先に示した『日本書紀』神代上第六段の正文とは別に、異伝として採録された第二の一書でみられることは注目に値する。

『日本書紀』神代上第六段

一書（第二）に曰はく、素戔鳴尊、天に昇りまさむとする時に、一の神有す。号は羽明玉。此の神、奉迎りて、瑞八坂瓊の曲玉を進る。故、素戔鳴尊、其の瓊玉を持ちて、天上に到づ。是の時に、天照大神、弟の悪しき心有らむと疑ひたまひて、兵を起して詰問ひたまふ。素戔鳴尊対へて曰はく、「吾来る所以は、実に姉と相見えむとなり。亦珍宝たる瑞八坂瓊の曲玉を献らむと欲はくのみ。敢へて別に意有るにあらず」とのたまふ。時に天照大神、復問ひて曰はく、「汝が言の虚実、将に何を以てか験とせむ」とのたまふ。対へて曰はく、「請ふ、吾と姉と、共に誓約立てむ。誓約の間に、女を生さば、黒き心ありと為せ。男を生さば、赤き心ありと為せ」とのたまふ。乃ち天真名井三処を掘りて、相与に対ひて立つ。（以下略、傍線筆者）

第六段正文や他の一書、あるいは『古事記』では、天真名井とウケヒとの関係性は語られないが、この第二の一書では誓約を立てるために「掘天真名井三処」、つまり天真名井を三か所掘ったことが語られている。つまり、第二の一書では、天真名井は誓約を行うために造られたと読み取れ、天真名井がここに書かれるに至った経緯を記しているのである。[注7]このことは、八世紀段階において、『日本書紀』編纂に携わる神話記述史官の正統的認識を示した正文とは別に、各家に存在した家伝の中に、天真名井とは誓約儀礼を執行するにあたって臨時に造成されるもの、あるいは誓約を行う場所のひとつが天真名井であるという認識が含まれていたことを示すものであろう。

さて、ここで「誓約を立てるための三か所の真名井」で改めて想起されるものは、城之越遺跡大溝祭祀遺構に所在する井泉数も三か所ということである。先に城之越遺跡の井泉1での匏の出土と誓約儀礼との関連を想定したが、このことも誓約儀礼との何らかの繋がりを想定しうる可能性がある。このことは、第二の一書いうところの「天真名井三処」は、誓約で生成した三男神、三女神に対応したものであろうが、城之越遺跡の井泉数を考えるうえでも非常に示唆に富む。

このように、六大A遺跡や城之越遺跡にみる井泉に関する考古学的状況は、記紀神話などの古代文学との接点をみることが可能で、記紀神話として取り込まれた儀礼の原形を考える上で非常に示唆に富むものである。そして、城之越遺跡のような大型建物を伴う祭祀場のあり方は、後に成立する神社の先駆的な存在を示すものとも捉えられ、その建物の性格も含め、今後大いに議論していくべき存在ということができよう。[注8]

二　神宮創祀にかかる考古学的状況

伊勢の神話的位相は出雲や日向と異なる。出雲神話や日向神話は、独立した物語を持ち、神々が所狭しと躍動する。一方、伊勢は、天岩戸神話や天孫降臨神話で伊勢関係の神々が登場し、特にサルタヒコは天孫に「筑紫の日向の高千穂の槵触峯」への降臨を指示し、自らは「伊勢の狭長田の五十鈴の川上」への降臨を宣言したものの（『古事記』及び『日本書紀』神代下第九段一書第一）、伊勢そのものを舞台に神々が躍動するわけではない。しかし、伊勢の神話的重要性は、『日本書紀』垂仁二十五年で皇祖神アマテラスの伊勢鎮坐を語るてんにある。イワレヒコから神武への展開が日向と大和を介して神話と歴史を繋いだように、ここでは神話と歴史の接続をアマテラスの降臨というかたちで伊勢が示したのだ。

伊勢神宮は皇祖神アマテラスを祀る内宮とトヨウケを祀る外宮からなるが、その成立を問題とする場合、研究史的には内宮の成立を射程してきた経緯がある。鎮座のあらましを語る記事は『古事記』にはなく、『日本書紀』にある。以下、『日本書紀』が語るシナリオを確認しておこう。

崇神五年　国内に疫病多く、民の死亡半ば以上

崇神六年　それまでアマテラスと倭大国魂命を天皇の大殿内で並祭していたが、神の勢いが強くなって畏れ大きくなったのでその並祭を外し、アマテラスはトヨスキイリヒメ（豊鍬入姫命）に託けて倭笠縫邑に堅固な石（磯堅城）のヒモロギを造って祀らしめた。一方、倭大国魂命は渟名城入姫に祀らせたが、渟名城入姫が衰え、祀れなくなった

崇神七年　国が治まらない所以が大物主神によるものであることが判明、大物主神をその皃である大田々根子、倭大国魂命を市磯長尾市に祭主として祀らせ、国内が治まった

垂仁二十五年　アマテラスをヤマトヒメ（倭姫命）に託けて、その好き地を求めて各地を巡幸した結果、伊勢の五十鈴の河上に鎮座した

つまり『日本書紀』によれば、アマテラスの伊勢鎮座に至るまでに、その前段階としてヤマト・三輪山周辺で展開された、カミと人間との相克があった。最初はアマテラスとヤマトの地主神ともいえる倭大国魂命での二神であり、崇神七年にはここに大物主神が加わった。これら神々は、国に疫病を発生させるなど民に苦しみを与える、大いなる霊威をもたらす神として描かれている。そして、これら神のなかでも、ヤマトの外へ出して祭らねばならないほど恐れられる存在として描かれた神がアマテラスだった。ただし、「アマテラス」という擬人化された神自体がいつから存在したのかは難しい問題である。

現在、伊勢神宮の成立については、成立時期に関して四世紀頃から七世紀末の天武朝に至るまで諸説あり、また成立地についても当初から現在の神宮（この場合、特に内宮）の鎮座地（度会郡）でよいとみるのか、当初は別の地で祀られていたとみるのかなど研究者間で意見の相違が大きい。これは、下記の二文献が示す年代を、それぞれの研究者が、自らの文献解釈とその他根拠との整合性からどう読み説くかの問題と関わっている。

『日本書紀』垂仁天皇二十五年

三月の丁亥の朔にして丙申に、天照大神を豊耜入姫命より離ちまつり、倭姫命に託けたまふ。爰に倭姫命、大神を鎮め坐させむ処を求めて、菟田の筱幡に詣り、筱、此には佐佐と云う。更に還りて近江国に入り、東美濃を廻り、伊勢国に到る。時に天照大神、倭姫命に誨へて曰はく、「是の神風の伊勢国は、則ち常世の浪

の重浪帰する国なり。傍国の可怜し国なり。是の国に居らむと欲ふ」とのたまふ。故、大神の教の随に、其の祠を伊勢国に立て、因りて斎宮を五十鈴川の上に興てたまふ。是を磯宮と謂ふ。則ち天照大神の始めて天より降ります処なり。

『続日本紀』文武天皇二年（六九八）十二月条

乙卯（二十九日）、多気大神宮を度会郡に遷す。

前者は、『日本書紀』垂仁二十五年のアマテラスの伊勢鎮座を語る場面である。垂仁の実在性の議論とは別に、その暦年代をどこに求めるのかは問題だが、ここでは当初から現社地での鎮座が語られている。一方、後者は、七世紀末の六九八年に多気大神宮を度会郡に遷したとする記事で、素直に読めば当初多気郡にあった「大神宮」（内宮・外宮・内外分立前の神宮など諸説あり）を度会郡に遷したという意にもとれる。勿論、これを斎宮や離宮院、あるいは伊勢大神宮寺とみる異説も多く、意見の一致をみているわけではない。[注9]

ここで、考古学的な状況を確認してみよう。境内で正式な発掘調査は行われたことがないが、伊勢神宮では古くから境内各所から考古遺物の出土が知られており、この情報を軸に一定の見通しを得ることは可能である。このうち、古墳時代に遡る遺物出土の中心は内宮域からの採集品で、その主体は滑石製模造品類である。これら資料には、「荒祭宮北方」「由貴御倉」「神路山」「小松林」などの記載が付されるが、このうち量的な主体を占めるのが『神都名勝誌』四に掲載された「荒祭宮北方」の資料である。[注10]ちなみに現在の正宮のある場所は、やや新しい時期かとみられる土器の出土は報告されているものの、滑石製模造品類の出土は知られていない。

神宮の祭祀で用いられた祭料や物品類は、祭場自体を清浄に保つため、祭祀終了後、穴を掘って埋めるなどまとめて撤下されたとされる。かかる意味では、荒祭宮周辺も、そこが祭場だったことを示すのではなく、神宮

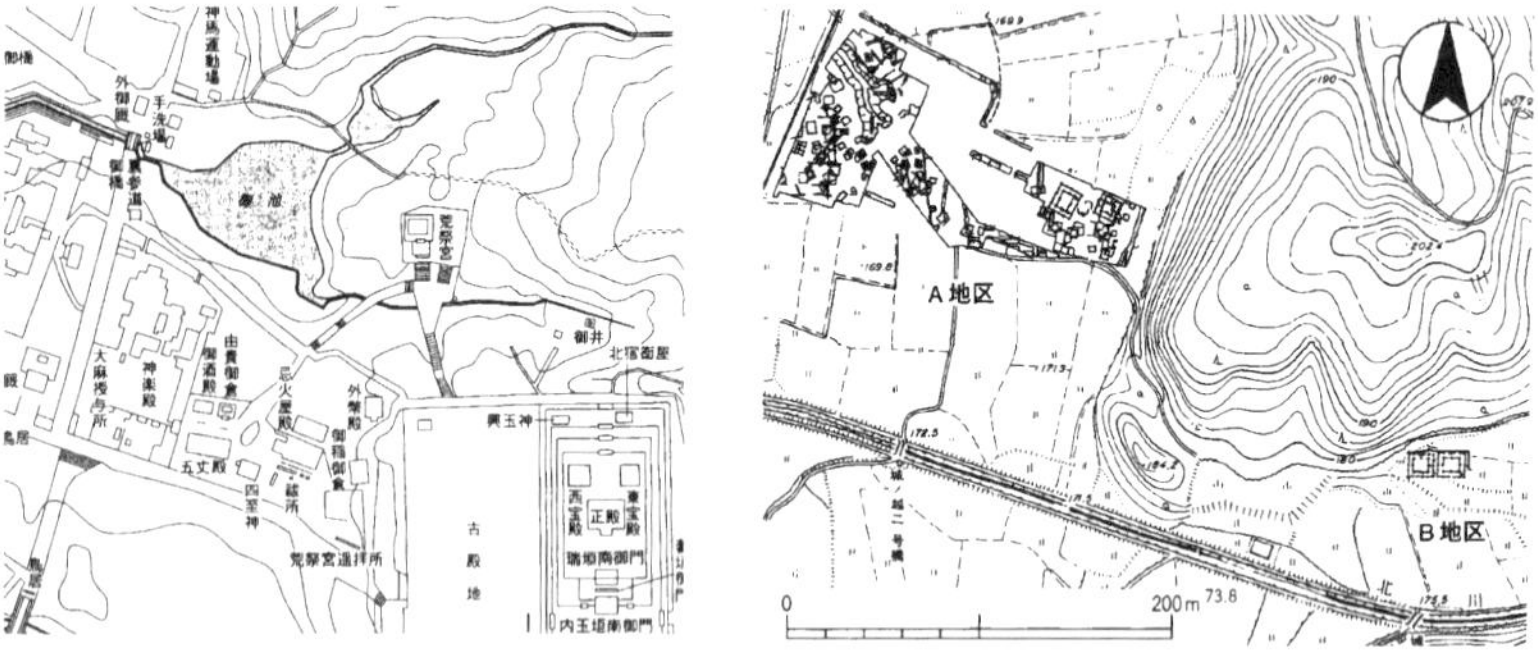

挿図３　内宮域（左）と古墳時代祭祀遺跡（伊賀・城之越遺跡、右）の立地の対比

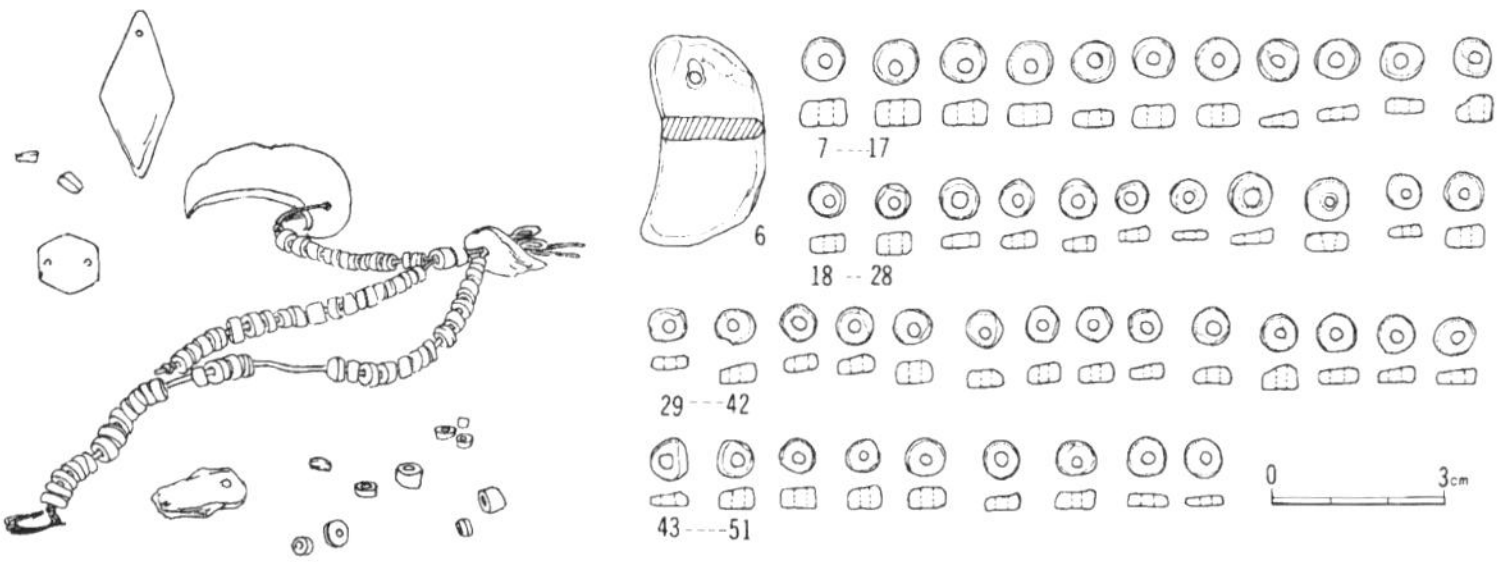

挿図４　内宮域内出土の滑石製模造品類（左：『神都名勝誌』４所収、右：東京国立博物館所蔵品）

（内宮）全体の祭料及び祭祀用具類の撤下用地だったことを示すとするのが妥当である。

しかし、古墳時代祭場にみる遺物の奉祭形態は、三輪山祭祀における山ノ神祭祀遺跡や福岡県沖ノ島祭祀遺跡などにも見る如く、その場に留め置かれた状況を示す事例もある。滑石製模造品を用いた祭祀が行われていた頃の荒祭宮に現在のような建物遺構が存在したかどうかは不明だが、これら古墳時代祭祀遺物の採集状況は実際の奉祭地の場所を一定程度反映しているとみてよかろう。しかも、滑石製臼玉などの微細遺物は、発掘調査で相当細かい調査を行っても原位置で把握することは難しく、その多くは土を持ち帰って洗浄・篩掛けを実施してようやく確認されることが多い。表面採集のみでこれだけ確認数があるのは、この地が古墳時代（滑石製模造品が用いられたのは中～後期）、相当大規模な祭場であったことを窺わせている。では、荒祭宮周辺において、古墳時代どのような種類の祭祀が行われたのであろうか。

ここで注目できるのは、荒祭宮の立地である。荒祭宮の営地は、神宮を抱く山塊である島路山から北西へ延びる低い尾根筋に相当し、北・西・南側よりも微高地となっている。そして、その南北両側は浅い谷状地形を呈して小さいながらも流れ（溝）があり、文久元年（一八六一）の『度会郡宇治郷之図』によると南側小溝の最奥部には「御井」が記されている。この御井がいつから存在するのかは定かではないが、こうした祭場立地は古墳時代の祭祀場のあり方と親和的である。例えば、三輪山祭祀を構成する代表的遺跡である桜井市山ノ神祭祀遺跡は、三輪山から東に派生する舌状丘陵上に位置し、その南北両脇は小支谷となって山ノ神祭祀遺跡を周囲から画す。また、先に見た三重県伊賀市城之越遺跡では、祭儀の中心と目される円形広場の両脇を貼石溝で囲み、溝の源流には湧水点となる石組の井泉が存在する。荒祭宮が示す状況は、「御井」がその前身的なものも含めての遡及時期は不明ながら、存在形態としては城之越遺跡の状況と極めて類似したあり方を示すとみてよかろう。

つまり、現在の考古学的知見が示す神宮の祭祀の始原形態は、三輪山祭祀などと共通する滑石製模造品を用いて奉祭する祭祀であること、祭場立地の共通性から湧水点祭祀と親和性があるらしいことを指摘できる。[注11]

さて、内宮で祀られる皇祖神アマテラスは、「日神」とも称されるように、一般的には太陽神として知られている。しかし、伊勢神宮で行われる祭祀には、直接太陽を祀る祭祀形態はみられない。『日本書紀』は巻によって「天照大神」と「伊勢大神」の記載があり、持統六年に至っても「伊勢大神」の記載がある。両者の関係をどうみるのか議論があり、中国古代音韻学の森博達氏は、『日本書紀』形成過程の中でも「天照大神」の表記は新しく（氏によれば文武朝頃に成立と推定）、成立が古い巻では「伊勢大神」が使われていたとされる。[注12]「アマテラス」という名義にのみ基づいた神宮の成立論や性格論は、再考の必要性がある。

神宮の年間祭祀で最も重要とされる三節祭（六月・十二月の月次祭と九月の神嘗祭）では、神々に対して御贄や稲、酒、布などが供奉されるが、これらは神が籠る屋である神殿に対して庭上祭祀の形態で行われる。四月と九月に内宮の大神宮（皇大神宮）と荒祭宮に対して布を奉献する神衣祭（外宮には供奉されない）も同様である。御贄とは伊勢湾や志摩の海で採れる魚貝・海藻などの海産物であり、稲や酒、各種布類なども当地の収穫物（初穂）を神に捧げることに意味があった。食べることにより、当該地支配権の正当性を確認する「食国」（オスクニ）である。[注13]当地の海産物が「速贄」として朝廷にも供される由来は、『古事記』サルタヒコのくだりに記されている。つまり、都の東方にあって、日が昇る国の外部世界である伊勢を、東に広がる海とともに王権内に取り込むことが重要だった。

とりわけ、神宮の祭祀は、稲の供奉が重要視されており、内宮の『皇太神宮儀式帳』や外宮の『止由気宮儀式帳』では神宮御田の稲作にかかる「御田種蒔下始神事」などの諸行事が詳しく記されている。古態を残すとされる外宮御饌殿（本来正殿なども この形式だったとされる）が、壁と棟持柱で屋根を支える稲倉（穂倉）の系統を引いた建物であったことも、神宮における稲の重要性を物語る。ここにおいて、農耕の根源でもある水源の湧水点を祀ることと、神宮における稲の重視は見事に照応することとなる。

そして、「大いなる霊威」であった「神」を王権内から切り離し、「常世」との接点をもつ東方の好き地である「可怜し国」で祭り上げ、各種神饌を供奉して霊威の発動を押さえ、和ませることに大きな意味があったと考えると、神の封じ込めも含意した強固な稲倉形式の神殿の採用や、天皇の娘を斎王として神宮に遣侍させたことが連動する。

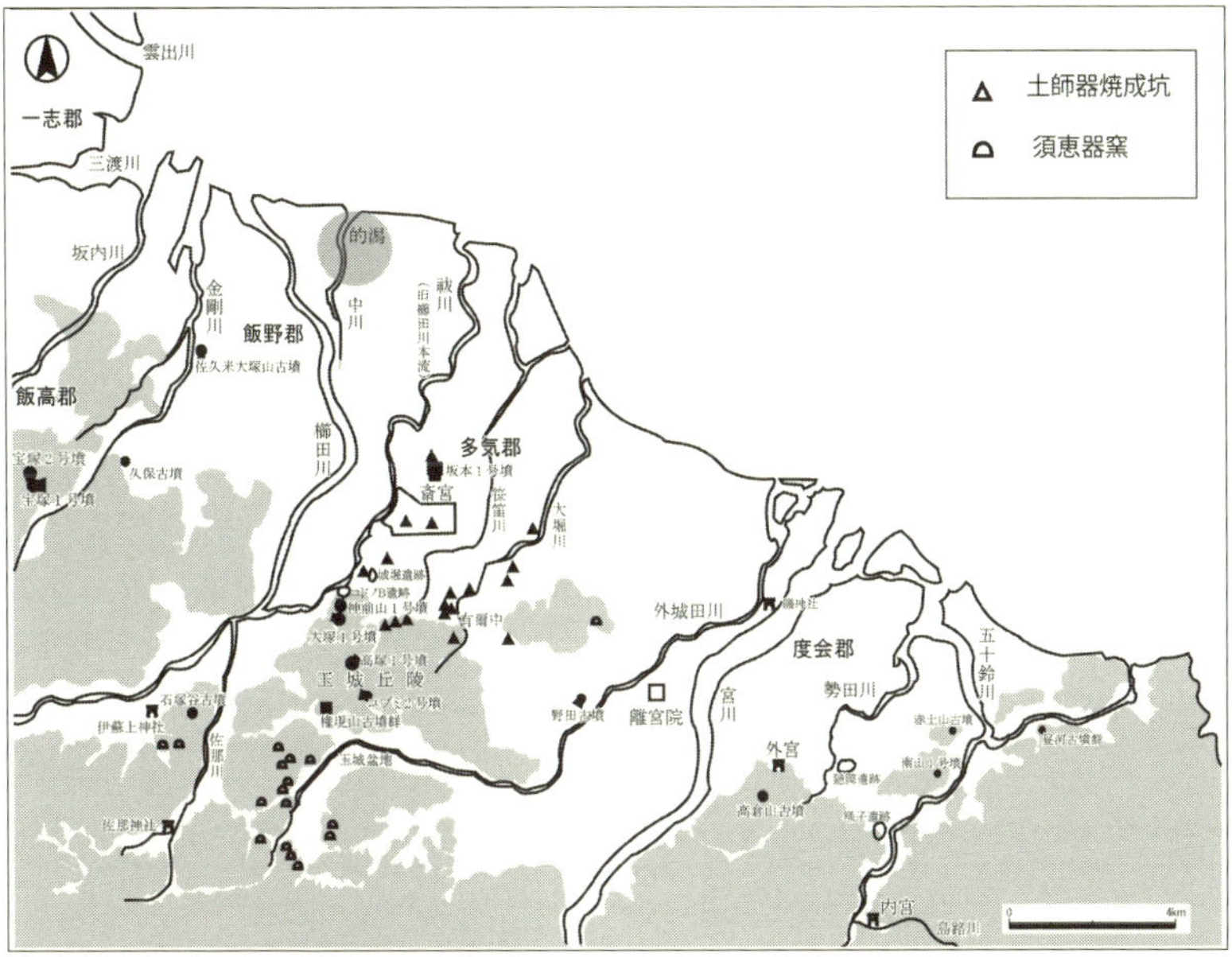

挿図５　南伊勢の主要古墳・古社

挿図６　佐久米大塚山古墳出土金銅装小札鋲留眉庇付冑

五世紀前半に伊勢最大の前方後円墳を生み出した南伊勢は、五世紀中葉にはその古墳規模を一挙に縮小し、墳形も帆立貝形古墳を採用するに至る。しかし、一方で後の持統太上天皇の三河行幸の際にも出船地となったヤマト王権の東の外港、松阪市郊外の的潟至近の地に築造された佐久米大塚山古墳では、金銅装小札鋲留眉庇付冑という非常に華麗な出色の副葬品をもつ。以上は、五世紀前半まで成長を重ねてきた在地首長を介した間接支配から、五世紀中葉以降、南伊勢に対してヤマト王権が港湾管理を含む直接支配を強化していく過程を示すものと捉えられる。[注14] 伊勢の考古資料も、神宮創祀という視点を加えて再吟味する必要がある。

まだまだ不明なことが多い伊勢神宮で

あるが、伊勢神宮は以上のような王権のシナリオのもと、伊勢の在地勢力も協力して準備された宮ではなかったろうか。

三　伊勢における在地信仰の可能性――サルタヒコを祀る山――

伊勢神宮の成立は、大王家祭祀場の伊勢移転であり、ヤマト王権勢力の伊勢浸潤過程の帰結として実施されたが、それ以前に伊勢を覆う信仰圏は存在したのであろうか。残念ながら、現在の伊勢の祭祀考古学からは、具体的な姿は見えてこない。そこで、断片的に知られる文献の記載を辿り、それを軸に関係が類推される考古学的事象を整理してみよう。

伊勢の在地信仰を考える場合、とりわけ注目されるのが「アザカ」に係る信仰である。このことについて、断片的ではあるがいくつかの文献にその痕跡がある。これが、「サルタヒコ」に象徴される勢力である。

『日本書紀』巻二神代下第九段一書第一によれば、サルタヒコは、ニニギノミコトの天孫降臨にあたって一行の前に現れ、天孫らに筑紫の日向の槵觸峯への降臨を指示し、自らは「伊勢の狭長田の五十鈴の川上」に天降ったとされる。しかし、『古事記』では、サルタヒコが伊勢の「阿邪訶」にいた時、漁をしていて比良夫貝に噛まれて手を挟まれ、そのまま水死したという注目すべき記載があり、宣長以来、この「阿邪訶」は、伊勢国一志郡の阿坂（＝阿佐鹿、阿佐加、安佐賀、阿射加、呰鹿）と考証され、現在の三重県松阪市大阿坂、小阿坂がその故地に擬されている。[注15]

一方、伊勢神宮の由来を在地側から主張する『皇大神宮儀式帳』には、「阿佐鹿」に悪神が存在したことが語られ、「アザカ」を介することにより、この悪神をサルタヒコに連結することが可能となる。

『古事記』

その猿田毘古神、阿邪訶に坐す時、漁して、比良夫貝にその手を咋ひ合はさえて、海鹽に沈み溺れたまひき。故、その底に沈み居たまひし時の名を、底どく御魂と謂ひ、その海水のつぶたつ時の名を、つぶたつ御魂と謂ひ、そのあわさく時の名を、あわさく御魂と謂ふ。

『皇太神宮儀式帳』

次壹志藤形片樋宮坐只。其在阿佐鹿悪神平駅使阿倍大稲彦命、即御共仕奉支。彼時、壹志縣造等遠祖、建呰子乎、汝國名何問賜只。白久、宍往呰鹿國止白只。

まず、『皇太神宮儀式帳』の記載をみてみよう。ここでヤマトヒメが伊勢鎮坐過程で滞在したとされる行宮が「壹志（一志）藤形片樋宮」である。藤形は、現在の津市藤方が遺称地で、一志郡を流れてきた雲出川河口部の北岸にあたる。『日本書紀』雄略十七年条には、土師連の祖吾笥が朝夕の御膳を盛る清器を進上したとされる地に、摂津国来狭狭村などと並んで伊勢国藤形村がある。つまり、藤形は、倭王権と関係をもった土地だった。久志本鉄也氏は、藤方（形）は本来「藤潟」であり、片樋も「潟干」のことではないかとする。[注16]さらに岡田登氏は、自ら発見・採集した津市法ヶ広埴輪窯出土の遺物を紹介するとともに、近傍にも久居古窯跡や藤谷埴輪窯など土器・埴輪生産の遺跡が色濃く見いだせることを踏まえ、古代には藤方の範囲に包含されるとする考えを披瀝した。[注17]この岡田氏の指摘は、三重県埋蔵文化財センターが実施した高茶屋大垣内遺跡の発掘調査[注18]によって、さらに補強されることとなった。

高茶屋大垣内遺跡は、まさに藤潟を見下ろす台地上に存在する遺跡で、四世紀代には溝で囲繞された方形区画

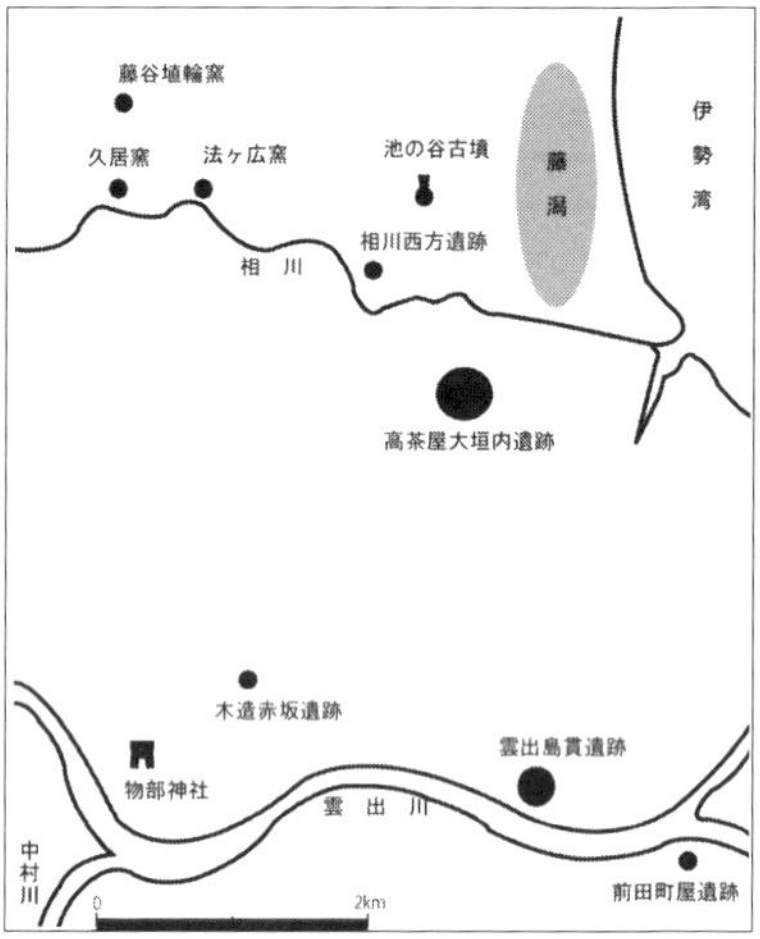

挿図7　高茶屋大垣内遺跡と藤潟周辺の古墳・遺跡

内に大型掘立柱建物群を伴う。溝にはピットが連なる痕跡があり、板塀を巡らせるための基礎であった可能性が高い。首長が関わった施設とみてよかろう。古墳時代中期以降には、フイゴ羽口などの出土から鉄器生産の痕跡も見られるとともに、詳細な所属時期は不明ながら小方形を呈した土師器焼成土坑群も確認された。専ら須恵器と埴輪で言及されてきた土器生産に、土師器の視点も加わったことになる。また、方形の竪穴状土坑から正立状態の土師器台付甕の大量集積が発見されている。こうした土器集積は、各地で確認されているが祭祀遺物を伴う例が多く、高茶屋大垣内遺跡の土器集積土坑も祭祀に関わる施設として捉えてよかろう。[注19]

さらに、高茶屋大垣内遺跡は、六世紀代の大形土馬や、奈良時代にも美濃刻印須恵器が出土している。美濃刻印須恵器は、当時の宮都や国庁など国家的な施設からの出土例が多い遺物であり、高茶屋大垣内遺跡が奈良時代においても何らかの機能を維持し、都にも認知された遺跡であった可能性を示す。このことは、「藤方片樋宮」や「伊勢国藤形村」の所伝そのものが、高茶屋大垣内遺跡に関する記憶と文献に記載された時点での現実の知見・知識に基づいて記された可能性を提起している。『日本書紀』に伊勢国藤形村として把握された背景は、以上のように前代以来の土器・埴輪生産の伝統と、美濃刻印須恵器の供給を受けるほどの遺跡であった高茶屋大垣内遺跡の奈良時代における地位が関係していると考えてよかろう。

高茶屋大垣内遺跡から谷を挟んだ北側には、中伊勢地域最大の前方後円墳である全長八七メートルの池の谷古

挿図8　阿坂山遠景（東から。麓に阿射加神社がある）

墳が藤潟を見下ろす丘陵頂部に所在している。内部主体や副葬品は不明だが、方形透孔をもつ円筒埴輪が出土しており、松阪市宝塚1号墳よりも古い四世紀末前後の年代が推定される。[注20]南を望めば一志郡に築造された前方後方墳のひとつ、西山古墳が築造された丘陵を視認できる。そして、南側の雲出川河口北岸には、雲出島貫遺跡がある。古墳時代前期を中心とした集落で、関東や北陸、東海、近畿など他地域系の土器が出土しており、当地域の交流拠点とみなされている。[注21]

このように、高茶屋大垣内遺跡周辺は、当地を支配した首長墳である池ノ谷古墳をはじめ、窯業生産に関わる遺跡や流通の拠点となる海浜部の遺跡が集中し、ひとつの遺跡群の様相を呈していた。倭姫命が寄ったとする藤形片樋宮や、雄略紀の贄土師部記事は、当地の地域勢力が四世紀末頃にヤマト王権との関係を一気に樹立し、前代以来の伝統的な価値観を維持していた一志郡勢力とは個別の地域圏を形成したことを示すものであろう。

そして、これに対置しうる有力地域が「アザカ」であった。現在、阿坂山（枡形山）東麓の松阪市大阿坂と小阿坂にはそれぞれ阿射加神社がある。阿射加神社は「三代実録」によれば貞観八年（八六六）には従三位にまで昇った式内社で、伊勢国では伊勢神宮とその別宮を除くと、北伊勢の多度社とともに大社の社格が付与されていた。[注22]このことは、アザカを奉祭した氏族の有力性を示すとともに、古代におけるアザカの地の重要性を示している。つまり、阿坂山は、南伊勢の在地で最も有力な地域集団の信仰を受けた拠点であり、それはサルタヒコを祀る山だったのである。

アザカの所在地は、『皇太神宮儀式帳』に「壹志縣造」が出てくるように、伊勢国一志郡に含まれ、その南端に位置する。アザカ山の西側から北側を回り込むように中村川が流れ、近鉄線伊勢中川駅の北方で雲出川に流れ込む。向山古墳をはじめとする旧一志郡（現在の松阪市北部）に築造された四基の前方後方墳をはじめ、松阪市貝蔵遺跡や片野遺跡など古墳時代前期の有力遺跡がこの流域に形成された。つまり、中村川を経て雲出川に至る流域が、古墳時代においては一志郡の政治的な中心域だったとみられる。

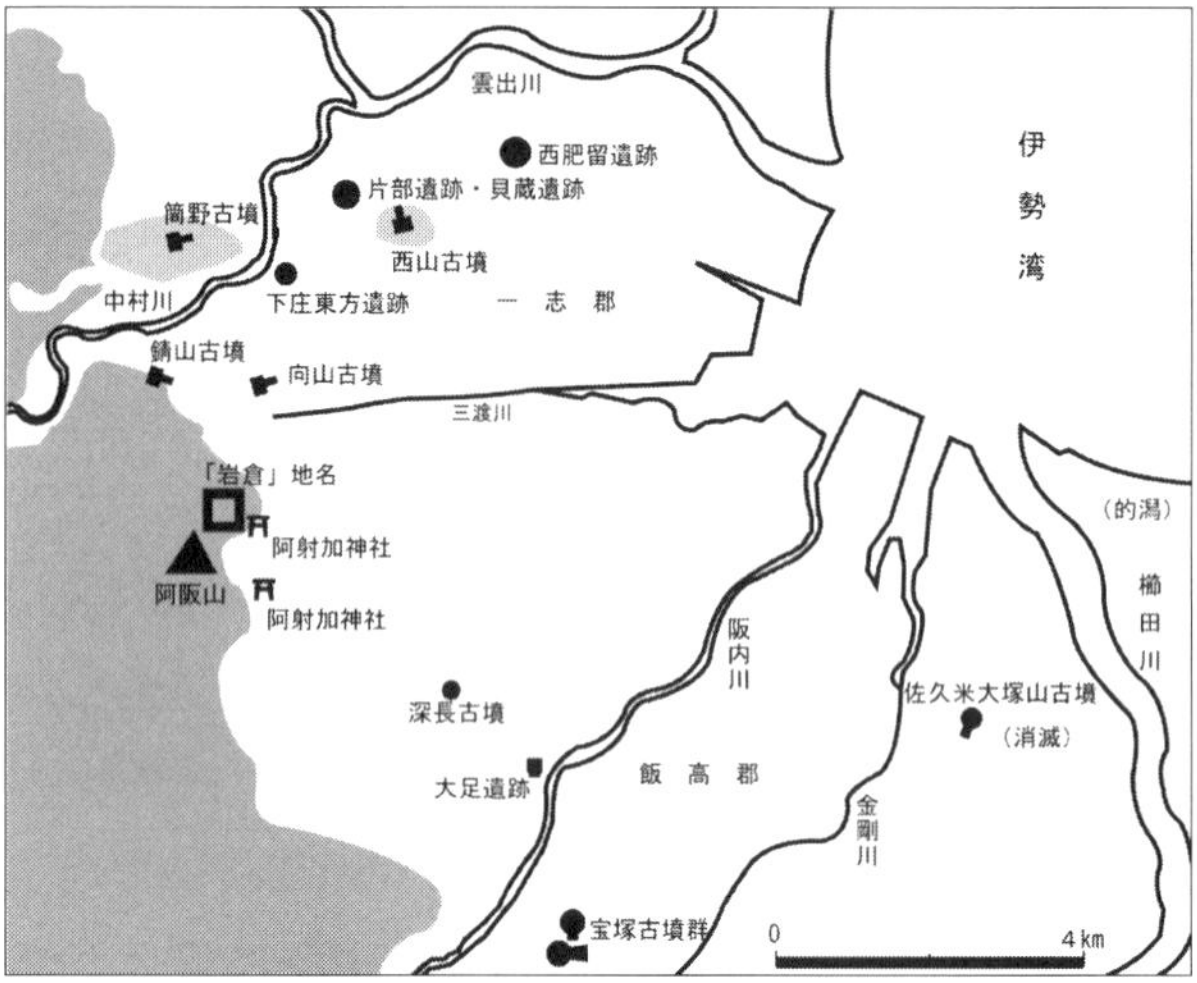

挿図９　阿坂山と周辺の古墳・遺跡

しかし、その南側の阿坂山の至近、すなわち阿射加神社周辺の松阪市阿坂地区には、ごく少数の小規模な後期古墳は存在するものの、阿坂山自体やその麓には古墳は全く存在せず、古墳分布の空白地帯となっている。この状況は、北側に接する中村川沿いの旧嬉野町域で前期の前方後方墳群や中後期の古墳が多数築造された状況や、南側に接する松阪市伊勢寺地区で複数の後期群集墳が築造された状況と比べれば鮮やかな対称を呈している。

この状況の参考になるのが、古墳時代に遡る古社が存在する奈良県天理市石上や、桜井市三輪の示す考古学的状況である。石上に所在する石上神宮や、三輪に所在する大神神社の周辺も古墳分布の空白地帯となっており、土生田純之氏は神々を祀る古社の存在が、古墳築造を規制し、忌避させた可能性を指摘した。[注23] 土生田氏の指摘は極めて重要であり、石上や三輪が示す古墳築造忌避の状況は、アザカに置き換えても適応しうる。つまり、アザカ山周辺は、神の棲む山として、その直近の地は葬送に従う施設である古墳の築造が規制された地域だったとみられるのである。

そして、阿坂山の東麓、大阿坂の阿射加神社の北には「岩倉」の地名が残り、これは本来「磐座」で、神社の前身的存在としての磐座形態をとった祭祀遺跡であった可能性がある。[注24] 阿坂山は、南側に連なる堀坂山系の山並みを最北で画す存在であり、東側から望めば紡錘形を呈した独立峰の様相を呈し、ちょうど西側から望む三輪山の形状に似る。現時点では阿坂山とその周辺部における祭祀遺物の出土情報は知られておらず、現状では状況証拠の積み上げにならざるを得ないが、以上から類推すると、阿坂山が伊勢神宮成立以前の伊勢において、地域の信仰を受けた山であり、その残像が『古事記』や『皇太神宮儀式帳』の記述に残ったのではなかろうか。

以上の推論は、現在のところ考古学的な裏付けを全く欠く仮説に過ぎないが、「サルタヒコ」という具体的神格がいつ頃成立したのかの問題を外せば、一志郡の前方後方墳群にみられる在地性や、神宮成立以前の在地状況を読み解くひとつの視点にはなると思われる。今後、この地域の祭祀遺物の出土などを注視していく必要があろう。そして、「岩倉」地名の存在と、阿坂山が東方に開けた立地で伊勢湾に臨むことは、記紀神話におけるサルタヒコの発光神的性格を考え合わせた場合、ここで行われた信仰が素朴ながらも初期の太陽信仰とみることも可能かもしれない。榎村寛之氏は、記紀神話の天孫降臨段に描かれたサルタヒコが伊勢へ赴いたとする記事を手掛かりとして、垂仁二十五年のアマテラス伊勢鎮坐以前に、伊勢にサルタヒコによる降臨伝承が存在した可能性に言及している。[注25]

そして、この信仰は、「伊勢国風土記」逸文が記す伊勢津彦の姿とも重なりをもつ。

四　伊勢津彦の原像

伊勢津彦は、当初は伊勢を支配していたが、神武（この時点ではイワレヒコ）東征に際して神武から刀を授けられて伊勢に乗り込んだ天日別命から伊勢の譲渡を迫られ、天日別命が攻めようとした前夜、光を発しながら海上を東へ去っていった神として描かれる。

『伊勢国風土記』逸文

また天の日別の命に勅して曰りたまはく、「国、天津の方にあり。その国を平くべし」とのりたまひ、即ち標の釼を賜ひき。天の日別の命、勅を奉りて、東のかた数百里に入りますに、その邑に神あり、名を伊勢津彦と曰ふ。天の日別の命、問ひて曰りたまはく「汝の国を天孫に献らむや」とのりたまふ。答へて曰さく「吾はこの国を覓ぎて、居住日久し。敢命を聞かむや」とまをす。天の日別の命、兵を発してその神を戮さむとしたまふ。時に畏み伏し啓云さく「吾が国をば悉天孫に献らむ。吾、敢居らむや」とまをす。天の日別の命、問ひて云りたまはく「汝の去く時、何を以ちてか験となさむ」とのりたまふ。啓云さく「吾今夜を以ちて、八風を起して海水を吹き、波浪に乗りて東に入らむ。こは則ち吾が却ける由なり」とまをす。天の日別の命、兵を整へて窺ふに、中夜に比及りて大風四ゆ起り、波瀾を扇挙ぐ。光曜くこと日の如く、陸国も海も共朗けし。遂に波に乗りて東にゆきぬ。

光を発する発光神的なあり方は、『日本書紀』（神代下第九段一書第一）に「絶然赤酸醤」と記されたサルタヒコの描写とも照応する。

そして、伊勢に乗り込んで在地勢力たる伊勢津彦と対峙した天日別命のイメージは、伊勢最大の前方後円墳、宝塚1号墳から出土した船形埴輪の船首に積載された倭装大刀と重なりをもつ。天日別命が神武から刀を授かって伊勢へ侵攻したように、刀は支配権の象徴ともいえる器物であり、なかでも政治的な性格を表現する中心的な存在が倭装大刀であった。[注26] この倭装大刀を船首に掲げた船形埴輪をもつ宝塚1号墳の被葬者は、倭王権から当地の支配権を委譲された存在だったのであろう。[注27]

さて、伊勢津彦は、『伊勢国風土記』逸文において、もうひとつ別の姿を示す。

伊勢と云ふは、伊賀の穴志の社に坐す神、出雲の神の子、出雲建の子の命、またの名は伊勢都彦の神、またの名は天櫛玉の命、この神、昔、石もて城を造りその地に坐しき。ここに阿部志彦の神、来り奪へど勝へずして還却りき。因りて以ちて名とせり。

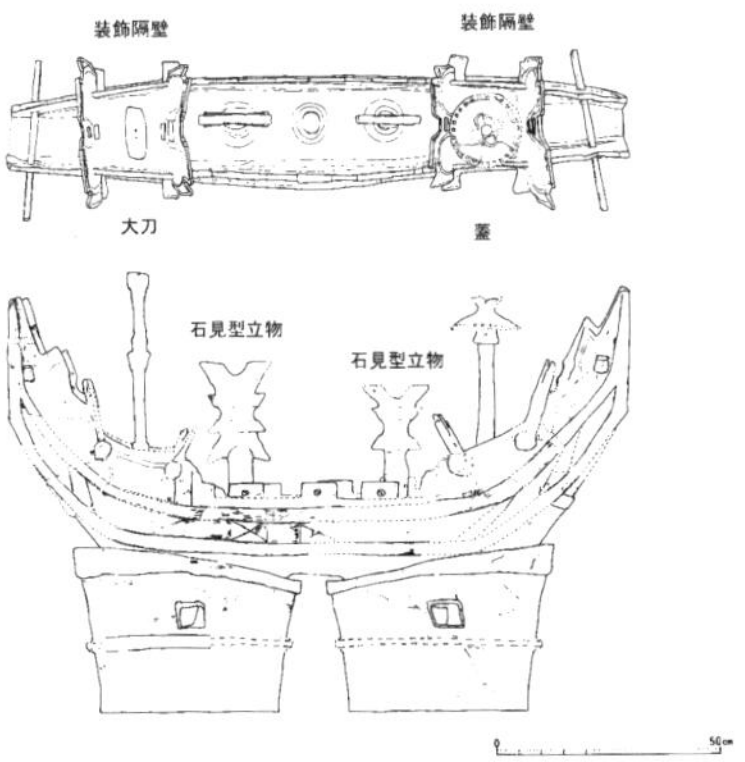

挿図10　松阪市宝塚1号墳出土の船形埴輪

これは、室町時代初期の僧、道詳の手になる『日本書紀私見聞』が引く『伊勢国風土記』の伊勢国号の起源に関する記事で、荊木美行氏はその引用方法などから、本来の『伊勢国風土記』にあった記事で差し支えなかろうとされている。[注28]

ここで伊勢津彦は、伊賀穴志社に拠った出雲建子命の別名とされ、出雲系であることが示される。注目すべきは、ここで石で城を築き、その地に坐したとされることである。

この場合の「城」は、杜に築かれていることから、『常陸国風土記』久慈郡条の賀毗礼の高峯にみる「石の垣」と同じで、神の拠った場を示

挿図 11　城之越遺跡の貼石祭儀場（古墳前期後半）

すものであろう。ちなみに『常陸国風土記』には、他にも新治郡条で悪神が籠った「石城」が読み込まれている。つまり、これらの「石の垣」や「石の城」は、カミを石で結界して閉じ込めた杜ということになろうか。

伊賀穴志社の「穴」は原文では「事」であるが、「穴」の誤記かとされている。[注29]「穴志」とすれば、三重県伊賀市柘植にある式内社・穴志神社が有力だが、久志本鉄也氏は守る側の伊勢津彦が伊賀郡に拠る神、攻め寄せる阿部志彦の神がその姓から北伊賀の阿拝郡に拠った勢力と解釈し、あくまで伊賀郡内での候補地を模索すべきとされる。その場合、旧の伊賀郡には前述の『皇大神宮儀式帳』記載の「伊賀穴穂宮」のほか、城之越遺跡をはじめ、伊賀市沢代遺跡や楪ヶ森遺跡など古墳時代の貼石遺構をもつ遺跡が集中する全国的にも稀有な地域であることは注目できる。[注30]ここに「石をもって城を築く」と記された『伊勢国風土記』逸文の記載が、俄かに重要性をもって浮上することとなる。城之越遺跡の貼石祭儀場の最上部からは、「庭」と墨書された奈良時代の須恵器杯が出土している。[注31]庭が「かつては神事・祭事を行う場所」とする説[注32]を敷衍すれば、前代にはここが聖地であったという意識が奈良時代にも残存し、ことによると祭祀も継続していたかもしれない。

風土記の舞台が城之越遺跡の貼石祭儀場をはじめとする旧伊賀郡内の古墳時代貼石をもつ遺跡だったかどうかは今後の課題であろう。しかし、カミを閉じ込めたり、その地に坐しめた「石の垣」が、実際の遺構として存在することは重要である。今後、大いに議論が期待される分野である。

五　まとめ

祭祀考古学からみた伊勢の古代祭祀を整理するとともに、記紀や『伊勢国風土記』、『皇太神宮儀式帳』などの伊勢関係記事について、在地の視点からの再検討を試みた。これまで述べてきた要点を列挙し、まとめとしたい。

まず、伊勢の考古学的な事象から、注目すべき祭祀考古学の事例として湧水点での祭祀とその儀礼を取り上げるとともに、そこに内在する意味について記紀神話を手掛かりとして接近を図った。そして、後に成立する記紀神話で語られる儀礼の原形が、すでに古墳時代に準備されていた儀礼であった可能性を提起した。

次に、伊勢神宮の創祀についてこれまでの論点を簡単に整理するとともに、現在の伊勢神宮（内宮）における創祀が現況の考古資料からは五世紀代に遡ることと、その祭祀が滑石製模造品を用いていたこと、とりわけ現在の荒祭宮周辺が両脇を小支谷で画された立地上の特徴などから湧水点祭祀の適応を示すことなどを述べた。現在、南伊勢において、現在の内宮を越える祭祀遺跡は確認されておらず、現内宮域における古墳時代の祭祀がアマテラスを祀る宮としての神宮とどう関係するのかをさらに検討していく必要がある。

最後に、神宮成立以前の伊勢における在地信仰の可能性を、サルタヒコと伊勢津彦に関わる断片的な文献記載を軸に、現在の伊勢の考古学的状況との照応を図った。これについては、地名や推定による部分が多く、具体的な実証性を欠く推論に過ぎないが、風土記や記紀の記載が何らかの歴史的な現実を反映したものかどうかの検討も含め、いくつか論点を提示した。

おわりに

大王家の祭祀場である伊勢神宮を抱える伊勢であるが、これまで祭祀考古学的な研究はあまり多いとはいえず、とりわけ伊勢神宮の創祀と接続しての議論は活発に行われてこなかった。しかし、大王家の祭祀場が伊勢に移転してきた以上、その移転時期や場所、その具体的な移転状況、それに対応する在地の動向などの把握は、伊勢の古墳時代の在地構造を検討するうえでも避けて通れない課題である。そして、大和や河内、出雲などに比べれば非常に断片的な記載ながら、記紀をはじめ、万葉集、風土記逸文などの古代文献にも伊勢に関わる記載が散見しており、これらが在地の状況を一定程度掬いとったのか、あるいは全くの創作かなど、具体的な事象に即しながら個別に検討を重ねていく必要がある。以上の問題意識を持ちながら、伊勢の考古資料とさらに向き合っていきたい。

テキスト引用

「日本書紀」：小島憲之他校注『新編日本古典文学全集　日本書紀』①、一九九四年・同②、一九九六年、同③、一九九八年、小学館

「続日本紀」：青木和夫他校注『新日本古典文学大系　続日本紀』1、岩波書店、一九九五年

「古事記」：山口佳紀・神野志隆光『新編日本古典文学全集　古事記』小学館、一九九七年

「伊勢国風土記」逸文：植垣節也校柱『新編日本古典文学全集　風土記』小学館、一九九七年

「皇太神宮儀式帳」：神道大系編纂会『神道大系神宮編1　皇太神宮儀式帳・止由氣宮儀式帳・太神宮諸雑事記』精興社、一九七九年

注

1　穂積裕昌編『三重県上野市比土　城之越遺跡』三重県埋蔵文化財センター、一九九二年、中浦基之編『城之越遺跡（第2次）発掘調査報告』上野市教育委員会、一九九八年

2　穂積裕昌「古墳時代の湧水点祭祀について」『考古学と信仰』（同志社大学考古学シリーズⅥ）同志社大学考古学研究室、一九九四年

3　森川桜男「神戸神社」『日本の神々　神社と聖地』白水社、一九八六年

4　穂積裕昌編『六大A遺跡発掘調査報告』三重県埋蔵文化財センター、二〇〇二年

5　穂積裕昌「井泉と誓約儀礼」『考古学に学ぶ』（同志社大学考古学シリーズⅦ）同志社大学考古学研究室、一九九九年

6　土橋寛「ウケヒ考」『日本古代の呪禱と説話』塙書房、一九八九年

7　山田宗睦『日本書紀史注』巻第一、風文社、一九九七年

8　穂積裕昌『古墳時代の喪葬と祭祀』雄山閣、二〇一二年

9　多くの説が提唱されているが、筆者は岡田登氏の斎宮説を支持している。岡田登「皇大神宮（内宮）の創建年代について」『皇学館大学創立百三十周年・再興五十周年記念　神宮と日本文化』二〇一二年

10　神宮司庁『神都名勝誌』4、一九二八年

11　神宮出土の古墳時代遺物は下記文献でまとめた。穂積裕昌『伊勢神宮の考古学』雄山閣、二〇一三年

12　森博達「皇祖天照大神はいつ誕生したか――『日本書紀』区分論から史実を探る――」『京都産業大学日本文化研究所紀要』一九、二〇一四年

13　岡田精司「大化前代の服属儀礼と新嘗」『古代王権の祭祀と神話』塙書房、一九七〇年（初出は『日本史研究』六〇・六一、一九六二年）

14　前掲注11及び穂積裕昌『古代の喪葬と船形埴輪　宝塚一号墳』新泉社、二〇一七年

15　本居宣長「古事記伝十五之巻」『本居宣長全集』第十巻　筑摩書房、一九六八年

16　久志本鉄也「雄略紀「伊勢朝日郎の乱」小考」『立命館文学』五一九、一九九〇年。以下、久志本氏説の引用は、同論文による。

17　岡田登「三重県津市垂水発見の埴輪窯について――藤形の贄土師部との関連をめぐって―」『皇學館論叢』一五―二、一九八二年
18　田中久生『高茶屋大垣内遺跡（第2次）発掘調査報告』一九九七年、山中由紀子ほか『高茶屋大垣内遺跡（第3・4次）発掘調査報告』二〇〇〇年、ともに三重県舞宗文化財センター
19　穂積裕昌「アザカ山とサルタヒコ――伊勢の在地信仰の可能性――」前掲注11所収、二〇一三年
20　藤田充子「津市池の谷古墳出土の円筒埴輪」『三重の古文化』八一、三重郷土会、一九九九年
21　川崎志乃「古墳時代前期の雲出島貫遺跡」『嶋抜Ⅲ』三重県埋蔵文化財センター、二〇〇一年
22　西山徳「阿射加神社」『式内社調査報告　第7巻東海道2』式内社研究會、一九七七年
23　土生田純之「古墳と黄泉国――死穢観の変遷――」『黄泉国の成立』学生社、一九九八年
24　前掲注19文献
25　榎村寛之「伊勢と太陽信仰」『説話・伝承学』一九、説話伝承学会、二〇一一年
26　古谷毅「鉄製武器武具と古墳文化」『古代武器研究』Ⅰ、古代武器研究会、二〇〇〇年
27　前掲注14穂積二〇一七年文献
28　荊木美行「『伊勢国風土記』をめぐる問題」『三重県史研究』一三、一九九七年
29　例えば、吉野裕『風土記』東洋文庫一四五、一九六八年など。
30　穂積裕昌「伊賀の首長墓」『伊賀市史第1巻通史編古代中世』伊賀市、二〇一一年
31　穂積裕昌「城之越遺跡出土の墨書土器」『三重県埋文センター通信みえ』No.11、三重県埋蔵文化財センター、一九九三年。なお、報告書である前掲注1、一九九二年文献では当該土器を「建」と報告したが、井上満郎氏の御教示により「庭」と訂正し、以降の文献ではこれに従っている。
32　松村明『大辞林』三省堂、一九八八年。なお、白川静氏も「神を迎えて祀るひろい場所」で、「祭式儀礼を行うところである」とされている。白川静『字訓』平凡社、一九九五年

纒向遺跡の居館域と二つの祭祀土坑

橋本　輝彦

一　はじめに

奈良県桜井市所在の纒向《まきむく》遺跡は昭和四十六年の第一次調査以来、一九〇次を超える発掘調査が実施され、現在では「ヤマト王権成立の地」として揺るぎ無い評価を受けるとともに、いわゆる邪馬台国の所在地論争の中でも、北部九州の諸遺跡群に対する東の候補地として多くの支持を受けているところである。

纒向遺跡におけるこれまでの発掘調査からは居館域における導水施設などを使った水の祭祀や古墳における墳墓祭祀、集落内における井戸や土坑祭祀など、様々な形のマツリの存在が確認されている。

本稿では纒向遺跡の居館構造の解明を目的として近年行われてきた辻地区の学術調査の成果に基づき、ヤマト王権中枢部居館域の姿と、そこで行われた二つの祭祀土坑の様子を紹介することとしたい。

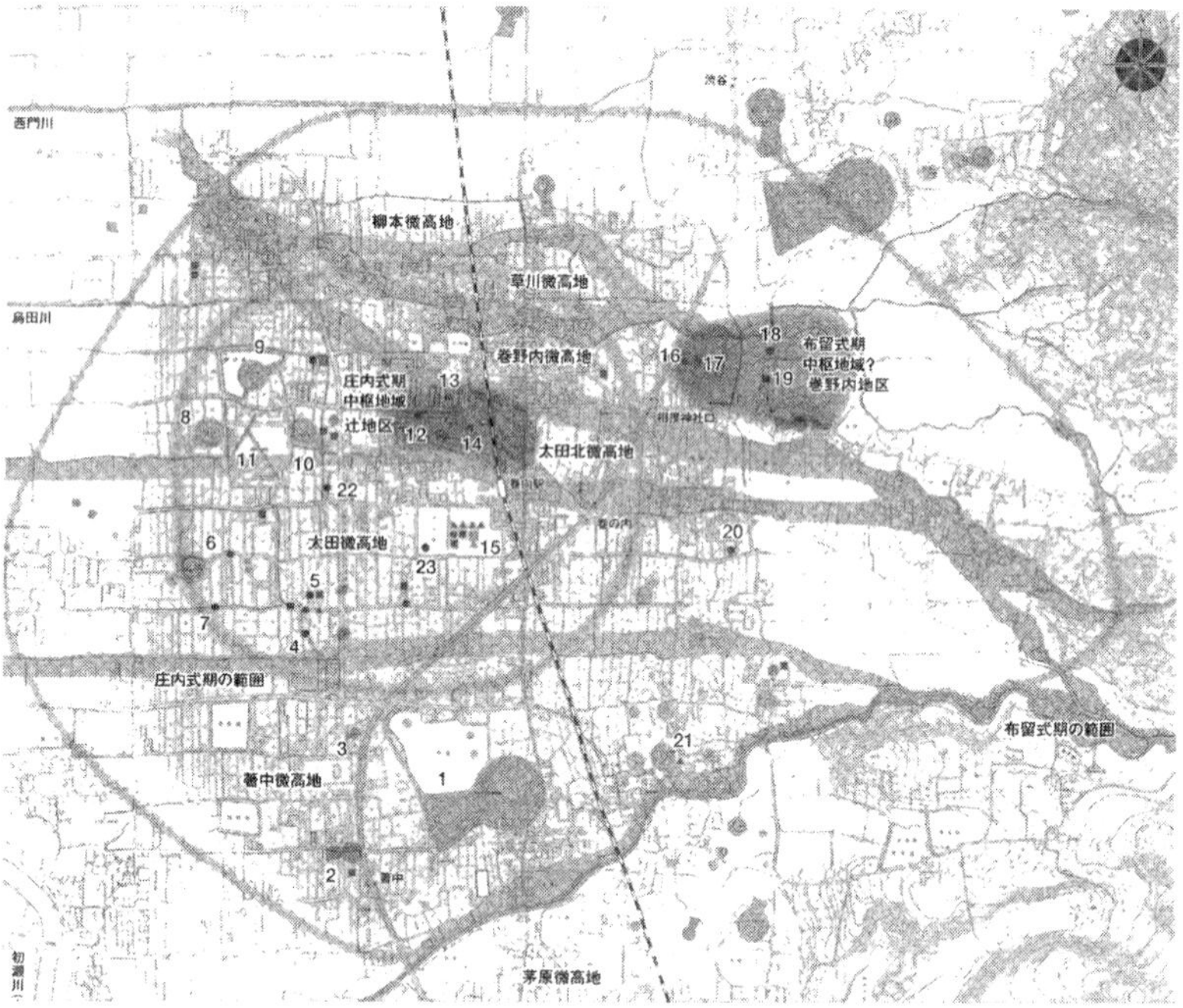

挿図１　纒向遺跡の範囲　1/25000

二　纒向遺跡の地理的環境

纒向遺跡の所在する桜井市は奈良盆地の東南部とその背後に続く大和高原・宇陀山地・吉野山地の一部より構成されている。市域の約七〇％は山地であり、平地は約三〇％に過ぎないが、市域のほぼ中央では春日山断層と初瀬構造谷が交差し、巻向山地塊崖・御破裂山地塊崖が盆地に面する西北斜面にはいくつもの渓谷が形成されている。

また、平地部にはこれらに源を発する初瀬川や寺川・米川・纒向川・粟原川など多くの河川が流れ、これらによって形成された扇状地の自然堤防上を主として多くの遺跡が展開している。纒向遺跡の主な遺構は纒向川と烏田川に挟まれた扇状地上に展開するもので、現在考えられている遺跡の規模は東西約二キロメートル、南北約一・五キロメートルにも達するが、遺跡の範囲はさらに北の天理市柳本地域へと広がる可能性がある。

さて、遺跡内部には南北を旧河川により限られた箸中微高地・太田微高地・太田北微高地・巻野内微高地・草川微高地・柳本微高地の六つの微高地が点在するが、太田北微高地のトリイノ前地区は微高地のほぼ中央に位置し、幅の狭い標高約七四〜七五メートルの下位段丘上に遺構が展開している（挿図1）。

二　纒向遺跡の概要

1　纒向遺跡の調査のあゆみ

居館域の調査を概説するにあたり、纒向遺跡の調査と研究のあゆみを振り返っておくこととしたい。「纒向遺跡」の命名は昭和四十六〜四十七年の発掘調査によって大字巻野内・草川・辻・太田・東田・大豆越などの旧纒向村の多くの大字に跨って遺構の存在が判明したことにより、調査者である石野博信氏によって名付けられたものである。[注1]
それ以前は昭和十二年の大字太田における土器の出土を報じた土井実氏の報告で名付けられた「太田遺跡」の名称で呼称されていた、[注2]当時想定された遺跡範囲は後に明らかとなる纒向遺跡よりもはるかに小さなものであり、現在では先の大字に豊前・箸中・豊田の一部を含めた広範囲に遺構が展開することが確認されている。
なお、土井の報告を受けた島本一氏は、同年に発表された論文において太田遺跡を柳本・朝和地域に展開する古墳群（現在のオオヤマト古墳群）との関連で位置づけるべきものとの重要な指摘を行っている。[注3]
この論文は現在では当然とされる纒向遺跡とオオヤマト古墳群との関連が戦前の段階で既に認識されていた点

において注目すべきものであるが、その後は昭和四十六年に始まる調査において重要な発見が相次ぎ、再び脚光を浴びるまでは長らく忘れられた存在となっていた。

2　纒向遺跡の諸属性

纒向遺跡が持つ特徴は初期の調査担当者である石野氏や関川尚功氏、寺沢薫氏による精力的な研究によって多くの事柄が明らかにされている。中でも昭和五十九年に寺沢氏によって発表された「纒向遺跡と初期ヤマト政権」[注4]は纒向遺跡研究にとってエポックとなった論考で、これによって纒向遺跡は「新たに編成された政権の政治的意図によって建設された日本最初の都市」「ヤマト王権最初の都宮」と位置づけられるに至っている。

これら石野・関川・寺沢氏による研究成果に、近年の調査成果を加えて整理をすると以下の属性を挙げることができる。

①集落規模が極めて大きく、前段階の弥生時代の拠点的な集落の規模をはるかに上回るばかりでなく、同時期の集落でも突出した規模を持つものであること。

②弥生時代には過疎地域であった所に三世紀初めに突如として集落が形成される一方、四世紀前半には突如として廃絶を迎えること。また、遺跡の出現・繁栄や消長が周辺の古墳の動向と一致すること。

③遺跡の最盛期には一般集落に通有な竪穴式住居が築かれず、高床式や平地式の建物で居住域が構成されていること。

④各地から運び込まれた土器が全体の一五～三〇％前後を占め、量的に極めて多いこと。そして、その範囲が九州から関東にいたる広範囲な地域からであること。

⑤韓式系土器の出土やベニバナ、バジル、漢式三角鏃などを模倣したと考えられる木製鏃、木製輪鐙の存在、ホケノ山古墳の副葬品にみる船載された鏡鑑類や鏟形鉄製品（サルポ）など、朝鮮半島や大陸系の文物を執り入れていたことが判明していること。また、庄内式の後半期にその流入が確認されるようになり、遺跡が廃絶するまでの布留式期を通じてその存在が認められること。

⑥農具である鍬の出土量が極めて少なく、土木工事用の鋤などが多く出土しており、農業を営む一般的な集落とはかけ離れた様相を呈していること。遺跡内ではいまだ水田、畑跡が確認されていないことなどを考え合わせると農業を殆ど営んでいない能性が高いこと。

⑦鍛冶工房や木製品加工所などの存在のほか、ベニバナを用いた染織が行われていた可能性が指摘されており、高度な技術者集団を抱えていたと考えられること。

⑧吉備地域をルーツとする弧帯文様を持つ特殊器台・弧文円板・弧文板・弧文石板などの出土から吉備地域とヤマトとの直接的かつ密接な関係が想定されること。また、弧帯文様を持つものは吉備地方を中心に葬送儀礼に伴って発展したものであり、纏向遺跡ではこれらの祭式が直接古墳や集落での祭祀に取り入れられた可能性が高いこと。

⑨本来近畿の墓の系譜には無い墓制である前方後円墳、纏向型前方後円墳と呼ばれる纏向石塚古墳・矢塚古墳・ホケノ山古墳や、箸墓古墳に類する墳形を持つ勝山古墳・東田大塚古墳などの出現期の前方後円墳群が存在し、後の古墳祭祀に続く主要な要素を既に完成させていたこと。また、纏向遺跡を基点として纏向型や箸墓型の前方後円墳が列島各地へと展開を見せること。

⑩前方後方墳であるメクリ1号墳や規模の小さな方墳・或いは前方後方墳と考えられる南飛塚古墳の発見に

よって遺跡内での首長層に明確な階層性の存在が想定されること。
⑪周辺は奈良盆地東南部という東海地域と西日本各地を結ぶ交通の要所に位置し、搬入土器の存在と合わせて纒向遺跡が東西の物資の交流拠点としての性格を持っていたこと。
⑫居館の可能性が指摘される建物群の発見により、方位に則り明確な規格に基づいた建物群の存在が確認されたこと。

これら多様な特質はそれまでの弥生時代集落や同時代の各地の遺跡とは一線を画するもので、今日では「ヤマト王権成立の地」、「邪馬台国の有力な候補地」として注目されるに至っている。

四　居館域の調査

このような中、辻トリイノ前地区における範囲確認調査は平成十七年度から継続的に実施してきた纒向古墳群及び纒向遺跡の史跡指定を目指した範囲確認調査の一つで、平成二十年に纒向古墳群の範囲確認調査の目途がついたことを受けて、平成二十一年より集落部分の調査に着手したものである。[注5]

一連の調査で対象としたのは昭和五十三年度に奈良県立橿原考古学研究所によって第二〇次調査が行われ、かつて庄内式期の神殿状遺建物とされた地点及びその周辺の微高地上で、周辺に展開する遺構群の全体像を解明することを目的に調査を行っている。

この調査では、庄内3式期[注6]（三世紀中頃）に建てられた纒向遺跡の居館とみられる軸線と方位を揃えた掘立柱建物B・C・D・Fや柱列・井戸などの施設群と、祭祀遺構と考えられる大型土坑などが確認されている（挿図

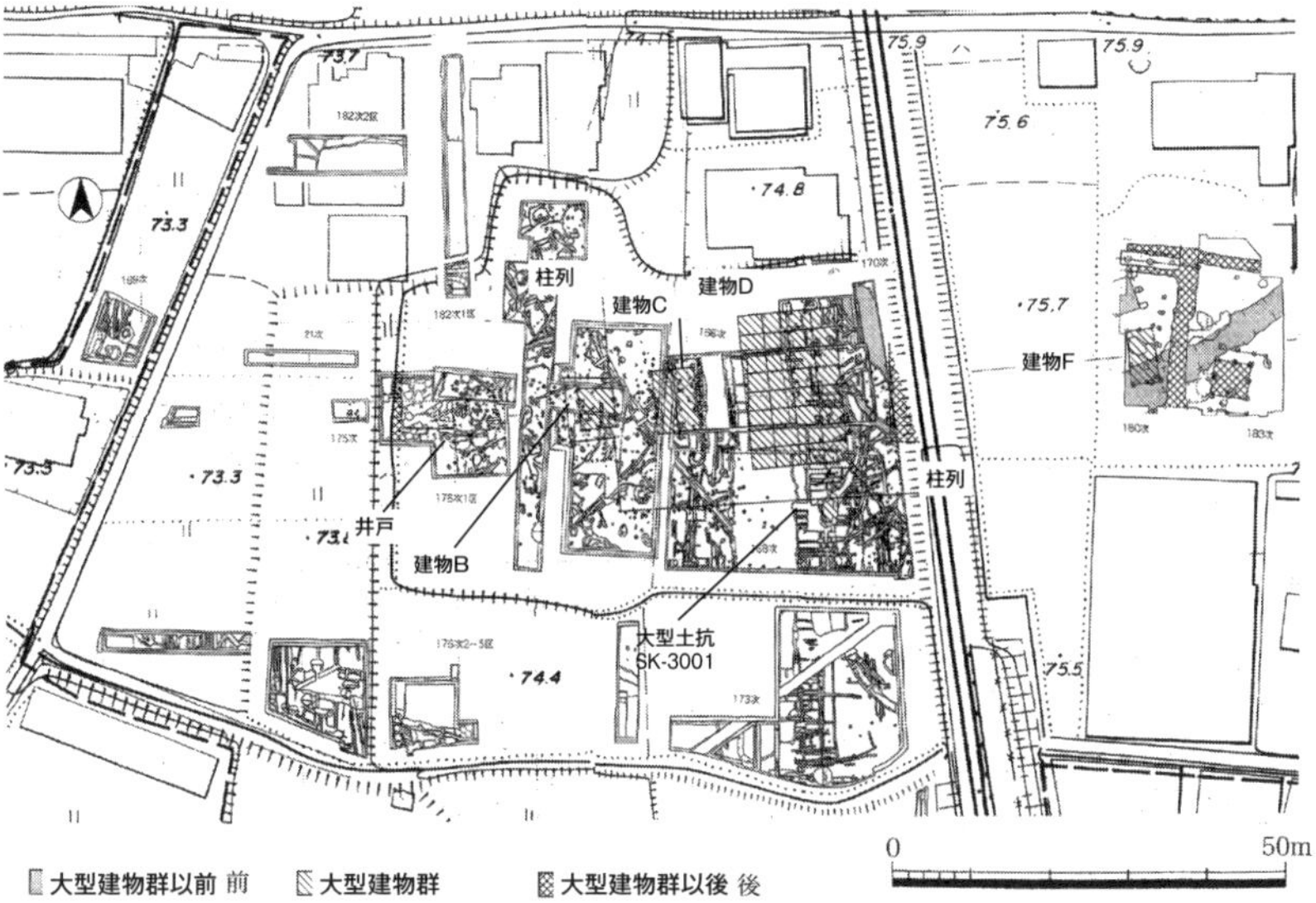

挿図２　辻地区の居館遺構群　1/1500

2）。建物群の方位は真北に対して約四～五度西に傾くもので、東西軸を意識した建物とみられ、庄内３式期末頃に廃絶したと考えている。このうち、中心的な位置を占める大型の掘建柱建物Ｄは東西四間（一二・四メートル）×南北四間（一九・二メートル）の規模に復元できるもので、当時としては国内最大級の規模を誇るものである。

また、建物Ｄの南側からは建物群の廃絶時に掘削されたと考えられる四・三メートル×二・二メートル、深さ約八〇センチの大型土坑が検出されており、中からは多くの栽培植物の種子や海産の魚類の骨、鹿、猪、鳥などの動物骨が出土している。土坑の時期は庄内３式期末頃のもので、建物群の解体時に行われたマツリの痕跡と考えている。

以下、これらの遺構群について個別にその概要を紹介しておくこととしよう。

１　建物Ｂ

建物Ｂは東西二間（約四・八メートル）×南北三間

（約五・二メートル）、床面積約二四・九六平方メートルの規模を持った建物遺構で、建物方位はN-4~5°-Wと、真北に対してやや西へと振れていた。

建物の東・西・南の三辺はお互いが正しく直交或いは並行するのに対し、北辺は北東隅の柱穴が本来あるべき位置よりもやや南に位置して掘削されていることから、他の三辺とは方位を同じくしていない。この建物の平面プランの歪みについての理由は判然としないが、一案として建物の建築材の歪み等を解消し、床面の平面プランを正しく方形にするためのものかと考えている。

柱穴は円形のものとやや隅丸方形に近い形を呈するものがあり一定しないが、概ね径五〇~六〇センチの大きさを持つ。柱穴は建物を建てる際に施された整地土の上から掘られたもので、深さは五〇センチ前後あったことが推定されるとともに、建物Bが整地行為に伴う建物であることが窺える。

なお、この建物の多くの柱穴内には柱のあたり痕跡が確認でき、使用された柱材の直径は二〇センチ程度のものであったと推定されるとともに、第二〇次調査ではこの建物は廃絶時に柱材が抜き取られたことが判明している。このうち、建物西辺の柱穴の抜き取り穴内からは、庄内3式期頃のものと見られる、ほぼ完形の小形器台が納められており、建物の廃絶時期を知る手掛かりとなる。

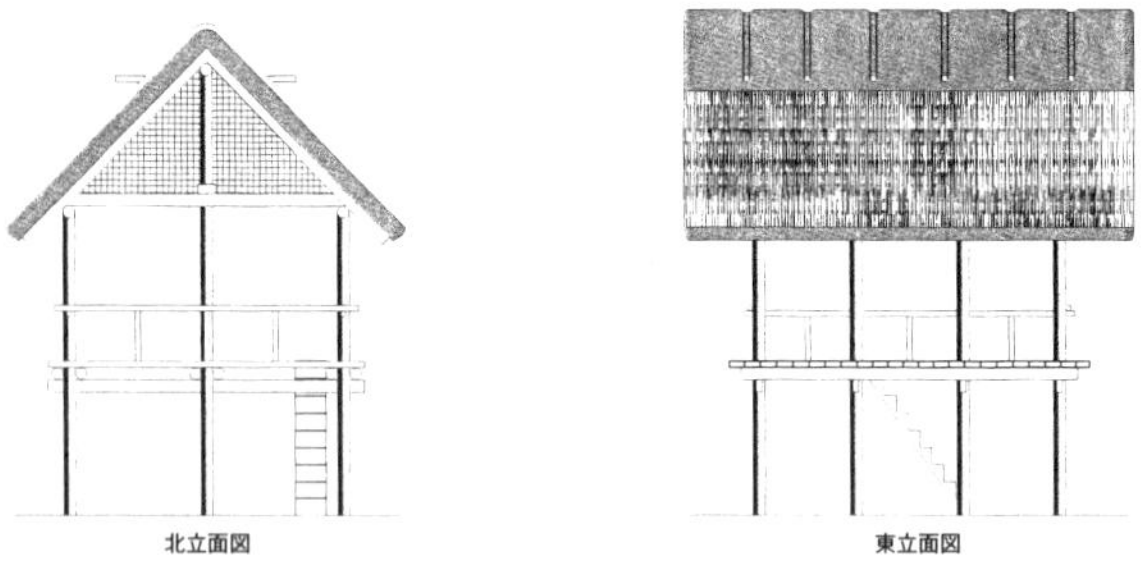

挿図3　建物B復元図　1/250

さて、挿図3は神戸大学の黒田龍二氏による建物Bの復元図である。[注7] 復元では約二・五メートルと非常に高い位置に床面が復元されているが、これは後述する建物Bの周囲を廻る柵とみられる柱列との関係を勘案して復元がなされたものである。建物Bと柱列との間は狭い所で一・五メートル、広い所でも一・七メートルと非常に近接しており、建物Bが床の低い建物であるとすれば屋根と柱列が干渉する可能性が考えられることから、高い位置に床面が想定されている。なお、この建物の構造および柱列との位置関係などから推定すると、建物への出入りは東面から行われたものと考える。

2　建物C

建物Bの約五・二メートル東で検出された建物遺構である。後世の遺構によって一部が破壊されており、正確な規模は不明だが、幸いにして、破壊を免れた南北の両近接棟持柱が検出されており、ある程度の規模を推定することができる。

推定される建物規模は東西一間（東西約五・二メートル）×南北三間（南北約八メートル）、床面積約四一・六平方メートルで、建物方位は先の建物Bと同じくN-4~5°-W、真北に対してやや西へと振れを持っている。柱穴は円形のものと楕円形の二者があり、概ね径七〇~八〇センチと比較的大きなものであったが、柱穴の深さは約二〇センチ前後と非常に浅く、遺構の残りはあまり良好なものではなかった。

検出された柱穴のうち、建物西辺柱穴の幾つかには柱のあたり痕跡とみられる窪みが確認できるものがあり、建物に使用された柱材の直径は建物Bと同じく二〇センチ程度のものであったと考えられる。また、南北の棟持ち柱柱穴は楕円形を呈し、いずれもが長径約一メートル、短径約八〇センチと他の柱穴より若干大きなものであったが、深さは約二〇センチとほぼ同じ深度であった。

なお、この建物も建物Bと同様に建物の廃絶時には柱材が抜き取られた可能性が高いと考えている。抜き取り

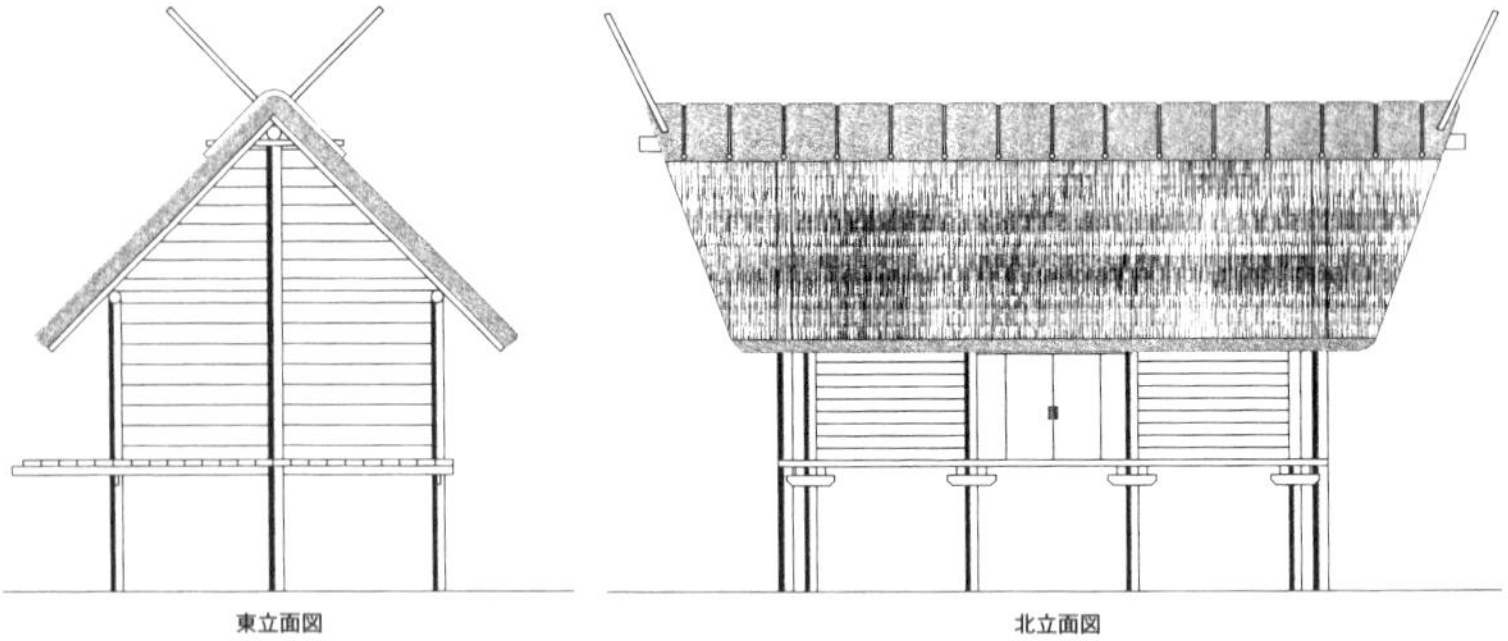

挿図４　建物Ｃ復元図　1/250

の痕跡が特に顕著に認められるのは北側の棟持ち柱の柱穴で、柱穴の南半部分からは抜き取りに伴うとみられる不定形の掘り込みを確認している。

建物の建築時期は明確ではないが、廃絶時期については他の遺構との切り合い関係から庄内３式期を含めてそれ以前であることが判明している。

建物Ｃは建物Ｂと同様に整地土の上に構築されていること、廃絶の時期が庄内３式期を含めてそれ以前には廃絶を迎えること、建物の柱材が抜き取られていることなど、建物Ｂと共通する要素が多いことに加え、建物の東西軸線や方位が建物Ｂと揃っていることなどから、二つの建物は併存していたものと判断している。

挿図４には建物Ｂと同じく黒田龍二氏による建物Ｃの復元図を示しておく。建物Ｃの最大の特徴は纒向遺跡では初の検出例となる棟持ち柱を持った建物という点であろう。復元では現在の神社建築に通じる構造の建物がイメージされており、建物の出入り口は東面に設定されているが、調査においては出入り口を特定し得る遺構は確認されておらず、建物Ｂおよび後述する建物Ｄなどとの建物配置の関係から想定されたものである。

３　建物Ｄ

建物の西半は四世紀後半期の区画溝によって大きく削平を受けており、調査によって確認されたのは東西二間（六・二メートル）×南北四間（一九・二メートル）分で、方位は先の建物Ｂ・Ｃと同じくN-4-5°-W、真北に対してやや西へと振れを持つものであった。

本来の建物規模は不明であるが、建物Ｃとの位置関係からは東西規模が二～四間の中でおさまることや、柱穴の形状の検討などから四間四方の建物構造を推定しており、南北約一九・二メートル×東西約一二・四メートル、床面積約二三八・〇八平方メートルと当時としては国内最大規模の建物を復元するに至った。

検出された柱穴は整地土上面から掘削されており、平面プランは一辺一メートルの方形のものから一メートル×一・七メートルのものなどばらつきが見られるが、すべてが方形もしくは長方形のプランを持っている。柱穴の深さは一五センチ～三〇センチ程度と非常に浅く、建物規模から勘案すると後世にかなりの削平を受けたものと考えられる。

また、柱穴の埋土の観察では多くの柱穴において柱材の抜き取り痕跡が確認でき、柱穴内に残る柱のあたり痕跡からは柱材の太さは三二センチほどのものと推定され、建物Ｂ・Ｃよりもひとまわり大きな柱材が使用されていた様子が窺える。主柱の柱間は南北間で約四・八メートル、東西間で約三・一メートルになると考えられるが、南北方向の主柱穴間のほぼ中央からは径約四〇センチ、建てられていた柱の太さ一五センチ前後と推定される円形の柱穴が検出されており、その配列からは柱間の広い南北方向の床を支えるための束柱であった可能性が高いと考えている。

建物Ｄの建築時期も明確ではないが、廃絶時期は布留0式期を含めてそれ以前には存在していた建物であるということが推定されており、建物Ｂ・Ｃと同様に整地土上面から構築された建物であること、いずれの建物も柱材が抜き取られていること、建物の東西軸線や方位が建物Ｂ・Ｃと揃えて建てられていることなどから、建物Ｄ

も他のB・Cと併存して建っていたものと判断している。

挿図5は黒田氏による建物Dの復元案である。この復元案では建物の下に高さ五〇センチ程度の基壇が復元されている。これは検出された建物D柱穴の深さが約一五～三〇センチ程度と非常に浅いものであったこと受けたもので、後世の削平がどの程度のものであったのかは不明ながら、調査区の現地表面から遺構面までが僅か六〇センチと非常に浅いことや、大規模な遺構面の削平が考え難いことから柱材は柱穴におさまる部分と基壇によって固められた部分の双方で建物の強度を保ったものとの想定に基づくものである。

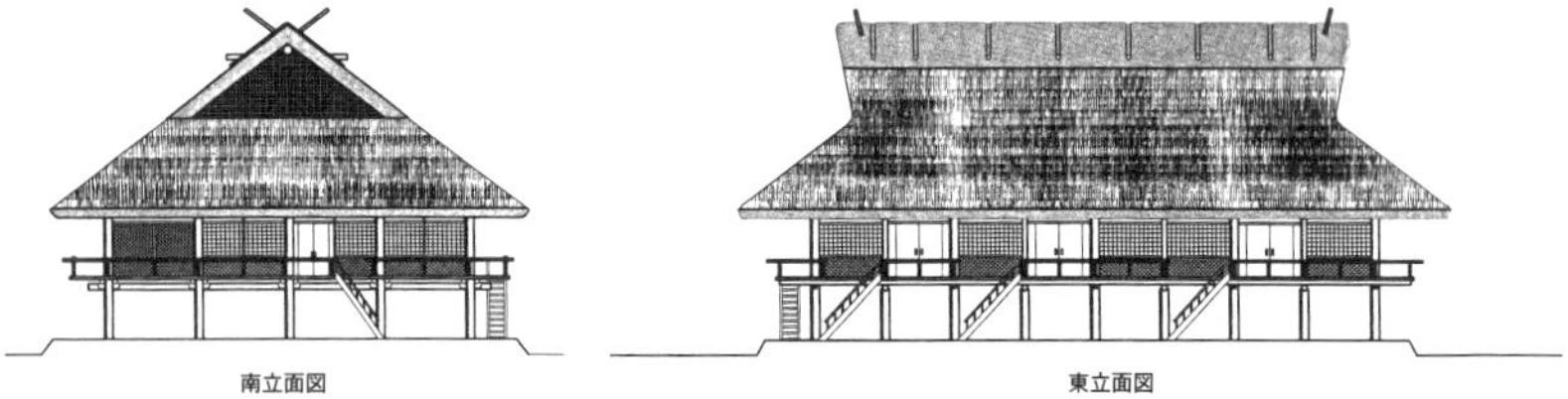

挿図5　建物Ｄ復元図　1/500

4　建物F

東西二間（三・四メートル）以上×南北三間（六・七メートル）の規模の建物で、柱穴は四〇～六〇センチ程度の隅丸方形のものが多く、深さは三〇～四〇センチ、太さは径一五センチ程度の柱材が建てられていたと考えられている。建物Dよりもさらに東方の地点から検出された建物ながら、方位は先の建物B・C・Dと同じくN-4～5°-W、真北に対してやや西へと振れを持つもので、布留0式期の遺構に切られていること、建物の東西の中軸線が他の建物と一致することなどからは、この建物も他の三棟と共存していたものと考えられている。

5　柱列

これまでの調査でこの柱列は建物Ｂ～Ｄの建物群全体を取り囲む柵や塀のような構造になる可能性を推定している。

柱列の構造で特徴的なのは建物群西面の平面プランで、建物Ｂ部分ではこれに柱列が沿うように西へと突出していた。建物群の南側では柱穴は直線的に検出されており、途中後世の遺構に大きく削平を受けた部分もあるものの、距離にして三四メートル分を検出している。

柱穴は多くが径三〇センチ前後、深さ四〇センチ程度の規模を持つが、検出した柱穴のうちラインに乗るものすべてが柱列を構成するものか否かは判然としない。この柱列を構成する柱材の多くは太さ約一五センチで、柱穴の幾つかからは建物群と同様に柱材が抜き取られた痕跡が確認できるとともに、抜き取り穴には土器が納められているものも存在した。これらは柱列が整地土上面から切り込まれていることと合わせて、柱列の廃絶が庄内式期でも比較的新相に属するものと考えている。

6　井戸

建物Ｂの西約一四メートルの地点からは井戸が確認されている。この井戸は裏込め部分を含めた直径が約二メートル、井戸の埋土上部は井戸枠の抜き取りに伴う攪乱を受けていたが、縦板を用いた井戸枠があったようで、一部が残存していた。井戸枠および抜き取り穴から推定される井戸本体の規模は最大で一辺約八〇センチの方形井戸とみられ、底面は湧水点に達しており、深さは九〇センチを測る。出土遺物にはミニチュア壺のほか土器片などがみられ、埋没および井戸枠の抜き取り時期は布留０式期であることが判明しているが、一部断ち割りを行った裏込め土の調査では遺物量は少量ながら確実に布留式期に降る土器の出土は無く、先の建物群と井戸が併存する可能性も考えられる。

この井戸には西側には幅一メートル程度の細い溝が接続し、溝の底には一〇センチ前後の礫が多量に詰められていたが、纒向遺跡内においても珍しい縦板を用いた井戸枠の構造や石敷き溝を持つことや、建物群と併存する可能性があることなどを考えると今後の整理・検討の進捗により重要な意味を持つ遺構となる可能性がある。

なお、この地点からはこの井戸に切られる形でもう一基井戸の存在が確認されているが、遺構の大半が先の井戸SK-3001Aに削平を受けており、検出状況からは同じ場所に井戸を掘り直したかのような様子を呈している。この井戸は遺構の残存率が極めて悪かったため、出土遺物が少なく、構築および埋没時期などは限定することはできなかったが、井戸SK-3001Aに切られていることから、建物群に併行する時期に遡る可能性が考えられている。

Ⅴ　居館域における二つの祭祀

以上、纒向遺跡辻地区において確認された三世紀中頃の居館の状況を見てきたが、この居館関連遺構の中で注目すべき遺構として二つのタイプの祭祀土坑の存在をあげることができる。一つは居館域の中で検出された建物群の解体に伴うと推定されている大型土坑をともなう祭祀で、一方は居館域の西方の低地部において数多く検出されている祭祀土坑群であり、このうち後者は「纒向型祭祀」（土坑）として、早くから認知されているものである。[注8]ここでは纒向遺跡における祭祀の一例として、辻地区の居館域から検出された二つの土坑祭祀の様子をみていくこととしたい。

1　建物群に伴う祭祀土坑

先の建物Dの南に隣接して南北約四・三メートル、東西約二・二メートル、深さ八〇センチの隅丸長方形の大型土坑SK-3001が検出されている（挿図6）。この土坑は祭祀の時期が庄内3式期末頃と、建物群の廃絶期と近接する時期のものであること、検出された四棟の建物のうち中心的な存在とみられる建物Dに近接して掘削されていること、土坑の北端が建物群南辺を画する柱列（柵もしくは塀）のラインと重複することなどから、建物群の解体時に執り行われたマツリの痕跡ではないかと考えられている。

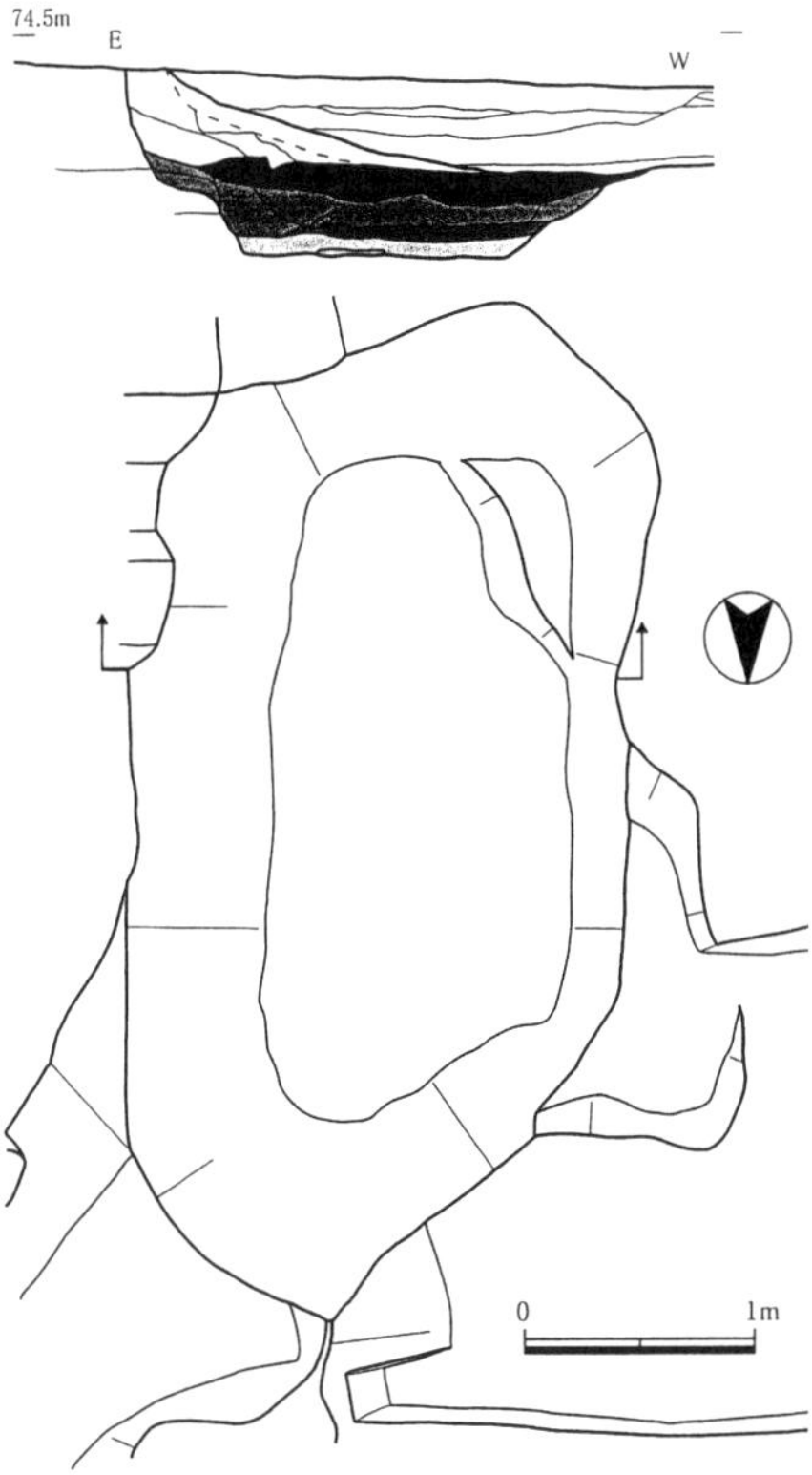

挿図6　建物群に伴う祭祀土坑　1/60

現時点で判明している土坑からの出土遺物は表1に示した土器や木製品、動植物遺存体など多種多量の遺物があるが、中でも多量に出土した桃核の数は二七六九点と前例の無いものであった。桃核の中には未成熟の種子が一定量含まれており、成熟・未成熟を問わず桃が大量に集められたようで、一部には果肉が残っているものも少量含まれていた。

その他の遺物で特徴的であったの

表1　辻地区における土坑出土遺物の比較

	動物遺存体	植物遺存体 栽培種	植物遺存体 野生種（食用となるものに限定）	土器	木製品など	その他
纒向遺跡第168次調査大型土坑（SK-3001）	イワシ類・タイ科（マダイ・ヘダイ）・アジ科・サバ科・淡水魚・ツチガエル・ニホンアカガエル・カモ科・齧歯類・ニホンジカ・イノシシ属	モモ2,769・スモモ52・イネ938・ヒエ2・アワ74・アサ535・ササゲ属3・エゴマ24・ウリ類2,076・ヒョウタン類213	カヤ1・ヤマモモ36・クリ2・シイ属5・コナラ属145・アカガシ亜属9・ムクノキ14・ヒメコウゾ480・ヤマグワ23・サクラ属サクラ節3・キイチゴ属2・サンショウ80・トチノキ216・ブドウ属22・マタタビ18・サルナシ15・グミ属4・サルナシ15・ガマズミ属1・ニワトコ7・アカザ属4・ヒユ属34・シソ属2・イヌホウズキ87	線刻を施した短頸直口壺・底部穿孔を施した小型直口壺・手捏ね土器・ミニチュアS字甕・高坏・器台など	剣形木製品1・黒漆塗丸木弓1・筒形器台1・箆状木製品4・槽1・横槌2・竹製籠6・垂木1・敷居材1	ガラス製粟玉2
纒向遺跡第7次調査辻土坑4	—	籾殻・モモ・瓢箪皮	—	壺21・甕37・鉢18・高坏7・器台6・土製支脚5（うち搬入土器河内3・東海10・山陰1・北陸3）	朱塗大型高坏・黒漆塗丸木弓・黒漆塗木製盤・把手付鉢・箸状細棒・団扇・有頭棒・竪杵・機織具・腰掛・杓子・箆状木製品・木包丁・竹製籠・棒・板・杭・柱・高坏・槽・箕・籠・舟形木製品・水鳥舟形木製品・縦櫛・フジツル・桧皮・割木30・自然木／焼木300・	—

は木製品に使用に伴う痛みや磨滅が認められなかったこと、横槌二点とヘラ状木製品四点、底部穿孔を施した小型直口壺を除く総ての遺物が壊された状態かつ、それぞれが一部分しか出土しなかったことである。これらの遺物は土坑の近隣で祭祀を行った後に「かたづけ」として使用した道具類を破壊し、投棄したものと考えられるが、それぞれが一部分しか出土しなかったことからは他にも本遺構と同様の土坑が存在し、意図的に道具類を分散して投棄している可能性も考えられる。

この他、自然科学分析の結

果で特筆すべきものにサクラ属（モモ－スモモ型）の花粉の検出がある。居館域の近隣にモモの林が広がっていた事が推定され、土坑から出土した桃はこの林において栽培されていた可能性が指摘されている。これら自然科学分析の結果からは土器・木製品以外の土坑に投棄された供献遺物の具体的な組成が明らかとなり、土坑周辺において行われた祭祀の状況がより鮮明にされている。豊富な栽培植物の内容に加え、内陸の纒向遺跡において多様な海水魚が確認されたことは注目すべきもので、鳥や獣などともあわせてバリエーションに富んだ供物がマツリの場に献じられていた様子をうかがうことができるものである。

2　纒向型祭祀土坑

先の居館内における土坑祭祀に対して、纒向型とされる祭祀土坑の多くは居館域から西方約一〇〇～二〇〇メートルの地点、辻河道と呼ばれる旧河道の南岸一帯において数多く検出されている。これらは庄内式期の初めから布留０式期にかけて連綿と築かれたものと考えられており、大きさや深さはそれぞれだが、いずれもが湧水点に達するまで掘削が行われていること、内部からは多くの土器や焼木、木製品、植物遺体などが検出されることなどの共通した特徴を持っている。

中でも辻土坑４と呼ばれる径約三メートルの円形土坑は代表的な存在で、深さは一・五メートル（挿図７）、やはり湧水点に達するまで掘削が行われるとともに、隣接して一間（三・四メートル）×一間（二・九メートル）の簡易な掘建柱建物がセットで建てられていた。土坑からの出土遺物は表１に示したとおりだが、土坑出土の木製品の特徴として、その多くが焼け焦げていることが指摘されており、火と水を用いた祭祀の姿が想定されている。

土坑の様子や出土遺物の組成を検討した石野氏によると、土坑には後の延喜式における新嘗祭の条の器材と共

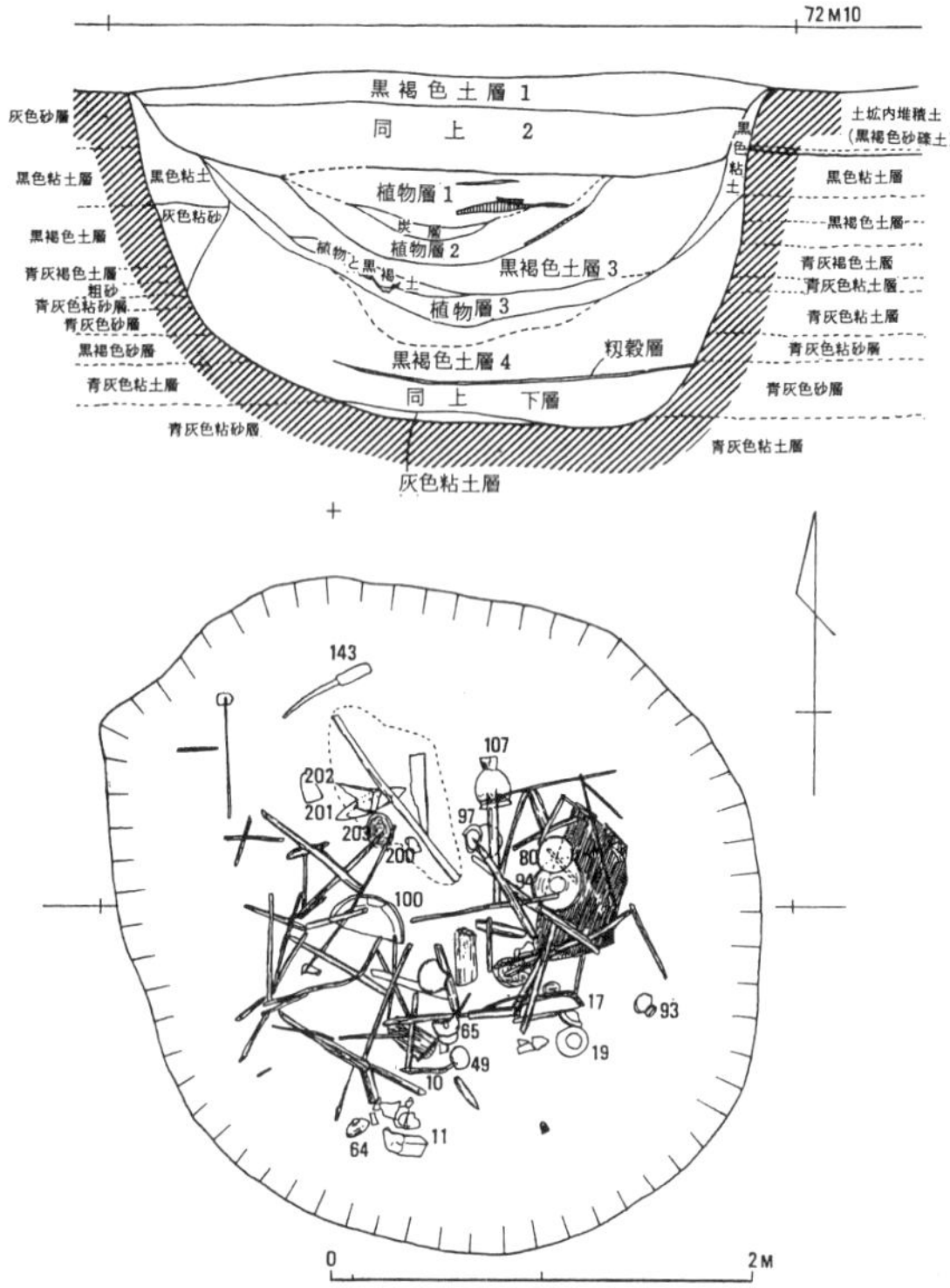

挿図7　纒向型祭祀土坑（辻土坑4）　1/60

通する遺物が含まれており、年に一ないし二回の祭祀がこのエリアにおいて執り行われたことが想定されるとともに、その内容は土坑周辺において飲食などを伴う儀礼が行われた後に、かたづけに伴って器物が土坑へと廃棄されたことが想定されている[注9]。

先に見たこれらの二つの祭祀土坑は、検出された地点や所属時期、遺物の組成などから居館の主によって執り行われたとするのが自然と考えるが、両者には異なる点も多い。それは、

①纒向型祭祀土坑からの出土遺物には調理から飲食を想定させる器物の存在と、水鳥形や舟形木製品・儀仗などの儀器の存在が顕著なのに対し、居館内で確認された大型土坑（SK-3001）にはあまりその傾向が認められないこと。

②纒向型祭祀土坑では竪杵や木包丁、機織具などの生産関連の器物が多いのに対し、大型土坑（SK-3001）では工具とみられる横槌と容器類の他は剣形木製品や弓など武器形木製品が目立つ存在であり、組成に違いが

であること。
③大型土坑（SK-3001）では纒向型祭祀土坑に通有の火を用いた痕跡が認められないこと。
④纒向型祭祀土坑では多くの種類の器物が出土しているのに対し、大型土坑（SK-3001）では器材よりも多くの動・植物や海産物などの供物とみられる遺物が中心となっていること。
などである。

このように、ほぼ同じ時期に同じ居館エリアにおいて執り行われた祭祀ながら、両者の構成には内容に明らかな違いが認められる。大型土坑（SK-3001）の目的は王宮の解体に伴う祭祀、纒向型祭祀土坑は新嘗の祭りに伴う祭祀と、それぞれのマツリに対する意義が解釈されているものの、その推定が的を射たものか否かは明らかにし得ない。

六　まとめ

居館域の構造にとどまらず、先に挙げた纒向遺跡が持つ多様な特質からは纒向遺跡がヤマト王権成立の地として、我が国の国家形成の過程を探る上で極めて重要な位置を占めるということは明らかである。

また、辻地区において確認した整然とした規格に基づいて建築された建物群の存在は、弥生時代から古墳時代への変革期における王権中枢部の様子や王権の形成過程を知る手掛かりとしてきわめて重要な情報を提供するものである。

今回報告を行った纒向遺跡における祭祀土坑については多くの調査例があり、様々な類型に分けられる可能性があるにもかかわらずこれまで「纒向型」として一括し、それ以上の検討が行われてこなかったのが実状である。今後はそれぞれの遺構の状況に即した属性の整理・検討とともに、全体を俯瞰した研究を進め、王宮や集落内におけるマツリの実相を明らかにしていく必要がある。

これからも纒向遺跡に対する様々な視点からの議論が進化することを期待するとともに、積極的に実態解明のための調査と様々な属性の分析を進めていきたい。

注

1　石野博信・関川尚功『纒向』桜井市教育委員会、一九七六年
2　土井実「纒向村太田より土器」『大和志』第四巻五号、一九三七年
3　島本一「太田遺跡随録」『大和志』第四巻一一号、一九三七年
4　寺沢薫「纒向遺跡と初期ヤマト政権」『橿原考古学研究所論集』六　奈良県立橿原考古学研究所、一九八六年
5　橋本輝彦『纒向遺跡発掘調査概要報告書――トリイノ前地区における発掘調査――』桜井市教育委員会、二〇一三年
6　寺沢薫「畿内古式土師器の編年と二・三の問題」『矢部遺跡』奈良県史跡名勝天然記念物調査報告第四十九冊、奈良県立橿原考古学研究所、一九八六年
　なお、本稿における土器の編年観はすべてこの文献に準ずる。
7　黒田龍二『纒向から伊勢・出雲へ』学生社、二〇一二年
8　注1に同。
9　注1に同。

※紙幅の関係上、個々の調査報告書については割愛した。ご容赦頂きたい。

秋津遺跡
――古墳時代前期の大規模祭祀遺構に見える政治的背景――

米川　仁一

一　はじめに

古代における祭祀の形態は、その規模や背景によって大きく三つの系統に分けることができる。つまり、①国家の主たる事業として執りおこなわれる大規模な祭祀と、②古墳の葬送儀礼や今日の神社等が執りおこなう祭事などと同じ地域集団が司る祭祀、そして③民衆個々がそれぞれにおこなう小規模な祭祀である。その中でも特に国家的で政治色の強いと考えられる祭祀は、大規模な祭祀遺構や大量の祭祀遺物を伴うものである。そうした点でも今回紹介する秋津遺跡は、検出された四世紀代の大型方形区画施設をはじめとする遺構群や大量の祭祀に使用された土器・特異な遺物など、まさにそれにふさわしいものと言える。

そもそも「国家的な祭祀」とは如何なるものかというと、古墳時代においてはヤマト政権が国家を司る上で必要な政治色が色濃く反映された祭祀、要するに今日で言えば「大嘗祭」や「新嘗祭」などのマツリゴトがそれにあたると考えられる。従来、ヤマト政権の大王は、政権交代などの重要な祭祀を古墳の墳丘上でおこなったというような考え方であった。しかし、近年の秋津遺跡の発掘調査で確認された大規模な祭祀遺構やそこから検出された遺物を見る限り、政権交代などのマツリゴトは、古墳の墳丘上よりも平地でおこなわれる可能性が高いように思える。それは祭祀を執りおこなう空間の広さと祭祀施設の構造などの点が最大のポイントであり、祭祀に参加する人の数を比較した場合、明らかに古墳の墳丘に対して大規模な祭祀施設が平地に造成されていたとするのが最も妥当な考えと言える。まして国家的な祭祀となれば尚のことで、奈良時代以降に宮内で執りおこなわれる国家的な祭祀を見てもそれは明らかである。秋津遺跡の方形区画施設に類似する遺構は、全国各地で確認されているが、そのいずれもが秋津遺跡の構造に比べ小規模で、構造的に単純なものばかりのため、地域集団のマツリゴトに関わる遺跡と考えざるを得ない[注1]。筆者も秋津遺跡の事例を根拠として、幾つかの拙稿の中でその可能性を指摘してきているが[注2]、本稿では具体的な祭祀の形態やその背景についても踏み込んで見ていきたい。

二　秋津遺跡の概要

秋津遺跡は、検出された方形区画施設とその内部に併設する大型掘立柱建物群の構造が、古墳時代中期の「導水施設形埴輪」に酷似していることで一躍注目されることとなった。この方形区画施設は、長方形に区画された空間が小さいものでも南北十四メートル・東西三十メートルもあり、大きいものになると一辺五十メートルを超える。また、この区画は浅い溝が長方形に掘られ、その溝を挟むように二本の柱が併設されていることから、板塀ないし瑞籬状の塀であったこともわかった。さらにその方形区画施設は複数基が同時併存し、その方形区画施

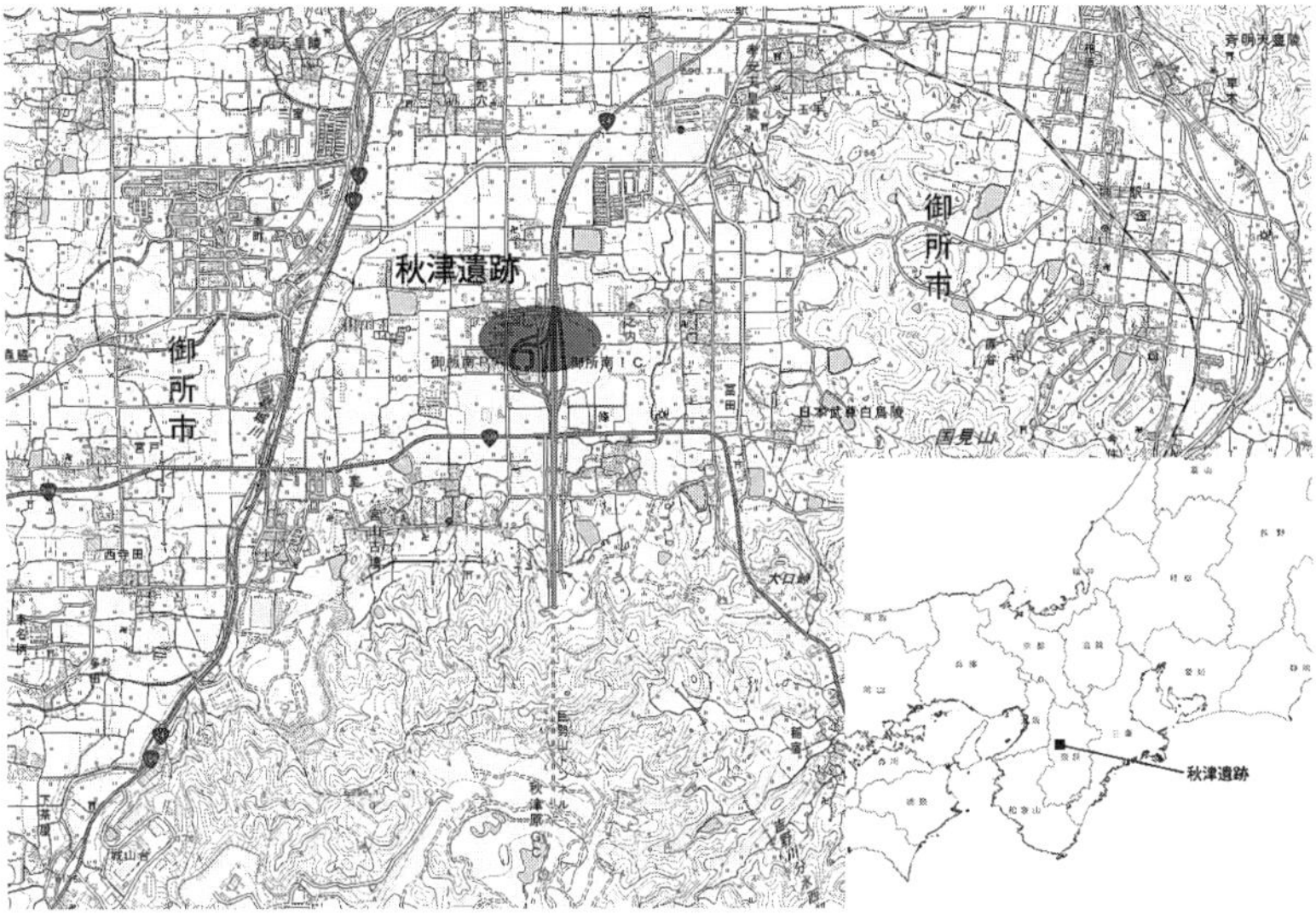

挿図１　秋津遺跡の位置（『地理院地図』一部改変）

設群の空間の外側をしっかりとした区画溝で囲った巨大建物群を構成していたのである。古墳時代中期以降に全国的な成立をみる所謂「豪族居館」も、溝で区画された内部に、複数の建物や遺構が計画的に配置された遺跡であるが、秋津遺跡はそれらの規模をはるかに凌駕する大規模かつ計画的な建物配置の遺跡であった。ここでは秋津遺跡から検出された遺構群の特徴について、その詳細を紹介していきたい。

遺跡の位置と沿革

秋津遺跡は、奈良盆地の南西端に位置する御所市池之内・室にかけて所在する縄文時代から中世室町時代頃までの遺構群からなる複合遺跡である。遺跡の立地する御所市は、古墳時代中期に隆盛を誇った葛城氏の拠点と考えられている地域で、葛城・金剛山麓や巨勢山丘陵には室宮山古墳や巨勢山古墳群・南郷遺跡群などの葛城氏関連遺跡が多数存在する。同じ御所市であるが奈良盆地内南西端の水田地帯に位置する秋津遺跡の周辺は、これまで幾つかの遺物

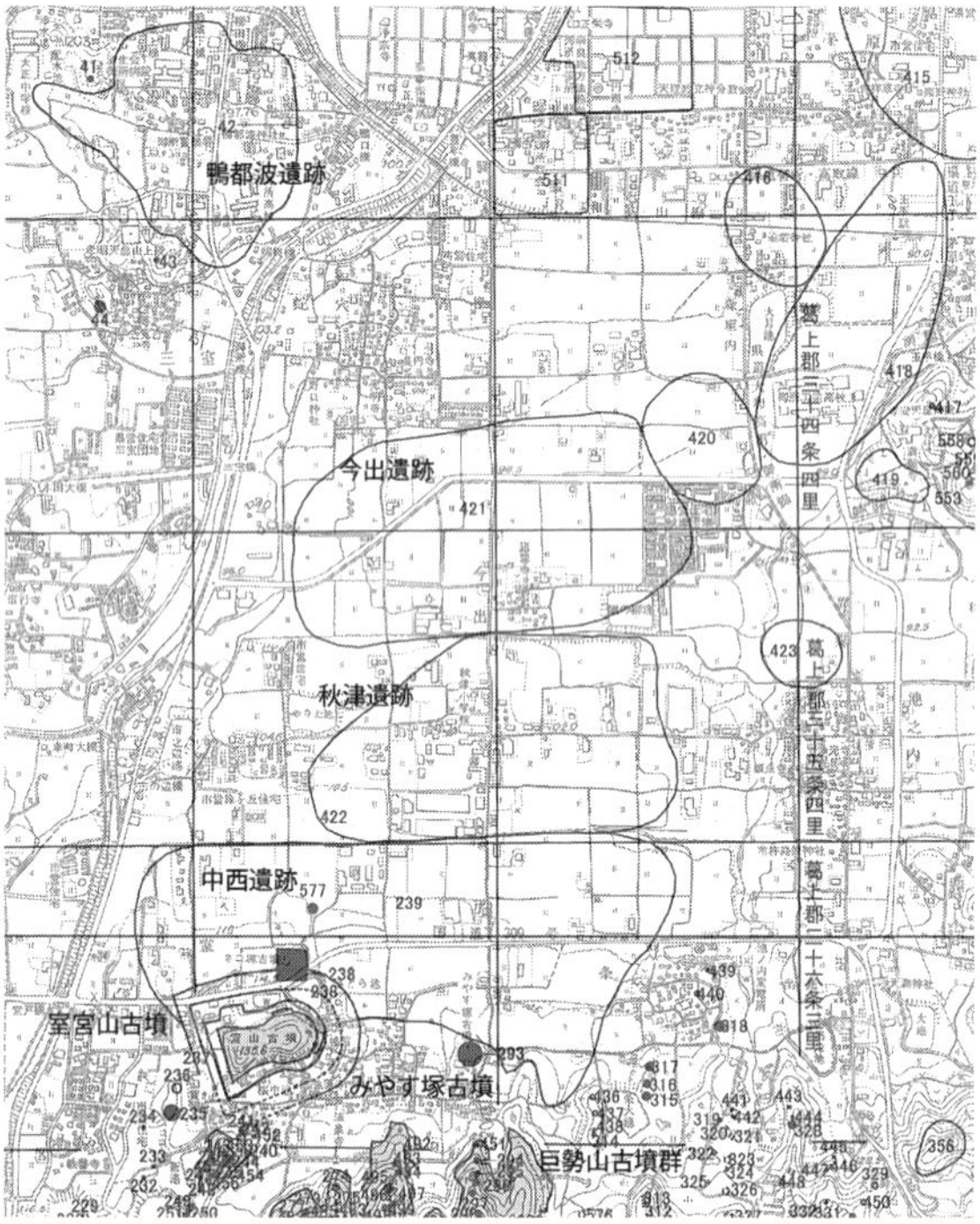

挿図２　秋津遺跡の周辺遺跡（『奈良県遺跡地図 Web 版』一部改変）

散布地が点在する程度の遺跡空白地帯であった。しかし、その場所で平成二十一年から始まった京奈和自動車道御所南インターチェンジ建設事業に伴う大規模な発掘調査で、古墳時代前期の大規模な遺構群をはじめ、縄文時代の土器棺や弥生時代の水田跡などが次々と発見されたことにより、平成二十三年新たに「秋津遺跡」が命名・登録された。[注3]

遺跡の構造

秋津遺跡の存在する奈良盆地の南西部一帯は、葛城川が形成した沖積地で南西から北東方向へと緩やかに傾斜する地形になっている。今でも中世以降の条里区画をそのままに残す水田と、葛城川から派生した小河川が条里に合わせて付け替えられた状態が残っている。この平坦な水田地帯の僅か十五センチ下から、南北約三百メートル・東西約二百メートルにも及ぶ広大な範囲に方形区画施設を含む多数の遺構群が存在していたのである。検出された遺構群を概観すると、その位置と遺構構成から大きく三つの地区に分けることができる。まず、北側の竪穴建物群を中心とする集落（①北集落地区）、そして中央の方形区画施設とその内部の

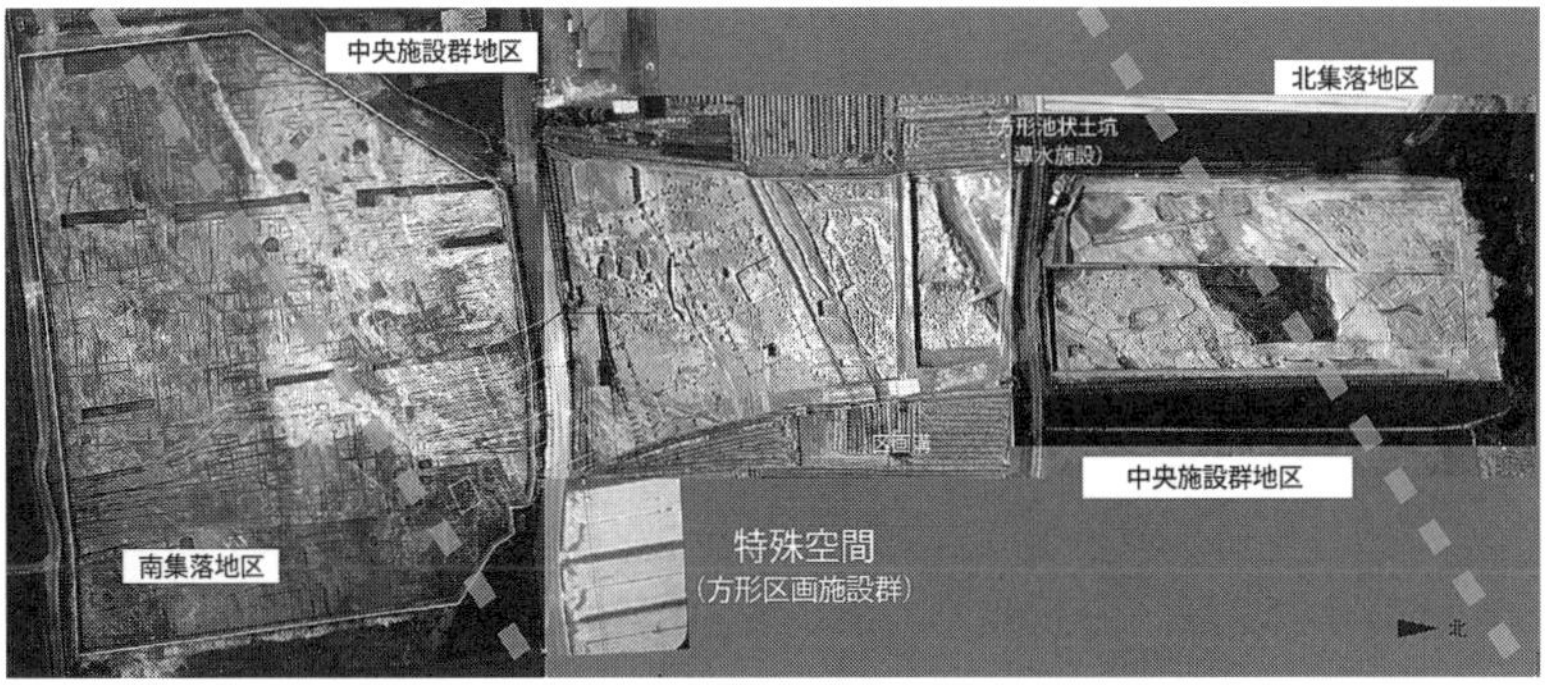

挿図３　秋津遺跡の遺構区分

大型建物群が集中する中央の施設群（②中央施設群地区）、さらにその南側の竪穴建物群を中心とする集落（③南集落地区）である。その他にも北集落と中央施設群との間には、幅約二十五メートル以上の大きな河川（報告書には「中央流路」とされている）が南西から北東方向に存在していた。一つの遺跡において遺構の性格が大きな三つの地区に分かれるという点は、秋津遺跡の特殊性を最も象徴する特徴と言える。ここでは、各地区毎にその概要と特徴を整理しておきたい。

北集落地区

秋津遺跡の北端から約五十メートルほど南側の中央流路までの範囲に、四世紀から五世紀代にかけての竪穴建物が約二十数棟検出された。この竪穴建物群は、複数の重複が見られる上、その範囲もさらに北側へと広がっていることが確認されている。[注4]つまり、約一世紀以上の期間に渡って、この場所が三時期の変遷を繰り返しながら集落として機能していたことになる。また、集落南側の河川沿いには、河川と並行するように南西から北東方向の水路が掘られており、集落を区画するような溝であった可能性も指摘できる。ただし、集落の北・西・東側では同様の溝が確認されていないことから、集落の範囲はさらに広かったのかもしれない。集落内部から検出された竪穴建物

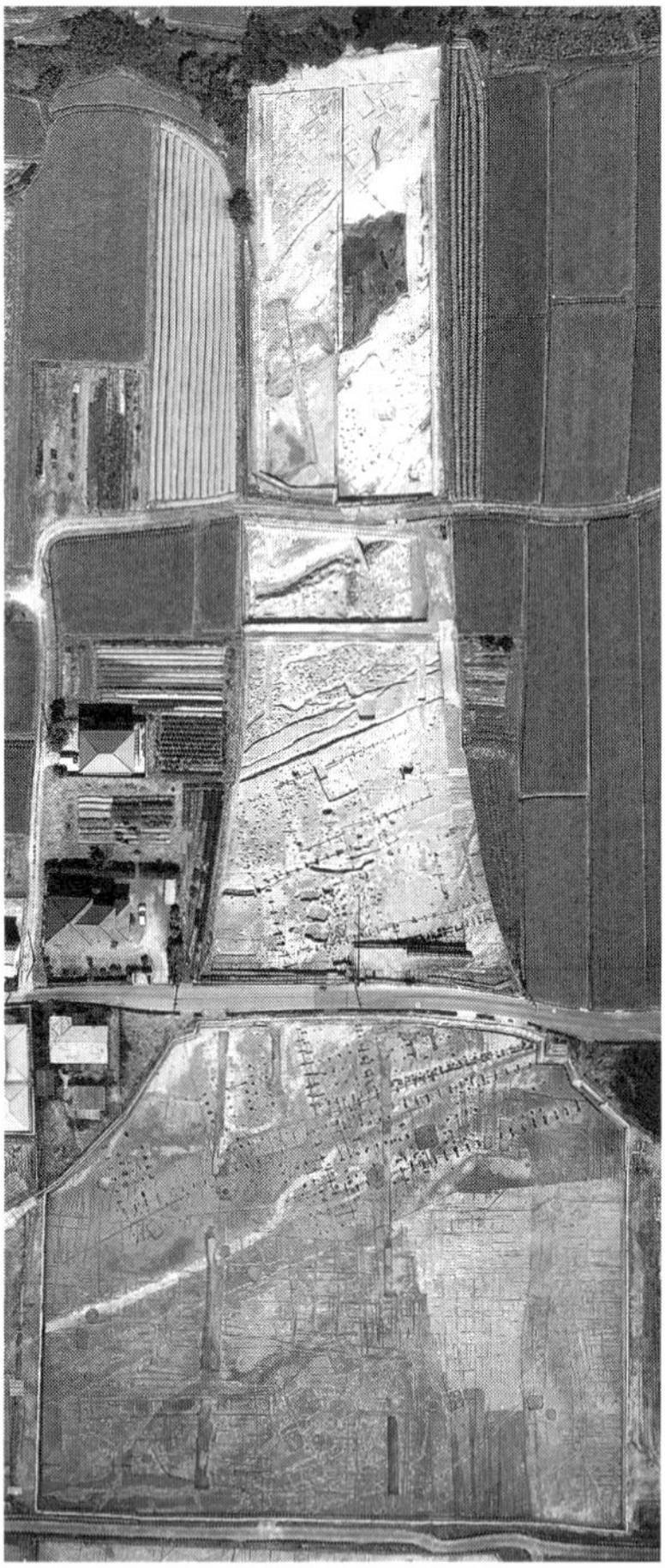

挿図4　秋津遺跡調査区全景（上が北）

は、平面形が一辺約四～五メートル前後の隅丸方形で、平面形の判別できないものもあったが、円形のものは存在しなかった。また、ほとんどの建物が、中央流路と直交する方向（南北方向から西に約四十五度程度西へ振る）に主軸を設定している。この方向は、秋津遺跡から検出される遺構のほとんどが同じ主軸に造られていることから、河川や地形に合わせた施設の配置がとられた結果と思われる。床面の掘り込みは、検出面から十～二十センチ程度の浅いものがほとんどで、内部には壁周溝や柱穴を伴う。しかし、屋内炉やカマドの痕跡が確認できた建物は僅かであった。こうした竪穴建物の構造から見ると、古墳時代前期の一般的な住居跡の様相を示すが、建物内から出土した遺物の点からは、いずれの建物からも滑石製の臼玉が出土しているなど特殊な側面を持っていることがわかる。その他にも、小型丸底壺や製塩土器・滑石製勾玉・管玉・双孔円盤・緑色凝灰岩のチップ・ガラス玉などが出土した建物もあり、玉作工房を思わせる遺物の出土が目立っていた。竪穴建物の他には、僅かに掘立柱建物や大量の遺物を廃棄した土坑なども検出されている。このように北集落の各竪穴建物群は、通常の竪穴住居が集まった集落と考えるよりも、工房的な性格を持った施設が集中した集落と見るべきではなかろうか。

中央施設群地区

北集落南側の河川跡（中央流路）よりもさらに南側へ広がる遺構群が中央施設群地区である。この地区は、南北二百メートルにも及ぶ広さとなるが、南西から北東方向に掘られた大型区画溝や道路跡と思われる側溝状に並行する二条の溝などによって区分されており、その範囲毎の遺構種類が三つに細分することができる。この三地区の遺構のまとまりを仮に北区・中区・南区とし、北側から順にその内容を見ていく。

①北区　先ず中央流路から大型区画溝までの範囲とした北区では、北側に竪穴建物や掘立柱建物が各一棟、方形池状土坑が三基と導水施設、さらに多数の土坑や溝などが検出されている。竪穴建物や掘立柱建物は、北集落で検出されたものと構造的に大きな違いはなく、数もそれぞれ一棟のみのため集落を構成する建物とは言えない。むしろ、方形池状土坑などと関連する施設とみるべきである。

この地区で最も注目されるのるが、中央流路と大型区画溝の間から検出された三基の方形池状土坑である。一辺が七～十五メートルの正方形ないし長方形の大きな掘り込みで、深さは五十～七十センチと貯水能力もしっかりとしている。このうち西側の二基は、中央流路と大型区画溝を結ぶように三カ所の導水施設が設置されており、河川と区画溝からの導水・排水を調整していたようである。東側の一基は、単独で検出されているように見えるが、こちらも河川と西側の方形池状土坑とが溝で結ばれており、これらが一連の施設として構築されていたことがわかる。方形池状土坑の周辺からは、大量の遺物が出土していることもあり、この遺構が「水に関わる祭祀」施設の可能性も指摘できる。また、方形池状土坑が三基連なっている構造からは、土器作りの粘土精製に使用された水簸施設の性格も考えられる。現状ではこの遺構の性格を確定することはできないが、この地区の性格を示す大きな手がかりであることは間違いない。なお、この方形池状土坑は、いずれも古墳時代中期までに人為的な埋め戻しが行われており、その際に建築部材と考えられる大型の丸柱や槽、須恵器・土師器などが混入していた。さらにこの北区からは、古墳時代前期～中期の土師器を中心に、須恵器・製塩土器などの土器類が大量に出土している。その他にも多孔銅鏃や腕輪形石製品の石釧などの特殊遺物も出土している。その中でも方形池状土坑から出土した柱材と考えられる丸太材は、近接する南区の方形区画施設や大型建物群に使用された建築部材の可能性が高いと考えられる。[注5] このように北区は、検出された遺構や遺物から、「土器の生産」や「祭祀の場」としての機能を有した地区であった可能性が指摘できる様相を示している。

②中区　北区の南端には、幅五メートル・深さ約一メートルの大型区画溝があり、その大型区画溝の二十三メートル南にある道路状遺構までの比較的狭い区間を中区とした。この区間には、竪穴建物が二棟以上、多数の掘立柱建物や土坑などが検出

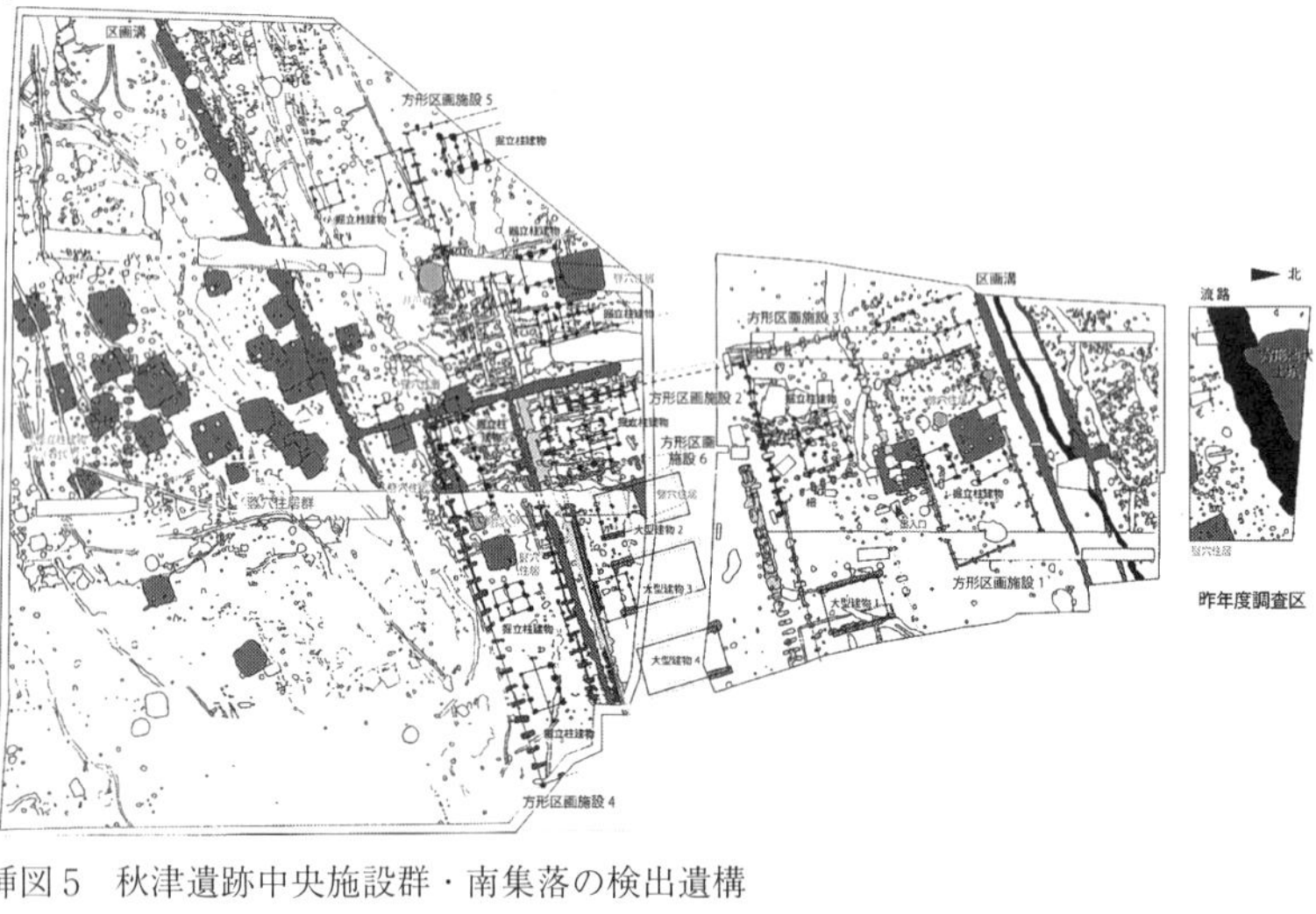

挿図５　秋津遺跡中央施設群・南集落の検出遺構

されている。竪穴建物は、北区で検出されたものと同じく、主柱穴を四本持った方形プランの建物で、床面には壁周溝や貯蔵穴などが併設された構造になる。掘立柱建物も南端の道路状遺構までの間に十棟以上が確認されており、頻繁に建て替えされていたようである。この地区の遺構周辺からは、鞴の羽口や鉄滓など鍛冶関連の遺物や、石杵と石皿・水銀朱の付着した小型丸底壺など水銀朱精製に関わる遺物、銅鏃や碧玉製の管玉・勾玉など古墳に副葬される遺物など、一般的な集落から出土する遺物とは性格が大きく異なるものが多数出土している。[注6]つまり、この区域も「鍛冶」や「水銀朱の生産」など手工業生産をおこなっていた工房としての機能を有する建物が存在していた可能性が高いといえるのである。

中区で最も特筆すべき点は、大型区画溝とその南側に廃棄された遺物量の多さである。遺物は、古墳時代前期〜中期にかけての土師器や須恵器が中心となるが、その量はコンテナ三百箱を超えている。土器の中には、東海系や山陰系をはじめ、北陸系、東部瀬戸内系、韓式系など在地産以外の外来系土器が半数を超えている。また、廃棄された土器の器形を見ると、小型丸底壺と高杯の割合が四十パーセントに及ぶ非常に偏った状況から、一般集落に見られる生活用具の廃棄というよりも、祭祀に使用された供献具の廃棄と考えた方が妥当と思えるような器形構成なのである。他にも中区からは、鞴の羽口や鉄滓、石杵や石皿・水銀朱のような特殊な出土遺物の構成から見えてくる「工房的な施設」の存在と同時に、南区の方形区画施設などでおこなった「祭祀に使用された土器を連綿と廃棄した場所」であった可能性が考えられる。

③南区　中央施設群地区南側に分けたこの地区は、中区南端の道路状遺構から南側へ約八十メートルまでの範囲で、方形区画施設四までを含む区間とした。この地区からは、七基の方形区画施設とその内部に併設された大型掘立柱建物が二十棟以上、その他に竪穴建物・塀・柵・井戸・溝などの遺構が検出されている。[注7]

この地区で最も注目されるのが、秋津遺跡の性格を決定づけるといってもよい方形区画施設の存在である。方形区画施設とは、幅が二十センチ前後・深さ十五～二十センチほどの小規模な溝を、長方形に巡らし、その溝を挟むように二本ずつの柱が等間隔で立ち並ぶ構造の塀と、その塀によって区画された内部に掘立柱建物が一棟から数棟配置される施設である。その遺構の構造から、家形埴輪と囲形埴輪がセットになった「導水施設形埴輪」のモデルになった遺構とも考えられている。[注8] 区画の規模は、一辺が十四メートルから五十メートル以上と極めて大規模なものである。単独で構築された方形区画施設一・四以外は、重複するものが多く、複数の方形区画施設が同時併存していた可能性も高い。しかもこの方形区画施設は、約一世紀（四世紀代）の中で三～四度の建て替えがおこなわれており、非常に短い存続期間の施設であたことが注目される。方形区画施設の規模は、以下の通りである。

施設名称	区画の規模	附属建物
方形区画施設一	：東西三十メートル・南北十四メートル	掘立柱建物二棟・井戸・溝
方形区画施設二	：東西四十七メートル以上・南北三十二メートル	掘立柱建物数棟
方形区画施設三	：東西五十メートル以上・南北五十メートル	掘立柱建物三棟・塀
方形区画施設四	：東西十四メートル・南北五十八メートル	掘立柱建物五棟・塀・井戸
方形区画施設五	：東西三十六メートル・南北二十七メートル以上	掘立柱建物五棟
方形区画施設六	：東西三十七メートル以上・南北十五メートル以上	掘立柱建物三棟以上
方形区画施設七	：東西四十二メートル・南北二十メートル	掘立柱建物二棟以上

各方形区画施設の重複関係や出土遺物の整理状況から見ると、単独で構築された区画施設は一・四・五・七

挿図６　方形区画施設１と道路状遺構

で、それらと同時併存した可能性がある区画施設は二・三・六になる。仮に内部に大型建物を有する一番大型の方形区画施設三を中心的な施設とすると、同時期には方形区画施設一・四・五・七が併設されていた可能性が高い。また、方形区画施設二・三・六は、何度か建て替えがおこなわれており、施設の配置には時期的な変遷があったようである。また、遺構の変遷を見ていくと、方形区画施設群廃絶後の古墳時代中期頃になると、この範囲内に竪穴建物や多数の掘立柱建物が造られるようになる。[注9]これは方形区画施設が造られなくなった時期を示しているのと同時に、この範囲が北集落や南集落の範囲の拡大を意味し、それらの居住空間と同化していったことを示す現象とも考えられるのではなかろうか。なお、方形区画施設の構造についての詳細は、別項（第三章）で検討していきたい。

次に南区の中で注目されるのが、この地区北端に存在する二条の並行した溝である。この二条の溝は、ほぼ四メートル間隔に並行して掘られており、ちょうど方形区画施設一の北辺にも並行するように南西から北東方向に存在する。溝と溝の間には、ほとんど遺構がなく完全な空白空間となっている。発掘調査時には、方形区画施設群の存在するエリアとの区画溝とされていたが、四メートルの間隔で何も施設が存在しない空間を造り出しているとなれば区画だけの用途というよりも、むしろ道路的な機能を考えることも可能である。特にこの二条の溝は、幅が七十～一〇〇センチで、深さは検出面より五十～六十センチの規模になる。覆土中には流水の痕跡や多数の土器類が含まれていることなど側溝としての特徴も見られる。通常、側溝を有する道路状遺構は、奈良時代にならないと確認されていないため、古墳時代前期に側溝のある道路が建設されているとなると、最古の道路状遺構になる可能性がある。従って、慎重に検討していかなければならない問題ではあるが、秋津遺跡の規模や成立背景を考慮すれば、この時期に計画的な道路状遺構が造られても何らおかしくはないはずであり、方形区画施設と共に秋津遺跡の性格を考える上で重要な遺構の一つと言える。注10

南区でもう一点挙げておかなければならない特徴は、この地区全体に言えることであるが遺構検出面までの表土層や遺構内覆土に含まれる遺物の量が極端に少ないことである。中区の大型区画溝の南側から南区北端の道路状遺構までの範囲では、土器類をはじめとする遺物が上層から遺構検出面や遺構内覆工を問わず大量に出土しているが、道路状遺構の南側になるとその状況が一変する。これは方形区画施設の存在するエリアが、不要になった土器類などを廃棄するような場所ではなく、神聖な空間として常に清浄な状態を保っていたことを示すものではないだろうか。要するに、方形区画施設は、大きく区画された空間に少数の建物が存在するだけの贅沢な施設であり、そこでは神聖な祭祀などをおこなうことが目的とされた。従って、祭祀で使用された土器類などの使用済みのものは範囲外に廃棄されるため、このエリアだけは常に清浄に保たれていたのではないだろうか。

南集落地区

中央施設群地区の南端にあたる方形区画施設四の南側には、南西から北東方向に掘られた区画溝がある。この区画溝の南側約六十メートルにかけての範囲には、三十六棟以上の竪穴建物と八棟以上の掘立柱建物を中心とする南集落が存在していた。この集落は、四世紀初頭から五世紀代にかけての約二世紀に渡る長期間存続していたことが明らかになった。残念ながらこの地区の東側は、後世の水田造成などにより大きく削られているため、竪穴建物や掘立柱建物の広がりを全て押さえることはできなかったが、集落の広がりは東側にも延びていた可能性がある。また、この南集落は五世紀以降になると、その範囲を中央施設群地区の南側にあたる方形区画施設三・四付近にまで拡大していった。[注11]

建物の規模は一辺が約三~五メートルと六~七メートルの二種類に分けられる。形状は、隅丸正方形ないし長方形で、内部施設は概ね四本の主柱穴と壁周溝が全周する構造である。屋内炉などの付属施設の確認できたものは少ないが、これは竪穴の立ち上がりがほとんど確認できないほど遺構の上位が削平されてしまっているためである。竪穴建物の分布は、方形区画施設四の南西側に集中しており、この付近の建物は二回から四回の建て替えをおこなっているものもある。従って、この付近が南集落の中心になると考えられるが、さらに竪穴建物群に混じって小規模な掘立柱建物も幾つか存在する。この掘立柱建物群は、中央施設群に比べると極端に数が少なくなるが、南集落を構成する建物群の一つとなっている。

南集落の建物群からは、古墳時代前期を中心とする土器類の出土が確認できるが、北集落のような工房的な性格を示すような遺物はほとんど出土していない。これは南集落が、居住を目的とした集落であったことを意味するもので、中央施設群を支えた人々、あるいは秋津遺跡周辺で確認されている水田での農耕を生業とする民衆の居住地であったのではないだろうか。その理由としては、この地区から検出された竪穴建物のほとんどが、主軸を北から西に十~三十度振った方向に造られており、方形区画施設など秋津遺跡の他の施設の方向性とも一致することなどからも、北集落と中央施設群、そして南集落が一連の集合体として計画的に配置されたとみるべきなのであろう。

三　方形区画施設の構造とその性格

ここでは秋津遺跡の最大の特徴といえる方形区画施設の構造を、その形態が非常に良く類似する囲形埴輪と家形埴輪がセットになった「導水施設形埴輪」と比較しながら細かく見ていきたい。なお、比較する埴輪は、大阪府八尾市の心合寺山古墳[注12]及び和歌山県和歌山市の車駕之古址古墳[注13]、三重県松坂市の宝塚一号墳[注14]から出土した導水施設形埴輪である。

挿図7　心合寺山古墳出土導水施設形埴輪
（注21より転載）

方形区画の規模とプラン

まず、方形区画施設の区画規模とプランを見ると、大きなものでは一辺が五十メートルを超える正方形プランのものがある。また、長方形プランのものでは、短辺が十四～十八メートルで長辺の約半分程度になるが、中には短辺が長辺の半分以下になる細長いプランのものもある。囲形埴輪に表現される区画のプランは、正方形か長方形で、短辺が極端に短くなる細長いタイプは見られない。これは囲形埴輪の内部に入れられる家形埴輪などの大きさの問題もあるが、兵庫県加古川市行者塚古墳[注15]のくびれ部や造り出し部に見られる円筒埴輪を並べた方形区画には、細長いタイプが存在する。行者塚古墳の円筒埴輪を並べた方形区画内には、多数の家形埴輪が据えられており、まさに秋津遺跡の方形区画施設一・四に近い形態が表現されている。また、三重県松坂市宝塚一号墳の場合は、囲形埴輪の内部に家形埴輪以外の井戸形埴輪を据え付けたものもある。このような事例を見ていくと、塀などによって建物や施設を囲う囲繞施設は、囲われた建物・施設やその内部でおこなわれる行為などを外部から遮蔽することが最大の目的であったことがわかる。また、区画の規模やプランを見る限り、伊勢神宮や出雲大社などの神社建築に見られる木造の瑞籬などと非常に類似したものとも言える。

塀の構造

次に、方形区画施設の区画に用いられた塀の構造を見みてみると、秋津遺跡の塀の構造には大きな特徴がある。それは方形に掘られた幅二十センチ前後の溝の両側に柱が二本対に立てられ、その二対の柱が等間隔で並んでいる点である。一般的な塀の構造は、等間隔に柱を立ててその柱を桟木で固定し、板や樹木の小枝などを片側に貼り付けて遮蔽する方法が採用されている。しかし、秋津遺跡の方形区画施設の場合は、塀の両側に二本対に立てた柱になっている。この構造は、明らかに溝に立てかけた板を両側から桟木で押さえ、その桟木を等間隔に並べた二対の柱で固定する方法と考えられる。このような塀の構造は、神社建築の瑞籬に見られる構造との共通性があると思われるが、心合寺山古墳の埴輪に見られる表現がその構造を最もよく表している。挿図7の囲形埴輪に見られるように丸太の柱材には横

挿図8　塀の柱と桟木の表現
（注21より転載）

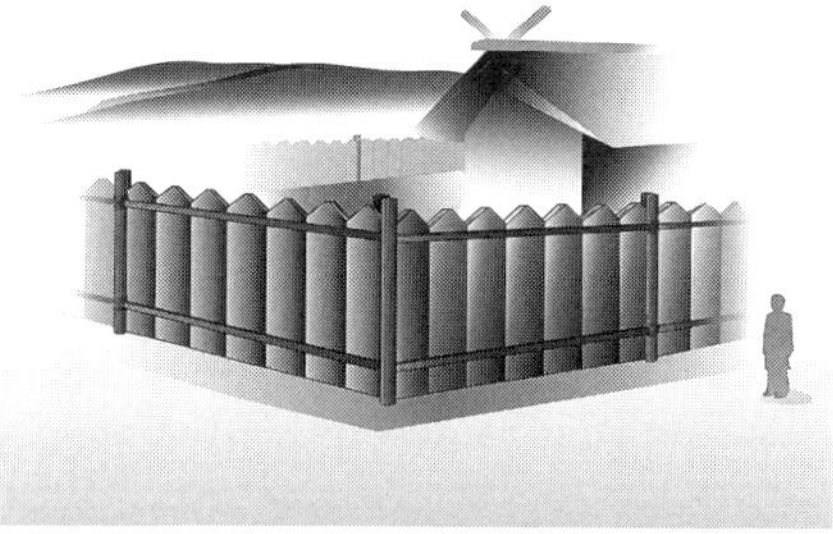

挿図９　方形区画施設構造復元図（注22より転載）

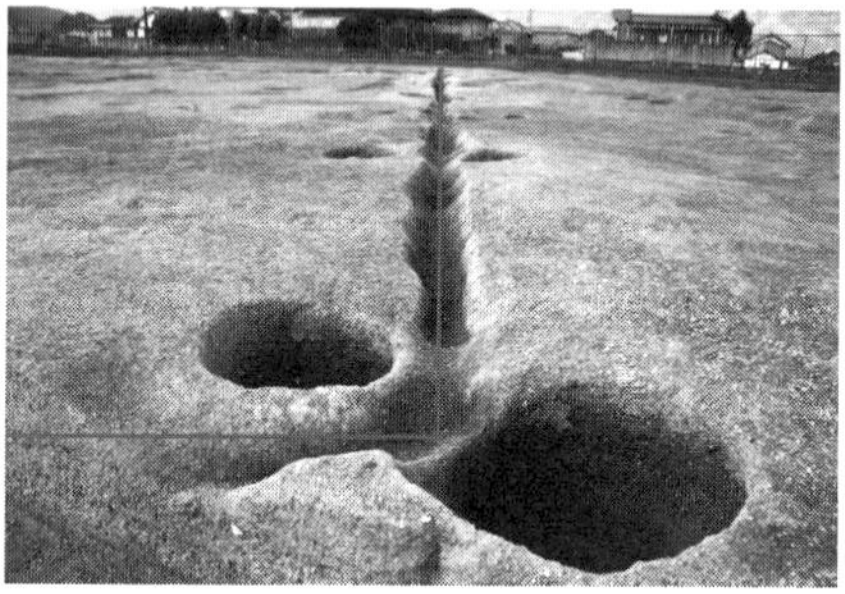

挿図10　方形区画施設１の北東隅柱

方向の桟木が紐で取り付けられ、方形に区画した溝に立て並べた板材を固定して板塀にしている構造が詳細に表現されている。板を立て並べる構造については、車駕之古址古墳の埴輪に詳細な表現が施されている（挿図12）。また、いずれの囲形埴輪も横方向の桟木と柱の構造のほかに、立て並べる板の先端を三角形に成形することにより、塀最上段の先端が鋸歯状になるようにも表現されている。残念ながら溝を挟んだ二本対の柱の表現が施されている埴輪はないが、縦板を固定する方法は強度的にもこの形態が最も理にかなった構造と考えられる。ただし、囲形埴輪の隅部の表現には、塀の内側にだけ設置されている丸柱が見られる。この構造は、方形区画施設にも全く同じ位置に柱穴が存在することから、埴輪の表現と一致すると見て良いのではないだろうか。挿図９は、発掘調査により検出された方形区画施設の隅部の柱位置（挿図10）から推定した塀の復原図であるが、塀の隅部の内側と外側の柱が存在すると、このように塀を挟み込む構造の隅部になると考えられる。

出入口部

さらに方形区画施設の構造の上で注目すべき点は、出入口部分の構造である。方形区画施設の出入口部は、大きく二つのタイプに分けられる。まず、方形区画施設一の北東隅から東辺にかけて見られるように、区画の東辺の一部の溝がない部分が出入口となり、その部分の外側に目隠し状の小さな塀が併設されるタイプである。この構造は、伊勢神宮の神殿を囲う瑞籬の出入口と全く同じ構造になる。そしてもう一つが、方形区画施設三の北辺部に見られるような「鍵の手」状に開口されるタイプの出入口である。このタイプは、塀の一部が直線的に延びるのではなく、北西隅部から東側に延びる塀の角度が直角よりもやや大きく開くことによって、北辺の中央付近で北東隅から直角に西側へ延びる塀とが一直線に連結せず、塀が互い違いにずれて空間ができる。この塀の北辺にできた段差状の空間を出入口とする所謂「鍵の手」状に開くタイプの出入口構造である。この「鍵の手」状の出入口は、囲形埴輪にも多く表現されている構造で、出入口部分から内部の建物等が直接視認することができないような造りになっている。心合寺山古墳や車駕之古址古墳・宝塚一号墳などの囲形埴輪には、これと全く同じ構造が表現されている。また、先に挙げた行者塚古墳をはじめ全国各地の前方後円墳からも、くびれ部や造り出し部に円筒埴輪を方形の区画に立て並べる例が確認されており、その円筒埴輪の方形区画にも出入口と考えられる「鍵の手」状の空間が設けられている。円筒埴輪を並べた方形区画は、囲形埴輪と同じ意味を持つ可能性が高く、その内部に配置された家形埴輪などの形象埴輪は、方形区画内でおこなわれる行為に関わる人物や使用される用具・施設などを配置する。つまり、古墳の墳丘祭祀においても、方形区画施設による行為が表現されているのである。出入口の二つの構造の違いについては、如何なる理由によって異なるのかは、現時点で結論づけることはできないが、いずれにせよ方形区画施設の構造が、内部の施設やそこでおこなわれる行為を外から遮蔽する目的があり、そのために考案された構造が採用されていると考えられる。

内部施設

秋津遺跡の方形区画施設内部には、掘立柱建物の他に井戸や溝・塀などが併設されていた。それら施設の配置や構造については、各方形区画施設毎にその様相が異なっており全てに共通する訳ではない。ただし、規模や構造は異なるものの、概ね共通して併設されているのが掘立柱建物である。導水施設形埴輪においてもその傾向は同じで、セットで置かれる施設の多くは掘立柱建物の家形埴輪で、その他僅かに井戸形埴輪や樋形埴輪が見られる。ここでは、各方形区画施設内部の施設についてその特徴を見ていきたい。

施設名称	内部施設
方形区画施設一	掘立柱建物二棟・井戸一基・塀・溝（導水?）など
方形区画施設二	掘立柱建物（独立棟持柱）三棟・掘立柱建物二棟?・塀など
方形区画施設三	掘立柱建物（独立棟持柱）三棟・掘立柱建物（布掘有）二棟・掘立柱建物（総柱）一棟・塀など
方形区画施設四	掘立柱建物（独立棟持柱）二棟・掘立柱建物（総柱）一棟・掘立柱建物二棟・井戸一基など
方形区画施設五	掘立柱建物（独立棟持柱）三棟・掘立柱建物一棟・塀など
方形区画施設六	掘立柱建物（独立棟持柱）三棟・掘立柱建物（布掘有）二棟・掘立柱建物（総柱）一棟など
方形区画施設七	掘立柱建物（独立棟持柱）一棟・掘立柱建物二棟

まず、方形区画施設に併設された掘立柱建物について見ていくと、独立棟持柱を有する掘立柱建物が方形区画施設一以外に設置されていることがわかる（方形区画施設二・三・六については区画が重複しているため、どの区画の施設に所属する施設か最終的に確定できていないものも含まれている）。この独立棟持柱を有する掘立柱建物は、伊

挿図11　伊勢神宮の本殿建物（注23より転載）

勢神宮の社殿に見られる神明造建物と同じ柱列の建物で、棟木を支える棟持柱がそれぞれ一本ずつ両方の妻側に張り出して設置されるのが特徴である（挿図11）。現在の神社建築は、古代に遡る建築構造を継承しているもので、その歴史は古いものが多い。中でもこの独立棟持柱を有する掘立柱建物は、古くは弥生時代の遺跡から検出された建物跡や絵画土器に描かれている神殿の事例にはじまり、古墳時代中期祭祀遺跡といわれる兵庫県神戸市松野遺跡[注16]で確認された掘立柱建物のほか、大阪府高槻市今城塚古墳出土の家形埴輪にも表現されている。さらにこの形態の建物は、居住や倉庫としての機能を有したのではなく、神殿など祭祀的な遺構・遺跡に伴う建物として継承されてきているのである。そうした祭祀的な性格を色濃く残した建物が、この秋津遺跡にも多数築造されていたことは、この方形区画施設の性格を左右する重要な施設といえるのである。また、その他の布掘状の掘り方を持った掘立柱建物も、通常の掘立柱建物に比べ大型の建物で、方形区画施設二・三・六にのみ建築されている。この建物は、外側の桁行部分の柱掘り方を溝状に掘りくぼめており、大型の柱を二本ずつ設置している柱痕跡が確認されている。極めて賢固な構造の掘立柱建物であったとみられるが、それらと一般的な掘立柱建物も併存させており、区画内には用途や性格の異なった建物が建築されていたようである。ただし、方形区画施設の塀を含め内部の掘立柱建物の柱材は、そのほとんどが抜き取られて柱穴が埋め戻されていることから、この布掘が柱の抜き取りのために掘られた抜き取り穴の可能性がある点も注意しておかなければならない。大型の柱を抜き取る際に、建築時の掘り方以

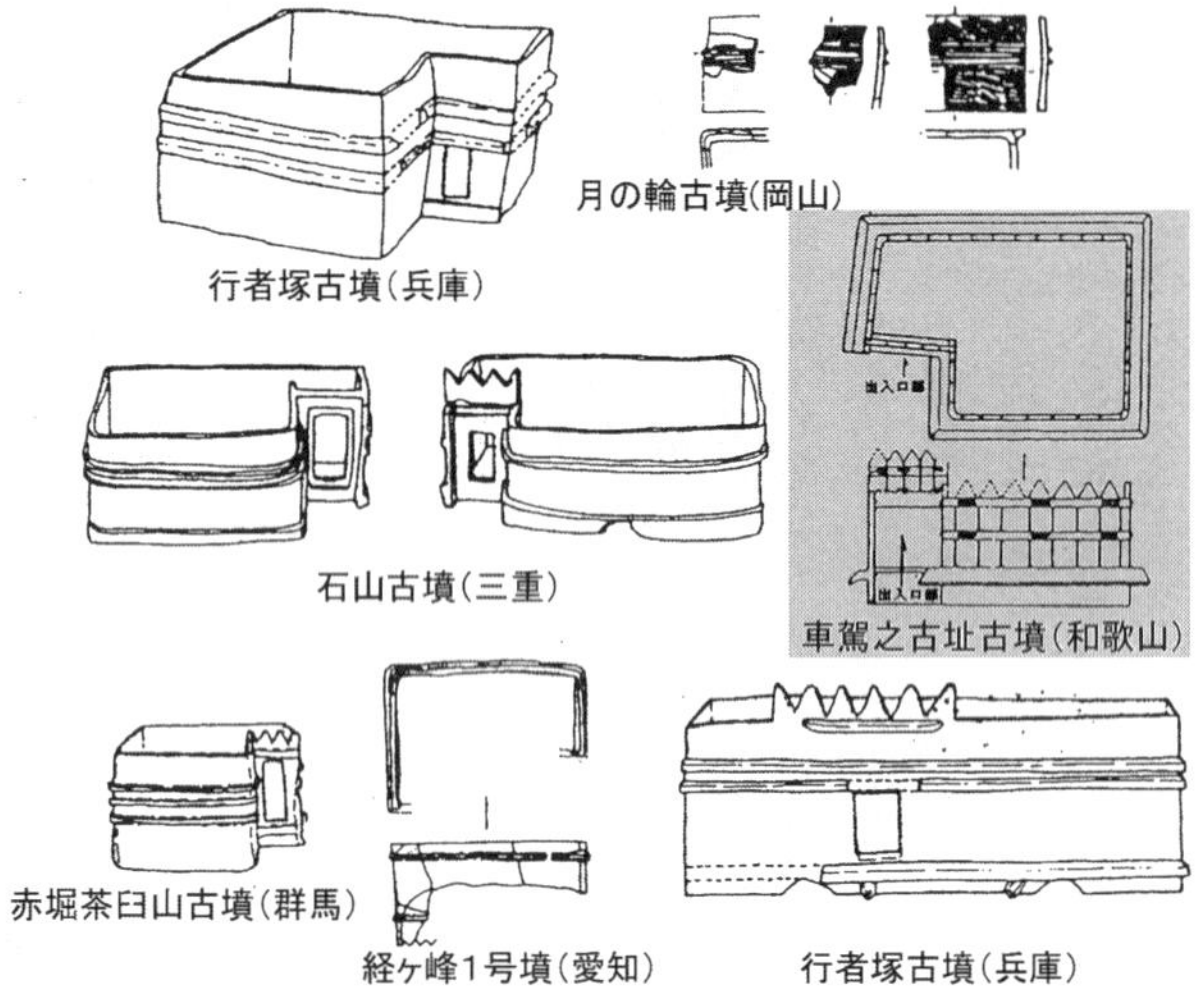

挿図12　囲形埴輪の塀の表現（注13一部改変）

上に掘り広げて柱を抜き取った場合、このように布掘状の溝になる可能性が高いからである。実際に、方形区画施設二・三の塀の二本柱は掘り方の上部の埋め土が同じもので、下部のみ分かれた状態になっていることが確認できており、建物の柱にもこのような抜き取りが行われた可能性も十分に考えられる。いずれにせよこれらの事実からは、区画施設や内部建物が非常に短期間のうちに建築と撤去、建て替えなどを繰り返したことが推定できる。これも方形区画施設の大きな特徴の一つと言える。

次に、単独で検出された方形区画施設の内部施設の特徴を見ていく。方形区画施設一では、区画内に二棟の小型掘立柱建物と井戸、さらに井戸に繋がる調査区西側からの溝が併設されていた。この配置は、まさに導水施設形埴輪に表現された「水のまつり」をおこなう施設と見てもよい構成である。東西三十メートル・南北十四メートルの空間に、東西七メートル・南北五メートルと東西五メートル・南北三メートルの小型掘立柱建物が二棟、そして井戸とそこに繋がる溝だけが、贅沢に配置されているのである。しかもこの方形区画施設からは、ほとんど土器片などの遺物が廃棄された痕跡は確認できなかったのである。このように広大な区画範囲を贅沢に使用した施設の配

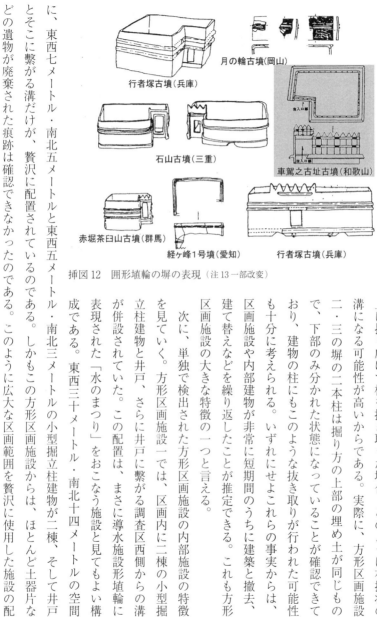

置と、人々の生活痕跡のない状況は、明らかに神聖な空間として利用された祭祀施設であることを証明するものと言えよう。一方、方形区画施設四は、独立棟持柱を有する掘立柱建物二棟と総柱の掘立柱建物一棟、通常の掘立柱建物二棟、井戸一基が併設されている。この区画は、東西方向が五十八メートルと細長いプランであるため、建物は東西方向にほぼ一直線に並べて配置されている。独立棟持柱を有する建物は祭祀的性格、総柱建物は倉庫的な性格、通常の掘立柱建物は人が居住する性格と断定することはできないが、構造の異なる建物を配置する目的は、明らかに用途を分けているはずであり、この区画は他に同時併存した区画施設とは違う様々な機能をもった空間であったのであろう。そしてもう一つ単独で検出された方形区画施設五は、独立棟持柱を有する建物三棟と通常の掘立柱建物一棟、塀が一基検出されている。この区画の規模は、南北二十七メートル以上・東西三十七メートル比較的大規模なものであるが、設置された施設は少なく、区画された空間を贅沢に使用している。しかも独立棟持柱を有する建物が三棟設置されていることから見て、ここでは建物内での神聖なマツリゴトなどが行われた可能性が高いと思われる。さらに、方形区画施設五の南側から秋津遺跡第五次調査で新たに検出された方形区画施設七についても、独立棟持柱建物一棟と通常の掘立柱建物二棟が存在するだけで、遺構の性格としては方形区画施設五と同じと考えられる。このように構造の異なる掘立柱建物の配置は、各方形区画施設の性格を示す大きな手がかりであるが、現時点ではその建物や他の施設との配置が十分に整理できていないことと、方形区画施設群の検出された範囲のほぼ全体から出土した遺物が極めて少ないという状況からだけでは、これらの遺構でどのような行為が行われたのかまでを言及することは難しい。

では、その他に方形区画内に設置された建物以外の施設を見ると、方形区画施設一・四から井戸が検出されている。方形区画施設一の場合は、明らかに井戸と繋がった導水用と考えられる溝が併設されていることから、マツリゴトに関わるものであることが想像できる。しかし、方形区画施設四の場合は、建物の内部に含まれるように掘られた井戸になる。厨的な建物の中に飲料水を確保するため、建物内に併設された可能性も考えられるが建物との同時性が証明できていない。

また、方形区画施設一・三～五内で確認されている塀は、区画内の施設や内部で行われる行為を外から遮蔽する目隠し的な位置に設置されている。この施設も現代の神社建築である伊勢神宮や出雲大社などに見られるように、古代から継承された神祭りの行為を外部から遮蔽するためには欠かせない施設である。

このように方形区画施設の内部施設を見てみると、同時期の集落遺跡や後の古墳時代中期に出現する豪族居館とは全く異なった性格の遺跡であることが明らかとなってきた。特に方形区画施設が祭祀的な性格の強い遺構である点、さらにその方形区画施設が広大な範囲の中に複数同時併存し、その外側に工房的な集落や一般的な性格の集落が配置されている点など、これまで考えられてきた四世紀代の遺跡には見られない規模の遺跡であり、その成立には地域集団以上の背景を想定せざるを得ない。

四　方形区画施設の成立背景

ここまで秋津遺跡の方形区画施設の構造を見てきたが、同様の遺跡が他にも存在するのかについては、かつて拙稿「古墳時代前期の方形区画施設について」[注17]の中で集成したことがある。その結果、方形に塀や溝で囲われた区画の施設であるという点や、祭祀色の濃い性格を持った事例が多数あることがわかってきた。しかし、それと同時にそれらを即神殿や神社のような恒久的建築物としてあてはめることが難しいこともわかった。特に、地方の方形区画施設の場合、秋津遺跡のような規模ではなく、むしろ古墳時代中期以降に出現する所謂「豪族居館」に近い性格のものであった。また、秋津遺跡の場合は、古墳時代前期ヤマト政権の中枢であった奈良盆地内に存在する点で、他とは異なる背景が存在した可能性を秘めている点は、大きな相違点である。したがって、ここでは秋津遺跡の方形区画施設の成立について、そうした背景を考慮して筆者なりの解釈を試みてみたい。

古代の祭祀形態やまつりで使用した施設を見ていくと、非常に類似する構造の建物群が存在していることに気づかせられる。それは独立棟持柱を有する掘立柱建物とそれらを囲う囲繞施設、つまり方形区画施設の存在である。独立棟持柱を有する掘立柱建物の存在は弥生時代にも遡るし、方形区画施設も古墳時代前期には各地で出現する。しかも区画内に設置された施設は、掘立柱建物の他に井戸や塀などの点で共通している。囲形埴輪や円筒埴輪で区画された空間に家形埴輪や井戸形埴輪をセットにする埴輪祭祀も同様である。ただし、それらが同時に建設された遺跡でも、その規模は小規模なものが多く、秋津遺跡に匹敵するものはない。では秋津遺跡ほどの規模で行われた祭祀とは、いったいどのようなものなのか。それは奈良時代以降、藤原宮や平城宮などで行われた国家的な祭祀まで時代を下らないと確認されていないのが現状である。そこで本稿では、祭祀の変遷の上では古く遡ることができるのかという点は除外して、まつりの形態的な側面から方形区画施設に類似する施設について見ていきたい。

古代祭祀の中で、国家的な規模で行う祭祀としてまず挙げられるのは、天皇が政権を交替する際の重要な即位儀礼として執りおこなわれる「大嘗祭」や天皇が五穀の新穀を天神地祇に勧め、自らもこれを食することによりその年の収穫に感謝する「新嘗祭」などである。これらのまつりは、飛鳥時代や平安時代頃に始まったとされているが、そのまつりの施設に注目したい。「新嘗祭」は毎年行われることもあり、宮中にある施設で行うことが

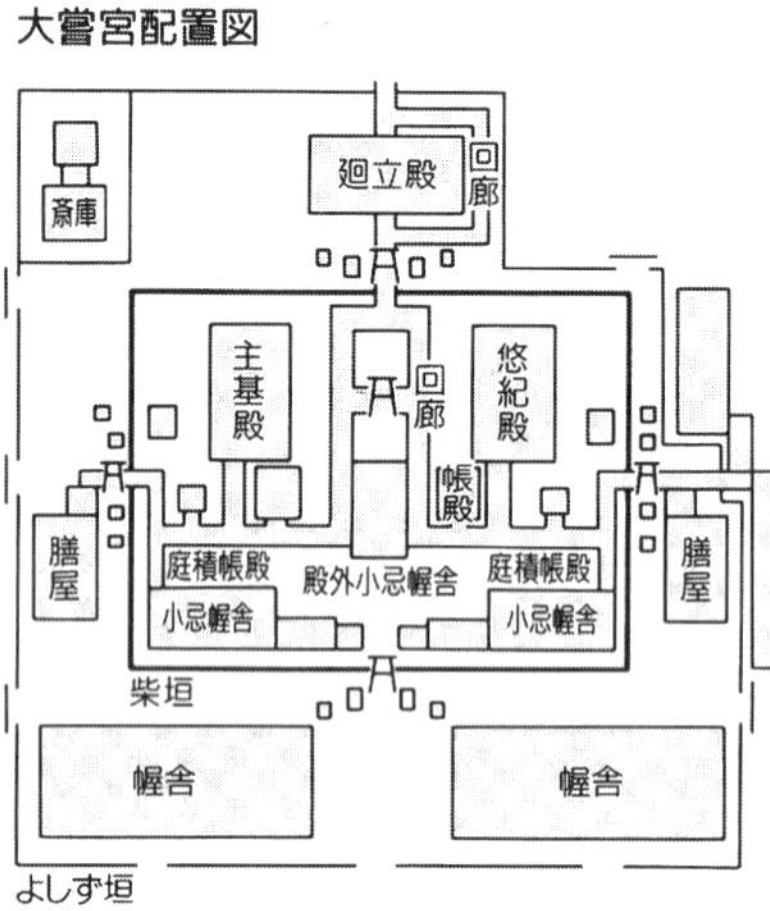

挿図13　大嘗宮の施設配置（注19より転載）

通例になっているが、「大嘗祭」は祭事の時にのみ建物が造られ、終了後全て取り壊されるという臨時の施設が建設される。つまり、大嘗宮は祭事の時にのみ仮神殿をはじめとした大規模な施設がつくられるのである。近年の事例でいうと一九九一年昭和天皇から現在の今上天皇への交代の際におこなわれているが、その儀式の詳細は一般的に詳しく報告されているものではない。[注18] その際に大嘗宮の造営に携わった大林組が挿図13に示すような建物の配置図を出している。[注19] この図を見ると、複数の方形に区画された空間に建物が配置されていることがわかる。儀式の中心となる主基殿《すきでん》と悠紀殿《ゆきでん》をはじめ、皇后が拝礼する帳《ちょう》殿《でん》、皇太子をはじめ親王などが着床する小忌幄舎《おみあくしゃ》や殿外小忌幄《でんがいおみあく》舎《しゃ》、これらの建物は方形の柴垣によって長方形に区画されている。その区画の外側上方に、天皇が沐浴して装束を改める廻立殿《かいりゅうでん》や新米・新粟の献納が行われる斎庫《さいこ》、区画の両側に食事の調理を行う膳屋《かしわや》、区画の手前に国内の代表参列者が着床する幄舎（幄舎）が二棟配置され、それらをさらに取り囲むよしず垣が設置される。また、外側の区画は、その形状が囲形埴輪や秋津遺跡の方形区画施設三のように、「鉤の手」状に段差ができている。また、出入り口についても、内部が見えないよう外側にすべて塀が取り付けられている。このように大嘗宮の施設や施設を囲う囲繞施設は、秋津遺跡のそれと非常に類似した形態であることが注目できる。また、恒久的に建てられる神殿などとは異なり、その痕跡も後世には残りづらい特徴がある。大嘗祭に使用する建物群は全て仮の施設であり、それらをさらに板と柱で構成された柴垣やよしず垣で囲っている点であり、儀式の終了後にはすべて取り壊されてしまう。したがって、その痕跡は、柱などを建てた柱穴を埋めた痕跡だけになるという点や、短期間のうち取り壊されるという仮設の建物群である点なども類似点と言える。

「大嘗祭」については、これまでの岡田精司らによる古代祭祀研究の成果[注20]では、大王の交代即位儀礼としての大嘗祭を挙げてるが、その記録がたどれるのは『続日本紀』の持統朝まで下らなければならないとされてきた。もともと大嘗祭は、毎年天皇が行う収穫祭である新嘗祭の別名であったが、奈良時代律令期に天皇の即位後初めて行う新嘗祭を通常のものと区別して「践祚大嘗祭」と規定したことから分けられたとされている。つまり、大嘗祭が奈良時代以降に成立した「まつり」の形態であるというのである。しかし、五穀豊穣のまつりや大王・天皇の政権交代に関わるまつりは、奈良時代に始まったわけではなく、ヤマト政権が成立した古墳時代に行われていても何ら不思議なことではない。むしろ存在していた可能性の方が高いと言える。その根拠としては、律令体制のような整備された支配体制は確立されていなかったが、少なくとも全国を統一した政権や大王が存在したヒエラルヒーができあがっていた社会での、こうした儀式の重要性はむしろ律令期よりも高かったはずである。しかも、秋津遺跡から発見された方形区画施設によって、塀で囲われる多数の施設群、さらに目隠しされる施設や内部での祭祀行為、囲繞施設・内部建物などが短期間に撤去されてしまう点など、大嘗祭に使用される施設と合致する点が多いこともわかってきた。現時点では、積極的に古墳時代前期から大嘗祭が行われていたと断言することは困難であるが、古墳時代前期という時代の背景を再整理することにより、政権交代に関わる祭祀に方形区画施設が使用されたことを証明できるはずである。

五　まとめ

秋津遺跡についてその構造を詳細に見てきたが、その性格は古墳時代中期以降に成立する「豪族居館」とは全く別物として分けておかなければならない。それは豪族居館が、濠で区画された比較的小規模な空間に居住用の建物や祭祀施設、井戸、倉庫など様々な施設を配置した構造であるのに対し、秋津遺跡の場合は、その範囲がどの遺跡に比べても広大で、施設の一つ一つも規模が大きい点である。また、一見すれば同じ方形区画施設という似た構造の遺構ではあるが、その背景には一世紀という時期の隔たりもさることながら、一地方豪族の館と中央政権に関わる施設という大きな隔たりとも言える差があると考えられる。その上で、秋津遺跡の方形区画施設群とその内部施設の構造や配置に注目し、その形態が古代祭祀形態の一つである「大嘗祭」に使用される施設と類似する点を挙げてみた。

大嘗祭は、天皇の皇位継承儀礼という極めて特異な国家的祭祀であるが、秋津遺跡の立地する葛城地域はもともと大王・天皇との関わりのある場所なのである。『古事記』・『日本書紀』には、第五代孝昭天皇の宮を御所市池之内付近の「葛城掖上宮」（掖上池心宮）、陵墓を御所市三室の「博多山上掖上陵」と記されている。また、第六代孝安天皇も、宮を御所市室の「葛城室之秋津島宮」、陵墓を御所市玉手の「玉手丘上陵」とする記載がある。まさに秋津遺跡の周辺が、これら天皇に関わる推定地が近接しているのである。ただ残念ながら、初代神武天皇から四世紀代の天皇系譜は、「欠史八代」と呼ばれ歴史上架空の天皇とされている上、大嘗祭などを行った記載も無い。むしろ、この地域は五世紀以降に皇室と深い関わりを持った葛城氏の本拠地となり、「葛城王朝」

の存在した地域とまで言われるようになった場所である。それゆえ秋津遺跡を後の葛城氏の前身となった有力豪族のものと考える研究者も少なくない。しかし、葛城氏の全盛期は明らかに五世紀代であり、秋津遺跡の存続した時代はその前段階であることからも葛城氏と結びつけるのは不可能である。また、周辺には四世紀代の大王墓と考えられるような古墳も存在していない周辺環境から、秋津遺跡と天皇を結びつけるの無理であるとの意見もあるが、大王の宮殿と墳墓が常に近接する位置関係にあるとは限らないのは、古墳時代中期のそれと同様である。もちろん『記紀』の記載はすべて積極的な根拠とはならないが、少なくとも宮の推定地と陵墓の記載を基に、これまで発掘調査された遺跡の実態を積み上げていけば、安直に神話としての欠史八代の記載と片付けてしまうことのできない事実が見えてくるのではないだろうか。また、秋津遺跡についてはまだ全容が発掘された訳ではなく、まだその範囲すら把握できないほどの広がりがあると思われる。

今回、秋津遺跡の方形区画施設を政権交代の大嘗祭で使用する大嘗宮に見立てた考えを提示してみたが、さらに周辺部の遺構や遺跡の広がりが解明されるにつれ、この遺跡が四世紀代の大王王宮に繋がる可能性をも持ちあわせた遺跡であると考えておきたい。

注

1 米川仁一「古墳時代前期の方形区画施設について」『河上邦彦先生古稀記念献呈論文集』河上邦彦先生古稀を祝う会、二〇一五年五月
2 米川仁一「奈良県御所市秋津遺跡の祭祀関連遺構」『月刊 考古学ジャーナル』第六五三号、ニューサイエンス社、二〇一四年六月
3 米川仁一・菊井佳弥「御所市秋津遺跡」『奈良県遺跡調査概報 二〇〇九年度』（第二分冊）奈良県立橿原考古学研究所、二〇一〇年十二月

4　米川仁一・大西貴夫他「御所市秋津遺跡第三次調査」『奈良県遺跡調査概報二〇一〇年度』（第一分冊）奈良県立橿原考古学研究所、二〇一一年十二月
5　米川仁一他「御所市秋津遺跡」（前掲注3）・「御所市秋津遺跡第三次調査」（前掲注4）
6　米川仁一他「御所市秋津遺跡」（前掲注3）
7　岡田憲一・松岡淳平他「御所市條・池内秋津遺跡第四次調査」『奈良県遺跡調査概報二〇一〇年度』（第二分冊）奈良県立橿原考古学研究所、二〇一一年十二月
8　米川仁一「古墳時代前期の方形区画施設について」（前掲注1）
9　岡田憲一・松岡淳平「御所市條・池内秋津遺跡第五次調査」『奈良県遺跡調査概報二〇一一年度』（第二分冊）奈良県立橿原考古学研究所、二〇一二年十二月
10　米川仁一「古墳時代前期の方形区画施設について」（前掲注1）
11　岡田憲一・松岡淳平他「御所市條・池内秋津遺跡第四次調査」（前掲注7）・「御所市條・池内秋津遺跡第五次調査」（前掲注9）
12　八尾市教育委員会編『史跡 心合寺山古墳整備報告書』（八尾市文化財調査報告書五十二）二〇〇五年
13　青柳泰介「囲形埴輪小考」『考古学に学ぶ 遺構と遺物』（同志社大学考古学シリーズⅦ）一九九九年
14　松坂市教育委員会編『舟形埴輪 松坂宝塚1号墳調査概報』学生社、二〇〇一年
15　加古川市教育委員会編『加古川市文化財調査報告書15 行者塚古墳発掘調査概報』一九九七年三月
16　神戸市教育委員会編『松野遺跡発掘調査概報』一九八三年三月
17　米川仁一「古墳時代前期の方形区画施設について」（前掲注1）
18　大平聡「「大嘗」の成立」『基督教文化研究所研究年俸』第二十四号、宮城学院女子大学基督教文化研究所、一九九一年三月
19　大林組社史編集委員会編『大林組百年史：一八九二―一九九一年』一九九三年六月
20　岡田精司編『大嘗祭と新嘗』学生社、一九七九年
　　岡田精司「大王就任儀礼の原形とその展開――即位と大嘗祭――」『日本史研究』日本史研究会一九八三年
21　今尾文昭「カミよる水のまつり」『奈良県立橿原考古学研究所附属博物館特別展図録第六十冊』奈良県立橿原考古学研究所附属博物館、二〇〇三年十月
22　奈良県橿原考古学研究所『秋津遺跡 記者発表資料』二〇一〇年一月
23　大阪府立近つ飛鳥博物館「王と首長の神まつり」『大阪府立近つ飛鳥博物館平成二十四年度春季特別展図録五十七』二〇一二年四月

Ⅱ　文学の発生源

変奏する岩戸神楽譚
――「神話と文学の発生」をめぐって――

斎藤　英喜

「音楽と神話とは、いわば言語から生まれた二人姉妹のようなものですが、別々に引き離されて、それぞれ異なる方向に進んでいます。ちょうど神話の人物のように、一方は北へ、他方は南へと進んで行って、二度と会うことはありません。」

（レヴィ＝ストロース『神話と意味』[注1]）

はじめに

神話は文学の発生源である。それは折口信夫の文学発生論としても知られるところだろう。[注2] 近年の沖縄をフィールドした研究からは、始原の神話は共同体の祭祀、儀礼の場で「神謡」としてうたわれたことが明らかにされた。祭祀の場でうたわれる「神謡」は同時に「神語り」でもあったが、共同体の拡大によって、歌として発展する一方、語りが物語化していくことが想定されていくのである。[注3]

こうした祭祀の場の歌は、音楽的な旋律とともに、歌い手の所作・舞踏による芸能として展開する。そこに現出するのが「神楽」である。神楽は「神あそびのうた」（古今和歌集、巻第二十）という歌謡が生み出される一方、中世にあっては、神語りから展開した「祭文」が神楽を構成していく。[注4] 神話と文学の発生というテーマにとって、「神楽」は恰好の対象といえよう。

ところで、神楽の起源が、岩戸神話に求められることは周知のところだろう。スサノヲの乱行によって岩屋にこもったアマテラスを迎え出すために、アメノウズメが神がかりの舞いを舞った。これを神楽の起源とする言説である。宮中の内侍所御神楽はアマテラスの分霊とされる「神鏡」を祭るものであった。また地方に伝わる神楽には「岩戸」という演目も少なくない。「岩戸神楽」というネーミングもある。

たしかに『古事記』『日本書紀』の岩戸神話には、神楽とかかわる表現が散見される。そもそもアメノウズメ（記・天宇受売命・紀・天鈿女命）の神名は、神霊の依代である植物を髪飾りにし、自身も神がかりの舞いを舞う巫女のイメージにもとづくと解釈され、「手草結㆓天香山之小竹葉㆒而」（記）は、神楽のときの舞い手がもつ採り物を意味すること、あるいは「俳優」（紀・第七段・正文）が滑稽な仕草や踊り、「火処焼」（同前）が神楽の場に焚かれる庭火（庭燎）を意味すること、「覆槽置」の記述には、神楽と密接に繋がる「鎮魂祭」の所作が反映していること、[注5] そして「神懸」（記）、「顕神明之憑談」（紀・第七段・正文）は、神がかりと神楽の関係を暗示することなど『記』『紀』の岩戸神話に神楽の場が反響していることは、まちがいないだろう。

けれども、『記』『紀』のテキストには、じつは「神楽」の用語はない。「神楽」という言葉が出てくるもっとも古い文献は、大同二年（八〇七）、斎部広成が撰述した『古語拾遺』である。[注6] すなわち「猿女君氏、供㆓神楽之事㆒」という一節だ。また九世紀後半成立と推定される『先代旧事本紀』にも「其鎮魂祭日者、猿女君等率㆓百歌女㆒、挙㆓其言本㆒而神楽歌舞」（巻第七「天皇本紀」）という記述が見える。あるいは『（貞観）儀式』（九世紀半ば）や『延喜式』（延長五年〔九二七〕）などの儀式書、法制書にも「神楽」の用語が頻出してくる。用語としての「神楽」は『記』『紀』以降のものともいえよう。

ところで『古語拾遺』や『先代旧事本紀』というテキストは、従来、『記』『紀』の国家神話から漏れ落ちた氏族の伝承＝「氏文」として見られてきた。国家神話である『記』『紀』を相対化するテキストとして評価されてきたのである。[注7]

しかし、近年の研究では、『古語拾遺』や『先代旧事本紀』は、『日本書紀』の神代巻の引用・要約・改変によって成り立っていること、『日本書紀』の不審部分にたいする合理的な解釈が見られることに注目が集まっている。[注8]とりわけ『古語拾遺』は、撰述者の斎部広成が、神祇官内の中臣氏との対抗関係のなかで、自らの祭祀職掌の正当性を『日本書紀』に求めることで、結果として『日本書紀』を祭祀起源のテキストへ改変した、という位置づけがなされた。[注9]

こうした視点は、弘仁三年（八一二）～康保二年（九六五）に朝廷主宰で行われた『日本書紀』の注釈・講義＝「日本紀講」（講書とも）ともリンクする。日本紀講のなかで生み出された「日本紀私記」によれば、『日本書紀』は「注釈」されることで原典が読み替えられ、あたらしい神話言説として広がったのだ。そうした神話言説の一角に『古語拾遺』や『先代旧事本紀』が位置づけられ、さらに神話の読み替え、変成は、平安末期の『信西日本紀抄』、鎌倉期の卜部兼方『釈日本紀』から、室町期の良遍『日本書紀私見聞』、吉田兼倶『日本書紀神代巻抄』などへ展開していく。「中世日本紀」の議論である。[注10]

以上から「岩戸神楽」の起源譚も、『記』『紀』にはじまり『古語拾遺』、『先代旧事本紀』へと展開していく神話の読み替え、解釈史のなかに位置づけなおすことができる。その視角からは、中世の『神楽秘書』（御鎮座本紀・裏書）、『神道雑々集』（南北朝〜室町期）や『兼邦百首歌抄』（文明十八年〔一四八六〕）、あるいは吉田家の『宗源神道根元式』[注11]（文明十六年〔一四八四〕）、さらに三河国三沢山内の神楽太夫家に伝わる『御神楽日記』（天正九年〔一五八一〕）などの神楽由来譚も、岩戸神楽譚の変奏の系譜のなかに置くことができるだろう。とりわけ三河のテキストからは、中世的な神楽の実修と岩戸神楽譚が密接に繋がることが指摘されているところである。[注12]

かくして「文学と神話の発生」というテーマは、岩戸神楽譚の変奏という議論へと展開することになるのだが、本稿では、古代における問題、とりわけ九世紀『古語拾遺』の岩戸神楽譚から園韓神祭祀、十一世紀の内侍所御神楽の生成の過程に焦点をしぼり、以下、本論に進みたい。

一　岩戸神楽譚と「鎮魂の儀」——『古語拾遺』を読む

1　律令神祇官制度と対抗する『古語拾遺』

『古語拾遺』の岩戸神楽譚を読むために、まずはこれがいかなるテキストかを確認する必要がある。『古語拾遺』は、「国史・家牒」から「遺りたる」古伝承（フルコト）を拾い集めたという体裁で書かれている。天地開闢にはじまって、スサノヲとアマテラスの約誓、岩戸ごもり、スサノヲの追放と霊剣献上、天孫降臨から神武天皇の即位、そして崇神天皇から最後は「天平年中」まで記述され、末尾には十一か条にわたる「遺《も》りたること」という、一種の政治批判の言説を載せている。その内容は、神祇官内部にある中臣氏が一方的に優遇されていることへの憤懣、反発が中心で、従来、『古語拾遺』は中臣氏への「憤慨の書」とされてきた。

たしかに第三条の伊勢神宮の宮司が中臣氏に独占されていること、第五条の本来は忌部氏が管掌する大殿祭・御門祭に中臣氏が介入してきたことをはじめとして、第六条、七条、八条、十一条の内容は中臣氏への憤懣が見られる。しかし、そうだからといって、『古語拾遺』を中臣氏にたいする私的な憤慨の書と見るだけでは不充分だ。たとえば、第十条を見てみよう。

凡て、大幣《おほみてぐら》を造ることにも、亦神代の職に依りて、斎部の官《つかさ》、供作《つくりつかへまつ》る諸氏を率て、例《あと》に准ひて造り備ふべし。然れば、神祇官《かむつかさ》の神部《かむとものを》は、中臣・斎部・猿女・鏡作・玉作・楯作《たてぬひ》・神服《かむはとり》・倭文《しとり》・麻続《をみ》等の氏有るべし。而るに、今唯中臣・斎部等の二三氏のみ有りて、自余《これよりほか》の諸氏は、考選に預らず。神の裔《すゑ》亡せ散りて、其の葉絶えなむとす。遺りたる十なり。（五二頁）

「大幣」とは、宮中祭祀に用いられる幣帛や祭具のこと。それを製作する神祇官の「神部」という職掌は、「神代の職」にもとづいて選ばれるべきである。しかるに、現在は、中臣・忌部などの二三の氏しか選ばれていない。これでは「神の裔」が亡び、その氏族の系譜が絶えてしまうだろう——。この主張からは、中臣氏にたいする私的な憤懣をこえて、「神代の職」全体の今後にたいする危機感が述べられていることがわかる。

ここで「神祇官の神部」に選ばれるべき中臣・斎部・猿女・鏡作・玉作・楯作・神服・倭文・麻続たちが、「神代の職」とされるのは、彼らの始祖神が岩戸神話のなかで活躍していることにもとづく。すなわち、岩屋にこもったアマテラスを迎え出すためのさまざまな祭りの準備、執行を行ったアメノコヤネ、アメノフトダマ、アメノウズメ、イシコリドメ、クシアカルタマ、タオキホオヒ、ヒコサシリ、アメノハヅチノヲたちが彼らの「遠祖」であった。そして彼らは忌部の始祖神アメノフトダマに率いられて、岩屋からアマテラスを迎え出す祭りを行う、というのが、『古語拾遺』が語る岩戸神話のストーリーである。それが「神代の職」であることの根拠となるわけだ。

いうまでもなく『古語拾遺』が伝える岩戸神話は、『日本書紀』にもとづきながら、それを忌部に有利なように改変したものである。とりわけ「諸部の神」が忌部の始祖神フトダマに率いられる記述や、中臣の始祖神アメノコヤネの役割を「相副」とする書き方は、大きな改変である。しかし、ここで注目すべきは、『古語拾遺』の岩戸神話が、八世紀末から九世紀初頭の神祇官組織や祭祀と直接向き合い、その批判の根拠となっているところだ。

ここに語られる「神代の職」「神の裔」たちは、いわゆる「負名の氏」と呼ばれる氏族である。彼らは天皇に直属する部民＝職能民ともいえる。[注13] したがって『古語拾遺』が描き出している「神代の職」を中心とした宮廷祭祀のイデーは、天皇に直属する部民を中核にして「天皇親祭祭祀」（内廷的祭祀）を中心とすることになる。神祇官はそうした祭祀を管掌するというのが、『古語拾遺』の主張の根幹にあるわけだ。それが「神代」の岩戸神話であり、その「孫」たちが活躍する神武天皇による祭祀の言説といえよう。

けれども律令制国家のシステムのなかの神祇官は、天皇家の「内廷的祭祀」とともに、祈年祭の班幣行事を中心とする「国家祭祀」を担う組織として編成されている。[注14] 神祇官は、律令祭祀（国家祭祀）の執行と、その行政を担当する管掌へと再編成されたのである。律令国家の運営の一翼を担う神祇官の職員は、「律令官人」となるのである。そして神祇官において、中臣氏の地位が強固になっていくことは、そうした律令官人による官僚組織の形成と対応するのである。それは『古語拾遺』が主張する「神代の職」＝負名の氏が、神祇官内部から排除されていくこととパラレルにあったといえよう。

以上から、『古語拾遺』とは、律令国家における神祇官の組織編制、それにもとづく国家祭祀のあり方への批

判が込められた、まさに神祇官内部の〝理論闘争〟から生成したテキストであったといえよう[注15]
あらためて、そうした視点から「遺りたる十」を見れば――、そこに登場する「猿女」こそ、神楽を担う「神代の職」であった。

2　追加される「神楽」の起源

『古語拾遺』のなかで「神楽」の由来は次のように語られる。

爾して乃ち、霊時《まつりのには》を鳥見山《とみやま》の中に立つ。天富命《あめのとみのみこと》、幣《みてぐら》を陳ねて、祝詞《のりとまを》して、皇天《あまつかみ》を禋祀《まつ》り、群望《くにつかみ》を偏祑《まつ》りて、神祇《あまつやしろくにつやしろ》の恩《みうつくしび》に答ふ。是を以て、中臣・斎部の二氏、倶に祭祀《まつり》の職《つかさ》を掌る。猿女君氏、神楽の事を供へまつる。余り諸氏、各其の職有り。（三七頁）

橿原での神武天皇即位にあたって、「霊時」という天地の神霊を祀るための斎壇を建てたという由来である。[注16]
この記述は『日本書紀』神武四年条とほぼ同文。しかしここでも『日本書紀』にはない記述が付け足される。「天富命」が幣をつらねて、祝詞を奏してアマテラス、タカミムスビの神をはじめ、山川の神々を祭祀し、天神地祇の恩に応えたという記述である。

「天富命」（以下、アメノトミノミコトと表記）とは、神代で活躍した忌部の始祖神アメノフトダマの「孫」である。『記』『紀』にはない人物だ。『古語拾遺』では「神代」の神にたいして、その「孫」にあたる世代が、神武天皇に始まる祭祀を担ったという構成になっているのである。それは神武天皇の即位に際して活動する人物たちが、ことごとく神代の岩戸神話に登場した始祖神たちの「孫」となっていることと対応していよう。[注17]

さて、この神武天皇の代のアメノトミノミコトの行為にもとづいて、中臣・忌部の二氏が「祭祀の職」を掌り、また猿女君氏が「神楽の事」に奉仕したというのである。文末の「余り諸氏、各其の職有り」は、先にみた「神代の職」に対応する。こうした記述も「神代」における岩戸前の祭祀が、忌部の始祖神アメノフトダマによって主導されたという岩戸神話の構造の反復になっていることが理解できよう。

かくして『古語拾遺』によれば、猿女君氏が担う「神楽」は、「神代の職」にもとづき、神武天皇の代に始まったという起源が語られるわけだ。

『古語拾遺』が叙述する岩戸のまえのアメノウズメの姿を見てみよう。

天鈿女命〔……〕をして、真辟《まさき》の葛を以て鬘《かづら》と為、蘿葛《ひかげ》を以て手繦《たすき》と為〔蘿葛は、比可気《ひかけ》なり。〕竹葉《ささば》・飫《お》憩《け》の木の葉を以て手草《たくさ》〔今、多久佐といふ。〕と為、手に鐸《さなき》着けたる矛を持ちて、石窟《いはや》の戸の前に誓槽《うけふね》〔古語に、宇気布禰といふ。約誓の意なり。〕覆せ、庭燎《にはび》を挙《とも》して、巧に俳優《わざをき》を作し、相与《あひとも》に歌ひ舞はしむ。

（一九〜二〇頁）

この岩戸神話も、ほぼ『日本書紀』にもとづく。しかし細かく見ていくと、やはり『日本書紀』にない記述があった。アメノウズメが「手に茅纏の矟を持ち」（紀・第七段・正文）て舞う『日本書紀』の記述について、『古語拾遺』では「手に鐸着けたる矛を持ちて」と書かれているところ。「茅纏の矟」に「鐸」という大鈴を付けたという記述が『日本書紀』とは違う点だ。「鐸」は、『古語拾遺』のなかで「天目一箇神《あめのまひとつのかみ》をして雑の刀・斧及鉄の鐸〔古語に、佐那伎といふ。〕を作らしむ」（一九頁）に由来する。ここから『延喜式』巻二「四時祭下・鎮魂祭」の条に「大刀一口。弓一張。箭二隻。鈴廿口。佐奈伎廿口。……」（四三頁）とあるように、「鐸（佐奈伎）」を付けた鉾で、逆さにした桶の底を撞くという鎮魂祭儀との繋がりが強調されるのである。

もうひとつ『日本書紀』との違いとして注目されるのは、文末の「相与に歌ひ舞はしむ」の一文である。『古語拾遺』の「歌舞」はアメノウズメだけで終わるのではなく、岩戸神話のなかに描かれる中臣の始祖神アメノコヤネ、忌部の始祖神フトダマたちと一緒に「歌舞」するのである。これは鎮魂祭で、「御巫及猿女等依例舞。訖即神祇官五位六位各一人〔中臣。忌部。〕及侍従五位以上二人。宮内丞一人。内舎人二人。大舎人二人。以レ次進舞二於庭一」（延喜式・巻二・四時祭下・鎮魂祭、四四頁）とあるように、神祇官、宮内省、舎人の官人たちが続いて歌舞する次第と呼応しよう。『古語拾遺』の記述が、より祭祀実修の場に近いところにあることが読みとれる。『古語拾遺』の岩戸神話とは、「神楽」を担う猿女君氏の現場から『日本書紀』を解釈した、あらたな「神楽」起源神話といえよう。

しかし、そうでありながら、『古語拾遺』の記述は、同時代の「鎮魂祭」「神楽」をそのまま「回収」するものではなかったのである。

3　鎮魂祭と「御巫」

九世紀中期成立の『（貞観）儀式』から、宮中鎮魂祭の次第を見てみよう。

御巫、始テ舞、毎レ舞ニ巫部、誉レ舞ヲ三廻〔誉テ云。阿奈多缶《タフト》〕〔……〕御巫、覆二宇気槽《ウケフネ》一ヲ立二其上一ニ、以レ桙ヲ撞レ槽。毎二十度畢一伯結二木綿鬘一ヲ、訖御巫舞、次ニ諸御巫媛女舞畢次ニ宮内丞一人、次ニ侍従二人、次ニ内舎人二人、次ニ大舎人二人舞…。（巻五、一四〇頁）

御巫が舞うごとに「阿奈多缶」の誉め言葉が発せられ、続いて御巫が「宇気槽」を逆さまにしてその上に立って鉾で槽を撞く。そして十度ごとに神祇官の伯が木綿鬘を結ぶ。御巫が舞い終わると、次に諸の御巫・猿女が舞い、続いて宮内省の丞、侍従、内舎人、大舎人が舞う……。こうした鎮魂祭の次第が、岩戸神話の場面と呼応することは、あらためていうまでもないだろう。とりわけ先に指摘したように、『古語拾遺』の記述は、祭祀執行の現場へと開かれていたのだが、同時に『古語拾遺』の言説との違いも際立ってくる。

『古語拾遺』は「鎮魂の儀」の担い手をめぐって、次のようにいう。

> 凡て、鎮魂《たましづめ》の儀は、天鈿女命の遺跡《あと》なり。然れば、御巫《みかむなぎ》の職は、旧《もと》の氏を任すべし。而るに、今選ぶ所、他氏《ことうぢ》を論《あげつら》はず。遺りたる九なり。　（五一頁）

「鎮魂の儀」は、神代のアメノウズメに由来する。そうであるならば、鎮魂の儀を執行する「御巫の職」は、ウズメを始祖とする猿女君氏から選ばれるべきである。しかるに、今は「他氏」から選ばれている。これは「神代の職」の由来に反することだ――。

先の『儀式』に規定された次第には、「鎮魂祭」にかかわる「猿女」の名前が見える。だが、「猿女」とは別に「御巫」、さらに「諸の御巫」の職掌も見える。また『延喜式』の「御巫」の規定を見てみると、「取二庶女堪一事充之」（巻三、六八頁）とあって、『古語拾遺』が批判するように、猿女君とは無関係な「庶女」から選定されていたことがわかるのである。

あらためて「御巫」とは、神祇官に所属する宮廷の巫女である。[注18]『延喜式』によれば、「神祇官西院坐御巫等祭神二十三座」の神々の祭祀を管掌する。そのなかでとりわけ、神祇官八神殿と呼ばれる「神産日神・高御産日神・玉積産日神・生産日神・足産日神・大宮売神・御食津神・事代主神」を祭る御巫（大御巫）が重要となる。なぜなら八神殿の神々こそ、「鎮魂祭」の祭神にほかならないからだ。また八神殿の御巫のほかに「座摩御巫」「御門御巫」「生嶋御巫」がいる。これらが鎮魂祭における「諸の御巫」を指すものと思われる。さらに御巫は、それぞれが管掌する祭神の祭り（九月祭）のほかに、宮廷内の多様な祭祀、春の祈年祭、新嘗祭、月次祭、大殿祭、園韓神祭などにかかわる。まさしく宮廷巫女集団といえよう。

けれども「御巫」は、律令制の神祇官組織のなかでは定員外の「雑色人」として扱われていた。彼女たちが、特定の氏族からではなく「庶女」から選ばれたこととともかかわるだろう。それは宮廷巫女たる御巫の職が、神代に由来する特別の部族から離れて、律令の神祇官組織の下部の職掌として扱われていたことを意味する。『古語拾遺』の主張は、そうした律令国家の神祇官組織のあり方への批判が込められていたわけだ。

4　「供へ奉る儀も、君と神と一体なりき」

かくして『古語拾遺』は、「鎮魂の儀」の執行者として、アメノウズメを始祖とする「猿女君氏」であるべきことを主張する。彼女は「神代の職」であり、「神の裔」の部族であったからだ。しかし、『古語拾遺』が「鎮魂の儀」と猿女君氏とのかかわりにこだわるのは、それだけではない。天皇の「鎮魂の儀」は、天上のアマテラスの祭祀と同じでなければならないのだ。『古語拾遺』の「遺れたること」の次の一節に注目しよう。

天照大神は、本《もと》、帝と殿《おほとの》を同じくしたまへり。故、供へ奉る儀《わざ》も、君と神と一体《ひとつ》なりき。天上《あめ》より始めて、中臣・斎部の二氏は、相副《あひとも》に日の神を禱《いの》り奉る。猿女が祖も、亦神の怒りを解く。然れば、三氏の職《つかさ》は、相離るべからず。而るに、今伊勢の宮司《みやつかさ》は、独り中臣氏を任《め》して、二氏を預らしめず。遺りたる三なり。
（四八頁）

ここでの主張の意図は、文末にある「伊勢の宮司」の職に中臣氏のみが任命されることへの批判である。だが重要なのは、かつてアマテラスが天皇と「殿を同じく」していたことを根拠にして、天皇とアマテラスとの「供へ奉る儀も、君と神と一体」であったことを強調するところだ。天皇にかんする祭祀は、すべてアマテラスを祭る「天上」の岩戸神話に起源がある、という言説である。

あらためていうまでもなく、鎮魂祭は、天皇に固有の祭祀である。天皇の身体の魂にかかわる神祇官の八神を祭り、その魂を活性化させるための呪術的祭祀だ。天皇自身にかかわる「内廷的祭祀」といってもよい。だからこそ、それに携わるメンバーは、神祇官のなかの「神代の職」に連なるものであり、天皇の「内廷」を支える宮内省、舎人職であることが強調される。そして『古語拾遺』では、鎮魂祭の祭神たる神祇官八神殿の神々（神産日神・高御産日神・玉積産日神・生産日神・足産日神・大宮売神・御食津神・事代主神）の由来を、「皇天二《あまつかみ》はしらの祖《みおや》の詔に仰従ひて、神籬《ひもろぎ》を建樹《た》つ」として、アマテラス・タカミムスヒの神勅に起源すると記すのである。これは『記』『紀』にはないところだ。

『古語拾遺』が語る岩戸神楽譚。それはアメノウズメを遠祖とする猿女君氏の「神楽の事」「鎮魂の儀」の由来譚としてあった。ここで『古語拾遺』は、忌部氏を中心とする負名の氏＝「神の裔」による宮廷祭祀の起源神話として語られる。いいかえれば、祭祀実践の現場から『日本書紀』を読み替えたテキストこそが、『古語拾遺』であったのである。その読み替えによって、律令官人を中心とした神祇官の現状への批判が展開されたわけだ。

さらに岩戸神楽譚の変奏を追ってみよう。

二　「園韓神」の神楽の現場から

1　園韓神祭祀の次第

「鎮魂祭」とともに、古い宮廷神楽の姿を伝えるものとして知られているのが「園韓神」の祭祀である。この神の由来は、もちろん『記』『紀』にはない。[注19] その素性については、平安末期の『江家次第』に以下のように記されている。

園韓神口伝云、件神延暦以前坐レ此。遷都之時造宮使欲レ奉レ遷二他所一、神託宣云、猶座二此処一奉レ護二帝王一云々。仍鎮二坐宮内省一、式云、園神一座、韓神二座、（『江家次第』巻第五、一五五頁）

園韓神とは、宮都が平安京に遷される以前から、その地に鎮座する地主神であった。遷都にあたって、他所に遷座させようとしたところ、ここに鎮座し帝王を守護せん、という神の託宣があった。それによって宮内省に鎮座している――。ここで園韓神がとくに宮内省に祭られるのは、天皇の内廷的な朝廷を守護する神であることを意味しよう。そうした地主神としての神格は、「天皇朝廷」の守護神（文徳天皇実録・嘉祥三年〔八五〇〕十月）であるとともに、春秋の祭りを怠ったために「成崇」（日本三代実録・貞観十六年〔八七四〕二月）という、凶荒な神としてあったのである。

では、園韓神の祭祀・神楽がいかなる次第で行われるのか。そこで活躍するのも、御巫と神部たちであった――。『儀式』によれば、園韓神祭祀の執行日は二月の春日祭の後の丑日と、十一月の新嘗祭の前の丑日の二度。「園韓神祭。公卿向二宮内省一。奉祭如レ常」（日本三代実録・貞観八年〔八六六〕二月）とあるように、平安時代初期には恒例祭祀としてあった。以下、その祭祀の場を『儀式』にもとづいて再現してみよう（六七～六八頁）。

〔Ｉ〕神饌・榊立て・庭火設営・祝詞奏上

①神祇官の官人が、宮内省内の南殿（園神）、北殿（韓神）の順で神饌を供え、神祇官の神部二人が榊を祭場の庭に立て、庭火が燃やされる。

②雅楽寮の官人が歌人・歌女たちを率いて所定の位置につく。また左右の馬寮が神御馬を祭場に引き入れる。

③神祇官の御巫が神前に進み、二度再拝する。神祇官の官人も一緒に礼拝。続いて御巫が、微声で祝詞をよみ、再拝する。

〔Ⅱ〕音合わせ・御巫の湯立舞・神部八人の採り物舞

④神祇官の副官が琴弾二人、笛工二人を呼びいれ、琴に笛を合わせる音合わせをする。まず笛工が笛を吹き、次に琴弾が音を合わせ、歌舞が始まる。

⑤先に南殿（園神）で御巫（御神子）が庭火の周囲を廻りながら湯立舞を舞う。次に神部八人が舞う。同じ次第を北殿（韓神）でも行う。

〔Ⅲ〕宮内省などの官人グループによる和舞

⑥琴声の調子を変えて、祐以上から順に宮内丞一人、侍従二人、内舎人二人、大舎人二人が和舞を舞う。その後直会の食事を饗せられ、それがすむと大臣以下は退出。

〔Ⅳ〕神祇官官人による朝神楽

⑦翌朝、神祇官の官人が御巫・物忌・神部たちを率いて、南北の神殿において朝の神楽を奏する。これで園韓神祭祀は終了する。

以上からは、神事（①②③）、神事的舞踏（⑤⑦）、そして解斎舞・直会の舞（⑥）という構成が見えてくる。その次第は、内侍所御神楽へと展開する宮廷神楽の「原型」ともされるところだ。[注20] 祭祀の全体は、太政官の大臣以下、神祇官、雅楽寮、宮内省を中心に執行する、まさに国家的な祭祀の体裁をもつことがわかる。『儀式』の制定時においては、園韓神という神格が、太政官を頂点とする律令国家の官人すべてで祭り鎮める「宮中神」であったのである。

あらためて、祭祀次第のなかで注目すべきは、⑤の場面である。そこには御巫、神部という神祇官内部では、もっとも下位の職掌者たちが「湯立舞」、「採物舞」という神楽の次第を担うからだ。

2　「湯立舞」を舞う御巫

まずは⑤の次第をめぐる資料を見てみよう。

御神子、先廻二リ庭火一ヲ供二ス湯立《ユタテ（ユタチノ）》舞一ヲ、次ニ神部八人共ニ舞
（儀式・巻第一、六八頁）

御巫於二南殿慢中一舞、次出舞、神部四人持二神宝一舞退、次北社作法如レ前、
（西宮記・巻六、二一九頁）

次神祇官歌ヒ遊ヒ御巫《カン》舞フ、先於二南殿慢中一舞、
次出舞、
次神部四人持二神宝一舞テ退ク、榊桙弓剣等也。
次御巫子舞レ北、次神部四人持二神宝一舞畢就レ南、
（江家次第・巻第五・一五五頁）

なんといっても興味深いのは、御巫が「庭火」を廻って「湯立舞」を舞ったという『儀式』の記述である。また御巫は「御神子」とも表記される。あらためていうまでもなく「湯立舞」の次第は、列島各地に伝わる民間神楽のなかにも見られるもので、それらとの類比のなかで「湯を先づ勧請の諸神に献じ、頭人をはじめ、祭に集うた人達も同じ湯を受けて潔まり、なほ巫覡が神懸りして神々の託宣を乞ひ……」といったイメージも掻き立て

られよう。[注21]

だが残念ながら、九世紀半ばの『儀式』の「湯立舞」には「神懸り」も「神々の託宣」も記述されていない。さらに十世紀半ばの『西宮記』、十二世紀初期の『江家次第』になると、「湯立舞」そのものの記述も消えてしまう。はたして園韓神祭祀における「湯立舞」とはいかなる次第なのか。

あらためて『西宮記』『江家次第』を見ると、「湯立舞」のかわりに、「御巫於二南殿慢中一舞」、「先於二南殿慢中一舞」とあって、御巫の舞いが南殿、北殿の神殿に「慢」を張り、その「中」で舞うと記述されている。それは彼女たちの舞いが、人目に触れないように仕組まれていることを示唆しよう。ここで大胆に推測するならば、その「慢中」における舞いこそ湯立舞であり、神懸り、託宣のことがあったのではないだろうか。あるいは『江家次第』が「口伝云」と伝えた託宣は、祭祀の現場でもたらされたことも考えられよう。「湯立舞」そして「慢中」の秘儀は、そうした想像を掻き立てるのである。それはなによりも、「湯立舞」の舞い手が、ほかならない、「シャーマン的女性[注22]」たる御巫であったからだ。

あらためて『古語拾遺』によれば、「御巫」とは、アメノウズメを始祖とする猿女君氏から選出されるべき巫女であった。だが、すでに『儀式』が記された時代では、御巫は「神代の職」とは無関係な「庶女」から選ばれる存在になっていた。さらに律令官人制の神祇官組織のなかでは、「御巫」は定員外の「雑色人」でしかなかった。

しかし、そうでありながら、園韓神祭祀のもっとも中枢的次第である「湯立舞」を独占的に管掌するのも彼女たちであったのもたしかだ。ここでは、もはや猿女君氏という「神の裔」に由来する氏族関係を超えて、「湯立舞」という神聖なる舞踏を管掌する、その技芸の実践が重要であったのではないか。「湯立舞」という技芸を通して、アメノウズメという神楽起源の巫女が呼び出されるのである。『記』『紀』『古語拾遺』とは離れた、園韓神の祭祀に携わる御巫たちによる、あらたな岩戸神楽譚の変奏の現場、といってもよい。

そのことを、もうひとりの職掌者、「神部」の側から見てみよう。

3　神部の「神宝」の舞い

『儀式』『西宮記』『江家次第』において、御巫の舞いのあとに続くのが、「神部」という男性職賞者たちであった。この「神部」も『古語拾遺』においては、岩戸のまえで活躍した「神代の職」に連なる人びとだが、彼らもまた、律令官人制の神祇官のなかでは御巫と同じく「雑色人」の待遇であり、「官内雑駆使」（令集解・所引「讃記」）、「司内駆使」（令集解・裏書）であった。

園韓神祭祀のなかで、彼らの役割は御巫に続いて舞いを舞うことにあったが、ここでは『西宮記』『江家次第』に記された「神部四人持二神宝一舞」「神部四人持二神宝一舞テ退ク、榊栟弓剣等也」に注目したい。神部たちは「神宝」を持って舞う。そして「神宝」は、「榊栟弓剣」であったのだ。御巫の湯立舞に続く神部たちの舞踏は、「神宝」＝榊・栟・弓・剣を手に持って舞う、まさしく採り物舞である。採り物は『古今和歌集』や『拾遺和歌集』にも「採物」の歌として、榊・葛・弓・杖・太刀などがよまれているが、それは神楽のもっとも神事的な部分、すなわち「神楽の本体」ともされるものだ。[注23]

御巫の湯立舞。それに続く神部たちの神宝舞（採り物舞）の次第。この巫女と男性神人集団がワンセットとなった「神楽」の構成は、神懸かる巫者の舞いと神懸からない司霊者グループの採物舞として定式化される。[注24]現行の地方神楽のなかでも、湯立に続いて採物舞が展開される構成は多く見られる。[注25]御巫と神部たちの神聖舞踏は、神楽技芸の始発を語ってくれるといえよう。ここで呼び起こされるのは、『古語拾遺』の岩戸神話の末尾、アメノウズメの「俳優」に続く「相与に歌ひ舞はしむ」の一文である。それは岩戸のまえでアマテラスを迎えるための祭具、供物を造作した始祖神たちが、ともに歌い舞うことの由来となっていたのだ。

あらためて『古語拾遺』のなかの「神部」は、岩戸のまえでアマテラスを迎え出すための祭祀に携わった「神代の職」であった。彼らは祭祀の供え物、祭具などを造作する技術者集団でもある。それは神部たちが手に持って舞う「神宝」とも通じるものも少なくない。それは岩戸のまえでアマテラスを迎えるための祭具、供物を造作した始祖神たちが歌い舞うことの由来となっていたのだ。御巫の舞いに続いて、神部たちが「神宝」を持って舞うことの来歴が、ここに求められるだろう。こうした巫女と神部のセットになる神楽行儀は、中世における八乙女と神楽男の関係へと展開していくことになる。そのとき岩戸神話は「神楽という自分たちの職掌の起源譚[注26]」へと変奏していくのである。

それは同時に、彼らが祭祀する「園韓神」という神格が、『記』『紀』神話には記されてない、平安宮都を守護する、あらたな「地主神」であったことと繋がるところだろう。御巫の「湯立舞」と神部の「神宝舞」という技芸が生み出した神、ともいえるのである[注27]。だからこそ、内侍所御神楽における神楽技芸のリーダーたる「人長」が「韓神」を舞うのである[注28]。そして宮廷神楽の集大成とされる「内侍所御神楽」もまた、岩戸神楽譚の変奏のなかに立ち現れてくる。

三　岩戸神楽譚と内侍所御神楽

1　鳥羽天皇の御神楽の夜から

堀川天皇に仕えていた讃岐典侍は、天皇の死後、天仁元年（一一〇八）十一月二十三日、即位した鳥羽天皇の大嘗祭節会に行われた清暑堂の御神楽の印象を、その日記に書き記した。

御神楽の夜になりぬれば、ことのさま、内侍所の御神楽とたがふことなし。これはいますこし今めかしく見ゆる。〔……〕かくて、御神楽はじまりぬれば、本末の拍子の音、さばかり大きに、高きころにひびきあひたる声、聞き知らぬ耳にもめでたし。御神楽、やうやうはてかたになると聞こゆ。「千ざい、千ざい、万ざい、万ざい」と唱ふこそ、天照神の岩戸にこもらせたまはざりけんもことわりと聞こゆ。わが君の、かくいはけなき御よはひに世をたもたせたまふ。伊勢の御神もまもりはぐくみたてまつらせたまふらんと……。

（讃岐典侍日記・下、四七一～四七二頁）

清暑堂の御神楽と内侍所の御神楽とが異なるところはないが、清暑堂のほうが今風である、という記述など興味深い。しかし、ここで注目したいのは、清暑堂御神楽のクライマックスの場面から、アマテラスが岩戸にこもっていられなくなったのも、もっともなことであった、と記すところだ。ここには「御神楽」が岩戸神話に由来する、という神話言説の表出が読みとれよう。讃岐典侍の語りからは、彼女が生きた同時代にあっては、「御神楽」の起源としての岩戸神楽の言説が、広く認識されていたことが見えてくる。まさに岩戸神楽の変奏の一場面である。それはなによりも、内侍所の女官自身によって語られたことに注目しよう。

あらためて内侍所御神楽とは、鎮魂祭、園韓神祭、あるいは賀茂社の還立神楽、石清水の御神楽などの先行する「神楽」を踏まえ、それを集大成したものとされている。[注29] それはまちがいないだろう。だが、ここでの課題は、内侍所御神楽を、『記』『紀』、『古語拾遺』に発する岩戸神楽譚の変奏の系譜に位置づけなおす、ということにある。

2　寛弘二年の起源譚をめぐって

『江家次第』によれば、「自二一條院御時一始十二月有二御神楽一」とあるように、内侍所の御神楽は一條院の時代に始まったという。だが、記録のうえからは、そのことは確認できない。が、見過ごせない「事件」がある。寛弘二年（一〇〇五）十一月十五日に内裏の火災があり、内侍所神鏡を納める温明殿も被災した。その一ヶ月後、天皇と中宮は藤原道長の東三条第に遷御するのだが、それにともなって、焼け残った神鏡の破片も遷されることになる。そのときの記事である。

甲申、頭中将示送云、神鏡昨奉移、但開旧御韓櫃、将奉納新辛櫃之間、忽然有如日光照輝、内侍・女官等同見、神験猶新、最是足恐驚者、

（小右記・寛弘二年十二月十日）

以申（剋）時入新辛櫃間、奉置戸屋内、明光如輝、鏡日景在塗殿内、奉遷、掌侍藤原義子〔進〕・左近中将頼定等見奇恠、如此瑞相未曾有、此度火災御体全、而有此。衆人所感只有此。

（御堂関白記・寛弘二年十二月九日）

火災によって破損した神鏡を古い辛櫃から遷そうとしたとき、辛櫃から突然、日光のような光が照り輝いた。それは同じ場にいた内侍所の女官たちも見たという。さらに『御堂関白記』には、その場にいた女官が「掌侍藤原義子〔進〕」であったと明記されている。

それにしても、神鏡が入っていた辛櫃を開けると光が輝いたという出来事は、いやおうなく、岩戸神話を呼び

起こすだろう。『日本書紀』の「日神之光満二於六合一」（第七段・一書〔第三〕）の記述である。『小右記』『御堂関白記』の記事から、当日の出来事が、岩戸神話をイメージさせるように語り継がれたことが想像されるのだが、残念ながら、ここにはアメノウズメに起源する「神楽」のことはない。しかし――。

寛弘二年（一〇〇五）の火災から三十五年後、長久元年（一〇四〇）九月九日に、内侍所の神鏡はふたたび被災する。それをめぐって、蔵人所の藤原資房の日記に、以下のことが記されている。

仰云、神鏡事愁悶不休、為之如何、是只不肖之咎也、一條院御時有此事、彼時進内侍止云者、候内侍所、以宿直近衛等内々令奉仕御神楽、又以女官等舞踏、終日為事云々、其明朝奉遷令入之間、神光照輝、是霊験之新也、今思彼例、是非指事、進内侍所相語也、今事尤甚、試令奉仕神楽何、（春記・長久元年九月十四日）

「一條院の御時、此の事あり」と、寛弘二年の火災のときことが先例として示される。注目したいのは、そのとき「進内侍」という女官が語るところによれば、宿直の近衛の官人が「内々」に「御神楽」を奉仕し、また女官たちも終日、舞踏したという一節である。そしてその翌朝、神鏡を遷そうとしたら「神光照輝」し、その「霊験」はあらたかであったというのである。そこで後朱雀天皇は「一條院の御時」の先例にそって、この度も「試みて神楽を奉仕せしむこといかに」と仰せになった、というわけだ。

ここに登場する「進内侍」が、寛弘二年の記事の「掌侍藤原義子〔進〕」であることはいうまでもない。彼女の語りによれば、やはり「御神楽」が奉仕されていたのだ。その神楽の効験で、神鏡の辛櫃を開けたとき光が輝いたわけだ。それはまさしく、内侍所の女官たちによる、岩戸神楽譚の変奏の一場面といっていいだろう。そう、鳥羽天皇の大嘗祭における「御神楽」のことを書き記した讃岐典侍もまた、内侍所の女官にほかならない。

3 「御神楽」の担い手たち

『春記』の記事によれば、被災した神鏡にたいする「御神楽」「舞踏」は、近衛の官人と内侍所の女官たちによって行われたという。ここには、それまでの宮廷神楽を独占的に担ってきた神祇官の御巫、神部は一切かかわっていない。

あらためて「近衛（府）」とは、令外の官のひとつ。禁中の警護、行幸の警備にあたっていたが、平安中期以降は朝政が儀礼化するにともない「儀杖兵」になり、朝議などでの舞楽を主とした。さらには賀茂臨時祭などの御神楽に携わっており、「神楽道名人」「人長名人」などと呼ばれる神楽の専門家も生まれることになる。彼らの多くは藤原摂関家と密接な関係を結んでいたことも注目されるところだ。[注30]

一方「内侍所」も、天皇に常侍し、奏請・伝宣・陪膳などを勤めた令制の「内侍司」の女官たちが、平安中期以降に、蔵人所の成立と連関して、令外の官＝「内侍所」と呼ばれるようになったものである。さらに彼女たちの詰め所でもあった温明殿に納められていた天皇家の累代の宝物のうちの鏡が、「伊勢大神之身分」（本朝世紀・天慶元年七月）として伝承され、たび重なる内裏火災によって、「神鏡」としての信仰を高めていった。まさに平安内裏のアマテラスである。[注31]かくして内侍所の女官は、「伊勢大神之身分」＝神鏡に奉仕する巫女としての役割を担うことになったのである。

ここからは、「伊勢大神之身分」たる内侍所の「神鏡」の成り立ちそのものが、古代律令制国家とは異なる位相をもつ、いわゆる「王朝国家」の天皇の、あらたな始祖神話の創造であったことがわかる。当然のことながら、そこには、神祇官の巫女、御巫は一切、タッチすることはできないわけだ。

『春記』に示された「進内侍」の語りは、内侍所神鏡の祭祀に、摂関家とも繋がる近衛府の官人たちが参与してきたことを示していよう。そしてここに語られた「一條院の御時」の出来事こそ、内侍所御神楽の成立と密接に繋がるものであったのだ。それはまさしく、平安中期から後期にかけて変奏していく「岩戸神楽譚」の姿といえよう。

かくして「一條院の御時」に倣って、長久元年（一〇四〇）九月二十八日に内侍所の御神楽が挙行された。内侍所の老女官が天皇に語った「語り」が、内侍所神鏡にたいする御神楽の起源神話となったわけだ。しかし、実修された御神楽は、摂関家と結びついた近衛の男性官人たちが中心となり、内侍所の女官たちの「舞踏」は一切行われなかったである。事実、定例化した内侍所御神楽は、「神楽道名人」とされた近衛の官人の「人長舞」が中心となっていくのである。内侍所女官は、神楽の中枢にはタッチできなかったのだ。

だが、その一方で、彼女たちは神鏡が納められた辛櫃に引きめぐらされた三面の「御鈴」を鳴らし、それに合わせて天皇が礼拝することが「如例」（江家次第）と記されている。さらに後には、このとき内侍所の女官たちが「神歌」を唱えたともある（楽家録）。また堀河殿が焼失したときには、内侍所の「鈴」が鳴り響いたという「夢想」を、女官が得ていた（中右記・寛治八年（一〇九四）十月）。さらに『明文抄』（平安末期・藤原孝範）では、天孫降臨にあたって天孫が携えた「子鈴」が、「夜の護り日の護りに斎ひ奉る大神」であったという、あらたな起源神話が作られる。[注32]

『記』『紀』から『古語拾遺』へと生成した「岩戸神楽譚」。それは内侍所御神楽の実修の現場を経ることで、さらに中世神話へと変貌していくのである。

【引用資料】

『日本書紀』新編日本古典文学全集

『古語拾遺』岩波文庫

『先代旧事本紀』神道大系・古典編

『儀式』新訂増補・故実叢書

『延喜式』新訂増補・国史大系

『江家次第』新訂増補・故実叢書

『西宮記』新訂増補・故実叢書

『小右記』大日本古記録

『御堂関白記』大日本古記録

『春記』増補・史料大成

『内侍典侍日記』新編日本古典文学全集

注

1 レヴィ＝ストロース『神話と意味』（大橋保夫訳）七五頁、みすず書房、一九九六年。今福龍太『レヴィ＝ストロース 夜と音楽』みすず書房、二〇一一年、も参照。本稿は、引き離された「音楽」と「神話」がふたたび出会う物語といってもよい。

2 折口信夫「国学文学の発生」（新全集1）など。なお折口自身は「私は「神話」と言ふ言葉を使ふことを避けている」と明言していた。折口によれば、「神話」とは、「一つの教会・教派として、神学をもつてゐる宗教の上に出てゐるものを神話と言ふと定義を立て、居るので、日本の民族信仰の如く、殆神学・教会を持たぬものに、此語を使ふのは、当らないと考へてゐる」（「日本文学の内容」新全集4、三〇六頁）というのである。この点、近代の神話学とのかかわりから、「近代神道・神話学・折口信夫――「神話」概念の変革のために」（『アジア遊学・近代神話学を問う』勉製出版、二〇一八年）で論じた。

3 古橋信孝『古代歌謡論』冬樹社、一九八二年、藤井貞和『古日本文学発生論』思潮社、参照。

4 中世の神楽と祭文とのかかわりについては、斎藤英喜「総論・祭文編」（斎藤英喜・井上隆弘編『神楽と祭文の中世』思文閣出版、二〇一六年）で論じた。また同書所収の星優也「神祇講式を招し祈らん」は、祭文と神楽をめぐる最新の研究成果である。

5 新編日本古典文学全集『日本書紀・1』頭注、参照。

6 なお「神楽」の文字は『万葉集』にも見えるが、そこでは「神楽」の文字は「ササ」と読ませている。本田安次は『万葉集』が編纂された時期には、まだ宮廷の神楽の形は整っていなかったとしている。本田「神楽以前」（本田安次著作集『日本の伝統芸能』第一巻、錦正社、一九九三年）。「神楽」の語義をめぐる最新の研究として、米山啓子「「神楽」誕生」（『日本歌謡研究』第四十九号、二〇〇九年）がある。ただし米山論文は、「神楽」の事例として『古語拾遺』を取り上げるが、近年の『古語拾遺』研究の動向（注9）をまったく踏まえていない。

7 こうした視点からの研究については、古橋信孝編『日本文芸史』第一巻「古代Ⅰ」第三部第五章第二節「氏族と神話」（三浦佑之、工藤隆執筆）河出書房新社、一九八六年、などを参照。

8 その先駆的な研究に、戦前の研究者で戦死した池山聰助「日本書紀より古語拾遺への伝承の発展」初出一九四一年（『神道古典の研究』国書刊行会、一九八四年）がある。また岩波文庫『古語拾遺』の解説で、西宮一民は『古語拾遺』を「広成の書紀解釈学」（一八七頁）と位置づけている。

9 神野志隆光『古代天皇神話論』第四章「日本紀言説の展開」若草書房、一九九九年、津田博幸『生成する古代文学』「広成の読む『日本書紀』」森話社、二〇一四年、斎藤英喜「『古語拾遺』の神話言説」（『椙山女学園大学研究論集（人文科学篇）』第三十号、一九九九年）など。

10 神話研究における「中世日本紀」論の意義については、斎藤英喜「「中世日本紀」と神話研究の現在」（『国文学　解釈と鑑賞』二〇一一年五月号）で論じた。

11 『宗源神道根元式』については、勝部月子『出雲神楽の世界』慶友社、二〇〇九年、を参照。

12 山本ひろ子「神楽の儀礼宇宙」（『思想』一九九五年十二月号～一九九七年十月号）

13 「負名氏」をめぐっては、阿部武彦『日本古代の氏族と祭祀』「負名氏と律令官人制」吉川弘文館、一九八四年、を参照。

14 以下の「神祇官」については、岡田莊司『平安時代の国家と祭祀』第一章「天皇祭祀と国制機構」を参照。

15 こうした位置づけは、斎藤英喜「『先代旧事本紀』の言説と生成――〝変成する古代神話〟論のために」（『古代文学』三七号、一九九八年）で論じた。

16　岩波文庫『古語拾遺』の補注、九一頁を参照。

17　『古語拾遺』の神武天皇即位譚は、①橿原での即位に続いて「帝宅」の造営が始まる②斎部の始祖であるフトダマノミコトの「孫」であるアメノトミノミコトがタオキホオヒ・ヒコサシリの「孫」を率いて、斎斧・斎鋤で山の樹木を切り出し「正殿」を造営。③またアメノトミノミコトが斎部の諸氏を率いて、鏡・玉・矛・楯・木綿・麻などの「神宝」を造作。④「皇天二はしらの祖」（アマテラスとタカミムスヒ）の命令に従って「神籬」を建て、宮中八神の神々を祭祀。⑤即位の大嘗祭を執行するにあたって、大伴氏の祖神・ヒノオミノミコトが来目部を率いて宮門を警護し、物部氏の祖神・ニギハヤヒノミコトが内物部を率いて、大嘗祭用の矛・楯を造作。⑥それらが整ったならば、アメノトミノミコトが諸の斎部を率いて、「天璽の鏡・剣」を捧げもち、「正殿」に奉安し、また殿舎に「瓊玉」を懸け、幣帛を列ねて、「殿祭の祝詞」を奏上し、また「宮門」を祀る。⑦その後に、大伴・来目が「仗」を建て、門を開いて、四方の国々の首長らを宮殿に参集させて、天皇の即位した姿を見せる即位礼を行う。⑧アメノトミノミコトによる祭祀具、供物である「大幣」を造作し、中臣氏の始祖であるアメノコヤネの「孫」であるアメノタネノミコトが大祓を行う、という叙述になっている。

18　以下、「御巫」については、岩橋小弥太『神道史叢説』「御巫」吉川弘文館、一九七一年、岡田精司『古代祭祀の史的研究』第七章「宮廷巫女の実態」塙書房、一九九二年、を参照。

19　ただし『古事記』の大年神の系譜に「韓神」とあるが、宮内省の「園韓神」との繋がりは不明。

20　本田安次、前掲注6所収「宮廷御神楽考」。松前健『古代伝承と宮廷祭祀』「内侍所御神楽の成立」塙書房、一九七四年、など。

21　本田安次『霜月神楽之研究』「序」一頁（本田安次著作集『日本の伝統芸能』第六巻、錦正社、一九九五年）

22　西宮秀樹『律令国家と神祇官祭祀制度の研究』第Ⅱ部第一章「律令神祇官制の成立について」一一三頁（塙書房、二〇〇四年）

23　志田延義「神楽の本体としての採物」（『日本歌謡圏史』至文堂、一九五八年）

24　岩田勝『神楽源流考』第一章「天石窟の前における鎮魂の祭儀」三六頁～三七頁（名著出版、一九九二年）。なお、神楽研究史における岩田勝の意義と問題については、斎藤英喜「「浄土神楽」と「鎮魂」の解釈史」（『佛教大学総合研究所紀要』六号、二〇一八年）で論じた。

25　板谷徹「霜月祭りの湯立」（『民俗芸能研究』九号、一九八九年）を参照。
26　鶴巻由美「中世御神楽異聞――八乙女と神楽男をめぐって」（『伝承文学研究』四七号、一九九八年）。「中世神楽」を文献的に論じた先駆的研究である。
27　以上、園韓神祭祀については、斎藤英喜「宮廷神楽の神話学」（古代文学会編『祭儀と言説』森話社、一九九九年）で論じた。
28　内侍所御神楽における「韓神」をめぐる最新の研究として、米山敬子「神楽歌「韓神」の移り変わり」（『日本歌謡研究』第五十一号、二〇一一年）がある。
29　本田、前掲注20論文、松前、前掲注20論文を参照。近年の内侍所御神楽の研究としては、木部英弘「内侍所御神楽成立以前の御神楽次第に関する一考察」（『日本歌謡研究』第三十号、一九九〇年）、中本真人『宮廷御神楽芸能史』第二部「宮廷の御神楽と人長・楽人」（新典社、二〇一三年）など。
30　御神楽の「人長」になる近衛舎人が、多く摂関家の随身を務めていたことについては、中本、前掲注29書「内侍所御神楽成立の前後」に詳しい。
31　以上については、斎藤英喜『アマテラスの深みへ』V「平安内裏のアマテラス」（新曜社、一九九六年）で論じた。
32　以上は、斎藤英喜「御神楽のアマテラス――『江家次第』「内侍所御神楽事」をめぐって」（院政期文化研究会編『院政期文化論集2　言説とテキスト学』森話社、二〇〇二年）

言霊と祝詞

白江　恒夫

はじめに――「言霊《ことだま》」に関する疑問――

「言霊と祝詞」というのは筆者がつけたのではなく、所与の題名である。読者には両者の関係の論述を期待されるむきがあるかもしれないが、本稿の内容に即すれば、「言霊」と「祝詞」、というに近い。さて、このコトダマ（言霊）という語は、上代語文献としては『萬葉集』に、万葉第二期の人麻呂歌集に「事霊」二例と第三期の憶良好去好来歌に「言霊」一例が見られるのみであるが、意味については次のように説かれている。

㋐言語の持つ霊力。言語に神秘的な力があって、人の禍福を左右するものと考える未開社会の風習は世界各国に行われている。

〈岩波日本古典文學大系『萬葉集二』巻五・八九四番歌頭注、昭和三四年（一九五九）〉

㋑ことばに宿る霊。ことばに出して言ったことは、それ自身独立の存在となり、現実を左右すると考えられた。名《ナ》に対する禁忌の心持とも共通する信仰・感覚である。【考】神託や呪詞にこの霊力がひそむと考えられたのであろう。諺や歌もまた言霊のひそむところであり、それゆえに唱えられ、歌われたものと考えられる。日本の国は「言霊の幸はふ國」、すなわち言霊の力によって幸福がもたらされる国と考えられた。

〈『時代別国語大辞典上代編』、昭和四二年〔一九六七〕〉

㋒言葉の持つ神秘な力。▽人間にタマ（霊力）があるように、言葉にもタマがあって、物事の実現を左右すると未開社会では強く信じられている。そこでは言葉と事との区別が薄く、コト（言）はすなわちコト（事）であり、言葉はそのまま事実と信じられている。

〈『岩波古語辞典』、一九七四年（昭和四九）〉

㋓言葉に宿る霊力。〈日本古典集成『萬葉集』、昭和五三年〔一九七八〕。新編日本古典文学全集『萬葉集』巻五・八九四頭注、平成七年〔一九九五〕〉

㋔言語の中に宿る霊力。〈新編日本古典文学全集『萬葉集』巻十一・二五〇六頭注、平成七年〔一九九五〕〉

㋕言葉の中に宿ると信じられた霊力。〈新編日本古典文学全集『萬葉集』巻十三・三二五四頭注、平成七年〔一九九五〕〉

以上は執筆者が共通する場合もあるが、上代語に関心を持つ人ならよく目にし参考にするであろう辞書と注釈㋐～㋕を時代順に並べた。ここにいくつかの疑問があるので、先ずそれについて述べる。

一つ目は、「言」と「霊」との関係についての疑問である。換言すれば、「言霊」のタマ（霊や霊力）の主《ぬし》は誰かということである。タマの持ち主を、㋐は言語、㋒は言葉と考えているようである。一方、㋑㋓㋕はタマは言葉に宿る、㋔は言語の中に宿ると言っているので、これらはタマの主が言語又は言葉だとは言っていないと解せる。国語「宿《やど》る」は、妊娠すると「お腹に子が宿る」というように使うが、母体の一部である腹即ち屋《や》と屋を取《と》る子（胎児）とは、つながりは深いが別の存在である。同様に、言語や言葉にタマ（霊・霊力）が宿るとする㋔

や㋑㋓㋕は、コト（言語・言葉）とタマ（霊や霊力）とは別個の存在だと捉えていることになる。かくして、右に掲出した㋐〜㋕は、「言霊」を言語や言葉の属性と捉える㋐㋒と、そうとは捉えない㋑㋓㋔㋕の二種に分類できる。有名なコトダマという語ではあるが、その捉え方に説の一致を見ないのが現状である。

二つ目は、「言霊」のコトは言語なのか言葉なのかという疑問である。㋐㋔ではコトを「言語」と捉え、㋑㋒㋓㋕では「ことば・言葉」と捉えている。㋐㋒には同一人（大野晋）が深く関わっているし、㋓㋕と㋔とでは同じ新編日本古典文学全集『萬葉集』の中における異なった説明（㋓㋕は言葉、㋔は言語）である。㋐や㋔のように「言語」といわれると、音声（口頭の言語）を指すのか文字（書記された言語）を指すのか、それとも両者を指すのか。発生的には音声の方が文字より早いのだが、これでは判別しにくい。

そこで次に、「言霊」のコトは音声をさすのか、それとも文字をさすのかという疑問が浮上する。コトが文字を指すとするのなら、比較的理解はし易い。例えば、神社等の社頭で頒布される御神札《おふだ》（守り札）や御守《おまも》り（肌守り）は、板状の木や紙に神名や神社名を墨書し、そこに神社等の朱印を捺した上で神職によるお性《しょう》根《ね》入《い》れと称する呪詞（遷霊祭詞）奏上の入魂手続きを経る。そうすることで、その木札や紙札に神霊（祭神の霊）が遷り宿るとされる。現代も行われているこの御神札や御守りだが、頒布者も被頒布者もそのことに疑いを挟まない。これは、具象である文字や文字の書かれた札（フダの語源は文板《ふみいた》）に神霊が宿ると考えているのである。上代に神札の類が存したという確証はないが、仮にあったとしても、そこに宿るのは神霊（祭神の霊）であって、コト（言）自身の霊ではないということである。抽象である言葉（音声）がタマ（霊）を有するとか、そこに霊力が宿るという考え方が古くからわが国にあって、その存在や力を「言霊」と称したと解するのは果たして正確なとらえ方なのだろうか。次に、この点について確認しておきたい。そこで、上代に存したと考えられる霊格タマ

（霊・魂）のつく言葉を拾ってみると次のようなものがある。

稲魂（イナダマ）――「是れ稲霊なり。俗《よ》の詞に宇賀能美多麻《うかのみたま》」〈大殿祭祝詞〉

木　魂（コタマ）――「樹神、古太万《こたま》」〈和名抄〉。「木魅、コタマ」〈類聚名義抄〉。

人　魂（ヒトダマ）――「人魂《ひとだま》の　さ青なる君が　ただ一人…」〈万巻十六・三八八九〉。

国魂（クニタマ）――大国《くに》御《み》魂《たま》神〈古事記上、大年神条〉。大国魂《くにたま》命〈出雲国風土記、意宇郡飯梨郷〉。宇都志国玉神〈古事記上、大国主神としての国作り条〉。大国玉神とし、亦は顕国玉神と曰す〈紀、神代上〉。天津国玉神〈古事記上〉。天国玉〈紀、神代下〉。

以上の例から、日本上代にはイナダマ（稲魂）・コタマ（木魂）・ヒトダマ（人魂）・クニタマ（国魂）という語の存したことが知られる。これらのタマは、稲・木・人・国（国土）など具象を表す語に接続している。従って、タマ（霊魂）の持ち主は誰か、何のタマなのかと問えば、それは稲・木・人・国（国土）のタマだということになる。これに倣うならば、「言霊」におけるタマ（霊魂）の主は「言《こと》」ということになるのだが、この「言《こと》」は音声（抽象）なのか文字（具象）なのか。先に述べた神札等は、書かれた文字（神名）そのものや文字（神名）を記した木や紙の板（札）に神霊（祭神の霊）が宿ると考えているのであるから、これは具象である。文字化されたものに霊が宿るととらえるのなら理解はされ易い。外国にもそのような理解が行われた例があるらしい。例えば、次のような外国の話を聞いたことがある。即ち、「昔、文字の書ける主人が隣村の友人にリンゴ六個を贈ろうと思った。主人はその旨を記した手紙を添えてリンゴ六個を紙に包み、文字の読めない使用人に託して隣村の友人にリンゴを届けた。途中で空腹を覚えた使用人は道で包みを開きリンゴ一個を食べて、残る五個のリンゴを主人の友人に届けた。友人は手紙を読んでリンゴが一つ足りないことに気付き、届けてくれた使用人にそのわけを問いただした。使用人は、見られたわけではないのにどうしてわかったのかと不思議に思い、これはきっと手紙（書かれた文字）に潜む精霊が、友人の耳の中に入って伝えたからだと考えた。」というのである。この精霊をword soul（言霊）というのだそうで、古代人が言霊の存在を信じたという例は、日本に限らず外国にもあるという。[注1]面白い話だが、この外国の昔話における言霊も、手紙（書かれた文字）という具象に存しているのであって、言葉（抽象。無形の音声）に存している訳ではない。しかし、日本の「言霊」の場合は、コトは抽象である。『萬葉集』のコトダマは「言霊」（巻五・八九四）と「事霊」（巻十一・二五〇六、巻十三・三二五四）の二種の表記がなされている。表す意味内容がコト（事）であり、表す音声記号がコト（言）であるとして、古代社会では「事と言とは未分化で、両方ともコトという一つの単語で把握された。」〈岩波古語辞典「こと【言・事】」の項〉と説明できたとしても、いずれのコト（言と事を表すコトという音声）も抽象であって具象ではない。一体、抽象に霊魂が宿るとか霊力を有するということがあるのだろうか。もし有るとすれば、それはいかなる場合にそのようなことが言えるのだろうか、という疑問が生じる。確かに、言葉の持つ重みという点から言えば、非日常の場と日常の場とでは異なる。しかし、だからといって「言葉（音声）のもつ霊力」とか「言葉に宿る霊力」を認めて、それを「言霊《ことだま》」と称することが、憶良や人麻呂以前のわが国で古くから行われていたとするには、今暫くは慎重でありたいと思う。

一　ある種の言葉が力をもち、その力を発揮する場面

「言霊」について、よく引用される西郷信綱が考えるところを箇条書きにして次に見ておこう。[注2]傍線は筆者が

付けた。

（一）言語に精霊がひそみ、その力によって事物や過程がことば通りに実現されるのを期待する考えが古くから行われていたことはまちがいない。

（二）祭式の言語、つまり神話や呪文などの非日常語と、指示や説得の言語である日常語、あるいは言語における公私や聖俗、韻律をもった言語とそうでない言語、これらの差別が原始社会にまるでなかったかのように予想するのは、人類学の常識にも背いている…。

（三）言霊はおもに祭式言語の属性であり、言語全体に及ぶものではありえなかった。

（四）ことばも祭式の重要な部分であることによって魔術性を共有し、客観的な事物や過程にはたらきかけ、それらと同一化しうるという等式が信じられていたわけだ。言は事であり、心象は対象であり、名は実であった。

（一）の「言語に精霊がひそみ」という説明では、氏の言う「言語」が音声を指すのかそれとも文字を指すのか、或いは両者を指すのか判然としない。それはともかく、「ひそむ」が密かに隠れているとか潜伏している意味だから、ある時期から言語に精霊が宿っていると解しているようである。つまり、この傍線部は、霊が「言語に宿る」と同意であるので、「言霊」を言語の属性とは考えていない説に分類できる。ところが氏は（三）の傍線部においては、言霊は「祭式言語の属性」だというので矛盾するのではないか。また（二）では、非日常語と日常語の差別が原始社会にあったとするが、だからといって、「言霊《ことだま》」という語も古くからあったとは言い切れまい。その「祭式」を氏は「技術的に無力な共同体の上にのしかかる自然を先取し克服しようとして行われる情緒的・魔術的な模倣や演出行為」と定義する。[注3] この定義は観念的であり、日本の神話や文学に見られる実際の具体的用例に基づく言説とはいえない。しかし、本章の題名にも示したように「ある種の言葉が力をもち、その力を発揮する場面」というのは、主に呪術や祭祀の場面を想定しているので西郷のいう「祭式」に近い。また、（一）の「事物や過程がことば通りに実現されるのを期待する考えが古くから行われていた」という点については、ある程度首肯できる。それは、井手至も指摘するように、言葉通りに物事が進んだという記事が『古事記』や『日本書紀』等に見られるからである。[注4] そこで、井手至も示した『記』『紀』の記事を次に掲げ、「ある種の言葉が力をもち、その力を発揮する場面」とはいかなるものか、を考えておこう。

A、ここに高木の神の告《の》らししく、「この矢は、天若日子に賜へる矢ぞ」と告《の》らして、すなはちもろもろの神等に示して詔《の》らししく、「もし、天の若日子、命を誤たず、悪しき神を射つる矢の至りしにあらば、天の若日子に中《あた》らずあれ。もし、邪《きたな》き心あらば、天の若日子、この矢にまがれ」と云《の》らして、その矢を取りて、その矢の穴より衝き返し下ししかば、天の若日子が朝床に寝《い》ねたる高胸坂に中りて死にき。

〈『記』上。おうふう『古事記』により訓読。〉

B、かれ曙立の王に科《おほ》せて、うけひ白《まを》さしめたまひしく、「この大神を拝《をろが》むによりて、まことに験《しるし》あらば、この鷺巣《さぎす》の池の樹に住む鷺や、うけひ落ちよ」と、かく詔《の》らしし時に、その鷺地に堕ちて死にき。また詔らししく、「うけひ活け」と、しかすれば、さらに活《い》きぬ。〈『記』中・垂仁。おうふう『古事記』により訓読。〉

C、天皇、幼《わか》くましまし時に夢《みいめ》みたまはく、人有りて云《まを》さく、「天皇、秦大津父《はだのおほつち》といふ者《ひと》を寵愛《めぐ》みたまはば、壮大《をとこざかり》に及《いた》りて、必ず天下《あめのした》を有《し》らさむ」といふとみたまふ。寐驚《みいめさ》めて、使《つかひ》を遣《つかは》して普《あまね》く求《もと》めしめたまふに、山背国《やましろのくに》の紀伊郡《きのこほり》の深草里《ふかくさのさと》より得《え》つ。姓字《うぢな》、果《はた》して所夢《みいめ》にみたまひしが如《ごと》し。是《ここ》に喜《よろこ》びたまふこと身《みみ》に遍《み》ち、未曾《めづら》しき夢なりと歎《なげ》きたまふ。乃《すなは》ち告《つ》げて曰《のたま》はく、「汝《いまし》、何事《なにごと》か有《あ》りし」とのたまふ。

〈欽明天皇即位前紀。訓読文は新編日本古典文学全集『日本書紀』②。〉

である。次に右の記事A〜Cを吟味する。

Aは高木の神の言葉で、呪的で特別な発言を意味するノル（告・詔・云）が用いられているので、普通なら何らかの呪的行為や祭祀を伴ったものと推察される。しかし、神の言葉だから必要がなかったからなのか、その種の記述はない。

Bは誓《うけ》いという呪術的場面での発言であるから何等かの呪的行為や祭祀を伴っていたであろうが、そのことは書かれてはいない。天皇が曙立王になさしめて行った発言だから「詔」字を用いて「ノル」と訓ませているのである。右のAやBにおける発言に「ノル（告・詔・云）」という語が用いられているのは決して偶然ではない。国語ノルは、「名告《なの》る」や「祈《いの》る（斎告《イノ》ル）」という語に残っているように、通常は発言しないことを敢えて口に出す場合や、天皇の発言など特別な重大発言の場合に用いられる語である。従って、その場合には通常は、呪術や祭祀・儀礼を伴ったであろう。そうでなければ、イフ（言）・カタル（語）・ツグ（告）等を用いれば良いのである。

Cは、イ（斎。神聖な）メ（目）が語源である夢《イメ》[注5]の中でのお告げの言葉であり、この言葉が事実となって発現したというのである。このように、Aは神の発言であり、Bは何らかの呪的行為を伴った場面での発言である。そして、Cは夢（神聖な特別の目で見たこと）の中で会った人の発言である。ここで注意されるのは、神の言葉であり、ウケヒの言葉であり、夢の中での言葉だということである。これらの場面における言葉が力を発揮したのである。そこに霊や霊力が働いたとするならば、その持ち主はAでは高木神、Bでは垂仁天皇（又は曙立王）、Cでは欽明天皇の夢に現れた人ということになりはしないか。見落としてならないのは、これらの特殊で非日常の場面における発言（言葉）に力――霊や霊力――が伴っているということであり、日常的な通常の言語活動に特別な力（霊力）が伴うことはないのである。

二　憶良の「言霊」と祝詞

ところで、普く知られた語「言霊」ではあるが、『記』『紀』『風土記』や『延喜式祝詞』等の上代語文献にこの語は見られず、『萬葉集』にコトダマと訓める表記例は、（ア）「言霊」（山上憶良）と（イ）（ウ）「事霊」（人麻呂歌集）の二種三例のみである。尚、時代が下る『続日本後紀』の嘉祥二年（八四九）三月庚辰二六宣命には「…此國乃云傳布良久日本乃倭之國波言玉乃幸國度曾古語尓流來礼留神語尓傳來礼留。」（…此の国の云伝ふらく　日の本の倭の国は言玉の富《さき》はふ国とぞ　古語に流来れる神語に伝来れる）がある。注6

ここでは、『萬葉集』の（ア）巻五・八九四番を中心に見ていく。これは天平五年（七三三）三月に、憶良が遣唐大使丹治比真人広成に贈ったものである。

（ア）好去好来の歌一首　反歌二首〈省略〉

神代より　言ひ伝《つ》て来《く》らく　そらみつ　大和の国は　皇神《すめかみ》の　厳《いつく》しき国　言霊の幸《さき》はふ国〈言霊能　佐吉播布國〉と　語り継ぎ　言ひ継がひけり　今の世の　人もことごと　目の前に　見たり知りたり……勅旨《おほみこと》〈注略〉戴き持ちて　唐《もろこし》の　遠き境に　遣《つか》はされ　罷《まか》りいませ　海原の　辺にも沖にも　神留《かむづ》まり　うしはきいます　[1]諸《もろもろ》の　大御神たち　船舳《ふなのへ》に〈注略〉導きまをし　[2]天地の　大御神たち　大和の　大国御魂〈倭大国霊〉　ひさかたの　天のみ空ゆ　天翔り　見渡したまひ　事終はり　帰らむ日には　また更に　[3]大御神たち　船舳に　御手うち掛けて　墨縄を　延へたるごとく　あぢかをし　値嘉の岫《さき》より…（万巻五・八九四）

この「好去好来歌」の前半の歌意は、新編日本古典文学全集『萬葉集』によって示すと「神代以来　言い伝えられたことですが（そらみつ）大和の国は　国つ神の威徳の厳めしい国　言霊の助ける国だと語り継ぎ　言い継いできました　そのことは現代の人もことごとく　目のあたりに見ており知っています。…」である。ところが、「勅旨《おほみこと》」以下の後半部では「1諸の大御神たち、2天地の大御神たち・倭の大国御魂、3大御神たち」に対し呼びかけ語りかけて、神々の具体的な動作・行為、即ち、1「導きまをし」、2「見渡したまひ」、3「御手うちかけて」を詠み込むことで、遣唐大使一行が無事に行き（好去）無事に帰る（好来）ことが祈られている。八九四番歌の後半部については、次の四点が指摘できる。即ち、

（Ⅰ）『萬葉集』中では唯一の「神留《かむづ》まり」という用語が見られる。この語は『続日本紀』宣命や『延喜式』祝詞に、例えば「高天の原に神留《かむづま》り坐す皇睦神漏伎命・神漏弥命以ちて」（祈年祭祝詞）のように、神祖ともいうべき神々の代表である男女神のカムロキノ命・カムロミノ命について説明する慣用表現中の語である。しかも、このカムロキノ命・カムロミノ命は宣命や祝詞中で重要な位置を占めるにもかかわらず、記・紀神話では全く現れない神名である。[注7]

（Ⅱ）通常は神名を口にすることを憚るが、八九四番歌では「諸の大御神たち・天地の大御神たち・倭の大国御魂」が詠みこまれている。前二者は特定の神名ではないが、大和の「大国御魂」は『古事記』上巻大年神条に「大国御魂神」として出てくる固有の神名である。

（Ⅲ）引用歌に施した傍線部分1～3は神の動作・行為を具体的に示したものであり、かく神が行うことによって好去好来の目的が達成されるのである。神の行動・働きを具体的に指定するが如き表現は、『延喜式』巻第八「祝詞」の春日祭、平野祭、久度古関〈開〉、遷却崇神の各祝詞に特徴的に見られる。この

ことは第四章のⅢで触れるが[注8]、当該歌には、これらの祝詞に共通する祭神への姿勢が窺える。

（Ⅳ）『延喜式』の「臨時祭」には海外に使を派遣する際に営む「遣二蕃國使一時祭」があり、そこでは「大使自陳二祝詞一。神部奠レ幣」と規定する。当該歌は、この祭祀に深く関係したものだと考えられる。

右に示した（Ⅰ）～（Ⅳ）を勘案すると、八九四番歌の後半部は、遣唐使派遣に際して航路の安全を祈る祭祀「遣二蕃國使一時祭」が行われて、その時に奏上された「大使祝詞」に関係する予祝歌であったのではないか。だからこそ、宣命や祝詞に専用される「神留《かむづ》まり」が用いられていたり、通常はコトアゲ（言挙げ）しない特定の神名まで詠みこまれているのである。普段はコトアゲを行わないのだが、「遠国への旅立ちとか軍立《いくさだ》ちとか非常の場合は、行旅の安全とか武運の長久を祈念して」コトアゲスルのである[注9]。

次に掲げる（イ）（ウ）の「事霊」を、通説は（ア）と同様「言霊」と解する。しかし、そのことが検証されている訳ではなく、同列に扱えない。それ故、ここでは紹介するにとどめる。

（イ）言霊の〈事霊〉八十の衢に　夕占問ふ　占正に告る　妹は相寄らむ　（万巻十一・二五〇六）

（ウ）　柿本朝臣人麻呂歌集歌曰

葦原の　水穂の國は　神ながら　言挙げせぬ國　然れども　言挙げぞ我がする　言幸く　真幸くませと…　（万巻十三・三二五三）

反　歌

磯城島の　大和の国は　言霊〈事霊〉の　助くる〈所佐〉国ぞ　ま幸くありこそ　（万巻十三・三二五四）

（イ）は夕占という呪術的場面である。（ウ）は危険の多い旅に立つ相手の無事を祈る予祝歌であるから、（ア）と同様に何等かの儀礼や祭祀を伴ったと考えられる。現代とは異なり、はるかに危険を伴う旅であったればこそ、事前に祭祀を行い旅の安全を祈願するのである。

さて、「言霊」が言葉に宿る精霊とか霊力というのであれば、「はじめに」で掲げたクニタマ（国魂）に対して、それを神格化したクニタマノカミ（大国御魂神・大国玉神・顕国玉神）があるように、コトダマ（言霊）を神格化した「言霊神」があってもおかしくはない。しかし、そのような神名は見当たらない。憶良の使った「言霊」の意味するところは、口頭の言語（音声）の場合なら、主として祭祀や儀礼など非日常の場におけるある種の語句や表現（呪詞、祝詞、祭詞の類）に伴う力をいうのであろう。厳粛な祭祀や儀礼を伴わない日常の言葉に霊的な力が伴うことなど想定できないからである。一方、もし書記された言語（文字）の場合であるなら、そこに宿るのは祭神の霊であって言葉自身の霊ではなかったはずである。

三　祝詞について

言葉が力をもち、その力を発揮すると考える場面の典型は祭祀の場である。そこでは、祭神に対して供え物（幣帛）を捧げ祝詞《のりと》を奏上することによって、祭る側の期待や願意等を伝えるのだが、ここでいう祝詞とは主に『延喜式』所収のそれをさす。「のりと」の語義については、「詔賜言《のりたべごと》」「宣説言《のりときごと》」「詔り物《と》」「詔り呪《と》」などと解する説があった。中でも、折口信夫は語源的に「のりと（宣り処）」における発言が「のりとごと」であり、「のりと」はそれを略した語形であると考えた。延喜式の祝詞として記録に残ったものは多く宣命（詔旨）というべき性格を見せているが、「のりと」はもともと祭りの場において、神が神座から宣り下した形式のものである、と折口は考えた。[注10] しかし、いずれも承服しがたく、以下に語源を含めて「祝詞」を概観しておこう。

「祝詞」はノリトと訓む。ノリト（nörito）とは、ノル（呪的に発言をする意）の連用名詞形にト（呪的な言語や事柄につける接尾語。屎戸《くそと》・詛戸《とこひと》・置戸《おきと》・事戸《ことど》のト甲に同じ。）が接続した語。[注11] 祭祀の場で祭神に対する期待や要求・祈願等を主な内容として奏上する祈りの詞章であるが、場合によっては、同時に参集する人々に宣読する詞章をも祝詞という。現代も神社などで祝詞は行われるが、通常は古典祝詞、特に延喜式巻第八所収の二七篇（祈年祭・春日祭・廣瀬大忌祭・龍田風神祭・平野祭・久度古開〈關〉・六月月次・大殿祭・御門祭・六月晦大祓・東文忌寸部獻横刀時咒・鎮火祭・道饗祭・大嘗祭・鎮御魂齋戸祭・伊勢大神宮関係〈九篇〉・遷却祟神・遣唐使時奉幣・出雲國造神賀詞）、巻第一六所収「儺祭詞《なのまつりのことば》」及び「中臣寿詞《なかとみのよごと》」の計二九編をさす。文体は、上記「東文忌寸部献横《やまとのふみのいみきべのたちたてま》刀時咒《つるときのじゅ》」全文と「儺祭詞《なのまつりのことば》」前半（「今年今月～兵馬九千万人已上音讀」）の漢文体を除き、和文体である。片仮名・平仮名成立以前からの伝統に基づき、使用文字は総て漢字という外国語文字である。祭神に奏上したり律令官人や参列者等に宣読するのであるから、誤読や読み迷いによる中断は許されない。その為に祝詞は、目で見て直ぐに音声化できる表記法がとられる。それは、国語の語序に従って自立語と用言の語幹は表意の文字体系で書き、付属語と活用語尾は表音の文字体系で書き、両者を書き分ける方法である。多くの場合、前者は大字で、後者は小字右寄せで書く。この表記法は、勅命を国語文で書いた「宣命」と同じであるところから、「宣命書き」という。但し、延喜式祝詞成立時に既に古語であって意味の分かりにくい語や二種以上の訓みが想定される語については、読み迷いによる中断や誤読を避けるために自立語であっても大字で仮名書きする場合がある。それだけ語句の正確な音声化が求められたからである。従って、祝詞を転写する場合、小字部分は恣意的に書き換えの行われた場合もあるが、大字部分は原則的に書き換えは行われていないと判断して良い（祝詞の古写本間に、小字部分で異同が見られるのは、そのことを物語る）。大字が自立語や用言の語幹等を記すのに用いられているので、仮名書きと雖も大字部分を書き換えることは意味の変化につながる恐れがあるからである。祝詞の作成者と奏上〈宣読〉者が別人であった律令祭祀時代においては、「宣命書き」と呼ばれる表記法は重要な意味を持った。延喜式所載の各祝詞の成立は一様ではないが、「祈年祭《としごひのまつり》」「大祓《おおはらへ》」等は飛鳥か藤原時代のものが入っていて古く、「平野祭」「久度古開（關）」等は平安時代になってからのもので新しい。「鎮火祭」は国語学的に見て平安時代人の手が加わっていると考えられるので、祭神に対する考え方や姿勢に新旧混在している可能性がある。作者には、祭祀関係の役人や中臣・斎部・出雲国造の各氏族が想定される。尚、同じ表記法をとる宣命（『続日本紀』所収の六十二詔など）に比べると、祝詞の方が文辞において流動性が少なく保守的傾向にあるといえる。[注12]

四　神名を明らかにして称《たた》えること――神威の発動――

池田源太は、『伝承文化論攷』において伝承体における神名・人名のもつ意義について次のように言う。ここでは私に主要箇所を抜き出し要約し、（　）内に所収頁数を示す。[注13]
「古代、ないし未開社会における神・人の固有名詞が、今日我々の観念におけるものとは、著しく異なり、きわめて具体性を帯びて」（一五六頁七～八行）おり「人の名前にしても、物の名前にしても、彼らにとっては、決して観念的なものではなくして、実際の具体的な人、または物と密接不可分のつながりを持って」（一五六頁一二行）いた。「人名がすでにかくのごときであるから、神名が神聖であることはもとよりで、神、または精霊については、その形が無形、ないし不定である場合が多いので、その名を口にすることは、ただちにこれらの霊体の出現を意味するものであった」（一五九頁七～八行）と言う。そして、「日本古伝における名前の取り扱い」で

は、名の異なりが別個の神格の存在を表す例として、『日本書紀』第八段の一書第六に見える次の記事を挙げる。即ち、

是の時に大己貴神問ひて曰《のたま》はく、「然らば汝は是誰《これたれ》ぞ」とのたまふ。対《こた》へて曰《いは》く、「吾は是汝が幸魂《さきみたま》・奇魂《くしみたま》なり」といふ。大己貴神の曰はく、「唯然《しか》なり。廼《すなは》ち知りぬ、汝は是吾が幸魂・奇魂なりといふことを。今し何処《いづこ》にか住《とどま》らむと欲《おも》ふ」とのたまふ。対へて曰く、「吾は日本国《やまとのくに》の三諸山《みもろのやま》に住らむと欲ふ」といふ。

を挙げて、「大己貴神と大物主神の二神対話の形を示しているが、ここには明らかに名の異なるに従って別個の神格の存在が認められている。」と言う（一六四頁）。そして、「神・人の名を口にすることは、ただちにこの名を帯びた神・人の霊の現出を意味するとともに、ある神・人の名の系列、すなわち、名前の目録的な列挙、及び系譜伝承の中にある名を諷誦に当たって落脱または、誤誦すれば、それは直接にその神・人の存在を失うこと、ないしはその神聖性を瀆したことを意味する」とも言う（一六七頁）。更に、「古代ないし未開社会にあっては、神名・人名が人間身体の一部と同じ具体的な取り扱いを受けているとともに、それには神聖性が付与され、そこには所有権が確立していた」。この事から、「伝承に当たって、名前の脱落・誤伝は由々しい宗教的・社会的罪悪」（一七六頁）であったと言う。

池田の述べる主要箇所を右に記した。これらのことからも、わが国の律令祭祀における祝詞に誤読回避の表記法がとられているのは祭りの効果を挙げる上でも必要不可欠であったことが了解される。ましてや、祭神を、その祭祀にふさわしくない神名で読みあげることは、祭祀がいかに厳粛・盛大に行われようとも祭祀の効果が得られず、許されない行為だったのである。

次に取り上げる龍田風神祭は、廣瀬大忌祭と共に天武天皇朝に創祀されたとされる祭祀だが、その祝詞では、

正しい神名で祭祀を行うようにとの神託が夢を通じてなされている。それは、『古事記』崇神天皇条で、疫病が流行した時に大物主大神が天皇の夢に示現して「意富多々泥古《おほたたねこ》をして自分を祭らせたならば、祟りを治め平安をもたらそう」と告げた話と同様、夢告による政治の一種である。ここでは「神名を明らかにして称《たた》える」ことの意義を、龍田風神祭祝詞に見られる表現「稱辭竟奉《たたへごとをへまつる》」に焦点を当てて見ていく。

延喜式巻第九神名上の大和国平群郡の条に、

龍田坐天御柱國御柱神社二座〈並名神大、月次新嘗。〉

龍田比古龍田比女神社二座

とある。伴信友『神名帳考證』や次田潤『祝詞新講』等は前者は本社で後者は同じ宮域内の摂社と言うが、両者は別宮だという考えもある。[注14] それはともかく、天武天皇紀四年夏四月の条に、

癸未（十日）に、小紫美濃王・小錦下佐伯連廣足を遣して、風神を龍田の立野に祠《まつ》らしむ。小錦中間人連大蓋・大山中曾禰連韓犬を遣して、大忌神を廣瀬の河曲に祭らしむ。

とある。この龍田風神・廣瀬大忌の二祭は、翌五年から夏四月と秋七月の両度、官人が遣わされて祭祀の営まれるのがほぼ恒例となり、特別な事情で行われない時もあったが、次の持統天皇時代にも受け継がれていく。その二祭の祝詞は、朝廷から派遣の勅使がよむもので、参列の神主・祝部《はふりべ》等に宣べ聞かせる宣読体をとる。以下に掲げる龍田風神祭祝詞の内容は、祝詞の前段部分で神社の創祀由来を語る。左に前段全本文と後段冒頭本文とを示し、私に作成した現代語訳を簡約してそれぞれの後に記す。

【本文前段】

A龍田尓稱辭竟奉皇神乃前尓白久、志貴嶋尓大八嶋國知志皇御孫命乃、遠御膳乃長御膳止、赤丹乃穂尓聞食須五穀物《たなつもの》

乎始弖、天下乃公民乃作物乎草乃片葉尓至万弖不成、一年二年尓不在、歳真尼久傷故尓、百乃物知人等乃卜事尓出牟神乃御心者此神止白止負賜支。此乎物知人等乃卜事乎以弖卜止毛、出留神乃御心毛无止白止聞看弖、皇御孫命詔《のたまは》久、「神等乎波B天社・國社止忘事無久、遺事无久稱辭竟奉止思志行波須乎、誰神曽、天下乃公民乃作々物乎、不成傷神等波、『我御心曽』止悟奉礼」止、宇氣比賜支。是以、皇御孫命大御夢尓悟奉久、「天下乃公民乃作々物乎、悪風・荒水尓相都都、不成傷波、我御名者天乃御柱乃命・國乃御柱乃命」止、御名者悟奉弖、吾前尓奉牟幣帛者（中略）龍田乃立野乃小野尓、吾宮波定奉弖、C吾前乎稱辭竟奉者、天下乃公民乃作々物者、五穀乎始弖、草乃片葉尓至万弖、成幸閇奉牟」止、悟奉支。是以、皇神乃辭教悟奉處尓、宮柱定奉弖、此乃D皇神乃前乎稱辭竟奉尓、E皇御孫命乃宇豆乃幣帛令捧持弖、王臣等乎為使弖、稱辭竟奉久止、皇神乃前尓白賜事乎、神主・祝部等諸聞食止宣。

【前段現代語訳】

A龍田にお祭り申し上げる（A龍田尓稱辭竟奉）皇神の前に申し上げることには、志貴嶋に大八嶋國を領有なさった皇御孫命（崇神天皇）の長久のお食事として、赤い頬となってお召し上がりになる五穀をはじめとして天下の公民が作る物を、草の一葉に至るまで生育させないで、それも一年二年にとどまらず何年も損傷したが故に、皇御孫命は世の物知人等に卜事《ウラゴト》をもって原因をなす神の名を問わしめられたが、わからなかった。そこで、皇御孫命が言われることには、「神等をばB天社《あまつやしろ》・國社《くにつやしろ》として忘れる事無く、遺ることなく、すっかりお祭り申し上げる（B天社・國社止忘事無久、遺事无久稱辭竟奉）と思ってそのように行ってい〈らっしゃ〉るのに、どの神が天下の公民が作るものすべてを実らせず害を与える神等は、『自分の御心からしたものだ』と私（皇御孫命）に悟し申しあげよ」と、うけひをせられた。そこで皇御孫命の御夢に神が現れてお悟し申し上げたことには「天下の公民が作るものを暴風や洪水に遭わせて実らせず害を与えるのは、私の名は天の御柱の命・國の御柱の命である」と神名を悟し申し上げて、「私の前（迎える神の座）に捧げ奉ろうとする幣帛は…品々の幣帛を備えて、私を祭る宮は、龍田の立野の小野に宮を定め申し上げて、C私の神座を用意してお祭り申し上げるならば（C吾前乎稱辭竟奉者）天下公民の作る作り物は五穀を初めとしてあらゆる作物の稔りをもたらそう。」とお悟し申し上げた。そこで、神託に従って宮を定め、D皇神の神座を調えて〈天の御柱の命・國の御柱の命として〉お祭り申し上げる（D皇神乃前乎稱辭竟奉）ためにE皇御孫命の尊貴な幣帛を捧げ持たせて勅使を差遣してお祭り申し上げることです（E皇御孫命乃宇豆乃幣帛…稱辭竟奉久）、と皇神の前に申し述べられる事を神主祝部等皆お聞きせよと宣べ聞かせる。

【本文後段】

奉宇豆乃幣帛者比古神尓御服明妙照妙和妙荒妙五色物楯戈御馬尓御鞍具弖品々乃幣帛獻比賣神尓御服備金乃麻笥…雜幣帛奉弖（以下略）

【後段現代語訳】

皇神に奉る皇御孫命からの尊貴な幣帛は、比古神（龍田比古）には御服として明妙・照妙・和妙・荒妙・五色物、楯・戈・御馬に御鞍を具《そな》へて品々の幣帛を献る。比賣神（龍田比女）には御服を用意して金の麻笥《おけ》…雜《くさぐさ》の幣帛を奉りて（以下略）。

右引用の龍田風神祭祝詞の前半にはABCDEの五か所に「稱辭竟奉」という語句が見られる。当該祝詞の理解には、この語句に対する祝詞述作者の正確な使い分けを把握しておく必要がある。そこで、旧稿と重複するところもあるが、「稱辭竟奉」に関する基本的理解を左に示す。[注15]

延喜式祝詞に頻出する「稱辭竟奉」は祭神と祭祀者との関係を語る。タタヘゴトヲヘマツル（稱辭竟奉）の語義は「ほめる言葉をことごとく申し上げる」或いは「ほめる言葉をきわめつくして申し上げる」であるが、そこから、単に、「お祭り申し上げる」と訳されることもある。延喜式祝詞においてタタフの表記には必ず「稱」字を選び用いられているが、それは、この漢字「稱」にはホム（称揚する）意だけではなくヒトシ（等）・カナフ（適・叶）の意もあるからである。祭神に対してタタヘゴトヲヘマツル（稱辭竟奉）のは、祭神をほめ称えることによって、祭場に神を迎えて祭ったり、神名に見合った（神名に適った）神威を発動してもらいたいがためである。[注16]そして、この「稱辭竟奉」に格助詞が上接する場合は基本的に「ニ」「ト」「ヲ」の三種が用いられる。具体的には次に示す七種の型に分類できる。左に七種の型と、それを用いている祝詞名を略称して示す。

Ⅰ、〈皇神ヲ〉地名・場所ニ稱辭竟奉ル――廣瀬・龍田〈前掲A〉・伊勢関係。
Ⅱ、〈皇神ヲ〉体言ト稱辭竟奉ル――祈年・龍田〈前掲B〉・月次・道饗・中臣寿詞。
Ⅲ、〈皇神ヲ〉用言ト稱辭竟奉ル――春日・平野・久度・祟神。
Ⅳ、〈神名ト〉御名ヲ稱辭竟奉ル――大殿・御門。
Ⅴ、〈神ノ〉前ヲ稱辭竟奉ル――龍田〈前掲ＣＤ〉。
Ⅵ、〈皇御孫命ノ〉幣帛ヲ稱辭竟奉ル――祈年・廣瀬・龍田〈前掲Ｅ〉・月次・大嘗。
Ⅶ、その他。

Ⅰ、〈皇神ヲ〉地名・場所ニ稱辭竟奉ルについて

この「――ニ稱辭竟奉」は、廣瀬大忌祭祝詞、龍田風神祭祝詞、それに伊勢大神宮関係祝詞に登場するが、勅使や幣帛使が差遣される祭祀の祝詞に見られる。この場合は、神が祭祀を受けるために祭られるようになった場所

（地名等）を「―ニ」で示す。この表現は、元々そこに鎮座している神にではなく、その神を新たにその処に迎えて祭神とする祭祀（創祀）で用いられている。龍田風神祭祝詞では、後段の比古神が「天乃御柱乃命」を、比賣神が「國乃御柱乃命」を指すといわれている。[注17] しかし、それは正確ではなく、後段の比古神は「天乃御柱乃命」と「稱辞竟奉」られる以前の龍田比古であり、比賣神は「國乃御柱乃命」と「稱辞竟奉」られる以前の龍田比女を指すというべきであろう。この龍田比古・龍田比女が「稱辞竟奉」られることによって神格が変り、「天乃御柱乃命・國乃御柱乃命」となるのである。比古神（龍田比古）・比賣神（龍田比女）というのは、神格が変わる以前の本神（本つ神）である。この神（龍田比古・龍田比女）が皇御孫命の夢に示現して「天乃御柱乃命・國乃御柱乃命」という神名で祭られることを求めているのであり、その望みを適えてくれるならば、即ち、「天乃御柱乃命・國乃御柱乃命」としての自分の神座を用意して祭ってくれるならば（C吾前乎稱辞竟奉者）、皇御孫命の願いを適え五穀豊穣をもたらそう、と言っているのである。廣瀬大忌祭祝詞の冒頭に、

　廣瀬能川合㋐尓稱辞竟奉留（―ニ稱辞竟奉ル）皇神乃御名乎白久、御膳持須留若宇加乃賣乃命登御名者白弖、此皇神前尓辞竟奉久、…

とあるが、この㋐もⅠ「〈皇神ヲ〉地名・場所ニ稱辞竟奉ル」と同種の型である。即ち、広瀬の川合に「稱辞竟奉」られる神というのは、本神が、「若宇加賣命《わかうかのめのみこと》」（若々しい食べ物〈稲〉の女性の命《みこと》）」と命名されて新たな祭祀の対象となるのである。この神の機能は「御膳持《みけもち》する（皇御孫命の御膳を掌る）」ことである。

Ⅱ、〈皇神ヲ〉体言ト稱辞竟奉ルについて

この「〈体言〉ト稱辞竟奉」は、助詞「ト」が体言を受けるものである。これは、祭祀の目的に添って神や神

殿をそのよう（体言）に命名し、資格を付与してお祭り申し上げる意である。龍田風神祭祝詞のBでは、「皇御孫命 詔《のたまは》久、『神等乎波天社・國社止忘事無久、遺事无久稱辞竟奉止思志行波須乎』…（神等をば天社・國社と忘るる事無く、遺る事無く、稱辞竟奉ると思ほし行はすを）」とある。この意味は先述の如く、「皇御孫命ガ言ワレルコトニハ『神等ヲ天社・国社トシテ忘レル事ナク遺ル事ナクスッカリ稱辞竟奉ル（オ祭リ申シ上ゲル）ト私ガ思イ、ソノヨウニ行ナッテイラッシャルノニ』…。」である。これは、祈年祭祝詞冒頭に、

　高天原尓神留坐皇睦神漏伎命・神漏弥命以天社國社登稱辞竟奉皇神等能前尓白久今年二月尓御年初將賜登爲而皇御孫命宇豆能幣帛乎朝日能豊逆登尓稱辞竟奉久登宣。

とあるように、皇御孫命は高天原に留まっている「神漏伎命・神漏弥命」の詔命を負って、既に祈年祭当日に全国の神等を天社・国社として資格付与しお祭り申し上げ（称辞竟奉）ているのである。だから、龍田風神祭祝詞の皇御孫命（天皇）としては「私は皇睦神漏伎命・神漏弥命の詔命を負って、既に神々を天社・国社として資格付与してお祭りしている（天社國社登稱辞竟奉）のであり、神等は国の祭祀に積極的に貢献する皇神《すめかみ》として既に活動を開始し、期待する機能（五穀豊穣等）を発揮している筈なのに」という気持ちである。皇御孫命のそういう心情の吐露された表現が龍田風神祭祝詞の傍線部B「神等乎波天社・國社止忘事無久、遺事无久稱辞竟奉止思志行波須乎」である。

Ⅲ、〈皇神ヲ〉用言ト稱辞竟奉ルについて

この「〈用言〉ト稱辞竟奉ル」は、助詞「ト」が用言を受けるものである。これは、祭祀者側が期待し望む祭神の動作・行為或いは活動や機能を具体的に指定し示している。むしろ、丁寧に命令しているといえるのであ

る。龍田風神祭祝詞にはこの型の表現はないが、延喜式祝詞の中では、比較的新しい部類に属する「春日祭」「平野祭」「久度古関〈開〉」「遷却祟神」の各祝詞に見られる。その用例の一部を左に掲載する。

ア獻留宇豆乃大幣帛乎安幣帛乃足幣帛止平久安久聞看《きこしめせ》止皇大御神等乎稱辞竟奉久止白　（春89）

イ處々家々王等卿等乎毛平久天皇我朝庭尓伊加志夜久波叡乃如久仕奉利佐加叡志米賜《さかえしめたまへ》止稱辞竟奉良久止白　（春94）

ウ奉留宇豆之幣帛乎皇神等乃御心毛明尓安幣帛乃足幣帛止平久聞食弖祟給比健備給事无之弖山川乃廣久清地尓遷出坐弖神奈我良鎮坐《しづまりませ》世止稱辞竟奉止申　（祟502）

本稿の第二章で引用した『萬葉集』巻五・八九四番の好去好来歌には「1 諸《もろもろ》の大御神たち船舳《ふなのへ》に〈注略〉導きまをし　2 天地の大御神たち　大和の大国御魂　ひさかたの　天のみ空ゆ　天翔り　見渡したまひ　事終はり帰らむ日には　また更に　3 大御神たち　船舳に　御手うち掛けて」とあった。これなどは、祝詞中で、祭祀者側が祭神に対して求める動作・行為等を具体的に示していたのにかなり近い。つまり、第二章の（Ⅲ）で述べた如く、『萬葉集』巻五の「好去好来歌」に見られた神々への姿勢には、春日祭祝詞等において、祭祀者側が祭神に求める動作・行為等を述べていたのと共通したものが窺える。異なるのは、祝詞のように神に対する丁寧な命令表現（ア聞看《きこしめせ》・イ佐加叡志米賜《さかえしめたまへ》・ウ鎮坐《しづまりませ》世）と「稱辞竟奉」とが用いられていないことである。

Ⅳ、〈神名ト〉御名ヲ稱辞竟奉ルについて

この「御名ヲ稱辞竟奉ル」は忌部氏関係の祝詞に見られるが、これはⅡの変型である。この表現も龍田風神祭祝詞にはない。

V、〈神ノ〉前ヲ稱辞竟奉ルについて

これは「神ノ前ヲ祭ル」の一種である。類似表現は「あが前を治めば」（古事記上）・「あが前を拝《いは》ふがごとくいつきまつれ」（古事記上、天孫降臨）・「あが前を祭らしめたまはば」「御諸山に意富美和の大神の前を拝ひ祭りたまひき。（古事記中、崇神天皇）がある。これらに見られる「神ノ前」とは、本座（本《もと》つ御座《みくら》）に坐《いま》す神を迎える場合の設備であり、この設備が神座（祭神の座）となる。その「座」とは、具体的には敷物・鏡・或いは珠玉や石であったりする。本座（本《もと》つ御座《みくら》）に鎮まる本神（本つ神）或いはその御魂が迎えられて神祭りの神座（祭神の座）に就き祭祀を受ける場合、本神の名と迎えられた祭神の名とが異なる場合がある。創祀される場合はこれに相当することがある。それは、祭祀目的に沿った（或いは適った）ゆかりある新たな神名が付与され神格が変わるからである。そして、その新たな神名が「稱《たたへ》」られることによって、神は新たな神名にふさわしい祭神として、その神威の発動が求められるのである。神が変容するのはこの時だと考えられる。[注18]「神社（神《カミ》ノ社《ヤシロ》）」という語は、元来、恒久的な建物を意味するのではなく、祭祀において神を迎える臨時の建物である屋《や》（これは祭祀終了後に取り払う）が占める区域（しろ）を意味した。[注19]これと同様に、「神前（神《カミ》ノ前《マヘ》）」とは、神を迎える際の祭神の座（神座）である。神社《カミノヤシロ》と神前《カミノマヘ》とは、機能において共通し、規模において異なるのである。[注20]龍田風神祭祝詞の前掲「[C]吾前乎稱辞竟奉者」を「[C]私の神座を用意してお祭り申し上げるならば」と現代語訳し、「[D]皇神乃前乎稱辞竟奉」を「[D]皇神の神座を調えて〈天の御柱の命・國の御柱の命として〉お祭り申し上げる」と現代語訳したのは、今述べた理由による。

Ⅵ、「〈皇御孫命ノ〉幣帛ヲ稱辞竟奉ルについて

これは、通常「幣帛をお祭り申し上げる」と現代語訳するが、直訳すると「皇御孫命からの幣帛そのものを、ほめる言葉をきわめつくして申し上げる」となる。祭祀者側（皇御孫命）から祭神へ供えられる幣帛そのものを称賛したこの表現によって、祭祀者側は祭神に対して、皇御孫命からの尊貴な幣帛を嘉納するにふさわしい祭神であることを暗に求めていることになる。つまり、祭神に対して、拒否することのできない機能の発揮（神威の発動）を求めているのである。祭神に対する祭祀者（皇御孫命）側の強い姿勢を暗に示したⅥ「皇御孫命ノ幣帛ヲ稱辞竟奉ル」という表現型が、延喜式祝詞の中でも、天武天皇朝と関係の深い祈年祭・月次祭・大嘗祭（新嘗祭）及び廣瀬大忌祭・龍田風神祭の祝詞に集中して見られるのである。

祭られる神と祭る人との関係が見てとれる「稱辞竟奉」の基本的な型（パターン）を先に掲げたが、その主要な型ⅠⅡⅤⅥが天武天皇朝に始まるとされる龍田風神祭祝詞に既に現れており、廣瀬大忌祭祝詞の場合にはⅠとⅥが見られる。これらのことが内包する意味は深いと言えるであろう。

尚、祈年祭祝詞や月次祭祝詞に頻出する「―能御巫能辞竟奉皇神等能前尓白久―登御名者白弖辞竟奉」という型に応用されたと思しき「稱」字無表記の「―ト御名ハ白シテ此皇神前ニ辞竟奉ル」という表現が廣瀬大忌祭祝詞に見られるが、これについては稿を改めたいと思う。

まとめ

一、祭祀や呪術など、非日常の場における言挙《コトア》ゲの言葉に、ある種の力が存するとの考えがわが国でも古くから存したことは、記紀等の記事からも推察できる。それらが整理・洗練されて祝詞ができてきたのであろう。

二、祭られる神と祭る人との関係が見てとれる延喜式祝詞の「稱辞竟奉」は、その原型が天武天皇朝にはほぼ確立していた。その中で、祭祀者側が祭神に対して、求める動作・行為や機能を具体的に指定する型「〈皇神ヲ〉用言ト稱辞竟奉」だけが奈良時代やそれ以降の祭祀祝詞に登場する。そこに見られた祭神と祭祀者との関係は、「言霊」を強く意識した山上憶良「好去好来歌」（天平五年三月）に共通することが見てとれた。

注

1 芦屋大学教授中田康行氏（英語教育・英語学）教示。

2 西郷信綱「言霊論」（『増補詩の発生』一九六四年三月、所収）四一～四五頁。

3 注2同書四四頁。

4 井手至「ことばと名まえ――記紀から萬葉へ――」（『谷山茂教授退職記念国語国文学論集』昭和四七年一二月。後、『遊文録 説話民俗篇』所収）

5　神聖を意味するイ（斎）とイメ〈夢〉のイやユとは共に平声であるから、金田一法則によって同源と見る。

6　国史大系版の鼇頭に「幸國　原作當、今意改」とあるが、『時代別国語大辞典 上代編』が「當」を「富」と判じて「富《さき》はふ國」と訓むに従う。

7　拙稿「『皇親神漏伎命・神漏弥命』考――古事記神話と祝詞の関係――」（拙著『祭祀の言語』平成二三年五月、所収）。

8　拙稿「稱辞竟奉――祭られる神と祭る人との関係――」（『祭祀の言語』所収）。

9　西宮一民「コトアゲ考」（『皇學館大学紀要』第四十輯、平成一三年一二月）。

10　折口信夫『全集第一巻』所収「国文学の発生第一・二・四稿」ほか。

11　井手淳二郎「祝詞訓読考」（『藝文』九ノ一、大正七年一月）参照。

12　拙稿「のりと【祝詞】」（『日本古代史大辞典』平成一八年一月、所収）参照。

13　池田源太「伝承体における神名・人名の不易性」（『伝承文化論攷』昭和三八年七月、所収）。

14　石上神宮元権禰宜白井伊佐牟氏教示。

15　拙稿「稱辞竟奉――祭られる神と祭る人との関係――」、同「幣帛ヲ稱辞竟奉ル」、同「神前《カミノマヘ》ヲマツル」（『祭祀の言語』所収）。

16　神祇令や職員令の義解では「賛辞」という語が見られるが、職員令集解では「稱辞」と「賛辞」の二種の語が見られる。しかし祝詞においては「稱辞竟奉」は頻出するが「賛辞竟奉」の例は皆無である。これは、類似した意味をもつ「稱辞」と「賛辞」の中から「稱辞」に統一したのではなく、「稱辞」でなければならなかったからだと考えられる。即ち、「賛」字では言い表せない意味が「稱」字には存したのである。それは、「賛」字と「稱」字に共通する意味は誉ム・揚グであるが、「稱」字の有する適フ・等シという意味が「賛」字にはないからである（詳細は拙著『祭祀の言語』七八～八一頁）。

17　次田潤『祝詞新講』（昭和二年七月）、青木紀元『祝詞全評釈』（平成一二年五月）、粕谷興紀注解『延喜式祝詞』（平成二五年十月）。

18　拙稿「天石屋戸祭祀の伝承」（『祭祀の言語』所収）。

19　西宮一民「『社』考」（『上代祭祀と言語』平成二年十月、所収）。

20　拙稿「神前《カミノマヘ》ヲマツル」（『祭祀の言語』所収）。

民俗から考える古代の信仰と祈り
――仏教伝来以前――

松尾　恒一

一　一年の始まりはいつ？

暦の誕生

「一年のはじまりはいつか？」と問いかければ、多くの人は正月とか一月と迷うことなく答えるだろう。

地球が三六五～三六六日をかけて太陽を一周するといった、地動説の知識は古代にはもちろんなかった。しかしながら、日本人が、春夏秋冬を繰り返して月日がめぐることは、農耕の必要性からも明確に意識していた。

今日はいつなのかを確認するために、我々には暦や、日にち単位で予定が書き込める手帳が不可欠である。現代では、パソコンやスマートフォンを使う人も多くなったが、月日を基本的な単位とすることは変わらない。

先史時代、日本には文字がなかった。現代、日本人が用いる漢字は、中国から移入したものである。その漢字から、一文字一音に対応するひらがな、カタカナも作られた。漢字は、本来の中国語音に基づく音読みがある。

しかしながら、これを日本語の意味にあわせて日本語で読むという、現代では考えられないような努力を重ね、訓読みを発明した。この結果、いくつもの読み方が生まれた。たとえば、「悪」には、「悪役」のように「アク」と読む場合と、「嫌悪」のように「オ」と読む場合とがある。前者に対応する訓読みが「わるい」、後者に対応する読み方が「にくむ」というように、一文字で音読み、訓読みいくつもの読み方ができ、文脈や文字の組み合わせにより、読み方を判断しなくてはならない。漢字の習得のために、日本人は小学校以来、十年以上の歳月をかけて修練を積まなくてはならない苦労を背負うことになった。

「暦」を日本人は「こよみ」と読んだ。「こよみ」の意味を考えるために、この語をあえて分割すると、「こ」「よみ」と分けることができる。「こ」は、「二日《ふつか》」「三日《みっか》」「四日《よっか》」「五日《いつか》」…などの読み方の「か」に対応する音で、日にちを意味する。「よみ」は「読む」ことである。すなわち「こよみ」は、「日にちを判断する」意味に基づく日本語の読み方であることがわかる。

日本には、現代の新暦に対して、江戸時代まで使われていた旧暦があった。新暦は、西洋暦ともいうようにヨーロッパの暦を採用したものである。西洋暦は「太陽暦」とも言い、太陽の運行に基づいている。これに対して、旧暦は陰暦とも言われる。「陰」とは月のことで、月の満ち欠けにより、日にちを判断した暦である。

ひと月の始まりの第一日目「一日」は「朔日」とも書き、「ついたち」と読む。ついたちとは「月立《つき》ち」のことで、二十九日で満ち欠けを繰り返す、その第一日目に基づく、日本語の表現なのである。平安時代の『古今集』はじめ、日本の詩歌には「月」を詠んだ歌が多い。「春の月」「秋の月」「冬の月」、それぞれの季節の月に、日本人はそれぞれの美しさを感じ、心情を託してきた。その根底には、生活の必要から日々の月の満ち欠けを見て過ごしてきた、日本人のくらしがあったのである。

日本は、中国より移入した陰暦を用いたが、太陽の運行に基づく暦も併用していた。これも中国より移入したもので、「二十四節季」と呼ばれる。「立春」「夏至」「立秋」「冬至」…などの案内が、天気予報などでなされる。「二十四節季」は、二〇一六年に中国の世界遺産としてユネスコに登録されたが、日本にとっても、季節の目安を知るための現代でもなじみ深い暦なのである。

年の始まりはいつ？

では、一年の始まり、地球が太陽を一周する、どの地点を区切り目として判断したのだろうか。

二十四節季では、立春が冬から春に季節が切り替わる日となる。立春は日照時間によって決まるが、この日の夜が節分となる。「節分」の名の通り、一年の中の重要な節目で、旧《ふる》い年と新しい年の区切り目となる日なのである。このほかに、代表的な二十四節気に「夏至」「秋分」「冬至」などがある。冬至は日照時間が一年で一番短い日、夏至は一年で一番長い日である。その言葉の通り、太陽（実は地球）の運行、太陽と地球の位置関係により変わる一日の日照時間が、春・夏・秋・冬の季節の区切りの重要な目安とされていたのである。

太陽の運行に基づいて定められる立春と、陰暦の正月とは一致しない。節分・立春は現在の西洋暦で、二月三日頃になり、元旦の後、ほぼ一か月後になる。そのため、正月の翌月の二月が節分であると考えている人が多い。しかしながら、陰暦の場合には、正月、すなわち旧正月と節分とはきわめて近い。陰暦は誤差が大きく、年によっては、一月分《ひとつき》を足して調整することになる。年によっては一年が十三か月となることもあり、加えられた月を「閏月《うるうづき》」と呼んだ。

通常、陰暦の元旦の後に、節分・立春となるが、陰暦は誤差が大きいため、正月より先に立春を迎える年もあった。

こうした場合には、新しい年を迎える気持ちの切り替えにとまどいがあったようである。その気持ちを詠んだのが、平安時代の和歌集『古今集』の次の歌である。

年のうちに　春は来にけり　一年《ひととせ》を　去年《こぞ》とや言はむ　今年《ことし》とや言はむ

（正月を迎えていないうちに立春を迎えてしまった。今、このときは、すでに去年といってよいのだろうか。（元日を迎えていないが）、新年というべきなのだろうか。）


歌の意味はこのようである。この歌のことわり書きには「ふるとし《（旧年）》に春立ちける日よめる」とある。「旧年中に立春を迎えた日に詠んだ歌」の意味で、元日を迎えていなくても、立春となることをもって新たな年のスタートとなると認識されていたことがわかる。

日本文学の研究では、『古今集』は機知に富んだ歌、ユーモラスな歌が多いとしばしば紹介され、この歌もそうした一つであると評価されている。

しかしながら、私は、この歌について、こうした日本文学評とはかなり異なる考えを持っている。

『古今集』は平安時代、醍醐天皇の時代に天皇の命令によって、紀貫之らが撰者となって編纂されたわが国最初の和歌集である。天皇の命令によって編纂される詩歌の集成を「勅撰集」というが、『古今集』以前にも勅撰集は存する。『凌雲集』『文華秀麗集』等の作品であるが、これらは漢詩集であった。

律令等の法制や『日本書紀』『続《しょく》日本紀』等の国史はじめ漢詩等の文学、日々、記される日誌まで、当時の知識人の記述は、中国を範として、漢文、すなわち中国語をスタンダードとした。

この間、主に女性によって漢字の草書体よりひらがなが発明され、女性が、日本語そのままで和歌や物語を書くようになっていた。漢字を「男手」というのに対して、かなを「女手」というのはこのためで、当初、男性がかなをどうどうと使うことは憚られた。日本で初めてのかなによる日記は紀貫之の『土佐日記』（承平五年〔九三五〕頃）である。その冒頭は次のようである。

男もすなる日記といふものを、女もしてみむとてするなり。

（男性は日々の記録を記す「日記」というものを書いているが、女である私もしてようと思い立って書き始めるのです。）

これは、漢字ではなく、かなによって記すことをことわる書き出しなのである。男性が漢文で記す日記は、第一に公務について記録する日誌であったが、すぐれた歌人でもあった貫之は、かなを使い女性の立場で記すことにより、より細やかに土佐から京都への旅の心情をつづったのである。

実際にこの後、道綱の母による『蜻蛉《かげろう》日記』（天延二年〔九七五〕頃）のように、男性への思いや、他の女性に対する嫉妬の心情などを書きつづった女性による作品が登場する。また、色好みの在原業平を主人公とする『伊勢物語』、さらに光源氏を主人公とする紫式部による壮大なスケールの『源氏物語』、清少納言の随筆『枕草子』まで、かな文学の隆盛、女性作家の活躍が花開く王朝文学の時代を迎えるのである。

ひらがなを使用することによって、日本人は日本語によって、より細やかに心情を表現することが可能となり、手紙に恋の歌をしたためて、男女が贈答する習俗も貴族社会に広がった。

こうした潮流の中で、醍醐天皇が漢詩集ではなく和歌集の編纂を命じたのであった。これは、単に時流にのったのではない。知識・文化のスタンダードを唐の中華文化より、日本に軸足を移すといった、天皇の強い決意であった。『古今集』の成立は延喜五年（九〇五）。この約十年前に、菅原道真の建議により遣唐使の中止が決定されている（八九四年）。平安遷都より、一世紀を経過し、律令体制が確立し、唐の影響を脱しようとしていたのである。貴族女性の十二単のファッションもこの頃誕生しており、唐の文化の影響を脱し、文学以外にも独自の日本文化を創造し初めていたことがわかる。

そうした観点からこの『古今集』の一番歌を考えると、機知やユーモアといった以上の重い意味があったものと推察される。

そのときが一年のいつかを知ることは、種蒔、田植え等の農耕のタイミングの目安として、非常に重要であった。また時間は、集団が共有することにより、会合や共同作業が可能となる。時間の共有は、より大きな集団が社会的な営みを行う共同体となるために不可欠であった。このような、国家が共同体としてまとまる上で、時間を定め、管理することは、王にのみ許される特別な権利であったのである。

このように考えると、日本が当時使用した太陰暦、太陽暦（二十四節季）それぞれの時間のスケールを日本が使うことを、一年のはじまりのときに詠み込んだこの歌は、天皇が、国家の頂点として統治することを宣言する歌として、最初の勅撰和歌集の一番歌にまさにふさわしい歌であるといえるのである。

二　国家儀礼としての稲の祭り

稲作により認識していた一年の周期

時間の単位となる、漢字「年」は、上の部分は「ノ木《のぎ》」偏ともなる「禾」と、音を示す下の「千」によって構成される。「禾」を含む漢字には「稲」「種」「稗」「穂」など、穀物に関係する文字が多い。注意されるのは

「年」の漢字のなかには、音以外に時間と結びつく部分が含まれていないことである。

一方、日本は「年」を「とし」と訓読した。「ネン」と音読みしても、「とし」と訓読しても、約三六五日で繰り返す時間の長さを意味するが、「とし」には、現代では、用いられなくなったもう一つの意味があった。古語辞典を引くと直ちにわかるが、「とし」はまた「稲の稔り」を意味した。

稲は、地域や品種によって田植えや、収穫の時期は異なるが、三~四月に苗床や苗代に種蒔をして苗を作り、五月前後に田植えをし、九月頃に収穫をするのがおおよその目安である。麦も重要な穀物であったが、春麦と秋麦のように、一年に二回、植えて収穫することが可能である。これに対して、沖縄のような亜熱帯の地域を除いて、稲は一年に一回しか作付と収穫ができなかった。

米は、粟・稗など他の穀物にくらべて「おいしい」ことが珍重された理由である。何がおいしいかは、現代人にとってはひとそれぞれの主観に属することがらである。しかしながら、砂糖のない時代には「甘い」ことが、おいしいこととほとんど同義であった。ご飯をよく噛むとだんだん甘くなってくる。これは、米に糖質に変化しやすい澱粉質が多く含まれていることによる。人間のエネルギー源として、カロリーの高い糖質は非常に重要であった。

ご飯としてふだん日本人が食している米は「うるち米」である。これに対して「もち米」は、お餅や赤飯、おこわなどに使われる米である。うるち米が半透明なのに比べて、もち米は白く不透明で見た目もはっきりと異なる。

稲作の起源は、中国長江流域の湖南省周辺地域で、考古学の知見では、約一万年前にはじまったとする説が有力である。その稲が紀元前十世紀には日本に伝来し、縄文時代には稲作が開始されていた。これに続く弥生時代に、本格的な水田稲作の時代に入ってゆく。青森県の砂沢遺跡からは水田遺構が発見されており、弥生時代の前期には、稲作は寒冷な東北地方を含む、九州~本州全土に伝播していたと考えられる。

ほとんどの作物は、同じ土地に植え続けていると、やがて稔らなくなる連作障害にみまわれる。稲も同様で、陸稲として畑にじかに植える限りでは、多くの畑作物と同様に連作障害が起き、作り続けることができない。しかしながら、水田で耕作を繰り返しても、連作障害が起こらず、半永久に同じ土地で耕作し続けられるようになったのである。

挿図１　伝香川県銅鐸　弥生中期

と、説明すると、よいことばかりのようであるが、水を一定量、確保するための灌漑装備、溜池作り、また、モグラの穴などより、水漏れしないようにするための畔《あぜ》塗りなどメンテナンスも常時行う必要があり、はじめるのも大規模な土木工事といってよい重労働をともなった。他の作物も同様であるが、渇水や洪水、稲を倒す嵐も大敵で、また虫害にも備えなくてはならなかった。

弥生時代の銅鐸には、月でのウサギの餅つきのような、立杵による餅搗きの光景が描かれており、また、かなりの大きさの稲を蓄えたと考えられる高倉が描かれている（伝香川県銅鐸　弥生中期）。同時期の銅鐸には、弓矢を使った猪や鹿の狩猟の様子も見ることができる（挿図１）。

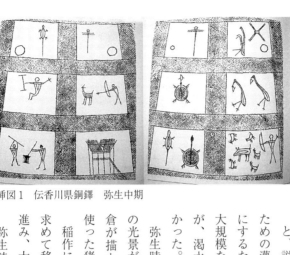

稲作によっておこった大きな変化としては、狩猟・採集のように、獲物を求めて移動する必要がなくなったことである。稲作によって、人々の定住が進み、大規模集落が出現し、クニへと発展する土台が形成されたのである。

弥生時代は、紀元前十世紀頃から紀元後三世紀中頃まで長い時代、続いた。この後、王が各地を統括する古墳時代となり、大和朝廷につながる「倭国」が誕生する。

倭国の誕生まで一〇〇〇年以上を超える稲作を経験していたことになる。この後、一〇〇〜二〇〇年を過ぎ、五世紀以降に日本に漢字が伝来し、日本人は「年」を、一年の時間の長さの意にも、稲実の意味にもこの字を理解して「とし」と訓んだのであった。

稲は、基本的に春に種蒔をして、秋に収穫する。この周期によって、「一年」という時間を理解していたことになる。

日本は、中国より移入した太陰暦を基本として、太陽暦である二十四節季も併用した。太陰暦の正月と、二十四節季の立春（節分）とは、約一か月の差があり、年によっては立春が先に来ることもある。しかしながら、どちらにしても収穫と種蒔の間に、年の始まりが認識されていたことには変わりはない。

沖縄の稲作行事

沖縄には本島よりさらに西南の八重山地方、石垣島や西表島に「節祭《しち》」と呼ばれる行事が伝えられている。沖縄本島よりさらに暑い気候、亜熱帯の八重山地方の田植えは早く、現在の暦の一月に行われ、六月にその年初めての刈取りの「初穂祝い」が行われる。この翌月、七月には刈取りが終わり、収穫を祝う「豊年祝い《プーリーよ》」が行われる。そして、この約二〜三か月後に「節祭」が行われる。西表島の節祭では、その年の豊作の感謝がなされるとともに、新しい年の豊作を約する「ミリク（弥勒）」が船に乗り、海上より浜に登場する。そして、ミリクは稲穂・粟穂等、五穀の入った籠を捧げる従者を率いて、浜を練り歩く。

また、鹿児島と沖縄本島のほぼ中間の奄美大島には「アラセツ」と呼ばれる行事が伝えられている。海に面した

挿図2　弥勒《ミリク》（西表島 節祭）
撮影：日本国立歴史民俗博物館 20091022
西表島 節祭　撮影：松尾恒一 20091022
ミリクは稲穂・粟穂等、五穀の入った籠を捧げる従者を率いて、浜を練り歩く。

龍郷《たつごう》町秋名《あきな》の集落で稲の収穫後、旧暦八月最初の丙《ひのえ》の日に行われる。そのなかでの「平瀬マンカイ」と呼ばれる行事は、海の彼方にあると信じられてきた異郷「ネリヤカナヤ」の神々へ捧げる感謝と祈りである。海浜の二つの岩の上に、女性の村の司祭役である「祝女《ノロ》」を中心としてそれぞれ五人前後の男女が登り、太鼓を打ち鳴らして歌を歌う。歌謡では、稲を「稲《にい》がなし」と尊んで呼ぶ。「稲《にい》がなし」とは「お稲様」の意味で、海からは稲の魂「稲霊《にいやだま》」を招いて五穀豊穣に感謝し，翌年の豊作を祈願する。歌の一節には、「西東ぬ稲霊《にいやだま》　招き寄《ゆ》せろ」とある。「稲霊」と表現されているように、稲には霊力が宿っているものと信仰されていることがわかる。稲霊を、海の彼方のネリヤカナヤから招きよせ、翌年の豊作を祈願しているのである（挿図3）。

西表島の「節祭《しち》」の音は、正月の「お節料理」の「節」の音に通じるが、地域の人々は、節祭を「農民の正月」であると説明する。一方、奄美大島の「アラセツ」とは「新節」、やはり新しい年を意味する。

挿図3　奄美大島　アラセツ（新節）　平瀬マンカイ
撮影：西田テル子

そのいずれもが、稲の収穫と次の種蒔の間に日取りがとられ、「節祭《しち》」や「アラセツ《新節》」のように、正月として認識されていることがわかる。

太陰暦や太陽暦など、高度な天体観測の行われていなかった時代、むしろ稲作の収穫と次の種蒔の間が、年の区切りとして認識されていたのである。

二　門松は何のため？――収穫祭と正月の始まり――

家で家族と過ごす大晦日

現代の正月は、山や海で初日の出を拝みに行くのでなければ、あるいは、寺に年越しの鐘を撞きに行くのでなければ、家で大晦日を過ごし、年を越す。「紅白歌合戦」などのテレビ番組を家族で見て、それに続く、各局の「ゆく年くる年」を見て越年し、元旦を迎えるのが、全国の多くの家でみられる標準的な過ごし方である。この日には、都会で働く子や孫が、実家に帰省することも珍しくなく、毎年のことながら、年末・年始の高速道路の混雑状況や、新幹線の乗車率などが報道される。

正月に先立って、餅搗きが家や町村で行われることも珍しくないが、これは鏡餅や正月に食する餅を作るためである。田畑をしない家の方が多くなった現在では、一般では、餅搗きを行わない方が多いが、店には鏡餅や、焼いたり雑煮に入れたりして食するための切り餅が数多く並ぶ。

鏡餅は、また「お供え餅」、あるいは単に「お供え」といい、神棚や、神棚のない家では玄関内に置かれたりするが、この餅はその名の通り、神さまに捧げるためのものである。お節料理は重箱に美しく盛られることが多く、かまぼこ・黒豆・数の子やきんとんなど、地域や時代によっても大きく異なる。しかしながら、供えのための円形の供え餅や正月七日の七草粥等、ほぼ全国にわたって見られ、正月が稲、米と深く関わる行事であることを示している。前節では「年」が穀物、特に稲と関わることばであることを述べた。ちなみに、単に餅といえば、日本では餅米を搗いたモチを指すことが多い。しかしながら中国では、十五夜に食される〝月餅〟がそうであるように、中国語元来の「餅」は、小麦粉をこねてかためたものや、現代のクッキーやパンまでもが「餅」の文字の範疇に入る。旧正月「春節」を締めくくる十五日目には、満月をイメージした、日本の白玉粉に大きさも形も近い団子を食するが、これは「湯円《たんえん》」と呼ばれ、「餅」の語では表現しない。「餅」を「モチ」と訓んで、特に米を搗いた粘りのある食物を強くイメージするようになったのは、日本独自の習俗と結びついた日本的展開といえる。

では、このような、年の替り目に稲や米を神に捧げ、家族が家で過ごすような行事はいつごろから始まったのであろうか。

旅をして訪れる先祖の神

それを考える上で、注目したいのは、常陸国『風土記』に記される、次の神話である。粟の収穫祭にまつわる言い伝えであるが、収穫祭の日に、先祖の神が訪れた際の、子孫の神たちの対応について語られている。

古老のいへらく、昔、神祖の尊、諸神たちのみもとに巡り行でまして、駿河の国、富士の山に到りまし、つひに日暮に遇ひて、宿りを請ひたまひき。此の時、ふじの神答へけらく、「新粟《わせ》の初嘗《にひなへ》して、家ぬ内、物忌せり。今日のほど間は、冀《ねが》はくは許しあへじ」とまをしき。是に、神祖の尊、恨み泣きて、詈告《の》りたまひけらく、「即ちいましが親ぞ。何ぞ宿さまく欲りせぬ。いましが住める山は、生きのきはみ、冬も夏も雪ふり霜おきて、冷さ重襲《しき》り、人民登らず、飲食《をしもの》な祭りそ」とのりたまひき。更に、筑波の山に登りまして、亦やどりを請ひたまひき。此の時、筑波の神答へけらく、「今夜《こよい》は新粟嘗《にひなへ》すれども、敢へて尊に仕へまつらずはあらじ」とまをしき。爰に、飲食《をしもの》を設けて、ゐやび拜がみ、つつしみつかへ承まつりき。是に、神祖の尊、歓びて歌ひたまひしく、

愛しきかも我が胤　巍《たか》きかも神つ宮《みや》
天地とひとしく　日月とともに
民ぐさ集ひ賀《ほ》ぎ　みけみき《御食御酒》　食富豊《ゆた》けく
代々に絶ゆることなく　日に日に弥《いや》栄え
千秋万づよに　遊楽《たの》しみ窮《つき》じ

とのりたまひき。是をもちて、富士の岳は、常に雪ふりて登ることを得ず。其の筑波のやまは、ゆき集ひて、歌ひ舞ひ、酒飲み、ものくらふこと、今に至るまで絶えざるなり。

書き出しの「古老のいへらく…」は、「おじいさんは、これこれしかじかと語り伝えていました…」といった意味で、「むかし、むかし…」で始まる昔話と同意の定形のフレーズである。古代に、神々の物語が、昔話として、口伝えで語り伝えられたことがわかる。

物語に最初に登場するのは先祖の神様で、子孫の神々のもとを、旅をして訪ねていることがまず語られる。その子孫の富士山の神のもとへ訪れたところ、その日は、粟の新嘗祭の日であった。富士山の神は、先祖の神に丁重にお断りをした。

今日は、新嘗祭で、家の中に籠って「物忌み」して過ごさなくてはなりません。このような事情ですので、

今日はお泊めすることは許してください。

富士の神は、このように説明したのであったが、先祖の神は、これに怒り、呪いの言葉を投げかけたのであった。

先祖の神である自分を、どうして泊めないということがあろうか。これより、富士山には、冬はもちろん、夏にも雪が降り、霜が降りるようになり、登ってくる人々もいなくなる。そうして、食べ物をお供えしてくれる人もいなくなるだろう。

こうして、先祖の神は立ち去り、旅を続けたのであったが、筑波山にたどり着いたとき、やはり新嘗祭の日であった。筑波の神は、次のように答えた。

今夜は新嘗祭なのですが、先祖の神をお泊めしないということがありましょうか。

このように申しあげ、快く先祖の神を迎え、食事を差し上げて、繰り返し繰り返し拝礼して、ていねいにもてなしたのだった。先祖の神はこれに喜び、祝福の歌を送った。

立派な宮に住む筑波の神よ。筑波の山には、大勢の人々が登り、食事もお酒も捧げてくれるだろう。そうして、人々とともに楽しむ月日が、永遠に続くことであろう。

こうして、富士の山は、先祖の神に呪われたとおり、冷えて凍えた山になって人々が登らず、筑波の山は祝福を受けたとおりに、大勢の人々が供えを捧げ、人々は歌い、舞い、楽しみに満ちた山となったのであった。

正月に訪れる先祖の神

この常陸国の『風土記』の新嘗祭の様子は、現在の、我々の越年、正月の迎え方を考える上でたいへん興味深い。

新嘗祭では、富士の神も筑波の神も、いずれも「家」（神社）を場所として、「物忌み」をするのが、行事の内容であった。また、その時間であるが、先祖の神が富士山に到着したときは日暮過ぎ、筑波山では、「今夜は新嘗祭である」と明確に述べており、祭りが夜、行うものであったことがわかる。

「物忌み」とは精進潔斎をすることで、一言でいえば、身を閉鎖的な空間に置いて、神を迎え祈願するために心身ともに浄らかにして過ごすことである。その内容は、時代や地域、宗教によって異なるが、水や湯で身を浄め、火を通じて穢れが移るといった考えより調理の火を家族と別にして、自分自身で火を起こして食事を作り、また、肉食をしない、夫婦の関係を持たないなどが、一般的である。

大晦日の越年、正月の過ごし方について先に見たが、家族とともに家で夜、食事をするありかたと極めて近いと感じられるだろう。

正月を迎えるにあたって、家では年末に大掃除をする。大晦日には「一年の垢を落とす」といい、入浴する習慣もある。現在は各家庭に風呂が普及したため、町の銭湯は少なくなったが、銭湯はこの日は、夜遅くまで営業する店が多い。

現代では毎日どころか、日に数度、シャワーを浴びる日本人も珍しくない。しかしながら、全身がつかることが可能な大きさの鉄釜が作ることのできる技術は鎌倉時代以降である。それ以前、古代では、鍋程度の鉄釜で沸かした湯の蒸気を送り、湯で身体を洗う、現代の蒸し風呂に相当する浴室が一般的であった。湯を沸かす手間や、燃料として多くの薪を要することもあり、平安〜鎌倉時代の貴族の入浴頻度は一〇日に一度、月三回が標準で、その日は、家族がともに食事をして歓談して過ごす特別な日であった。入浴に親戚、知人を招くことも多く、招かれた際は、薪をみやげにするのが常であった。海外を旅行すれば、国や地域にもよるが、シャワーがあっても、バスタブのないホテルの方がはるかに多い。また、飲み水、煮炊きに必要な水以上の水の獲得、確保が、生活・自然環境の上から、現代でも容易ではないことを考えても、世界的には、身体が完全につかる入浴が日常となった日本の入浴習慣が特別なことがわかる。

現代の日本の日常的な入浴は、きわめて新しい習慣で、大晦日の入浴は、正月を迎える準備として特別な意味をもつものであった。

正月のために、また、多くの家では門や玄関に松を飾ったり、注連縄を掛けたりする。供え餅を神棚や、玄関内に供えたりするのは、神さまに捧げるためであり、松や注連縄をかけるのは、神さまを迎えるためである。神さまは、外から家を訪れる存在として信仰されていることがわかる。

このように見て来ると、正月前の大掃除が、家を、神を迎える場所として浄らかにするための、信仰に基づく行為であることがわかる。また、大晦日の入浴が、物忌みの一環として、身体を浄めるためのもので、一年の垢を落とすという一年を締めくくることよりも、新しい年の神を迎え、もてなすという、新たな年のための習慣であることもわかる。

常陸国『風土記』の新嘗祭は、家で夜、物忌みして過ごすことを内容とし、筑波の神は先祖の神を迎え、食事を差し上げてもてなしているが、現代の正月が、掃除を済ませ、松を飾った家に神を迎え、夜、食事をして過ごすあり方と照応しているものといえる。

餅を供え、食する正月が、稲の祭りであることはすぐに気づく。大掃除や大晦日の入浴、門松を飾ることなどは習慣となっており、その意味を意識することはないが、神話の物語に伝えられるような、物忌みを主とする家での収穫の祭りのあり方に極めて近いのである。

家屋や食生活が大きく変わりながらも、また、日本人の仕事の田畑の割合が低くなった現代でも、新年の迎え方には、神話時代以来の収穫の祭りのあり方と考え方、信仰が伝えられているのである。

福の神と厄病神は同時にやってくる?

西欧の太陽暦が導入された現在、家や神社・寺院で鬼追いをする節分は二月に行われる。現在多くの地域で行われているのは、「鬼は外〜、福は内〜」の掛け声とともに、炒った大豆を撒くといった行事である。外に追い出される鬼は、病気や不幸など、災いをもたらす存在と考えられ、これを追い祓うことにより、その年の健康、幸福を祈願することを目的としている。

ところで、先に述べたように、太陰暦では、正月と節分・立春とは現在より近く、いずれも一年の始まりとして認識されていた。

現在の鬼追いの起源となったのは、古代、宮中で十二月晦日に行われた「追儺《ついな》」の行事である。「儺《な》」とは鬼のことで、これを内裏の内側に入らないよう、「方相氏《ほうそうし》」と呼ばれる役が、四つ目の角のある恐ろしい面を被り、楯と矛を持って大声を発して鬼を追い祓う行事であった。「方相氏」の「方」とは方角・方位のこと、「相」とは見る、管理することで、方位と時間を管理する宮中の陰陽師がこの役についた。

その様子を『政事要略』の追儺の絵画に見ることができる。鬼は「疫鬼」と書かれ、疫病をもたらす恐ろしい存在であることがわかる。鬼は、実際には目に見えないが、古代においてどのようにイメージで考えられていたかがうかがわれる。

この追儺が、年中行事として十二月に行われていたのであるが、平安時代の間に、行事の方法に大きな変化が起こった。恐ろしい四つ面の面をつけて鬼を追い祓う側の方相氏の方が鬼だと認識されるようになり、人々がこの四つ目の面をつけた役を鬼として追い祓う行事に変化したのであった。このようにして、追儺が現在行われるような、面をつけた鬼役を追い祓う行事に変化し、節分の鬼追い行事として民間にもひろまっていったのである。

宮中では、追儺をまちがいなく執行するための責任者として奉行が置かれて、万全な準備のもとに行われた。ある年に風邪が大流行したことがあった。そのときに大きな問題となったのは、前年の年末に追儺が遺漏なく行われたのかということであった。そのため、奉行が呼び出され問い質され、責任を追及されている。追儺は季節の風物詩的な年中行事ではなく、流行病を防ぐための、病気に対処するための医療としての目的を持つ重要な儀礼であったのである。

挿図４　『政事要略』「方相氏と疫鬼」

常陸国『風土記』において、筑波の神による新嘗祭に迎えられた先祖の神は、御礼として筑波の神に祝福のことばを送っている。これと同様に、現代の正月に迎えられる神は、新たな年に、その年の稲をはじめとする五穀の豊作を約し、また家に幸せをもたらす福の神である「年神《としがみ》」である。しばしばこの年神は「歳徳神《としとくじん》」であり、この神がやって来る恵方が年によって変わるものと説明されたりする。これは後世、陰陽道の解釈が広く行われるようになった説明や信仰であって、本来は、より素朴、明快に年＝稲の神であったと信仰されていた。

このように、年の替り目には、新たな年の幸福をもたらしてくれる福の神と、不幸や病気等災いをもたらす鬼の姿でイメージされる神の両方が同時にやってくると考えられていたことがわかる。

先に沖縄の年替わりの意義をも有する稲作行事として西表島の「節祭」についてみた。その第一日目、元日にあたる「正日」には、海上より、稲穂・粟穂等五穀を捧げ持った行列を従えてミリク（弥勒）が登場する。実は、この前日の夜、大晦日を意味する「年ぬ夜《とうしゆ》」では、各家庭では海岸より拾い集めてきた枝サンゴ・サンゴ礁のかけらを家の中や、家の周囲に撒く行事がおこなわれる。これは「マジムン」と呼ばれる、魑魅魍魎のような存在を祓うためのもので、家や集落を浄めた後に、翌日、年の第一日目に福の神としてミリク（弥勒）を迎えるのである。古代、大晦日に追儺を行った後、元日を迎えた宮廷の行事の進行とも一致するものといえる。

正月の門の注連縄について、先に、年神を迎える飾りとしてかけられるものと説明した。注連縄は神を迎え入れる聖域であることを示す標示であるが、この標示の内側に、共同体に不幸をもたらす、悪い存在は入れないための結界＝バリアとしての役割をももつものであった。一つで、聖域であることを標示する役割と、悪いモノが入らないようにするための結界としての役割との、二つの役割を果たす民俗的な呪物なのである。

サンタクロースは福の神？

西洋暦と陰暦の正月の誤差は、通常一か月前後、また、もう一つの太陽暦二十四節季の正月に相当する立春は二月三日頃なので、そのズレはほぼ三十日と決まっている。新しいカレンダー西洋暦の導入によって、日本の伝統行事に混乱の起こったことや、日本文化にマイナスの影響を与えたと考える文化人や評論家は多い。

しかしながら、地球が太陽を一周するどの地点をスタートと、すなわち正月＝New Yearとして定めるか、三十日の差はむしろ小さいのではないか、というのが私の考えである。

イエスキリストの生誕を祝うクリスマスは、その名の通り、キリスト教の宗教行事である。しかしながら、サ

挿図５　ジェドマロースと Дед мороз ＆ 吹雪の精霊
12 月 31 日の夜にプレゼント

ンタクロースは、もともとはキリスト教とは関係ない神霊であった。ヨーロッパの民話に登場するニコラウスが、"Saint Nicholas" と聖人の称号を与えられ、「サンタクロース」の名が生まれた。イエスの生誕の日とされる十二月二十五日は、ほぼ冬至の日に当たる。冬至は、世界的にも年替わりの目安とされる日であるが、イエスキリストの生誕日は、実は歴史的には不明である。クリスマスの行事は、ヨーロッパの年替わりに、冬～春に、さまざまな神や精霊など登場する民俗的な行事が、基盤となって形成されたと考えられている。キリスト教は、ヨーロッパの村々に広まった当初、この冬至のころの行事を、異教徒の行事としてやめさせようとした。しかしながら、村の人々の信仰に根差した行事に対する愛着は強く、抵抗も大きかった。そこで、イエスの生誕を祝う日として、もとはキリスト教とは関係ない、ニコラウスを聖人に昇格させて、宗教行事にあらためさせて、ヨーロッパのクリスマスが形成されていったと考えられている。

　ロシアでは、サンタクロースに相当する「ジェドマロース」という神霊が、一年の最終日十二月三十一日の夜に、雪に覆われた村の家々をめぐる。サンタクロースが赤を基調とするのに対し、ジェドマロースは青を基調とした衣装を着し、雪の精といわれる若い女性をともなってやってくる。雪の中を、老人が旅をするのは辛いものと想像されるが、若い女性は、ジェドマロースの孫娘のようにも、恋人のようにも見え、彼らの訪問は、二人の楽しい一年に一度の世界旅行のようにも見えたりする。

　ヨーロッパではほかに、クリスマスとは別に十二月六日を「聖ニコラウスの祝日」として、子供たちにプレゼントを贈る日とするドイツやオランダなどの地域もある。

現在、もっとも一般的な、赤い衣装に、トナカイが引くそりに乗ってやってくるサンタクロースのイメージは、一九三〇年代にコカコーラの宣伝のために同社が考案したもので、コーラをおいしそうに飲むサンタクロースも描かれた。冬の寒い時に、サンタがコカコーラをさわやかに飲む様子は、現在では想像しがたいが、このサンタのイメージが、コカコーラとともに各国に広まり、世界のスタンダードになったのである。

挿図6　1931年、コカ・コーラ社の最初のサンタクロースのイメージ
コカコーラ公式 website:
http://www.cocacola.co.jp/stories/sundblom

三　天皇と稲の祭り――祈年祭、新嘗祭・大嘗祭――

古代神話に伝えられた収穫祭の様子と、現代のわれわれの越年、正月行事と、その民俗との特質や関連を考えてきたが、稲の祭祀は、国家の重要な任務として、古代、宮中の行事として行われた。年の初めにその年の稔りを祈る二月の祈年祭、十一月の収穫を感謝する新嘗祭がその主なものである。新嘗祭は、特に天皇の即位の年には規模を大きくして大嘗祭として行われ、天皇の存在と稲の祭祀との結びつきの強さが伺われる。

祈年祭《きねんさい》――国家統治と稲の祭り――

宮中においては、年初にその稔りを祈願する「祈年祭《きねんさい》」（としごいのまつり）が二月に行われた。

その内容は、『延喜式』「神名帳」に所載される全国の三千余座の神祇に朝廷が幣帛を賜う儀で、そのために全国の神官である「祝部《はふり》」が神祇官に参集した。祈年祭は律令国家体制下における国家による予祝儀礼であった。各地の稲作祭祀を主導することを通して、列島の統治を実現しようとした儀礼なのであった。しかしながら、特に遠隔地の祝部が毎年、朝廷に参勤することは困難で、また律令国家体制の弛緩もあり、祈年祭は平安時代前期ごろには衰退し始めた。

こうした状況下で祈年祭に代わって、十世紀ごろより「祈年穀奉幣《きねんこくほうべい》」が行われるようになった。その初見は、醍醐天皇の御代、延喜二年（九〇二）である。行事は、田植え前の二月と、稲が初穂をつけ始める七月の二度、朝廷が奉幣を行うもので、伊勢神宮を始めとする畿内の十六社（後には二十二社に）がその対象であった。石清水・賀茂・稲荷・春日・住吉といった、古くより皇室との結びつきの強い有力大社がその中心で、祭儀は、祈年祭に比して、天皇の親祭としての側面がより強い。稲の祭祀が天皇の存立意義に関わる重要な儀礼と認識されていたことが知られよう（参考：藤森馨『平安時代の宮廷祭祀と神祇官人』〔大明堂、二〇〇〇〕、國學院大學院友会編『大嘗祭を考える』〔桜楓社、一九九〇〕）。

新嘗祭――宮中の収穫儀礼――

稲の収穫後には、収穫祭たる「新嘗祭《にいなめさい》」が古代より行われてきた。「新嘗祭」の語義は、新穀を食する（嘗める）義であるとする説と、その年はじめの贄《にえ》（供物）を供える義とする説の二つがあるが、いずれも新嘗祭の目的、儀礼内容を適確に捉えている。

宮中においては、十一月の卯の日に行われたが、新穀による御饌・斎酒を、賢所・皇霊殿・神殿に供え、さらに天皇が神祇官（古くは神嘉殿）において新穀による御饌・斎酒を神とともに食することを主行事とした。

前日には、天皇・皇后・皇太子の御躰を祈禱して、健康・長寿を祈る「鎮魂祭」が行われた。この鎮魂祭は、宮中の「猿女《さるめ》」と呼ばれる巫女によって行われた。この鎮魂祭の内容等については、改めて見てみたい。また、翌日には直会《なおらい》として「豊明節会《とよのあかりのせちえ》」が行われた。「豊明」とは、酒に酔って顔を赤らめる意であるが、儀式のお供えと同じ白酒《しろき》・黒酒《くろき》が賜られ、国栖《くず》の奏、五節の舞等の芸能の奏上が行われた。

古代の新嘗祭を考える上で重要なのは、大殿祭《おほとのほがい》がその前後で行われたことである。この司祭となったのは忌《いん》部《べ》氏で、『延喜式祝詞』「大殿祭《おほとのほかひ》」の一節には次のようにあり、その趣旨がわかる。

…天津《てんしん》日《ひ》嗣知食《つぎしろしめ》す、皇御孫之命《すめみまのみこと》の御殿《おほとの》を　今奥山《いまおくやま》の大峡《おほを》・小峡《をを》に立たてる木を　斎部《いむべ》の斎斧《いむをの》を以《もち》て伐《か》り採《と》りて　本末《もとすゑ》をば山《やま》の神《かみ》に祭《まつ》りて　中《なか》の間《ま》を持《も》ち出《い》で来《き》て　斎鉏《いみすき》を以《もち》て斎柱《いみばしら》立《た》てて　皇御孫之命《すめみまのみこと》の天之御《あめのみ》翳《かげ》・日之御翳《ひのみかげ》と　造《つく》り仕《つか》へ奉《まつ》れる瑞之御殿《みづのみあらか》…

興味深いのは、すでに完成している宮殿ながら、山に入り樹木を伐って宮を造営すること、その上で、樹木をもらい受ける山の山の神を祭祀すること、柱立てという建築の祭儀が読み込まれていることである。常陸国『風土記』では、筑波山の新嘗祭にてもてなしをうけた先祖の神は、その神の宮の立派であることを讃え、祝福を送っている。宮廷の新嘗祭においても、天皇が皇祖に収穫を捧げ感謝するその一環として、宮殿が立派であることを讃め称える必要があったのである。

天皇の即位と大嘗祭《だいじょうさい》

新嘗祭は、新天皇が即位した年には、とりわけ盛大に行われた。これが「大嘗祭」である。大嘗祭においては、東西を代表する悠紀《ゆき》国・主基《すき》国――両国は卜占によって決定される――より献上される稲が供えられた。

大嘗祭においては、儀式の場として「大嘗宮《だいじょうきゅう》」が作られた。その構造は、天皇が出御するにあたって禊《みそぎ》を行う廻立殿《かいりゅうでん》と、東・西両国、それぞれの新穀を供えるための悠紀殿《ゆきでん》・主基殿《すきでん》の三つの殿舎を基本とした。

廻立殿においては、天皇が悠紀殿・主基殿へ出御するのに先立って、「天羽衣《あめのはごろも》」と称する湯帷《ゆかたびら》を着して、湯による沐浴を行い、その後、悠紀殿・主基殿に赴いた。それぞれにおいて、天皇自らが箸を取り、新穀をはじめとする全国より献上された神饌を、皇祖天照をはじめとする神々に供え、自身も食された。

これらの儀式は、新嘗祭と同じく、十一月の卯の日に行われたが、翌辰・巳の両日には、節会が、さらにこの翌日午の日には豊明節会が行われた。

辰・巳の日の節会は、豊楽殿《ぶらくでん》に設けられた悠紀帳・主基帳において行われたが、本儀には、中臣氏による天《あまつ》神寿詞《かみのよごと》の奏上、忌部氏による神璽《しんじ》の鏡と剣の献上といった行事が含まれている。これらは王位の継承後の即位式において行われる儀礼であるが、すなわち、大嘗祭にも即位儀礼としての性格が存するのであり、稲の祭司としての天皇の存在をここにも見ることができるのである。

ところで、悠紀殿・主基殿内には寝座として御衾《ふすま》が置かれるが、日本の民俗学を創始した一人折口信夫は、これを「真床追衾《まどこおぶすま》」なる衣に包まれて降臨した瓊瓊杵尊《ににぎのみこと》の神話（『日本書紀』）と結びつけて解釈した。この両殿内の寝座において、前の天皇の霊が、新たな天皇の身体にこもり、神としての天皇の位、霊的な資格を獲得するといった魅力的な学説で、折口以来、歴史学・国文学・民俗学のいずれからも支持されてきた。しかしながら、折しも今上天皇の即位した平成元年に発表された、神道学・歴史学者の岡田荘司の論文「大嘗祭――真床覆衾論と寝座の意味――」（『國學院雑誌』平成元年十二月）はじめ、この折口説に対する批判が強まっている。

なお、直近の平成二年（一九九〇）、史上初めて東京で行われた大嘗祭には、イギリスからのチャールズ皇太子・ダイアナ皇太子妃はじめ、皇室・王室二〇カ国、国家元首級の来賓七〇カ国はじめ、世界一〇〇か国以上から賓客を迎える盛儀として行われ、古代以来の皇室の儀礼が国際的な注目を集めた。

神嘗祭《かんなめさい》――天照大神を祀る伊勢神宮の収穫祭――

皇祖天照を祀る伊勢神宮においては、天皇が祭祀者として新穀を奉る「神嘗祭」が古代より行われた。『延喜式』には大嘗会《だいしょうえ》に次ぐ重儀と位置づけられている。

その起源について、中世に成立した『倭姫命《やまとひめのみこと》世紀』には、以下のように説かれる。

一羽の真名鶴が「八百穂《ヤホホ》」のついた一本の稲穂をくわえて、これを皇大神宮に捧げたところ、これを初代の斎宮である倭姫命が御覧になった。これによって、天照の伊勢鎮座を悟り、初穂を皇大神宮に供えたことに始まる、とされる。天照の伊勢鎮座とともに、神嘗祭の創始が説かれていることが知られよう。

宮中祭祀としては、元正天皇の養老五年（七二一）九月十一日に使を遣わして幣帛を奉って以降、恒例の儀式となった。例祭使は、五位以上の王の中より選ばれ、これに神祇官の中臣・忌部・卜部《うらべ》が副えられ「四姓の使」と呼ばれた。

現行の祭祀は、明治四年に復興されて以来続くものである。伊勢神宮の神職を中心として、四月に神田下種《げしゅ》祭《さい》、五月に御田植え初め、九月に抜穂祭が行われ、稲穂は御稲御倉《みしねのみくら》に収められる。神饌は忌火屋殿《いみびやでん》にて調備され、十月十七日に献ぜられる。餅は、神宮特有の小判形に作られ、新穀のほかに神饌として、志摩の海女・漁師より献ぜられたあわび・伊勢海老・干鯛《ひだい》や、塩田で作られる堅塩《かたしお》が、この時一度のみ使用される土器《かわらけ》に盛られて、内宮の天照、外宮の豊受大神《とようけのおおかみ》に供えられる。古代宮中の食文化の伝承としても貴重な儀礼であるといえる。

四　天皇と祭祀を行なう宗教者・呪術者

神の言葉の統御者——天皇と中臣氏

記紀神話には「…命《みこと》」の名を有する神々が少なくないが、「命《みこと》」とは「御言《みこと》」の意である。「言」に敬語の「御」が冠せられるのは、神の言葉であるからである。「天皇」は「スメラミコト」と訓読されるが、「スメラ」は、動詞「統《す》べる」に基づく語である。関連する語として、星の「昴《すばる》」がある。「スバル」「Subaru」と表記すると英語のようであるが、ものごとを統括することを意味する「統《す》べる」に関連する日本語である。すなわち「スメラミコト」とは、神の言葉を理解して統御する、といった意が込められており、そうした能力と資格を有する存在が、日本の「天皇」なのであった。「御言《みこと》」——、神の言葉を理解する能力を有して、これを伝えて統治するのが、天皇の役割であったのである。

天皇は、神の言葉を人に伝える媒介者ということができるが、しかしながら、天皇がダイレクトに人々に言葉を発するわけではない。さらに天皇と人々との間を媒介する役が必要とされたが、これが中臣氏の役割であった。

中臣——「中つ臣」には、天皇と人の間の臣下、といった意があると考えられている。中臣氏は、天皇の言葉を理解して人々に伝える宗教者であったわけである。神祇令の第九条には「中臣、祝詞《のとごと》、宣《のた》べ」（中臣氏は祝詞に奉仕せよ）と規定されるが、祝詞とは「宣《の》り詞《と》」のこと。「宣る」とは本来、神や天皇が、その意思を言葉を発して表明することであるが、中臣氏は、天皇に代わって祝詞を読み上げることを重要な職掌としたのである。

なお、この第九条の祝詞は、祈年祭における職務について述べたものである。祈年祭は、先に見たように、年の初め二月にその年の稲の成育を祈願する、宮中における予祝儀礼である。中臣氏は、本儀礼で諸国がそれぞれの国の神を祭祀することを、天皇に代わって祝詞を読み聞かせて、命令したのであった。こうしたことにも窺われるように、天皇は、近代における独裁的な専制君主のごとき存在ではなく、稲を中心とする農耕を司る王であったのである。

古代宮中祭祀組織――天皇を廻る宗教者と呪術者

宮中には、中臣氏のほかにも、さまざまな特殊能力をもって天皇に仕える臣下たちがいた。

たとえば、大嘗祭は、天皇が即位の後に、一度だけ行う大がかりな新嘗祭であるが、卯の日の神祭の翌日に行われる辰の日節会においては、中臣氏が「天神寿詞《あまつかみのよごと》」を奏上する。一方、忌部氏は、皇位の象徴たる神璽としての剣と鏡を天皇に献上した。忌部氏は、祭祀に使用する玉を制作する玉造を率いる氏族であった。特に仏教の移入をめぐって蘇我氏との抗争により物部氏が滅亡した後は、中臣氏とともに宮中祭祀の中核を担った。

大嘗祭において儀礼の中心となるのは、天皇自らが皇祖天照《あまてらす》に、その年に収穫された稲を供えることである。この稲に加えて、諸国より各地域の贄《にえ》（供物）や祭器が献上された。紀伊国からは鮑・巻き貝・螺《にし》・古毛《こも》（海草の一種）、阿波国からは貝類・海草・里芋、三河国からは神の衣たる和妙《にぎたえ》・荒妙《あらたえ》を織るための糸、淡路島からの甕・土器・壺等が献上されたのがその例で、国単位で、大嘗祭のための諸役が割り当てられた。全国が、国を単位としてそれぞれの贄を奉ることによって、大和朝廷への服属を誓う意味があったのである。

大嘗祭の前日の寅の日には、天皇の身体内の魂にさらなる活力を与えるための鎮魂祭が行われたが、これは

「猿女《さるめ》」という一族の巫女が行った。奈良時代に書かれた歴史書『古語拾遺』「神武天皇条」には「猿女君の氏は、神楽《かぐら》の事に供《つか》へまつる」と見える。また「鎮魂《たましずめ》の儀は、天鈿女命《あめのうずめのみこと》の遺跡《ゆいせき》、しかれば則ち御巫《みかんなぎ》の職は旧氏に任すべし」とも書かれるように、その呪術《ワザ》は記紀に天照が籠られた磐戸の戸を開けるために神憑りして舞ったアメノウズメの呪法を伝えるものであった。

ちなみにこの時、中臣氏の祖アメノコヤネは祝詞を唱え、忌部氏の祖フトダマは神籬を幣帛や玉・鏡等で飾り立てて、ともに天照の出現を祈っている。これら、天皇に奉仕することを職掌とする神祇氏族は、律令制下においては神祇官に所属してそれぞれの神話時代以来の先祖の神々の呪術《ワザ》をもって祭祀に奉仕したのである。

伊勢神宮の祭主と斎宮

朝廷は、皇祖天照の鎮座する伊勢神宮に対しては、特別に祭主《さいしゅ》職を置いて、祭祀を主導した。神宮官長・惣官とも呼ばれるようになる本職は、大中臣・中臣氏が任命される慣例であった。その始まりについて、垂仁天皇の時代に、天照の伊勢鎮座に際して大鹿島《おおかしま》が任命されたことにより、その後、大鹿島の子孫たる中臣氏により継承されたとの伝承が存する（北畠親房『職源抄』）。史実としての初見は、弘仁六年（八一五）より大中臣淵魚《ふちうお》が祭主職を勤めたとされる記事で（嘉祥三年（八五〇）三月条）、天皇との私的な関係の強い令外官の性格の強い職として成立したものと推測されている。

その最大の職務は、祈年祭・両度の月次祭《つきなみさい》（六月・十二月）・神嘗祭《かんなめさい》（九月）への幣帛使を勤めることで、祝詞《のりと》奏上によって天皇の叡慮を神宮へ伝えることにあった。

伊勢神宮においてはまた斎宮《さいぐう》（いつきのみや）、あるいは斎王と呼ばれる、皇室より選任された女性が奉仕した。その職務は、両度の月次祭・神嘗祭の際に、神宮に赴いて、太玉串《ふとたまぐし》を奉じて、天照への祈りを捧げることであった。

斎宮は、本来は斎王の居所を指すが、斎王その人の呼称ともなった。その始まりは、垂仁天皇の御代、天照の報斎を命じられて伊勢神宮を創始したとされる倭姫命《やまとひめのみこと》であると伝えられるが、制度化されたのは、天武朝の大伯《おおく》皇女からである。元来、天皇の姉妹より選ばれるものであったが、平安期には、親王の娘より選ばれることが多くなり、亀卜によって決定された。

斎宮は天皇の即位と同時に新任されるが、まず宮中の初斎院《しょさいいん》において、さらに、嵯峨野の野宮《ののみや》――野宮神社はその跡である――で二年間の潔斎の生活をおくる。その後、宮中の大極殿に参上して天皇にお別れの挨拶をして、郡行して伊勢に向かう。京都からの旅は五泊六日を要し、祓川で禊をして伊勢斎宮に入ったのであった。

この伊勢の斎宮のほかに、神に奉仕する未婚の皇女として、京都賀茂社においても斎王（斎院とも）が置かれた。嵯峨天皇の御代、有智子《うちこ》内親王を賀茂斎王としたことに始まるとされるが、賀茂祭（葵祭）をはじめとする神事に奉仕することを職務とした。

結び

本論稿では、古代の日本の天皇を頂点とする国家における稲作と、国家統治のための稲作祭祀の重要性について、その民俗的な伝承と意味・意義をも考えつつ検討した。

日本の稲作は中国の南方を起源として伝来し、弥生時代には水田稲作が東北地域にまで伝播していた。

古墳時代を経て四世紀大和政権が成立するが、日本は稲が豊かに稔る「瑞穂の国」として天皇を頂点とする国土統治を行うようになる。

春の種蒔・田植えから収穫まで、稲作の周期は一年のサイクルの認識の基本となった。年の替り目である正月は、秋の収穫と春の種蒔との間に設定された。正月行事は、餅を供えることなどに稲と深く関わる行事であることが明確に見て取れるが、現代のような家で夜、心身を清らかにして過ごし、神を迎えもてなすといった習俗の原形は、すでに神話の世界に見られるものであった。沖縄や奄美大島など西南の亜熱帯の地域での収穫は早く七～八月には完了し、その後、九月頃に新年とみなされる村落単位の稲に関わる行事が行われる。年の始まりの認識が、民俗のレベルでは、太陽や月の運行に基づく月日の判断より、稲作の工程が優先され、収穫と次の種蒔の間の時節に設定されていたのである。

古代、朝廷においては、年初にその年の稲の祈願を行う「祈年祭」や収穫祭である「新嘗祭」等、国家儀礼が整備される。天皇の即位の年の「新嘗祭」は、大規模な「大嘗祭」として行われたことからも、天皇による国土統治と稲作祭祀とが不可分な関係にあったことがわかる。これらの祭祀は、アメノコヤネを先祖として祝詞に奉仕する中臣氏、フトダマを先祖として玉を作る忌部氏、アメノウズメを先祖として鎮魂呪術を行う猿女《さるめ》氏など、神話の神々を先祖として神祇祭祀を専門とする氏族の奉仕のもとに行われた。

日本では仏教伝来以前に、こうした天皇を頂点として神祇氏族の祭祀が行われ、国家統治に重要な役割を果たしていた。そうした神話時代以来の伝統に基づく祭祀の体制があったにもかかわらず、六世紀、日本は鎮護国家を目的として、インドより発祥した仏教を取り入れることを決意し、仏を祀る寺院を建立し、宮中でも仏教儀礼を行うようになる。

仏教を取り入れた日本は、仏や菩薩・如来と日本の神祇との関係などどのように考え、それぞれの祭祀を行なうことにするのか、あるいは、外来の宗教を尊重して、神話時代以来の日本の神祇信仰を排除するのか、その対応は、国家のかたちを再構築する上でも難題であり、その導入にあたっては朝廷内の対立も引き起こった。

しかしながら、平安時代には、日本の神祇は仏・菩薩・如来の化身と考える本地垂迹思想の広まりとともに、現実世界では寺院と神社とが一体化する。日本の神祇は仏法を守護する護法神として寺院の境内、あるいは境内の周囲に建てられ、寺院の鎮守社となる。興福寺と春日社、東大寺と八幡宮、延暦寺と日吉山王社の関係をその代表として挙げることができ、僧侶が神祇を祭祀する、寺院の鎮守社祭礼が成立する。興福寺が春日若宮神を祭祀する春日若宮おん祭りや、延暦寺が日吉社を祭祀する日吉山王祭等の大規模祭礼は現代にまで伝承されている。

寺院が神社と結びつき共同体の五穀豊穣や病気平癒等、公的な祈願を行うシステムは村落の社会組織のモデルともなった。山あいから流れる川に沿って水田が広がり、鎮守社と寺院とが存する日本の村落の景観は、数世紀~千年を超える耕地の開拓、灌漑設備の構築によって形成されるが、その方向付けが、稲作の伝来後、仏教を受容した古代になされたのである。

Ⅲ　古代律令祭祀の成立と展開

唐の祠令と日本の神祇令

丸山　裕美子

はじめに

日本の古代、律令制国家において、さまざまな制度が中国・唐の制度——礼と律令格式を中心とする法——に倣っていることは周知のところである。そのなかで、祭祀制度に関しては、日本の独自性が際立っており、日本固有の伝統的な祭祀慣行が、そのまま神祇令に成文化されたかのように見える。実際、日本の神祇令に定める個々の祭祀の内容は、唐の祠令とは多くの点で異質である。

しかしながら、日本の神祇令が、唐の祠令を参照して作られたものであることは、夙に薗田香融氏や菊池康明氏が指摘し[注1]、井上光貞氏によって、条文構成の明快な比較検討がなされて[注2]、今日では通説となっている。そもそも日本の律令は、中国の隋・唐の律令を継受して成立したが、社会の実情に合わせて改変している。律令という法典を、中央集権国家の統治システムとして体系的に導入したものであって、個々の条文については編目によって、その継受の度合いが大きく異なるのである。

神祇令に関しても、個々の祭祀は異なるものの、全体的な構成と、祭祀体系の排列、斎の禁忌や期間、祭祀の管理・運営などについて、祠令との類似点が確認される。日本の神祇令が、唐の祠令を継受して成立したことは間違いない。令だけではない。律に関しても、養老職制律に規定する神祇祭祀に関わる罰則は、おおむね唐律に準拠している。[注3]

その一方で、日本の神祇令の祭祀は、唐の祠令に含まれる宗廟祭祀を取り入れていないし――のちには伊勢神宮が宗廟化するが[注4]――、逆に祠令には含まれない即位儀礼の規定を立てている。また中国の祭祀には欠かせない動物犠牲を用いることがないなどの違いがある。その上、最も重要な違いとして、唐の祠令の祭祀には存在しない「班幣」という祭儀をもつことが指摘される。[注5] 祈年祭と二度の月次祭、それに新嘗祭（大嘗祭）という四つの恒例の公的祭祀は、班幣祭祀、すなわち、神祇官において諸神・諸社に幣帛を班つという祭儀をもつ。

班幣という祭儀をもつ神祇令の祭祀については、中国の皇帝祭祀との比較から、かつてその意味を論じたことがある。[注6] すなわち、中国においては、天命を受けた皇帝だけが、天を祭る権利を持っていた。そして中央集権化が徹底していた中国においては、皇帝が派遣した州・県の官僚が、地方の社稷の祭祀を行うことで、皇帝により地方の祭祀が統制されていた。それに対し、神祇令制定時の日本においては、天皇が直接、地方の祭祀を統制することができず、地方の祭祀の主宰者を中央に集め大規模な班幣を行うことによって、間接的に統制が図られた。神祇官の設置と「班幣」というシステムによって、天皇は「天つ神」の子孫＝天孫としての権威を地方に浸透させることになったのである。

粗削りながら、そうした一応の見通しを踏まえた上で、本稿では、あらためて「唐の祠令と日本の神祇令」について、考えてみたい。その際、まず唐祠令の復原についての概要と、祠令の構成について明らかにし、さらに近年紹介された唐の祠令逸文（Дx.三五五八）について紹介する。その上で、唐の祠令と日本の神祇令を比較検討しようと思う。個別の条文の比較ではなく、全体の構成・構造的な部分の比較を中心に行う。なお本書の他の章では、日本の神祇令に触れることが多いであろうから、本稿では唐の祠令について、やや詳しく述べることとする。

一　唐祠令の復原と構成

はじめに、唐の祠令の復原状況について確認しておこう。

唐の祠令は、唐令の他の編目と同じく早くに散逸してしまったが、『大唐開元礼』『大唐郊祀録』をはじめとして、『唐六典』『通典』などにより、仁井田陞『唐令拾遺』（一九三三年）には四六条が復原されている。注7

唐祠令の復原典拠のうち『大唐開元礼』一五〇巻は、貞観礼一〇〇巻、顕慶（永徽）礼一三〇巻についで編纂された唐の礼典で、開元二十年（七三二）に完成した。皇帝と官僚たちによって執行される国家の儀礼を、序例三巻ののち、吉礼七五巻、賓礼二巻、軍礼一〇巻、嘉礼四〇巻、凶礼二〇巻に分類し、詳細な儀式次第を記す。礼制は令や式と密接な関係をもつから、『大唐開元礼』の序例上と序例下には祠令相当文が多く載せられている。注8

また『大唐開元礼』の吉礼は、皇帝が天地の神々を祀る祭祀、宗廟の祭祀、州県の祭祀で、必然的に祠令に規定される国家祭祀で占められることになる。

『大唐郊祀録』一〇巻は、八世紀末から九世紀初の礼官であった王涇の編になり、凡例三巻ののち、祀礼四巻、祭礼一巻、饗礼二巻として国家祭祀に関わる礼を記し、『大唐開元礼』の吉礼部分を補足する。祠令に関しては、この『大唐郊祀録』が『大唐開元礼』と並んで重要な復原典拠となる。ちなみに『大唐開元礼』による復原祠令は参考史料の場合も含めて三九条、『大唐郊祀録』による復原祠令は一二条あり、重複を除いて、『唐令拾遺』の祠令全四六条中四一条がこの二つの史料から復原されている。[注9]

『唐令拾遺』が刊行された後、日本の尊経閣文庫所蔵の『天地瑞祥志』が引用する唐祠令逸文が紹介された。[注10]『天地瑞祥志』は、唐の薩守貞の撰で二〇巻、麟徳三年（六六六）の成立とされる。『天地瑞祥志』の引用する唐祠令は、二七条（実際には二条分をまとめたものもあるので『唐令拾遺』『唐令拾遺補』の条文だと三一条分に相当）に及ぶが、そのほとんどはすでに『唐令拾遺』で復原されていた条文である。とはいえ、『天地瑞祥志』引用の唐祠令は、永徽令であると推定されており、[注11]『大唐開元礼』や『大唐郊祀録』、『唐六典』『通典』から復原される開元七年令や開元二十五年令とは異なり、令文の変遷を知る上で貴重である。

仁井田陞著・池田温責任編集『唐令拾遺補』（一九九七年）においては、新たな復原条文が、可能性のあるものを含めて、二三条立てられている。[注12]ここでも『大唐開元礼』からの復原（仁井田陞『唐令拾遺』に収録されなかったもの）が中心で、一九条を占め、別に『天地瑞祥志』からの復原が三条ある。『唐令拾遺』と合わせると、計六九条が、唐祠令の可能性のある条文として、復原されていることになる（うち『大唐開元礼』を参考も含めて典拠にあげるのは五八条を占める）。

一九九九年に発見された北宋天聖令残巻には、祠令は含まれていないし、後述するように、近年新たに唐祠令の逸文が紹介されたが、これもすでに復原されていた条文であるので、現状では唐祠令については、基本的に『唐令拾遺』『唐令拾遺補』の復原によることになる。

条文は復原できても、排列を復原することは難しい。しかし基本的に『大唐開元礼』序例の記載順であろうことは推測され、また内容的にいくつかのグループにまとめられる。ほとんどの条文が『大唐開元礼』によるので、開元七年令ということになるが、『唐令拾遺』『唐令拾遺補』に復原された唐祠令を内容に即して分類すると以下のようになろう。

（1）祠令の祭祀の定義、大祀・中祀・小祀の区分

第一条、第二条

（2）恒例祭祀の行事の大綱

第四～三三条、補一～補三条（天神地祇、宗廟、釈奠、州県）

（3）犠牲、祭器、運営についての規定

第三条（祭日の卜定）、第三四～三六条、第四五条、第四六条、補四～補六条、補九～補二一条

（4）斎に関する規定

第三七～四一条、補七条、補八条

（5）臨時祭祀についての規定

第四二～四四条、補二三条

第四条から第三三条及び補一条から補三条は、皇帝による天神地祇の祭祀、皇帝の宗廟祭祀、釈奠と州県の祭祀が『大唐開元礼』序例上の「神位」の順に並べられている（本来の排列は不明だが）。もっとも、唐代においては郊祀の制度も宗廟の制度も何度か改変されている。[注13] 開元礼（七三二年）以降は、あまり変化はなかったようであるが、それ以前の貞観礼（六三七年）・顕慶礼（六五八年）と開元礼とでは礼の解釈の変遷があった。そのた

め、祠令に定める祭祀に関しても、令によって変遷があることになる。

例えば孟春（正月上辛）の祈穀の祭祀は、貞観令では感生帝を南郊に祀るものであったが、顕慶令や開元令では昊天上帝を円丘で祀ることに変更された。孟夏（四月）雩祀などは、武徳令では昊天上帝を祀るものであったが、貞観令では五方上帝に変更され、さらに顕慶令や開元令では再び昊天上帝を祀ることになっている。これらは唐代における礼の解釈の変化を反映しているのだが、要は編纂時期が異なれば、同じく唐祠令といっても、条文の内容は少しずつ異なるのである。先代帝王の祭祀や先蠶の祭祀、諸太子廟や五龍祠のように、あとから加わった祭祀もある。

なお編纂時期による変遷として、日本の令との関係で問題になるのは、釈奠の扱いであろう。釈奠が祠令に加えられたのは、開元七年令以降であることにも注目しておく必要がある。釈奠は貞観令では学令に規定されていた。『唐会要』巻三五「釈奠」には、

（貞観）二十一年（六四七）、中書侍郎許敬宗等奏、今後国学釈奠、国子祭酒為㆓初献㆒……学令、祭以㆓太牢㆒、楽用㆓軒懸六佾之舞㆒、並登歌一節、……

とある。日本令では釈奠は学令に規定される。日本令の藍本は永徽令（六五一年）とされるが、永徽令においても釈奠は学令に存在したと推定される（『唐令拾遺』）。ただし釈奠の対象となる先聖・先師の解釈は永徽令と日本令とでは異なっていることも知られている。注14

ともあれ、唐の祠令は、恒例の皇帝祭祀と宗廟祭祀、州県の祭祀の大綱を規定し、犠牲・祭器などの調度の規定、斎の規定、臨時祭祀の規定から構成されていること、時期により祭祀の種類や祭祀の対象が変遷していることなどが確認できた。令は行政法であるのだから当然ではあるが、唐の祠令は、大綱は維持しつつも、時代の要

請に応じて、令文に変遷があったのである。

二　新出の唐祠令二条――Дx.三五五八

一九九九年、北宋天聖令の発見とほぼ時を同じくして、栄新江・史睿氏により、ロシア科学アカデミー東方研究所サンクト・ペテルブルク支所所蔵の敦煌文献Дx.三五五八が、唐祠令の逸文を含むことが紹介された。[注15] ロシア所蔵の敦煌文献は、一九九二年から二〇〇一年にかけて、『俄蔵敦煌文献』全一七冊として刊行された。[注16] Дx.三五五八が収載されたのは第一〇冊（一九九八年刊行）であるが、そこではこの断簡は「道教経典」として載せられている。栄新江・史睿氏はこの断簡を、唐永徽令の抄出本（台省職員令と祠令）としたのである。その後、李錦繡氏は、唐祠令ではなく唐祠令を含む『格式律令事類』祠部の断簡（主客式と祠令）であると論じた。[注17]

李錦繡氏以前に、雷聞氏が、同じロシア所蔵の敦煌文献Дx.六五二一（『俄蔵敦煌文献』第一三冊（二〇〇〇年刊行）所収「唐律」）について、『格式律令事類』の断簡（考課令と戸部格）であることを明らかにしており、[注18] 辻正博氏も、この二つの断簡が、『格式律令事類』残巻であるとして、唐代法典研究の上での意義を論じている。[注19]

『格式律令事類』四〇巻は、開元二十五年（七三七）に編纂された。[注20] 開元二十五年には、律一二巻、律疏三〇巻、令三〇巻、式二〇巻、格（開元新格）一〇巻が編纂されたが、『格式律令事類』はこれらとともに、律・令・格・式を実務者向けに部類別に選定編集して成立した法典で、のちの宋代の『慶元条法事類』（四〇巻、一二〇二年完成）に類するものであったと推測される。開元二十五年の『格式律令事類』は、宋代には散逸し、現存しないから、これらが『格式律令事類』残巻だとすれば、法制史上極めて重要である。

さて、Дх.三五五八が『格式律令事類』の断簡であるなら、その内容は開元二十五年令式ということになるが、実はそう簡単に断定はできない。この敦煌文献が唐の法典であることを最初に指摘した栄新江・史睿氏は、李錦繡氏の説に対して反論し、引用される祠令は開元二十五年令ではなく、永徽令を顕慶年間に修訂したものであるとし、『格式律令事類』ではなく「令式彙編」とでもするのが妥当だとする。[注21] いずれにせよ、祠令を含むことは間違いないので、ここで、問題のДх.三五五八の釈文をあげて検討しておこう。

1 ［　　］□六［　　］
2 ［　　］四時享廟牲牢調度
3 ［　　］几案有闕亦官給主客
4 ［　　］
5 ［　　］
6 ［　　］上帝皇地祇神州
7 ［　　］月星辰先代帝王岳鎮
8 ［　　］等為中祀司中司命風
9 ［　　］之属為小祀州県社及
10 ［　　］
11 ［　　］□円丘高祖配牲用蒼
12 ［　　］□日月用方色犢各一五
13 ［　　］中官一百五十九座外

上質な黄麻紙に界線が引かれ、丁寧な楷書で記されており、おそらくは州レベルで書写されたものであろう。上半分は切断されていて文字が欠けているが、下部はもとのまま残っている。2～4行が主客式あるいは祠部式、6～10行と11～13行が祠令と考えられている。

主客式は、『白氏六帖事類集』巻二一に引く「主客式。二王後、毎年**四時享廟、牲牢・調度**・祭服・祭器、一切並官給。其帷帳**几案闕、亦官給。主**司四時省問」（ゴチックが断簡に一致する）にあたり、李錦繡氏は、この主客式が、開元三年（七一五）二月の勅（『唐会要』巻二四「二王三恪」）に基づくものとし、この断簡が開元三年以降のものとみる。一方、栄新江・史睿氏は「主客式」ではなく、「祠部式」の可能性を指摘する。注22『白氏六帖事類集』では「主客式」の文中に「主司」とあって、「主客」とないこと、Дx.三五五八が「主客」と記していることは、これが主客式ではないからだとする。内容的には「祠部式」でもおかしくないのだが、開元三年以降の主客式かどうかは、Дx.三五五八が『格式律令事類』か否かに関わる。軽々には判断できないので、今後の課題としておきたい。

6～10行と11～13行については、これが祠令であることは間違いない。ただ李錦繡氏や辻正博氏は、これを開元二十五年祠令とし、栄新江・史睿氏は、永徽令を顕慶年間に修訂したものであるとする。

まず6～10行の祠令は、国家祭祀を大祀・中祀・小祀の三つに区分する『唐令拾遺』祠令復原第二条に相当する。唐の祭祀の三区分は、隋の高祖のときに制度化されたものと考えられ、先に祠令の祭祀が時代により変化することを述べたように、変遷がある。注23

まず永徽令の祠令は、『天地瑞祥志』巻二〇「祭総載」には、

祠令曰、昊天上帝・五方上帝・皇地祇・神州等為二大祀一〈散斎四日・致斎三日也〉、（社稷脱か?）日月・星辰・岳鎮・海瀆・先農等為二中祀一〈散斎三日・致斎二日〉、司中・司命・風師・雨師・諸星・山林・川沢之属為二小祀一、州県之（社稷・釈奠脱か?）准二小祀例一也〈散斎二日・致斎一日〉。

とある。一方、開元七年令は、『大唐開元礼』などから以下のように『唐令拾遺』に復原されている（『唐令拾遺』は開元二十五年令も同じとする）。

国有二大祀中祀小祀一。昊天上帝、五方帝、皇地祇、神州、宗廟、皆為二大祀一。日月、星辰、社稷、先代帝王、岳鎮、海瀆、帝社、先蚕、孔宣父、斉太公、諸太子廟、並為二中祀一。司中、司命、風師、雨師、霊星、山林、川沢等、並為二小祀一。州県社稷、釈奠、及諸神祠亦准二小祀例一。

重要なのは、Дx.三五五八にみえる「先代帝王」が永徽令にはないこと、開元七年令では「先代帝王」の前に「社稷」がきており、Дx.三五五八の「先代帝王」の前に「星辰」があるのと順序が違っていること、Дx.三五五八のように「小祀」の前に「之属」という表記が認められるのは永徽令までであることである。

永徽令の施行後、祠令の祭祀は随時増補修訂された。まず永徽三年（六五二）三月には先蚕が中祀とされ、顕慶二年（六五七）七月に先代帝王が中祀に加わった。すなわち、『唐会要』巻二二「前代帝王」に、

顕慶二年七月十一日太尉長孫無忌議曰、……礼及令、無下祭二先代帝王一之文上、今請下幸遵二故実一、修中附礼文・令上、三年一祭、仍以二仲春之月一、祭二唐堯于平陽一、……

とある。顕慶礼において「先代帝王」が加えられ、それが永徽令を顕慶年間に修訂した令にも附されたことは間違いない。

また開元七年令以降、「社稷」は「先代帝王」の前に配置されていたし、「之属」という表記も開元七年令以

降は見られない。これらのことから、栄新江・史睿氏は、Дx.三五五八は、永徽令を顕慶年間に修訂したものとみなしたのである。[注24]

11〜13行は、『唐令拾遺』祠令復原第四条にあたる。冬至に円丘で昊天上帝を祀るという最も重要な国家祭祀の規定である。

この条文もまた時期による変遷がある。武徳令では「景帝」を配していた（『通典』による）ものが、『天地瑞祥志』による永徽令では「太祖」を配し、『大唐開元礼』による開元七年令では「高祖」を配しているのである。Дx.三五五八は「高祖」を配しているから、永徽令ではない。ただし高祖を配したのは、貞観末であるという『通典』巻四四「大享明堂」の記述もあり、円丘祭祀においていつ高祖が配されたのかを確定することはできない。

12行目の「日月用二方色犢各一、五」であるが、この部分は、『天地瑞祥志』巻二〇「封禅」に引く永徽令と一致する。

今大唐祠令曰、冬至日、祀二昊天上帝於円丘一、**太祖配**、**牲用二蒼犢二一**、其従祀五方上帝・**日月用二方色犢各一一**、**五**星以下内官四十二座・**中官一百卅六座**・外官一百十二座・衆星三百六十座、加二羊九・豕九一。……

しかし13行目の「中官一百五十九座」については、『天地瑞祥志』所引の永徽令では「中官一百卅六座」であるが、開元七年令では「中官一百六十座（『唐六典』では一百五十九座）」である。この数字は永徽令よりも開元七年令が近い。永徽令から開元七年令までの間のいつの時点で一三六座が一五九座に増加したのかは不明である。栄新江・史睿氏は、顕慶礼段階での礼典の改修を踏まえ、永徽令を顕慶年間に修訂したものとみるが、断定はできないと思う。

煩雑な紹介に終始してしまったが、現段階では、Дx.三五五八が『格式律令事類』かどうかは判断が難しい。ただ、Дx.三五五八が二条の唐祠令逸文を含んでいることは認められる。そしてこの二条が、開元二十五年令であれ（『格式律令事類』なら開元二十五年令）、永徽令を顕慶年間に修訂した令であれ、唐の祠令の各条文が、骨格はそのままに時期により内容に変遷があることを再確認させてくれたといえるであろう。

三　日本の神祇令と唐の祠令

『唐令拾遺補』によって唐祠令の復原条文は増えたし、敦煌文献の唐祠令が新たに紹介されたわけだが、祠令の構成については、『唐令拾遺』の段階とほとんど変わらない。日本の神祇令が、唐の祠令と全体的な構成がほぼ一致するという、井上光貞氏の指摘はそのまま継承される。日本の神祇令の構成について、井上氏の分類を踏まえ、別に柴田博子氏による分類も参考に[注25]、私案を示すと以下のようになる。

（1）神祇令祭祀の定義
　第1条
（2）恒例祭祀（仲春祈年祭～季冬道饗祭）の行事の大綱
　第2～9条
（3）即位儀礼についての規定
　第10条、第13条、第14条
（4）斎に関する規定、大祀・中祀・小祀の区分を含む

第11条（斎の禁忌）、第12条（斎の期間による大祀・中祀・小祀の区分）

（5）祭祀の管理・運営についての規定

第15条、第16条（供祭祀幣帛などの管理）、第17条（臨時の奉幣）

（6）大祓の行事の大綱

第18条、第19条

（7）官社の管理についての規定

第20条（神戸）

（1）（2）と分けたが、1～9条は全体で一つをなすこと、第1条が総則で、第9条の後半部分が全体の結語にあたること、『律令』神祇令の頭注の指摘する通りである。柴田博子氏は、1～9条を全体で一条とみるべきとするが、神祇令の条数は『令義解』に「凡弐拾条」とあり、『律令』の条文の数え方に従いたい。唐祠令でも恒例祭祀はそれぞれ一条で立条されている。

さて、これを先にみた唐祠令の構成と比べると——これまでにも指摘されてきたことではあるが——、宗廟の祭祀がないこと、逆に即位儀礼の行事や大祓が規定されていること、犠牲の規定がないこと、臨時祭祀に関する規定がないことなどの大きな違いがある。祭祀の禁忌に「食宍」＝肉食をあげるなど、日本独自の慣習による規定もある。

第一にあげるべき祈年祭や月次祭のいわゆる「班幣」祭祀については、先にも触れたので、ここではそれ以外の違いや共通点について、その意味を考えてみたい。

第二に、日本の神祇令が宗廟の祭祀を継受していないこと、逆に大嘗祭を含む即位の行事を神祇令に規定していることは、神祇令と祠令との、ひいては中国の皇帝と日本の天皇との大きな違いである。日本の天皇は、「天つ神」の子孫＝天孫（「皇御孫命」）であるので、天神地祇を祀ればよく、宗廟を享する必要はないのである。宗廟の祭祀が存在しないので、祭祀と享の区分も必要ない。逆にその天孫の地位を引き継ぐ儀礼である即位儀礼が規定されることになる。

第三に、日本は祭祀における動物犠牲を継受することはなく――民間祭祀のなかに例外的にみられるものの――、肉食を禁忌とし、大祓という中国にはない行事を規定する。これらのことは、血の穢を忌み、清浄を旨とする日本の祭祀の特質を示している。

第四として、大祀・中祀・小祀の区分について、唐の祠令は祭祀の対象となる神位に応じて区分しているのに対し、日本の神祇令は、斎の期間によって区分している。大祀・中祀・小祀という三区分そのものは、祠令に倣いつつ、独自の基準＝斎の期間によっていることも注目すべき点である。[注26]

祭祀における「斎」という文字や「致斎」「散斎」という表記は、祠令による――というより『礼記』など中国の古典による――が、「ものいみ」「まいみ」「あらいみ」という慣習を法制化したものである。その期間も、唐の祠令とは異なっている。

唐の祠令では、大祀は散斎四日・致斎三日、中祀は散斎三日・致斎二日、小祀は散斎二日・致斎一日である。一方、日本の神祇令では、散斎一月を大祀、散斎三日を中祀、散斎一日を小祀とする。大祀の散斎が唐では四日なのに対し、日本では一か月という大きな違いがある。神祇令10即位条によれば、即位儀礼における天神地祇の惣祭が、「散斎一月、致斎三日」であるから、「大祀」であり、これは後の践祚大嘗祭を指す。

祠令における大祀は、先にみたように、昊天上帝、五方上帝、皇地祇、神州、宗廟である。昊天上帝は宇宙の主宰者、五方上帝は天の五方に配される天神、皇地祇は昊天上帝に対する地神、神州は地神のなかで特に重んじられたものとされる。[注27] つまり祠令における大祀とは、天地の神と皇帝の祖先の祭祀である。このことも、先述したように、天命を受けて――天神地祇から委託されて――即位した中国の皇帝と、天孫であることに即位の根拠がある日本の天皇との違いが対応している。

なお大祀・中祀・小祀について、日本の神祇令は即位儀礼における天神地祇の惣祭が大祀相当であることを規定するのみで、中祀・小祀にあたる祭祀についての規定がない。しかし『日本後紀』弘仁十年（八一九）三月甲午条（逸文）に、「勅。山城國愛宕郡賀茂御祖幷別雷二神之祭、宜レ准二中祀一」（『類聚国史』五）とあり、賀茂蔡を「中祀」に准じるものとしているから、これ以前に神祇令のそれぞれの祭祀を、中祀・小祀とする規定が存在したと考えられる。弘仁神祇式と推定される条文が『小野宮年中行事』に引用されており、

一　践祚大嘗祭為二大祀一、祈年・月次・神嘗・毎年新嘗等祭為二中祀一、大忌・風神・鎮花・三枝・相嘗・鎮魂・鎮火・道饗等祭為二小祀一。

一　風神祭已上、並諸司斎之。鎮花祭以下、唯祭官斎之。

とある。[注28] この条文には、神祇令で定められた祭祀しか見えず、園韓神祭や春日祭など賀茂祭以前に恒例の公的祭祀となったものは載せられていない。弘仁式段階で新たに規定されたものではなく、それ以前、神祇令の施行後まもなく単独の諸司式として成立していたものと考えるべきではないかと思う。

神祇令9条後半には、

前件諸祭（仲春祈年祭～季冬道饗祭まで）、供神調度及礼儀、斎日皆依二別式一。

とある。この別式にあたるものであったと思う。祭祀を大祀・中祀・小祀に区分すること、諸司・祭官が執行す

ること、こうした祭祀のシステム化（制度化）こそが、神祇令が唐の祠令から継受したものということができるであろう。

第五、神祇令の個々の恒例祭祀については、早川庄八氏の指摘した祈年祭と唐の正月上辛祈穀との関連以外、ほとんど認められない。古瀬奈津子氏は、雨乞いの祭祀を例に、祠令の祭祀の受容には取捨選択のあったことを論じている。[注29]なお近年、佐々田悠氏は、日本の天神地祇の祭祀は、唐の社稷や岳鎮・海瀆に通じることを指摘する。[注30]ただし、こうした共通性は、祭祀一般にありうることであるから、祠令を継受したと評価するには慎重であるべきだと思う。

それよりも興味深いのは、佐々田氏の指摘する、日本の神祇令が唐の祠令の「有司摂事」システムを導入したという視点であろう。

第六として、この「有司摂事」の問題を考えてみたい。「有司摂事」とは、金子修一氏が明らかにした唐の皇帝祭祀のありかたである。[注31]「有司」というのは、この場合、祭祀を執行する諸司を指す。つまり臣下が皇帝祭祀を代行することを有司摂事というのである。『大唐開元礼』によると、唐代の皇帝祭祀のうち、大祀と中祀は概ね皇帝親祭が原則であるが、小祀はすべて有司が行うことが規定されている。金子氏は、また祭祀における皇帝の自称を検討し、大祀と中祀のうちの日月のみ「皇帝（天子）臣某」、それ以外の中祀は「皇帝（天子）某」、小祀は「皇帝（天子）」であり、皇帝が祝版に「某」＝自らの諱を自署することで、皇帝親祭とされたことを明らかにした。

さらに、『大唐開元礼』によると、大祀である「皇帝祀冬至円丘」においても「有司摂事」の規定がある。唐代の皇帝祭祀と有司摂事の実態を詳細に検討した金子氏は、皇帝親祭が原則である大祀・中祀においても、実際には皇帝が親祭することは稀で、恒例の祭祀においては、有司摂事による運営が普通であったことを明らかにした。皇帝による親祭は、準備に多くの時間を必要とし、特別な場合にのみ執行される祭祀であったのである。

佐々田氏は、この唐の皇帝祭祀を臣下が代行するシステムを、日本の神祇令が取り入れたのだとする。神祇官は有司摂事を固定化した官司であるとみるのである。神祇官が天皇祭祀を代行する官司であること、天皇祭祀を執行するための専門機関として設けられたことは明らかであり[注32]、継承すべき視点であると考える。

先述の大祀・中祀・小祀の区分、祭祀により諸司の執行、祭官のみの執行を区別することなども同様で、つまり、日本の神祇令は、唐の祠令の構造とシステムを継受して、日本の祭祀を天皇祭祀として制度化したものなのである。

神祇令の規定のなかで「天皇」の文字が見えるのは、10即位条の「凡天皇即位、惣㆓祭天神地祇㆒。……」だけであり、それも実際に天神地祇を祭るのは神祇官である。祈年祭以下の諸祭の規定には天皇に関する規定はない[注33]。神祇令1天神地祇条に、

凡天神地祇者、神祇官皆依㆓常典㆒祭之。

と明確に規定するように、神祇令の祭祀は神祇官が執行する祭祀なのである。神祇令には天皇親祭は規定しない。月次祭は規定しても、同日夜に行われる神今食――天皇と神との供食儀礼――は規定していないのである[注34]。

日本の律令は、天皇のための法典ではなく、国家の官僚のための法典であり、中央集権国家の統治システムを規定したものである。神祇令は、天皇祭祀を官僚（神祇官や「百官」）が執行する際の大綱を規定したもので、唐の祠令から継受したのは、こうした祭祀の制度化そのものということができるであろう。

おわりに

前稿では、日本の神祇令の祭祀の特徴として、その名称が漢字二文字で整然と表記されることに注目すべきことを述べた。平安時代に次々に恒例の公的祭祀とされる祭祀は、いずれも奉幣祭祀であることもあり、すべて神社名や神の名を冠して称される。賀茂祭や春日祭、園韓神祭など。しかし神祇令の祭祀は、神社名や神の名ではない。個別の神社を対象とする祭祀でさえ、鎮花祭、三枝祭などと称するのである。

神社の名前ではなく、祭祀の内容によって漢字二文字で表記される神祇令の祭祀は、唐の祠令に倣って、祭祀執行制度として創出されたものである。その祭祀体系の構想は、先行研究が明らかにしてきたように、天武朝に始まり、飛鳥浄御原令で成文化された可能性が高い。大忌祭や風神祭（神祇令4・6条）が創出されたのは天武朝であったし、宮城四角で行われる鎮火祭や京城四隅で行われる道饗祭（神祇令5・9条）が、方形プランの宮城・京城の成立＝藤原宮・京の成立と関わることも明白である。祈年祭や大嘗祭、相嘗祭、鎮魂祭、大祓も天武朝に関連記事がみえる。『日本書紀』持統四年（六九〇）正月朔条の持統天皇即位儀礼も、神祇令13践祚条と密接な関係をうかがうことができる。

大宝令の画期性も踏まえ、また祈年祭が全国レベルで展開するのが大宝令以降であるということもあって、神祇令の成立を大宝令とみる説もあり、[注35]天武朝に構想されたとしても天武朝の前半と後半とでは祭祀に対する構想が大きく転換したという説もある。[注36]それぞれに説得力のある指摘ではあるが、いずれも決定的ではなく、やはり現在までのところ、神祇令は、天武朝に構想され、飛鳥浄御原令で成文化された祭祀制度の規定であり、それが大宝令・養老令に継承されたとみるのがもっとも穏当ではないかと思う。

そしてその日本の神祇令は、唐の祠令に倣って成文化されたものである。唐の祠令と日本の神祇令について、論点はさまざまにあるが、先行研究を踏まえ、前稿・本稿で述べたところは、大きくは以下の二点にまとめられると思う。

一つは、日本の神祇令が、唐の祠令＝祭祀制度を取り入れて、天皇祭祀を制度化したものであるということである。個々の祭祀や、天神地祇の神々について継受したわけではない。唐の皇帝祭祀が、原則は皇帝親祭でありながら、実際には「有司摂事」という諸司（官僚）が祭祀を執行する体制を確立していたように、日本でも神祇官を設けて、祭祀を執行する体制を整えた。神祇令は、官僚のための天皇祭祀執行の大綱を規定したものなのである。

もう一つは、唐の祠令と日本の神祇令の祭祀が、中国の皇帝と日本の天皇のありかたを反映しているということである。神祇令の規定する「班幣」祭祀は、日本の天皇が、地方の祭祀を統括するためのシステムであった。中国においては中央集権化が徹底していたので、皇帝は中央で祭祀を行えばよかったが、日本の天皇は直接地方の祭祀を統制することができなかった。そしてこの「班幣」によって、天皇が「天つ神」の子孫＝天孫であるという権威を地方に浸透させることを図ったのである。

祠令には宗廟祭祀を規定するが、神祇令にはなく、逆に神祇令には即位儀礼を規定することも、同じ理由で説明が可能である。中国の皇帝は、天命を受けて即位し王朝を開く。天命が離れれば革命が起こってその王朝は亡びる。だからこそ皇帝は天神地祇を祀り、自らの祖先である宗廟を享す。日本の天皇は天孫であって、天と血縁でつながっている。宗廟の祭祀は必要ない。天孫の地位を引き継ぐ即位儀礼こそが重要なのである。践祚大嘗祭を大祀とし、散斎の期間が一月に及ぶのも、即位儀礼が、天孫としての天皇の正統性を示すものであるからに他ならない。

なお、今回紹介した新出の敦煌文献の祠令逸文（Дx.三五五八）は、わずか二条の断簡とはいえ、唐祠令の性格や唐の祭祀制度の変遷を考える際にも、また令と式や格の関係を考える上でも貴重な史料であり、今後さらに検討を加える必要があると思う。唐の祠令についての理解を深めることが、日本の神祇令のより正確な理解にもつながる。今後の課題の一つである。

注

1 薗田香融「神祇令の祭祀」（『関西大学文学論集』三―四、一九五四年）、菊池康明「律令体制と神祇イデオロギー――唐の祠令との関係から――」（『歴史学研究』三七八、一九七一年）。

2 井上光貞「神祇令の特質とその成立」（『日本古代の王権と祭祀』東京大学出版会、一九八四年、のち〈井上光貞著作集〉五『古代の日本と東アジア』岩波書店、一九八六年に再収）及び同氏担当の〈日本思想大系〉『律令』（岩波書店、一九七六年）神祇令の補注。以下に引用する神祇令文は、『律令』による。

3 職制律7大祀不預申期条、同8在散斎弔喪条、同9祭祀朝会侍衛条など。ただしこのうち養老職制律8在散斎弔喪条については、対応する唐職制律9条に比べ、刑罰が重くなっているという違いがある。日本律は、唐律より刑を一～二等軽くしているのが一般的なので、神事の物忌期間に斎戒のタブーを犯した場合の罰を逆に唐律より重く設定しているのは、日本においては神事における斎が重視されていたことの表れであろう。

4 高取正男『神道の成立』（平凡社、一九七九年、のち平凡社ライブラリー、一九九三年）。

5 早川庄八「律令制と天皇」（『日本古代官僚制の研究』岩波書店、一九八六年、初出一九七六年）は祈年祭の構造について、すぐれた分析を行った。その後、西宮秀紀「律令国家の〈祭祀〉構造とその特質」（『律令国家と神祇祭祀制度の研究』塙書房、二〇〇四年、初出一九八六年）や、大津透「貢納と祭祀――調庸制の思想――」（『古代の天皇制』岩波書店、一九九九年、初出一九九五年）、佐々田悠「律令制祭祀の形成過程――天武朝の意義の再検討――」（『史学雑誌』一一一―一二、二〇〇二年）などが律令制国家と「班幣」祭祀の意味、祭祀構造の研究を進展させた。

6 丸山裕美子「天皇祭祀の変容」（〈日本の歴史〉08『古代天皇制を考える』講談社、二〇〇一年、二〇〇九年に講談社学術文庫）。なお以下、本稿で「前稿」はこれを指す。

7 仁井田陞『唐令拾遺』（東京大学出版会、一九八三年、初版は一九三三年）。祠令は、一五九～二一三頁。

8 『大唐開元礼』及び『大唐郊祀録』と祠令については、古典研究会『大唐開元礼　附大唐郊祀録』（汲古書院、一九七二年）の池田温氏による解題を参照のこと。

9 『唐令拾遺』祠令において、『大唐開元礼』『大唐郊祀録』を復原典拠としないのは、二八条、三二条、三六条、四〇条、四六条の五条のみである。

10 新美寛編・鈴木隆一補『本邦残存典籍による輯佚資料集成（続）』（京都大学人文科学研究所、一九六八年）

11 太田晶二郎「『天地瑞祥志』略説――附けたり、所引の唐令佚文――」（『太田晶二郎著作集』一、吉川弘文館、一九九一年、初出一九七三年）。

12 仁井田陞著・池田温編集代表『唐令拾遺補』（東京大学出版会、一九九七年）。祠令は、四八七～五一四頁。なお祠令の復原については、『唐令拾遺補』刊行以前に、池田温「唐令と日本令――〈唐令拾遺補〉編纂によせて――」（池田温編『中国礼法と日本律令制』東方書店、一九九二年）で復原案が提示されている。

13 唐代の祭祀制度や宗廟制度の変遷については、金子修一『中国皇帝祭祀の研究』（岩波書店、二〇〇六年）に詳しい。

14 釈奠については、彌永貞三「古代の釈奠について」（『日本古代の政治と史料』高科書店、一九八八年、初出一九七二年）を参照。

15 栄新江・史睿「俄蔵敦煌写本《唐令》残巻（Дx.三三五八）考釈」（『敦煌学輯刊』一九九九年一期）。

16 俄羅斯科学院東方研究所聖彼得堡分所・俄羅斯科学出版社東方文学部・上海古籍出版社編『俄蔵敦煌文献』全一七冊（上海古籍出版社・俄羅斯科学出版社東方文学部、一九九二～二〇〇一年）。

17 李錦繡「俄蔵Дx.三三五八唐《格式律令事類・祠部》残巻試考」（『文史』六〇、二〇〇二年）。

18 雷聞「俄蔵敦煌Дx.〇六五二一残巻考釈」（『敦煌学輯刊』二〇〇一年一期）。

19 辻正博「『格式律令事類』残巻の発見と唐代法典研究――俄蔵敦煌文献Дx.〇三五五八及びДx.〇六五二一について」（『敦煌写本研究年報』一、二〇〇七年）。

20 『旧唐書』巻五〇刑法志には、「…総成律十二巻、律疏三十巻、令三十巻、式二十巻、開元新格十巻。又撰格式律令事類四十巻、以類相従、便於省覧。（開元）二十五年九月奏上、勅於尚書都省写五十本、発使散於天下」とある。

21 栄新江・史睿「俄蔵Дx.三三五八唐代令式残巻再研究」（『敦煌吐魯番研究』九、二〇〇六年）。

22 栄新江・史睿氏は、前掲注15論文では、「台省職員令」の可能性を指摘していたが、注21論文でこれを撤回し、新たに「祠部式」案を出した。

23 大祀・中祀・小祀の祭祀の三区分については、金子修一「皇帝支配と皇帝祭祀――唐代の大祀・中祀・小祀をてがかりに」（前掲注13書所収、初出一九七六年）を参照。

24 大祀・中祀・小祀の変遷を永徽令・永徽令の顕慶修訂本・開元七年令に限って示すと、以下の通りである。なお、栄新江・史睿氏は、『天地瑞祥志』所引の唐令を武徳令とする。

Ⅰ 永徽令（『天地瑞祥志』『唐律疏議』所引唐祠令）

大祀　昊天上帝、五方上帝、皇地祇、神州、宗廟

中祀　社稷、日月、星辰、岳鎮、海瀆、帝社（先農）

小祀　司中、司命、風師、雨師、諸星、山林、川沢之属

Ⅱ 永徽令顕慶修訂本（『旧唐書』礼儀志による推定）

大祀　昊天上帝、五方上帝、皇地祇、神州、宗廟

中祀　社稷、日月、星辰、先代帝王、岳鎮、海瀆、先農、先蚕、釈奠

小祀　司中、司命、風師、雨師、諸星、山林、川沢之属、

州県之社稷、釈奠及諸神祠准小祀

Ⅲ 開元七年令（『唐六典』尚書礼部、『大唐開元礼』序例）

大祀　昊天上帝、五方帝、皇地祇、神州、宗廟

中祀　日月、星辰、社稷、先代帝王、岳鎮、海瀆、帝社、先蚕、釈奠、諸太子廟

小祀　司中、司命、風師、雨師、霊星、山林、川沢等及州県社稷、釈奠

25 柴田博子「神祇令の成立」（『奈良女子大学文学部研究年報』三四、一九九〇年）。以下、本稿で触れる柴田氏の説は全てこれによる。

26 矢野健一「日本律令国家祭祀の等級について」（『史苑』四六―一・二、一九七八年）。

27 金子修一前掲注23論文参照。

28 虎尾俊哉編『弘仁式貞観式逸文集成』（国書刊行会、一九九二年）。なお『小野宮年中行事』は、「前後神祇式」として当該二条を引用し、つづけて、以下の二条を引く。

一　賀茂祭為㆓中祀㆒、諸司斎之。園韓神、平野、春日、大原野等祭為㆓小祀㆒、祭官斎之。

一　小祀祭官斎者、内裏不㆑斎。其遣㆓勅使㆒者、斎之。

賀茂祭が中祀となったのは、本文にも引くように弘仁十年であり、大原野祭が公的な祭祀となり、その制度が定められたのは、仁寿元年（八五一）（『日本文徳天皇実録』同年二月乙卯条）であるから、この神祇式は貞観式とみてよいであろう。「前後神祇式」の解釈は通説に従い、「弘仁式」と「貞観式」とみておきたい。この後、『延喜式』四時祭式上1条では、

凡践祚大嘗祭為㆓大祀㆒、祈年・月次・神嘗・新嘗・賀茂等祭為㆓中祀㆒、大忌・風神・鎮花・三枝・相嘗・鎮魂・鎮火・道饗・薗・韓神・松尾・平野・春日・大原野等祭為㆓小祀㆒。

として定着した。

29 古瀬奈津子「雨乞いの儀式について――唐の祠令と日本の神祇令――」（唐代史研究会報告Ⅷ集『東アジアにおける国家と地域』刀水書房、一九九九年）

30 佐々田悠「天武の親祭計画をめぐって――神祇令成立前史――」（『ヒストリア』二四三、二〇一四年）。以下の文で触れる佐々田氏の説はこれによる。

31 金子修一「唐代皇帝祭祀の親祭と有司摂事」（前掲注13書所収、初出一九八八年）。以下の「有司摂事」に関する金子氏の説はこれによる。

32 神祇官については、西宮秀紀「律令神祇官制の成立について」（前掲注5書所収、初出一九八一年）を参照。

33 律令に天皇に関する規定がないことについて、前稿では、単純に天皇は律令に規定されない――律令を超越している――か

らだと考えていたが、現在では、律令は、官僚のための行政法であるため、天皇の行動に直接関わる規定がない——厳密には儀制令7太陽虧条や喪葬令2服錫紵条があるが——のだと理解している。

34 神今食は令には規定がないが、すでに八世紀には行われていたことについては、二条大路木簡のなかに「神今木」と記したものが出土し、ほぼ確実となった。西本昌弘「八世紀の神今食と御体御卜」（『日本古代の王宮と儀礼』塙書房、二〇〇八年、初出一九九六年）を参照。同様に、神祇令は、六月・十二月晦日の大祓は規定するが（18条）、当日行われる天皇の祓「節折」は規定しない。

35 柴田博子氏前掲注25論文など。

36 佐々田悠氏前掲注30など。ただし、佐々田氏は、前掲論文では神祇令の体系の原形は浄御原令によって成立したとしつつも、同「記紀神話と王権の祭祀」（『岩波講座　日本歴史2　古代2』岩波書店、二〇一四年）では、体系化された神祇令の祭祀は大宝令で成立したとする。浄御原令における神祇令の位置づけが微妙に揺れているように思われる。

神祇官と律令祭祀

西宮　秀紀

はじめに

神祇官と律令祭祀という、二つのことを論じるのが本稿のテーマである。しかし、本論でも述べるように律令祭祀（律令制祭祀・令制祭祀とも呼称される）を掌る担当官司が神祇官であるから、両者は表裏一体のものである。さらに、神祇官自体も令に規定されたものであるから、（養老・大宝）令の中で、どのように両者の関係性が規定されているのか見ていく必要があろう。（養老・大宝）令文は簡潔明瞭であり、そこに含まれた法意や、そこに記されなかったが当時実施されていたと推測される様々な小祭祀も含みこんで考察を行わないと、表層的な理解に終わってしまう可能性がある。とは言え大きなテーマであり、その全てを論じることは紙面が限られており不可能に近い。そこで、本稿では神祇官と律令祭祀について、神祇官と律令祭祀の構造的側面について述べ、先述した目的に迫るため律令祭祀の個別具体事例として祈年祭と月次祭・神今食を取り上げ、両者の関係性や律令祭祀の特徴について述べてみたい。なお、神祇官と律令祭祀の詳論については前稿[注1]も併せて参照されたい。

一　神祇官の構造

まず、神祇官の構造について触れておきたい[注2]。神祇官は『令集解』巻二の養老職員令の1条目に、伯一人・大副一人・少副一人・大祐一人・少祐一人・大史一人・少史一人・神部三十人・卜部二十人・使部三十人・直丁二人と規定されており、四等官制以外の伴部として神部三十人・卜部二十人が他の官司になく特徴的である[注3]。また、伯はその職掌として、「神祇祭祀・祝部・神戸・名籍・大嘗・鎮魂・御巫・卜兆」を掌ることになっていた。一番最初に掲げられている「神祇祭祀」は、『令集解』巻七の養老神祇令1天神地祇条に「凡天神地祇者、神祇官、皆依二常典一祭之」とあり、天神地祇[注4]は神祇官が「常典」によって祭ることになっていた。つまり「神祇祭祀」は、神祇官が掌ることがここでも規定されている。また、養老神祇令8仲冬条には神祇祭祀として大嘗祭・鎮魂祭が規定されており、右に見た神祇伯職掌の「大嘗・鎮魂」に相当するものと思われる[注5]。ここに、「大嘗・鎮魂」が特記されたのは、律令制定当時[注6]この二つの祭祀（正確には神事）が神祇官にとって特に重視されていたからであろう。

ちなみに神戸に関しては養老神祇令20神戸条に規定があり、また養老神祇令18大祓条に卜部が解除する規定がある。なお、神祇伯の職掌の「祝部・神戸・名籍」は『延喜式』に「凡諸国神税・調・庸帳、及神戸計帳、祝部等名帳、毎年勘造送二此官一、計会知レ実、即付二返抄一[注7]」とあり、神戸の計帳と祝部らの名帳が毎年作成され、神祇官に送られる規定になっていた。つまり、養老職員令1神祇官条の神祇伯の職掌である「祝部・神戸・名籍」とは、「祝部・神戸ノ名籍」のことでもあり、神戸と祝部は、地方の神社を支える経済的・人的資源であり、それを掌握していたことになる。

養老職員令1神祇官条から知られることは上記の通りであるが、次に律令等の補完法である式文を参考にしてみよう。周知のように弘仁式・貞観式は散逸して全体像が知り得ないので、『延喜式』を参照したい。まず、巻十一太政官式以下の八省などの官司の巻と異なり、神祇官式というものはなく[注8]、神祇一～十という巻名で、四時祭上下・臨時祭・伊勢大神宮・斎宮・斎院・践祚大嘗祭・祝詞・神名上下の中に神祇官は規定されていた。これは、やはり神祇官の特徴とも言えるもので、神祇祭祀・伊勢大神宮・斎宮・斎院・祝詞・神名という神祇祭祀に関わる全般と神宮・神社、それに斎王のための官司である斎宮・斎院が対象ということになる。[注9]『延喜式』神祇には新たな神祇官職員全体の規定はみられないが、参考となるのが『延喜式』巻三十一宮内省の神事を掌る小斎の要員規定である。践祚大嘗祭では「神祇官百五十人〈伯已下史已上七人、史生四人、宮主一人、弾琴二人、巫部一人、神部二十四人、卜部十八人、使部十二人、忌部五人、神服七十六人〉[注10]」と「御巫五人[注11]」が動員されることになっていた。これが神祇官官司関係者全員なのか、規定された当時の実態を反映したものか、不明な点もあるが、律令祭祀の中で最大規模を誇る神事要員の規定であるので、概観するには大過ないであろう。

そこで、養老職員令1神祇官条の職員・定員と以下比べてみたい。伯以下史以上七人の定員は同じである。「史生四人」は養老職員令にみえないが、『延喜式』に神祇官史生四人とあり、[注12]養老四年六月に史生四員が設置されたことがわかる。[注13]

次に「宮主一人」は「凡宮主取二卜部堪レ事者一任之、其卜部取二三国卜術優長者一〈伊豆五人、壱伎五人、対馬十人〉。若取二在レ都之人一者、自レ非二卜術絶レ群、不レ得二輙充一[注14]」とあり、卜部から宮主が選ばれていることがわかる。宝亀六年五月十九日勅によれば、卜長上を卜部等の中から簡定し、卜にとりわけ長じたる二人を推し、長上に任命することが恒例となったが、[注15]『令集解』巻二神祇官条の「卜部廿人」の義解説や跡説などによれば、この二人は二十人の中に含まれていた。天平十七年十月のものと推定されている「神祇官移」の大粮請求文書に「宮主三人」とあり、[注16]宮主が三人存在していたことがわかる。一方、慶雲元年二月には神祇官大宮主を長上の例に入れており、[注17]養老三年六月に大宮主は初めて把笏の例に入っており、[注18]天平九年八月に「賜二大宮主・御巫・坐摩御巫・生島御巫及諸神祝部等爵一」とあり、[注19]天安二年四月の宮主占部宿禰雄貞卒伝によれば文徳天皇が東宮の時に宮主となり、践祚の日に大宮主となっており、[注20]元慶七年十二月九日官符によれば、「三宮□(宮)主」「御宮宮主・太皇太后宮宮主・皇太后宮宮主」とあるところから、[注21]大宮主は宮主のうちの天皇附随のものを指すと考えてよい。[注22]先の神事要員の宮主一人とはこの大宮主一人を指すのであろう。ついでに「卜部十八人」をみておくと、養老職員令では二十人とあるので[注23]二人少ない。

次に「弾琴二人」は、宝亀四年十二月四日に神祇官で撰び定め伝習させ、その考は神部に准じるとなったが、承和十四年頃絶えようとしていたので、神琴生一人を補い定めたとあり、[注24]奈良時代に存在していたことがわかる。次に「巫部一人」は、恐らく巫部神部の略で、本来は神部に含まれる女性巫者をさす可能性があろう。[注25]次に「神部二十四人」も養老職員令の三十人と比べると六人少なく、「使部十二人」も使部三十人に比べると半数以下になるが、これも減員されたのか践祚大嘗祭に動員される人数規定なのか不明である。次に「忌部五人」は養老職員令に規定がない。養老神祇令9季冬条に「忌部班幣帛」とある忌部は、『令集解』巻七神祇令同条の穴説や義解説は神祇官や諸司中の忌部氏からとるとし、釈説や穴記所引或説や朱記は神祇官の神部の忌部氏をとるとしている。『延喜式』巻一四時祭上4祈年祭官幣条によれば、祈年祭では「充二忌部八人・木工一人一、令レ造二供神調度一、〈中略〉当曹忌部官一人監造、若曹内無二忌部官人一、及神部之中、不レ足二九人一者、兼二取諸司一充之」とあり、『儀式』巻一もほぼ同様（「忌部八人」）で、神祇官内の忌部氏の存在状況による柔軟な規定がされている。実態はどうあれ、養老神祇令に定員規定がなかったのは、令規定の忌部定員は神部三十人の内に含むというのが法意であり、穴説や義解説、『儀式』・『延喜式』段階になると、神祇官や諸司中から忌部氏を忌部（官）として、臨時に代行させるというのが実態に近かったのであろう。「神服七十六人」は大嘗祭規定にのみ見える職名で常置のものではないので、正式な神祇官定員とはみなせないであろう。[注26]最後に、「御巫五人」とは『令集解』巻二職員令の古記が引用する「別記」に、「御巫五人、倭国巫二口・左京生島一口・右京座摩一口、御門一口」[注27]とある通りで、人数に変化はなかった。[注28]天皇の守護神・水の神・門の神・大八洲の神を祭るのが主な職掌であった。

以上のように、『延喜式』にみえる神祇官組織は律令制神祇官組織を基本として、多少の人員の減員がみられるが、養老職員令後に神祇祭祀技能の必要性により、官職が増加されていたことがわかる。

二　律令祭祀の構造

次に、神祇官担当の最大の職掌である神祇祭祀についてまず概観してみたい。[注29]養老神祇令（以下、条文番号は同令）には四時祭として仲春から仲冬にかけて、祈年祭・鎮花祭・神衣祭・大忌祭・三枝祭・風神祭・月次祭・鎮火祭・道饗祭・神嘗祭・相嘗祭・鎮魂祭・大嘗（新嘗）祭（2仲春条～9季冬条）と大祓（18大祓条）が規定されていた。このうち主に稲作を根幹とする祭祀として、祈年祭は予祝の祭祀であり、神嘗祭・相嘗祭・大嘗（新嘗）祭は収穫を感謝する祭祀である。月次祭は宮中で行われる宅神祭で、鎮魂祭は天皇の御魂強化をはかる祭祀、神衣祭は天照大神に御衣を奉献する祭祀である。鎮花祭は疫病鎮退、大忌祭は豊穣祈願や風雨の順調を祈り、風神祭は悪風洪水の鎮祭である。鎮火祭と道饗祭は都城制と関わる祭祀で、前者は宮城四隅の火を鎮める祭祀、後者は京四方隅の鬼魅を防ぐ祭祀である。大祓は罪を祓え清めるのが目的であるが、養老神祇令では上記の仲冬から季冬の祭祀の中には含められておらず、しかも「祭」がつかないという特徴があり、『延喜式』巻一で四時祭に列挙されている。なお、臨時祭として天皇即位のおり、全ての天神地祇に報告する天神地祇惣祭という祭祀があった（10即位条）[注30]。また、これ以外に臨時に行われる国家や自然の特別・特異現象に対して奉幣を行う祭祀が規定されていた（17常祀条）。このうち、鎮花祭は大神・狭井社、大忌祭は広瀬社、風神祭は龍田社、そして神衣祭と神嘗祭は伊勢神宮を対象とする祭祀であり、相嘗祭は大和国等の特定神社が対象であり、祈年祭・月次祭・大嘗（新嘗）祭は複数の神社が対象であった。とりわけ祈年祭・月次祭・大嘗（新嘗）祭は宮中の神祇官に諸神社の祝部を集結させ、祝詞を宣り幣帛を班つという班幣という方式をとり、もう一つの朝廷から使者が幣帛を奉るという奉幣という方式[注31]の、二つのシステムが存在した。また、夜には天皇自ら祭祀に関わる第四章で取り上げる神今食（月次祭）と新嘗・鎮魂という神事があった。

　養老神祇令の各祭祀条文は、極めて簡潔であり具体的な様相を知ることが困難であるが、9季冬条には「供レ神調度及礼儀、斎日皆依二別式一」とあるように別式に委ねられていた。そこで、施行細則である式文を集成した『延喜式』の規定などを援用してみたい。中でも、同条には「祈年月次者、百官集二神祇官一、中臣宣二祝詞一、忌部班二幣帛一」とあるように、祈年祭と月次祭は百官が神祇官曹司[注32]に集まるという特別の規定がある点に注目したい。

　祈年祭は一年で一番最初に行われる律令祭祀で、二月四日に行われることになっており[注33]、祈年祭の対象となる神は三千百三十二座であり、大四百九十二座のうち幣帛を案上とする（神祇）官幣が三百四座、国司の祭る（国幣）が百八十八座、小二千六百四十座のうち幣帛を案下とする（神祇）官幣が四百三十三座で、残りの小二千二百七座は国幣であった。[注34]このような神祇官とは別に国司が祭るようになるのは、延暦十七年九月のことであった。[注35]これらの対象となる神社名について記載したのが、神祇九・十神名の巻である。それによれば、天神地祇三千百三十二座のうち、大四百九十二座のうち三百四座はみな祈年・月次・新嘗などの祭に預かり、このうち七十一座は相嘗祭に預かり、残る百八十八座は祈年祭国幣に預かり、小二千六百四十座は四百三十三座が祈年の案下官幣で二千二百七座が祈年国幣とあるように、全ての神社は祈年祭の幣帛に預かる事が規定されていた。[注36]つまり国家が天神地祇として登載していた天神地祇は、すべて祈年祭に神祇官か国司かの区別はあるものの、幣帛に預かったことがわかる。このことは毎年祈年祭のおり、養老神祇令10即位条規定の天皇即位のおりに行われる天神地祇惣祭と同規模のことを、毎年繰り返して実施していたことを意味していた。

ちなみに、神祇官が祭る神七百三十七座の地域性をみてみよう。[注37]まず幣帛を案上（机上）に奠る神三百四座の内訳は、宮中・京中・畿内神だけで二百三十一座、畿外神は四十座である。また、幣帛を案上に奠らない神四百三十三座は全て宮中神と畿内神であるところから、神祇官が祭る神七百三十七座のうち畿外神は四十座にしか過ぎないことになる。これらのことから、『延喜式』制では神祇官の対象とする神社がほぼ畿内神に限定されたことは明らかである。なお、『延喜式』神名の一五％から二〇％が、『弘仁式』以降に官社になったと推定されている。[注38]

三　祈年祭・月次祭の班幣儀式と神祇官

では、祈年祭とはどのような祭祀であったのか、日程順に神祇官の役割にも留意し式文から復元してみよう。基本となるのは、『延喜式』巻一 四時祭上4祈年祭官幣条である。[注39]

〔1〕祭祀前

1．神祇官は、まず幣帛数を太政官に申請する。

2．但し、三后・皇太子の御巫の祭る神各八座は幣帛を案上に奠るが、臨時に加減するので恒常的な数に入れない。

3．大神宮・度会宮に各馬一疋を加える。

4．御歳社に白馬・白猪[注40]・白鶏各一を加える。

5．高御魂神・大宮売神と甘樫・飛鳥・石村・忍坂・長谷・吉野・巨勢・賀茂・当麻・大坂・胆駒・都祁・養布等の山口、吉野・宇陀・葛木・竹谿等の水分の十九社に各馬一疋加える。

6．神祇官人以下の蔓料は安芸の木綿一斤である。

7．中臣の祝詞を宣る料は庸布五段・短帖一枚である〈月次・大嘗の蔓料、祝詞料・短帖はこれに准拠する〉。

〔2〕祭祀の十五日前

1．忌部八人・木工一人を充てて、供神の調度を造らせる。神祇官の忌部官一人が監造する。もし、神祇官に忌部官人がおらず、また神部の中で忌部九人に不足するようであれば、諸司から兼任で充てる。

2. 靫は靫編氏が作り、槍木は讃岐国が送り納める。

〔3〕祭祀の五日前

木工寮から調度を受け取る。

〔4〕祭日（致斎日）の平明

1. 幣帛を斎院の案上・案下に奠る〈所司は預め案下に幣の薦を敷く〉。
2. 掃部寮は座を内外に設ける。
3. 神祇官人は御巫らを率いて中門から入り、西庁の座に就き東面北上とする。
4. 大臣以下は北門から入り、北庁の座に就く〈大臣は南面し、参議以上は庁の東座に就き西面し、王・大夫は庁の西座に就き東面する〉。
5. 御巫は庁の下座に就く。
6. 群官は南門より入り南庁の座に就き、北面東上とする。
7. 神部は祝部らを引き、西庁の南庭に立つ。
8. 神祇官人は降って庁の前座に就くと、大臣以下及び諸司共に降りて庁の前の座に就く。
9. 中臣が進んで座に就き祝詞を宣り、一段終わるごとに祝部称唯《いしょう》（おおと申すこと）し、宣ることが終わると中臣は退出する。
10. 大臣以下諸司手を拍つこと両段で称唯しない。その後、皆本座に戻る。
11. 伯が「幣帛を班ち奉れ」と命じ、史が称唯し忌部二人が進んで案を夾んで立ち、史は御巫及び社の祝を呼び、祝は称唯して進む。

12．忌部が幣帛を班ち終わると、史は座に戻り、「幣を班つこと終われり」と申し、諸司退出する〈大神宮の幣帛は別の案の上に置き、使者を遣わして奉る。〉。

以上のように、事前に幣帛（幣物）の制作準備[注41]が行われ、祭日には神祇官において設営準備が行われ、大臣以下の参加官人達が集合すると、中臣が祝詞を宣り、忌部が神祇官に集合した祝部らに幣帛を班つ儀式が行われることになっていた。[注42]まさしく、宮中儀礼の一環として制作準備・設営・動線・所作などについて規定が行われていたことがわかる。モノと人の動きが進行状況に基づいて規定されていたのである。神祇官関係者としては、伯以下史・中臣忌部官・神部が中心となり祭祀の進行が行われており、御巫は奉祭する祭神の幣帛を受け取る側として登場する。なお、中臣が宣る祝詞は、神主・祝部らに対して、「諸聞き食えよ」と宣い、「高天の原に神留り坐す皇が睦神漏伎命・神漏弥命を以ちて」、(イ)「天つ社・地つ社と称え辞竟え奉る皇神等」、(ロ)御年皇神等、(ハ)大御巫、(ニ)御門御巫、(ホ)生島御巫、(ヘ)［辞別］伊勢坐天照大神、(ト)御県坐皇神等、(チ)山口坐皇神等、(リ)水分坐皇神等、に「皇御孫命の幣帛を称え辞竟え奉らく」と宣り、最後に［辞別］で、忌部が忌み清めて作った幣帛を神主・祝部らが受け賜り間違いなく捧げ持ち奉れ、と宣るものであった[注43]

ところで、巻一 四時祭上4祈年祭官幣条の割注に月次祭の儀式もこれに准拠するとあるが、祈年祭儀式と異なる箇所も若干あるので次に掲げたい。月次祭については、『延喜式』に対象社三百四座の幣帛（幣物）以下の規定があり、[注44]幣帛の内訳も祈年祭とほぼ同じであった。[注45]なお、〔 〕の数字記号やその後ろの数字は、上記の祈年祭儀式で掲げていない〔5〕を除き、それと対応する。

〔1〕祭祀前

5.3. 大神宮・度会宮・高御産巣日神・大宮女神には各馬一疋を加える。

〔3〕祭祀の五日前

忌部九人・木工一人を充て供神の調度を造らせる。

〔5〕祭祀終了後

中臣官一人、宮主及び卜部らを率いて宮内省に向かい、神今食に供奉する小斎人を卜定する。

とある。〔1〕の規定に関しては祭料の馬の対象社が減り、〔3〕は準備期間が五日と減少し忌部が一人増員されているが、あとは祈年祭に準拠する規定である。大きく相違するのは〔5〕であるが、これについては次章で述べたい。なお、月次祭の祝詞も、[注46]予祝を本義とする祈年祭祝詞の(ロ)が無いだけであとは同じである。六月・十二月十一日の月次祭の班幣は、大臣以下神祇官に集合し祈年祭の儀のように行うことになっており、[注47]基本的に祈年祭班幣の儀がモデルであった。[注48]

四　神今食神事と神祇官

さて、月次祭が祈年祭と大きく異なるのは前章で述べたように、月次祭が終わったあと(〔5〕)中臣官一人が宮主及び卜部らを率いて宮内省に向かい、神今食に供奉する小斎人を卜定するところである。ここにみえる神今食とは、『延喜式』巻一　四時祭上24神今食条によれば、供御の雑物が規定されており、それらは内膳司・主水司に付け、神祇官人が神部らを率いて、夕・暁の二回内裏に参入して供奉する神事のことである。また、供する雑物は祭が終わると、大嘗会(新嘗会)と同じように中臣・忌部・宮主らに給う、とある。この神今食には、小斎人として「神祇官三十人〈伯已下御巫已上〉」とあり、[注49]中臣官一人・忌部官一人・宮主一人(中宮はこれに准拠)・

御膳供奉采女一人・御巫（中宮御巫もまた同じ）・座摩・御門・生島・東宮巫が供奉する人と規定されている。[注50]

神今食の儀式に関しては、『儀式』第一（六月十一日神今食儀）に全体の流れが詳しいので、それを基に『延喜式』式文等を援用し次に主な要点を述べる。[注51] なお、〔 〕内の数字やアルファベットは、前章の儀式の流れの日程・時刻に合わせてある。〔Ⅰ〕・〔Ⅱ〕は祈年祭（月次祭）儀式にみえない日程である。また、（ ）内は『儀式』に見えない『延喜式』等の規定で、【 】は祭祀・神事等の名称を、行論上囲んだり付加したものである。

〔Ⅰ〕祭祀の三日前

中務省が供奉すべき内舎人を差定する。

〔Ⅱ〕祭祀の前日の早朝[注52]

1. （中務）輔・丞・録各一人が史生・省掌らを率いて、神祇官の南舎の座に就き、次侍従以上を点検する。[注53]
2. 小斎十人は録が札を執り唱え計え、諸大夫が称唯し終わると、録は親王の封名を執り、（神祇官）庁に就きこれを卜し本座に戻る。[注54]
3. 次に輔は諸大夫を率いて同庁に就き、大臣以下を卜し終わると各々退出する。[注55]

〔4〕（〔5〕）祭日

a平旦

主殿寮は浴湯を供する。[注56]

b辰刻

1. 輔もしくは丞一人が、小斎の次侍従以上の名簿を内侍に付け奏す。[注57]
2. 【月次祭】終了後（〔5〕）、神祇副・祐各一人（中臣官）が宮主と長上の卜部を率いて宮内省に向かい、

小斎に供す六位以下を卜定する。[注58]

3．小斎の供奉する内侍以下（兆人・女刀禰）の名簿を中務省に進め、丞・録が押署し、終わると録が南門から出る。また、（兆人）簿を執り文武官人を率いて宮内省の版に着き、簿を進め録が読み申し終わると、丞が「縦《よ》し」といい、諸司が共に退出する。

4．時に宮内の録が神祇の版に就き、「宮内省が申す司司の兆人の名簿を進めることが終わる」と申す。副は命じて「八社男・八社女・御膳司并びに色々の人等を参り進らせよ」と録に宣し、丞から省掌まで取り次ぎが行われ版に就き、丞から八社男・八社女・典膳以下・中務省丞録・内舎人以下を参り進ませる。[注59]

4．終わると宮主が起座し、西面し跪いて「御兆竹を立てよ」と云い、副は「これを立てよ」と云い、称唯し卜部の前に進み前別に折り立て、立て終わる状を申し戻って本座に就く。卜食の人らは列なり版に就く。副が命じて「兆竹折著の事、祓い清め供奉せよ」と云い、共に称唯し退出する。八女と女官は庁上の東壁の下に共に西面し、丞が退出させ散り去る。[注60]

5．神祇官は神今食院（神嘉殿、内裏西の中和院正殿）に参り、内膳・造酒・主水等司、供御物を受け備え、祭りの所に参ず。供奉の神祇官は、大膳・木工・大炊等職寮が進る所の供神物を受け取り、神部・卜部等の事に堪える者二人を弁供させる。[注61]

c 酉刻
（帖・薦を中院に置き神祇官に付ける。神嘉殿の装束や中和門外の幄の座の設営がある。[注62]）

d 戌一刻（十二月は酉一刻）

1. 乗輿が神今食院に御し、主殿寮が預め浴湯を設け供する。[注63]

2. 神祇官の中臣・忌部が御巫を引き【大殿祭1】に供奉する。

3. 近衛が門を開き大舎人が御畳を参入し、神殿に御畳を舗き、主殿寮が御寝具を供し、掃部寮が女官の畳を寝内に賜う（十二月は縫殿寮が衾を男女の兆人に賜う）。膳伴造が燧を鑽り御飯を炊き、安曇宿禰が火を吹き、内膳司が諸司の伴部と采女等を率いてその職に供し、御膳の雑物を料理する。[注64]

e 亥一刻【夕の神事】

御膳を薦める。行列の次第は最前が膳伴造一人、次に采女朝臣二人、宮主一人、次に水取連一人、次に水部一人、次に典水二人、次に采女八人、次に内膳司高橋朝臣一人、次に安曇宿禰一人、次に膳部六人、次に酒部四人、神祇祐以上一人史一人、宮内丞・録と相雙び屏内に立ち、御膳の次第を検察する。[注65]

f 亥四刻

御膳を撤し、内膳・主水の官人各一人が進み申して「夕の御物、平に供す」と云い、宮内の丞が「縦し」と云う。[注66]

g 寅一刻【暁の神事】

暁の膳を供す。その次第は初めの通りである。[注67]

h 寅四刻

御膳を撤し、近衛門を開き大舎人門に叫《こ》いて、闈司が奏して撤する。[注68]

i 卯一刻

1．御服を換え本宮に還御し、【大殿祭2】がある。[注69]
2．終わると弁大夫が小斎人等を率いて解斎の座に就く。[注70]
3．座が定まると、御飯を神祇官、弁大夫以下に賜う。
4．酒盞を三たび行う。

j明旦【解斎】
(1．神祇官へ候し、門に叫《こ》いて、「御殿を鎮めること申し給わく、宮内省の輔姓名、門に候うと申す」と申し【御殿祭3】の終了後小忌人は宮内省で解斎し寮へ帰る。[注71])
(2．解斎の日、小斎人らの座を宮内省の庁ならびに東西の廂の舎に設ける。[注72])
(明日辰時、小斎人は宮内省に向かい、解斎が終われば本司に帰る[注73])。

以上のような内容であったが、神今食はまず前日、小斎人と親王の封名を神祇官庁でトする。祭日の早朝から辰刻までに【月次祭】が終わり、その後宮内省で小斎人六位以下をト定し、神祇官が神今食院で供御物・供神物を受け取り準備する。夕方、神嘉殿で設営が行われ、戌一刻天皇が神嘉殿で湯浴みをし、畳が敷かれ寝具が運び込まれ、御膳の準備が行われる。亥一刻夕の御膳が供薦され亥四刻終わり（【夕の神事】）、寅一刻暁の膳が供薦され寅四刻に撤去される（【暁の神事】）。二回の神事が終わり、天皇は御服を着換え本宮へ戻り、小斎人らは解斎の座に就き、御飯・酒盞が出る。翌日小斎人が宮内省で解斎を行い本司へ戻った。以上から、神祇官→宮内省→神嘉殿→宮内省へ場所が移動し、夕と暁の神事の中心は神饌親供儀礼[注74]であったことがわかる。そして、卜定を宮主・長上卜部が担当し、中務省とその被管官司と宮内省とが、参加官人の管理と儀式準備にあたっていたことがわかる。

神今食には、上記のように【大殿祭1・2・(【御殿祭】)3】と【庭火忌火御竈祭】が附随していた。【庭火忌火御竈祭】(中宮准拠)は、神今食の大殿祭終了後(恐らく神今食前の【大殿祭1】)、宮主が内膳司に参向し行う祭祀で、[注75]新嘗祭や神今食の神饌を調理する忌火釜と、天皇の日常の御膳を調理する庭火の鋳を対象とした。[注76]天平三年正月に神祇官の奏上によって、庭火・御竈四時祭祀が制度化されたが、[注77]それ以前から行われていたと思われる。[注78]一方、大殿祭(中宮准拠)は「祭」をホガイと訓んでいるように、元来新しい殿舎の建築を言祝ぐ祭儀であったが、神今食では天皇などの祭場・常在宮殿の災異を防ぎ祓い清める祭祀であった。神祇官からは中臣・忌部の官人・宮主・史生・神部・御巫が関与し、「御殿」[注79]・湯殿・厠殿・御厨子所・紫宸殿・御炊殿(内膳司)で忌部の玉懸けや御巫の散米・酒・切木綿の呪術が行われた。[注80]『儀式』巻一によれば、上記したように三度の大殿祭が、①神今食の当日(十一日)の戌(十二月は酉一刻)の刻に神嘉殿で、②翌日(十二日)平旦寅刻、内裏の天皇御在所〈仁寿殿〉(中宮御在所)で、③神今食後(十二日)の卯の刻再び神嘉殿で行われた。なお、大殿祭では忌部が巽に向かい微声で祝詞を申す儀礼があり、[注81]また大殿祭とともに御門祭も存在したようである。[注82]

このように神今食内部に祭祀を含んでいたが、六月・十二月の神今食(十一日夕・十二日暁)月には、このほか多くの天皇にかかわる複数の祭祀・神事を含むので、これらを仮に神今食祭祀神事群と呼び、その内容について簡単にみておきたい。六月・十二月の月次祭・神今食前の一~九日にかけて、御体御卜という亀卜により天皇の安否を占う呪術が行われ、御卜の始めと終わりの日に卜庭神祭が行われた。[注83]神祇官から伯・副か祐と中臣官二人・宮主一人・卜部八人が参加し、神祇官で御卜を行い、それを天皇に上奏し、勅により行うことになっていた。[注84]中臣は「折卜竹」とあり、「宮主秘事口伝」にも平兆竹五本・丸兆竹一本・小兆竹百数十が卜用に制作されることがみえている。[注85]そして、六月(・十二月)の晦日には大祓が行われ、申時以前[注86]に親王以下百官が朱雀門に会集し卜部[注87]が祝詞[注88]を読むことになっていたが[注89]、その一方で御贖（御・中宮・東宮）と呼ばれる神事が行われていた[注90]。御贖は天皇・中宮・東宮の祓えのことで、『延喜式[注91]』の儀式次第と料物の鉄人形二枚・金銀横刀二口、御衣二領・袴二腰・壺・小竹二十株と関係づけてみれば、①御麻（麻）・御贖（人形）、②東西文部による横刀献上の儀[注92]、③—1荒世・和世御服の儀、③—2荒世・和世、後世節折儀と称される竹を用いて身体を量る儀式[注93]と、④壺の奉献の儀、から成っており、卜部・宮主・史生・神部・中臣官人・中臣女が神祇官関係者であった。

次いで、六月・十二月の晦日の未刻の行事として、①・③—1の神事が神祇官からは神祇官五位一人と中臣女によって行う規定があり[注94]、東宮には中臣を喚し、①麻を奉り卜部一人が祓の庭に向かい、（中臣）官人が宮主を率いて③—1の儀をおこなうことがみえており[注95]、また六月晦日の昏れ時に神祇官が卜部らを率いて①の神事が行われる規定がある[注96]。中宮には中臣祐以上一人（東宮准拠）・中臣女が①・③—1を奉ることがみえているだけであるが[注97]、中宮御贖には天皇御贖の料物と同様に御衣二領・壺二口・小竹二十株が含まれ、東宮もこれに准拠[注98]とあるところからすれば、また天皇御贖の金装横刀が料物にみえないことからすれば、②を除き東宮・中宮御贖の儀も天皇御贖の儀もほぼ同じであったとみてよかろう。

結論

以上、神祇官と律令祭祀に関して、養老令とその施行細則である式（『延喜式』）・『儀式』等を比較・援用しながら、その構造と両者の相違点や儀式の流れについて神祇官（担当者）の側面を中心に論じてきた。とりわけ、最大の律令祭祀である祈年祭と類似点の多い月次祭の早朝の班幣の儀に関しては、神祇官人と中臣・忌部・神部が儀式の中心であり、御巫や地方の祝部に対して神祇官曹司で行われる祭祀であった。ところが、祈年祭は夜の神事がなかったが、月次祭は神今食という神事が夜行われた。この神今食は神祇官・宮内省から移動し天皇が内裏で行う宅神祭であったが、夕・暁の御膳を神と供薦する神事（神饌親供儀礼）が中心であった。そして、神今食は庭火忌火御竈祭や大殿祭（・御門祭）を含む祭祀群を含んでおり、さらに神今食が行われる六・十二月は、一日の御体御卜から始まり晦日の御贖という天皇の安否を占い身体のケガレを祓う神事で終わるというように、神今食祭祀神事群とでも呼ぶべきものであった。[注99] つまり、（広義の）律令祭祀とは早朝に行われる（狭義の）律令祭祀と夜（夕・暁）行われる天皇制祭祀（神事）からなるものだったと言えよう。そして、早朝行われる祈年祭・月次祭・新嘗祭等の地方の祝部らを神祇官に集合させ班幣を行うことこそが、ヤマト王権時代には無かった律令制国家の神祇祭祀の特質だと言えるのである。そして、本論で明らかにしたように、神祇官は律令官司に普遍的な四等官制の職掌に基づき、律令祭祀の特殊技能に関しては他官司にみられない宮主・卜部・御巫・宮主などの祭祀技能集団・祭祀補助集団を駆使して、他官司（主に太政官・中務・宮内省）[注100]による祭祀日の統轄・小斎官人管理と、掃部寮や内膳司などの準備のもと、（広義の）律令祭祀の運営・施行を行っていたのである。

　なお、本論では述べる余裕がなかったが、神祇官と律令祭祀を考える上で重要なもう一つの側面は、祭祀のおり神祇官から太政官に申告し、太政官から散斎の日の平旦に諸司に頒告が行われた事である（神祇令15祭祀条）。散斎というのは諸司が平常通りの業務を行ってもよかったがいくつかの禁忌事項があり、さらに祭日の前後には致斎という平常業務が全て休止となる期間があった（同令11散斎条）[注101]。このことは、律令祭祀が内裏で行われる日常業務や官人の生活に、大きな影響を与えたことを意味している。誤解を恐れず述べるならばまさしく俗から聖への時空間の変更を、神祇官が起点となっていたことを意味する。この点を含め、論じ残した点は後考に委ねたい。

注

1 神祇官と律令制祭祀の概要については、かつて拙稿「律令国家の神祇祭祀の構造とその歴史的特質」（『律令国家と神祇祭祀制度の研究』所収、塙書房、二〇〇四年、初出一九八六年）、「神祇祭祀」（吉川真司他編『列島の古代史7 信仰と世界観』所収、岩波書店、二〇〇六年）で述べたことがある。なお、神祇官（と祭祀）を拙稿と違う視点で捉えたものに有富純也「神祇官の特質――地方神社と国司・朝廷」（『日本古代国家と支配理念』所収、東京大学出版会、二〇〇九年、初出二〇〇三年）・吉江崇「祭祀空間としての神祇官」（『日本古代宮廷社会の儀礼と天皇』所収、二〇一八年、初出二〇〇五年）、久禮旦雄「神祇令・神祇官の成立――古代王権と祭祀の論理――」（『ヒストリア』二四一号、二〇一三年）等がある。律令祭祀に関しては、拙稿及び本論参照。

2 拙稿「律令神祇官制の成立について」（注1前掲書所収、初出一九八一年）。

3 『大日本古文書　四』二八四頁の「諸司主典已上禄法」（天平宝字二年八月二日）に「神祇官史生伴部大神宮内人祝各布三端」とあり、伴部とは神部・卜部を指すと思われる。

4 天神地祇、つまり神祇祭祀とは単なるカミのマツリではなく、所謂国家が認定した固有名のある神々に対する祭祀であることについては注1拙稿後掲論文参照。

5 衣服令4諸臣礼服条にも「大祀・大嘗・元日」と「大嘗」が特記されている。『令集解』巻二十九衣服令4諸臣礼服条には義解説に「大祀」は臨時の大祀で、例えば天地を祀るの類で、大嘗は神祇令14条に毎世一年国司事をおこなう、これなり、としている。釈説も同見解で、穴説も大祀は臨時の祀りとし、跡説のみ大祀は臨時の祀りで大嘗は「毎々嘗之也」とある。跡説を除き大嘗は一世一代の大嘗を指している。なお、『令集解　前篇』（吉川弘文館、一九六四年）の頭注によれば、宮本（東京大学法学部法制史研究室所蔵本）及令抄は跡説の「々」を「世」とし、「之」は无しとある。また、養老公式令3論奏式条には「大祭祀」とあり、古記から大宝令では「諸大祭祀」であったことがわかり、神祇令10・12条を引用し「斎一月」が大祭祀と説く。義解説は神祇令の「大祀及臨時大祀之類」とし、釈説も別なしとする。跡説は「大祭」は臨時と毎世の祭とし、或説に「大祭祀」は「臨時祀」とし、穴説は「大祭祀」を毎世大嘗とし、臨時祭祀もまたこれと同じとする。

6 「大嘗」の文字は古記により大宝令に存在したことがわかるが、「鎮魂」は古記がないため、復元ができない。『令集解』巻七神祇令の「寅日鎮魂祭」も古記がないため、大宝令復元ができない。但し、『日本書紀』天武天皇十四年十一月丙寅条に「是日、為₂天皇₁招魂之」とあり、大宝令にも存在した蓋然性は高いであろう。なお、ここに神事を挙げるのであれば、神今食が規定されなかったのは、本論第四章で述べることから考えると極めて不思議である。

7 巻三臨時祭58神税等帳条。以下、『延喜式』に関しては『訳注日本史料　延喜式　上・中・下』（集英社、上二〇〇〇年・中二〇〇七年・下二〇一七年、以下、集英社版上・中・下と略称する）による。なお、注釈については適宜参照した。

8 『延喜式』上、一七頁。

9 ちなみに、斎院に関しては弘仁九年五月九日太政官符（『類聚三代格』巻四）で置かれており、『本朝法家文書目録』（『続々群書類従』）所収の弘仁式の篇目に斎院式はないので、本稿ではとりあえず除外して論を進めたい。

10 5大嘗祭小斎条。なお、同条に「内侍已下数同二毎世新嘗一」とある。

11 3新嘗小斎条。

12 巻十八式部省上諸司史生条。

13 『続日本紀』甲辰条。

14 『延喜式』巻三臨時祭42宮主卜部条。

15 『類聚三代格』巻四。

16 『大日本古文書　二』四八〇頁。

17 『続日本紀』癸亥条。

18 『続日本紀』丙子条。

19 『続日本紀』甲寅条。

20 『日本文徳天皇実録』辛丑条。

21 『類聚三代格』巻十五。

22 『新日本古典文学大系　続日本紀一』（岩波書店、一九八九年）三六二～三頁。

23 『令集解』巻二職員令1神祇官条の古記引用の（官員令）別記によれば「津島上県国造一口、京卜部八口・厮三口、下県国造一口、京卜部九口・京厮三口、伊岐国造一口、京卜部七口、厮三口、伊豆国島直一口、卜部二口・厮三口」とあり、対馬・壱岐・伊豆から京卜部として上番していたと思われる。

24 『類聚三代格』巻四承和十四年二月二十二日太政官符。

25　鎮魂祭の装束料の中に巫部神部一人、神部十三人がみえ、「宮主一人……亀卜長上二人・弾琴二人・巫部神部一人……史生四人・神部十三人・卜部十二人・使部三人……神祇官人已下神部已上……率二御巫等一、……縫殿寮令二猨女参入一、……神部……御巫及猨女等依レ例舞……」（巻二　四時祭下48鎮魂祭条）とあり、普通の神部と区別して巫部神部というように、神部に巫部も含まれていたと思わせる規定になっている。集英社版上にも「神祇官の神部の中の一人が巫部として関わったものであろうか」（一二三頁）とする。また、践祚大嘗祭の神祇官伯以下弾琴以上十三人の中に「巫部一人」がみえているが、これも御巫の斎服と区別されているところから、先に見たように巫部神部の略と考えてよかろう。『古語拾遺』には「凡そ大幣を造ることにも、亦神代の職に依りて、斎部の官、供作る諸氏を率いて、例に准ひて造り備ふべし。然れば、神祇官の神部は、中臣・斎部・猿女・鏡作・玉作・盾作・神服・倭文・麻続等の氏有るべし。而るに、今唯中臣・斎部等の二三氏のみ有りて、自余の諸氏は、考選に預からず。神の裔亡せ散りて、其の葉絶えなむとす。遺りたる十なり」とあり、神部は「今」（大同二年当時）唯中臣・斎部ら二、三の氏だけであると述べている。ここには猿女がみえるが、『延喜式』では猿女は縫殿寮に属しており（巻二　四時祭下48鎮魂祭条）、中臣・斎部などを除き神部に含まれておらず、神服・麻続は伊勢神宮で神部と呼ばれていたようであるが、他の氏族は神部の中に属しておらず、他官司の伴部に属していたと思われる。ただし、慶雲二年十二月十九日に天下の婦女は「神部斎宮宮人及老嫗」でなければ、皆髻髪とさせる命令が出ている（『続日本紀』）ところから、神部には女性が含まれていたことがわかる。この女性の神部は上記の巫部神部の女性を指すともとれるが、猿女を指していた（或いは指す別称の）可能性もある。つまり大宝令制定時に猿女は縫殿寮ではなく神祇官の神部に属していた可能性も考えられるのである。いずれにせよ、『古語拾遺』は斎部広成の理想像を述べた思想が濃いという保留を付けた上で、律令規定当初から神祇官神部にそのような氏族を集めることはある程度なされていた可能性もある。なお、『延喜式』で神部は、あくまでも神祇官の祭祀の雑用従事者あるいは神事補助者として位置づけられている。

26　なお、同様の「神服女五十人」（巻七践祚大嘗祭31卯日条）もみえるが、「神服女」は先の小斎員数に含まれていない。

27　古記には「別記云、御巫五人云々、在レ釈」とあり、「記」以下に朱線（消去線）がある。

28　『延喜式』によれば、神祇官の西院（斎院）に坐す御巫らの祭る神二十三座として、御巫の祭る神八座（神産日神・高御産日神・玉積産日神・生産日神・足産日神・大宮売神・御食津神・事代主神）・座摩の巫の祭る神五座（生井神・福井神・綱長井神・波比祇神・阿須波神）・御門の巫の祭る神八座（櫛石窓神・豊石窓神）生島の巫の祭る神二座（生島神・足島神）とある（巻九神名上2宮中条）。このうち、御巫の祭る神八座はムスヒ系を中心とする天皇の守護神で、『古語拾遺』には「高皇産霊・神産霊・魂留産霊・生産霊・足産霊・大宮売神・事代主神・御膳神。〔已上、今御巫の斎ひ奉れるなり。〕」とある。次に座摩の巫の祭る神は井戸・境界・土地を掌る神で、『古語拾遺』には「坐摩。〔是、大宮地の霊なり。今坐摩の巫の斎ひ奉れるなり。〕」とあり、御門の巫の祭る神八座は門の守護神で、『古語拾遺』には「豊磐間戸命・櫛磐間戸命の二柱の神をして、殿門を守衛らしむ。〔是、並太玉命が子なり。〕」、また「櫛磐間戸神・豊磐間戸神。〔已上、今御門の巫の斎ひ奉れるなり。〕」とある。『古事記』上に天石戸別神の亦の名を櫛石窓神、亦の名を豊石窓神といい、御門の神とし、元来『延喜式』巻神名下19丹波国条の多紀郡に櫛石窓神社二座があり、ここから勧請された神と思われる。最後に生島の巫の祭る神二座は生島神と足島神で、島の霊であり島を掌る神である。『古語拾遺』に「生島。〔是、大八洲の霊なり。今生島の巫の斎ひ奉れるなり。〕」とあり、八十島祭にも供奉するところからも八十島祭の主な祭神でもあった。ただし、『延喜式』巻十神名下5信濃国条に生島足島神社二座とあり、これと関係づける説もある（矢野建一「信濃国小縣郡の生嶋足嶋神社について」『古代史研究』四号、一九八五年）。御巫については野口剛「神祇官に仕える女性たち――御巫の祭祀――」（『古代貴族社会の結集原理』所収、二〇一六年、初出一九九二年）参照。

29 拙稿注1論文、中村英重『古代祭祀論』（吉川弘文館、一九九九年）参照。

30 矢野建一「律令国家の祭祀と天皇」（『歴史学研究』別冊、一九八六年）は即位条祭祀と名付けているが、天神地祇物祭とここでは呼んでおく。

31 拙稿「律令国家と奉幣の使」「奈良時代の奉幣の使の実態」（注1前掲書所収、二〇〇一年・二〇〇〇年初出）。

32 神祇官曹司に関しては、注1拙稿後掲論文参照。

33 巻一 四時祭上2斎日条。

34 巻一 四時祭上3祈年祭条。

35 『類聚国史』巻十、癸丑条。

36 巻九神名上1天神地祇条。

37 巻一 四時祭上4祈年祭官幣条。

38 小倉慈司「八・九世紀における地方神社行政の展開」（『史学雑誌』一〇三編三号、一九九四年）参照。ちなみに、『出雲国風土記』の「百八十四所〈神祇官に在り〉」という数値は『延喜式』巻十神名下24出雲国条の一八七座と類似しているが、宝亀三年十二月十九日太政官符（田中卓「新たに世に出た『宝亀三年太政官符』」『日本上古史研究』一―一二、一九五七年）から天平勝宝七年当時の武蔵国官社数は四処しかなかった（矢野建一「古代武蔵の官社について」『塔影』第十八集、一九八五年。小倉同論文）とすると『延喜式』巻九神名上21武蔵国条の四十四座と大きく異なることになる。なお、畿内の式内社に関しては拙稿「律令制神祇祭祀と畿内・大和国の神（社）」（注1前掲書所収、初出一九九二年）参照。

39 『儀式』巻一にもあるが、『延喜式』の方が詳しい。なお、祈年祭の成立については天武朝説が有力と思われるが、近年の岡田莊司「古代の国家祭祀――祈年祭の淵源を探る――」（『神道史研究』六五巻二号、二〇一七年）は改めて天智朝説を採っている。

40 田島公氏は、祈年祭料の白猪の近江国への所課が、十世紀中葉から、遅くとも九世紀後半から行われていたと考えてもよい、とし近江京の時代の祈年祭との関連を述べている（「祈年祭料の白猪と近江国――『言談抄』第二一話をめぐって――」朧谷寿・山中章編『平安京とその時代』所収、思文閣出版、二〇〇九年）。

41 幣帛については注1拙稿前掲論文参照。なお、祭料の楯板（同式65祭料楯板条）、弓（同式70雑弓条）、桙木（同式72桙木条）の調達規定がある。

42 そのためには諸司の参加・協力が必要であった（『延喜式』巻十一太政官64祈年班幣条・巻十三大舎人寮6祈年祭条・巻十九式部省下1祈年月次条・巻三十一宮内省19諸祭祀日条・巻三十八掃部寮1祈年祭条など）参照。なお、伊勢大神宮には、朝使が幣帛を奉献することがみえている（巻一四時祭上4祈年祭官幣条・巻四伊勢大神宮7祈年祭条）。

43 巻八祝詞祈年祭条。

44 巻一四時祭上23月次祭条。

45 幣帛の比較については、注1拙稿前掲論文参照。

46 巻八祝詞9月次祭条。

47 巻十一太政官74月次祭条。六月・十二月十一日の日は巻一四時祭上2祭日条。

48 早川庄八「律令制と天皇」（『日本古代官僚制の研究』所収、岩波書店、一九八六年、初出一九七六年）参照。

49 巻三十一宮内省2神今食条。

50 巻一四時祭上24神今食条。なお、六月の神今食には御巫以下に装束が支給された（同28神今食禄条）。

51 なお、月次祭の夜に神今食が中和院の神嘉殿で行われたが、神今食の初出史料は「高橋氏文」（『本朝月令』六月十一月神今食祭事条）所引の延暦十一年三月十九日官符の「霊亀二年十二月神今食之日」であったが、平城宮二条大路南側の溝状土坑から

・神今木　御服進　〔赤　利御ヵ〕□□□□□
帛御袴一
赤帛下御袴一

・大宮大殿守　□田　□女
形見
子虫□
藤女

と記した木簡が出土（奈良国立文化財研究所『平城宮発掘出土木簡概報』三〇、一九九五年）しており、天平八年前後平城宮の周辺で神今食が行われたみてよい（西本昌弘「八世紀の神今食と御卜御体」『日本古代の王宮と儀礼』所収、塙書房、二〇〇八年、初出一九九六年）。

52　以下、注73まで『延喜式』の主な関連条文と、その関連事項や大きな相違点をあげる。巻十二中務省23小斎侍従条には「平旦」・同24小斎歴名条。なお、「内裏式」神今食新出逸文（実際は『内裏儀式』逸文という）については、西本昌弘「九条家本『神今食次第』所引の「内裏式」逸文について――神今食祭の意義と皇后助祭の内実――」（『日本古代の年中行事書と新史料』所収、吉川弘文館、二〇一二年、初出二〇〇九年）に詳論がある。天皇を中心とする儀式次第であり、関係する部分を以下「内」として簡略に記す。

53　巻十二中務省23小斎侍従条では神祇官南門外で点検とある。

54　巻十一太政官74月次祭条・巻十二中務省23小斎侍従条。

55　巻十一太政官74月次祭条・巻十二中務省23小斎侍従条・巻三十八掃部寮3神今食条では小斎五位以上の卜座を神祇官に設営とある。

56　巻三十八掃部寮3神今食条では小斎人の卜座を宮内省に、神祇官の卜部以上の座を宮内省庁内へ、内侍の座を東廂の舎へ、中務・宮内二省の官人座を西廂の舎へ設けるとある。巻十三大舎人寮8月次祭条では、早朝に大忌官人二人神祇官に向かうとある。「内」には承香殿東房で供すとある。

57　巻十二中務省24小斎歴名条では歴名は祭前一日に奏すとある。

58 巻一 四時祭上23月次祭条・巻十一太政官74月次祭条。巻十三中宮職19神今食条では大夫・進・属・史生・舎人が宮内省で卜食するとある。巻十三大舎人寮8月次祭条でも小忌人は宮内省で卜食とある。巻三十一宮内省1小斎人条では、神事供奉小斎人をトうには神祇官副・祐各一人が宮主・卜部らを率いて先に庁の座に就くとある。同2神今食小斎条には供奉人のリストがある。巻十四縫殿寮2神今食御服条に御服の料物規定と7新嘗小斎服条に小斎官人の帛・布の被の再利用規定がある。「内」に天皇が紫宸殿で内侍以下の御卜参上と帰参の報告を受けるとある。

59 巻三十一宮内省1小斎人条では、注58に続き以下の記述がある。中務の丞・録並びに宮内の丞・録各一人、史生を率いて西廂の舎の座に就き、中務女官らを引きて、名簿を宮内へ移送する。次に文武の官、各官人以下雑色以上らを引きて、名簿を送る。終わると、宮内の録が諸司の名簿を進上し終わった状況を神祇官に申上する。神祇の副、八男八女から御膳の司まで次々に参進せよ、と宣し、録が称唯し本座に戻る。中務官人以下退出し、庁に昇らせ、まず八男以下御膳の司人等卜い、次に諸司の人等事終われば撤去する。

60 この御兆竹について、巻十二宮内省12神今食卜坏条に卜竹二十株を官に請い受けるとある。なお、巻二十三民部省下7仰畿内条に神祇官の卜竹は畿内に仰せ進上するとある。

61 巻一 四時祭上24神今食条に内膳・主水等に付ける供御の雑物がみえる。巻三十九内膳司6神今食条・巻四十造酒司7神今食料条に料物がみえる。

62 （ ）内の酉の行事は巻三十八掃部寮3神今食条による。巻十三中宮職19神今食条では中宮関係者が昏時内裏に候すとある。

63 巻十二中務省23神今食条に大舎人が門を叫い闈司奏宣するとある。巻十三大舎人寮8月次祭条によれば斎院に行幸とある。巻十三中宮職19神今食条によれば主殿も御輿で神嘉殿へ御すとある。「内」には天皇が斎院に幸じるとある。

64 巻十三大舎人寮8月次祭条に、亥時御畳を進り舎人門に叫うとある。巻三十八掃部寮3神今食条に以下の記述がある。小斎の親王以下中門の外で寮官人から打掃の筥・坂枕・御帖などを授かる。伝え執りて参入し殿に昇り、南戸の下で寮官人に授けて退き戻る。官人留まりて掃部らを率いて御帖を殿の中央に敷く〈神の座は西面、御の座は東面〉、終われば退出する。なお、天皇・中宮の御服などの料物については、巻十四縫殿寮2神今食御服条・同3神今食中宮条、巻十五内蔵寮15神今食幞頭条参照。「内」には斎院神殿内での神事の詳しい儀式次第がある。

65 巻一 四時祭上24神今食条。巻三十一宮内省7諸司行列条・9神今食夜条。なお、注61史料も参照。「内」に神饌親供儀礼が詳述されている。

66 「内」にもある。
67 巻一 四時祭上24神今食条。「内」には、天皇が寝に付き更衣し、女官の畳が寝内に舗かれ、暁の膳が終わると天皇が「好」と勅し外の座につき更衣するとある。
68 巻十三大舎人寮8月次祭条に、寅時に御畳を退去し、門を叫うとある。巻三十八掃部寮3神今食条にも寅刻、官人はさらに殿に昇って御帖を撤去し、親王以下伝え執り退出すること初儀の如しとある。「内」にもある。
69 巻十三中宮職19神今食条に、神事が畢ると御輿は宮へ戻るとある。「内」にもある。
70 「内」にもある。
71 巻十三大舎人寮8月次祭条。
72 巻十三大舎人寮8月次祭条。「内」にもある。
73 巻十三中宮職19神今食条。
74 なお、寝具などの聖婚儀礼説や皇后の役割については、西本注52論文の研究史を譲りたいが、氏は陪膳采女と神との聖婚を想定している（一八四頁）。
75 巻一 四時祭上26忌火庭火祭条。
76 忌火庭火の祭に関しては、集英社版上、七六四頁参照。
77 『続日本紀』同条。
78 なお、新嘗祭の時、御贖・大殿・忌火・庭火祭が神今食に準拠するとある（巻二 四時祭下51新嘗料条）が、忌火の炊殿祭は新嘗祭のおりまず新しく炊殿を造り、それを鎮祭する（同50忌火祭条）ところが神今食と異なる点である。
79 『儀式』巻一では仁寿殿。
80 巻一 四時祭上25大殿祭条。巻十五内蔵寮16御巫装束条に料物がみえる。なお、平城宮のSD三〇三五溝から

・酒五升　已上大殿祭料　□□□

・二升□□□□　□□

と記した木簡が出土している（奈良文化財研究所『平城宮発掘調査出土木簡概報』四十四、二〇一五年、『平城宮木簡』二―二二四一

号、一九七五年の釈文補訂）。後掲書の「付章　造酒司と大嘗祭」によれば、出土遺構は宮内省造酒司か、その一部と推定されており、神亀元年の聖武天皇の大嘗祭のおりの、大殿祭と関係づけられている。

81　巻一　四時祭上25大殿祭条・巻八祝詞10大殿祭条。

82　『古語拾遺』遺りたる四・五参照、巻八祝詞11御門祭条に御門祭の祝詞が収録されている。

83　巻一　四時祭条22卜御体条。式文が必ずしも九・十世紀の実態を反映していないことを含めて、御体御卜に関しては井上亘「御体御卜考」（『古代官僚制と遣唐使の時代』所収、同成社、二〇一六年、初出二〇〇五年）参照。

84　『儀式』巻五。

85　宝亀三年正月十三日太政官符に「（神祇）官解を得るに称く、御体御卜に供奉す日、祟（祟）奏上し、勅を奉るに奏に依れ」とあり、山背国久世郡・乙訓郡の神に田や神戸・幣帛が充てられたことがみえる（弥永貞三「大伴家持の自署せる太政官符について」『日本古代の政治と史料』所収、高科書店、一九八八年、初出一九五五年）、また『古語拾遺』に「難波長柄豊前朝に至りて、白鳳四年（中略）夏・冬二季御卜の式、始めて此の時に起れり」とあり、『日本書紀』朱鳥元年六月十日条に「卜二天皇病一、祟二草薙剣一」とあり、御卜が七世紀後半に開始されたことが推測されている（安江和宣「御体御卜に関する一考察」『神道祭祀論考』所収、神道史学会、一九七九年、初出一九七六年）。『本朝月令』（六月）に弘仁式逸文御体御卜条がみえる。なお、『朝野群載』巻六神祇官に承暦四年六月十日の御体御卜奏などが残っており、おおよそ鎌倉時代のものとみられている。「宮主秘事口伝」（安江和宣「校訂宮主秘事口伝」（前掲書所収）には「土公祟・（中略）・神祟・（後略）」の二ヶ条が卜合され、伊勢神宮・坐宮中神・坐京中神・五畿内神・七道神が対象となっていた。

86　『儀式』巻五には午四刻とある。

87　養老神祇令18大祓条、中臣が祓詞を宣べト部が解除するとあり、諸説あるが中臣の誤りと考えた方がよかろう。

88　巻八祝詞12大祓条に大祓祝詞が収録されている。

89　巻一　四時祭上29大祓条。

90　御贖については野口剛「御贖という呪具」（注28書所収、初出一九九一年）参照。その後、平城宮推定造酒司跡西半南のＳＤ一一六〇〇（宮内道路南側溝）から

・御贖所請柏拾把　　五月十三日酒部宅継

・「行　林浦海」
・御贖所柏廿把　五月十三日
　　　　　　　　史生稗田友勝
・　「□弖」（削リ残リ）

という木簡が出土している（奈良文化財研究所『平城宮発掘調査出土木簡概報』三十二、一九九六年）。月日から五月晦日の御贖に使用する柏十把を請求したものであろう。『延喜式』巻二四時祭下57毎月御贖条に料物として「槲十把」がみえる。年紀は不明だが、木簡の他に奈良時代末の平城宮土器V、またこの溝の下流部分から、宝亀七年の年紀をもつ木簡が出土しているという。

91　巻一　四時祭上30御贖条。
92　巻八祝詞13献横刀呪条に呪が収録されている。
93　節折の儀については野口剛「節折の起源」（注28書所収、初出一九九五年）参照。
94　巻四十三春宮坊21晦日未刻条。
95　巻一　四時祭上31中宮御贖条。
96　巻十三中宮職20六月御贖条。
97　巻一　四時祭上31中宮御贖条。
98　巻一　四時祭上31中宮御贖条。
99　十二月の神今食祭祀神事群には鎮御魂斎戸祭（中宮准拠）と東宮鎮御魂斎戸祭神事を加えることができる。本論では触れることができなかったが、十一月は相嘗祭・新嘗祭と鎮魂・新嘗神事が行われることになっており、新嘗には鎮魂や忌火炊殿祭、御贖・大殿・忌火・庭火等祭が関連しており、言わば新嘗祭祀神事群とでも捉えると思われるが別稿に譲りたい。
100　宮内省と神祇官の関係については、吉江注1論文に詳しい。
101　『延喜式』神祇によれば、祈年祭に関しては祭祀の前後の散斎日には僧尼や父母の服喪中の人間は内裏参入が許されず、軽服でも致斎や前の散斎日には参入が許されなかった（巻三臨時祭式52致散斎条）。

神祇官西院と御巫

野口　剛

一　大内裏の中の聖空間

大内裏という用語は後世の太平記や大内裏図考証などによって一般化したものと考えられるものであり、[注1]その意味するところがいささか曖昧な言葉である。したがって、平安京の建設が始まった八世紀末の時点に遡ってより厳密な表現をするならば、それは平安京の宮城の区域[注2]というのが適切であろう。しかし、ここではその空間を明確化するために、この宮城の区画を平安時代末ごろから使われるようになる大内裏という用語で呼ぶこととする。

ところで、この大内裏という空間は平安京の中でも、その中に天皇の住まう内裏があり、二官八省をはじめとする、緑の瓦に朱塗りの柱をもつ官庁街が立ち並ぶという点で、その他の場所とも非常に異なる空間となっている。そして、そうした中で宗教的な意味においてもその他の場所とはいささか異質な、特別に神聖視される場所とでも言うべきものがいくつか存在していた。もとより、天皇という存在自体が神聖な上にも神聖なものでなければならないわけであり、その居住する空間も世の中の穢れから完全に隔離されていなければならないのであるが、そういった内裏や大内裏の中において、ことさらに特別な意味を与えられた聖なる空間というものがいくつか存在していた。

その一つが賢所（かしこどころ）と称される場所である。ここには天孫降臨に際して天照大神から授けられたという神鏡や太刀契をはじめとする数々の神宝が置かれており、内裏内の温明殿の南半分の空間を占めていた。この殿舎の中にこれらの神宝がいつの頃から置かれるようになったかは明らかにしえないが、少なくとも天平から延暦の時期にかけて蔵司の機能がしだいに内侍司に吸収される中で、もとは蔵司に置かれていた神璽が移されることになったと考えられる場所である。[注3] そして、最初の内裏の焼亡となった天徳四年（九六〇）九月二十三日の際には、村上天皇御記により温明殿に神霊鏡や太刀契などが置かれていたことが明らかであるから、少なくとも十世紀中葉のこのときよりも前には、温明殿にこうした神器の類が納められていたことは確かである。[注4]

いっぽう、大内裏の中央に位置し、十一月の下の卯の日（月に三回の卯の日があるときは、中の卯の日、以下同じ）におこなわれる新嘗祭や六月と十二月の十一日、年に二回の神今食が行われていたのが、中和院の神嘉殿である。この中和院は中院とも称され、その史料上の初見と考えられるのが日本後紀の延暦二十三年（八〇四）八月壬子条の「暴かに雨ふり、大いに風ふく、中院の西楼倒れ、牛を打死す」[注5] というものである。もっとも、後の中和院に楼は存在していないことから、これを朝堂院とみる見解もあるが、後の平安京宮城図では、すべて中和院の建物は大内裏の中央部に描かれていることから、やはりここは平安京への遷都が計画された最初の段階から区画の中央部に配置されるように設計されていた可能性はあろう。[注6]

さらに、もう一つ注目すべき場所は、神祇官に存在する西院（斎院）と称される一区画である。ここには八神殿や斎部殿、御幣殿などの殿舎があり、二月四日の祈年祭、六月と十二月の十一日の月次祭、それに十一月下の卯の日の新嘗祭という四度における祝詞の宣読と幣帛の班給がおこなわれる空間であった。[注7]これらの殿舎の配置は、伯家部類に収録されている「神祇官古図」や大内裏図考証に引かれた「神祇官全図」により、八神殿が区画の北西隅に東向きに並んでいるが、宮内庁書陵部蔵の「月次祭神祇官指図」では、殿舎の配置が大内裏図考証に引用されたものとは微妙に相違しており、実際の状況については未だ確定しえないところが多々あるというべきであろう。[注8]

このほか、延喜式巻九の宮中に坐す神の条においては、大内裏には三十六座の神々が祭られていたと記されており、[注9]神祇官西院に祭られた二十三座のほかに、宮内省の薗神社一座と韓神社二座、大膳職の御食津神社、火雷神社、高倍神社の各一座、造酒司の大宮賣神社四座、酒殿神社二座、酒弥豆男神と酒弥豆女神の各一座、主水司の鳴神神社一座が奉祭されていたとされている。もっとも、これらは延喜式の神名の巻に記された、いわゆる式内社ということであり、このほかにも例えば縫殿寮には御匣殿神、縫殿神、著酒神の各一座が祭られており、[注10]また、大炊寮にも竈神八座が祭られている。[注11]さらに、内膳司にはいつも天皇の身近で祭られなければならない忌火、庭火、平野の神々が置かれるなど、[注12]官司の殿舎の中にはさまざまな神々が祭られている場所があったわけであり、それらもそれぞれ程度の差はあるにせよ、特殊な神聖空間として考えられていたはずである。

また、臨時の大祭である践祚大嘗祭は、平安時代においては多くの場合、朝堂院の竜尾壇の南庭において大嘗宮を建てて斎行されたが、ここでは祭に先立つ七日前に鎮地祭が行われ、祭の終了する辰の日には直ぐに撤去されており、[注13]ここもこの期間においてはやはり厳重な清浄さが必要とされる特別な空間であったと考えられよう。

ところで、こうした大内裏の中における神聖空間とも言うべき場所において、一つの特徴ともいえることは、そこで行われる行事において男性よりもむしろ女性が重要な役割を果たしているように見えることである。それは、賢所という名称が後には内侍所の名称と識別が曖昧になるほど、神鏡などはそこに控えている内侍たちによって奉護されており、新しい天皇の践祚にともなう剣璽の渡御に際してもこれを捧持したのはこうした女官たちであったことからも明らかである。[注14] また、中和院でおこなわれる新嘗祭や神今食においては、その前中後の三度にわたって大殿祭が催行されるが、[注15] ここにおいても中臣、忌部などとともに重要な祓いの役割を果たしているのが御巫などの女性神職である。さらに、践祚大嘗祭における大嘗宮の儀においても、造酒児や酒波、御巫、猨女などがそれぞれ祭儀に不可欠の要素として参加をしており、[注16] この大嘗祭あるいは新嘗祭とも密接に関連しているはずの鎮魂祭[注17]においては、場所は宮内省ではあるが、やはり御巫や猨女らが、天石窟戸の前で天鈿女命が覆槽の上で舞ったという神話[注18]を彷彿とさせる所作をおこなっているのである。[注19]

二　八神殿という存在

このように大内裏の中でも、ひときわ清浄さを要求される場所において、神事に関与する女性神職の存在というものは注目に値するが、それは律令という合理的な法体系を持ち、それによって運営される日本の中央官僚機構に位置づけられた神祇官という役所においても例外ではない。ここの西院は最も律令国家の統治を象徴的に示すともいえる全国七百三十七座の官幣社への班幣行事が執り行われる場所であるとともに、八神殿をはじめとする殿舎が立ち並ぶ空間でもある。そして、この八神殿を斎い奉る役割を負っていたのが御巫と呼ばれた女性たち

なのである。特に毎年九月にはその御巫たちの斎い奉る固有の祭というものも存在していた。[注20]

平安京大内裏における神祇官の建物の位置については、すでに記したごとく、これまで大内裏図考証などによって推測されてきたわけであるが、ここでの問題点の一つは、神祇官西院にあったはずの御門巫や座摩巫、生島巫などの神殿がそれにはまったく描かれていないことであった。ところが、それが平成十六年（二〇〇四）に紹介された「神祇官西院指図」[注21]にはそれらの建物配置が描かれているのである。確かに、延暦年間における平安京の建設の始まりから、神祇官の殿舎の配置にまったく変化がなかったと断定できないが、しかし、この図には、その中央部に八角形の祝詞座が描かれるなど、これまでわれわれが見てきたものとは余りにも違っており、その他の史料とつき合わせた場合の整合性にも問題があるなど後世に作られた蓋然性も高く、この史料的価値をどう評価していくかについてはなお慎重でなければならないだろう。

そういった前提の上で、神祇官西院について見ていった際に、史料上でもっとも明確に記されているのは、やはり八神殿という殿舎の存在であろう。この八神殿について、太平記流布本の巻十二の「大内裏造営事　付聖廟事」では、これに「ヤツシントノ」という傍訓を付しており、[注22]あるいはこうした訓み方は古い呼称法を残存させている可能性もあるであろう。そして、火事などにより大内裏に被害が出て、それが神祇官にまで拡大したとき、人々の関心はこの八神殿のことに及ぶのである。たとえば、百錬抄の大治二年（一一二七）二月十四日条には

園韓神社、神祇官の八神殿、幷びに内外の院の門垣、勘解由使庁、陰陽寮の漏刻の鐘楼、大炊寮の南門、郁芳門、宮内省、主水司、醤院など焼亡す。陰陽寮の渾天図、漏刻など具に之を取り出だす。園韓神の御正体も同じく之を取り出だす。但し、後日、兼俊宿禰云く、八神殿、園韓神、元より御正体無し。但し、園韓神には神宝の剣桙有りと云々。

と記されている。このときは大内裏の東南部が被災したもので、おそらく神祇官においては八神殿のみが焼失したものとは思われない。それにもかかわらず、この八神殿の安否が問題とされるのである。そして、この後の三月二十日には諸卿が摂政の直廬に集まり、神祇官の焼亡で廃朝すべきか否か、また、月次祭、神今食をどこで実施すべきかについて相談している。[注23]そして、その結果として、六月十一日の月次祭と神今食とは中和院で執り行われているのである。[注24]

さらに、太郎焼亡とも称される安元三年（一一七七）四月二十八日の大火について、やはり百錬抄には

亥の刻、火、樋口富小路より起る。火焔、飛ぶが如し。八省、大極殿、小安殿、青龍、白虎楼、応天、会昌、朱雀門、大学寮、神祇官の八神殿、真言院、民部省、式部省、大膳職、勧学院など、地を払いて焼亡す。大内はその難を免る。この外、公卿の家、十余家、灰燼と為る。皇居〈閑院〉近々に依り、主上、腰輿に駕して正親町邦綱卿の第に行幸す。凡そ東の限りは富小路の東、西の限りは朱雀の西、南の限りは樋口、北の限りは二条。凡そ百八十余町。この中の人家、幾万の家なるかを知らず。希代の火災也。近年、連々、火事、変異有り。果たしてこの如し。

と記されている。[注25]この際にも神祇官で焼失した殿舎は八神殿のほかにもあったと考えるのが適切であるが、百錬抄を記した者の関心はこの八神殿に向けられているのである。そして、この同じ事件に遭遇した九条兼実も、自らの日記である玉葉の中で「大極殿已下、八省院、一切残さず」と記したのに続けて、「神祇官〈八神の御正体焼失〉」としたためている。[注26]さらに、神祇伯であった顕広王の日記においても、この神祇官の焼失に関連して「八神殿、遷宮了ぬ〈仮殿なり〉。大治の例に依り、本官、造り進るところなり。禰宜、史生の実正、詔戸を申す。」[注27]と記している。これらのことは、少なくとも平安時代末の十二世紀中葉、貴族たちの感覚においては、神

祇官といえば直ぐに八神殿が思い起こされるほど、この場所が意味を持っていたわけであり、その御神体のあり方が問題とされるほどの関心が共有されていたことの証拠といえる。

そして、この八神殿に祭られている神々については、延喜式巻八の祝詞式3祈年祭条、9月次祭条、10大殿祭条、11御門祭条、巻九の神名式上2宮中神条、古語拾遺などから明白である。これらをまとめて比較すると、次の表1のようになる。

いっぽう、八神といった場合、それは神祇官西院に祀られたもののみを指すわけだけではない。例えば、新嘗祭の前日に行われる鎮魂祭では宮内省において神座が設けられるが、ここでは神魂、高御魂、生魂、足魂、魂留魂、大宮女、御膳魂、辞代主の八神に大直神一座を加えた神々となっている。[注28] この場合、少なくとも文献上では八神という言葉こそ確認されていないが、その神名からして神祇官西院の八神と同一の神々であると考えることができる。

さらに儀式巻二の践祚大嘗祭儀上によれば、悠紀国と主基国の斎郡において斎院が作られ、そこに縦八間の八

表1　八神の表記の比較

祈年祭祝詞	1 神魂	2 高御魂	3 生魂	4 足魂	5 玉留魂	6 大宮乃賣	7 大御膳都神	8 辞代主
月次祭祝詞	1 神魂	2 高御魂	3 生魂	4 足魂	5 玉留魂	6 大宮賣	7 御膳都神	8 辞代主
神名上　宮中神	1 神産日神	2 高御産日神	4 生産日神	5 足産日神	3 玉積産日神	6 大宮賣神	7 御食津神	8 事代主神
古語拾遺	2 神産霊	1 高皇産霊	4 生産霊	5 足産霊	3 魂留産霊	6 大宮売神	8 御膳神	7 事代主神

※各神名の上の数字は、その典籍における表記の順序を示す。
※神名の表記は祈年祭祝詞・月次祭祝詞・神名上　宮中神はそれぞれ『訳注日本史料　延喜式上』（二〇〇〇年、集英社）、古語拾遺は『古代氏文集』（二〇一二年、山川出版社）を用いた。

神殿に神八座が鎮座する。この建物の規模は長さ二丈四尺、広さ七尺八寸、柱高八尺とされており、やがて、この稲や雑物が平安京に運上された後は、北野に設けられた稲実殿に同規模の神座殿が作られる。そして、ここの八神とは、御歳、高御魂、庭高日、御食神、大宮賣、事代主、阿須波、波比岐であるとされている。[注29]この神殿について、延喜大嘗祭式9抜穂条には、長さ四丈、広さ一丈と記されており、もしこのとおりであったとしたら、儀式が編纂された貞観年間以降、延喜式が完成する延長五年までの約半世紀の間にこの建物の規模が拡大したことになろう。そして、表記法こそ違いはあるものの、そこでは御歳神、高御魂神、庭高日神、大御食神、大宮女神、事代主神、阿須波神、波比伎神が奉斎されていた。[注30]

こうして見てみると、八神とは決して固定したものとはいえないが、おおよそ高御産日神のような日の神、御歳神や御食神のような稲あるいは食膳を司る神、大宮売神や事代主神のようなその場所あるいはそこに仕える人々の神といった構成をとっているということはできるであろう。また、このことは八神というものが、初めから八座と決まっていたわけではなく、時代の変遷の中でしだいに形成されていった可能性をうかがわせるものである。このことについて早くに本居宣長は古事記伝の中において、日本書紀で天孫降臨を記している第九段の一書の第二を注釈して「八神に定まれるは、やや後にてもあるべければ、後に加え祭れるもあるべし」と記している。[注31]また、津田左右吉氏においては、神祇官の八神についてさらに具体的に「ここの神が八座とせられたのは、早くとも天平九年より後のことであろうと推測する」としている。[注32]さらに、西田長男氏も八神奉斎の起源について、「その最初のほどは、事（辞）代主神と生霊神との二神のみ勧請せられたのではなかろうかと思われる」と解釈している。[注33]

確かに、神祇官西院八神殿の神々については、貞観元年正月二十七日の神階叙位の場合に神産日神、高御産日神、玉積産日神、生産日神、足産日神の五座の神々は無位から従一位へと、そして、同年二月朔日には生産日神をのぞく四座の神々に対してはさらに正一位へと叙位がなされており、八神が一斉に叙位されているわけではない。ここには日の神系の五座とその他の三座との間に明確な区別が存在しているものと思われる。ここで叙位に与っている日の神とは、四世紀から五世紀にかけて朝鮮半島諸国の天降りによる建国神話をヤマト政権が取りこんで成立してきたものと考えられる。[注34]

いっぽう、ここで叙位に与っていない三座の神々のうち、大宮売神は大殿祭の祝詞にも記された神であるととも[注35]に、延喜四時祭式では「大宮売神四座祭〈坐造酒司〉」、神名式ではやはり宮内省被管官司である造酒司に「大宮売神社四座〈並大、月次新嘗〉」と見えている。[注36]また丹後国丹波郡には「大宮売神社二座〈名神大〉」があり、[注37]新撰姓氏録の山城国神別には「大宮能売公」という氏の名前も記されている。[注38]この神の系譜については、古語拾遺が「是は、太玉命、久志備に生みたまいし神なり。今の世に、内侍、善言美詞をもちて君臣の間を和げ、宸襟を悦懌せしむるが如し」とされており、天つ神系の一神であるということだけは確かである。

また、御食津神については、大膳職にも御食津神社が鎮座している。[注39]また、大和国広瀬郡には広瀬に坐す和加宇加乃売命神社〈名神大、月次新嘗〉があり、[注40]この神は広瀬の大忌の祭の祝詞においては「御膳持〈須留〉若宇加〈能〉売〈能〉命」と記されていることから、[注41]御膳に関与した神格であることは明らかである。さらに、嘉祥三年（八五〇）十月七日に河内国の恩智大御食津彦命神、恩智大食津姫命神はともに正三位に叙されている[注42]が、これは延喜神名式に見える河内国高安郡の恩智神社二座〈並名神大、月次相嘗新嘗〉[注43]と考えられる。神名式にはこの他にも丹後国竹野郡に大宇加神社が見え、[注44]伊勢国度会郡には「度会宮四座〈相殿坐神三座。並大。月次新嘗。〉」とあるが、[注45]止由気宮儀式帳には丹波国比治の真奈井に坐す我御饌都神、等由気大神を勧請して天照坐皇大神の朝夕の大御饌に供奉することとしたとしている。[注46] 大殿祭の祝詞にも「屋船豊宇気姫命〈登〉、〈是稲魂也。俗詞宇賀能美多麻。今世、産屋以二辟木、束稲一、置二於戸辺一。乃以レ米散二屋中一之類也〉」と見え、[注47] また、古事記には速須佐之男命が大山津見神の娘である神大市比売を娶って生んだのが大年神と宇迦之御魂神の二柱の神々であり、[注48] その大年神が香用比売を娶って生んだのが大香山戸臣神と御年神の二柱であるとしている。[注49] さらに、古語拾遺でも御歳神が田を司り、年穀に左右するとされていることなどから、[注50] この神はさまざまな表記法をとるにしても、従来から言われているように食物を司る神格であることは揺るがない。

いっぽう、事代主神も「八重言代主神」（古事記上巻）、「於天事代於虚事代玉籤入彦厳之事代神」（神功皇后摂政前紀）、「事代主尊」（神功皇后摂政紀元年二月条）、「辞代主」（延喜四時祭式下48鎮魂祭条・祝詞式9月次祭条）、「事代主命」（祝詞式29出雲国造神賀条）などとさまざまな用字法があるにしても、古事記によればこの神は大国主神が神屋楯比売命を娶って生まれたとされ、[注51] 国譲りの後、青柴垣に隠れ去ったという神である。[注52] そして、式内社として大和国葛上郡には鴨都波八重事代主命神社二座〈並名神大。月次相嘗新嘗〉、高市郡には高市御県坐鴨事代主神社、[注53] 阿波国阿波郡に事代主神社が鎮座するが、[注54] この神で顕著なことは出雲の国譲り神話において重要な役目を担っていることとともに、重要な場面において託宣を下していることである。仲哀天皇の崩御後において神功皇后に神懸りした神々の中には「天に事代、虚に事代、玉籤入彦、厳之事代の神」という神名で事代主神が加わっており、[注55] また、麛坂王と忍熊王が反乱を起した際に、務古水門において神功皇后に誨示した神々の中にも「事代主尊」が入っている。[注56] さらに、壬申の乱に際しても高市郡の大領であった高市県主許梅に高市社の事代主神と身狭社の生霊神とが憑依して、神武天皇陵を祭ることや戦いの進め方について諭している。[注57] このように、この神にはシャーマニズム的な性格も認められるのである。

そして、日の神系以外の三神については事代主神はもちろんのこと、大宮売神にしても御食津神にしても日本海側の地域との関連性を濃厚に持っており、こうしたことからこれら三神を出雲系と判断して、八神殿の神々は「物部氏系・斎部氏系・高橋氏系ないし出雲系などの諸神を祭ったもので、その鎮魂の法も系統を異にするいろいろなものが総合せられているのである」とする解釈[注58]もその成立の可能性はあろう。また、高御産日神など日の神系の高天原の神々と事代主神などの出雲系の神々から構成されるという理解もできるであろう。さらに、八神の性別は具体的には判明しえないが、八神のうち四神が男神で四神が女神であることは明確であるから[注59]、これが最初から男女の対の神々として考えられていたのか、それとも結果としてそうなったのかについても、見ていく必要がある。

三　神祇官の神殿に供奉する御巫

ところで、神祇官には八神殿のみがあったわけではない。大内裏の南東部に位置する神祇官は南北三十七丈、東西四十五丈の敷地を持ち、もともと東院と西院という二つの区画から成り立っていた。東院は南北三十七丈、東西十丈の敷地の中に南舎、後庁（東庁）、北舎、大炊殿の建物のほか井舎、竹林があり、神祇伯已下の官人が実務を執る場所で厨院とも称された。いっぽう、西院は斎院とも表記され、二月の祈年祭、二月と七月の祈年穀、六月と十二月の月次祭、九月の神嘗祭、十一月の新嘗祭などの際の班幣行事が行われた空間である。ここは南北三十七丈、東西三十五丈の敷地の中に八神殿のほか、北舎（正庁）、南舎（南庁）、東舎（東屋・外記舎）、西舎（西庁・柏殿）、斎部殿（斎戸殿・祝殿・刀禰殿）、御幣殿、高蔵（官庫）、榊二株などがあったとされている。そして、八神殿は西院の北舎の西側に東向きにあり、玉垣をめぐらせた中に八つの独立した神殿が建立されていたが、北から第一、第五、第八の神殿の前には鳥居が設けられ、入口となっていたという。[注60]

延喜四時祭式下によれば、この八神殿の神々については、毎年九月に御巫の斎い奉る神の祭があり、神祇官に属する御巫たちがこの八神に仕えることになっていた。この御巫とは養老の職員令1神祇官条にも記された官職の一つであり、大宝令の注釈書である官員令別記にも「御巫五人、倭国巫二口、左京生島一口、右京座摩一口、御門一口、各給二廬守一人一、又免二戸調役一也」とあることから、すでに八世紀の初期には存在していたことは確かである。[注61]そして、ここには倭国巫、生島、座摩、御門という四種類の御巫が記されているが、これは天平九年八月十五日の詔書の中に大宮主、御巫、座摩御巫、生島御巫、諸神の祝部らに爵位を与えたことが見え、[注62]また、大同二年二月十三日に奏進された古語拾遺でも御巫、御門巫、生島巫、座摩巫という区分が見えることから、[注63]大宝年間に存在していた御巫が連続して平安期にまで繋がっていることが分かる。延喜式においては、これがさらに細分化され、御巫、中宮御巫、東宮御巫、御門巫、座摩巫、生島巫という構成になっていることから、[注64]御巫のあり方についても時代的変遷があったことは確かである。そして、こうした御巫と八神とは対応する関係にあり、御巫が交替する際には、八神の神殿が建て替えられ、その供える装束も新調されることになっていた。

いっぽう、貞観二年八月二十七日の夜には盗賊が神祇官の西院に忍び込み、斎戸の神殿の扉を開け、そこにあった三所の斎戸の衣と主上の御魂を結ぶ緒などを盗み出すという事件がおきた。[注65]この「三所の斎戸の衣」とは、毎年十二月に行われる御魂を鎮める斎戸の祭で用いられた天皇、中宮、東宮の衣をさすものであり、[注66]「御魂を結ぶ緒」とは十一月の鎮魂祭において、神祇伯が結んだ木綿蘰をさしている。[注67]そして、この場所については、大内裏図考証などにおいて神祇官古図や古文書により御巫の宿所であると解されている。確かに延喜臨時祭式には新たに着任した御巫には長さ二丈、庇二面の長さ各二丈の屋一宇が与えられることになっており、[注68]あるいはこがそれにあたる可能性もあるが、これについてはなお判断は保留しなければならない。

いっぽう、こうした八神殿に供奉する御巫に対して、座摩巫、御門巫、生島巫の交替の場合には神殿だけが造りかえられ、装束については新たに供えられることはない。もっとも、これらの神殿がどこにあったかについては必ずしも明確ではなく、伯家部類に引かれた「神祇官古図」などにもその所在は記されていない。ただ、九条家本の延喜式には、「座摩巫祭神五座」、「御門巫祭神八座」、「生島巫祭神二座」の上に、別筆でそれぞれ「北舎」の書き込みがなされており、これを信用するならば、これらの神殿は神祇官西院の正庁たる北舎の中にあったことになろう。

では、これらの神々は八神殿の神々に対して、いかなる関係を持っているのであろうか。まず、座摩巫が祭る神々とは生井神、福井神、綱長井神、波比祇神、阿須波神の五座である。このうち生井神、福井神、綱長井神が井戸の神であることは明白である。それに対して、波比祇神、阿須波神の二神は践祚大嘗祭に際して悠紀国と主基国の斎郡において造られる斎院の八座の中にも見られる神々であり、古事記上巻の大国主の神の段においては大年神と天知迦流美豆比売との間に生まれたとされ、奥津日子神、奥津比売命、大山咋神、庭津日神、香山戸臣神、羽山戸神、庭高津日神、大土神とは兄弟の関係であると記している。古語拾遺ではこの座摩について大宮地の霊と注釈しているが、こうした神統譜から見ても、ほぼ屋敷地に関連した神と考えて間違いないだろう。また、御門巫が祭る八座の神々とは延喜神名式上に「櫛石窓神〈四面門、各一座〉、豊石窓神〈四面門、各一座〉」とあり、四時祭式上にも四月と十二月に御門巫が行事する四面の御門の祭が記されている。したがって、内裏の東西南北の門の両側に祭られた神々であり、神祇官西院の神殿とはその総社のごとき性格を持っていたと理解すべきであろう。そして、生島巫が祭る生島神、足島神という二座の神々であるが、古語拾遺は「生島」について大八洲の霊であると説いている。この二神については、信濃国小県郡に名神大の社格をもつ生島足島神社があり、[注69]ここは大同元年牒にも「生島足島神一戸〈並信濃国〉」と記されている。なぜここに神祇官西院で祭られているものと同じ神々が鎮座しているかについて、今のところ明確な解釈はなしえないが、壬申の乱に際して大海人皇子の側にいた高市郡司に神がかりしたのが高市の社の事代主神と身狭の社の生霊神であったこと、[注70]また、天武天皇十三年二月庚辰二十八日には信濃へ遷都する準備ではなかったかともいわれている、地形を見分するための巡検使節が派遣されていることなどから、[注71]あるいはこうした動きとも連動して生島と足島という神々が信濃国にまつられたのかもしれない。しかし、いずれにしてもこの生島巫が奉仕する神々は畿内に中心をもつ政治権力が大八洲というある程度の領域支配を確立した後になって初めて自覚化されてくる存在であり、その意味ではこの他の御巫が祭る神々よりも相対的に新しい段階に属するものといえるだろう。

したがって、こうしたことを総合するならば、座摩巫、御門巫らが斎き仕える神々とは、八神殿の神々が天皇、中宮、東宮らをつかさどる神々であるのに対して、その居住する空間に関係した神々であり、さらに生島巫が斎き仕える神々とは内裏の外側に広がるヤマト政権の統治する領域にかかわる神格であるといえるだろう。

四　御巫たちの所作とは

では、こうした御巫たちは、そもそもいかなる具体的な所作をおこない、神祇官西院の神々に奉仕をしてきたのであろうか。

まず毎年恒例の祭祀を実施される季節の順序でみてみるならば、二月四日の祈年祭において、御巫らは神祇官人に率いられ中門より入場して西院の西舎の座に着く。やがて、幣帛を班つ儀式が始まると西舎の前庭の座につき、諸社の祝部らに先んじて式部省の史から名を呼ばれ、神部より幣帛を頒布されるということに従事する。これとほぼ同じ所作が、六月十一日と十二月十一日の月次祭においても行われる。[注72] また、十一月下の卯の日の新嘗祭でもやはり同様のことが行われている。

二月の春日祭の後の丑の日および十一月の新嘗祭の前の丑の日に行われる薗幷韓神祭では、まず宮内省神院の南殿の薗神の前で蘰の木綿が参加者に配布されたあと、御巫が進み出て再拝両段して微声で祝詞を宣する。そしてその後、再び最初のごとく二度拝し二度拍手をする。神馬などが退場したあと、琴師や笛工による歌舞が奏された後、御神子（あるいは御巫に同じか）が庭火を廻り、湯立の舞を供する。そして、このあと、北殿の韓神の前でも同様の所作がなされる。さらに、南殿に戻り饗宴が行われるが、大臣已下が退出した後に、再び南殿、北殿の順で神祇官は御巫や物忌、神部らを率い神楽をおこなっている。[注73]

四月になると、御門巫が内裏の東西南北の門において四面の御門の祭をおこない、また、座摩巫は内裏と中宮職の御溝水において御川水の祭をおこなう。これは十二月にも同じ儀式がおこなわれるが、これらの具体的な祭式については不明という他はない。[注74]

六月の朔日から八日にかけては、毎日、清涼殿と中宮職において御贖の祭がおこなわれ、ここでは天皇の御巫と中宮の御巫とが行事をとりおこなう。東宮坊においてもほぼ同じ祭が行われるが、こちらは期間が朔日から四日までであり、料物も清涼殿や中宮職の場合の半分となる。そして、この御贖の祭は内裏と中宮職では十一月の朔日から八日、十二月の朔日から八日にもおこなわれる。これらにおいても、東宮坊ではいずれも四日までとなるが、[注75]これらはその実施の時期から見て、新嘗祭と年に二回の神今食のある月と一致していることから、それらの祭祀をおこなうための祓いの持つものと考えるのが適切であろう。

そして、六月十一日の月次祭のあとの夜に中和院神嘉殿においては神今食がおこなわれるが、この祭りに先立つ亥の刻（午後八時ごろ）、御巫たちは神祇官の中臣と忌部に率いられこの神嘉殿で大殿祭を行う。やがて、翌日の寅の刻（午前四時ごろ）、天皇の御座所である仁寿殿（後には清涼殿）、湯殿、厠殿、御厨所、紫宸殿、承明門、中宮の御座所などでも大殿祭を行う。さらに神今食が終えた後の卯の刻（午前六時ごろ）に再び中和院の神嘉殿で大殿祭を行っている。これらの祭において、御巫は玉、米、酒、切木綿などの入った筥を持って殿舎内に入り、米、酒、切木綿を撒くということを行っているが、[注76]これと同じ所作は十一月下の卯の日の新嘗祭、十二月十一日の神今食においても行われている。なお、このとき、内裏での大殿祭では、忌部が巽の方に向いて微声で祝詞を読み上げており、これは神祇官八神殿に祭られている大宮売神に対するものであるとも解釈され、[注77]もしそうであれば、ここに忌部氏と御巫のつながりを読み取ることができるであろう。

九月には神祇官西院に祭られている八神殿などの神々をまつる祭祀がある。このときには御巫が斎い奉る神の祭のほか、中宮、東宮、御門巫、座摩巫、生島巫のそれぞれが斎い奉る神の祭も同時期に行われており、延喜式にはその祭料が絁一疋四丈、五色帛各四丈、糸四絇などと具体的に記されている。[注78]しかし、神祇官西院においてそれぞれの御巫がいかなる所作を行っていたかについては、少なくとも現存する典籍の中には見出せない。

十一月になると下の卯の日を使って新嘗祭が行われるが、その前日の寅の日には宮内省の正庁において鎮魂祭が行われる。この日、御巫は神祇官西院において稲を搗き、麁筥を用いてもみがらなどを取り除いたのち韓竈を使って炊く。それを藺笥に盛り、それを神部に宮内省に持参させる。[注79]一方、宮内省正庁の堂上には所司により神八座と大直神一座とが設けら、そこへ神祇伯に率いられた御巫や琴師、神部、卜部らが入場する。神部は東の階段を使って神宝を堂上に置くが、御巫などもそれに続いて堂上に上がり、南に向いて座に就く。準備が整うと、笛と琴により鎮魂歌が奏せられ、御巫や猨女らが舞をまう。さらに神祇伯に安藝の木綿蘰が渡されると、御巫は伏せた宇気槽の上に立って桙で槽を撞く動作を十度繰り返し、それに合わせて神祇伯が木綿蘰を結ぶ。それらが終了すると、御巫、諸の御巫、猨女の順で倭舞がなされる。[注80]そして、中宮のための鎮魂祭は同日に行われるが、東宮のための鎮魂祭は新嘗祭の豊明の節会がすんだ翌日の巳の日の夕刻に行われている。[注81]こうした鎮魂祭での御巫の所作については、古語拾遺の中では「天鈿女命の遺跡」とされ、天岩戸の前で行われた神事との関係が指摘され、また、旧事本紀巻七の天皇本紀神武元年十一月庚寅条から物部氏との関連も説かれてきた。そして、養老職員令についての令義解に「招二離遊之運魂一、鎮二身体之中府一」という記述から、遊離しかかった天皇霊をつなぎとめるものとか、外にある天皇霊を中に呼び込むための儀礼であるといった解釈もなされているが、ここで最も重視しなければならないことは、鎮魂祭が新嘗祭の前の日に行われているということであり、[注82]ここで祭られる神々が神祇官西院八神殿の神々に大直神一座を加えたものであり、そして、天皇のみならず、中宮と東宮に対しても実施されるということである。こうしたことからは、鎮魂祭において御巫のなす所作とは、天皇や中宮、東宮の身体をまもり、穢れから隔離するという祓いの所作と理解するほかはないであろう。

そして、延喜式では毎月晦日に行われる御贖についても御巫が行事するとしている。[注83]これは六月と十二月以外の、閏月のない年ならば十回行われる行事であるが、金や銀の人像を用いて行われるここでの所作は、天皇、中宮、東宮のための祓いであることに議論の余地がない。

いっぽう、臨時の祭祀である大嘗祭では、天皇は十月下旬に近江国の大津や松崎川、賀茂川などで御禊が行われるが、その行幸に御巫や戸座なども馬をあてがわれて陪従した。[注84]そして、大嘗祭に先立つ七日以降、前日までの間に御巫らは中臣、忌部に率いられて大嘗宮の悠紀殿と主基殿の殿舎および門を祭り、[注85]大嘗祭が始まると御巫は緑の袍を着し、大臣あるいは大納言、中納言に率いられて中臣、忌部、猨女らとともに大嘗宮へむかう天皇の先導をおこなった。[注86]さらに、大嘗祭が終了して大嘗宮の門が閉ざされ、夜が明ける辰の日の卯の二刻（午前五時三十分頃）、再び御巫は中臣、忌部に率いられ殿舎の鎮祭をおこなっている。[注87]

また、大嘗祭の翌年に難波津において実施される八十島祭[注88]でも、延喜式からは神祇官の史、御琴弾、神部、内侍、内蔵の属、舎人とともに御巫、生島巫が参加していることが分かる。[注89]もっとも、ここからは御巫らがどういった所作を行っていたのかについて明記されておらず不明というほかはないのであるが、ここに記された料物には金と銀の人像などがみられること、御巫の名は見えないがこの祭において「神祇官、御琴を弾き、女官、御衣筥を披きてこれを振る。」とか「宮主、膝突を著け〈西面〉、御麻を捧じて禊を修す。禊、了りなば、祭物を以て海に投ず。」[注90]といった記載があることから、六月や十二月初めの御贖祭や毎月晦日の御贖のごとく、祓いの所作を行っていたことはほぼ間違いない。ただ、この祭には天皇のための八十島祭だけでなく、中宮と東宮のための八十島祭もあり、また、「住吉神四座、大依羅神四座、海神二座、垂水神二座、住道神二座」といった摂津国住吉郡や豊島郡に鎮座する神々へ供える幣物も記されていることから、この祭は天皇、中宮、東宮の罪穢れを海に祓うとともに、住吉の神々をはじめとする海神にその守護を祈るものであったと見るのがよかろう。

今日、われわれは神祇官西院の神殿に奉仕する御巫について、十世紀に成立した延喜式において、その最も体系的な形態を理解するのであるが、既に見てきたように、八世紀初めの大宝令段階、九世紀初めの古語拾遺、そして、九世紀中葉の清和朝の成立と思われる儀式において、その間に御巫のあり方の変遷を確認することができる。その際、疑問となる一つが、なぜ忌部氏は古語拾遺において御巫の立場を擁護する主張を展開したのかということである。御巫の任用にあたっては、座摩巫が都下国造の氏の童女七歳以上の中から採るほかは、すべて庶女の中から採用するとしている。[注91] しかし、御巫の所作を見渡したとき、大殿祭や鎮魂祭に代表されるごとく猨女や忌部氏との関係は深い。古語拾遺において、斎部広成が「凡そ鎮魂の儀は、天鈿女命の遺跡なり。然あれば、御巫の職は旧の氏を任くべし。而あるに今、選ぶ所は、他氏を論はず。遺れる九つなり。[注92]」と主張していることは、七世紀以前の八神殿と御巫の姿を考えていく際に、御巫がもとは負名氏から採られていたのではないかという可能性を推測せしめ、やはり重視していかなければならない価値を持つものと言うべきであろう。

注

1　大内裏という言葉はいわゆる内裏自体とさすこともあれば、京域全体をしめすこともある。なお、大内裏図考証では、大内裏自体についての定義をしていない（福山敏男「大内裏」〔『国史大辞典』第八巻、吉川弘文館、一九八七年〕）。

2　続日本紀の天平十四年八月乙酉（十三日）条の「宮城以南大路西頭、与二甕原宮以東一之間、令レ造二大橋一。」や営繕令11京内大橋条の義解の「凡京内大橋及宮城門前橋〈謂十二門前溝橋也〉者、並木工寮修営。」などの用例は、明らかに京内の宮城を指している。

3　所京子「『所』の成立と展開」および「平安時代の内侍所」（『平安朝「所・後院・俗別当」の研究』勉誠出版、二〇〇四年。初出はそれぞれ一九六八年および一九六九年）

4　扶桑略記、天徳四年九月二十三日庚申条および二十四日辛酉条所引村上天皇御記。

5　丸山茂『神社建築史論』中央公論美術出版、二〇〇一年。初出は一九八三年。

6　黒板伸夫・森田悌編『訳注日本史料　日本後紀』（集英社、二〇〇三年）では、この中院を中和院と理解している。また、橋本

7　義則「平安京の中心　中院と縁の松原をめぐる臆説」（『平安京とその時代』所収、思文閣出版、二〇〇九年）では、中院の語源を中臣の「中」と同じように、天皇と皇祖神との間をとりもつ場所という解釈を示しつつも、中和院の神嘉殿が大内裏の中央に早い段階から存在していた可能性を考えている。

8　神祇官西院の空間的特殊性については、吉江崇「祭祀空間としての神祇官」（大阪教育大学学内刊行物『歴史研究』四二、二〇〇五年）にその指摘がある。

9　木村大樹「班幣行事の復元的考察」（『国学院大学大学院紀要―文学研究科―』第四十九輯、二〇一八年）

10　延喜式巻九、神名2宮中条

11　延喜式巻十四、縫殿寮1寮神祭条

12　延喜式巻三十五、大炊寮1竈神条。なお三谷芳幸「第八洲国と大炊寮の鼎」（『日本歴史』八三七、二〇一八年）では、この神の神体である鼎の重要性が論じられている。

13　日本紀略後篇四、天徳四年十一月十九日乙卯条など。この神と天皇との関係については、吉澤悟「内膳司の竈神について」（『宗教史・地方史論纂』刀水書房、一九九四年）。

14　儀式巻三、践祚大嘗祭中および同巻四、践祚大嘗祭下。延喜式巻7、践祚大嘗祭22大嘗宮条および同32辰日条

15　践祚部類鈔によれば醍醐天皇、朱雀天皇、村上天皇をはじめ、剣璽使には内侍が当たっていることが知られる。

16　儀式巻一、神今食祭および大殿祭

17　延喜式巻七、践祚大嘗祭31卯日条および32辰日条

18　渡辺勝義『鎮魂祭の研究』名著出版、一九九四年。

19　日本書紀巻一、神代上第七段本文

20　儀式巻五、鎮魂祭儀。延喜式巻二、四時祭下48鎮魂祭条

21　延喜式巻二、四時祭下2御巫斎神条

22　安江和宣「調和三年矢田部清栄写『神祇官西院指図』」（『神道史研究』五二―一、二〇〇四年）。

23　たとえば、『新典社善本叢書七　中京大学図書館蔵　太平記』（新典社、一九九〇年）など。

百錬抄巻六、大治二年三月二十日条

24 百錬抄巻六、大治二年六月十一日条
25 百錬抄巻八、治承元年四月二十八日条
26 玉葉巻二十四、安元三年四月二十八日条
27 顕広王記、安元三年六月九日条（髙橋昌明・樋口健太郎「国立歴史民俗博物館蔵『顕広王記』、承安四年・安元二年・安元三年・治承二年巻」『国立歴史民俗博物館研究報告』一五三集、二〇〇九年）
28 延喜式巻二、四時祭式下48鎮魂祭条。
29 儀式巻二、践祚大嘗祭儀上。
30 延喜式巻七、践祚大嘗祭9抜穂条、15在京斎場条。
31 本居宣長『古事記伝』十五之巻（『本居宣長全集』第十巻、筑摩書房、一九六八年）。
32 津田左右吉「古語拾遺の研究」（『津田左右吉全集』第二巻、岩波書店、一九六三年）
33 西田長男「八神殿の成立」（『日本神道史研究』第八巻、講談社、一九七八年。初出は一九五九年）。
34 溝口睦子「『ヒ』型人名」（『古代氏族の系譜』所収、吉川弘文館、一九八七年）。
35 延喜式巻八、祝詞10大殿祭条。
36 延喜式巻一、四時祭式10大宮売神祭条。同巻九、神名上2宮中条。
37 延喜式巻十、神名下20丹後国条。
38 新撰姓氏録　山城国神別
39 延喜式巻九、神名上2宮中条
40 延喜式巻九、神名上6大和国条
41 延喜式巻八、5広瀬大忌祭条
42 日本文徳天皇実録嘉祥三年十月辛亥条
43 延喜式巻九、神名上7河内国条
44 延喜式巻十、神名下20丹後国条
45 延喜式巻九、神名上12伊勢国条

46 止由気宮儀式帳、等由気大神宮院事
47 注35に同じ。
48 古事記上巻、須佐之男の命の段の系譜
49 古事記上巻、大国主の神の段の大年の神の系譜
50 古語拾遺、御歳神の段
51 古事記上巻、大国主の神の段の系譜
52 古事記上巻、大国主の神の段の事代主神の服従
53 延喜式巻九、神名上6大和国条
54 延喜式巻十、神名下39阿波国条
55 日本書紀神功皇后摂政前紀
56 日本書紀神功皇后摂政元年二月条
57 日本書紀天武天皇元年七月壬子条
58 注33に同じ。
59 延喜式巻三、臨時祭12供神装束条
60 神祇官の概略は大内裏図考証巻十九坤（増訂故実叢書『大内裏図考證』吉川弘文館、一九三〇年）による。
61 令集解巻二、職員令神祇官の御巫卜兆を注釈する官員令別記。
62 続日本紀巻十二、天平九年八月甲寅条
63 古語拾遺神武天皇の段。
64 延喜式巻二、四時祭下の2御巫斎藤神条、同3御門巫条、4座摩巫条、5生島巫条など。なお、延喜式巻八、祝詞の3祈年祭条などに見える大御巫とは、いわゆる御巫のことを意味している（岡田精司「宮廷巫女の実態」、女性史総合研究会編『日本女性史第一巻　原始・古代』所収、東京大学出版会、一九八二年）。
65 日本三代実録巻四、貞観二年八月二十七日条
66 延喜式巻二、四時祭下52斎戸祭条および53東宮斎戸祭条
67 儀式巻五、鎮魂祭の項。
68 延喜式巻三、臨時祭12供神装束条

69 延喜式巻十、神名下5信濃国条
70 日本書紀巻二十八、天武元年七月壬子条
71 日本書紀巻二十八、天武十三年二月庚辰条
72 儀式巻一、祈年祭儀
73 注72に同じ。
74 延喜式巻一、四時祭上18四面御門祭条。同19御川水祭条。巻八、祝詞11御門祭条。
75 延喜式巻一、四時祭上21御贖祭条。
76 儀式巻一、神今食儀および大殿祭儀。延喜式巻一、四時祭上25大殿祭条。
77 『訳注日本史料　延喜式』上（集英社、二〇〇〇年）、巻一補注、大殿祭の項。
78 延喜式巻二、四時祭下2御巫斎神祭条、3御門巫条、4座摩巫条、5生島巫条。
79 延喜式巻二、四時祭下48鎮魂祭条。
80 儀式巻五、鎮魂祭儀。
81 注78および注79に同じ。
82 注15に同じ。
83 延喜式巻二、四時祭下57毎月御贖条。
84 延喜式巻七、践祚大嘗祭6給乗馬。
85 儀式巻三、践祚大嘗祭儀中。
86 前掲注の儀式および延喜式巻七、践祚大嘗祭31卯日条。
87 儀式巻四、践祚大嘗祭儀下および延喜式巻七、践祚大嘗祭32辰日条。
88 江家次第巻十五、践祚下　八十嶋祭には「大嘗会次年行之。多在大神宝之後。」と見える。
89 延喜式巻三、臨時祭23東宮八十島祭条。
90 江家次第巻十五、践祚下　八十嶋祭。
91 延喜式巻三、臨時祭43御巫条および44座摩巫条。
92 この訓読は『古代氏文集』（山川出版社、二〇一二年）所収の古語拾遺訓読文編。

官社制度の展開

早川　万年

一　問題の所在

古代の神祇祭祀を検討するにあたって、文献に示された記載を分析することが中心となるのはいわば当然である。とはいえ、そのことに重大な限界なり、問題を含むこともよく承知しておく必要がある。神祇祭祀の記載に限られることではないが、『日本書紀』の記述のかなりの部分は、単純に「史実」として受け取ることはできない。史実と見なされる場合であっても、それがその時代の中でどれほどの意義を有していたかは容易に見当がつかず、その点では、『続日本紀』以降の記載であっても、記述の粗密はもちろん、史料に接する、われわれの認識のあり方に注意を要する。つまり、神社（官社）に関する国史等の記載上の傾向を分析する以上に、われわれが如何なる視野の元にそれを考察するのか、またそれから判明した古代神祇祭祀の特質を、当時の政治なり社会の歴史のなかにどのように位置づけるかという点が問題となる。

ちなみに「官社制度」とは、中央政府（あるいは地方政府も）の統括的祭祀（祈年祭班幣）のもとに諸国の神社が位置づけられることであるが、古代の「神社」がすべて「官社」とされるわけではない。またその前提として「神社」とは何をもってそう言えるのかという問題も伏在する。その点は改めて触れるが、本稿としては、『延喜式』巻九・十の神名（いわゆる神名帳）の列挙を、とりあえず「官社」一覧とする。ただしその歴史上の位置づけは、単純にそれらの神社を、『延喜式』撰上時（延長五年〔九二七〕撰進）の中央政府管轄神社と把握できるかどうかもやはり検討を要する。むしろ直接的には、八・九世紀における、中央・地方の行政機関の意志と、神社を一拠点とする在地集団の思惑とが交接するなかで、神階制・名神などと関係し合いながら、複雑に拡大・変質してきた結果が『延喜式』の「神社」（延喜式巻九神名式上、巻十神名式下）とみなすのが妥当である。[注1]

本稿の課題は、このような全国的神社制度の特質を歴史的に考察するとともに、祭祀あるいは神社という、本来は地縁的な社会の結合を端的に示す形態が、国家なり統治という支配の構造とどのように関係し、いかに機能したかを検討することにある。

二　神祇令と神社

官社は、本来、神祇官の祭祀の対象（官幣社）とされた神社であって、このことは、『神道史大辞典』（吉川弘文館、二〇〇四年）の「官社」の項目に「神祇官の幣帛を受けることによって官社といった（梅田義彦執筆）」とある通りである。ただし『神道史大辞典』のこの項目の前には「官祭」が掲げられ、「祈年祭の幣帛に預かった神社を官社といい、その祭を官祭といった（岡田米夫執筆）」とする。そしてこの両者による『続日本紀』の初見

とする記事は異なる。前者は大宝二年（七〇二）七月条の、

山背国乙訓郡に在る火雷神は、旱ごとに雨を祈るに頻りに徴験有り、大幣及び月次の幣の例に入るべし、

であり、後者は、慶雲三年（七〇六）二月条の、

甲斐・信濃・越中・但馬・土左等国一十九社、始めて祈年の幣帛の例に入る〈その神名は神祇官記に具なり〉、

である。

前者の「大幣」に関しては、祈年祭の幣とする説と新嘗祭の幣とする説があり、また後者の十九社という数値、および「神祇官記」についても、古代の官社制度を考える上で少なからぬ検討の余地があるが、ここでは八世紀初頭には、全国的に神祇官が把握する神社が、おそらく列挙された帳簿（神名式の前身）として整備されていたことに目を向けておきたい。

右の官社と官祭の関係については、神社の存在を念頭に置く場合と、特定の祭祀を想定した場合との違いであろうが、いずれにせよ、「幣の例」とあることから、この時期には班幣が恒例として行われていたことが判明する。それがなされる祭儀は、養老神祇令1天神地祇条に「凡そ天神地祇は神祇官、皆、常典に依りて祭れ」とあるように「常典」とされていた。この常典は、神祇令に掲げられる祭祀（およびその祭料）を指し（義解等）、仲春の祈年祭以下、鎮花祭・神衣祭・大忌祭・三枝祭・風神祭等と続く。これらを簡単に類別すると、①神祇官における「班幣」祭祀、②宮中京内の祭祀、③神社祭祀、に分けることができる。①は祈年祭と月次祭であって、②は鎮火祭・道饗祭・鎮魂祭・大嘗祭、③は鎮花祭・神衣祭・大忌祭・三枝祭・風神祭・神嘗祭・相嘗祭が該当する。

このうち、②の鎮魂祭・大嘗祭は、職員令1神祇官条「神祇伯」の職掌に「大嘗・鎮魂」が特記されており、

天皇を祭祀の対象とするゆえに重要とされる。鎮火祭は「宮城四方外角にありて卜部等、火を鑽りて祭る、火災を防がんがためなり」（義解）とあり、道饗祭はやはり卜部らが「京城四隅の道の上」において鬼魅の侵入の防止を目的とすることから、王都の災厄を除き、ひいては天皇の安寧を保持するための祭儀として、相通じる性格が認められる。

一方、③の鎮花祭は大神・狭井の二神の祭祀であって、大忌祭が広瀬・龍田の祭りであるように、どれも特定の神社の祭祀である。①の祈年祭は、文字通り年穀が豊かであることを祈る祭儀であって、集解の古記に「神祇官において天神地祇を惣祭す」とあるように、かなりの規模が想定されているが、同じく集解の令釈には「天神」を「伊勢・山城鴨・住吉・出雲国造の斎く神等の類」、「地祇」を「大神・大倭・葛木鴨・出雲大汝神等の類」とあり、この解釈に拠れば、結局のところ各地の神社を指すこととなる。しかも、それらの祭祀の実態は、中臣の祝詞宣読と忌部による班幣という簡明な構成のものである。祭儀の担当者が誰であったとしても、神への何らかの奏上（言語、行為）は当然なされるべき要素であり、その趣旨によって祭儀の目的は取りあえず判明する。

それに対し「班幣」は、表面に現れるところは物品の提供、神への貢献であって、それは付随的なものと見なされるかもしれないが、延喜四時祭式に詳細な数料が示されるように、その儲備と支給は祭儀に欠くことのできない要素であった。神祇官という中央政府の官衙が、幣として布や食品の集配を担当すること自体に意味があったのである。諸社及び祭儀参加者への賜与がなされる点では、官人が官司から給与を受け取ることと実質的に同様であり、それは概して日常品（消費物）、嗜好品であって、一部に貴重・稀少品が含まれていた。

さて、改めて右の大宝二年七月条と慶雲三年二月条を整理すると、特定の「場」（神）と「幣」の定例化が共通点である。「場」において祭祀がなされ、継続することを通じて「祭神」が意識され、それにともなう機縁も膨らんでいく。同時に、神祇令に示された祭祀に即して考えれば、いずれも神祇官という律令制官司を中核として遂行されるけれども、祭祀の場は、右の通り宮中京内と京外の特定社が挙げられる。①の場合（とくに祈年祭）は、律令国家成立という政治的動機に即した祭儀が意図されている点で、早川庄八氏が指摘されたように「新しい」祭儀と見なされる。[注2] ②については、祭儀の目的が明確であり、その主旨のもとに「場」が設定される。これに対し③は、趣旨はいろいろであるが特定神（社）のもとに赴くこと、すなわち「場」が先行する。

以上からすれば、祭祀なるものが構想される前提として広範に「場」があり、政治的・社会的な意識、あるいは現実の施設が発展していくなかで、個性的な祭祀が具体化し、かつ「場」の選定が進行、あるいは変動していったと推測できよう。それら個性的な祭祀が成立することから、遡ってその経緯を説明するために起源が語られることになる。

一方、八・九世紀を通じて進行する「官社」化に関しては、基本的には「場」が優先するとともに、地方社会においてそれが次第に拡大することに意味がある（むろんそれは単純に祭儀制を通じた律令国家の体制充実・強化とは言いきれない）。このことからすれば、神祇令に見られる祭祀が、天皇と、中央機関たる神祇官との「すり合わせ」から一つの完成形を提示しているのに対し、祭祀の場としての神社（「官社」の候補あるいは前提）は、この中央機関と関与しつつ、あるいは別個に、広く存在していたことを窺わせる。そして、神祇令に意図される行政的な祭祀の形態をモデルとして、各地の神社を権力的な関係に位置づけていく志向が「官社」化にほかならなかった。[注3]

ただ、この点で検討すべき問題がいくつか浮上する。

第一には、神祇官と神社という関係は、いかなる歴史的、実利的機縁を有していたのか、そのような制度的関係を当初意図したのは基本的に中央政府であろうから、まずその立場で検討することである。これと結びつく第二の問題として、そもそも地方の神社にとって、「神」なり「祭祀」なりの実情がどうであったのか、それが改めて「官社」とされることによってどのように変化したのか、すなわち地方の側に立って検討することである。第三に、このような状況がおよそ八・九世紀を通じていかに展開したのか、という史的変化である。本稿においてそれらを十分に論じることは不可能であるが、このような問題意識の上に個別の事例を見ていきたい。

三　神祇官と地方神社

まず、第一と第二の問題について、右の大宝二年（ア）、慶雲三年（イ）の記事から具体的な注目点を確認しておきたい。

（ア）…㈠対象「山背の火雷神」㈡決定事項「幣帛の例に入れる」㈢理由「祈雨の験」
（イ）…㈠対象「甲斐ほかの十九社」㈡決定事項「祈年の幣の例に入れる」㈢理由不明

つまり、何らかの理由で、神祇官が行う奉（班）幣の対象に地方の神社が入る、という単純な構造である。それが次第に増加して、『延喜式』の天神地祇三千百三十二座（社二千八百六十一処・前二百七十一座）に至る。

第一の点に関しては、神祇令に見られる祭儀の基本構成は、前節で触れた通り、②と③において特定の趣旨や特定神社の祭祀を規定しているのに対し、①はそうではなく、その範囲を明示していなかった。それが、令釈に例示されるような周知の「神」から順次拡大していったのであろう。神祇官の立場としては、神祇令1天神地祇条から9季冬条に基づき、広範に各地の祭祀を掌握する体制が示されていったことになる。その拡大の経緯は分からない点が多いが、右の（ア）のように、何らかの霊験に拠ったとする場合がしばしば見られる。例えば、『続日本紀』宝亀十一年（七八〇）十二月条では、陸奥鎮守府副将軍の百済王俊哲らが、

己ら賊の為に囲まれて兵疲れ矢尽きぬ、しかれども桃生・白河等郡神一十一社に祈り、乃ち囲みをやぶることを得たり、神力に非ざるよりは何ぞ軍士存ぜんや、請う幣社に預からんことを、之を許す、

とあり、戦場での勝利祈願に感応した神を「幣社」とする。

『続日本後紀』承和四年（八三七）正月条には、

石見国五箇郡中に在る神、惣じて十五社、始めて官社に預かる、能く吏民の祈りに応じ久しく旱疫の災を救うをもってなり〈其の神名は具に神祇官帳に在り〉

とあって、旱疫の災を除くという霊験を理由とする。

同嘉祥元年（八四八）七月条には、

因幡国法美郡無位宇倍神に従五位下を授け奉り、即ち官社に預かる、国府の西に失火有り風に随いて飛び至り、府舎燔かれんとす、国司祈請するに、登時風輟み、火滅す、霊験明白なるをもってなり、

とあり、やはりこの場合も火災の危難を回避したという霊験を理由とする（貞観四年三月条にも因幡国の宇倍神を官社とするむねの記述が見られる）。

『続日本紀』以降の国史に記される「預官社」の例には、たんに霊験があるからとする場合もあり、理由が示されずに官社に預かるとする例も少なくない。

これらを通じて看取されるのは、既にある神社（神）を「官社」とするケースが圧倒的に多いこと、そして、

それらの記述においては、神社が個別に取り上げられるのが通例であるということである。一方では、天平九年（七三七）八月条の詔のように「よく風雨を起こし、国家の為に験有る神の幣帛に預からぬは、悉く供幣の例に入れよ」と、悪疫の流行という事態を受け一律的な処断を下している記載もあるが、このようなケースではどれほどの規模で新たな供幣が行われたのか、判断は困難である。

ただ、畿内近国の場合など、神祇官が何らかの情報を得て官社へと進める場合があったかもしれないけれども、各国郡の特定社が霊験有りと認められるには、右の嘉祥元年七月条においてそうであるように、国司の介在を想定するのが妥当であろう。霊験と個別の神社に目が向きがちであるが、中央政府に対しては、国司から申請されたと考えられる。この点で、宝亀三年（七七二）十二月十九日官符が次のように、国司からの解を経て、太政官が神祇官に符を下し、神社への奉幣を指示しているのが参考になる。[注4]

> 右、武蔵国司去年九月廿五日の解を得るにいわく、今月十七日入間郡正倉四宇着火し…、仍って案内を検するに、太政官去んぬる天平勝宝七年十一月二日符にいわく、武蔵国幣帛に預かる社四処、多磨郡小野社・加美郡今城青八尺稲実社…、官符灼然たり、而るに時々幣帛を班ち奉ること漏落するてえり、右大臣宣す、勅を奉るに例に依りて施行せよてえり（下略）、

この官符からは、武蔵国司からの解によって国内の神社への奉幣がなされていること、天平勝宝七年（歳）（七五五）十一月に武蔵国内の四社が奉幣に預かったことが知られる。つまり、国府が太政官に対して奉幣の申上を行い、太政官が決定して神祇官に執行を命じているのである。ここで注意したいのは、はたしてこの時期にどれほどの神社が奉幣対象とされていたかであるが、小倉慈司氏の研究によれば、[注5]律令制当初の奉幣対象はそれほど多くはなかったとされる。この武蔵国「四社」をどう理解するかと言えば、そもそも『続日本紀』にこれらの預

官社の記事は見当たらない。ただ、天平勝宝七歳時点で、武蔵国の官社がこの四社に限られるかというとおそらくそうではないと思われる。例えば、足立郡氷川神社は延喜神名式に名神・大とされており、「大同元年牒」(『新抄格勅符抄』)には、天平神護二年(七六六)七月二十四日符によって神戸四戸が充てられたとする。すると、既にこの時点で官社とされていた可能性が小さくない。とは言え、八世紀前半に遡って、延喜神名式に見られるほどの「官社」(武蔵国四十三社)があったとは想定できないであろう。

このような例からすれば、地方の有力社は国司の介在のもと「官社」となるとともに、中央政府(神祇官)は官社化を通じて、地方の霊験ある神社をその管轄に入れるという相互の関係が成立していたと言えよう。

ここで問題としたいのは、そもそも律令体制の原則からすれば、国司によって各国は統治され、しかも国司の職掌には「祠社」が含まれる。[注6] したがって、国司とその国の神社という関係において地方の祭儀は完結する構図が成立する。にもかかわらず神祇官が地方の神社に関与し、物品の献納(奉班幣)がなされる理由はどこにあるのかという点である。そこには何らかの歴史的経緯と、それと不可分の関係にある現実的な人と物の動きが考慮されなくてはならない。[注7]

ここで注目したいのは、神戸の存在である。[注8] 神戸は神祇専門職によってのみ構成されているわけでないが、特定社との結びつきを有している。養老神祇令20神戸条に、

凡そ神戸の調庸及び田租は、並に神宮造り、及び神に供せん調度に充てよ。其れ税は一つ義倉に准えよ。皆国司検校して所司に申し送れ。

と、神社の造営・維持に充てられるのが神戸であって、その直接的な管理は国司が担当するとされている。

これと対応するのが次の延喜臨時祭式58条である。

凡そ諸国の神税・調庸の帳、および神戸の計帳、祝部らの名帳は、毎年勘造してこの官に送れ。計会して実を知りすなわち返抄を付けよ。

つまり、調庸租という一律的な税制のもと、神戸のそれは用途を神社に限定されていた。しかしながら神郡のように神戸が多く設けられたところは別として、大半の神社の神戸は少数、もしくは神戸を保有しておらず、しかも神社の立地から離れている場所も見られる。[注9]このような実情からすれば、神戸といっても、地域支配の上では通常の「官戸」と同様に扱われ、神戸（課丁）分について、国衙からの神社費用を支出する算定根拠として扱われるのが通例であったと思われる。

それは中央政府においても基本的には同様であって、神祇官の経費は神戸に由来する前提があった。この点は、神祇令20神戸条（前掲）の集解古記に、供神の調度等に充てられた余剰分はどうなるのかという問いに対し「昔は神祇官に治め置く、中間、神主等に給い、今は神祇官に治め置く」とあることが参照できる。実質がどうであったかはともかく、各地に散在する神戸の調庸等は神祇祭祀に充てられるべきものであり、同時にそれは中央の神祇官が管轄するものであった。

以上からすれば、あたかも太政官と国府（国・郡）との関係に対応し、格段に小規模ではあるけれども、神祇官＝神社という支配が構想されていたと推定される。そしてこのような制度にはやはり歴史的な前提があったと考えられ、その際は神社というよりもむしろ祭祀当事者たち、あるいはその名目のもとに「動員」される人々の存在に目を向けておかなくてはならない。

『日本書紀』推古天皇十年（六〇二）二月条に、

久目皇子を撃新羅将軍とし、諸の神部及び国造・伴造等、幷に軍衆二万五千人を授く。

とあり、国造・伴造とならんで神部とあること、また、出雲国造の神賀詞奏上という特殊な契機においてではあるが、祝部等「一百一十余人」（霊亀二年二月）、「一百九十四人」（神亀三年二月）「百五十九人」（神護景雲二年二月）が上京し、賜禄がなされていることが参照される。神祇官の財源となる神戸の調庸物だけでなく、人員においても中央への参向が求められ、とりあえずは実現しているのである。

その点で、『続日本紀』大宝二年（七〇二）二月条に、

大幣を班たん為に馳駅して諸国の国造等を追して京に入らしむ。

とあるのは、「大幣」（祈年祭にともなうものか）を頒つ目的でありながら、諸国の国造を招集している点で注目される。注10

すると、出雲国造に特徴的に見られる、国内の祭祀当事者たる祝部等を引き連れて中央政府へ参向する形態は、右の班幣の場合と同様、賜禄という給付をともなう相互関係として、一つの支配のあり方を示すものと考えられる。国造の役割にどれほど神祇祭祀が含まれているかという点は、それぞれのケースによって差異が認められようが、注11 むしろそこに「（聖俗）未分化」の状況が表れていると解するべきであろう。推古紀の記載は、神部・国造・伴造と三者が並列されている点で説明的であるのに対して、大宝二年二月条の「国造」は、むしろ本来の国造の地域代表者的性格を示している。このように見てくれば、中央政府が地方の人とモノを徴集する一系列・対象として、祭祀担当・祝部があり、それは中臣や忌部という、氏族としての地方への関わりにも影響を及ぼしていたと推測できよう。養老職員令1神祇官条に、神祇伯の職掌として「祝部・神戸の名籍」を掌るとあることもこの点から理解できる。

ただしそれは律令制で前面に出されている、太政官＝国司＝郡司という系列に比べれば、統制力の弱いもので

あって、祝部の参向もしばしば遅滞を招いた。例えば貞観十年（八六八）六月二十八日官符（類聚三代格巻一）に見られる宝亀六年六月十三日官符に、

幣を頒つ日に祝部不参、今より以後、更に然ることを得ざれ、もしあらためざれば早く解替すべし。

とあるのをはじめ、祝部不参を問題とする官符はしばしば下されている。[注12]そして、このことと地方の神社の「官社」化は無関係ではなかった。なぜならば、本来、官社に列せられることは祝部の参向が要求されることに他ならなかったからである。

四　地方の「神社」と国政

古代の地方事情について豊富な情報を提供するのが風土記であるが、近年、松尾充晶氏によって「出雲国風土記」から窺われる神社・祭祀のあり方について、考古学の知見も含め、神社の立地、および各地域の居住形態との関わりが論じられている。[注13]

出雲の場合は右に触れたように、神賀詞奏上を通じて、国司・国造をはじめとして国内の祝部が都に赴いた。[注14]そしてその人数は、延喜神名式出雲国条の神社数と近似すると見なされている。たしかに、出雲国の式内社の数は一八七社であり、それは「出雲国風土記」冒頭に見られる、

一百八十四所、神祇官に在り
二百一十五所、神祇官に在らず

という数値、また延喜祝詞式29出雲国造神賀詞条の「一八六社」とほぼ共通する。

このことから、延喜神名式登載社はほぼ「出雲国風土記」が撰上された天平五年（七三三）に遡って「成立」していたこと、すなわち八世紀前半には神祇官においてこれらの神社が把握されていたことが知られる。

ただその際に問題となるのは、松尾氏も指摘する「官社」（風土記「神祇官に在り」）との関連である。出雲国内の郡ごとに風土記所載の官社の数を見ていくと、

意宇郡48　島根郡（14）　秋鹿郡10　楯縫郡9　出雲郡58　神門郡25
飯石郡5　仁多郡2　大原郡13

となる。[注15] ちなみに非官社（「神祇官に在らず」）の場合についてもよく似た傾向があり、

意宇郡19　島根郡（45）　秋鹿郡16　楯縫郡19　出雲郡64　神門郡12
飯石郡16　仁多郡8　大原郡16

となる。

一見してわかるとおり、郡ごとの「神社」数に大きな違いがある。原則的には郡の設立に住民数の把握が影響しているはずであるので、人口や集落、すなわち「郡」と、神社とは連動するのが自然である。にもかかわらず出雲郡五八や意宇郡四八に比べて、仁多郡二、飯石郡五（いずれも神祇官所載社）は、かけ離れた数値である。非官社の場合はそれほど大きな数の違いは見られないが、それでも出雲郡六四に比べて仁多郡は八に過ぎない。

出雲郡や意宇郡の官社数の多さは顕著であるが、意宇郡・神門郡については非官社よりも官社の方が多い。非官社の数は出雲郡の多さが特徴的であるが、官社の数も出雲郡がもっとも多い。出雲郡に官社が多いのは出雲国造との関係からとりあえず理解できる。神門郡も出雲郡に隣接するので同様の事情が推知できる。神賀詞奏上儀礼のために都に赴く状況を考えると、出雲国造のもと、神社祭祀当事者、すなわち祝部が多く「動員」される条

件が構成されているのである。その点で、出雲郡は杵築（出雲）大社の存在が核となる。大社を取り巻く多くの「神社」が把握されていたが、それらの相当数が官社とされながらも、それを上回る神社が非官社として認知されていた。多くの祝部がその地から点行されると同時に、その前段階となる非官社も相当数把握されていたことが分かる。このような非官社も、官社に次いで列記されていることからすれば、それらの神社を擁する村落共同体の存在を前提とすると考えられる。神社を管轄する国府にしてみれば、このような各地の神社の把握は、祝部を輩出する「場」としてだけでなく、祭儀に問題が生じた場合をも想定した、台帳作成の意図があったのであろう。

神賀詞奏上の際のように、官社祝部の参向が求められると、その地は、中央政府と直接の繋がりを持つとともに、ある種、国司・国造に所管される「団体」に編成される。すると、神祇官への登載、すなわち公的な幣帛を受領するという特性からして、国・郡の施政担当者は、各神社の祝部と神祇官との関係にも配慮しつつ、それら神社の現状の掌握が求められることになる。

国司は、神社の修造・維持あるいは祝部の職掌継承等に責務を負うが、それはまず政治的意味合いにおいて理解される必要がある。「神社」（官社）分布傾向からすれば、出雲郡・意宇郡を重点的に押さえ、出雲郡に関しては官社「候補」たる神社（神祇官未載社）も把握につとめたのであろう。つまり、右の「神祇官所載」神社は、現実の祭祀の場である以上に、当時の支配の仕組みの中に位置づけられた「官社」であったのである。官社の多い郡と少ない郡との大きな開きは、かかる施政者の視点からとりあえず理解される。風土記出雲郡に顕著な「同社」という記載にしても、同一神の祭祀圏などといった解釈よりも、「神社」なる存在の数的把握、その分布状況の掲出が優先された結果であり、延喜神名式出雲国に掲出される個別の「神名」認識まで至らなかった（そこ

までの必要もなかった）と見るべきであろう。[注16]

いうまでもなく、官社と非官社が区別される要件は、幣物が公的に（制度上）もたらされるか否かという点にあるが、出雲の場合、まず八世紀の早い時期に、かなりの数で「官幣」社が成立していたことに注目されなくてはならない。それだけ中央政府にとって、出雲への関心が大きかったのであろうが、では右に見られた官社の地域的偏りは、中央政府、神祇官の政策によって生じたのかというと、それは疑問である。むしろ国司主導のもと、管内の伝統的な氏族への配慮あるいは牽制も含みつつ、地域支配の充実策の一環として八世紀の早い段階で実施されつつあったと考えられる。[注17]

このような出雲国風土記の「神社」のあり方は、官社（非「官社」についても）の実情を知る上に重要な手がかりとなるが、このことからさらに次の点に目を向けておきたい。それは、出雲の百八十余という官社の数が持つ意味についてである。

祭祀の場という視点からすれば、出雲国風土記の「神祇官所載社」「不載社」双方を合わせたとしても、その数が当時の神祭りの場所すべてであるはずはない。考古学上の祭祀遺跡の場合を取り上げるまでもなく、祭祀はさまざまな局面でなされるものであって、また「カミ」「ヤシロ」と称される対象は、住民の生活に関わりが深く、常設の社殿があるとも限らない。[注18]これに対して「官社」は、班幣と祝部参向という双方向の関係において掌握される「神社」である。すると、出雲の百八十余という官社の数が特別な意味をもつことは明らかであろう。出雲国造の神賀詞奏上という行事を前提に編成されており、それは出雲とヤマトの政権との歴史的な関係に由来するものであった。そしてこの官社の数は他国に比べて明らかに多い。

延喜神名式全体を視野に入れると、各国ごとの神社数にかなりの違いが見られることに気づく。[注19]そこには出雲国の郡ごとに「官社」数が大きく異なるのと同様の傾向が見られる。試みに、全国二八六一社のうち、国別に百社以上が掲げられているところは、

大和国216社	伊勢国232社	尾張国121社	近江国142社
陸奥国100社	越前国114社	但馬国113社	出雲国187社

である。

これに対し、十社以下の国は、

志摩国2社	安房国6社	上総国5社	飛驒国8社	出羽国9社	佐渡国9社
伯耆国6社	安芸国3社	周防国8社	長門国3社	筑後国4社	豊前国6社
豊後国5社	肥前国4社	肥後国4社	日向国4社	大隅国5社	薩摩国2社

である。

このうち、大和国に官社が多いのはそこが長く政権中枢であったからいわば当然であろうし、伊勢国の場合は伊勢神宮が存在することと関連させて理解できよう。また、十社以下の場合、小国がいくつか含まれることも容易に看取できる。ところが、出雲国は早く八世紀前半に百八十社もの官社があったのに対し、隣国の伯耆国は六社に過ぎず、石見国も三四社（先に掲げたようにそのうちの十五社は承和四年〔八三七〕に官社とされる）である。また陸奥国が百社であるのに対し出羽国はわずかに九社である。概して山陽道、西海道諸国の式社の数は少ないように見受けられる。

このような大きな差異からすれば、官社の設定が、単純に国の規模（人口や田積）に応じていないことは明らかであろう。『記紀』の記述を参考にすれば、多くの式社（官社）所在国特有の事情を見出すこともある程度は

可能であろうが、その場合であっても、官社の全国的な分布は、それぞれの地域と政権中枢との、何らかの歴史的経緯、交渉によってもたらされた事実に変わりはない。中央政府・神祇官による、一律的な基準を前提に官社化が進められたものとは考えられないのである。全国の官社の分布状況を俯瞰すれば不自然な偏りがあり、むしろそこに官社のありかたの特質が示されている。中臣氏や忌部氏と言った祭祀系氏族の地方との関わりや、その時々の国司の関心や意図などによっても左右されたであろう。官社の拡大に関しては、このような個別の事情を想定する必要がある。実際には既に引いた『続日本紀』以降の「預官社」「預幣社」の事例に見られたように、地域の神社奉祀集団の動きと郡領層の対応、それを踏まえて国司がどのような判断を示すかによって影響を受けたと考えられる。

小結

以上見てきたように、祭祀の場と官社との間には相当な懸隔があった。官社は祭祀の場であったとしても、中央政府・国郡の支配の仕組みの中に位置づけられるという性格を有しており、それだけに、とくに地方政治の動向とは深い関係にあった。先に掲げた武蔵国の「神火」の場合などは、おそらくは政治的背景のある事件に「官社」が結びついた事例と言えよう。

ただ、このように官幣を受けることで「官社」としての位置づけを獲得したとしても、それだけで神社を維持することは不可能である。むしろ官幣自体は僅かなものであって、神社の維持は、実質的には従来通り地域社会に委ねられていたはずである。そこでは集落構成員による収穫物の奉献と、神のもとでのその分配が行われており、それが円滑、平穏になされることこそ神威であり、「マツリ」に他ならなかった。[注20]「官社」となれば、その祭祀団体（集落の統合そのもの）の代表者は官幣の受領のために都に赴かねばならなかった。それはおそらく律令制以前に淵源を有する、中央権力と地方とを結びつける一つのルートであった。地方の神祇祭祀が中央政府から何らかの位置づけがなされることにともない、祝部参向による関係性の確認、すなわち事実上「動員」が実施されることにもなったのである。

しかしながら、国司・郡司による公民支配の浸透とともに、神祇官と地方神社との結びつきは相対的に薄弱なものとなり、官幣の乏しさも相俟って、地方の祝部の参集は実態が失われつつあった。そこで登場したのが、延暦十七年の「国幣」制度導入である。

『類聚国史』巻一〇、祈年祭、延暦十七年（七九八）九月癸丑条に、

祈年の幣帛を奉るべき神社を定む、是より先、諸国祝等、毎年入京し各幣帛を受く、而るに道路僻遠にして往還多難なり、今便りに当国の物を用いよ。

とあって、この時点で官幣から地方の国幣へと大きく変更されたことが判明する。

もっとも、畿内諸社は依然として官幣であり（祝部不参はその後も問題とされ続ける）、畿外にもわずかに官幣社は残る。概して言えば、神祇官は畿外ではいくつかの主要社との関わりを維持し、特定祭儀とも結びつきを深めていくが、並行して、神階制、名神社という新たな神社政策を拡げていく。[注21]このような経緯からすれば、律令制の当初において、中央政府は、全国的な神社制度を意図していたかのようであるが、[注22]それは中央と地方との関係にいくつものルートが混在するなかで、神祇祭祀を拠りどころとする中央氏族や、祭祀に関わりの深い地域との間で、人的物的な結びつきが維持されてきたからである。そのもとで官幣を受け、地方から祝部が参集すると

いう形態が模索されたのである。

出雲などは畿内の政権との特殊な関わりから、祈年祭とは別に、国造が国内の祝部を率いて上京するという形態が成立していたが、そこでは事実上の「官社」も広範に成立していたのである。しかしながらこのような地方の官社化はすぐに広がったわけではなかった。神社に充当される財源、人的基盤としての神戸の設定は部分的に過ぎず、神祇官の財源としても不十分であった。

全国に官社を設け、中央政府（神祇官）から幣を頒つとともに祝部の参集を実現する構想は円滑に進まず、官社化自体も、いくつかの国を除いて進展は限られていたようである。地方によっては、霊験に着目して官社の増加を図った場合もあるが、早くも奈良時代後期の宝亀年間には、祝部不参が大きな問題となり、延暦年間の「国幣」社への大幅な転換が行われるに至る。これら多数の国幣社も含めて官社と位置づけられるが、もちろんそれがすべての「神社」であるわけでなく、本来の祭祀の「場」は、より住民の生活や生業と密接なものとして存在し、かつそこには専業の神職も存在しなかったのが通常の姿であったと思われる[注23]。

このように、律令制のもとでの神祇祭祀の全国展開として、祭儀・班幣・祝部の三要素から一律的な官社が意図され、それはある程度までは実現しつつあったものの、それも地方ごとに「温度差」があった。むしろ全体的な趨勢としては、特定のいくつかの神社が国家的な意味合いを以て存在感が大きくなり、そこに中央政府も関わりを深めていくという傾向があったと指摘できよう。

注

1 小倉慈司「八・九世紀における地方神社行政の展開」『史学雑誌』一〇三―三、一九九四年。

2 「律令制と天皇」『日本古代官僚制の研究』所収、岩波書店、一九八六年。

3 官社制に関しては数多くの先行研究がある。梅田義彦「官社考」『神道の思想』二、所収、雄山閣、一九七四年、初出一九五八年。川原秀夫「古代における祭祀統制とその変質」『歴史学研究』五七三、一九八七年、など。なお野口剛「大洗・酒列礒前薬師菩薩名神社の成立」井上辰雄編『古代東国と常陸国風土記』所収、雄山閣、一九九九年、が個別の神社に着目しつつ官社・名神などの社格全般を論じているように、各地域の実情に即して検討することが不可欠であろう。古代の神祇祭祀に関しては、岡田精司『古代王権の祭祀と神話』一九七〇年、『古代祭祀の史的研究』一九九二年、ともに塙書房。三宅和朗『古代国家の神祇と祭祀』吉川弘文館、一九九五年、および西宮秀紀『律令国家と神祇祭祀の研究』塙書房、二〇〇四年、等によって今日の研究水準が示されている。

4 田中卓「新たに世に出た『宝亀三年太政官符』」同著作集一〇『古典籍と史料』所収、国書刊行会、一九九三年、初出一九五七年。『式内社調査報告』第十一巻「武蔵国」、一九七六年。なお田中氏の指摘にあるように、この官符の文面には疑問とするところが残る。またこの官符に記される「幣帛」について、小倉慈司「八・九世紀における地方神社行政の展開」（前掲）では臨時奉幣ではないかとする。

5 「八・九世紀における地方神社行政の展開」（前掲）、佐々田悠「平安朝祭祀制度の展開と都鄙交通」『国史学』一九一、二〇〇七年、参照。

6 養老職員令70大国条。なおこの点で佐々田悠「律令国家の地方祭祀構造」『日本史研究』五一六、二〇〇五年、は重要な視点を提示する。

7 大津透「貢納と祭祀」『古代の天皇制』所収、岩波書店、一九九九年、初出一九九五年。

8 神戸については、大関邦男「神戸についての試論」『國學院雑誌』九五―二、一九九四年、小倉慈司「神戸と律令神祇行政」『続日本紀研究』二九七、一九九五年、佐々田悠「神祇官の財政的基盤」『延喜式研究』二七、二〇一一年、など参照。

9 「大同元年牒」『新抄格勅符抄』。神郡については、早川万年「神郡・神郡司に関する基礎的考察」井上辰雄編『古代東国と常陸国風土記』（前掲）所収、小林宣彦「日本古代の神事と神郡に関する基礎的考察」『國學院雑誌』一一三―十一、二〇一二

年。同「律令制の成立と祭祀」『國學院雑誌』一一六―九、二〇一五年、小倉慈司「律令制成立期の神社政策」『古代文化』六五―三、二〇一三年、など参照。

10 「大幣」に関しては、渡邊晋司「大幣と官社制度」『神道及び神道史』三一・三二合併号、一九七八年、参照。国造と官社制との結びつきについては、川原秀夫「律令官社制の成立過程と特質」林陸朗先生還暦記念会編『日本古代の政治と制度』所収、続群書類従完成会、一九八五年、などに指摘がある。

11 森公章「律令制下の国造に関する初歩的考察」『古代郡司制度の研究』所収、吉川弘文館、二〇〇〇年、初出一九八七年。

12 この点については、早川万年「律令制祭祀における官幣と国幣」虎尾俊哉編『律令国家の政務と儀礼』所収、吉川弘文館、一九九五年。

13 松尾充晶「社殿の成立過程とその背景」『古代文化』六六―三、二〇一四年、同「古代の祭祀空間」『史林』九八―一、二〇一五年。島根県立古代出雲歴史博物館編『百八十神坐す出雲』（企画展図録）二〇一五年。古代出雲に関しては、関和彦『古代出雲の深層と時空』同成社、二〇一四年、ほか、本稿の他の注記にも部分的に言及したように、近年、多くの研究成果が示されている。

14 大川原竜一「律令制下の神賀詞奏上儀礼についての基礎的考察」『ヒストリア』二一一、二〇〇八年。岡田莊司「古代律令神祇祭祀制と杵築大社・神賀詞奏上儀礼」『延喜式研究』二五、二〇〇九年。菊地照夫「出雲国造神賀詞奏上儀礼をめぐって」『古代王権の宗教的世界観と出雲』所収、同成社、二〇一六年、など。

15 島根郡の神社記載に関しては校訂上の問題がある。田中卓「出雲国風土記の成立」田中卓著作集八『出雲国風土記の研究』所収、国書刊行会、一九八八年、初出一九五三年。関和彦『出雲国風土記註論』三三八頁以降、明石書店、二〇〇六年など。

16 この点については、朝山晧「出雲国の式内社」『出雲国風土記とその周辺』所収一九九九年，初出一九五二年。安津素彦「出雲国風土記式社考」『出雲国風土記の研究』所収、一九五三年。武廣亮平「出雲国の神社資料に関する一考察」『出雲古代史研究』五、一九九五年。内田律雄「『出雲国風土記』の社について（一）」『出雲古代史研究』一四、二〇〇四年、参照。

17 この点については、和銅元年（七〇八）三月十三日に忌部宿禰子首が出雲守に任じられていること（続日本紀）が注目される。なお、森田喜久男「古代王権と出雲国造」『古代王権と出雲』所収、同成社、二〇一四年、参照。

18 西田長男「神社という語の起源そのほか」『日本神道史研究』八巻所収、講談社、一九七八年、初出一九七四・五年、岡田精司『神社の古代史』大阪書籍、一九八五年、三宅和朗『古代の神社と祭り』吉川弘文館、二〇〇一年、錦田剛志「『古代神殿論』をめぐる研究動向と課題」『古代出雲大社の祭儀と神殿』所収、学生社、二〇〇五年、初出二〇〇二・二〇〇三年、有富純也「神社社殿の成立と律令国家」『日本古代国家と支配理念』東京大学出版会、二〇〇九年、川原秀夫「社殿造営政策と地域社会」『延喜式研究』二五、二〇〇九年、など。

19 虎尾俊哉編訳注日本史料『延喜式』上、九二五頁以下、集英社、二〇〇〇年、参照。

20 「まつる」の語義については、多田一臣編『万葉語誌』「まつる」筑摩選書、二〇一四年、参照。なお、村落祭祀に関する基本的な見方については、原田敏明「村の祭祀の社会性」『村の祭祀』所収、中央公論社、一九七五年、参照。

21 山本信吉「名神の研究」椙山林継・宇野日出生編『神社継承の制度史』所収、同朋舎、二〇〇九年。

22 岡田荘司「古代神祇祭祀体系の基本構想」『神道宗教』二四三、二〇一六年。

23 加瀬直弥『平安時代の神社と神職』吉川弘文館、二〇一五年。

神戸の存在形態と神社経済

小倉　慈司

はしがき

古代の神社は言うまでもなく、それのみ単体で存在していたわけではない。神社を支える人々や物的資産、あるいはある程度の規模の神社であれば、国家ないし国司・郡司レベルでの管理といったことがあって、神社の運営維持がなされていた。

国家レベルでの管理については、『令集解』や神名式を始めとする『延喜式』の記載、また六国史の記事等によってある程度うかがい知ることができる。しかしそれでも史料は限られており、それ以上に古代における神社運営の実態に迫ることは、なかなか難しいというのが実情であろう。

その中で、神社の運営を支える存在であった神戸については、ある程度の数の神社に設置され[注1]、また『新抄格勅符抄』所収大同元年牒や『和名類聚抄』、天平年間の正税帳などといった関連史料が存することから、比較的研究が盛んであり、自治体史においても式内社（延喜神名式所載社）とともに言及されることが多い。筆者もかつて論考を発表したことがあり〔小倉一九九五・一九九六〕、それ以降には佐々田悠氏による研究が発表されている〔佐々田二〇一一〕。

そこで本稿では神戸をめぐるこれまでの研究を整理しつつ、新たな論点を見出していくこととしたい。

一　神祇職選出母体としての神戸

神戸について一八九七年に刊行された『古事類苑』では「神戸ハ、カムベト云フ、神社ニ隷スル封戸ニシテ、租庸調ヲ納ル、モノナリ、」と説明されている。すなわち寺院に与えられた寺封と同様、神社に与えられた封戸と見なしている。ただし特に「隷スル」と表現したことは、寺院とは異なって、神社と神戸に単なる所属関係以上の隷属関係を見出したものとも考えられる。

さて、「神戸」の史料上の初見は、六国史では『日本書紀』崇神天皇七年一一月己卯条に「定二天社・国社、及神地・神戸一」と見えるものであり[注2]、その後、垂仁天皇二七年八月己卯条にも「令二祠官一卜三兵器為二神幣一、吉之、故弓矢及横刀納二諸神之社一、仍更定二神地・神戸一、以レ時祠之、」と見えるが、史実性の高い記事としては持統天皇四年（六九〇）正月庚子（二三日）条の「班二幣於畿内天神地祇一、及増二神戸田地一」となる。

養老令では、職員令1神祇官条に、

神祇官

伯一人、掌神祇祭祀、祝部・神戸名籍、大嘗、鎮魂、御巫、卜兆、惣二判官事一、（〇後略）

と見え、また神祇令20神戸条には、

凡神戸調庸及田租者、並充下造二神宮一、及供レ神調度上、其税者一准二義倉一、皆国司検校、申二送所司一、

とある。両条とも「神戸」の語が大宝令注釈書である古記に存在しているところから、大宝令段階より「神戸」の語が存したと推測される。

令本文に見える神戸は以上の二条であり、①神戸の名籍を神祇官が管理すること、②神戸の調庸租は神社社殿を造営したり、神に供える調度に充てること、残余は義倉に准じること、みな国司が検校して関係官司に申し送ることが定められていた。

ただしそこでは神戸が何であるのかまでは述べられておらず、『令集解』諸説を参照する必要がある。まず①について『令集解』諸説を見ると、「名籍」に関して、

釈云、名籍者、祝部名帳・神戸々籍也、古記无レ別、跡云、无レ別也、

と、古記・令釈・跡記ともに名籍は祝部名帳と神戸戸籍であるとし、義解も

謂、祝部名帳・神戸戸籍也、案二戸令一、雑戸戸籍、更写二一通一、各送二本司一、即神戸籍亦須レ准レ此也、

と述べており、名籍とは祝部[注3]の名帳と神戸の戸籍であると解釈するのが定説であった。

そして「祝部」について古記は、

古記云、問、祝部何人、答、取二神戸之内一、又无二神戸一所者、在二祝部一人身一、或国司選定進上也、或神祇官遣レ使卜定也、

と述べ、令釈および令釈の引用する師説は、

釈云、説文曰、祝者為二祭主一賛辞者也、師説云、或国司選定、或神祇官遣レ使卜定也、有二神戸一者、取二神

戸内一、无二神戸一者、取庶人也、民部例、免二課役一、若犯レ罪差替、遭レ喪服闋復任也、

と、さらに義解は

謂、為二祭主一賛辞者也、其祝者、国司於二神戸中一簡定、即申二太政官一、若无二戸人一者通取二庶人一也、

と記す。これらによれば、神戸は祝部の選出母体であり、国司（師説によれば、神祇官が使いを差遣して卜定せしめることもあるという）が選び出すという（ただし神戸を持たない神社の場合には庶人から選ぶ）。ここでは神祇職[注4]である祝部との関係から神戸の意義が述べられている。なお同条集解書入れに、

問、神祇令云、仲冬上卯相嘗祭、義云、大倭・住吉云云等也、神主各受二官幣帛一而祭レ之、衛禁律云、神部不レ覚減二一等、監神亦二減二一等一、物記云、禰宜・破布里、是神部也、神主是為二監神一、仮於二多社一者多朝臣者、今案二此等文一、可レ有二禰宜・神主一、而唯挙二祝一色一、若約二祝部之句一哉、

とあり、衛禁律（闌入大社門条）に見える「神部」「監神」について物記[注5]が禰宜・祝部が神部であり、神主が監神であるとしているところから、職員令1神祇官条の祝部には禰宜・神主も含まれるとの解釈が述べられている。確かに神祇官が祝部のみならず神主・禰宜の名帳を管理した可能性は高いであろうが、ただ、だからと言って神主・禰宜も神戸より選出されたと考えて良いかどうかは別途に考察する必要がある。

八〜九世紀の諸神社の神祇職構成については西宮秀紀氏の研究があり、

a　神宮司——禰宜——祝部

b　神主——（禰宜）——（祝部）

c　禰宜——祝部

d　祝部

表1　八～九世紀の神祇職構成一覧表

神戸		神社名	神宮司	神主	禰宜	祝部	勅符抄	社格	備考
○	1	八幡	○	□	○	○	有（一六〇戸）	大	
○	2	伊勢	○		○	（○）	有（一一三〇戸）	大	
○	3	豊受	（○）		○	（○）		大	
○	4	気比	○		□	□	有（二四四戸）	名神大	
○	5	気多	□		□	□	有（三〇戸）	名神大	
○	6	鹿島	□		□	○	有（一〇五戸）	名神大	
○	7	香取	□		□		有（七〇戸）	名神大	
○	8	香椎	□					（式外）	廟司　民部式下43条に守戸1
○	9	熊野坐	□	○		○	有（二〇戸＋一〇）	名神大	延暦20神宮司停止
○	10	平野		（□）	（△）	△	新封	名神大	公祭対象社　他に預職あり
○	11	平岡		（□）	△	△	有	名神大	公祭対象社
○	12	大神		○		○	有	名神大	公祭対象社
○	13	住吉		○		○	有	名神大	
○	14	日前		○		△	有	名神大	
○	15	国懸（須）		○		△	有	名神大	
○	16	伊太祁曾		○		△	有	名神大	
○	17	鳴		○		△	有※	名神大	注1参照
○	18	大倭		○		△	有	名神大	
○	19	宇奈太利		○		△	有	大相嘗	
○	20	村屋		○		△	有	大相嘗	
○	21	穴師		○		△	有	名神大	
○	22	巻向		○		△	有	大相嘗	
○	23	池		○		△	有	大相嘗	
○	24	意富		○		△	有	名神大	
○	25	葛木鴨		○		△	有（高鴨）	名神大	
○	26	恩智		○		△	有	名神大	
○	27	熱田		□		△	新封	名神大	
○	28	飛鳥		□		△	有※	名神大	注2参照
○	29	三歳		□		⊗	有	名神大	貞観8年神主停止
○	30	石上		⊗		△	有	名神大	
○	31	春日		（□）			新封	名神大	公祭対象社　他に預職あり
	32	梅宮		（□）				名神大	公祭対象社
○	33	石清水八幡		□			新封	（式外）	
○	34	広瀬		□		□※	有	名神大	※は本朝月令所引弘仁祝詞式
○	35	竜田		□		□※	有	名神大	※は本朝月令所引弘仁祝詞式

	36	宗像（大和）		□				大	寛平5・10・29官符
○	37	若狭比古		□			有	名神大	
○	38	健磐龍命		□				名神大	弘仁14・10壬寅条に神戸
○	39	二荒		□				名神大	天安元・11庚戌条に神戸
○	40	宗像		○			有	名神大	
○	41	泉穴師		⊗			有（穴師）	小	入朝新羅使に給う神酒を醸す
○	42	賀茂上			○	○	新封	名神大	公祭対象社
○	43	賀茂下			○	○	有	名神大	公祭対象社
○	44	松尾			□	○	有	名神大	公祭対象社
○	45	丹生川上			□	□	有	名神大	
	46	高瀬			□	□		小	
	47	二上			□	□		小※	注3参照
	48	浅間			□	□		名神大	
	49	阿気			□	□		（式外）	官社に列するも後、廃される
○	50	阿波			□	□	（三島神に有）	名神大	三島神の本后神
	51	長岡			□	□		小	
○	52	吉備津彦			□			名神大	仁寿2・8辛酉条に神戸
○	53	玉祖			○		有	小	正税帳に見える
	54	山科		△	△	△		名神大	公祭対象社
	55	当宗		△	△	△		大	公祭対象社
	56	杜本		△	△	△		名神大	公祭対象社
	57	当麻		△		△		小	公祭対象社
○	58	大宮売		（△）			有	大	造酒司に所在
○	59	大原野		（△）			新封	（式外）	公祭対象社
○	60	神服		△			有（伊勢）		大嘗祭式16条に神戸
49									

西宮秀紀二〇〇四所収表4「〈特定の宮・社〉に於ける神祇職構成一覧表」より祝部のみ確認される神社を除いて作成（但し久度・古関神は削除）。「神宮司」「神主」「禰宜」「祝部」欄の○は8世紀およびそれ以前、□は9世紀、△は『延喜式』初見であることを示し、⊗は姓からの想定を示す。このうち（ ）は朝廷派遣の神主・禰宜を意味する。「勅符抄」欄には『新抄格勅符抄』神封部に見えるものを記し（うち新封部分に記される場合には「新封」と記す）、「社格」「備考」欄には参考となる事項を記す。以上により、神戸が存在していたと考えられる神社には「神戸」欄に○を記した。

注1　薗田一九九一・菊地二〇一六は大同元年牒に見える「忌部神」が鳴神社の神戸であるとする。

注2　菊地二〇〇一は大同元年牒に見える「桜嶋神」について「飛鳥神」の誤写と推測する。

注3　二上神は式内の射水神社に比定する説が有力であるが、式外と見る説（米沢一九六七）もある。

という形に整理できることが指摘されている〔西宮二〇〇四[注6]、表1参照〕。このうち神宮司（香椎は廟（宮）司）が存在するa型は、畿外のごく一部の大規模な神社に限られている。[注7]これらの神社のうち、膳伴氏が任じられる香椎と宇佐氏・大神氏から選ばれる宇佐八幡宮を除き、神宮司は中臣氏から補任されるのが一般的であった〔小倉一九九四〕。香椎廟宮司は長保四年（一〇〇二）の事例ではあるが、縁海国に新任者への給粮が命じられており（類聚符宣抄長保四年二月一九日太政官符）、都から赴任したと考えられる。また香取神宮司も赴任の際の官符に食馬を給することを注するよう定められており（類聚符宣抄仁和三年（八八七）五月七日宣旨）、やはり都から赴任していた。これらの例から考えれば、少なくとも神宮司は神戸から選出されたと考えることは難しいであろう。

　次に神主が最上位に位置するb型については、神主は神社に常住する神主だけでなく、祭りの時のみに任命される神主（祭神主）の事例が存在し、古代は後者の形が一般的で、それが摂関期以降、神社に常住する形に変化していくとの推測がある〔三橋二〇一〇〕。神主には国造に准じる存在であった筑前国宗像神社の神主のような存在もあり、神主の形態として祭神主が一般的であったかどうかは検討の余地があるが、少なくとも祭神主については神戸から選出されたとは考えにくい。また神宮司・神主の任期を定めた延暦一七年（七九八）正月乙巳（二四日）制（類聚国史所収）[注8]においても「氏中清廉者」を選ぶよう命じられており、神主の基本的性格が「祭（神事）の場において神に奉仕する主人」であった〔三橋二〇一〇　四六〇頁〕という点から考えても、神主は神戸とは別個に奉祭氏族から選出されたと考えた方が良いであろう〔中村一九六九〕。そのことは先述した物記が神主を監神とする見解とも一致する。

　最後にc型・d型と神戸の関係について検討を加える。表1に整理したように、禰宜が存在する神社の多くは神戸を有していたと考えられるが、一方で『類聚三代格』弘仁三年（八一二）五月三日官符には次のように記されている。

太政官符

応三無レ封神社令二禰宜・祝等修理一事

右有レ封之社、応レ令二神戸百姓修造一之状、下知已訖、至二于件社一、未レ有二処分一、今被二大納言正三位藤原朝臣園人宣一偁、奉レ勅、宜丁仰二諸国一、自レ今以後、令丙件人等永加乙修造甲、毎レ有二小破一、随即修レ之、不レ得二延怠令レ致二大破一、国司毎レ年屢加二巡検一、若禰宜・祝等不レ勤二修理一、令レ致二破損一者、並従二解却一、其有位者、即追二位記一、白丁者、決二杖一百一、国司不レ存二検校一、有レ致二破壊一者、遷替之日、拘二其解由一、但遭二風火非常等損一、難二輙修造一者、言上聴レ裁、

弘仁三年五月三日[注9]

前年の弘仁二年九月二三日に神戸の百姓に所属神社を修理させることを義務づけた（類聚三代格同日官符）のに対し、神戸を持たない神社に対する措置を定めたのが本法令である。「応三無レ封神社令二禰宜・祝等修理一事」とあるように、神戸を持たない神社の神祇職には禰宜と祝部がいるというのが官符作成者の認識であった。この法令は、その後、弘仁一三年（八二二）に大和国では祖神が神戸を有している場合には、その神社が神戸を持たない苗裔神の神社修理にも責任を持つようになり、さらに貞観一〇年（八六八）六月二八日には撰格所の起請によってそれが全国に適用されることになった（類聚三代格同日官符）。同官符では、「則令三有レ封神主領二無レ封祝部一」と記され、「有封神主」と「無封祝部」が対比されている。

問題となるのは、神戸を有する神社に禰宜が置かれていた場合、その禰宜は神戸から選出されるのかどうかということである。この点を明記した史料は存在しないが、禰宜も神戸から選ばれたと仮定した場合、表2・3か

表2　大同元年牒にみる神戸の規模（社ごと）

戸数	所
1	31
2	36
3	10
4	12
5	4
6	6
7	4
8	1
9	4
10	7
12	1
13	8
14	2
15	1
16	1
18	2
20	5
22	1
23	1
24	2
25	1
30	3
36	1
37	1
41	2
44	1
52	1
53	1
54	1
56	1
60	3
61	1
62	1
70	1
74	1
80	1
84	1
94	1
105	1
160	1
239	1
244	1
327	1
1130	1
1660(注)	1
合計	170

・神名のすぐ下に記されている神戸数のみを対象とし、後に追加されている数は含めなかった。
・戸数に脱字のある葛木御県神は仮に1戸と数えた。
（注）飯田二〇〇〇aはあるいは六百余戸と訂正すべきかと推測する。

表3　大同元年牒にみる神戸の規模（社・国ごと）

戸数	所
1	38
2	43
3	10
4	13
5	6
6	5
7	7
8	4
9	5
10	20
11	1
12	1
13	7
14	3
15	3
16	2
18	1
20	8
22	1
25	3
28	1
30	5
35	2
36	1
38	1
39	1
40	2
41	2
44	1
50	5
54	1
56	2
60	1
61	1
62	1
65	1
66	1
70	1
74	1
82	1
94	1
100	2
105	1
244	1
600	1
800	1
944	1
合計	221

（注）佐々田二〇〇五による（ただし所0は省略）。

らわかるように、神戸を一戸しか持たない神社の少なくないことが問題となる。一戸しかない神戸から禰宜と祝部を選ぶとすれば、両者はかなり近い親族関係にあることになる。神祇職は一般の律令制官職と異なってはいたものの、それでも近親が同時に禰宜と祝部に任じられることはなかったと考えるべきであろう。『日本三代実録』貞観七年（八六五）一二月九日丙辰条では新たに立てられ官社に列した甲斐国八代郡の浅間明神に祝部と禰宜が置かれたことが記されているが、祝部として擬大領伴直真貞が任じられた一方、禰宜には同郡人伴秋吉が任じられており、記事の書きぶりより両人は同一戸ではなかったと考えられる。[注10]

以上、本節では神祇職選出母体という観点から神戸について検討を加えた。神社が神戸を持っている場合、その神戸から祝部が選ばれることになっていたが、その場合には祝部の上位に禰宜（あるいは神主や宮司）が存在しているのが通例であった。そして、それらの神祇職は祝部とは異なり、神戸から選出された可能性が低いということを論じた。なお、このような神祇職による相違は、西宮氏が提起された、八～九世紀に神社に関わる職を一括して呼称できる歴史的名辞が史料上見当たらないという問題〔西宮二〇〇四〕とも関わるであろう。

二　神戸と神社財政・神祇官財政

次に神戸に関して神祇令にもう一点規定される調庸租の使途について、整理することにする。これはかつて論じたことがあり〔小倉一九九五〕、それを踏まえつつ、述べることにしたい。

先に紹介したように20神戸条には、神戸の調庸および田租が神宮の造営や神に供える調度に充てられ、残余は義倉に准じ、国司が検校して関係官司に申し送ることが定められていた。義倉に准じるとは、義解や集解所引令釈が述べるように、出挙しないことを指す。

また同条集解所引古記には、

古記云、問、神戸調庸及租、幷充下造二神宮一及供神調度上也、若有レ乗者何、答、昔治二置神祇官一、中間給二神主等一、今治二置神祇官一、臨時准二量所レ用多少一、給二充荷一已訖、

とあり、神社造営や供神調度に充てられた神戸の租庸調の残余はもともと神祇官に収められていたが、一時期、神主に充てられたことがあり、現在（天平一〇年〈七三八〉前後）はまた神祇官に収められていると説明している。

この「中間給神主等」に関わる史料としては、『日本書紀』天武六年〈六七七〉五月己丑条に

勅、天社・地社神税者、三分之一為レ擬二供神一、二分給二神主一、

と見えており、これを指していると考えられる。

同条集解令釈には、

自レ今以後、神戸調庸者、充二供神用一数及所レ残之数、具令レ申、然後給之、亦如二伊勢神税出挙之類一、准レ令停之、

との「内相宣」を挙げており、紫微内相藤原仲麻呂がその任にあった天平勝宝九歳（七五七）五月丁卯（二〇日）から翌天平宝字二年（七五八）八月甲子（二五日）の間に発した宣によって神戸の調庸は供神の用に充てた後に残余が計算され、その後で神祇官に任じられた中臣氏らに給されることになった[注11]。またこれ以前、神祇令の規定とは異なり、伊勢神宮の神税は出挙されることがあったが、このとき令の規定通りに停止されることになった。神祇令の規定はその後、一部改変されて『延喜式』に受け継がれた。

『延喜式』巻三臨時祭62神戸調庸条

凡神戸調庸充下祭料幷造二神社一及供レ神調度上、但田租貯為二神税一、

本条と神祇令20神戸条との違いは、調庸のみが「祭料幷造二神社一及供レ神調度」に充てられ、田租は最初から神税とされることになっていたという点である。これは九世紀以降、神祇官における神税の財政的役割が拡大したためと考えられる。

ところで神戸は「神封」「（神社）封戸」とも記されることがあり、寺院の封戸である寺封と対比的に神社の封戸であると捉える考え方が長らく通説的見解であった。これについては早くより神戸とその他の封戸との違いを指摘する研究があり〔福尾一九三四〕、現在では神社史を研究対象とする研究者間では、元来、神戸は封戸とは別の制度であったとする理解が定着しつつある〔岩橋一九七一、熊田一九七五、小倉一九九五、佐々田二〇一一、川畑二〇一四〕。

神戸と一般の封戸との違いとして、神戸が祝部の選出母体であることの他に以下の点が挙げられる。[注12]

①官人に与える封戸については禄令10食封条に規定があり、寺封については賜与規定ではないものの禄令14寺不在食封之例条で言及されているが、神社についての封戸規定は禄令には見当たらない。

②一般の封戸は天平一一年（七三九）五月辛酉（三〇日）に全給に改められる（続日本紀同日条）までは半分のみが与えられ、残りの半分は官すなわち国に収納されることが原則とされていたが、神戸は神祇令20神戸条からも知られるように、当初から全給であったと考えられる〔野々村一九八〇〕。

③一般の封戸が基本的に畿外に設定されたのに対し、神戸は畿内にも設置された。

④一般の封戸は数十戸単位であるのが通常であるのに対し、神戸は一〇戸以下が三分の二を占めており（大同元年牒段階。表2参照）、なかでも二割が一戸ないし二戸であった。

⑤神戸は封戸も含めた公戸とは別個に戸籍が作成されることとなっていた（戸令19造戸籍条集解所引令釈、職員令1神祇官条義解・集解）。またそのためか、一、二戸の場合は定かでないが、一〇戸程度であっても神戸里（郷）として一般の里（郷）とは別に編制された〔小倉一九九六〕。

⑥一般の封戸とは異なり、神戸の租庸調は国司が管理し〔佐々田二〇〇五〕、神祇官に対しては計帳や神税帳・租帳・庸帳が提出された（延喜式巻三臨時祭58神税等条、巻二三民部下22地子帳条）。またそれに関連して、神戸の租庸調は所属社のみならず神祇官での祭祀や俸料などにも用いられた〔小倉一九九五、佐々田二〇〇五・二〇一〇〕。

神戸のこのような特徴は、神戸それ自体の特性により生じたものと考えられる。基本的には、神戸は神社に経済的特別待遇を付与するものではなく、神社の祭祀や運営を国家的に保証し、国家祭祀として位置づけるために設定されたものと考えるべきであろう〔大関一九九三・一九九四、小倉一九九五、佐々田二〇一二〕。ただし、神戸の設定にあたっては、それ以前から存在していたであろう神社との関係が考慮された可能性が高い。また神戸が必ずしも神社の近辺に存在しておらず、一部の神社については遠方に散在している場合も見られるが、これについても神社と神戸として設定された地との以前からの関係が考慮された可能性が考えられる[注13]〔小倉一九九六、佐々田二〇一二〕。

次に、実際に神税からなされる支出の内容について、天平年間の正税帳を眺めてみることにしたい。天平年間の正税帳には神税帳が付載されているものがある。[注14]この神税帳に記載された内容は神戸田租の収支そのものではなく、神税に繰り込まれた額およびそこから支出された額のみが記されているのではないかと考えられる。というのは、末尾に「収納大税穀穎并神戸租等数」と記される天平二年（七三〇）度大倭国大税帳[注15]であっても、例えば多くの神戸には神税から祭料への支出がなされている一方で、添下郡の添御県神戸（添御県神社）および平群郡の往馬神戸（往馬坐伊古麻都比古神社）と龍田神戸（龍田坐天御柱国御柱神社）、また山辺郡の広瀬神戸（広瀬坐和加宇加売命神社）では神税の支出分が全く記載されておらず、祭料には一把も割かれていないということが判明するからである。山辺郡では広瀬社以外の神戸には祭料の記載があるので、郡ごとによる記載方法の差異とは見なせない。もちろん祭料には神戸の田租ではなく神田の獲稲が用いられたという可能性も考えられる。しかし、十市郡の畝尾神戸（畝尾坐健土安神社）において租収入の額が「肆束」とされているのは、災害等による田租の免除を考慮に入れたとしても、輸租額として少なすぎる。これは、既に祭料等の支出分が引かれた上で田租の神税への繰り入れがなされていると考えるのが、妥当であろう。

正税帳の記載にはこのような問題点があるものの、それでも、以下に紹介するような記事を見出すことができる（表4）。

表4　天平年間正税帳における神税の支出

年度	国名	郡名	神戸名	記事：祭神	記事：神嘗酒料	記事：その他
天平2	大倭	添下	添御県			
		平群	往馬			
			龍田			
		城上	大神	36束	100束	神田種稲36束 祝部食料284束4把
			巻向	4束		
			穴師	24束	50束	
			長谷山口	4束		
			志癸	4束		
			忍坂	（4束）*		
			他田	4束		
			生根	4束		
			佐為	4束		
		十市	太	8束	50束	
			十市御県	4束		
			石村山口	4束		
			目原	4束		
			畝尾	4束		
			耳梨山口	4束		
		城下	池	4束	50束	
			鏡作	4束		
			村屋	4束	50束	
		山辺	振	4束		
			大倭	4束	100束	
			山辺御県	4束		
			広湍川合			
			都祁	4束		
		添上	丸	4束		
			菟足	4束	50束	
			（その他11所）	56束	200束	
天平9	和泉	和泉	穴師	6束		
天平11	伊豆		（2所）	下記参照		神祭祀酒食料春70束 夏70束
天平10	周防		玉祖			奉神10束 改造神社621束8把 給禰奇200束
天平9	長門		（摂津住吉カ）	下記参照		供神2120束8分 供祀幣稲6束

*「4束」は舟尾一九六八の復元による。

a　神社の供神調度への支出

神祇令20神戸条の「供レ神調度」に対応する支出である。天平二年度大倭国大税帳には三九箇所の神戸が記されていたようであるが、現存部分に記載されるのは二八箇所であり、うち二四箇所の神戸に「祭神」料が記されている。祭神料の記載がない四神戸も含めた二八箇所神戸の祭神料合計は一五二束となるが、総計部分には「祭神二百八束」とあるので、五六束が一一箇所の神戸の祭神料となる。「祭神」が具体的に何に用いられたことについては、林一九八五は「神饌用の料稲」「神供用」とし、大関一九九三は「神饌や直会の酒食料が中心」と推測する。天平一一年度伊豆国正税帳には二箇所の神戸の祭料として「神祭祀酒食料」を春夏それぞれ七〇束ずつ支出しており、そこから推測すれば祭神料（四束が多い）は神饌のための料と考えるのが妥当であろう。天平九年度長門国正税帳では「供祀幣稲」として六束が支出されており、天平一〇年度周防国正税帳では、正税より祭春月酒稲料として熊毛神社に四〇束が、また祭春月料一〇束・秋月料一〇束が出雲神社と御坂神社にそれぞれ支給されていることも参考となる。[注16]

大和国神戸にはそれとは別に「神嘗酒料」が五〇束ないし一〇〇束支出されている。この「神嘗」とは相嘗祭のことであり、『延喜式』巻二四時祭下には各相嘗祭社に対し、酒稲が神税あるいは正税から支出されることが規定されている。相嘗祭のその他の幣帛は神祇官から支給されることになっており、そこから大関一九九三は、本来、神祇官から支給されるべき幣帛の一部として神税が用いられていることを指摘している。

この他、長門国正税帳には「供神」として二一二〇束八分が支出されている。これについて高田淳氏がこのうちの多くは天平九年の大疫にかかる疫病攘除の祈願料であったのではないかと推測するのに対し、大関一九九三は、住吉神社の祭料稲として摂津国へ運送され、社殿の改修費をはじめとする種々の用途に用いられたと推測している。天平一〇年度周防国正税帳にも玉造神税から「奉神壱拾束」が支出されたことが確認できるが、それ以上のことは不明である。[注17]

b　神田種稲

大倭国大税帳で大神神戸の神田一町八段に対し、三六束の種稲が支給されている。同史料によれば、正税からの支出である。その他には十市郡久志麻知神の神田一町に二〇束、添上郡太詞神の神田一町に二〇束が支出されている。大同元年牒によればそれぞれの神社に対し神戸が一戸存在していたが、

櫛麻知之命神　一戸
大祝詞命神　一戸　大和国　天平神護元年奉㆑充、

とあり、太詞神については天平二年段階では神戸は設置されていなかったことが知られる。あるいは「天平神護元年奉㆑充」という注記は櫛麻知之命神にもかかるべきものであったのかも知れない。大関一九九三は、「現存する神税帳・正税帳に、神田にかかわる支出が僅かしかみえないのは、前年に収獲された神田の稲が用いられ、神税や正税が用いられることが少なかったためであろう」と推測する。

c　神祇職への支給　祝部食料

祝部に食料を支給したことが大倭国大税帳の大神神戸に見える。大税帳総計部分の記載によれば、祝部三人の食料で、人・日別四把の計算として正月一日より七月三〇日までの二三七日分として支給されたものであること

が判明する。支給量については例えば天平九年度和泉監正税帳では中央から派遣される朝使の官人や部内を巡行する国司の官人に支給される食稲が一日四把であり、従者に支給される食稲が三把となっている。[注18] 大関一九九三は、神田耕作に関わって支給されたと推測する井上一九六七を批判しつつ、『皇太神宮儀式帳』に見える皇太神宮の禰宜や内人・物忌らに支給される食稲支給記事を紹介して、「神職に食稲が支給されるに至ったのは、律令国家の祭祀・神社行政の中で、神職が官人化の道を辿ったことと無縁ではないと思われる」と述べる。

この他、天平一〇年度周防国正税帳には、玉祖神社禰奇（禰宜）玉作部五百背に対して「以二神命一」二〇〇束を支給したことが記載されている。「神命」の具体的内容は不明であるが、熊毛・出雲・御坂三社に対する祭料支給も「神命」であり、御体御卜〔彌永一九八八参照〕などが想定される。

d　改造神社料

天平一〇年度周防国正税帳に見える記事で、玉祖神税より六二一束八把支出されている。これは神祇令20神戸条の「造二神宮一」に対応する支出で、直接的には『続日本紀』天平九年（七三七）一一月癸酉（三日）条に「遣二使于畿内及七道一、令レ造二諸神社一」と記される記事に対応するものと考えられる。支出額の内訳については作業従事者が一日あたりののべ人数として六八五人、一日五把（総計三四二束五把）で雇役され、彼らに食稲が一日四把（総計二七四束）、塩が一日二勺として一斗三升七合の価稲二束三把を支出、他に建設費として赤土二升の価稲三束が計上されている。赤土は塗装用として使用されたものである〔酒寄一九六五〕。

同正税帳によれば、この玉祖神税とは別に、正税より「改造神社料用穎稲肆伯壱拾肆束漆把伍分」が支出されている。これは一一月癸酉条の内容を諸国に通達したものと見られる「太政官去天平九年十一月廿八日符」により充てられたものであり、神戸を持たない神社に対する支出であろう。延喜神名式には周防国の官社として玉祖神社二座を含む八社一〇座が挙げられ、うち都濃郡二俣神社は天安二年三月甲戌に官社に列していることが知られる（文徳実録）。先に記したように、同正税帳には熊毛・出雲・御坂の三社に対し祭料が臨時に支給されており、あるいはこの三社の改造費なのかも知れない。

この四一四束七把五分についてもその内訳が記されており、玉祖神社と同様、作業従事者がのべ人数として四五二人、一日五把（総計二二六束）で雇役されており、彼らに食稲が一日四把（総計一八〇束八把）、塩が一日二勺として九升四勺の価稲一束五把が支出されている。建設費としては赤土二升の価稲三束のほか、釘四二隻の料鉄の価稲三束四把五分が計上されている。大関一九九三は、国家の要請によって神社が改修されていることに注目し、神社の改修が律令国家の祭祀・神社行政と密接な関わりを持っていたことを指摘する。

以上、神税の具体的用途につき、正税帳の記事を紹介した。この他、『延喜式』には臨時祭式を中心に神戸田租や調庸、神税、神戸負担に関する規定を見出すことができる。そのうちa～dに対応する規定を紹介する（四時祭式上の相嘗祭関係や伊勢大神宮・斎宮関係は省略する）と、

a神社の供神調度への支出

・臨時祭80松尾社封条

凡松尾社因幡国封租穀者、停レ収二此官一、収レ社充二供神料一、

・臨時祭82石上社封条

凡石上社備後国封租穀者、収二社家一、充二夏冬祭料一、

c神祇職への支給

・臨時祭92薗韓神殿守条

凡薗・韓神社神殿守者、以二封丁一人一充レ之、其月粮者、以二神封庸米内一給レ之、月別六斗、

・臨時祭95神宮司季禄条

凡諸神宮司・禰宜季禄者、伊勢太神宮禰宜准二従七位官一、度会宮禰宜准二従八位官一、並以二神郡神税一給レ之、下総国香取神宮司・常陸国鹿嶋神宮司・越前国気比神宮司、並准二従八位官一、並以二封戸物一充レ之、能登国気多神宮司准二少初位官一、以二神封一給レ之、

d改造神社料

・臨時祭59神社修理条

凡諸国神社随レ破修理、但摂津国住吉・下総国香取・常陸国鹿嶋等神社正殿、廿年一度改造、其料便用二神税一、如無二神税一、即充二正税一、

・臨時祭78薗韓神封条

凡薗・韓神両社讃岐国封戸調庸租米者、送二納此官一充二修レ社料一、

・臨時祭81枚岡社封条

凡枚岡社武蔵国封戸調庸租穀者、停レ収二此官一、収レ社充二修レ社料一、

・臨時祭83住吉社封条

凡住吉社長門国封租穀者、令二封戸傜夫運送一、除二運功一之遺、令レ進二傜分一用二修レ社料一、但豊浦郡封戸傜夫者、便留充二御蔭社一、

が挙げられる（b神田種稲に関係する条文は見当たらない）。このうちa神社の供神調度への支出については松尾社

と石上社について国外神戸の祖の使途を規定した二条が見出せるだけであるが、これは神祇官に収めず「供神料」「祭料」に使途を限定したことによって条文が作成されたためであり、一般的な田租・神税の使用方法であると言えよう。c神祇職への支給については、明確に該当するのは臨時祭95条の神宮司の季禄についての規定だけであるが、参考として92条の神殿守も掲げた。これも一般的な使途であるために、特に規定が設けられるまでに至らず、特殊な場合のみ規定が設けられて『延喜式』に記されたと考えられる。類似の事例として、臨時祭87熱田社読経条に熱田社で金剛般若経の転読を行なう際の僧侶への布施が神封物から支給されることが規定されている。a～cに比し比較的多くの規定が見られるd改造神社料も、住吉・香取・鹿嶋の式年造替を規定した臨時祭59条以外は国外神戸であるため規定が設けられたと解釈できる。

しかし『延喜式』にはこれ以外にも田租・神税に関する規定を見出すことができる。それは神祇官に関わるものであり、大きくe神祇官祭祀への支出と、f神祇官官人への支給、に分けることができる。

e　神祇官祭祀への支出

・臨時祭65祭料楯板条

凡祈年・月次・神今食・新嘗等祭料楯板・置座木等之類、仰㆓五畿内諸国神戸百姓㆒、令㆓採進㆒之、山城国楯板二百枚、大和国四百枚・置座木一万二千五百隻、摂津国楯板三百九十枚・置座木一万二千隻、河内国楯板二百卌枚・置座木一万二千隻、又靫編戸百姓等置座木一千八百卅二隻、和泉国楯板百十一枚、

・臨時祭66婆波加木条

凡年中御卜料婆波加木皮者、仰㆓大和国有封社㆒、令㆓採進㆒之、

・臨時祭68篦条

凡年中祭祓料所レ須篦千三百六十四隻者、大和国以二神税一交易、十月以前進之、

・臨時祭69交易雑皮条

凡伊豆・紀伊両国、以二神税一交易所レ進祭料雑皮八十五張、伊豆国熊皮五張・猪皮十張・皮卅張、紀伊国熊皮五張・猪皮五張・鹿皮卅張、并付二貢調使一進二此官一、即与二諸司一出納、

・臨時祭71弓矢大刀条

凡但馬・因幡・美作三国以二神税一交易所レ進之弓・矢・大刀者、充二臨時祭祓料一、但馬・因幡両国各弓廿八張・征矢五十隻、美作国大刀三柄・征矢五十隻、

・臨時祭73荒筥条

凡因幡・伯耆両国所レ進相嘗祭料荒筥八十八合、国別卌四合、毎年以二神税一交易、十月以前差レ使進上、

・臨時祭74富岐玉条

凡出雲国所レ進御富岐玉六十連、三時大殿祭料卅六連、臨時廿四連、毎年十月以前令二意宇郡神戸玉作氏造備一、差レ使進上、

・臨時祭75薦条

凡薦三百七十八枚、摂津国以二神税一交易送二此官一、充二年中祭料一、

・臨時祭77諸国神税条

凡諸国所レ進神税交易雑物、并伊勢国度会・多気・飯野三郡浪人調庸等者、収二此官一諸司出納、

f　神祇官官人への支給

・臨時祭88官人季禄条

凡官人季禄・馬料・要劇幷供二奉神事一官人装束、宮主・神琴師・亀卜長上季禄・馬料・月粮及卜部・御巫等衣服者、以二神税一充之、但宮主月粮以二官田一給之、

・臨時祭90史生等粮条

凡史生二人・官掌一人・神部四人粮米者、以二神税物一充之、月別各白米一斗五升、

・式部上279馬料条（部分）

馬料

神祇官十八、伯六貫、大副四貫、少副二貫五百文、若叙二五位一者四貫、大祐・少祐各二貫五百文、大史・少史各二貫二百文、宮主二貫五百文、諸宮主准レ此、卜長上各二貫二百文、

右、以二神税一給之、

これらは諸国の財政とは無関係なので、当然ながら正税帳に記載されることはない、ただ神税交易物については、神税帳に記載されてもおかしくないが、実際には確認できず、天平六年（七三四）出雲国計会帳に「賀茂神税交易糸壱伯斤」と記載されているのが唯一の事例である。ただし天平二年度大倭国大税帳において蓄積に適する穀ではなく、交易・賜与等の消費・支出に適応する穎の形で記録されていることは、必要に応じて神祇官の費用に充てることを予定していた可能性が高い〔林一九六五、小倉一九九五〕。またeの臨時祭68・69・71・73・75条などは令制当初から存在した宮中祭祀に関わる支出であり、九世紀に入って神祇官による神税の使途が拡大していったこ

とを考慮する必要があるものの、少なくとも規定の骨格自体は八世紀初頭にまで遡る可能性が高いであろう〔小倉一九九五〕。このような諸神戸と神祇官・宮中祭祀の結びつきがいつ頃どのようにして生まれたのかという問題は、神祇信仰の展開を考える上でも重要であるが、今のところ充分な回答を見出し得ておらず、今後の課題としておきたい。[注19]

三　遠江国浜名郡輸租帳の神戸

八～九世紀段階の神戸に関する史料としては、これまで言及してきた史料の他に風土記や天平一二年（七四〇）遠江国浜名郡輸租帳が存在する。風土記についてはかつて検討を加えたことがあるので〔小倉一九九六〕、ここでは輸租帳を取り上げることにしたい。

遠江国浜名郡輸租帳は、当年に収納した田租および地子について遠江国司が報告した報告書の浜名郡部分で、四断簡よりなる。冒頭断簡には浜名郡内の田積総計とその内訳が不堪佃田と堪佃田に分けられて記され、不堪佃田は口分田・墾田・乗田に、堪佃田は不輸租田と輸租田、地子田、さらに口分田や郡司職田などといった田種ごとの田積が記される。ついで戸数および口数、また災害による損（収穫量減少の割合）が五分（五〇パーセント）以上か四分（四〇パーセント）以下か、全得（損が無い）かによる戸数の内訳、さらに損五分以上の戸の田積、損四分以下の戸の田積とその損害の割合の田積、全得の戸の田積が記されている。第二断簡以下は戸ごとの戸主名・田積と損の割合等を記した夾名部分であり、某郷[注20]・新居郷・津築郷[注21]（完存するのは津築郷のみ）および年月日・国司署名等を有する尾部よりなる。このうち冒頭断簡に神戸についての記載があり、戸数や損分ごとの田積が記されている（表5）。それによれば、浜名郡の神戸数は一二五戸である。大同元年牒には遠江国所属の神戸として伊勢大神四〇戸、大神神一〇戸（分注の末尾に「天平神護元ー九月八日符」とあるが、これが遠江国にもかかるものかどうかは不明）、片岡神八戸、多神一五戸の計七三戸が記される。大同元年牒は郷戸単位であるのに対し、輸租帳は房戸単位であり、単純に比較できないが、輸租帳における房戸（主戸も含めた総数）と郷戸（主戸）の数は新居郷が一一〇と五〇、津築郷が三八と二二である。大同元年牒の記載のうち、伊勢大神の四〇戸については後

表5　天平12年遠江国浜名郡輸租帳における浜名郡の種別・損別戸数・田積

	損五分以上 187戸	損五分以上 損	損五分以上 得	損四分以下 367戸	損四分以下 損	損四分以下 得	全得 196戸	合計 750戸	1戸平均の田積
神戸 125戸	47町8段			73町2段	22町2段144歩	50町9段216歩	42町4段240歩	163町4段240歩	約1町3段028歩
封 110戸	38町			80町	25町3段144歩	54町6段216歩	21町8段264歩	139町8段264歩	約1町2段258歩
官 515戸	147町8段240歩			257町6段000歩	77町1段288歩	180町4段072歩	50町6段192歩	456町1段072歩	約8段308歩
合計 750戸	233町6段240歩	127町3段336歩	106町2段264歩	410町8段000歩	124町7段216歩	286町0段144歩	114町9段336歩	759町4段216歩	約1町0段007歩

世「浜名神戸」と呼ばれ、浜名郡に所在していたことが知られる〔西岡一九七〇等〕[注22]。また大神神の一〇戸についても『倭名類聚抄』には浜名郡に大神郷が見え、延喜神名式にも浜名郡に弥和山神社・大神神社が記載されており、浜名郡に所在していた可能性が高い[注23]。

表5に記した田積はすべて堪佃田であったが、これ以外に存在していた不堪佃田も班給されていたと考えられる〔沢田一九二七　二二六～二三二頁、虎尾一九六一等〕。ただし不堪佃田のすべてが班給されていたと考えて良いかどうか

は実は若干問題が残されている。なぜなら仮に田令3口分条・27官戸奴婢条に規定される令制通りの口分田の額が支給されていたとすると、

良男　二三八五人×二段　　　＝四七七町
良女　二九四五人×一段一二〇歩＝三九二町六段二四〇歩
奴　　一七人×　二四〇歩＝　一町一段一二〇歩
婢　　二四人×　一六〇歩＝　一町　二四〇歩

より、合計八七一町八段二四〇歩となり、堪佃田・不堪佃田の口分田の総計八八〇町四段二七六歩と八町六段三六歩の差が生じるからである。一般には許容範囲であるとして無視されているが、一応、注意を払っておきたい。注24

虎尾氏は、損戸の受田額総計の数値がいずれも二四〇歩の倍数になっているのに対し、全得戸のみが端数を有していること、さらに全郡・新居郷・津築郷の一戸あたりの平均堪佃田受田額を算出すると、損戸がいずれもほ

表6　損得戸別平均堪佃受田額（全郡及び郷別）

	全郡	新居郷	津築郷
損五分以上戸	1町2段178歩強	1町2段031歩弱	1町1段040歩
損四分以下戸	1町1段070歩弱	1町	1町1段
全得戸	0町5段312歩強	0町2段194強	0町8段236歩弱

虎尾一九六二による。
（備考）郡司職田6町が何れかに加算されているが、大勢に影響はない。

表7　神・封・官（公戸）別平均堪佃受田額（全郡）

		受田額
神戸	125戸	1町3段028歩弱
封戸	110戸	1町2段258歩弱
官（公戸）	515戸	0町8段266歩弱

虎尾一九六二を参考にして作成。
（備考）表6に同じ。

ぼ一町から一町二段のあたりに分布しているのに対し、全得戸の場合は二段から八段の間を上下しているというように差が甚だしく、損戸に比べてあまりにも少額であること（表6、表7）を指摘し、そこから、損戸には不堪佃田が含まれていないこと、[注25]不堪佃口分田を全得戸の口分田に加算すると、一戸平均一町二段一二五歩強になって、全郡の損五分以上戸の平均受田額一町二段一七八歩強と近似し、全戸の平均受田額一町一段二六六歩強とも大差なくなるとして、不堪佃口分田はすべて全得戸の分として計算されている一方で、神戸はその平均堪佃受田額が一町三段二八歩強と他に比べて多く、しかも全得戸の堪佃分受田額が二四〇歩の倍数になっていることからすれば、神戸の全得戸も損戸の場合と同様に不堪佃口分田を含まない取り扱いを受けていると考えた〔虎尾一九六一〕。

これに対し、大山誠一氏は損戸に不堪佃口分田が含まれていないことまでは認めながら、神戸の全得戸も不堪佃口分田を含まないと考える点については、神戸の全得戸堪佃口分田額が二四〇歩の倍数になっていることは偶然とも考えられること、[注26]虎尾説に従えば、神戸の不堪佃口分田が他の郷に繰り込まれていることになり、郷の単位とする公文書作成の原則を踏みはずしていることになるので、従うことはできないとされた〔大山一九九九a・c〕。すなわち虎尾氏が推測するような輸租帳全体をつらぬく構造的作為は存在せず、虎尾氏の想定以上に輸租帳の史料性は高いとされたのである。大山説に従った場合は、①神戸全得戸にも不堪佃田が存在しており、その平均受田額はさらに多かった、あるいは②実際にも神戸の田に不堪佃田は存在していなかった、のどちらかということになるであろう。以下、虎尾・大山両説が成り立つ可能性を考えつつ、浜名郡の神戸についてさらに検討してみたい。

虎尾説によれば、堪佃として記される口分田の合計一六三町四段二四〇歩が神戸の全口分田ということになる

（表5参照）。よって受田口の内、男性をy、女性をxとすると、

二段×y＋一段一二〇歩×x＝一六三町四段二四〇歩

ということになり、大山説①によった場合は＋αとしてさらに不堪佃田分が加わることになる。[注27] 浜名郡の男女比は全郡では約一対一・二三（一二三八五人対一二九四五人）、新居郷では約一対一・〇九（三二二人対三五一人）、津築郷では約一対一・二一（一二一人対一四七人）となっており、新居・津築両郷が全郡平均より低いことからすれば、神戸では逆にやや高めであった可能性も考えられるので、一対一・一〜一・三程度の幅を持って捉えておくことにする。[注28] 仮に一対一・一の場合は男性が約四七二人、女性が約五一九人、一対一・三の場合は男性が約四三八人、女性が五六九人となる。奴婢が含まれていた場合には、数人これよりも減少することになるが、それを考慮しても神戸の受田口数は男性が四五〇±二〇人程度であった。これは一房戸あたり三・四〜三・八人程度となり、全郡平均約三・二人や神戸を除いた平均三・一人（新居郷では二・九人、津築郷では三・二人、神戸・新居郷・津築郷以外では三・一人）よりも明らかに高い。郷戸で考えた場合には一戸あたり一人分は多い計算となる。以上の計算は男性についてのものであるが、女性について計算した場合でもほぼ同様の結果となる。神戸にも不堪佃田が存在したと考えるならば、さらに増加することになるであろう。仮に神戸・封戸・公戸に平均して不堪佃田が存在していたならば、

α＝全郡の不堪佃田一二七町六〇歩×（神戸戸数一二五戸／全戸数七五〇戸）≒二一町

であるから、男性は四九四〜五三二人となり、一房戸あたりの受田口数が四人以上となって、公戸や封戸との差が大幅に生じることとなる。

以上の検討から、神戸の特徴として受田口数が一般公戸や封戸よりも多いということが指摘できる。[注29] そしてそ

れは戸口数や課丁数についても当てはめられるであろう。『延喜式』民部上には次のような規定がある（52封戸定数条）。

凡封戸、以二正丁四人・中男一人一為二一戸一、率租毎レ戸以二卌束一為レ限、毎レ郷満二課口二百人・中男五十人・租稲二千束一、若不レ満二此数一、通二計国内一令レ塡、但遭レ損之年、不レ聴二通計満給一、悲田分封五十戸亦准レ此、其神寺封丁、依二五六丁之例一、准二人封一不レ可二増減一、

この規定のもととなった法令の変遷については時野谷一九七七[注30]や相曽一九九九等の研究があり、賦役令8封戸条集解古記所引慶雲二年（七〇五）一一月四日格において「以二四丁一准二一戸一」として一戸当たり正丁四人が基準とされたが、『続日本紀』天平一九年（七四七）五月戊寅条の太政官奏によって「正丁五六人・中男一人」という定数が定められ、その後、寛平六年（八九四）六月一日官符（類聚三代格）以降に『延喜式』の形に改定されたと考えられている。これはあくまでも算出基準であり、また神戸の丁数についても変遷があった[注31]が、ここでは神戸（および寺封）の丁数が他に比較して多く見積もられる傾向にあったということを指摘しておきたい。神戸の租庸調は、寺封の場合とともに、一般公戸が租庸調を免除されるときでも除外されることが多く〔続日本紀天平宝字元年八月甲午条・神護景雲二年三月乙巳条参照[注32]〕、免除される場合でも正税によって補塡されることになっていた[注33]。これはその租庸調が神社・寺院の運営（および宮廷祭祀）に欠かせないものであったからに他ならない。例えば『続日本紀』天平宝字八年（七六四）一〇月甲戌条では、

勅曰、天下諸国、不レ得下養二鷹狗及鵜一以畋猟上、又諸国進二御贄雑宍・魚等類一悉停、又中男作物魚・宍・蒜等類悉停、以二他物一替宛、但神戸不レ在二此限一、

として神戸が贄貢進停止から除外されているが、それは魚・宍類が祭料として用いられるものであったためで

あった。そのような事情があったため、欠が生じないよう、神戸には戸口が多く設定されたと考えられる。

それに加え、『類聚三代格』弘仁二年九月二三日官符には「諸国神戸例多二課丁一、供レ神之外不レ赴二公役一、」と記されているように、課役負担が軽かったことも、神戸の課丁が増加する要因となった。九世紀末のことではあるが、先に言及した寛平六年六月一日官符には「神戸課役頗軽、官戸輸貢尤重、因レ斯脱二彼重課一入二此軽役一」という結果、「今神戸所レ領正丁之数、或戸十五六人、或戸二三十人、官戸所レ有課丁之数、或戸僅一二人、或戸曾無二課丁一」との紀伊国解が引用されている。神戸の課丁数・戸口数が多いことの背景には、公民側の動きも存在したのである。

ここで、神戸の堪佃田受田額が多く記載されているという問題に立ち返りたい。これには、ⓐ（＝虎尾説）国側が帳簿操作を行なった（神戸・封戸全得戸の不堪佃田と一般公戸の堪佃田を入れ替えた）、ⓑ（＝大山説①）国による帳簿操作はなく（もしくは神戸を特別視することなく操作を行ない）、神戸にも不堪佃田が存在していた（神戸の受田額はさらに多かった）、ⓒ（＝大山説②）国による帳簿操作はなく（もしくは神戸を特別視することなく操作を行ない）、実際にも神戸には不堪佃田に認定される可能性があるような悪田は与えられなかった、という三つの可能性が考えられることになる。このうちⓐについては神戸や封戸に存在していた不堪佃田を帳簿上、一般公戸に振り替えるという行為が、国や神戸・封戸にとってどのような意味があるのかを考える必要があろう。まずは輸租帳に記載された額が実際に徴収された租の額でもあったと考えてみる。この場合、帳簿上の操作によって見かけ上、見作田が増えたのであれば、結果として該当神戸・封戸は納入すべき租が増えることになり、逆に一般公戸は減ることになる。浜名郡全体では変化はなく（したがって国司に利益は生じない）、この作為によるメリットが生じるのは、一般公戸のみであるから、国司がそれを行なう可能性は低いと思われる。次に、実際の徴収額とは別個で、あくまでも輸租帳の操作に過ぎないと考えた場合には、中央への報告額に変化が生じるわけではないので、データを改変する意義自体が失なわれることになる。このように考えれば、どちらにせよ、ⓐが成立する可能性は低いであろう。

ⓒについては、古代の不堪佃田の一部が「片荒（かたあらし）」耕法に関連づけられるものであった〔彌永一九八〇　九二頁〕とするならば、たとえ神戸に対し優先的に良田が割り当てられたとしても、神戸の口分田に全く不堪佃田が存在しないようにするということは困難ではないかと考えられる。

だとすれば、ⓑ神戸にも不堪佃田が存在していたのであり、神戸の受田額は堪佃受田額よりもさらに多かったと想定すべきであろう。すなわち神戸の戸口数は一般公戸や封戸に比べて、これまで考えられてきた以上に多かったということになる。先に紹介した寛平六年六月一日官符所引紀伊国解に記されるような神戸と公戸の課丁数差は、そこまで極端ではなかったにせよ、八世紀段階までさかのぼらせることができるのではないか。

輸租帳の作成にあたって、国司が他の公文書にも影響を及ぼすことになる戸口数や課丁数、口分田班給額、田種ごとの田積を操作することはなかったであろう。その上で、手続きが煩瑣となる損七分以上の免除を生じさせない範囲内でできる限り利益を得られるよう机上操作を行なったのだと考えられる。[注34] したがって神戸の課丁数・戸口数が郡内戸口の平均値より多かったことは、事実と見なせよう。そしてそのことは、課役負担の問題のみならず神戸の在地社会における経済的地位の高さを物語っていると解釈できるのではないか。

結び

三節にわたって神戸の問題を取り上げてきた。第一節では神祇職選出母体としての神戸について検討を加え、神戸が存在する場合には祝部以外の神祇職が存在し、それらは一部の例外を除いて神戸以外から選出された可能性が高いことを論じた。このような相違は、八～九世紀に神社に関わる職を一括して呼称できる歴史的名辞が史料上見当たらないという問題とも関わると考えられる。

第二節ではかつて検討を加えた神戸と神社財政・神祇官財政との関係について再論した。

第三節では天平一二年遠江国浜名郡輸租帳の神戸について検討を加え、同帳では神戸の堪佃受田額が多く設定されていること、それは実際にも神戸の課丁数・戸口数が多く、周辺公戸や封戸に対し、経済的優位性が高かったことを示していると考えた。

さて、浜名神戸の所在地について、石上英一氏は後世の浜名神戸とは断絶があるとして、「浜名神戸は、国造貢進の神戸と主張されている。それが事実ならば、英多郷を本拠地とする在地の豪族の県氏が貢進した神民となる。浜名湖西岸一帯は、元来は、英多神社の背後の山が大輪山と称され、英多郷の東北山間の谷の只木に式内社弥和山神社が鎮座し、西岸南部に大神郷と式内社大神神社が鎮座するように、三輪信仰の地域であった。県氏は遠江国造系氏族ではなく、浜名の県を管領した三輪系の氏族であった。また、英多郷は浜名郡家の所在地であり、ここに八世紀に神戸四〇戸が設定されたとは考えられない。英多郷に所在し、後に浜名神戸の中心となる浜名総社神明宮も、元来は県氏の奉斎する英多神社であった。県氏が貢進した神戸が民戸四〇戸分として設定されたとすれば、その設定地は、英多郷の西南に接する贄代郷である。」と推測した〔石上一九九四〕。

この推論が正しければ、もともと大神神社と関係を持っていた民が伊勢神宮の神戸に設定されたことになり、神戸の所属神社変更が行なわれた事例と見なせる。八世紀の事例ではあるが、筆者も出雲国大和神戸について、『出雲国風土記』意宇郡飯梨郷条の伝承がもとになって大和神社と結びつけられた可能性を指摘したことがある〔小倉一九九六〕。本来、神祇信仰は個々の神々に対する個別信仰であったが、宮中祭祀の整備や神話の発展にともなって、それら神祇信仰が有機的に結びつけられていったのであろう。律令神祇体制が整備される前提（あるいは発展過程）として、そうした動きがあった可能性が考えられる。個々の神戸の成立過程について検討を加えていくことが、今後の課題である。

【引用史料の典拠】

出雲国計会帳　平川南「〔校訂〕出雲国計会帳」『漆紙文書の研究』（吉川弘文館、一九八九、初出一九八四）
正税帳　林陸朗・鈴木靖民編『復元　天平諸国正税帳』（現代思潮社、一九八五）
新抄格勅符抄　新訂増補国史大系　ただし飯田二〇〇〇bを参考にした。
遠江国浜名郡輸租帳　大日本古文書編年二　ただし虎尾一九六六を参考にした。
日本三代実録・令集解・類聚国史・類聚符宣抄　新訂増補国史大系
日本書紀　日本古典文学大系
類聚三代格　神道大系

【参考文献】
相曽貴志一九九九「延喜式にみえる食封規定」『延喜式研究』一三
飯田瑞穂二〇〇〇a「『新抄格勅符抄』に関する考察」『飯田瑞穂著作集』三、吉川弘文館、初出一九五九
二〇〇〇b「新訂増補国史大系本『新抄格勅符抄』の校訂」『飯田瑞穂著作集』三、吉川弘文館、初出一九六五
石上英一一九九四「（第三編第二章第五節）神戸と御厨」静岡県編・発行『静岡県史』通史編一原始・古代
井上辰雄一九六七「伊豆国正税帳をめぐる諸問題」『正税帳の研究』塙書房
井上光貞一九八五「カモ県主の研究」『井上光貞著作集』一、岩波書店、初出一九六二
彌永貞三一九八〇「律令制的土地所有」『日本古代社会経済史研究』岩波書店、初出一九六二
一九八八「大伴家持の自署せる太政官符について」『日本古代の政治と史料』高科書、初出一九五五年
岩橋小彌太一九七二「神戸、神郡」『神道史叢説』吉川弘文館、初出一九五八・一九六二
上野章二〇一六「古代の神祇職と神社の調査事例」『大境』三五
内山真龍一九〇〇『遠江国風土記伝』郁文舎、一九〇〇、成稿寛政一一（一七九九）
大関邦男一九九三「古代神社の経済構造」『国史学』一五一
一九九四「神戸についての試論」『国学院雑誌』九五―一二
一九九六「律令制と神職」林陸朗・鈴木靖民編『日本古代の国家と祭儀』雄山閣出版
大山誠一一九七六「古代駅制の構造とその変遷」『史学雑誌』八五―四
一九九九a「「天平十二年遠江国浜名郡輸租帳」の史料性に関する一考察」『日本古代の外交と地方行政』吉川弘文館、初出一九七三
一九九九b「令制の駅戸数について」『日本古代の外交と地方行政』吉川弘文館、初出一九九五
一九九九c「再び「天平十二年遠江国浜名郡輸租帳」の史料性について」『延喜式研究』一六
小倉慈司一九九四「八・九世紀における地方神社行政の展開」『史学雑誌』一〇三―三
一九九五「神戸と律令神祇行政」『続日本紀研究』二九七
一九九六「出雲国の神戸について」『出雲古代史研究』六

川畑勝久二〇一四「延暦儀式帳からみた伊勢神宮の神郡と神戸」『神道史研究』六二―一
菊地照夫二〇〇二「古代因幡国国郡概要」『東京都立牛込商業高等学校紀要』二七
　二〇一六「出雲国忌部神戸をめぐる諸問題」『古代王権の宗教的世界観と出雲』同成社、初出二〇〇一
熊田亮介一九七五「神戸について」『文化』三八―三・四合
後藤建一二〇〇六「『天平一一年遠江国浜名郡輸租帳』と湖西窯跡群」吉岡康暢先生古希記念論集刊行会編『陶磁器の社会史』桂書房
酒寄雅志一九八五「周防国正税帳」（頭注）林陸朗・鈴木靖民編『復元　天平諸国正税帳』現代思潮社
佐々田悠二〇〇五「律令国家の地方祭祀構造」『日本史研究』五一六
　二〇一一「神祇官の財政的基盤――古代神戸の性格と分布」『延喜式研究』二七
沢田吾一一九二七『奈良朝時代民政経済の数的研究』冨山房
薗田香融一九九二「岩橋千塚と紀国造」『日本古代の貴族と地方豪族』塙書房、初出一九六七
高田淳一九八五「長門国正税帳」（解説）林陸朗・鈴木靖民編『復元　天平諸国正税帳』現代思潮社
滝川政次郎一九四一「定本「令集解」釈義解題」『日本法制史研究』有斐閣、初出一九三一
田中卓一九八五「伊勢神郡の成立」『田中卓著作集』四伊勢神宮の創祀と発展、国書刊行会、初出一九五九
津田勉二〇〇〇「「宮司・大宮司」職の成立」『神道史研究』四八―四
　二〇〇一・二〇〇二「古代「神主」職の研究」『神道宗教』一八一、一八四・一八五
時野谷滋一九七七「食封制度の展開」『律令封禄制度の研究』吉川弘文館、初出一九六九
　一九九〇「神戸の丁数と租数」『飛鳥奈良時代の基礎的研究』国書刊行会、初出一九八四
所功一九八〇「『令義解』撰者伝」史正会創立十周年記念論文集刊行委員会編『日本古代・中世史論集』史正会
虎尾俊哉一九六一「天平十二年遠江国浜名郡輸租帳」『班田収授法の研究』吉川弘文館、初出一九五八
　一九八六「遠江国浜名郡の輸租帳、作成される」新居町史編さん委員会編『新居町史』四、新居町
中野栄夫一九七九「遠江国浜名郡輸租帳の基礎的考察」『律令制社会解体過程の研究』塙書房、初出一九七二
中村英重一九八九「神主の形態と氏神・氏上」『駿台史学』七五
西岡寿一一九七〇「遠江国浜名神戸について」『神道史研究』一八―三

西宮秀紀二〇〇四「律令国家に於ける神祇職」『律令国家と神祇祭祀制度の研究』塙書房、初出一九八五
野々村安浩一九八〇「神戸の田租」『続日本紀研究』二〇八
林陸朗 一九八五「大倭国正税帳」（頭注・解説）林陸朗・鈴木靖民編『復元 天平諸国正税帳』現代思潮社
原秀三郎一九九六「（第二章第二節二（一））古代の災害と歴史」静岡県・発行『静岡県史』別編二自然災害誌
一九九七「遠江国浜名郡輸租帳の史料的性格」大山喬平教授退官記念会編『日本国家の史的特質』古代・中世、思文閣出版
原島礼二一九六二「八世紀の稲作に関する二、三の問題」『歴史評論』一四八
福尾猛市郎一九三四「神戸に関する一二の考察」『史林』一九—二
舟尾好正一九六八「大倭国正税帳について」『続日本紀研究』一四〇・一四一合
三橋正 二〇一〇「神主」『日本古代神祇制度の形成と展開』法蔵館、初出一九九三
森田悌 二〇〇〇a「駅戸・駅子の員数」『日本古代の駅伝と交通』岩田書院、初出一九九五
二〇〇〇b「「遠江国浜名郡輸租帳」の史料性」『日本古代の駅伝と交通』岩田書院
山田英雄一九七四「神戸雑考」森克己博士古稀記念会編『対外関係と政治文化』二、吉川弘文館
米沢康 一九八七「越中国の二上神をめぐって」『信濃』三九—二、一九八七
利光三津夫一九六二「奈良・平安時代に成った日本律注釈書」『律の研究』明治書院
一九八八「明法家物部敏久についての一考察」『続律令制の研究』慶應通信、初出一九八一

注

1 『新抄格勅符抄』所収大同元年牒に神戸戸数四八七六戸と見え、これについて飯田瑞穂氏は、大宰神封の八幡神分の記載一六六〇戸を六百余戸に訂正すれば、本文部分の合計とほぼ一致するとされる〔飯田二〇〇〇a〕。同牒部分に記載される神戸を持つ神社数は一七〇社である（八幡比咩神を八幡神と別に数えると一七一）。なお、大同元年牒部分は飯田氏によれば、延暦元年（七八二）五月以降、延暦二〇年九月以前の段階の神戸の状態を示したものであるという〔飯田二〇〇〇a。飯田氏はさらに率河社条の左京を平城京の左京とする推定が正しければ、延暦三年一一月以前と考えられるとするが、この点については、延暦三年段階以前の記載がそのまま引き継がれた可能性も考えられるであろう〕。

2 字句としては、これ以前、神代下第九段に「神戸剣」がある。

3 史料によっては「祝」一字で記される場合もあるが、本稿では統一して「祝部」と表記することにする。

4 一般に「神職」などと表記されることが多いが、八〜九世紀に神宮司・神主・禰宜・祝（部）という神社に関わる職を一括して呼称できる歴史的名辞が史料上見当たらず、一般に使用される「神官」は神祇官の前身的名称として紛らわしいこと、また「神職」はそれがいつ成立するのか検討が必要であることなどにより、「神祇職」の呼称を使用したいとする西宮秀紀氏の提言〔西宮二〇〇四〕に従う。

5 平安初期の明法博士物部（興原）敏久の私記〔滝川一九四一、利光一九六一・一九八一、所一九八〇〕。

6 なお、西宮氏以後に神祇職を論じた研究としては、以下に論及する三橋・小倉論考の他、中村一九八九、大関一九九六、津田二〇〇〇・二〇〇一・二〇〇二等があり、また神祇職名を記した地方出土文字資料を集成した上野二〇一六もある。

7 ただし仲哀天皇と神功皇后が祭神とされた香椎宮は神名式には掲載されず、また廟や廟宮と表記されることもあったように、特殊な扱いを受けており、他の神社と同一に考えてよいかどうか検討の余地がある。

8 本史料については西宮二〇〇四論文一六〇・一九一〜一九二頁参照。

9 『貞観交替式』や『日本後紀』等にもほぼ同内容のことが記されている。

10 なお、山城国上下賀茂社について、井上光貞氏がもともと一社であった賀茂社が天平一八年前後に上下に分立したが、神祇職の継承はそれぞれにおいて異なっていたことを明らかにしている〔井上一九八五〕。氏によれば、下社の禰宜はまず祝部になってから禰宜に就く慣習であったが、上社は別々の系統から禰宜・祝部が任用されていた。そして分立時には、それ以前の禰宜である豊国がそのまま上社の禰宜を務め、豊国の弟主国が下社の禰宜を務めたという。

11 支給対象を神祇官に任じられた中臣氏らと解釈することについては、小倉一九九五参照。

12 以下の記述にあたっては、佐々田二〇一二論考を参考にした。

13 ただし逆に神戸設置が契機となって伝承が創作される可能性もあり、この点は個々に検討を加えていく必要があるであろう。

14 例えば天平一一年度伊豆国正税帳は継目裏書に「伊豆国天平十一年正税幷神税帳」と記されている。

15 この時期の大和国の国名は「大倭国」であり、また正税ではなく「大税」という名称が使用されていた。

16 この祭料は「以二神命一令レ奉」たものと注記されている。

17 酒寄一九九五は「神饌用の料稲。大倭20以下に祭神と見えるのに相当。」と記すが、額が近いこと（大倭国大税帳の「祭神」は上述の如く四束）以上に根拠があるわけではないであろう。周防国正税帳では先述したように祭料として出雲・御坂神社に春秋それぞれ一〇束ずつ支給されている（他に熊毛神社に祭春月酒稲料として四〇束）が、これは「以二神命一令レ奉」注記されるように、臨時の支出であった。

18 ただし他にそれぞれ酒も支給されている。

19 佐々田二〇一二は、神戸を神社所在国のみに神戸を有するものと他国にも神戸を有するものとの二種に分類し、後者は畿内にみ存在し、畿外社は前者のみであることなどを指摘して、前者が本源的神戸であり、後者は経済的役割から追加されたものであり、神祇官の財源とも関わらせて整理を行なっている。なお本稿結びも参照。

20 大山一九七六・一九九九は猪鼻駅家と推測する。一方、森田二〇〇〇aは神戸、なかでも大神神戸である可能性が高いとし、この大神神戸はその後の郷の改変過程で新居郷と一体化し、『倭名類聚抄』段階では大神郷になったと推測する。神戸と考えた場合には、この輸租帳に官（公戸）のみならず封戸や神戸も記載されていたということになる点（記載されていても良いが、別に神戸のみの輸租帳も必要となるはずである）、また戸数一〇戸の神戸にしては氏姓が多様であることが若干気にかかる。

21 中野一九七九は津築郷が二二戸の他に神戸も加わって、合計では二五戸以上であった可能性を指摘し（同補論では神戸に限らず封戸である可能性もあるとする）、原一九九六も同様の見解を述べる。

22 浜名神戸は近世には神戸郷として岡本・大福寺・摩訶耶寺・只木・平山の五か村が存在していた（現浜松市北区三ヶ日の内）（内山一九〇〇、四～六頁）。ただし石上一九九四は後世の浜名神戸とは断絶があると考える。石上説については本稿結びにおいて紹介する。

23 なお、森田二〇〇〇a、後藤二〇〇六および注20も参照。

24 沢田一九二七（一二二九～一二三〇頁）は、易田もしくは分班の際の端数の重積したるものとし、虎尾一九六一も易田倍給で説明可能とする。これに対し、森田二〇〇〇bは、易田倍給では段以下が二七六歩という端数になっていることが説明できないとして、成川による口分田の減少を想定する。

25 原一九九七は、損戸の田積は天平一二年春の作付面積、すなわち青苗簿に記載された見作田であり、口分田受田額から不堪佃口分田を除外した面積であるから、不堪佃口分田の全てが得戸に班給されていたことになるという虎尾氏の解釈は全く成立の余地がないと批判している。しかし虎尾氏自身は損戸交名部分の受田額が見作の田積であることは理解しており、その上でそれが口分田受田額でもあったと考えるべきであるとされているのであるから、原氏の批判は当たらない。したがって論点としては、損戸の見作田積に一二〇歩未満の端数が存在しないことの意味をどう考えるかということになるが、これについては大山〔一九九九a付記・一九九九c〕による原説批判が妥当である。

26　ちなみに損戸については戸ごとの受田額が記されるのに対し、全得戸については神戸・封戸・官（公戸）ごとの総計が記されるだけである。

27　奴婢が存在した可能性もあるが、その口分田は最大に見積もっても二町未満なので（240歩×（17－2）＋160歩×（24－2））。浜名郡の奴は一七人、婢は二四人であり、うち新居郷に奴二人、婢二人がいる）、無視した。

28　なお、沢田吾一氏の諸国籍帳による計算によれば、一対一・〇九〇～一・三〇九、平均して一対一・一九七であるという〔沢田一九二七、七四頁〕。

29　この点については山田英雄氏が「神戸は一般農民即ち官戸に比してかなり広い田数を保有してゐる点が注目される」と指摘している〔山田一九六四、八二頁〕が、それは堪佃田のみを比較してのことであり、また「これは単なる偶然ではなく、意識的なものと考へられる」ことを述べるにとどまっている。

30　ここでの議論には関わらないが、時野谷氏の神戸についての論考に時野谷〔一九九〇〕もある。

31　延暦二〇年に一時的に丁数二丁とされたことがある（類聚三代格貞観二年一一月九日官符。国史大系本は「二町」と校訂するが、諸写本の通り「二丁」が正しい。田中〔一九八五、一七〇頁〕、熊田〔一九七五〕等参照）。

32　神護景雲以降は、免除されることが通例となるようである。『大日本古文書』編年二一所収宝亀四年二月一六日官符（二七五～二七六頁）、『続日本紀』宝亀六年一一月丁酉条・天応元年正月辛酉朔条・延暦九年九月丙子条参照。

33　天平九年度和泉監正税帳等に見える天平九年一〇月五日民部省符を参照。

34　その結果、不堪佃口分田はすべて全得戸のものとして計算されることとなった。

伊勢神宮と神衣祭

藤森　馨

一　はじめに

伊勢神宮の神衣祭については、議論が尽くされているようであるが、宗廟の祭祀と見る説や、紡績具を奉献する宗像大社と同様、遠古から行われた神宮祭祀の根幹と考える説がある。筆者は旧稿で神衣祭は遠古に遡及する祭祀ではなく、大宝令制定に際して制度化された更衣の祭祀と考えた。[注1] しかしながら、宗廟祭祀説や神宮祭祀の原点説を充分に批判したわけではない。本稿では、上記二点に焦点を当て検討を加えたい。

二　神宮祭祀は宗廟祭祀か

神衣祭は旧暦四月十四日と九月十四日に執行されていた。中国の宗廟は、唐代の『長安志』によれば、太廟、その地隋太府寺玉作坊に本づく、坊中に御井有り、貞観年中玉作坊を廃す、ここに置いて太府寺坊を賜う。（中略）先天中（七一二）廟を置き坊を廃す。

とあるように宮城内東南に置かれていた。隋唐の制に倣った律令国家が、都から遠隔の地に所在する伊勢神宮内宮を宗廟と考えたという点には疑問が残る。なお、この当時賢所は未だ存在していなかった。高取正男氏は中国の宗廟は、前堂と後堂からなり、前堂を廟、後堂を寝といった。寝には廟に祭る祖先が生前使用した衣服が納めてあったとされている。[注2] しかしながら、これは洵に不可思議な話で、高取氏は論攷の中で「神祇令」の『令義解』を、

伊勢神宮の祭なり、此れ神服部等、斎戒潔清し、参河赤引の神調糸を以て神衣を織作し、又麻績連等、麻を績み、以て敷和《うつはた》衣を織り、以て神明に供う。

と引用しておられるが、四月と九月に神服部氏と麻績氏が奉職したニギタエ・アラタエが奉納されているのである。決して祖先の生前の衣服ではない。こうした高取氏の矛盾の淵源は、吉野裕子氏の研究に遡る。[注3] 吉野氏は、『礼記』祭義二十四の、

古は天子諸侯必ず公桑蚕室あり、川に近づきて之をつくり、宮を築くこと仞有三尺、棘牆して之を外閉す。大昕の朝に及び、君皮弁素積して、三宮の夫人世婦の吉なる者を卜い、入りて蚕室に蚕せしむ。種を奉げて川に浴し、公桑をくわつみ、風戻して以て食う。歳既に単く。世婦蠶を卒え、繭を奉じて、以て君に示し、遂に繭を夫人に献ず。夫人曰く、此れ君の服をつくる所以かと。遂に副褘して之を受け、少牢によりて以て之を礼し、古の繭を献ずる者、其れ此にしたがい用うるか。良日に及びて、夫人いとくる。三たび手を盆にし、遂に三宮の夫人世婦の吉なるものをつらねていとくらしむ。遂に之を朱緑にし、之を玄黄にし、以て黼

黻文章をなす。服すでになれば、君服して以て先王先公を祀る。敬の至りなり。

を引用し、君主は女官に奉蚕を命じ、繭ができあがると君主の妻女が糸をくくる。その糸で祭服を作成し、君主は祭服を着て先王先公を祭った、という記事である。神衣祭には神宮の神部である神服部氏の氏女と麻績氏の氏女は関与するが、天皇の祭服を奉織した事実はない。神衣祭が宗廟祭祀であるという視点は、女性がニギタエ・アラタエの奉織に関わったという点からの憶測に過ぎない。この他吉野氏は、『漢書』五行志の、

凌室は飲食を供養する所以なり、織室は宗廟の衣服を奉る所以なり、春秋の御廩と同義なり。

から織室は御廩に比肩するものと推断されている。しかしながら中国ではそうかもしれないが、伊勢神宮の場合は異なる。内宮東宝殿にしろ外宮東宝殿にしろ、その御扉が開扉されるのは、神衣祭の時だけではなかった。もちろん外宮では神衣祭が執行されていなかったが。

さて、『皇太神宮儀式帳』と「延喜伊勢大神宮式」には、式次第や献物についてやや詳しい記述があるが、不可解なことに三河国供進の赤引糸に関する記述は見られない。

『皇太神宮儀式帳』四月条には、神服部氏も、神麻績氏も男性の行事の参加は見られない。

十四日に神服織神麻績神部等造り奉る大神御服供奉時に、玉串行事、大神宮司幷禰宜、宇治内人等が行事は、二月月次駅使告刀と同じ。但神服織織女八人、神麻績織女八人、已上女人は明衣を着し、皆悉く玉串給う、即行列して参入、即宮司の常例の告刀申畢りて、即ち持参入し、東宝殿に奉上、罷出訖坐に就きて拝奉、二月行事に同じ、荒祭宮御衣奉行事、二月駅使時の行事と同じ、

とあるのみである。一方、「延喜伊勢大神宮式」四月・九月神衣祭条にも、

大神宮、和妙衣廿四疋、〈八疋広一尺五寸、八疋広一尺二寸、八疋広一尺、並長四丈、〉髻糸、頸玉、手玉、足玉緒、佇襪緒等糸各十六条、縫糸六十四条、〈各長五尺、〉長刀子一枚、短刀子、錐、針、鉾鋒各十六枚、著糸玉串二枚、韓櫃二合、〈一合衣、盛合盛金物、〉筥一合、〈盛糸幷雑緒、〉荒妙衣八十疋、〈四十疋広一尺六寸、四十疋広一尺、並長四丈、〉刀子、針各廿枚、韓櫃一合、〈盛衣幷刀子、〉（中略）右和妙衣は服部氏、荒妙衣者は麻績氏、各自ら潔斎し、祭月一日より始じめ、織り造くれ、十四日に至りて供祭、其儀、大神宮司、禰宜、内人等服織女八人を率い、並明衣を着し、各玉串を執り、御衣の後ろに陳列して入り、大神宮司祝詞を宣り訖らば、共再拝両段、短拍手両段、膝退再拝両段、短拍手両段、一拝訖りて退出せよ。即荒祭宮に詣いれ、御衣を供えること、大神宮儀のごとし、但再拝両段、短拍手両段退出せよ。

とあるばかりである。

ちなみに、時代は三河国の赤引糸が用いられたとする神服部連公道尚の解状が奉られた嘉応二年（一一七〇）より更に降るが、鎌倉時代初頭建久三年（一一九二）に成立した『皇太神宮年中行事』四月条十四日条にも、「同日神衣神事勤行次第」があり、

神服・神麻続両織殿神部織子人面等御衣御唐櫃各二合相具して参宮、（中略）又両織殿神部人面織子等石橋ヲ隔テ左右ニ列立す、〈左服方、右麻続方、〉

と、見える。女性の織子の他、人面という男性神部の参加と、それらが「令釈」と同じように列立したことはわかるが、三河国赤引糸のことは見えない。

あらためて、神衣祭の献納物の出所や奉献の式次第を、『令義解』・『令集解』所引「令釈」と『皇太神宮儀式帳』および「延喜伊勢大神宮式」と比較してみよう。

○『皇太神宮儀式帳』から約二十年降る『令義解』は、『令集解』所引の「令釈」の説を検証することもなく踏襲し、和衣を三河国赤引糸で神服部氏が奉職し、荒衣は麻績氏が麻を績いで奉職したと見える。一方『皇太神宮儀式帳』と「延喜伊勢大神宮式」には、和衣の奉織材料として三河国赤引糸に関する記述もなく、荒妙衣に関する麻績氏が麻を績いで奉職したという記述も見られない。

○「令釈」では祭の日に臨んで「神服部右に在り、麻績左に在る也」と男性の神服部氏と同じく男性の麻績氏が行列を組んで臨んだとある。しかしながら『皇太神宮儀式帳』と「延喜伊勢大神宮式」には男性の神服部氏や麻績氏の参加は見られず、「神服織織女八人、神麻績織女八人」（『皇太神宮儀式帳』）や「服織女八人」（「延喜伊勢大神宮式」）と女性の奉織者の参加が確認できるのみである。

○「令釈」は延暦六年から十年もしくは十二年の間に編纂されたとされ、『皇太神宮儀式帳』は延暦二十三年に成立している。それぞれの成立時期が近いことから、両書の相違は、中央法曹官人の見解と、伊勢神宮での実際の祭祀の相違ということになろう。

さて、江戸時代の神宮学者中川経雅は、『大神宮儀式解』第二十四「年中行事幷月記事」四月例十四日神衣供奉条（『増補大神宮叢書』6、二〇〇六年）で、『令義解』及び「令釈」の記述、また嘉応二年の神服連道尚等の解状に信を置き、

考に、仁寿元年紀、十月乙巳、三河国赤孫神等十一神並授従五位下、神名帳、三河国宝飫郡赤日子神社、和名抄、三河国宝飫郡赤孫、〈安加比古、〉とあり。社も此辺に有べし。今右の社同郡上郷村に在れば、此辺の

古名を赤日子といひし歟。さて、赤日子は赤引の転語歟。

と、神名帳の三河国宝飫郡赤日子神社から貢納された赤引糸で神衣祭の和衣は奉織されたと考証している。

なお、薗田守良も、その著『新釈令義解』（『神道大系』古典編「律・令」九、一九八七年）で、

また延暦内宮儀式帳〈御調荷前供奉行事〉に赤引生糸四十斤、神郡度会郡調先糸と記して参河国より奉ることは見えず、熟々考ふるに神名式云、同国宝飫郡赤孫神社、和名抄に同郡赤孫〈安加比古〉とあり、（中略）こは令後のことにて、此選者の頃は此国より服料に奉る事を聞き伝えて説ならむか、〈きわやかに参河国より奉ると記せしも誤れるとは聞こえず、〉

と、「延暦内宮儀式帳」に触目できないことを訝りながらも、『令義解』に明記されていることから、経雅と同様の見解を述べている。

鈴木重胤も『延喜式祝詞講義』（国書刊行会、一九八七年）で、嘉応二年の神服連公道尚等の解状等を根拠に神服氏の出自を考察し、赤引糸を貢進した神服部社は三河国宝飯郡ではないが、八名郡の服部社と考証しており、更に『中臣寿詞講義』（国書刊行会、一九九〇年）の中で、「践祚大嘗祭式」を考察し、

参河国神戸とは、服部神社の神戸なり、和名抄同国八名郡服部〈波止利〉と有る是なる可し、

とし、更に注記で、

神祇令孟夏神衣祭義解に、謂伊勢神宮祭也、此神服部等斎戒潔清、以参河国赤引糸織作神衣と有るが如く、神宮の神衣祭神御衣共に彼国より奉る古例なるなり、

と、大嘗祭と神衣祭には参河国赤引糸が使用されたとしている。

また、栗田寛は『職官考』の中（『職官考上古篇』山一書房、一九四四年）で、

神服ハ神衣ヲ織ルノ義ナリ、姓氏録ニ、服部連天御中主命十一世ノ後也トミユ、神服氏モ同祖ナルコトハ、神宮雑例集ニノスル神部神服連ノ嘉応二年解状ニ、於神衣勤者、掛畏天照坐皇大神御座天ノ原之時以神部等ガ遠祖天御桙命為司以八千々姫為織女奉織之間、御垂迹之後、于今其勤誠以厳重無双也、トアルニテ著ク、此氏ノ後世マデモアリテ、神服社ノ神主ガ参河ノ神服部等ニ織ラシメシコトハ、（中略）大嘗祭式ニ、九月上旬に神祇官神服社神主一人を差し、駅鈴一口を給い、参河国に遣し、神戸を招集シ、神服織る長二人、織女六人、工手二人訖らば、長以下十人を率い、将当国神服部所輸調絲十絇帰向京斎場、先祭織屋、然後始織トアリ、

と、神宮への三河国赤引糸の貢納を嘉応二年の神服部氏の解状の内容に由来するとしている。神服社の神主である神服氏が後世までも存在し、参河の神服部に赤引糸を織らしめたと理解しており、さらに伊勢国の神服部氏が大嘗祭にも関与したとも解釈される論を展開している。

さて、右研究は何れも『令義解』及び「令釈」や嘉応二年の神服部連公道尚等の解状を根拠としている。近年の研究でも、高森明勅氏が大宝二年（七〇二）八月癸亥の勅によって、三河国渥美神戸が赤引糸を貢献するという制度が整えられたと推考している。

しかしながら、こうした三河国赤引糸の神宮への貢納は、「令釈」・『令義解』にのみ見られるもので、神宮関係の確実な史料には見出すことはできない。それも、前述のように「令釈」と『皇太神宮儀式帳』の成立時期が近いにもかかわらずである。

一方こうした三河国赤引糸の貢納を前提としない、前述のように薗田守良も多少言及しているが、『皇太神宮儀式帳』・「延喜伊勢大神宮式」の和衣・荒衣織奉の記述を採用する立場から、注目すべき見解を提示しているも

のに熊田亮介氏の研究がある。熊田氏によれば「延喜伊勢大神宮式」四月・九月神衣祭条に続く、

服部等二時神衣造る機殿祭幷びに雑用の料

糸一百絇、（料物略）

麻績等機殿祭幷雑用料

麻卅𩮗、（料物略）

右、神衣織造るに須いる雑物は、皆以服織戸廿二烟、麻績戸廿二烟の調庸及び租を以て、各便ち分かち充てよ、大神宮司検校し、若輸すところ余りあれば、帳に附し申上せよ、損戸あるがごときは、大神宮司量りて充てよ。

とある「服部等造二時神衣機殿祭幷雑用料」の中の「糸一百絇」が和衣の料、麻績等機殿祭幷雑用料の「麻卅𩮗」が同じく荒衣の料の可能性が高い、という。卓見と言えよう。大神宮司が検校し、輸するところに余りがあれば公文に記して神祇官に報告されている点からも、神祇官が執行する国家祭祀に相応しいといえよう。その料物は服織戸・麻績戸の調庸・租を当てるとしており、三河国赤引糸は用いられていなかったのである。注4

三　東宝殿の御扉開扉

さて、このように、その祭祀構造から、吉野氏や高取氏のように神衣祭を宗廟祭祀とは認められないが、東宝殿の開扉が神衣祭に限ったものではなく、月次祭や神嘗祭にも行われていた点も宗廟祭祀ではなかった証左と考えられる。それも内宮だけではなく外宮でも執行されていた事実は無視できないのではなかろうか。「儀式帳」

内宮職掌雑人条の禰宜条項には、

又毎年六月の祭りに己が家に養蚕の糸一絢捧げ持ちて祭りの日に告刀申して、祈年の御調たてまつり、毎年九月に、己が家の養蚕赤引き生施糸九絢織りたてまつり、大神の御衣に供奉。

とあり、年中行事幷月記月次祭条には、

やがて禰宜御鎰をたまわり、大物忌を先に立て率立て、内院に参入。次に大神宮司、次に大内人等明曳きの御調の糸参入。さて大物忌の父は東宝殿を開きて御調糸進り入れおわんぬ。

とある。つまり、大物忌の父は自ら養蚕し赤引きの糸を奉織し、東宝殿に六月月次祭に奉納していたのである。一方九月神嘗祭には朝廷より奉献された馬具と在地神職により奉織された御糸が東宝殿に奉納された。こうした儀式を行う東宝殿を、はたして宗廟の寝と考えてよいものであろうか。一応次に外宮の場合を見てみたい。

「豊受宮儀式帳」三節祭等幷年中行事月記事六月月次祭条には、

すなわち禰宜たちて御鎰たまわりて、大物忌を先に率立て、内院に参入。次に大神宮司、次に大内人三人明曳きの御調の糸を持ち参入。さて、御門の内に跪き侍る。禰宜は東宝殿御調糸を進入員卅絢げんに廿八絢をたてまつる。高宮御料分二絢奉入畢りてすなわちまかり出。先ず大神宮司、次に禰宜、次に大内人等、さて本の版位につく。

とあるように、内宮と同様明曳きの糸が東宝殿に奉納されている。外宮は旧稿でも触れたように、その中心はあくまでも御饌殿であり、豊受宮社殿は、豊受大神の宿舎に過ぎないし、豊受大神は皇統には繋がらない。そうした外宮でも明曳き糸奉納行事が斎行されているということは、神衣祭が決して宗廟祭祀ではなかったということの証左となろう。中国の古代文献を日本の古代の習俗に軽々に利用するのは厳に慎まなければならない。[注5]

四　神衣祭は古来の神宮祭祀か

神衣祭こそ古来の神宮祭祀であり、両度月次祭や神嘗祭は新しいと考える研究もある。それは、菊地康明氏の研究である。[注6]氏は、

考古学上からみると、多気地域が先進的であり、度会地域の勢力は後期に入って多気地域の勢力を凌駕する勢を示したということが考えられるが、このような両地域の勢力関係は、今まで述べてきた神宮の祭りの歴史のなかに明白に読み取れるように思われる。それは最初多気地域に内宮をはじめ斎宮・神宮司が置かれていたのが、七世紀末から九世紀半ばにかけての間に徐々に度会地域に移ったことに現れている。この変化は度会地域の磯部氏の集団が多気地域の麻績・服部の集団に対する長い競合の結果獲たものであるが、同時に大和朝廷が伊勢を支配するにあたり、最初は多気の在地豪族の勢力を利用しながら、後しだいに新興の度会の勢力に乗り換えていったことの現れでもある。雄略一八年八月紀の伊勢の朝日郎の反乱伝承にもみられるように、伊勢の在地豪族は大和朝廷への抵抗の伝承も持っているが、磯部氏は大和朝廷に積極的に服属することによって在地豪族間の内部抗争に決定的勝利を得、神宮の下部祭祀機構を独占し、ついで荒木田・度会の同族間の抗争を展開したのである。多気の豪族である麻績・服部氏の神衣祭が、八世紀初めは律令国家の官社祭と並んで重視されていたのに、「皇太神宮儀式帳」や『延喜式』の段階になると祭りの位置が低下し、麻績・服部氏も神宮の神職集団の外に置かれてしまうのは、このような神宮の神職集団の内部勢力関係の結果と思うのである。

このように麻績・服部氏は在地権力を失っていったが、しかし八世紀中頃まで朝廷で重んじられたことは、『日本書紀』に崇神七年に伊勢麻績君らの託宣で神祭が行われたという伝承があり、六八四年（天武一三）の八色の姓制定の際、神服部連が宿禰姓を賜わり、六九八年（文武二）に無冠の麻績連豊足と同大贄、進広肆の服部連佐射と無冠の同功子が、それぞれ氏上・氏助という異例の任命を受けたことなどでも明らかである。この時期には前述のごとく神衣祭も重視されていた。

と指摘し、多気郡の豪族が凋落した結果、神衣祭も衰退したという。そして遷宮型をかえたと考察されている。

しかし、紡績具が遷宮に貢進されることは確かであるが、そこには神服部氏や麻績氏など多気郡の豪族は一切関与していない。むしろ紡績具は、朝廷より神宝として奉献されているのである。すなわち、神衣祭と遷宮祭は、その奉祀主体が異なり、神衣祭こそが元来の神宮祭祀と考える菊地氏の見解には無理があるように思われる。さて、「太政官式」には、

凡そ後宮幷びに女官の時服、及び飾り物の料物は、夏四月十日、冬十月十日、中務省官に申せ、廿日官符を大蔵省に下し、廿二日下せ。

とあるように、四月と十月は更衣の時期であった。神宮の神衣祭は九月十四日であり、確かに内外両宮の神嘗祭と日取りは接するが、神宮内宮での場合は神嘗祭の日取りに合わせて祭行されたためと考えた方がよいのではなかろうか。このことは、神衣祭に御饌も紡績具も進上されていない点からも明らかであろう。ここで朝廷の幣帛がどのように、神宮に貢進されるかを「両宮儀式帳」に見てみよう。

祈年祭には、二月十二日に幣帛使が参来し、幣帛使が参列しているにもかかわらず、内外両宮共に幣帛の貢進は確認されない。これは令制祈年祭が整備されても、弘仁六年（八一五）の祭主の成立を受け、同十一年の『弘仁

伊勢大神宮式』により祭主の祈年祭での祝詞奏上が開始されるまで、神宮祭祀の中に朝廷の祈年祭が組み込まれていなかったことを物語っている。月次祭では前に見たように東宝殿へ幣帛が奉上されており、神嘗祭には御衣と馬具が奉上されていた。神衣祭には幣帛使は、派遣されていなかったが、神服部・麻績氏によって奉織された和衣・荒妙は内宮東宝殿に奉上されていた。つまり、神嘗祭には、織物は内宮では基本的に東宝殿に、外宮では正殿にそれぞれ奉献されていたのである。六月月次祭や神嘗祭での在地神職の御糸や御衣奉納状況から考えても、神衣祭を神宮の古来の祭祀と考えるのは難しいと思われる。神宮祭祀（内宮）は基本的に三節祭、それも六月月次祭九月神嘗祭で完結していたのである。神部である神服部、麻績両氏による神衣祭は、その基層祭祀に律令国家が更衣祭として神衣祭を付加したものとは考えられないであろうか。

五　まとめ

これまで検討してきたことは、二点ある。神衣祭は宗廟祭祀として設定されたか、否か。また、神宮の元来の祭祀であったか、否か、である。紡績具が出土すると、つい七世紀の遺跡と判断しやすく、飲食を共にする祭祀と弁別してしまいがちであるが、笹生衛氏が指摘しているように、遺物の発掘状況などから、それらは同じく行われていたと考えた方がよかろう。[注7]神宮でも例幣と遷宮祭を書き分けており、遷宮祭は二十年に一度の大祭ではあるが、行事は一連のものとして執行されている。神衣祭を神宮元来の祭祀と考えるのは、かなり難しいと思われる。旧稿で私見として述べたように、

文武天皇二年（六九八）九月戊午朔、無冠麻績豊足を氏上となし、無冠大贄を助となす。進広肆服部連佐為を

氏上となし、無冠功子を助となす。

（『続日本紀』）

という記事が示唆しているように、大宝令成立に向けて、朝廷が主催する令制祭祀として成立したと考えた方がよいのではなかろうか。すなわち、両氏が朝廷より委託され、東宝殿への織物が奉上されていたことが、そのことを雄弁に物語っていると言えよう。また、同様に、東宝殿への奉上は、在地神職によって執行されていることを配慮すれば、大陸伝来の宗廟祭祀とは考えられないということとなろう。宗廟祭祀という用語は、中国の宗廟ではなく、皇室の祖神を奉祀する神宮への漢語的表現であったと考えた方が良いのではないかと思われる。実際、山部親王（桓武天皇）や安殿親王（平城天皇）が参宮されたのも中国的宗廟ではなく、漢語的に表現された神宮であったのではなかろうか。従って桓武朝に神宮が宗廟化したという見解は再考する必要があるのではなかろうか。

注

1 「神衣祭と大嘗祭のニギタエ・アラタエ」（拙稿『古代の天皇祭祀と神宮祭祀』二〇一七年、初出二〇一五年）。
2 高取正男『神道の成立』「第二編神仏隔離の論拠」（一九七九年）。
3 吉野裕子「続々伊勢神宮考――神衣祭と南斗、及びユキスキについて」（『民俗学研究』四一巻一号、一九七六年）。
4 注1拙稿。
5 「伊勢神宮内外両宮の祭祀構造再考」（拙稿『古代の天皇祭祀と神宮祭祀』二〇一七年、初出二〇一七年）。
6 菊地康明「農耕儀礼と生活」（『古代の地方史』第五巻、一九七七年）。
7 笹生衛「宗像沖ノ島祭祀遺跡における遺物相成と祭祀構造」（『日本古代の祭祀考古学』二〇一二年）。

天武朝前期における新嘗祭祀と伊勢斎王

岡田　荘司

はじめに

古代律令祭祀制の形成過程のなかで、天武朝から持統朝にかけて一代一度の践祚大嘗祭が成立していった。その初度の例は『日本書紀』によると、天武二年（六七三）と持統五年（六九一）十一月成立説があるが、後者の持統朝成立が有力である。[注1]本論では、天武朝前期に展開していった践祚大嘗祭以前の新嘗の事例について検討し、天武朝の律令祭祀制の形成過程のなかに位置づけていくことにしたい。[注2]

大嘗祭と新嘗の二祭祀に共通することは、天皇親祭であること。天皇が直接祭祀をすることができたのは、祭神・天照大神の一神のみであり、天武朝から祭神は一貫して天照大神であったと推定される。この天照大神の御杖代として、斎宮（以下、本稿では斎王が籠られた施設をさす）に遣わされたのが伊勢斎王であることから、伊勢斎王祭祀との関係性についても論及していくことにしたい。

以下、新嘗は天皇親祭の祭儀のこと、新嘗祭は律令恒例祭祀の神祇官班幣祭祀のことで、それぞれ区別した。

一　天武朝前期の新嘗祭祀

天武元年（六七二）六月丙戌（二十六日）、壬申の乱に挙兵した大海人皇子は伊勢国に入り、「旦に朝明郡の迹太川の辺に、天照大神を望拝みたまふ」（以下、特記しないかぎり『日本書紀』に基づく、また書き下し文に改めた）とある。『日本書紀』記述の根拠となる記録として、大海人軍に従軍した「安斗智徳日記」に、「廿六日辰時、明朝《（マヽ）》郡迹大川上に於いて、天照大神を拝礼す」（『釈日本紀』巻十五、「私記曰」所引）とあるので、伊勢の天照大神遥拝の史実は信憑性が高い。勝利をえた大海人皇子は、翌天武二年（六七三）二月癸未（二十七日）「天皇、有司に命せて壇場を設けて、飛鳥浄御原宮に即帝位す」と大和の飛鳥浄御原宮において即位される。

その一月半後の同年四月己巳（十四日）「大来皇女を天照大神宮に遣侍めむと欲し、泊瀬斎宮に居らしむ、是は先づ身を潔め、稍に神に近づく所なり」とあり、皇女を伊勢斎王に定め、翌三年十月乙酉（九日）「大来皇女、泊瀬斎宮より伊勢神宮に向でたまふ」とある。

践祚大嘗祭成立の前提になるのが、大化前代いらいの新嘗儀礼と天武朝前期に斎行された国郡卜定を伴う国家的な新嘗とである。後者の天武朝における規模を拡大した新嘗と、伊勢斎王祭祀の組織化、祭神天照大神を奉祀することとは連動していた。

『養老神祇令』に規定された恒例祭祀の仲冬条に「下卯大嘗祭」とあり、同じく大嘗条には「凡大嘗は、世毎に一年なるは、国司行事せよ、以外は、年毎に所司行事せよ」とある。これによれば、新嘗も大嘗祭と呼ばれており、『神祇令集解』仲冬条には「朱云」として「世毎の大嘗祭の年は、年毎の大嘗は祭るべからず」とあるように、一代一度大嘗祭が斎行されるときは毎年の新嘗は行われなかった。

天武紀・持統紀における「新嘗」と「大嘗」との記事は、以下のとおりである。

[一] 天武二年十二月丙戌（五日）「大嘗に侍奉れる中臣・忌部、及び神官人等、幷せて播磨・丹波二国の郡司、亦以下の人夫等に悉に禄賜ふ、因りて郡司等に各爵一級を賜ふ」

[二] 天武五年九月丙戌（二一日）「神官奏して曰さく、新嘗の為に国郡を卜はしむ、斎忌 斎忌、此には踰既と云ふ、尾張国山田郡、次 次、此には須岐と云ふ、丹波国訶沙郡、並に卜に食へり」

天武五年十一月乙丑（一日）「新嘗の事を以て、告朔せず」

[三] 天武六年十一月己卯（二一日）「新嘗」

天武六年十一月辛巳（二三日）「百寮の諸有位人等に食を賜ふ」

天武六年十一月乙酉（二七日）「新嘗に侍奉りし神官及国司等に禄を賜ふ」

[四] 持統五年十一月戊辰（一日）「大嘗、神祇伯中臣朝臣大島、天神寿詞を読む」

持統五年十一月壬辰（二五日）「公卿に衾を賜ふ」

持統五年十一月乙未（二八日）「公卿以下、主典に至るまでに饗へたまふ、幷せて絹等を賜ふこと、各差あり」

持統五年十一月丁酉（三十日）「神祇官の長上以下、神部等に至るまで、及供奉れる播磨・因幡国郡司以下、百姓男女に至るまで、幷せて絹等を賜ふこと、各差あり」

右の十項が天武・持統朝おける新嘗儀礼と大嘗祭との、記述のすべてである。

天武朝最初と持統朝最初の［一］［四］は「大嘗」、天武朝の［二］［三］は「新嘗」とあり、践祚大嘗祭と毎年新嘗とが区別されて記載されているようであるが、これはのち書紀編纂時に区別した反映とみられる。以後『続日本紀』では、基本的に大嘗祭とその賜禄の記事は掲載されるが、恒例の新嘗については限定され、諒闇のため親祭が中止となり、神祇官が担当した異例の二例（天平勝宝八年・延暦九年）が、とくに記される。

つぎに、天武朝の三例には、共通して「神官」が見える。「神官」は神祇官の先行官司であり、西宮秀紀氏が指摘されているとおり、天武朝から新たに規模を拡大した祭儀執行の機関として設置されたとみられる。[注3]持統三年（六八九）六月には「飛鳥浄御原令」が班賜され、八月に百官が神祇官に集まり、「天神地祇」の事を奉宣した。ここに「神祇令」祭祀の大枠が確定し、この時期から「天神地祇」の語が用いられ、神祇の二字を引いて「神祇官」と公称することになった。

天武朝前期の新嘗は、のちの践祚大嘗祭と共通する国郡卜定を伴った。［一］は播磨・丹波二国の郡（評）司に賜禄があり、［二］でも、尾張・丹波の国郡卜定、［三］にも国司らへの賜禄記事がある。天武朝の二年と五・六年、三度の祭儀は、ともに国郡卜定が行われていたと推定され、［一］［二］は畿外の二国の郡であることから、天武朝前期の祭儀には、毎年の新嘗にも、畿外の国郡卜定が行われる規模を拡大した形態が開始されている。［四］は、持統朝の践祚大嘗祭にあたり、歴代天皇大嘗祭の初出記録とみられる。ただし、この日時について、十一月戊辰の一日に大嘗と天神寿詞奏上が行われていることは不審である。大嘗は十一月壬辰二五日に賜禄とともに辰日節会行事が行われたと推定できるので、その前日、辛卯二四日が「大嘗」の当日であり、[注4]この日に、即位儀に行われた中臣氏の天神寿詞奏上が、大嘗においても行われたことになる。

［一］は「二国の郡司」と郡司「以下の人夫等」に賜禄があり、郡司（大領・少領）らに爵位が与えられた。［二］では新嘗の夕膳・朝膳にあたる供えが、ユキ・スキにあたり、ユキは斎忌、スキは次の意味で、ともに浄化、清浄、斎戒を重視していたことが理解できる。のちに践祚大嘗祭において呼称されるユキ・スキが天武五年の新嘗で確認できることは、ここに畿外斎郡の動員態勢が整えられ、大嘗祭の祭祀体系の原形が確立していたことになる。

のちの和銅元年（七〇八）元明天皇の大嘗祭には「神祇官及び遠江・但馬二国郡司、幷国人男女惣一千八百五十四人」（『続日本紀』）に叙位・賜禄が行われているのも、二国郡内の千数百人の動員があり、その規模の大きさが理解できる。

悠紀・主基の国郡卜定は、【天武二】播磨・丹波（西・西）、【天武五】尾張・丹波（東・西）についで、践祚大嘗祭では、【持統】播磨・因幡（西・西）、【文武】尾張・美濃（東・東）、【元明】遠江・但馬（東・西）、【元正】遠江・但馬（東・西）、【聖武】備前・播磨（西・西）、【孝謙】因幡・美濃（西・東）、【淳仁】丹波・播磨（西・西）、【称徳】美濃・越前（東・東）、【光仁】三河・因幡（東・西）などの国々が確認できる。[注5]

光仁天皇大嘗祭から以後は、畿内の東（東海・東山・北陸道）が悠紀国、畿内の西（山陰・山陽道）が主基国となり、宇多天皇大嘗祭以後、悠紀国は近江国に固定化され、円融天皇大嘗祭から明治前の孝明天皇大嘗祭まで、悠紀は近江国、主基は丹波国または備中国に定められ、郡が卜定された。平安京に遷都ののちは、宮都の東に悠紀国、西に主基国の定位置が確定した。それ以前は西・西が三例、東・東が二例あり、卜定の選定国は地域が偏っていることもあった。

以上の、天武朝前期における新嘗儀礼と伊勢神宮及び律令祭祀制関連事項を、『日本書紀』に基づいて作成すると、以下のとおりになる。

天武二年二月、天武天皇即位
四月、大来皇女、「天照大神宮」に遣わすため、「泊瀬斎宮」に入る
十一月、国郡卜定をともなう「大嘗」（十二月の［二］記事より推定）
天武三年三月、対馬国から銀を採掘、「諸神祇に奉る」
八月、忍壁皇子を石上神宮に遣わし、「神宝」を磨く、「勅して、元来諸家の神府に貯める宝物、今し皆其の子孫に還せ」
十月、大来皇女、「泊瀬斎宮」より伊勢神宮へ向かう
天武四年一月、諸社に祭幣をたてまつる（祈年祭の初出か）
二月、十市皇女（天武皇女）・阿閉皇女（天智皇女、草壁妃）、伊勢神宮に参詣
三月、土左大神、神刀を天皇に進献
四月、龍田風神祭・広瀬大忌祭（初見）
天武五年四月、龍田風神祭・広瀬大忌祭
是夏、「大旱、使を四方に遣し、幣帛を捧げて、諸神祇に祈らしむ」、また僧尼をして三宝に祈る（神仏併存の初出）、効験なし
七月、龍田風神祭・広瀬大忌祭　（七月の初見）
八月、四方（諸国）に大解除（大祓）、同日諸国に命じて放生

十月、「幣帛を相新嘗の諸神祇に祭る」（相嘗祭の初見）
十一月、国郡卜定をともなう「新嘗」（九月の［二］記事より推定）
天武六年五月、勅して「天社・地社」の神税のうち、三分の一は神のため、三分の二は神主に給与すること
七月、龍田風神祭・広瀬大忌祭
十一月、「新嘗」（［三］）
天武七年是春、「天神地祇」を祭るため、天下祓禊、倉梯の「斎宮」を建てる
四月、十市皇女、薨去のため、倉梯の「斎宮」への行幸中止、天武天皇による直轄の「天神地祇」祭祀は行われず

天武朝に入ると、「飛鳥浄御原令」に組み込まれる律令祭祀体系の前史が形成されていく。その基幹とされた祭祀制が二月祈年祭班幣祭祀である。天武四年（六七五）正月、諸社に「祭幣」が奉られ、また同年二月成立（『年中行事秘抄』所引の「官史記」）などが、祈年祭班幣の初例とみられている。祈年祭は稲作の豊穣を祈念する予祝儀礼であり、神祇官における中臣氏の祝詞宣読と忌部氏の幣帛準備と班幣の儀式によって完結していた。[注6]

古代から明治初期まで、天皇祭祀と地域の神社祭祀とは祭祀権の二重構造になっており、個別の神社祭祀と国家・天皇祭祀とは不可侵の関係が保たれてきた。唯一、天皇親祭が完結できたのは、天照大神祭祀のみであった。天武朝祭祀制では、班幣祭祀と天皇親祭祭祀とが組み立てられ、律令神祇祭祀の基幹体系として確立した。

さらに律令祭祀の淵源としては、つづいて同四年四月の大和国内における風水害防止と農耕生産祈願である龍田神社の風神祭、広瀬神社の大忌祭がはじまる。、翌五年四月にも恒例化するとともに、その夏は旱魃がつづい

たため、七月にも行われ、毎年四月・七月恒例の「神祇令」祭祀に組み入れられる。また、同年の新嘗祭儀に先立って、律令祭祀恒例の相嘗祭の始原とみるれる記事が、十月丁酉（三日）「幣帛を相新嘗の諸神祇に祭る」とあるのも、天武朝前期の祭祀制形成における特記事項といえる。

［一二］天武五年の新嘗でも、国郡卜定を行う大規模の祭儀が行われた。この年八月辛亥（十六日）、長期につづく旱魃をおさめるために、「詔して曰はく、四方に大解除せむ、用物は則ち国別に国造輸せ、祓柱は馬一匹・布一常、以外は郡司、各刀一口・鹿皮一張・钁一口・刀子一口・鎌一口・矢一具・稲一束、且戸毎に麻一条」と、諸国大祓が行われた。この記述に基いて、諸国大祓の規定は「飛鳥浄御原令」に組み込まれ、「大宝令」を経て『養老神祇令』諸国大祓条に定められた。のちの『儀式』巻二、『延喜践祚大嘗祭式』において、大嘗祭に先立って八月上旬、大祓使発遣が規定されているが、その淵源は、八月実施の時期からみても、天武五年の拡大された新嘗祭儀の整備が契機となっている。[注7]諸国大祓の成立について、国造・郡司（評督ら）が深く関与していることと、新嘗斎田の耕作が郡司以下の斎郡によって編成されていることとも関連してくることであった。

天皇親祭としての国家的新嘗祭祀は、右のとおり天武朝前期に確立した。天武天皇はさらに天武七年（六七八）「是春、天神地祇を祠らむとして、天下に悉に祓禊す、斎宮を倉梯の河上に竪つ」とあり、同七年四月丁亥（一日）「斎宮に幸さむと欲しトふ」、四月癸巳（七日）には「卜に食へり、仍りて平旦時を取りて警蹕既に動き、百寮列をなし、乗輿蓋を命して、未だ出行すに及らざるに、十市皇女、卒然に病発り、宮中に薨ります、此に由りて鹵簿既に停りて幸行しますことを得ず、遂に神祇を祭りたまはず」とある。天神地祇（この名称は「飛鳥浄御原令」において初めて公称される）を祀るため、斎宮（倉梯川の川上＝奈良県桜井市）が造られ、斎宮行幸の日が卜定された。その七日、行列が出発したところで、十市皇女が宮中で亡くなり、祭祀は中止となった。七日後、皇女の葬儀に天皇は臨席する。十市皇女（天武の子、大友皇子の室）は阿閇皇女（天智の子、草壁皇子妃、のちの元明天皇）とともに三年前に伊勢神宮に参詣されている。佐々田悠氏は、天神地祇を祭祀する天皇親祭の計画が頓挫したことを指摘されている。[注8]

その前年、天武六年五月己丑（二八日）、勅して、「天社・地社」の神税分配が定められた。「飛鳥浄御原令」（持統三年班賜）に規定された「天神地祇」の称の前身は、この「天社・地（国）社」の神に当たり、これがその初出であることから、天武七年「天社・地（国）社」の神へ、天皇親祭が計画されたものであろう。これは天智朝の九年（六七〇）に開始される班幣祭祀（祈年祭班幣の前身儀礼か）[注9]から、天武朝に入り天皇親祭へと格上げを意図したものであったが頓挫した。以後、「天社・地（国）社」→「天神・地祇」への直接の天皇親祭は、天皇祭祀権と地域祭祀権との不可侵の関係を維持していくことで、その超越行為は制限された。[注10]中世になると大嘗祭において、天神地祇を加えた「伊勢五十鈴河上に坐します天照大神、又天神地祇諸神明」（後鳥羽上皇宸記『大嘗会神饌秘記』〈『神道大系・践祚大嘗祭』所収〉）祭祀が行われ、そして最終的には、近代明治の祭祀制による宮中神殿と地方官祭祀によって、天武天皇が成し遂げられなかった天神地祇直轄祭祀が確立することになる。

二　令制前新嘗と「倭の屯田」

大嘗のもとになる令制前の新嘗は、天皇祭祀にのみ限定されたものではなかった。皇極元年（六四二）十一月には「天皇新嘗御す、是の日、皇子・大臣各自ら新嘗す」とあるのがそれで、皇子はじめ臣下においても行われていた。『常陸国風土記』筑波郡条と『万葉集』掲載の二首は、広く民間の新嘗を伝えている。

舒明天皇は舒明十年（六三八）十月から翌年一月まで有間温泉に滞在され、一月乙卯（十一）「新嘗」とあり、そのあとに「蓋し有間に幸せるに因りて、新嘗を闕せるか」と注記がある。書紀編纂者は、行幸のため、新嘗が延期されたものと推測する。八世紀初頭の新嘗が十一月卯日を祭祀日とする認識のもと記載されている。

新嘗を寿ぐ歌謡が『雄略記』に収められている。景行天皇の都宮「纒向日代宮は朝日の日照る宮、夕日の日駈ける宮」とあり、三輪山を背に、「爾比那閇夜」（新嘗屋）が建てられたことが、宮廷の寿歌となって語り継がれてきた。その都宮（纒向）から、そう遠くない場所に、祭祀と天皇供御用の稲を生産する「倭の屯田」が営まれていた。

近年、纒向遺跡の大型宮殿と推定される跡の隣から、稲と粟の実、鯛・鯖・鯵の骨と多量の桃の種が発見された。令制以前の新嘗は、稲・粟が供えられていたと推定され、のちの『延喜内膳司式』〈6〉（以下〈 〉の数字は延喜式の史料番号）によると、干鯛・干鯵が神今食・新嘗の祭料に用いられていて、その品目の共通性は注視してよい。

神社祭祀の淵源は、磐座祭祀・聖水信仰など、自然景観との関連が指摘されてきた。これらは四世紀後半・五世紀初頭以後、遺跡の発掘から祭祀の連続性が確認できる（宗像沖ノ島遺跡など[注11]）。一方、新嘗祭祀の源流は、磐座・神社祭祀とは異なり、大王・豪族の居館内神殿に発し、祖神祭祀が想定される。その祭祀の場は遮蔽施設、囲い状遺構を伴っている。この系譜のなかに、天皇新嘗祭祀が受け継がれた。三世紀の大和・纒向遺跡、四世紀の秋津遺跡などがそれである。祭祀の系譜の大きな二系統として、古く居館内神殿・新嘗祭祀の原形がはじまり、つづいて自然景観を背にした磐座・聖水祭祀から発した神社が成立していった。伊勢の神宮祭祀では、この二系統が合成された新たな祭祀形態を確定させ、皇祖神祭祀の宗廟としての地位を確立してゆく（本書第一章、笹生論文を参照）。

新嘗の始原は、神代紀の高天原における「天照大神、天狭田・長田を以て御田としたまふ」(『紀』第七段本文)とある神聖な御田に対して素戔嗚尊は乱暴を働き、「天照大神の新嘗きこしめさむとする時」に新宮の祭場を汚し祭儀を妨害された。天上の御田には、粟・稗・麦・豆をもって陸田種子とし、稲を水田種子とし、天邑君を定め、始めて天狭田・長田に殖えられた(『紀』第五段十一)。さらに天照大神は神勅を下され、葦原瑞穂国は皇御孫命の治める国であり、この地に「吾が高天原にきこしめす斎庭の穂を以て、亦吾が児にまかせまつるべし」(『紀』第九段二)と仰せ出されて御自ら営む御田の稲穂をくだされた。天照大神が直轄される天上の御田を地上に再現したのが「倭の屯田」である。

「倭の屯田」は「纏向玉城宮御宇」(垂仁天皇)の世に、「太子大足彦尊に科せて倭の屯田を定めしめたまふ、是の時に勅旨ありて、凡そ倭の屯田は、毎に御宇す帝皇の屯田なり、其れ帝皇の子と雖も、御宇すに非ずは掌ること得じ、とのたまひき」(『仁徳天皇即位前紀』)とあり、皇御孫命である天皇に付属する田であることを伝えている。それは皇子と雖も領有することはできない聖別された特別の田とされた。

律令制下において「倭の屯田」は、『養老田令』のなかに「凡そ畿内に官田置かむことは、大和、摂津に各卅町、河内、山背に各廿町」と規定され、「其れ田司は年別に相ひ替へ」ることになっていた。ここに記載する「官田」は、「大宝令」注釈書である「古記」(『令集解』所引)によると、「屯田」は「御田」と謂い、「供御の食料を造る田」とある。主に天皇供御のための田であり、「大宝令」では「倭の屯田」の名称を引く「屯田」と呼ばれていたことが判明する。注12

天平二年(七三〇)の年紀をもつ『大倭国正税帳』(『正倉院文書』)のなかで、十市郡・城下郡・添上郡の三郡には「屯田稲穀」の記載があることから、大和の屯田(官田)は、少なくとも三郡には置かれていた。このように奈良前期まで、大化前代に由来を持つ「屯田」の語が使われ、その所管は宮内省傘下となり、毎年交替した「屯司」も省所轄の諸司の伴部・使部がその役に仕えた。

この「倭の屯田」に系譜を引く官田の稲穀と粟は、十月になると宮内省管下の大炊寮に収納された。

[供御の稲粟]

・『延喜民部省式・上』〈141〉

「凡そ供御および中宮・東宮の季料の稲・粟・糯等は、みな省営田の穫るところを用ひよ、官符の到るを待ちて、畿内に仰せて進らしめよ、ただし粟は山城国進れ」

・『延喜宮内省式』〈53〉

「凡そ省営田の収納帳、官より省に下らば、すなはち大炊寮をして年中の供御の稲・糯・粟等の数を支度して省に申さしめよ、省すなはち官に申し、官、符を民部省に下し、充て奉れ、中宮・東宮もまた同じくせよ」

・『延喜大炊寮式』〈27〉

「凡そ供御の稲米・粟米は舂き備へて、日別に内膳司に送れ、中宮もまた同じくせよ、ただし東宮は主膳監に送れ」

・『延喜大炊寮式』〈28〉

「凡そ供御の料の稲・粟は、みな官田を用ひよ、中宮・東宮・斎宮もまた同じくせよ、ただし斎宮は在京の間、供へよ（後略）」

[神膳の稲粟]

・『延喜宮内省式』〈10〉

「凡そ新嘗祭に供するところの官田の稲および粟等は、毎年十月二日に、神祇祐・史各一人、卜部を率ゐ、省の丞・録各一人、史生を率ゐて、ともに大炊寮に向かひ、稲・粟を進るべき国郡を卜定せよ（後略）」

・『延喜大炊寮式』〈2〉
「六月神今食、稲八束、粟四束、官田の稲・粟を用ひ、舂き備へて神祇官に付けよ、新嘗もこれに准へよ、（後略）」
・『延喜大炊寮式』〈4〉
「鎮魂祭、東宮もまた同じくせよ」「神八座・大直神一座」「右、座別に米一升、官田の稲二束を用ひ、神祇官に付けよ」
・『延喜宮内省式』〈13〉
［神膳の白黒酒］
「凡そ新嘗の黒白酒を醸さんには、毎年九月二日に、省・神祇官とともに造酒司に赴き、酒稲を進るべき国郡をトへよ」とあり、「その料は官田の稲を用ひよ」とある。
・『延喜造酒司式』〈10〉
「新嘗会の白黒二酒料、官田二十束、畿内の進るところ、（後略）」

右によると、六月・十二月神今食と新嘗の稲粟、新嘗の白黒酒用の稲および鎮魂祭（稲のみ、粟なし）の祭祀用と天皇供御のための稲・粟は「官田を用ひよ」と規定され、中宮・東宮、伊勢斎王の在京期間中の食膳も同様の扱いをうけた。「倭の屯田」に系譜をもつ官田の稲を食することができたのは、天皇に準じた皇位継承予定者をはじめとする内廷の核として位置づけられる極めて限られた存在である。

新嘗の祭祀にあたって、その前々日、鎮魂祭の前日、中丑日に、供御用の官田（宮内省営田）の稲束数を奏上する政事向きの、宮内省「御宅田の稲数を奏す」儀式（『内裏式』『儀式』『年中行事御障子文』『延喜宮内省式』〈54〉）が執り行われた。直営田収穫報告の儀式をうけて、天皇新嘗が斎行される意味をもつことになり、この儀式は令制以前まで遡る可能性が高い。[注13]

大化前代の宮廷新嘗について、岡田精司氏は、地方豪族が采女の貢上をとおして「諸国の国魂の象徴ともいうべき聖なる御酒・御饌が供進され、服属の証しとしての寿歌も同時に奏される儀礼があった」とされ、「新嘗祭における地方豪族からの食物供献礼」の服属儀礼のあることを想定され、これを「ニイナメ＝ヲスクニ儀礼」と呼ばれた。[注14] その後の論考「大嘗祭の神事と饗宴」[注15]において、

新嘗の宴について考えると、新嘗の神饌・供御や豊明の宴に用いる米粟は、律令制下では宮内省官田の収穫が充てられる（宮内省式）のであるから、そこには少なくとも全国支配にかかわるような政治的な意味は考えられない。令制以前の新嘗には、大和の六御県などの直轄領の貢納物が充てられたとする推定（注・岡田莊司「大嘗・新嘗の祖型」『大嘗の祭り』一九九〇年）は正しいであろうから、律令以前にさかのぼってその性格は同様であろう。（中略）

かつて筆者は律令以前の宮廷新嘗は、地方豪族の服属儀礼＝ニヒナメ＝ヲスクニ儀礼を捧げる場であったことを考証した。右のように新嘗の神饌・供御が大嘗祭のそれとちがって直轄領からの貢納であったとすれば、その神事には服属儀礼的なものはなかったであろう。一方「雄略記」をはじめいくつかの伝承にみられる服属儀礼の反映は、いずれも饗宴の場におけるものである。すなわち、古い新嘗においては、卯日の神事には服属儀礼の要素は含まれず、豊明の宴の場において地方首長の服従の誓いがなされたのであろう。後の新嘗祭の卯日神事にも、服属儀礼的要素は認められない。

と述べて、神膳の稲は天皇直轄の屯田の収穫を充てているとした拙論[注16]を受け入れ、岡田中枢学説であるニヒナメ＝ヲスクニ儀礼論を撤回されたのであった。祭祀の服属的要素は祭儀の周縁部にあたる饗宴・芸能の部分に多く認められることは疑いない。

三　神社神郡と新嘗斎郡

神話に語られ、天下国土の領域統治に関係した神々、天神・国神は神郡神社に配置され、さらに天社・地（国）社に祀られた。[注17] 孝徳朝の大化五年（六四九）、伊勢度会・多気郡と常陸鹿島郡とに神郡（神評）が設定された（『皇太神宮儀式帳』『常陸国風土記』）。この時、伊勢・鹿島のほか、香取・安房・出雲・紀伊日前・筑前宗像の特定神社に八神郡が確定したと推定され、ついで全国的な郡（評）制が施行された。[注18] この時、出雲国意宇郡にも神郡が設けられたと推定されるが、同郡の設置については、説明が必要である。

斉明五年（六五九）是歳に、「出雲国造〈名を闕せり〉に命せて、厳神の宮を修めしむ。狐、於宇郡の役丁の執れる葛の末を噛断ちて去ぬ」とある。意宇郡は出雲国造（出雲臣）の盤踞地であり、同郡には、天神系の熊野坐神社が鎮座していることから、同社の創建説が有力であったが、旧稿において論究したように、国譲り神話における天神と大己貴神との巨大神殿造営の約束による出雲郡杵築大社の創建と見た方が妥当であろう。斉明朝廷の意向をうけた出雲国造は、意宇郡の神郡人を動員して、出雲郡に出向し、神殿創建に関わったということである。[注19] 杵築大社につづいて、天智朝には鹿島神宮の神殿が造営された。神殿造営は、国家的方針として、神郡設定と連動して進められたと考えられる。

以上の畿外八神郡の特定神社と畿内の大和飛鳥を守護した大神神社、難波宮に直結した摂津・住吉神社の祭神は、記紀神話の高天原・出雲神話（天神・国神の譲渡神話）に基づいて日本列島（葦原中国）に配置され、七世紀後半の祭祀制の東西基本軸（東西の伊勢大神宮・杵築大社と中央の大神神社）に据えられ体系化された。さらに東方には、東北経営のための、太平洋東海上ルート（伊勢大神宮と安房神社・香取神宮・鹿島神宮）、西方には、大陸との交流・防衛のための、瀬戸内海西海上ルート（住吉神社・日前国懸神社と宗像神社）とが組み込まれた。一方、神郡が置かれることがなかった北陸道の気比・気多も重要な日本海ルートであったことは確かであろう。

これらは河川交通と海上交通を活用した国家領域統治の三構成からなる。神話に基づいた天神・国神は、「顕斎」を具現化した天下世界に配置され、天武朝以降、畿内の神々を中心に、「天社・国（地）社」制を編成し、班幣祭祀を中核とした律令祭祀制が形成され、あわせて天皇親祭による畿外斎郡を設定した新嘗祭祀が成立した。

祈年祭は祝詞の分析によって、天智朝に淵源をもち天武朝に成立したと推定される。[注20] 伊勢大神宮と御県神・山口神・水分神とは、その時期に加えられたと考えられる。それ以前にある、大御巫・坐摩御巫・御門御巫・生島御巫の祀る皇神等に白す四種の祝詞は天皇宮殿の保全と天皇身体と御世の安泰を祈念する内容である。とくに神祇官八神殿に祀られてきた御巫祭神八座「神産日神・高御産日神・玉積産日神・生産日神・足産日神・大宮売神・御食津神・事代主神」（『延喜神名式・上』〈2〉）は、十一月新嘗前日の鎮魂祭において祀られる。[注21] また、『延喜四時祭式・下』〈48〉鎮魂祭には、「中宮はこれに准へ」とあり、天皇鎮魂祭とともに中宮鎮魂祭も行われた。東宮鎮魂祭は、皇位継承予定者の祭祀であるため寅日天皇・中宮鎮魂祭と切り離され、天皇新嘗を終えた巳日に行われた（『儀式』五、鎮魂祭儀）。また、中宮新嘗の存在は確認できるが、東宮新嘗の所見がないのは、天皇祭祀との関係から見て重視されるべきであろう。[注22]

天武十四年（六八五）十一月丙寅（二四日）、「是日、天皇の為に招魂しき」とある、新嘗前日にあたる寅日鎮魂祭の初見とみられる。また、大嘗祭斎郡の斎院に祀られる神八座（御膳神八座）には、「御歳神・高御魂神・庭高日神・大御食神・大宮女神・事代主神・阿須波神・波比伎神」（『延喜大嘗祭式』）とあり、神祇官御巫八神から傍線の四神が選ばれ、御歳神は、祈年祭の中心的穀物神、阿須波神・波比伎神は、孝徳朝難波宮に関連する坐摩御巫の祀る宮殿敷地神にあたる。これら御巫八神を天皇守護神に取り込んだ設定は、天武二年の新嘗祭祀の体系化に伴って合成され、大嘗祭御膳神八神も同時に組み合わされたものと考えられる。官田の収穫物である稲・粟は、のちの神今食・新嘗の神膳に供えられ、また天皇・中宮・東宮・斎王（在京中）の供御の食膳に用いられたが、さらに鎮魂祭には神祇官斎院において御巫が官田の稲を舂き炊飯した御飯は斎所（宮内省）に納められ、神前に供えられた（『延喜四時祭式・下』〈48〉）。鎮魂祭の神膳には粟は入らず、稲のみであることは注視される（『延喜大炊寮式』〈4〉）。

令制以前の新嘗儀礼は、天皇直営の「倭の屯田」（のちの宮内省官田）で生育した稲・粟を用いて祭祀が斎行されたが、天武朝に入ると畿外の公郡が「斎郡」（臨時の神郡[注23]）として奉仕する形式に改められた。天武二年（六七三）と同五年・六年の新嘗祭祀は、畿外の国郡を卜定する新しい祭祀形態が取り入れられた。天武朝前期の少なくとも複数回は畿外稲を用いた祭儀が執り行われた。畿内の直営田ではなく、畿外の郡が選定されたのは、孝徳朝の畿外神郡神社の祭祀体系を、新嘗の天皇祭祀制に組み入れたものであった。

・『儀式』巻二、践祚大嘗祭儀

「御田六段を卜定めよ、田を大田と称ひ、稲を撰子稲と称へ」「造酒童女一人　当郡の大少領の女の未だ嫁がざるを以ちて、卜食みて之に充てよ、神語に佐可都古といふ」

・『延喜践祚大嘗祭式』〈9〉

「凡そ抜穂の田は、国別に六段、百姓営るところの田を用ひよ、その代は正税を以て給へ」

国郡卜定した郡を「斎郡」（『延喜践祚大嘗祭式』〈9・10〉）といい、悠紀・主基の斎田二ヶ国には、百姓（公民）の営なむ田六段が卜食して充てられ、その収穫分については、正税から給される方式であった。その卜食田を「大田」（『儀式』巻二、大田の名称は、もともと王権に直結した田圃をさす。三輪山纏向地域に大田の地名があることは注視される）と称して、抜穂の儀など稲の取扱いには慎重を極め、稲穂を最初に刈る造酒児《さかつこ》は郡の大領・少領の未婚の童女が卜食で選ばれ、このほか稲実公らが従い、天皇の直営する御田を用いるという新嘗祭儀の本義からは大きく逸脱することになった。こうした祭祀制形成の背景には、孝徳・斉明・天智朝廷における天皇への祟りと神々の禍災を除去しようとする循環型祭祀機能の構築が起因していた[注24]。

斎田神事は、王権基礎の領域である畿内を出て、畿外の神郡編成と同意の臨時の斎郡・斎田を設定することで、天皇の統治と国家の領域支配を象徴的に儀礼化したものである。悠紀・主基の斎郡人が二千人近く上京して、大嘗祭の祭儀諸行事に参加し、賜禄をうけることで、服属・奉賛の体系が一時的に完成した。孝徳朝にはじまる畿内制と畿外[注25]との位置づけは、天武朝において天皇親祭と班幣祭祀体制のなかに組み込まれた。

ここで疑問点が一つある。『儀式』『延喜式』によれば、神今食・新嘗の神膳には、官田の稲・粟が供えられたが[注26]、のちの大嘗祭斎郡の大田から供えられたのは、稲のみで、粟の記述は一切なく、その存在は確認できない。民間の東国の新嘗では、「新粟の初嘗」（『常陸国風土記』）とあり、大化前代からの系譜をもつ新嘗は稲・粟祭祀が受け継がれた。粟の供膳がなお遺りつづけたのは、旱魃・風雨による自然災害を考慮したものと思われるが、大嘗祭に粟の供膳はなかったのか。

平安期の儀式書によると、「御飯筥」（『天仁大嘗会記』には「納窪手一口」とある）とあるのみで、「御飯」の中身までは記されていないが、保安四年（一一二三）『法性寺殿御次第』によると、米粥とともに粟粥が記述されている。鎌倉前期の記録『建保大祀神饌記』（『神道大系・践祚大嘗祭』所収）[注27]には、天皇の所作として御飯の筥をとり、窪手（柏の深鉢）二つに盛り付け、「一はいねの御はん、一はあはの御はん」と粟の御飯も盛られている。また、「次天皇、手をうち給事三度、そのはしをとりて御はんをきこしめすこと三度、いね・あはの御はん各三度ならは六度也」とあり、粟御飯の直会も記録されている。後鳥羽上皇宸記『大嘗会神饌秘記』によると、御飯は四坏であるが、諸家記録では皆二坏であるという。その二坏は米御飯であり、「実ハ米二坏・粟二坏也、是秘事也」とある。粟御飯の供膳は秘事とされており、刀自采女はこの秘事を知っているが、他の者は知るところがなかったという。

古く新嘗では、「倭の屯田」に系譜を引く官田稲と粟が供膳されてきたが、天武朝前期の新嘗と持統朝以降の大嘗祭には、畿外の郡卜定で稲が納められ、国家的祭祀の本質は稲の祭祀が中心であった。ここに、稲御飯に加えて、古くからの系譜をもつ粟御飯の供膳が、新たに平安後期から始まったのか。あるいは、もともと畿外の大田の稲御飯に加えて、毎年官田から収穫され、天皇の供御にも使われた粟御飯が「秘事」として、二系統で供給されてきたのか、この点は不詳であるが、ただし、天皇祭祀の最大の「秘事」として粟御飯の祭祀が伝来してきたことを考えると、稲御飯に加えて粟御飯も、早い時期から供膳されていたのであろう。天上の神話に基づき、内々に粟御飯が加えられてきたことから、これが「秘事」とされてきた。

天武朝前期において、令制以前の稲と粟の新嘗は、一時的に中断した可能性はある。伊勢神宮祭祀は、古今一貫して稲の祭りであり、粟は『延暦儀式帳』をはじめ現代の祭式まで確認することはできない。天武朝前期における天照大神一神への新嘗と持統朝以降の大嘗祭では、服属・奉賛を意味した畿外稲が用意され、伊勢神宮祭祀と同じく、稲のみの祭りが一時的に行われていたのか。先述の天武朝に成立が確認できる鎮魂祭には、神前に官田の稲が供えられたが、粟は用いられていないことも、稲祭りに切り替えられたことと関連していよう。

四　伊勢斎王祭祀と在地性

伊勢の神宮は天皇祭祀の最高峰に位置した神社である。その祭祀には、中央から王・中臣・忌部らの編成による天皇の奉幣使が遣わされることを慣例としたが、これに加えて、天皇の皇女（内親王）が神宮の近くに設けられた斎宮に遣わされ、厳しい斎戒生活を送り、年三度の祭祀（三節祭＝六・十二月の月次祭、九月の神嘗祭）に参向して、太玉串を捧げた。天皇の新嘗祭祀と神宮祭祀の間で遣わされた斎王をとおして、天武朝祭祀の特質を考察してみたい。

先述のとおり、天武二年（六七三）四月、大来皇女（天武皇女）は伊勢の「天照大神宮」に近づくために「泊瀬斎宮」[注28]に入られた。翌年十月、伊勢に向かい、父天皇が崩御後の朱鳥元年（六八六）十一月まで滞在し、十二歳から二十四歳まで、在任期間十二年で退下した。

天武朝前期は伊勢天照大神の神威が高められた時である。天武二年四月に神宮に赴くために「泊瀬斎宮」に入られたこと、その年十一月にユキ（斎忌）・スキ（次）の畿外稲による拡大された新嘗が行われていたことが推定され、このことから、その年の夏（四月〜）には、伊勢斎王による神宮祭祀と新たに天武二年に開始した新嘗祭祀とは、連繋した体系のもとに企画されたといえる。したがって、その秋九月までには、畿外稲の大田には播磨・丹波が卜定され、郡内人夫の具体的な動員態勢も整えられていったと考えられる。

斎王の神宮と斎宮における祭祀については、『延暦儀式帳』（とくに三節祭と皇大神宮遷宮への参向）と『延喜斎宮式』とに記載されているが、それ以前の天武朝前期の実態については不詳である。したがって、斎宮における斎王祭祀についての基本とその祭式は、古代における唯一の史料である『延喜斎宮式』に基づいて復原・考察していくほかはない。

斎王の卜定は、天皇即位後、「伊勢大神宮の斎王を定めよ、仍りて内親王の未だ嫁がざる者を簡びて卜せよ」（『延喜斎宮式』〈1〉）とあり、宮城内の初斎院で明年七月に至るまで斎戒をし、京の郊外に野宮を造営して、三年目の九月まで暮らし、伊勢斎宮へ向かう（『延喜斎宮式』〈3〉）。伊勢に赴くまでに、初斎院→野宮→伊勢斎宮の三階梯となっているが、大来皇女は即位後「泊瀬斎宮」に入られた。ここが野宮に当たり、のちの三階梯には至っていない。

在京中の斎王祭祀については、「京にありて潔斎すること三年、即ち朔日ごとに、木綿鬘を著けて、斎殿に参入り、大神を遥拝せよ、（略）但し九月、六月・十二月は参らず、十六・七日に至りて参入り、再拝両段、長拍手両段、斎王は手を拍たざれ、斎終るの後、すなはち伊勢大神宮へ向かへ」（『延喜斎宮式』〈45〉）とある。ここに京外の野宮における潔斎と「斎殿」における遥拝が規定されている。遥拝は毎月一日を原則としたが、六月・九月・十二月の一日に遥拝はなく、三節祭（月次祭・神嘗祭）の、外宮・内宮の祭日に遥拝が行われた。天武朝においても、「泊瀬斎宮」において斎王遥拝は行われたであろう。

伊勢に入ると斎王の神宮三節祭への参向と太玉串を奉ること、さらに斎宮内祭祀として、斎宮祈年祭・新嘗祭と斎王新嘗とがある。

・『延喜斎宮式』〈61〉

「斎宮祈年祭神百十五座、

大社十七座、斎宮の内に在り、
大宮売神四座　御門神八座　御井神二座　卜庭神二座　地主神一座（座別略）
小社九十八座、多気・度会両郡に在す、（神社名・座別略）
右の祭は、二月四日供祭せよ、其れ六月・十二月の月次、鎮火、道饗、大殿、御贖、大祓、ならびに朔日の忌火・庭火等の祭の供神の雑物および明衣・祝詞の料は、皆在京に准へよ、但し、月次祭には火雷神一座を加へよ」

・『延喜斎宮式』〈65〉
「新嘗祭神百十五座、大十七座、小九十八座、
右、祭に供ふる雑物はみな祈年に准へよ、ただし炊殿を鎮むる、ならびに忌火・庭火・大殿祭等は皆在京に准へよ」

右は祈年祭・新嘗祭班幣の管轄が中央神祇官であったように、斎宮祈年祭・新嘗祭は主神司が担当し、斎王が直接祭祀に関与することはなかった。[注29] 二月の農耕予祝の祈年祭は、中央神祇官、伊勢国司の班幣とともに、斎宮内において主神司が祀る大宮売神四座はじめ大社十七座と度会郡内の内宮・外宮・別宮（大社十四座）を除いた官社と多気郡官社あわせて小社九十八座が対象とされた。[注30] また、斎宮新嘗祭でも同じ神々が対象とされていた。斎宮班幣の対象となったのは、神郡である度会・多気二郡に限られている。これは孝徳朝に神郡に指定された区域の神々であり、地域支配のために神祇統制を確立しようとしたという見解もみられるが、[注31] 斎宮班幣の本義は皇祖神祭祀に不手際がないように、神宮・斎宮の根本域の神々を天皇から遣わされた斎王のもとで、斎宮主神司が神威の怒り災いを未然に消去しようという作法であった。神宮祭祀の国家的整備のなかで、斎宮における斎王・

主神司祭祀は天武朝から奈良初期までの間には、中央神祇官班幣祭祀の確立に呼応して成立していったものであろう。なお、「月次祭には火雷神一座を加へよ」とあるので、月次祭班幣も行われたのであろう。「火雷神一座」は斎宮膳部司に祀られていたもので、同神を加えて班幣数は百十六座であった。

斎王の祭祀では、三節祭にあたり神宮に参向し、第二御門にあたる内玉垣御門を入り、太玉串を命婦から物忌に渡され、正殿の入り口である瑞垣御門の西に立てた。瑞垣御門内の祭祀は、在地性の高い物忌が奉仕していることは注視してよい。斎王の祭祀としては、神宮参向途中の離宮院における十五日夜半の供膳・直会が重儀であった。

『延喜斎宮式』〈62〉によると、六月・九月・十二月の三節祭の神宮参向に際して、斎王は離宮に向かい、禊殿（＝離宮院の外院、祓殿院）に着くと、主神司の中臣が禊の作法を行う。その料物は大神宮司が用意した。このあと、「大神宮司、斎王の膳を奉り、兼ねて酒肴を勅使已下に賜へ、次に主神司、内院の大殿祭に供奉せよ、須ふるところの祭の物は神宮司儲けよ、然して後、斎王は内院に遷り、装束の雑具は一に禊殿に同じくせよ、夕膳を奉れ、神宮司、料物を以て所司に附けよ、ただし男女の官の供給は弁備して行なへ、十六日、朝饌の後に斎王、度会宮に参れ、（後略）」とある。斎王は禊祓のあと、神事の前後に宮殿を浄化する大殿祭を済ませた離宮内院に入り、その夜半に「夕膳」「朝饌」の供膳の作法が行われた。[注32]

この次第と照合できる記録、『太神宮諸雑事記』長元四年（一〇三一）六月条には、「斎王、亦例に依りて離宮に着かれて、十五日夜の大祓・直会、逗留無く勤仕し畢ぬ、而るに明くる十六日朝より、細雨蕭蕭たり、然れども、祭主・宮司・寮方、例に任せて豊受太神宮の御祭に供奉して、次第の神態・直会の間事無く了ぬ[注33]」とある。斎王新嘗のような寝具を用意した神座の室礼は確認できないので、内院から神宮へ遙拝の作法で供膳・直会が行われたと思われる。この時は十五日夜半の豊受大神の由貴大御饌の時間帯と同時刻であるが、離宮内院における祭神は天照大神一神を対象にしたものであろう。これら神宮への参拝作法と参向時における禊祓・大殿祭・供膳・直会の作法などは、天武朝まで遡る可能性は高い。

斎王祭祀最大の重儀は、斎王新嘗である。天照大神一神を対象とした斎王新嘗の祭祀の核心部分は開始されたと見てよいだろう。斎王新嘗も天武朝前期まで遡る可能性がある。

『延喜斎宮式』〈66〉の「新嘗に供ふる料、八男十女をトへよ」では、天皇新嘗と同様の蝦鰭槽二口、多志良加四口など祭具と「払の細布一丈二尺、筥一合、白端の帖十二枚、短帖八枚、坂枕二枚、折薦の帖二枚、已上、寮充てよ、右、掃部の請ふところ」と寝座（神座）の設らい（室礼）が記載されている。これは在京中の斎王新嘗（『延喜斎宮式』〈30〉「新嘗に供ふる料」）とも一致する。[注34]

天皇新嘗と斎王新嘗とは、同時刻に、類似した室礼を設け、供膳も稲粟を用いるという、朝廷内と「神の朝廷」との一体の、天皇から特別に認められた祭祀である。

斎王の野宮における新嘗では、「米四斗、粟二斗」（『延喜斎宮式』〈30〉）が用意される。斎王の在京中は官田の収穫が供給され、新嘗祭祀にも、そこから収穫された米粟が供えられた。伊勢斎宮における斎王新嘗では、「新嘗に供ふる料」として「供料の米二斗、粥料の米二斗、粟二斗」が「当国充てよ」とあるので、伊勢国から用意され、主神司・膳部が請けとった。また、「稲八束、粟四束」は炊部に納められ、供膳に使用された（『延喜斎宮式』〈66〉）。伊勢国の供田は、多気郡に一町、度会郡に一町、ほかに外供田・懇田が存在した（『延喜斎宮式』〈77〉）。さらに調庸雑物として、伊勢国から糯米・小麦・大麦・大豆・小豆などとともに、粟三石六斗が納められた（『延喜斎宮式』〈78〉）。

伊勢の神宮祭祀では、粟祭りは皆無であり、稲祭りとしての独自性が強く確立されていた。これに対して、粟祭りを具備した天皇神今食・新嘗に直結していたのが斎王新嘗である。ただし、天皇新嘗では鎮魂祭を前提とした祭祀であったが、斎王新嘗は斎王鎮魂祭を伴わないので、あくまでも斎王新嘗は天皇新嘗に付随した祭祀であった。

伊勢斎王と同じ立場にあると考えられる賀茂斎院では、新嘗が行われていないことに対して、所功氏は「本質的にいえば、宮殿において天皇が親祭されることを、「神の朝廷」斎宮において「大神の御杖代」斎王が自ら行っておられた」ことについて、「三節祭参向奉仕にも優るとも劣らない重要な意味をもっている」[注35]と述べられた。首肯すべき見解である。天皇親祭の新嘗は天皇祭祀権の専権事項であったが、この新嘗祭祀を同日同時刻、独自に斎行することのできた唯一の存在が斎王であったことは重要である。

最後に、祭祀の在地性について論じてみたい。祭祀における地域性・在地性は重要な視点であり、地方・地域の神祇をはじめ、伊勢神宮も、在地性が重視された。歴史上、天皇祭祀権が地域・在地に切り込むことができなかったことは、最たる論点といえる。その在地性が否定されたのは、明治四年（一八七一）五月の社家による世襲制度の否定まで待たなければならない。しかし、現代においても、地域（氏子地区）では、神輿・山車の担ぎ手・引き手には、区域の限界があり、その在地性は今もなお、強く意識されている。

天皇直轄の祭祀の場である伊勢の神宮においても例外ではない。むしろ、他地域よりも土着性は強く、神郡などとの関係性は強固であった。

伊勢の度会・多気二神郡は、神郡内のほぼ全戸が神戸であったと推定されており、これは他の神郡とは異なることとされている。神郡の人々は、大化前代から神宮祭祀に携わり、祭料の貢納などに従事した。その神宮経済については、神郡に基盤があり、神郡人が祭祀集団を形成し、神宮へ奉仕の賦課対象とされ、御饌・御衣などを奉進しており、在地性の高さは際立っていた。[注36] 祭祀に預かった神職についても、在地性は高い。

・『延喜大神宮式』〈4〉

「凡そ二所大神宮の禰宜・大小内人・物忌・諸別宮の内人・物忌らは、みな度会郡の人を任ぜよ、ただし、伊雑宮の内人二人・物忌・父らは志摩国の神戸の人を任ぜよ」

また、律令祭祀制下において各神祇に仕える官社の祝部の選任は、国司が神戸の中から選び、神戸人が無いときは地元の庶人から選び、太政官に報告することになっていた。ここでも強い在地性が意識されていた（『職員令義解』神祇官条）。

斎宮と神祇官には戸座と呼ばれる特殊な祭祀供奉者が存在した。[注37] 神祇官の戸座は、七歳以上の童男が卜定で選ばれた（『延喜臨時祭式』〈46〉）。『職員令集解』神祇官条の「古記」所引の「別記」には、「戸座三人、吉備前国一口、阿波国一口、斎宮一口」とある。天平三年（七三一）勅によると、阿波国は男帝、備前国は女帝、備中国は皇后に付属することになっていた（『類聚三代格』巻一）。これらの国々は、畿外の瀬戸内海にあり、内膳司の安曇氏に従った安曇部・海部・海部首らの童男であり、畿外の海民との土着性と安曇氏との関係からいえば、戸座は令制以前、また天武朝まで遡る祭祀の本質に関わるものであろう。その職掌は、大嘗祭・神今食・新嘗の神膳調理に関与し、とくに忌火・庭火・竈神の祭祀に預かった。

斎王戸座は、養老五年（七二一）井上内親王が斎王卜定のとき、斎宮寮職員として、中臣・忌部・宮主・神部四人・卜部・戸座・御（火）炬二人が選ばれている（『政事要略』巻二四所引の「官曹事類」）。

・『延喜斎宮式』〈35〉

「卜戸座一人、山城国愛宕郡の鴨県主氏の童子を取れ、火炬二人、同国葛野郡の秦氏の童女を取れ、右、初斎院より始めて大神宮に参入るときに至るまで奉仕せよ、其れ斎王、伊勢の斎宮に入らば、即ち各替へ却けよ」

・『延喜斎宮式』〈80〉

「凡そ斎王、国に到るの日、度会郡二見郷の礒部氏の童男を取り、卜へて戸座とせよ、其の炬火には当郡の童女を取り、卜へて用ひよ、但し喪に遭ひ、及び長大ならば即ち替へよ」

斎王新嘗にあたり、戸座と火炬とは、新造の炊殿を鎮むる祭・新造の炊殿、忌火庭火祭に奉仕したと推定されているが、斎王の在京中、戸座は山城の鴨氏、火炬は秦氏から選ばれ、伊勢に赴くと、伊勢度会郡から選任される。ここでも在地性が強く意識されていた。これが神威に叶う重要事項であったといえる。その在京中の戸座が山城国愛宕郡・葛野郡の出身に限られたのは、平安京遷都後のことであったといえよう。[注38]

神社の発生は、屋代の「社」を起源としているのも、その地域「土」（土地＝自然景観）に源流があり、在地性・土着性が不可欠であった。王権祭祀は、在地性の不足分を緩和するために、委託祭祀が組み入れられ、[注39]また祭祀原型の本質部分に古態を遺すことで、祭祀権の二重構造が組み立てられたといえよう。律令制下において天皇祭祀権は一元化を望まず、その後、社家制度（中央派遣型を除く）などで在地性を温存しつづけていったことが、近代明治まで祭祀権の二重構造が維持されていった大きな理由であった。[注40]

おわりに

七世紀後半、律令祭祀制の形成過程のなかで、天皇新嘗と大嘗祭、そして伊勢斎王祭祀の関係性について考察した。

孝徳朝に神話に基づいた神郡神社が畿外・辺境に配置され、天智・天武朝に班幣祭祀の基本体系が形成され、天社・地（国）社（のちの天神地祇）祭祀制が運用された。その最大儀礼が祈年祭班幣である。その確立過程のなかで、天皇祭祀の核となったのが、天照大神一神への国郡卜定をともなう畿外稲による天皇新嘗であり、のちの大嘗祭の原形を見出すことができる。一方の伊勢斎王も天武朝の同時期に展開していったが、祭祀の内実については詳細を知ることはできないが、天皇新嘗（基本は畿外稲・稲祭りであったが、粟も加わる）と斎王新嘗（直営の稲粟・稲粟祭り）祭祀とは連動して、天武朝の祭祀体系・機能とが組み立てられていったと考えている。その大きな祭祀上の転換期が、天武二年の伊勢斎王の「泊瀬斎宮」入りと国郡卜定と郡司以下への賜禄を伴う天皇新嘗の成立であった。天皇新嘗には、天下の統治を志向した新指針が組み込まれ、一方の斎王祭祀には、旧来の天皇新嘗の原形を遺存させることで、天皇の祭祀体系を補完する役割を果たすことになる。

神宮祭祀は稲の祭りを基本としたが、天皇新嘗は本来、稲と粟双方の祭祀であった。これは天下を統治した天皇の理想と現実の姿がある。数多くの災害・飢饉に瀕した天皇にとって、祈願の主旨は順調な農耕の豊穣であった。粟は飢饉の備蓄のために義倉に納められた（『養老賦役令』義倉条）。霊亀元年（七一五）十月七日の陸田作物の奨励の詔には、畑作の諸穀のなかで粟が最も精好であると記載されている[注41]（『続日本紀』）。天皇の立場では、稲の生育を志向しつつ、国家の安定のためには、粟の生産と備蓄も無視できない事柄であった。ここに天皇による粟祭祀の現実があった。のちの大嘗祭も粟祭祀を「秘事」として組み込むことで、国家祭祀としての意義が確立した。

古代の律令国家は令制以前の氏族制と七世紀後半以後の律令制とが共存した二元的体制が維持されていったが[注42]、天下統治の国家体制である祭祀制においても、地方・地域祭祀権と天皇祭祀権とは二重構造にあり、旧体制を温存し緩やかな包括をしていくことで、天皇祭祀による天下統治を完成することができた。

注

1　岡田精司「大化前代の服属儀礼と新嘗」（『古代王権の祭祀と神話』塙書房、一九七〇年、初出一九六二年）、高森明勅「大嘗祭の成立についての管見――「養老神祇令」大嘗条の遡及年代を通路として――」（『國學院雑誌』八九巻十号、一九八八年）、岡田莊司「天皇祭祀と国制機構――神今食と新嘗祭・大嘗祭――」（『平安時代の国家と祭祀』続群書類従完成会、一九九四年、初出一九九〇年）、加茂正典「持統天皇五年十一月戊辰条について」（『日本古代即位儀礼史の研究』思文閣出版、一九九九年、初出一九九七年）、虎尾俊哉編『訳注日本史料　延喜式　上』巻七「践祚大嘗祭」補注、八八四・五頁、集英社、二〇〇〇年。

2　岡田莊司「古代神祇祭祀体系の基本構想――「天社・国（地）社祭祀制」――」（『神道宗教』第二四三号、二〇一六年）、同「古代の国家祭祀――祈年祭の淵源を探る――」（『神道史研究』六五巻二号、二〇一七年）。

3　西宮秀紀「律令神祇官制の成立について」（『律令国家と神祇祭祀制度の研究』塙書房、二〇〇四年、初出一九八一年）。

4　田中卓「奈良時代における大嘗と新嘗」（皇學館大学神道研究所編『大嘗祭の研究』皇學館大学出版部、一九七八年）、加茂正典注1前掲論文。

5　横田健一「大嘗祭の成立年代」（『日本書紀成立論序説』塙書房、一九八四年、初出一九六〇年）、加茂正典「古代即位儀礼史料年表稿」（『日本古代即位儀礼史の研究』思文閣出版、一九九九年）。

6　塩川哲朗「古代祈年祭の祭祀構造に関する一考察」（『神道宗教』第二四七号、二〇一七年）、岡田莊司注2（二〇一七年）前掲論文。

7　高森明勅注1前掲論文、菊地照夫「天武朝期の新嘗と諸国大祓」（『ケガレの文化史』森話社、二〇〇五年）。なお、笹生衛氏は、旱魃のなかで諸国大祓・放生がはじめられ、『薬師経』との関係を重視する（「郡衙周辺の景観とその信仰的背景」須田勉編『日本古代考古学論集』同成社、二〇一六年）。

8　佐々田悠「天武の親祭計画をめぐって――神祇令成立前史――」（『ヒストリア』二四三号、二〇一四年）、久禮旦雄「神祇令・神祇官の成立」（『ヒストリア』第二四一号、二〇一三年）。

9　岡田莊司注2（二〇一七年）前掲論文。
10　岡田莊司「古代～の法制度と神道文化――天皇祭祀における不文の律・不文の法――」（『明治聖徳記念学会紀要』復刊第四十六号、二〇一〇年）。
11　笹生衛『日本古代の祭祀考古学』吉川弘文館、二〇一二年。
12　岸俊男「「額田部臣」と倭屯田」（『日本古代文物の研究』塙書房、一九八八年、初出一九八五年）、岡田莊司「大嘗・新嘗の祖型」（『大嘗の祭り』学生社、一九九〇年、初出「大嘗・新嘗の淵源――倭の屯田を訪ねて」『大美和』七七号、一九八九年）、三谷芳幸「令制官田の構造と展開」（『律令国家と土地支配』吉川弘文館、二〇〇六年、初出一九九八年）。
13　大津透「律令国家と畿内」（『律令国家支配構造の研究』岩波書店、一九九三年、初出一九八五年）、岡田莊司注1前掲論文。
14　岡田精司注1前掲論文。
15　岡田精司「大嘗祭の神事と饗宴」（『古代祭祀の史的研究』塙書房、一九九二年）。
16　岡田莊司注12前掲論文。
17　岡田莊司注2（二〇一六年）前掲論文。
18　小倉慈司「律令制成立期の神社政策――神郡（評）を中心に――」（『古代文化』六五巻第三号、二〇一三年）。
19　岡田莊司「古代出雲大社神殿の創建」（『神道文化』第十二号、二〇〇〇年）、同「古代律令神祇祭祀制と杵築大社・神賀詞奏上儀礼」（『延喜式研究』第二十五号、二〇〇九年）。
20　岡田莊司注6前掲論文。
21　塩川哲朗「鎮魂祭の祭祀構造に関する一考察」（『神道研究集録』第三二輯、國學院大學大学院、二〇一八年）。
22　木村大樹「天皇と斎王の祭祀構造――「戸座」の位置付けを手がかりに――」（『神道研究集録』第三二輯、國學院大學大学院、二〇一八年）。木村大樹氏は、東宮新嘗が存在したとする中村英重説（「皇后・皇太子の祭祀」〔『古代祭祀論』吉川弘文館、一九九九年〕）を批判した。受け入れられる論証である。
23　大関邦男「神郡について――伊勢神郡を中心に――」（『日本歴史』第四七〇号、一九八七年）。
24　岡田莊司「天皇と神々の循環型祭祀体系――古代の祟神――」（『神道宗教』一九九・二〇〇号、二〇〇五年）。
25　大津透注13前掲論文、鬼頭清明「畿内と畿外」（『新版古代の日本』第六巻、近畿Ⅱ、角川書店、一九九一年）。

26　落合偉洲「新嘗祭と粟」（『神道及び神道史』二十五号、一九七五年）。
27　安江和宣「大嘗祭に於ける神饌御供進の御儀――『建保大祀神饌記』の成立をとおして――」（皇學館大学神道研究所編『続大嘗祭の研究』皇學館大学出版部、一九八九年）。
28　三輪山の南、初瀬川沿い、脇本遺跡、初瀬朝倉宮跡付近か（奈良県桜井市朝倉）、ほかに小夫（おおぶ）天神社の付近（桜井市字小夫）を伝承地と伝えるが不詳（桜井治男氏のご教示による）。
29　所功「伊勢の斎王と神宮の祭祀」（後藤祥子編『王朝文学と斎宮・斎院』竹林舎、二〇〇九年）。
30　榎村寛之「斎宮祈年祭についての基礎的考察」（『伊勢斎宮の祭祀と制度』塙書房、二〇一〇年、初出一九九九年）。
31　榎村寛之注30前掲論文。
32　木村大樹注22前掲論文。
33　岡田荘司「伊勢斎王神託事件」（後藤祥子編『王朝文学と斎宮・斎院』竹林舎、二〇〇九年）。
34　榎村寛之「斎宮新嘗祭について」（『伊勢斎宮の祭祀と制度』塙書房、二〇一〇年、初出二〇〇三年）。斎王新嘗について、榎村氏の聖婚説が成り立たないことは、所功氏の批判（注29前掲論文）がある。
35　所功注29前掲論文。
36　川畑勝久「延暦儀式帳からみた伊勢神宮の神郡と神戸――神宮祭祀の重層性――」（『神道史研究』六十二巻一号、二〇一四年）。
37　小川徹「戸座の貢進について」（和歌森太郎先生還暦記念論文集『古代・中世の社会と民俗文化』弘文堂、一九七五年）、中村英重「戸座をめぐる諸問題」（下出積與編『日本古代史論輯』桜楓社、一九八八年）、木村徳宏「戸座とその起源に関する一考察」（『神道史研究』五十七巻一号、二〇〇九年）、木村大樹注22前掲論文。木村大樹氏は、戸座について「天皇、皇后（三后）、及び斎王に付属し、祭祀における神饌調備の「忌火」に関与した童男」で、「付属すること自体に聖性・清浄性付与の意義があった」こと、また、「東宮の忌火竈（神）の存在は認め難く、忌火竈による神饌調理に関与する戸座も付属しなかった」と論じられ、戸座の在地性についても触れられている。
38　木村徳宏注37前掲論文、木村大樹注37前掲論文。
39　藤森馨「鎮花祭と三枝祭の祭祀構造」（『古代の天皇祭祀と神宮祭祀』吉川弘文館、二〇一七年、初出二〇〇八年）。
40　岡田精司氏は、「律令的祭祀形態の成立」（『古代王権の祭祀と神話』塙書房、一九七〇年）を論じたなかで、つぎのように結論づけられた。

「大化以前には、地域ごとの集団がそれぞれの守護神を奉じており、原則的には自己の属する守護神以外を祭ることはできなかったはずである。古代の人民支配は祭祀権を掌握するものによって、宗教を媒介として行われたものであるから、中央・地方の豪族による人民支配の否定は、地方神の祭祀権をすべて最高司祭者としての天皇に集中することとなった。律令的神祇官支配の本質と〈諸神祭祀〉の意義はそこにあったのである。」

大化前代には、氏族・地域ごとに自己の属する守護神以外を祭ることはできない原則があった。律令制以後は、地方豪族による人民支配は否定され、地方神の祭祀権は、すべて最高司祭者としての天皇に集中したことを指摘されたが、この理解は誤りで、天皇が直接の祭祀を執り行うことができたのは、皇祖天照大神一神のみで、それ以外の神々に対しては、地域・氏族による個別祭祀権は残りつづけ、天皇は間接的に関与するのみで、天皇祭祀権と地域・氏族祭祀権とは、独立した二重構造であった。

41 時野谷滋『飛鳥奈良時代の基礎的研究』国書刊行会、一九九〇年。

42 井上光貞「律令国家群の形成」(『井上光貞著作集』第五巻、岩波書店、一九八六年、初出一九七一年)

Ⅳ　異文化・信仰との交流

神祇と仏教伝来

有働　智奘

はじめに

『日本書紀』（以下『書紀』と略す）用明天皇即位前記条には、

天皇信佛法尊神道。（天皇、仏法を信けたまひ、神道を尊びたまふ）

と記されている。これはわが国の史料の中で「神道」という語句が記された初見である。この神道という語句は漢籍や仏典にも見られているが、わが国では外来信仰である仏教が伝来したことを受けて、従来の神祇信仰を意味するものとして表現し、仏教に対して「神道」の語句を使うようになったと考えられる。[注1]

一方、『書紀』の仏教伝来記事以前では五経博士の来朝があり、中国から儒教の伝来を記す。しかし『書紀』編纂者は、仏教のように神道と対比して儒教の受容を記述していない。むしろ、この儒教に記されている中国祭祀の形態を日本の神祇信仰に組み込んだ様相がうかがえる。[注2]すなわち、渡来人たちを媒介として中国文化圏で生まれた信仰や思想を日本の信仰や文化に則して理解し、わが国の祭祀体系を形成していったのである。

また、『書紀』の記述をみると、儒教を含む日本への中国文化の伝来記事に比べて、仏教伝来記事の印象は強く述べられている。それは今までの中国文化圏にみないインド・ヨーロッパ語族の信仰や思想であったためであろう。

そこで、従来のわが国の神祇信仰と仏教の受容状況を確認して、仏教伝来の定義を検討し、神と仏に対する日本人の認識をみていきたい。

一　仏教伝来以前の神祇信仰――仏獣鏡を中心に――

まず、仏教伝来以前の日本の神祇信仰を確認していきたい。縄文時代は狩猟のために集団で生活を営み、弥生時代になると、狩猟から農耕、特に稲作を主とする生活に代わり、それに伴い信仰形態が変化した。この稲作と共に新たな自然観や祖先観による信仰も大陸から日本列島に伝わり、農作業に関わる季節ごとの祭祀（祈年祭・新嘗祭）や農耕儀礼が次第に行われるようになったと考えられている。

そして、銅鏡や銅矛、銅剣、さらに銅鐸などの青銅器や玉製品も大陸から伝来した。特に銅鏡は太陽信仰に関連する祭祀道具として注目すべきものであり、紀元前三世紀に初めて多鈕細文鏡《たちゅうさいもんきょう》が出現する。紀元後には漢式鏡がもたらされ、多鈕細文鏡は消えていく。この多鈕細文鏡は中国内陸部や朝鮮半島で発見されているが、水稲栽培が始まった中国華南地方では未だ発見されていない。つまり、銅鏡は水稲栽培とは異なる経路で伝来したと考えられる。そして、銅鏡が伝来したということは、それが使われていた大陸内部の祭祀儀礼や信仰も日本に伝

仏獣鏡拡大部分

挿図１　三角縁仏獣鏡（奈良県新山古墳出土）

来していたと考えられる。それゆえ、南方の稲作と北方の信仰がわが国で融合していったと考えられる。[注3]

また、このころの墓には、銅鏡や銅剣、玉製品などの「三種の神器」を彷彿とさせる遺物が副葬品として見られるようになり、弥生時代には神道の原型が形成されていたことがうかがえる。古墳時代になると、当時の祭祀の状態を出土遺物から見て取れるようになる。その中で全国各地の古墳からは、仏獣鏡や仏具と同様な異物が出現する。そのため、これらによって仏教の私的伝来を指摘する説もある。[注4]しかし本当に、これをもって仏教が伝来したと考えられるのであろうか。

まず、特に注目したいのは「仏獣鏡」の伝来である。仏獣鏡とは鏡背面に人間の形を象った像や神獣が鋳出されている鏡をいう。現在、三角縁仏獣鏡、仏像虁鳳鏡、画文帯仏獣鏡の三種類、三十数点が発見され、その制作年代は三世紀以降と考えられている（これらを総称して「仏獣鏡」と記す）。

古来、わが国の神道において、鏡は「宝鏡奉斎」といわれるように天照大神のご神体とされ、[注5]祭祀においても重要な祭具であるため、仏獣鏡は仏教伝来や神仏習合思想に関連して論じられてきた。そこで以前に拙稿で仏獣鏡について検討したが、それをふまえつつ、本稿で

は、その論考の付論として再検討していきたい。[注6]

仏獣鏡は全国で出土しており、その起源は中国である。日本で発見された最古の仏獣鏡は三世紀の製作と考えられているが、この頃は卑弥呼が魏に使者を送った時期である。魏では『無量寿経』などの大乗仏典が漢訳されていた。[注7]

文字資料として見られる仏獣鏡の所見は、群馬県赤城塚古墳にある江戸時代に建立された神社の碑文にある。ここには、出土した仏獣鏡について天照大神に関する神道思想が記されているが、仏像が刻まれているという記述はない。[注8]この仏獣鏡の図像を「仏像」と解釈するようになるのは、明治時代末期以降である。

近年では仏獣鏡は仏教思想の視点から検討されるようになる。中国の仏教的遺物の分布を比較すると、中国北方には仏教的遺物はほとんどみないが、中国南方には仏獣鏡の他にも仏像をモチーフにした遺物が多くあり、四川地域や中国江南へ南方ルートで仏教が伝わったとされている。[注9]しかし、これらの図像はインドで起こった仏教の教義を理解して仏獣鏡を製作していたのではない。[注10]

そこで、中国での仏像崇拝について確認したい。文献上では漢明帝永平十年（六七）に迦葉摩騰らが西域より仏像を請来した記述があるが、三世紀以前の中国典籍（『荘子』『老子』や四書五経など）をみると、仏典で説くような偶像制作によって利益や功徳を説くという記述はみられず、偶像崇拝の形跡はほとんどみられない。[注11]加えて、仏教文化の伝播経過をみると、インドで仏像信仰が成立したのは紀元前後であり、その時期と同時期に中国で仏像が制作されたとすることは時間的に齟齬がある。中国において仏像が信仰され始める時期を文献からみると、釈道安の弥勒菩薩像（三七五～三八七年）、もしくは同時期の無量寿仏像（三七五年）からと考えられている。つまり、四世紀以前に明確に偶像崇拝であると理解できる根拠、仏像に仏名付与（阿弥陀、観音等）する形跡や、

単独の礼拝像として存在する例は現在まで皆無である。[注12]
したがって、三世紀以前の中国で、仏獣鏡が大乗経典の影響により成立したということは考えにくい。仏伝図のレリーフ図像がインド中・南部にも伝播していき、南方の海洋ルートを辿って中国へ仏像図像様式が伝播していったと考えられる。さらに、後漢末に仏教が流布する過程で、その土地の土着信仰と融合し、純粋なインド仏教とは異なる姿として表現され、仏陀と神との相違が理解されず、西域で信仰される他民族の外来神として認識されて伝わっていたと考えられる。すなわち、仏像図像が神仙像に取り込まれ、仏像的神仙像として崇拝されたのである。

次にわが国の仏獣鏡の伝来について考えていきたい。宝鏡奉斎の説話などでみる神道思想では、鏡背面の図像を信仰した形跡はみられない。鏡の背面に人物や神獣像が無い鏡も宗教的神聖物として信仰していた形跡があり、当時の日本も中国と同じように、その信仰において偶像崇拝が行われていたとは考えにくい。あくまで古代の人々にとって信仰の対象として重要なのは光を放つ鏡表面であり、鏡背面の図像に特定の信仰を持っていたのかはあきらかではない。図像が仏陀の単独像ではなく、複数の形像がある仏伝図や仏獣鏡などではその信仰形態が明確ではない。つまり、仏獣鏡の図像では神獣像が主体であるか仏像図像が主体であるかが判断できないのである。

したがって、この仏獣鏡に表されている仏像は、当時の日本人が「仏陀」を理解して用いていないため、「仏像」とは言い難いのである。例えば神社においても、ご神体が仏教彫像であるにもかかわらず、神として信仰し、経典を唱えず神道祭祀を執行している神社もあるように、仏像信仰がすなわち仏教信仰であるとは言い切れない。[注13]ようするに仏獣鏡が伝来したことと仏教伝来したことは同一にはならないのである。

このようにわが国における仏教伝来を、仏獣鏡をもって初めとすることは、六世紀以前の単体の仏教図像や文献資料が発見されない限り難しい。むしろ、古代のわが国の神祇信仰では、鏡表面に美しさ（明るく、清く）や正直に映し出す現象があることを重要視しており、鏡背面が信仰の対象であったかは定かではないのである。後世に神仏習合思想が漸次に成立していく要因とわが国の仏獣鏡の成立の要因は仏教思想の理解という視点においても異なるのである。

また六世紀に入ると、古墳祭祀の道具として仏獣鏡のみではなく、仏具で使用される佐波理碗《さわりわん》や華瓶《けびょう》系遺物などの仏教的道具が発見されている。事例として群馬県観音山古墳や埼玉県さきたま古墳群から発見された仏具によって、地方にまで仏教文化が伝播されていたことがうかがえる。これらの遺物と仏獣鏡を比較すると、佐波理碗や華瓶系遺物は実用性が強い道具であり、信仰面が立体的にみえるため、仏教を理解していたと考えられやすい。それゆえ、当時の渡来人の交流状況から六世紀に地方の仏教伝来を指摘する説もある。[注14]

しかし、それをもって、わが国の人々が仏教を理解していたことは不明である。これらは祭祀の道具として使用したことが認められるものの、仏教法要を行った形跡がみられないのである。前述したように仏教図像があるからといっても、その埋葬者が仏教思想を理解していたことにはならない。また、四、五世紀には形象埴輪が出現するが、そこに仏像的造形をもつ遺物は未だ発見されていないのである。これら仏教系遺物は渡来した「珍宝」として重宝されていたのであり、これらをもって仏教伝来ということも言い難い。『書紀』をみると、仏教公伝した十年後の欽明二十三年（五六二）条に

八月、天皇、大将軍大伴連狭手彦を遣して、兵数万を領ゐて、高麗を伐たしむ。狭手彦、乃ち百済の計を用ひて、高麗を打ち破る。其の王、墻を踰えて逃ぐ。狭手彦、遂に勝ちに乗りて宮に入る。盡く珍寶貨賂・七織帳・鐵屋を得て、還來けり。舊本に云、鐵屋は高麗の西の高樓上に在り、織帳は高麗王の内寢に張れり。七織帳を以て、

天皇に奉献す。甲二領・金飾刀二口・銅鏤鍾三口・五色幡二竿・美女媛「媛、名也」幷、其の従女吾田子を以て、蘇我稲目宿禰大臣に送る。是に於て、大臣、遂に二女を納れて、以て妻と為し、軽曲殿に居らしむ。鐵屋は長安寺に在り、是の寺は何國に在るを知らず。

とある。大伴連狭手彦が高句麗から持ち帰った品は、高楼にあった鐵屋や銅鐘、幡、竿などであり、それらを『書紀』では「珍宝」と認識して記すが、これらは仏教遺物を彷彿とさせるものの、仏教を意識して記していない。[注15]そして、敏達朝においても「仏神」が祟るという認識で神祇信仰の範疇で仏教を受容していた様子がうかがえる。文献で地方氏族に仏教が普及した形跡が認められるのは、推古天皇二年条、

是の時に諸臣連等、各君親の恩の為に競ひて仏舎を造る。即ち是を寺と謂ふ。

所謂「三宝興隆の詔」の頃である。この頃から中央の氏族のみではなく、氏族の寺院が建立され、すでに六世紀後半から仏教が日本全国に流布していたと考えられる。地方寺院の建立についても、七世紀前半に関東で伽藍遺構が確認されており（埼玉県寺谷廃寺[注16]）、地方においても神祇と仏教の相違を認識するようになったといえよう。

したがって、仏教遺物が伝来しても、それらは「珍宝」として神祇信仰の範疇で用いられたのであり、仏陀の哲学や教説を理解した根拠にならない。そのため、仏教伝来の定義は仏教遺物の伝来ではなく、僧侶などの布教使の伝来をもって成り立つのである。

二　仏教公伝年代について

仏教の伝来は、「私伝」と「公伝」の二つの系統がある。前者は個人的（私的）な信仰によって伝来したも

の、後者は国家間の公的な外交使節に付随して伝来したものである。一般的な仏教伝来の記述は、『書紀』『元興寺伽藍縁起幷流記資財帳』（『元興寺縁起』）に基づいた欽明朝の仏教公伝を指す。一方、仏教の私伝を記述したものとして、鎌倉時代に撰述された『扶桑略記』がある。これは最も早い仏教伝来の時期を伝える文献であり、継体天皇十六年（五二二）に渡来した司馬達止が大和国高市郡坂田原に草堂を結んで本尊を安置拝礼し、人々が「大唐神」と名付けたと述べられる。ただし、ここに「大唐神」と記されていることをふまえると、仏教という認識ではなく、すでに鎌倉時代では大陸から伝来した神祇信仰という認識で伝わっていたことがうかがえる。

そこで、この継体朝の頃における隣国の仏教受容を確認すると、百済では武寧王が即位し、仏教受容が表面化してくる。次の聖明王では、盛んに中国南朝の梁から仏教を受容し、留学僧を派遣して、国家として仏教を促進していた。また、新羅では法興王十五年（五二八）に仏教を公認したが、[注17]全般的に百済より仏教受容は遅れていた。それに対して、わが国は頻繁に百済と交流していたため、既存の神祇信仰に比べて、「仏教」という特異な信仰を国家として認知していたことは十分に考えられる。さらに朝鮮半島と頻繁に交流していた九州では、民間ルートで受容していた形跡がみられる。

『書紀』には、雄略天皇の時代に仏教用語を使った「法師君」が武寧王の使者として来朝したとあり（武烈天皇七年条）、雄略天皇の臨終の病床に「豊国奇巫」が入内している記述（『新撰姓氏録』和泉国神別天神条）がある。これをふまえれば、用明天皇の臨終に「豊国法師」が入内した記述（用明紀二年条）や『日本霊異記』の「（客神像〈仏像〉を）豊国に棄て流せ」という記事は、北九州や大分地域、所謂「豊国（豊前、豊後）」に畿内より早くから、仏教が私的に伝来したことをうかがわせる。また、その地域の山岳信仰では渡来僧の伝承が数多く残っていることも興味深い。[注18]これについては「咒禁師」などの仏教医学の私的伝来とともに仏教信仰が伝わった

ことも挙げられる。[注19]

このように「私伝」については先述した仏獣鏡の伝来時期ではなく、百済で仏教受容がみられるようになる武寧王在位時期、すなわち六世紀初頭以降であるとするのが妥当であろう。一方、当時の大和を中心とした国家として仏教を信奉する起源、つまり、「公伝」年代については、西暦五三八年、または五五二年、五四八年説があり、五三八年の説を有力にみる見解が強い。しかし、以前から指摘されていた西暦五四八年説については論じられることが少なかった。この説は『三国遺事』（以下『遺事』と略す）と『書紀』などを比較し、『書紀』における百済記事の紀年は『遺事』「紀異」の紀年に基づいていることを検証した結果によって提唱された説である。[注20]

近年、韓国の考古学の進展によって、多くの研究成果から六世紀の百済の実態が明らかとなってきた。特筆すべき研究成果は一九七一年の武寧王陵の発掘成果による武寧王の没年代（五二三年）と聖明王の即位年代が解明したこと、及び百済・扶余陵山里寺跡（陵寺）の舎利龕が発見され、そこに刻まれた「昌王十三年」（五六六）の紀年によって威徳王の即位年代と聖明王の没年が解明したことが挙げられる。それにより「武寧王（斯麻王）」「聖明王（聖王）」「威徳王（昌王）」の三代の即位年代が明らかとなり、『書紀』の記述と対応して検討することが可能となった。このように日本に仏教を伝えた聖明王の正確な即位年が西暦五二三年、没年が五五四年と判明したため、『三国史記』（以下『史記』と略す）の聖明王即位年（五二三年）が正しいこととなり、この百済側から見た五四八年の仏教公伝説を再検討する必要が生じたのである。

従来から指摘されている仏教公伝年代の五三八年説、五五二年説は、二つとも中国讖緯思想や仏暦、末法思想に基づいて記されたものである。[注21]しかし、二つの文献とも仏教が公伝して百年以上を経て書かれたため、何に基づいて書いたのかが問題となる。当時、大和政権の事務を担っていた人々に渡来してきた百済人がおり、史書編纂も彼らの力を得て行われた。つまり『書紀』に記されるように「百済本紀」「百済記」などの百済由来の文献も活用されており、それらの史料に基づいて記録されたと考えられよう。そこで、当時は干支で年代を表記したので、これを西暦で換算して検討してみる。

聖明王の時代を記録した朝鮮側の史料の一つとして、『遺事』があり、そこには歴代王の逸聞が記録されている「紀異」と、歴代王の年表である「百済王暦」の二つが伝わっている。これを西暦換算するといずれも数年ずつ差異がある。聖明王即位元年を比較すると、『遺事』「紀異」は五二七年、「王暦」は五一三年である。

ここで注目することは両年代の年数の差である。『遺事』の「紀異」と「王暦」を比較すると十四年の差が生じる。一方、『書紀』の仏教公伝年代である五五二年から『元興寺縁起』の仏教公伝年代である五三八年を引くと十四年の差となる。これは『元興寺縁起』と『日本書紀』が伝える仏教公伝年の年数差と全く同じである。このことから『書紀』は『遺事』「紀異」と同系列の史料に基づき、『元興寺縁起』は「王暦」と同系列の史料を基盤にしたという仮説が成り立つ。

しかし、この従来の説は偶然に一致した可能性があるため、他の記事も検討してみると、次の『書紀』欽明六年（五四五）条の記事が百済史料と比較できる。

秋九月、百済、中部護徳菩提等を遣して任那に使せしむ。呉の財を日本府の臣、及び諸旱岐に贈る事、各差あり。この月、百済、丈六の仏像を造る。願文を製りて曰く、蓋し聞く、丈六仏を造るは功徳甚大なり。今、敬ひて造りぬ。此の功徳を以て、願くは天皇、勝善之徳を獲たまへ。天皇の所用す彌移居國、倶に福祐を蒙らむ。又、願はくは普く天之下の一切衆生、皆解脱を蒙らむ。故に之を造らんかな。

これは『書紀』における仏教記事の初見であり、欽明十三年（五五二）の仏教伝来の七年前に、百済王が当時の中

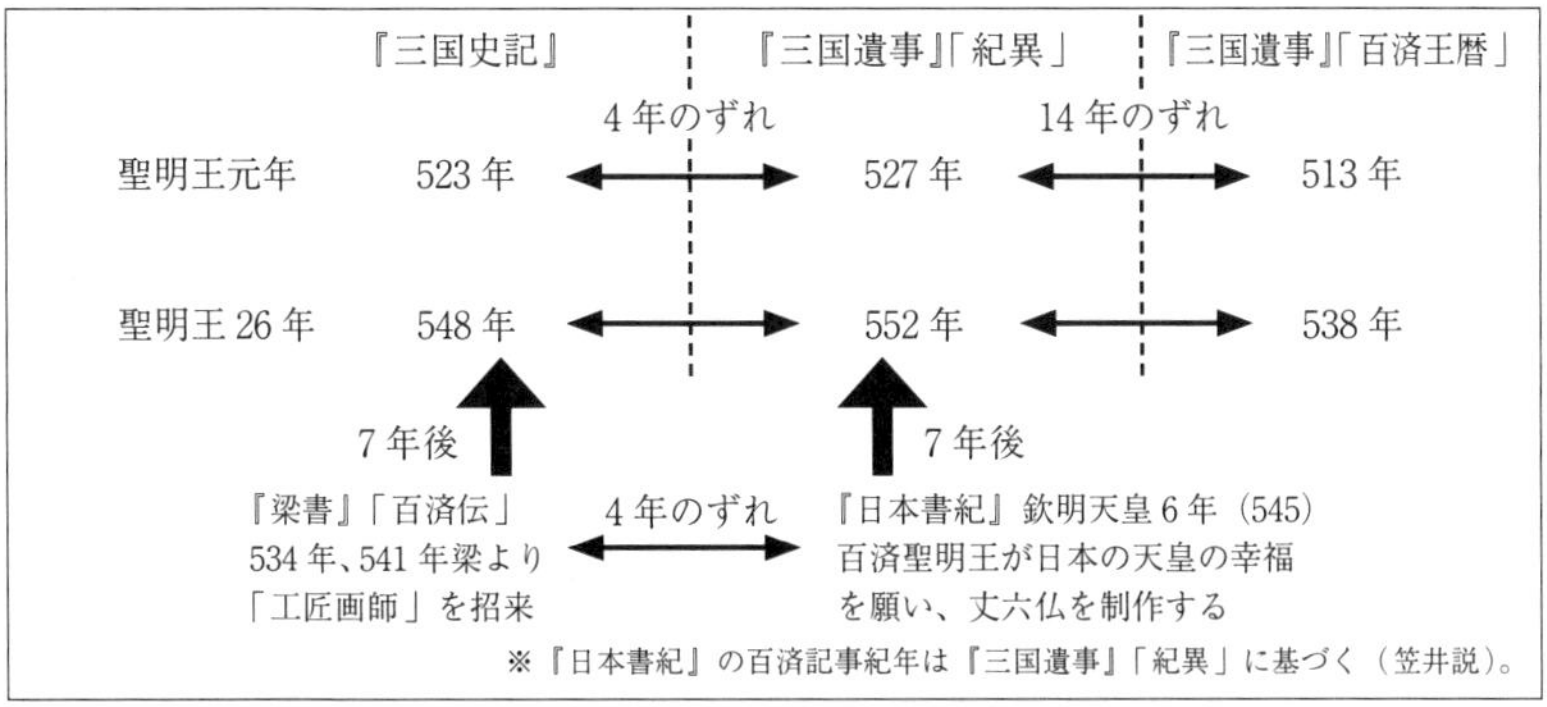

仏教公伝年の異説

国の南朝を示す「呉」、つまり、梁朝と交流し、仏像を造立したという記事である。一方、『遺事』「紀異」の記述では聖明王十九年（五四一）に梁へ仏教の教義や造仏に必要な工匠や書画などの技術を求めたという同様の記事がある。また、もう一つ百済史を伝える史料は『遺事』以外に『史記』がある。これにも聖明王十九年に同じ記事がある（『梁書』にも同じく記載あり）。

　聖王十九年。王、使を遣し、梁に入りて朝貢す。兼て表して毛詩博士、涅槃等経義、并び工匠、書画師等を請ふ。之に従ふ。

これらの記録と『書紀』の欽明天皇六年の百済王の造仏記事が結びつく。この『書紀』の記事を先述した仮説に当てはめると、聖明王十九年の梁（呉）への朝貢記事が該当し、これと欽明紀の百済造仏記事との年代差は四年となる。これは『書紀』において百済紀年の基盤となったという『遺事』「紀異」の聖明王即位紀年と『史記』の聖明王即位紀年との年代差と同じである。そのため、先の仮説の信憑性は高まり、百済史の年代に則して仏教公伝を換算すると、聖明王二十六年と導き出され、『史記』『遺事』ともに聖明王二十六年に仏教が伝わったことになり、百済の両史料の差異と日本の両史料の差異は同じとなる。[注22]

ただし、根本的な年代の食い違いを明確にしなければ、正確な西暦換算はできず、不十分である。それゆえ、改めて聖明王即位元年を『遺事』

「紀異」五二七年、「王暦」五一三年、そして『史記』五二三年と西暦に換算して考察してみる（即位年代は数え年のため、聖明王二十六年は二十五年で計算する）。先述した武寧王の墓碑銘文によると、武寧王の崩御年、すなわち聖明王の即位元年は西暦換算で五二三年であった。これは『史記』の記述と一致する。そこから聖明王即位元年の西暦五二三年を初めとして、聖明王二十六年の西暦を求めると日本への仏教公伝は西暦五四八年の計算となる。

なお、このように仏教公伝年を特定することに何の意味があるのかという指摘もある。[注23] その理由としては、新羅との関係が悪化した百済が日本との関係強化を求めて様々な文化を日本に提供したことが重要であると述べている。そして、その過程で仏教は一つのカテゴリーとしてあるため、何度伝えられていても不思議はないという。さらに日本の皇室への仏教伝来という点では、『元興寺縁起』による五三八年は百済が高句麗の圧力を受けて泗沘に遷都した年、また『日本書紀』による五五二年は百済と新羅の国交断絶の年である。このことに注目すれば、当時の東アジアの国際情勢の中で、国家体制の強化を推進する日本にとって、中国冊封下の朝鮮三国が既に共有していた仏教やそのイデオロギーに欽明朝の為政者の関心があったために記録されたと考えられ、そこに仏教公伝の意義があると説く。そのため、漠然と欽明朝に伝来したという伝承で十分であり、壬申・戊午説のいずれかという二者択一するのは意味がないという。

これらは日本への仏教伝来について「公伝」「私伝」を深く考える必要が無いという見解でもあるが、宗教学的な見解をふまえれば、他国の宗教を日本が国家レベルで信仰するという行為が重要ではないであろうか。この場合の「公伝」とは日本国家が「仏教」という異宗教を公式に受容したことである。当時の宗教祭祀の最高責任者である「天皇」が日本の神祇祭祀以外で他国神の信仰を受容し始めたということに意義がある。つまり、異なる宗教が融合するか乖離するかという問題である。例えば、わが国へ十六世紀にキリスト教が伝来しているが、現在まで天皇が国家としてキリスト教を信仰することはみない。[注24]また、宗教問題を考える上で、キリスト教やイスラム教の原理主義をみると、相互が乖離し、政治紛争が起こっている。

しかし、なぜ日本では神仏が乖離せず、共存しながら「神仏習合」「神仏隔離」をしたのであろうかという疑問が生じる。日本文化の形成において神仏習合は重要なアイテムである。そうすると、「仏教公伝年次」を明確にする必要はないといえるのであろうか。天皇は神にも等しいとする当時の神観念に、天皇が公式に仏教と接し、ついに信者となったのは事実であり、その意味は日本人の精神文化において極めて大きい。なぜなら、仏教は神祇に反する思想をもち、身分や職業の差別を否定して人間の平等を主張し、仏は神を超越した存在であると説くからである。それゆえ、仏教がわが国の思想転換に大きく影響を与えた契機として重要な年代となるのである。

以上述べたように絶対年代による百済王紀年に基づくと、聖明王二十六年が日本への仏教公伝の年であった。したがって、百済聖明王による欽明天皇への仏教公伝は西暦五四八年となるのである。

三　欽明・敏達紀の神仏関係

西暦五四八年に百済王から仏教が公式に伝えられると、日本の神々を信仰していた大和政権では、その受容について議論が起こった。ここでは、『書紀』から欽明紀・敏達紀の仏教に関する記事を確認する。[注25]

【欽明紀】

①欽明十三年、百済聖明王の使者が欽明天皇の金刺宮にて仏像、経典を請来し、仏教の信仰を勧誘する。そ

の崇拝について臣下と詮議する。
②蘇我稲目が欽明天皇の勅命で委託を受け、仏教崇拝する。
③国神の怒りの恐れることなく、蕃神を受け入れたため、疫病流行。物部、中臣が仏像を難波の堀江に仏像を流棄し、伽藍焼き討ち。
④この廃仏行為のとき、天に風雲ないのに、大殿（御所）が火災する。
⑤欽明十四年、大阪湾で光明な樟を発見し、勅命によって造仏。
⑥欽明十五年、僧曇恵等九人を僧道深等七人に代える。

【敏達紀】
①敏達十三年、個人的に馬子が弥勒像など二体を勧請し、尼僧に祀らせ、舎利が出現する。この年の条で「仏法之初、自茲而作」と記す。
②敏達十四年二月、大野丘に塔を建て法要するが、馬子が病になり、病の原因を占うと、「父の時に祭っていた仏神の祟り」という判定が出た。
③同年二月、天皇に事情を話し、父の時の仏神を祭る許可が下り、それを祭ったが、疫病が流行。
④同年三月、物部守屋、中臣勝海が蘇我氏の仏教信仰が原因で疫病が流行したと奏上。天皇が仏教の信仰を禁止する。守屋は尼僧など仏教関係に対し刑罰を与え、仏像を難波の堀江に流棄し、伽藍焼き討ち。
⑤天皇と守屋が病になり、民衆に悪瘡が広まる。
⑥同年六月、馬子が仏教信仰の再開を奏上し、馬子のみ仏教信仰を許可する。

まず、欽明紀①をみると、欽明天皇は聖明王が仏教の宗教勧誘をしてきたことをマヘツキミ（群臣）達へ相談している。そして②で蘇我氏に仏教信仰を委託した。この仏教公伝記事については、百済への軍事援助に対する見返りや当時の冊封体制と関連するという説もあり、仏教を百済王の贈与品と見る研究者も多い。[注26] しかし、仏教思想に基づけば、聖明王の仏教伝来は「贈与」という認識ではなく、護国国家を目的とする帝王の仏教伝道活動であり、仏法を弘めれば功徳（国家繁栄）を得るという聖明王自身の大乗菩薩道の実践であったとも考えられる（法華経などの思想）。このような布教の拡散によって利益、功徳を受けるという考え方は儒教や当時の日本の神祇信仰にはみられないため、[注27] 仏教は贈与で伝来したのではないことが見て取れよう。むしろ、冊封関係での贈与というより、先に述べたようにわが国が「珍宝（神宝）」として仏教のイデオロギーを求めたのではないか。

次に敏達紀で注目するのは①の「仏法之初、自茲而作」という記述である。仏教がこの時から初めて起こったという意味である。これに関して信仰上の特徴を看取できるのが、②の塔を建立する舎利信仰である。古代の中国や日本において教祖の遺骨を崇拝するという信仰はみられず、遺骨崇拝は興味深い。古代の神祇思想からみると、遺骨は死の穢れを象徴するため、仏教の舎利信仰と穢れを嫌う神祇信仰の調和に時間を要したのではなかろうか。

なお、このような欽明、敏達紀の仏教記事は同じ内容をくり返して記述しており、「蕃神」「仏神」の用語や排仏表現などの多くが中国典籍と類似しているため、蘇我と物部氏の対立した仏教記事は歴史的事実ではなく、後世の作為的な記事とする指摘がある。[注28] しかし、蘇我・物部の抗争記事や難波堀江に仏像を棄て流したこと、善信尼達の記事、大野の丘の造塔など、場所や人名が挿入され、中国典籍にみられない内容もある。全て中国典籍を模倣したのではなく、むしろ、中国典籍を参考にして史実に近いわが国の伝承を記録したものではなかろうか。

次にそれらについて検討していきたい。

四　物部と蘇我の信仰

物部氏は石上神宮を中心とする軍神・布都主（経津主）を奉祭する神祇信奉の氏族としての認識が強い。その伝承から軍事、警察、司法、行刑や祭祀に関わっていたことがうかがえる。[注29] これは近年の布留遺跡や石上神宮周辺で多数の祭祀遺物や玉工房、武器工房遺物などの発見によって裏付けられている。なお、物部氏の氏族伝承とされる『先代旧事本紀』の中でも史料的価値が高いとされる「国造本紀」によると、古代、地方に分布する数ヶ国の国造が物部氏であったという。

このような物部氏の活躍は『書紀』で多くみられるが、意外と気付かないのは仏教公伝以降になると、『書紀』において物部氏の記事は少なくなることである。物部守屋の宗家滅亡までに見られる仏教関係以外の記述では欽明十五年の物部莫奇武連と莫奇委沙奇の新羅討伐、敏達元年に守屋が大連になった記事、敏達十四年の敏達崩御における殯宮においての馬子と守屋の諍論、用明即位前記の守屋大連就任、穴穂部皇子の関係の記述のみである。

それは『書紀』編纂に仏教者が関与していたため、物部氏を排仏の率先者として歴史の記録を少なくしたとも考えられるが、蘇我氏台頭の記述を合わせて考慮すると、その考えには無理があろう。なぜならば、物部氏が本質的に仏教を排除したと断定できないからである。

その理由として、物部氏が編纂に関わったとされる『先代旧事本紀』に廃仏の記載が全くないことが挙げられる。齋部廣成撰『古語拾遺』には、重要な国家祭祀権を忌部（齋部）が持つ正統性を記している。この忌部氏の状況を勘案すると、物部氏が「排仏」の正統性を『先代旧事本紀』に記していてもよいと考えられる。また『元興寺縁起』では物部や中臣の名が見られず、欽明・敏達朝ともに仏教信仰の反対者は「餘臣」と表現している。これは物部氏が排仏推進の先鋒者でないことを示していると考えられよう。

また、昭和初期に物部の本拠地から飛鳥時代初期の遺構が残る渋川廃寺（大阪府八尾市）が発見され、物部氏の仏教信仰が指摘された。しかし、渋川廃寺は、推古朝になってからの出土遺構であり、実際に物部守屋が創建したかは不明なため、物部氏が仏教を容認していたとはいえないという考えもある。ところが、渋川廃寺以外にも物部氏が創建したという寺院がある。

事例として、物部氏による創建と考えられる愛知県内最古の北野廃寺が挙げられる。近隣に真福寺があり、物部守屋の息子「真福」が創建したという伝承が残り、白鳳期の仏頭（重文）がある。『先代旧事本紀』には三河国の国造は物部氏と記され、その伝承と結びつく。このような地方の物部氏と仏教の関係は、先述した欽明二十三年条に記す近江国の長安寺と法隆寺領、並びにその地が物部領であったという記録からもうかがえる。[注30]さらに先に紹介した関東最古の寺谷廃寺も物部氏が関与していたことが指摘されている。[注31]ちなみに八世紀には物部氏の分枝である弓削氏から僧として皇位継承に関わる人物まで出現する。敗者の物部氏が仏教に改宗したと考えると、宗教学上、仮に守屋死後、推古朝にその子息が仏教を信仰したと考えるならば、信仰者の立場から現実的に「排仏」から「崇仏」へ信仰を容易く変えられるのかという問題が残るであろう。

さらに、日本と百済の交流に関与した日系百済官僚には、蘇我氏だけでなく物部氏も多くみられる。継体紀、欽明紀には大陸の先進の文化や技術を得る機会があったことを記すため、蘇我氏のみが文化、技術を独占したとは考え難く、東アジアに拡散していた仏教を知らなかったとも言い難い。

加えて、物部氏の職掌として祭祀や軍事権のみではなく、刑罰に関与していたことを踏まえて考察すると、仏教受容の一連の記事は廃仏行動ではなく、単に仏事に関与した祭祀者へ刑罰を執行したという行為とみなすことができる。つまり、仏像等を廃棄して破壊、残虐した弾圧行為にみえるが、物部氏は勅命に基づいており、物部氏は刑部として警察、司法権の職務を実行したのみといえる。その職務をまとめると

㈠欽明朝では「有司」として蕃神の罪を祓う祭祀の執行。

㈡敏達朝では守屋が胡床に座り監察官として仏像、仏塔などを焼き払い、川へ流し、蕃神の罪を祓う（大祓）。

㈢蘇我馬子や仏教関係者を叱責し、恥辱を与えた。

㈣尼僧を禁錮し、海石榴市において「有司」が楚撻の刑を執行した。

ここで「有司」という司法刑の執行機関者を述べていることが興味深い。これらについて、㈡の仏塔や仏像を焼く行為は火刑であり、仏像の水流破棄は、根の国底の国への追放刑を意味するものと考えられ、仏教施設、仏像への破壊・暴力行為ではなく、政治的社会的な承認を得た刑罰、断罪であるとみなすことができ、人間に課せられる刑罰を仏教に適用したという考えもある。注32 ただし、海石榴市の中心を流れる初瀬川は罪人の刑罰や禊祓が行われる場所とも考えられるため、これらは祭祀、刑罰のどちらの認識で執行したかの課題が残る。

次に蘇我氏についてみていきたい。蘇我氏が『書紀』に初出するのは、応神三年条の武内宿禰の子「石川宿禰」である。物部氏に比べると蘇我氏の出自は年次的に遅い。履中紀には彼の子である蘇我満智が先の物部伊莒弗と共に記されるようになる。その後、蘇我氏が頻繁に現れるのは、宣化元年、大臣に就任した蘇我稲目である。蘇我氏の信仰は神祇を軽視し、率先して仏教を受容して、その仏教が持つイデオロギーを得たという認識が強い。しかし、それは神祇信仰を廃止したということではない。

蘇我氏の居住地である奈良県曽我玉造遺跡から神祇祭祀の遺構がみられ、後世の『延喜式』「神名上」には大和と下総に蘇我氏の神社が記されている。さらに注目すべきは、『書紀』欽明十六年条の「建邦之神」奉祭記事である。百済聖明王が戦死し、わが国へ救援を要請してきた百済に対して、蘇我稲目が「建邦之神」の祭祀を進言し、仏教に傾倒する百済を非難して神祇崇拝の重要性を諭した。このことは韓国扶余の陵山里寺址の発掘成果と一致する。[注33] つまり、蘇我氏も神祇信奉の氏族であった。

このように蘇我、物部は政権中枢の二大氏族として安閑・宣化朝に台頭するが、その対立が表面化するのは、『書紀』欽明十三年条、所謂「仏教公伝」記事である。後に近代の学者が「排仏崇仏論争」と勝手に認識して名付けた歴史事件となる。

五　排仏崇仏論争の虚構

近年、仏教伝来をめぐる蘇我氏と物部氏の関係について多様な見解が提唱されている。[注34] 仏教の信奉をめぐるものではなく、王位継承者問題などの政治的抗争であり、蘇我・物部の対立の本質は政治の主導権抗争という説。また、稲目以降、蘇我氏が政権主導部に飛躍したのは仏教信者が多い渡来人を配下に持ち、先進の文化、技術を取り込んだためという説。さらに、物部氏も継体紀、欽明紀に日本と百済の交流に関与し、先進の文化や技術を得る機会があったことを記すため、蘇我氏のみが文化、技術を独占したとも言い難いという説などである。なお、『書紀』には蘇我馬子の妻が物部守屋の妹であるという記述や物部氏と同調した中臣氏の問題もあり、多くの課題を持つ。

さて、この仏教公伝記事を「排仏崇仏論争」と捉えるようになるのは明治時代に入ってからである。管見では中世までの史書に「排仏・崇仏」を述べる典籍をみない。「排仏・崇仏」という用語も明治後期の国定教科書以前にみられず、[注35]これらは近世以降の儒学、国学者に影響を受けた研究者が排仏意識で創った用語と考えられる。例えば、平田国学の系統を受けた飯田武郷は、自著『日本書紀通釈』において、百済に建邦之神の祭祀を教諭した蘇我氏を「稲目は崇仏家であって、敬神のことをとくはずがなく」と決めつけて解釈しており、後の研究者の多くがそれに則って『書紀』の神仏関係を考察していった。

そこで、先述した仏教受容について再確認してみると、まず、欽明紀に百済の使者が欽明天皇に謁見することから始まる。蘇我氏が当時の国際状況から仏教信奉を進言するのに対し、物部氏は日本の神々の祟りを招きかねないと進言する。そして、その繰り返される内容は、次のAからEのような流れとなる。

A蘇我氏が仏教を崇拝する。B疫病が流行する（タタリ）。C物部氏が仏像を難波の堀江に捨て、伽藍を焼き討ちする。D災害が起こる（タタリ）。E造仏。

敏達紀ではDが悪瘡流行で、Eが仏教信仰の許可となる。

この内容は祟り（タタリ）という現象を強調している。この祟りについて崇神紀をみると、古代三輪山の一例や天皇親祭などを考証し、祭祀する神の適任者を選定して、その神の祭祀権を委託している形態が見られる。[注36]この考え方が六世紀にあったとすれば、国神と他国神を宮中に並べて奉祀すると、祟りを生むことが想像できる。そのため、物部、中臣の両氏は、蕃神である仏陀を宮中祭祀に組み込むことに反対したとも考えられる。つまり、祭祀方法の争いであり、当時の神観念の延長線上での出来事であったと考えられる。

このように古代における祭祀は国家と氏族との二重構造であり、[注37]仏教も当時の神観念と同様に仏教受容を推進した蘇我氏に委託して祭祀（法要）が執行された「委託祭祀」と考えるのが妥当であろう。[注38] ただし、欽明紀の仏教受容による対立は、物部氏と中臣氏が祭祀を委ねられなかった憤懣を蘇我氏に向けたという説もある。[注39] しかし、当時の部民制において、『書紀』のみに記される「日祀部」の職掌など、国家や天皇祭祀の状況が把握できていないため、この説には疑問が残る。

このような仏教受容の記録は、中国における廃仏とも異なる事象である。古代日本の神観念から推察すると、災害を神の啓示、所謂「祟り」を未然に防ぐかという祭祀方法が問題となっていた。その祟りという考えは仏教思想ではみない。さらに古代日本において他の信仰を排斥することは、「客人神」の信仰に齟齬することになり、その祟りを恐れるために実行することは難しい。

また、当時の日本人は外来文化に対して「かしこきもの、奇しきもの、稀なるもの」という認識をもっていたという。[注40] そのため、「仏」を「客人神（マロウドカミ）」として認識していたとすれば、その神は時には疫病をもたらすこともある。疫病をもたらす神も幣物を奉げて敬意をしめせば、祟りを起こさないと考え、悪神も善神として祭祀した信仰がうかがえる。すなわち、仏の住まいを焼いたり、河口へ流したりする行為は、その神が居ます世界（国）へ帰坐を求める方法であり、神道の祭儀の一種として残る「祓（ハラエ）」のような祭祀であるという説がある。[注41] 欽明、敏達朝の仏教伝来記事では必ず仏教信仰、疫病流行、仏を払う、災害・疫病という同じ内容が繰り返して循環している。まさしく、これは古代日本の神観念として存在した祟りの構造である。仏を神と置き換えて、この構造をみると、これらは古代の神祇の祟りにおける循環祭祀の体系と一致するのである。[注42] つまり、当時の為政者の観念には祟りを強く意識して仏教受容を認識していたのではなかろうか。

さらに、この時の祟りの事例として問題となったのが疫病である。その疫病神の信仰として挙げられるものに、『備後国風土記』逸文に残る疫病神「牛頭天王（スサノヲ）」の説話がある。これを参考に客人神である仏神の対応を考えれば、疫病をもたらした仏神のタタリを畏れるため、物部氏は祓の祭祀行為を執行したのであり、神に対して刑罰を執行したと考えることは難しい。

なお、罪と祓についてはスサノヲ神話にその淵源をみる。本来、禊が身体の穢れを除去して浄める行為を指すのに対し、祓は悪事行為や災害、疫病などの死に直結する罪を取り除く行為を指す。古代の文献において具体的に罪と祓について述べているものに『延喜式』巻八の「大祓」祝詞がある。そこには災害や疫病など死をもたらす原因を国津罪といい、それらは祓の対象であった[注43]。この「大祓」の祝詞の起源は七世紀ごろに『薬師経』の影響を受けて作成されたという。六世紀梁代に流行したという『薬師経』の原典『灌頂経』には天災・疫病を解除することが記されており、六世紀の仏教伝来とともに受容されたと考えられる。すなわち、仏教伝来当初に起こった国中に疫病が蔓延したという事柄は、国家が病によって穢れたため、罪を犯したということであり、国家神事として大祓（解除）を行ったと推察できる[注44]。

このように欽明、敏達朝における仏教受容の記述をみると、神祇信仰側が異教徒として排斥したのではなく、疫病をもたらした神を祓い、疫病をもたらした神を信奉した人々を処罰したと看取できる。「排仏」という用語は、近代において作られた造語である以上、六世紀の仏教伝来の事象を近世、近代の攘夷思想に偏った研究者たちで形成された言語で表現することは適切ではない。古代中国や明治維新で行われた排仏は、仏教者の追放、還俗や仏教文物の廃棄、破壊行為を行い、仏教排除の意識で行われた「廃仏」行為であるが、その「廃仏」という行動の観念によって、古代における仏教伝来の本質を捉えてしまったのである[注45]。しかし実際の蘇我・物部氏による対立は、渡来の神々の祭祀方針の議論であり、そこに「排仏」という意識はなかったのである。したがって、排仏崇仏論争ではなく、仏神の祭祀方法と信奉の論争であった。

おわりに

欽明朝に仏教が公伝し、それが欽明天皇によって蘇我氏へ委託祭祀された。仏教の受容は次の敏達朝でも受け継がれ、仏神の祭祀の方法と信奉で争われた。このような状況を鑑みて、「神道」という語句の誕生をみていくと、『書紀』敏達天皇即位前紀に「天皇不信仏法愛文史（天皇、仏法を信けたまはず、文史を愛みたまふ）」とある。『書紀』編纂者は冒頭で述べた用明紀に「天皇信仏法尊神道」と記し、仏教を「信」「不信」と対照的な表現で述べる。一方、仏教以外は「愛文史」、「尊神道」と分けて評価している。前者は五経や暦法など中国文化を愛すことであり、後者は中国の神祇信仰を尊ぶのではなく、日本の惟神《かんながら》の道を示すと思われる。ようするに「文史」と「神道」の意義は異なり、この二点は中国、朝鮮の文化と日本の神祇を指示したといえる。

そして、その二点に新たに伝来した「仏法」が加わり、仏教を強く意識して記述した。中国の信仰を含めた文化は「愛」であり、自国の神祇については「信」ではなく、「尊」であった。要は日本の信仰を「尊ぶ」、中国の信仰を「愛でる」、インドの信仰を「信じる」という行為で『書紀』編纂者は区分した。つまり、仏教は信仰するものであり、神道は信仰するというよりも、尊敬するものとして作用を区分したのである。

このように記された背景は欽明、敏達朝では仏教が中国文化の影響を受けた神祇信仰の範疇から脱しない状況を記したためと思われる。それは仏教が伝来する以前の交流が中国や朝鮮半島の国々のみであったが、仏教伝来によって初めて「天竺」という国の異文化を知った。これは従来の東アジアのみの世界観から西方の遠い国々への世界観が広まったということである。つまり、東アジアでの「神と人」という二項対立という信仰形態から「神と人と仏」という三項鼎立の関係へと認識が変容していった。そして、この三項鼎立の関係がわが国の世界観として認識され、後世に天竺、震旦、本朝という三国史観へと繋がっていったのである。

注

1 神道の語句については、以下の論考で考察されている。牟禮仁「「神道」日本書紀用例考――「神道」の語の特性をどうとらえるか――」(『皇学館大学神道研究所紀要』第十六輯、二〇〇〇年)。河野訓「漢訳仏典における「神」の研究」(『神道史研究』第四十九巻一号、二〇〇一年)。西宮一民「「『神道』の語義」をめぐって」(『神社本庁教学研究所紀要』第六号、二〇〇一年)。近年、韓国における百済の研究成果が明らかになりつつあり、前掲の諸研究は仏教が伝来した百済の儒教・仏教をふまえて検討がなされていないため、わが国に儒教、仏教を伝えた六、七世紀の朝鮮の状況を踏まえて再検討する必要があろう。特に仏教伝来した当時の百済の仏教は三論教学が受容されており、事例として『肇論疏』には「夫神道不形心敏難繪者　第五述元情也。述肇法師之元意。明不同莊老也。神道謂神妙之道。即佛道也。敏疾也。」(大正四十五、一六三・下)と述べている。拙稿「益山弥勒寺跡出土「金製舎利奉安記」について」(『注釋史と考證』〔戸川芳郎先生喜寿記念号〕創刊號、注疏考證學會〔代表・嵐義人〕、二〇〇九年)参照。

2 拙稿「六世紀における日本と百済の神祇祭祀――日祀部の制度と『周禮』の受容――」(『日本宗教文化史研究』二十巻一号、二〇一六年)。

3 拙稿「古代日本における鏡の宗教性――多紐細文鏡と仏獣鏡を中心に――」(『國學院雜誌』一一〇巻四号、二〇〇九年)。

4 中村潤子「三角縁神獣鏡の結跏趺坐像」、及び森浩一「考古学からみた仏教受容――仏獣鏡出土古墳と伽藍の造営――」(『同志社大学考古学シリーズⅥ・考古学と信仰』同志社大学考古学シリーズ刊行会、一九九四年)。古坂紘一『宗教史地図・仏教』(朱鷺書房、一九九九年、二〇四頁)。

5 谷省吾「鏡――その神宮における意味――」(『神道史研究』第二十巻五・六号、神道史学会、一九七二年、二〇三〜二〇五頁)、並びに「天武天皇の思し召しを推察し奉る――「明浄正直」考――」(『神道史研究』第五十五巻二号、神道史学会、二〇〇七年、五〇～五六頁)。佐藤虎雄「古代における鏡の思想」(『神道史研究』第十四巻四号、神道史学会、一九六六年)。井手直人「鏡の境界性」(『宗教研究』三四〇号、日本宗教学会・二〇〇四年)。瀬間正之「清明心の成立とスメラミコト――鏡と鏡銘を中心に――」(『高岡市万葉歴史館紀要』第一八号、二〇〇八年)

6 拙稿「仏獣鏡の伝播とその思想」(『龍谷大学考古学論集』Ⅱ、龍谷大学考古学論集刊行会、二〇一一年発行)。なお、この拙稿で仏獣鏡の先行研究も触れている。

7 この頃に仏教伝来したという可能性を指摘している説もある。田村圓澄『日本仏教史・1、飛鳥時代』(法蔵館、一九八三年、七五～八〇頁)。名畑崇「仏教伝来と仏像の伝説――光るほとけ――」(『大谷学報』六五巻四号、一九八六年)

8 西田守夫「赤城塚古墳出土の三角縁仏獣鏡」(『板倉町史』群馬県・板倉町教育委員会、一九八五年)。関口渉「三角縁仏獣鏡を彫った石碑」(『日本の石仏』一一六号、日本石仏協会、二〇〇五年)

9 龍谷大学仏教初伝南方之路調査班・代表執筆 木田知生『仏教初伝南方之路文物図録』(文物出版社、一九九三年)。木田知生「江浙初期仏寺考――仏教初伝南方ルート研究序説――」(『龍谷大学論集』四三九号、一九九一年)。山田明爾「仏像伝来の古ルート・雲南と海と」(『しにか』八月号、一九九二年)。入澤崇「仏教初伝南方ルートの調査と研究」(『龍谷大学仏教文化研究所報』十六号、一九九二年)、同氏「揺銭樹仏像考」(『密教図像』一二、密教図像学会、一九九三年)、同氏「仏と霊――江南出土仏飾魂瓶考」(『龍谷大学論集』四四四号、一九九四年)山田明爾「解脱と生天――江南明器の初期仏像について――」(『日本仏教学会年報』五九号、一九九四年)

10 伊藤隆寿『中国仏教の批判的研究』第一章、(大蔵出版、一九九二年、一二六頁)。伊藤隆寿氏はインド仏教思想と中国思想との間には格差があることを指摘する。

11 森三樹三郎『支那古代神話』(大雅堂、一九四四年)。小南一郎『中国の神話と物語り』(岩波書店、一九八四年)。堀池信夫・砂山稔編『道教研究の最先端』(大河書房、二〇〇六年)及び、福井文雅「道教の成立」『【講座道教】第四巻、道教と中国思想』(雄山閣出版、二〇〇〇年、二五二頁)。林巳奈夫『中国古代の生活史』(吉川弘文館、一九九二年)、及び同氏『神と獣の紋様学』(吉川弘文館、二〇〇四年)

12 前掲注9入澤論文「揺銭樹仏像考」四四頁において「仏像が単独の礼拝像として存在する例は四世紀以前には皆無である」と

断定されている。中国での仏像起源は、水野清一『中国の仏教美術』（平凡社、一九六六年）。鎌田茂雄『中国仏教史』第二巻「受容期の仏教」（東京大学出版会、一九九〇年）。エーリク・チュルヒチャー『仏教の中国伝来』（せりか書房、一九九五年）

13 例えば、現在の弁財天信仰をみると、神奈川の江ノ島や奈良の天川の弁財天は神社神道で祭祀されるが、そもそも弁財天信仰は、インド神話のサラスバティ（skt. Sarasvatī）という河川神が仏教に取り込まれた女神であり、『金光明最勝王経』「大弁財天女品」による。

14 前掲注4、森論文。

15 南近江地方の寺院では聖徳太子伝承があり、『扶桑略記』欽明天皇条に「長安寺は近江国栗太郡に在り、多他郎寺是なり」とある。鐡屋が後世で寺院に安置されている点をふまえると、仏教遺物の可能性が高い。なお、この『書紀』の記事の主人公である大伴連狭手彦は、のちに自分の娘を得度（出家）させている（崇峻天皇三年条「是歳、度尼、大伴狭手彦連女善徳、大伴狛夫人」など）。これについては後に考察したいが、六世紀の高句麗では三論、地論教義が受容され、僧官制を導入し、国家で仏教が繁栄していた（鄭善女『高句麗仏教史研究』書景文化社＊韓国語）。そのような状況で狭手彦自身は高句麗出兵当時に仏教遺物を「珍宝」と認識していたが、次第に神祇と仏教の相違に気づき、娘を神職や巫女の儀礼にない、「剃髪」という儀礼がある得度をさせたといえる。また古代における神祇信仰をみると、伊勢神宮の式年遷宮に奉納されるように神々へ「神宝」を献上する。当時の伝来品は最新の宝物を「珍宝」として神々へ捧げられた様相がみられる（岡田莊司編『日本神道史』吉川弘文館、二〇一〇年、笹生衛執筆）。さらに高楼は中国の大雁塔のような仏塔とも推測でき、仏塔の頂上には舎利龕や玉虫厨子のようなものが置かれるので、金属製の仏龕や板金で制作された厨子を「鐡屋」と認識してしまったとも考えられよう。これらについては今後に検討していきたい。

16 酒井清治「寺谷廃寺と勝呂廃寺への変遷」（『駒澤史学』八二号、二〇一四年）

17 『三国史記』では法興王十五年。『三国遺事』では法興王十四年。

18 五来重編『薬師信仰』雄山閣出版、一九八六年。なお、八幡信仰などで九州北部に早期から新羅仏教の伝来を指摘する説もあるが、新羅地域の考古資料において仏教伝来を確認できるのは六世紀半ば以降であり、その説に疑問が残る（拙稿「八幡神の百済仏教――仏教伝来と渡来人の諸問題――」『神道宗教』二一〇号、二〇〇八年）。なお、本稿の第一節や四節、五節をふまえると、わが国では六世紀半ばまでの私伝仏教について、渡来人を中心とした氏族の神祇信仰として認識されていたと思われる。

19　拙稿「古代日本における薬師信仰の受容――放生、大祓の神道思想を視座として――」（『日本印度学仏教学研究』六十六巻二号、二〇一八年）。
20　松木裕美「欽明朝仏教公伝異説考」（『國學院雑誌』八〇巻一一号、一九七九年）、笠井倭人『古代の日朝関係と日本書紀』（吉川弘文館、二〇〇〇年）、山尾幸久「日本への仏教伝来の学説をめぐって」（『立命館文学』五一一号、一九八九年、三二四〜三二六頁）
21　吉田一彦『仏教伝来の研究』（吉川弘文館、二〇一二年）
22　拙稿「六世紀における仏教受容の問題――『日本書紀』欽明天皇六年条「百済造丈六仏像」の再検討――」（『國學院雑誌』一一二巻、七号、二〇一一年七月）
23　中井真孝『日本古代の仏教と民衆』（評論社、一九七三年）。速水侑『日本仏教史 古代』（吉川弘文館、一九八六年）。
24　寺西貞弘「仏教伝来と渡来人」『古代史の研究』（関西大学古代史研究会、二〇一六年）
25　森博達『古代の音韻と日本書紀の成立』（大修館書店、一九九一年）。森氏による音韻分析では、欽明紀から用明紀までの仏教伝来記事は同じα群で記される。
26　遠山美都男「「蘇我氏」の出自は渡来人なのか」『古代史の最前線　古代豪族』（洋泉社、二〇一五年）。
27　川上麻由子『古代アジア世界の対外交渉と仏教』（山川出版社、二〇一一年）。管見では儒教の五経正義をみると、五経を広めて利益、功徳を得る教義をみない。
28　前掲注21吉田著書。北條勝貴「日本書紀と祟咎――「仏神の心に祟れり」に至る言説史」（大山誠一編『日本書紀の謎と聖徳太子』平凡社、二〇一一年）。
29　篠川賢『物部氏の研究』（雄山閣、二〇〇九年）。加藤健吉『蘇我氏と大和王権』（吉川弘文館、一九八三年）。
30　『法隆寺伽藍縁起幷流記資財帳』末尾に記された寺領には、「近江国栗太郡物部郷四段」、「近江国栗太郡物部郷一処」とあり、物部氏の旧領地が含まれている。これは前掲注15の「長安寺」との関連から着目できる。松本真輔「拡散する聖徳太子伝承――近江に広がる聖徳太子寺院建立伝承と守屋合戦譚の展開――」（武田佐知子編『太子信仰と天神信仰――信仰と表現の位相――』思文閣、二〇一〇年）。
31　前掲注16、酒井論文。
32　前田晴人『物部氏の伝承と史実』（同成社、二〇一七年）。

33 李炳鎬『百済寺院の展開と古代日本』（塙書房、二〇一四年）。
34 前掲注29著書、平林章人『蘇我氏の研究』（同成社、二〇一六年）参照。
35 文部省検定・国定教科書を中心に「排仏崇仏」用語の初見を調べると、明治五年の文部省『史略』には見られない。大森金五郎『中等日本歴史』（冨山房、明治三六年発行、明治三七年訂正刊行）、及び上原益蔵『中等日本歴史』（啓成社、明治三七年発行）、黒板勝美『日本歴史』（郁文社・積文社、明治三六年成立、明治三七年刊行）、『日本歴史』（吉川弘文館、明治三八年）文部省検定済みに「排仏」という用語が見られるようになる。
36 藤森馨「鎮花祭と三枝祭の祭祀構造」（『神道宗教』二一一巻、二〇〇八年）。『記紀』では宮中で天照大神と大国魂神を並べて奉祀していたため、タタリが起き、分けて祭祀をしたという事例がある。
37 岡田莊司「古代神祇祭祀体系の基本構想――天社・国（地）社祭祀制――」（『神道宗教』二四三号、二〇一六年）。
38 三橋正『日本古代神祇制度の形成と展開』（法藏館、二〇一〇年）。
39 前掲注26、遠山論文。
40 折口信夫『折口信夫全集』一、二巻（中央公論社、一九九五年）。
41 西田長男『日本神道史研究』第三巻（講談社、一九七八年）。
42 岡田莊司「古代の天皇祭祀と災い」（『國學院雜誌』一一二巻一一号、二〇一一年）。
43 青木紀元『祝詞古伝承の研究』（国書刊行会、一九八五年）。
44 前掲注19拙稿。
45 「廃仏」と「排仏」の定義について。中国における仏教史を考慮すると、南朝道家のよる『夷夏論』や北朝の廃仏を鑑みて、思想的背景を指摘する時には「排仏」を使用し、破壊行為などの物理的背景を指摘する時は「廃仏」と表現する。

令制神祇祭祀の神饌と動物供犠・仏教

佐藤　眞人

はじめに

神に捧げる食物である神饌は新嘗祭等における神人共食をはじめ神道の祭儀の主要な構成要素であり、神事に伴う直会・饗宴や、斎戒の食物禁忌とも関連する。神饌の中で、米および米を材料とする酒は神祇祭祀にとりわけ重視すべきものと見なされてきた。令制神祇祭祀の柱となる大嘗祭・祈年祭・新嘗祭・神嘗祭・月次祭等は稲作を基盤とした祭祀とされており、神に捧げる食物として米の重要性は柳田国男をはじめ民俗学において早くから強調されてきたところである。

さらに稲作以外に畑作文化、あるいは狩猟・畜産文化を基盤とする祭祀についてもここ四十年来着目されている。坪井洋文氏[注1]や原田信男氏[注2]、中村生雄氏[注3]らの成果によって、イモの正月や、動物の肉の供饌など、神祭りにおける稲作以外の文化系統に由来する祭祀についての研究が進展している。

こうした流れの中で、令制神祇祭祀においても家畜供犠が存在したという学説が近年提唱されている。例えば祈年祭において古くは牛の供犠が行われたとする平林章仁氏の研究がある。[注4]また義江明子氏なども祈年祭の原型となった御歳神の祭りに牛宍を神に供え食する饗宴儀礼が存在したとしている。[注5]原田氏もまた祈年祭に供犠が行われたと推定している。このように古代神祇祭祀においても家畜供犠の儀礼が行われたとする説が近年提唱されている。その結果、日本の神祇令が唐の祠令を規範としているにもかかわらず、朝廷神祇祭祀には祠令に定める犢（こうし）・羊・豕などの家畜の犠牲が取り入れられなかったという栗原朋信氏[注6]や井上光貞氏[注7]の学説が揺らいでいる感がある。

令制神祇祭祀において果たして動物の供犠や献饌が行われたのか、祭料や神饌は家畜・野性獣・野鳥・魚介類のうちどの範囲から選択されたのか、問題を整理し確認しなければならない。朝廷の公的祭祀と地域の神社や民間の祭祀の区別、あるいは斎戒の場の禁忌と世俗的日常の場での禁忌との区別が曖昧なままでは議論が錯綜するだけであろう。また神仏習合の中で、仏教の影響があったか否かについても検証が必要となってくるだろう。こうした点に留意しながら令制神祇祭祀の神饌と供犠について考察してみたい。

一　令制神祇祭祀における家畜・鳥獣供犠

令制神祇祭祀における祭祀の料物の中身は「神祇令」の中にはほとんど触れられておらず、『延喜式』においてその詳細が定められている。祭祀の料物には祭により「解除料」「斎服料」「神殿装束料」「禄料」等に区別される場合もあるが、「祭神料」とあるもの、および上記の区分が無い場合は神への供物（およびその材料）が大部分を占めている。それら供物の中身は布帛・糸や食料、武具、農具、容器、炊飯具等が列挙されるが、この中の食料品は神饌（およびその材料）と見てよい。

「神祇式」記載の諸祭において神饌やそのための料物に用いられた品目を分類すると概ね左のようになろう。

穀類　米、白米、糯米、稲、大豆、小豆、赤小豆

酒類　酒、清酒、濁酒

魚介類　鰒（鮑）、東鰒、堅魚、烏賊、平魚（たい）、鮭、与利刀魚、比佐魚、熬海鼠、腊魚（ほしいお）、腊[注8]（きたい）、鮨、海藻、滑海藻、凝海藻、海松、海藻根、雑海藻

その他　塩、橘子、菓子

こうして、日本の神饌の構成要素を大局的に見るに、従来から指摘される米とともに海産の魚介類がもう一つの柱となる品目であることがわかる。これは決して海産物の豊富な海岸部の神社祭祀に限ることではなく、内陸部の神社の祭である春日祭・鎮花祭・三枝祭・大忌祭・風神祭・平野祭や、畿内のとりわけ大和盆地の諸社を多く対象とする相嘗祭などにおいても同様である。神饌に関する個別の事例研究は多いが[注9]、海産物の神饌のこのような重要性にもかかわらず、総合的な研究としては渋澤敬三氏の「『延喜式』内水産神饌に関する考察若干」「式内魚名」等の一連の研究以後は、あまり進展していないのが現状である。[注10]神饌に大量の海産物を用いる意味は今後の大きな考究すべき課題であるといえよう。

またこれに関連して問題とすべきは『延喜式』「神祇式」に見える神饌となる祭料の特色として、魚介類が欠かせないなか、鳥獣の類がほとんど見えないことである。

ただし「神祇式」所載の祭祀には、神社に奉献する神馬を除き、鳥獣を供える事例が四点ほど指摘できる。こ

れについては供犠あるいは神饌として捧げられたものか否が問題となっており詳しく取り上げてみたい。

その第一は「祈年祭」の幣帛として「御歳社加二白馬、白猪、白鶏各一一」[注11]とあるように御歳社（葛木御歳社）[注12]のみを対象として、祈年祭の祭神の幣帛に加えて白馬・白猪・白鶏を献ずることが見える。「祝詞式」の「祈年祭」祝詞にも同様に見える。

第二には「臨時祭式」の「霹靂神祭」条に祭料として「鰒・堅魚各六斤、腊六斤、塩四升、海藻八斤、雑海菜二十斤、米二斗、酒四斗、稲四束、缶・盆各二口、坏六口、水戸二口、鶏二翼、匏二柄（下略）」と、鶏二翼が見える。

第三には「臨時祭式」の出雲国造神賀詞の儀に関する「国造奏神賀詞」条に「玉六十枚、金銀装横刀一口、鏡一面、倭文二端、白眼鴾毛馬一疋、白鵠二翼乗レ軒、御贄五十舁舁別盛二十籠一」[注13]とあって「白眼鴾毛馬」と「白鵠」が見える。「祝詞式」の「出雲国造神賀詞」によればこれらの品々は潔斎の後上京して神賀詞を奏上する時に天皇に献上する神宝とされたものであった。

第四には伊勢神宮の諸祭であり、「伊勢大神宮式」の「山口神祭」の条に「鰒四斤、堅魚六斤、腊四斤、塩二升、雞二翼雄一、雌一、鶏卵十枚」とあるように、鶏がつがいで二翼と鶏卵が見える。「採正殿心柱祭」条にも同様に「雞二翼」と「鶏卵十枚」が見える。「鎮祭宮地」条には「雞二翼、鶏卵二十枚」さらに「大神宮所摂宮地鎮料」として「雞八翼、鶏卵四十枚」「度会宮所摂宮地鎮料」として「雞二翼、鶏卵十枚」「造船代祭」条にも「雞四翼、鶏卵二十枚」と見える。

これらの事例は、第三の出雲国神賀詞の儀を除き、食物として供えたもの、あるいは祭の場で殺す犠牲として捧げられたものと見なす学説があり、果たしてそうした目的で捧げられたものか否かについては検討の余地がある。まず第三の出雲国造神賀詞奏上において供えられた「白眼鴾毛馬」と「白鵠」であるが、「祝詞式」の「出雲国造神賀詞」にはこれらを含む「御禱乃神宝」について次のように述べている。

白玉能大御白髪坐、赤玉能御阿加良毗坐、青玉能水江玉乃行相尓、明御神登大八嶋国所知食天皇命能手長大御世乎、御横刀広尓誅堅米、白御馬能前足爪後足爪蹈立事波、大宮能内外御門柱乎、上津石根尓踏堅米、下津石根尓踏凝之、振立耳能弥高尓、天下乎所知食左牟事志太米、白鵠乃生御調能玩物登、倭文能大御心毛多親尓[注14]（以下略）

これによると白玉は「大白髪」すなわち天皇の長寿を願い、赤玉は「あからび」すなわち天皇の血色のよさを願い、青玉は川の水の青さを称えることを意味するというように、神賀詞の儀式に献じられる神宝の一つ一つに意味をもたせている。その中で「白御馬」すなわち「臨時祭式」に見える「白眼鴾毛馬」は馬の足により天皇の宮殿の門を踏み固め、振り立てた耳により天下を知ろしめすためのものであり、「白鵠」は生きたまま献上して天皇の愛翫物とするためであるとしている。この白鵠は従来指摘されるように垂仁天皇の御子であるホムチワケが鵠の音を聞いてはじめて言葉を話せるようになり、天皇がフトマニを行ったところ出雲大神の御心によることが判明したという『古事記』垂仁記の話に由来するものである。それゆえ馬も白鵠も神に捧げる神饌や天皇に捧げる贄といった食物ではなく、また殺すための犠牲でもなかったことは疑問の余地がない。

次に第四の伊勢神宮の事例であるが、これについて前川明久氏は「伊勢神宮の神饌卵と祭祀氏族」において、鶏と鶏卵の意義について論じている。[注15]

伊勢神宮において鶏が供えられることについて、前川氏は天岩戸神話において、常世の長鳴鳥の鶏鳴が天照大神を岩窟から外に引き出す先触れとなったことや、式年遷宮の儀において御巫内人が新宮の玉垣御門と瑞垣御門に立って鶏鳴三声を発した例を挙げて神事の開始を告げる意味があったと指摘している。

また鶏卵を供えることについて、前川氏は古代朝鮮の卵生神話との関連性を指摘している。さらに鶏卵が霊魂の容器であるとする三品彰英氏の『神話と文化史』に見える学説を踏まえながら、古代人が卵に神秘的な生命力・生成力を感じて、再生のシンボルと捉えていたとする。[注16]

この鶏卵が神饌であったことについて、著書に収められた右の論文の付記において次のように述べる。

卵が古代信仰の対象となったのは、鳥や虫が卵から出生する神秘的な生命力や穀物が皮殻を脱して発芽する生成力を、古代人が神の出現に通ずる超自然的なものとして受けとったからであり、このような神秘的な超自然的な力をもつ卵を再生のシンボルとして、祭祀のさい神饌として供えたのである。ゆえに卵は食物であったが、やがてこれを人も神も共食するという宗教観念によって、神秘的な生命力や生成力をえようとしたのであり、卵生伝説を始祖信仰とした王朝にあっても、卵は神饌とされ人にも食用として供せられたのである。[注17]

すなわち前川氏は鶏卵が神饌として供えられたものであり、また神人共食されたものと見ているのである。加えて、鶏もまた神饌であったとしている。[注18]

しかしながら祭に供えた鶏と鶏卵が神饌であり食用となったことについては伊勢神宮の記録の中には見えず、あくまで前川氏の憶測に過ぎない。また氏は伊勢神宮の鶏と鶏卵の献上が古代朝鮮の卵生説話、および中国の『荊楚歳時記』等に見える鶏を辟邪のために犠牲とする習俗の系譜を引くとも論じている。[注19]しかしながら岡田精司氏が批判するように、この両系統が一つの祭儀の中で結びつくに至った要因や、こうした大陸系信仰が伊勢神宮に流入・定着した具体的経路を十分に論証しているとは言えない。[注20]また辟邪などを目的とした犠牲であるのか、食物としての神饌であるのかという点についても論旨が明確ではない。

鶏と鶏卵が神饌であったという前川氏の主張については、いくつか疑問点を挙げてみたい。第一には『延喜式』の祭料の品目の記載の順番に注目したい。『延喜式』では、多少の例外はあるものの概ね最初に布帛類が掲げられ、穀類、酒類（穀類と酒類の順番は前後することがある）、魚介類、塩、菓子の順番になっている。それに続いては神饌を盛るためなどに用いる祭器類が続くのが通例である。

「伊勢大神宮式」では鶏と鶏卵は調味料である塩と祭器である陶器・土器との間に記載されており、食品である神饌と同類として扱われていたのか微妙な位置にある。さらに明確な事例として『延喜式』より古い『止由気宮儀式帳』の「山口神祭」条によれば「祭用物」として「酒一斗、米一斗、雑腊一斗、堅魚二斤、鮑二斤、海菜一斗、塩二升、土師器五十口、陶器五十口、雞二羽雄一、雌一、雞卵十丸」[注21]と『延喜式』とほぼ同様の品目が見えており、また「宮所鎮謝」の用物にも「酒二斗、米二斗五升、雑腊二斗五升、堅魚三斤、鮑三斤、海菜二斗五升、塩二升、陶器二十口、土師器二十口、雞二羽雄一、雌一、雞卵二十丸」とある。ここで注目されるのは、鶏・鶏卵がいずれも祭器の次に記されており、食料としての神饌類とは隔てられて区別されているように受け取れることである。[注22]

また先に掲げた「霹靂神祭」に供える「雞二翼」も神饌となる食品に続いて祭器類を列挙している中に「缶・盆・坏・水戸」と「匏」との間に挿入される形で記されており、伊勢神宮の諸祭と同様に、神饌とは区別されるものだったのだろう。

第二に、家禽である鶏は古代には時を告げる鳥として飼育されており、江戸時代にも農家では一つがいが飼われていたのが普通であり、都市の料理屋を除き一般には食用にはされていなかったという佐原真氏の指摘がある。[注23]

佐原氏は例外的に鶏を食用とした古い事例として『日本書紀』に見える天武天皇四年（六七五）に出された左の殺生禁断令を取り上げている。

詔二諸国一曰、自レ今以後、制二諸漁猟者一、莫下造二檻穽一、及施中機槍等之類上。亦四月朔以後、九月卅日以前、莫レ置二比弥沙伎理・梁一。且莫レ食二牛馬犬猨鶏之宍一。以外不レ在二禁例一。若有レ犯者罪之。[注24]

この中で牛・馬・犬・猿と共に鶏が禁断の対象とされており、佐原氏は当時鶏が食用とされたことが窺えるとしている。

しかしながら、この禁令には当時の主たる狩猟対象であった鹿・猪や雉などが見えない。野獣に関しては「檻穽」「機槍」という特殊な仕掛けの使用を禁じているに過ぎず、弓矢による狩猟は禁じていない。魚についても、梁の類の捕獲用の漁具を禁じるのみで、漁撈そのものを禁じているわけではない。それにひきかえ主として労役に使用された牛と馬の肉食をあえて禁じている。さらには「以外不レ在二禁例一」としてその他の動物については禁制の対象外であることをあえて付言している。ここから判断すれば、通常は食料としない動物を禁制の対象に選んでいると見ることができる。このことはおそらく殺生禁断令が民衆の生業や食生活に極力影響を及ぼさないように配慮したためであり、実効性の薄い形式的な禁令であったと考えるべきであろう。漁具や肉食については四月から九月の間に限って禁じている点を見ても、仏教の不殺生の倫理から発したというよりも、農耕の時期に殺生禁断を命じて、その功徳により豊穣を期することに本意があったといえる。従ってこの禁令において鶏を対象としたことは、むしろ当時、鶏を通常の食料には用いていなかったことを物語るものであろう。

また関根真隆氏は、『奈良朝食生活の研究』において、鶏が食用とされていたことを裏付ける事例として、『続日本紀』から二点の記事を引いている。[注25] 一つは養老二年四月乙亥条の筑後守・道君首名の卒伝の中に、「勧二人正業一。為二制条一、教二耕営一、頃畝樹二菓菜一、下及二鶏肫一、皆有二章程一、曲尽二事宜一」と見え、任国において農業政策を進めたことを記すが、その中に「鶏肫」すなわち鶏と豚の飼育を勧めたという。これは中国的な表現を用いた文飾である可能性もあるが、当時の九州北部地域においては、鶏・豚を食用とする大陸風の食文化があったことを物語るとも考える余地がある。もう一つは養老五年（七二一）七月庚午条の元正天皇による放生の詔である。この中に「放鷹司鷹狗、大膳職鸕鷀、諸国雞猪、悉放二本処一」とあり、放鷹司で飼育する狩猟に用いる鷹と犬、大膳職で飼育する鵜飼いの鵜とともに、諸国の鶏と猪の放生を命じたことが見えている。この時放生の対象となった生き物は食用の家畜に限らない点も注意すべきだが、鶏を食用としたことを窺わせる史料といえよう。しかしながら、例証がこの二つのみであることは、むしろ鶏が食料として大きな比重を占めていなかったことを物語るのではなかろうか。

　朝廷においてどのような鳥類が食用とされていたかについて調べてみるに、『延喜式』「主計上」の中男作物や尾張国・参河国の調、信濃国の中男作物の中には「雉腊」が見えており、また「内膳司式」には「旬料　大和国吉野御厨所レ進鳩」と「鳩」の名が見える。また奈良文化財研究所の木簡データベースによれば、平城京出土木簡に「雉腊」[注26]「東市買進上物雉一翼」[注27]という二例が見え、雉の他には食用と明確に判定できる鳥類の名は見えない。朝廷に貢納される食用の鳥類は主として雉であったようである。平安時代の貴族の日記にも雉を食用にした記事はいくつか見られる。[注28]

　家禽である鶏の肉に関しては朝廷内部で食用とした記録は管見に及んだ限り見当たらない。従って鶏肉は民間において食用とされることがあったとしても、朝廷で食用に供されるものではなかったのであり、こうしたものを神に献上する神饌の品目に含めたとは考えがたい。

第三に佐原氏によれば平安時代に鶏の卵を食用にしたという記録も、『古事談』（成立は鎌倉時代）の巻二に藤原惟成が花見に持ち寄る食事として「鶏子」を器に納めて持参した話[注29]以外指摘されていないという。[注30]鶏卵については『延喜式』や木簡データベースにも見当たらず、当時の食習慣では鶏の卵を食することもまた極めて希なことであったようである。従って鶏卵も三品氏の指摘しているように神霊の容器として用いられたものであり[注31]、前川氏の先掲の引用文にも見えるように神霊の再生の意味を込めて神前に供えるものであって、神饌ではなかったと考えるべきであろう。

すなわち伊勢神宮の諸祭において供える鶏と鶏卵は神の食物としての神饌ではなく、神饌とは異なる供物の扱いを受けていたとみるべきであろう。また供犠に用いられたとする説は朝鮮や中国の事例を根拠に引くのみであり、日本の朝廷神祇祭祀において行われた確証はなく憶測でしかないだろう。

最後に第一の事例である『延喜式』「祈年祭」条に見える「白馬・白猪・白鶏」についてである。これについて『令集解』の「仲春　祈年祭」条には「別葛木鴨名為二御年神一。祭日、白猪・白鶏各一口也[注32]」と見える。続く細注によると、この文は『大宝令』の注釈書である「古記之文」であるという。「古記」の成立したのは天平十年（七三八）頃とされるが[注33]、おそらくその時代には既に「白猪」「白鶏」が供えられていたことが確実となる。『古語拾遺』の成立した大同二年（八〇七）には「白馬」が加わっており、その後『延喜式』の段階では「白馬」が「白猪」「白鶏」より上位とされたという変遷が窺える。

これらの動物が犠牲として祭の場で殺されたものであるのか、さらには神饌として捧げられたものであるのか、従来から議論のあるところである。『古語拾遺』の「御歳神」条に祈年祭に関連する話が次のように見える。

大地主神が田をつくる日にあたり、耕作する「田人」に牛の宍を食べさせたところ、御歳神の子がこれを見て饗に唾を吐き、父のもとに還りその様子を告げた。御歳神は怒りを発して蝗を田に放ち収穫を損じた。そこで大地主神が巫女に占わせたところ、白猪・白馬・白鶏を献じて神の怒りを解くべきとの教えを得たという。これが今、神祇官が白猪・白馬・白鶏を以て御歳神を祀ることの由来である。以上が『古語拾遺』に見える話である。

平林章仁氏は葛木御歳神の祭りにおいて朝鮮半島由来の大陸系殺牛祭祀がかつて行われていたとし、これが変容して白馬・白猪・白鶏に代えられたとの見通しを述べている。[注34] 大地主神が本来御歳神に供えられるべき牛を先に「田人」に供給したために、御歳神の怒りをもたらしたと解釈している。たしかに平林氏が論じるように、大和の葛城は渡来人の集住する地域であり、御歳神の話には渡来人の殺牛祭祀の習俗が反映していたと見ることはできよう。[注35] しかしながら原田信男氏[注36]が指摘するように、御歳神への供物がそもそも牛であったとする根拠がないうえに、牛が馬・猪・鶏に変化したという理由も説明が十分ではなく、御歳神の祭祀に殺牛儀礼があったというのは憶測に過ぎないであろう。

スサノヲノミコトが高天原で「畔放」や「溝埋」「尿麻理」を行い、さらには天の斑馬を「逆剥」にして忌服屋に投げ落とすという乱暴を働いたため千座の置戸を負わせて追放したという記紀の神話が、「祝詞式」に見える天津罪や大祓の起源を語るものであったと同様に、『古語拾遺』の「御歳神」の話は神祇令に定める肉食禁忌の由来を物語る神話であったと捉えるべきであろう。

また原田氏も『令集解』に見える「白猪」「白鶏」が供犠を目的として捧げられたことを肯定しており、『古語拾遺』にはじめて見えてくる「白馬」については朝廷の「白馬節会」の例を引きながら、白馬に対する神聖視により新たに加わったものであるとする。また白馬が加わった『延喜式』段階では供犠自体は行われなくなった可能性が考えられるとしている。[注37] 鶏を犠牲に捧げたとする点について、原田氏は先の前川氏と同様に朝鮮半島などの事例があることを根拠としているが、先述の如く古代日本において鶏の供犠の痕跡は見出し難いように思われる。

「白馬」については原田氏も指摘するように神社に奉献される神馬同様、供犠や神饌にするためではなかったと考えられる。しかしながら、祈年祭に供えられる猪と鶏は犠牲や神饌として供えられたのであろうか。祈年祭に供える猪と鶏は文献上の初出である大宝令の注釈書「古記」の段階から既に白き猪と白き鶏であり、白い動物が選ばれたことについては注意を払うべきだろう。

「白猪」は『古事記』の中にもヤマトタケルノミコト命が伊吹山に登ったときに白猪と出会い、この白猪を伊吹の神の使者であろうと言挙げしたという話が見える。またヤマトタケルノミコトは死後「八尋白智鳥」となって天に上って飛び去ったとも見えている。先述の出雲国造神賀詞儀礼における「白馬」「白鵠」の献上や、餅的が白鳥となって飛び去ったという古風土記の白鳥伝説、『日本霊異記』下巻に「陀我大神」が「白猴」の姿で現れた話や、武甕槌命が白鹿に乗って鹿嶋から出立し春日に影向したという伝えなど、日本では古代から中世に至るまで白い動物に神の化身あるいは神使という神聖性を認めていたのである。そうした神に通ずる神聖性を帯びた動物を供犠や神饌に用いたとは考え難いだろう。

神祇祭祀に生きた動物を供える場合、それは供犠や神饌を意味するものと決めつけることは慎重であるべきで、神聖な霊力ある動物を見せることや、神がそれを納受することによって神の霊威の増強や神霊の再生につながるという発想があったと考えるべきであろう。以上の検討によって少なくとも生きた動物を神前に供えて殺す供犠の儀礼は、令制神祇祭祀の中には確認できないということになろう。

二　食宍の禁忌

次に、令制神祇祭祀において動物の肉を神饌として供えることについて検討したい。先ず「神祇令」散斎条には祭の前後の斎戒の中身について左のような規定がある。

凡散齋之内。諸司理レ事如レ旧。不レ得二弔レ喪問レ疾食一レ完（宍）。不レ判二刑殺一。不レ決二罰罪人一。不レ作二音樂一。不レ預二穢悪之事一。[注38]

この中に見える「食宍」の禁止については、唐の「祠令」に見えない日本独自の規定であることが指摘されている。[注39]これに関連して「臨時祭式」にも「喫宍」を三日の忌と規定している。また「践祚大嘗祭式」「斎宮寮式」「斎院司式」には、忌詞の一つとして「宍称レ菌」と見え、「宍」が禁忌の対象であったことが知られる。[注40]

神祇令の「宍」とはどの範囲の肉が含まれるのか。既に平雅行氏[注41]が指摘しているが、「僧尼令」にも「食宍」の禁制があり、『令集解』によれば「僧尼令」五辛条に「凡僧尼飲レ酒食レ宍服二五辛一者三十日苦使」と食宍の禁止規定がある。この「食宍」について義解および釈記には「食レ宍者広包二含生之肉一也」見え、生類の肉全てを含むことを意味するとしている。さらに「跡云、宍謂二含生類一与二神祇令宍一義異也」とあり、跡記によれば、僧尼令に「含生類」を「宍」というのは神祇令のいう「宍」とは意味が異なるとしている。さらに同条には「古記云、食二宍五辛一者、謂魚鳥之類亦同」とあって、大宝令の注釈書「古記」によれば「僧尼令」でいうところの「宍」には「魚鳥之類」も含まれるとしている。[注42]このことは逆にいえば一般的に「宍」の中には魚鳥を含めなかったことを意味するものだろう。[注43]

木簡データに見出える「宍」の具体的中身はほぼ「鹿宍」「猪宍」に限られるようである。[注44] これに対して鳥類を「宍」と称した例は『令集解』『延喜式』や木簡データには見当たらない。また「牛宍」「馬宍」の語も同様に見当たらず、奈良・平安時代においては民間はともあれ、朝廷において牛・馬など家畜の肉を食用とすることはほぼ無かったと推測される。したがって神祇令における「宍」とは、具体的には魚鳥を除く肉、主として鹿・猪の獣肉を意味したものと考えられる。

「魏志倭人伝」によれば喪の十日間には肉を食さないという習俗があったと見え、また航海にあたり選ばれる「持衰」も肉食の禁忌を課されたとある。従って宗教儀礼の場における「食宍」の禁忌の源流は弥生時代末期まで遡ると考えられる。[注45]

先述のように「神祇式」には「宍」を祭料に加えることは無いが、『延喜式』の定める祭祀全体を見渡して注目されるのは、「神祇式」以外の式文において「宍」すなわち肉類を神饌とする例が見えることである。

一つは儒教祭祀である釈奠において三牲を供えることである。中国皇帝祭祀において、三牲とは犢・羊・豕（豚）の三種であるが、「大学寮式」では大鹿・小鹿・豕（猪）を供えることと定められている。日本には縄文時代以来の系統の狩猟文化があったが、肉食を伴う畜産文化は未発達であったため、家畜を野獣に替えたのである。釈奠においては「大学寮式」および「雑式」の諸国釈奠の条に斎戒の規定があり、「神祇令」斎戒条とほぼ一致するが、「食宍」の禁止は定められていない。

また日本では釈奠の他に上天を祭る郊祀が桓武朝・文徳朝に計三度行われており、「犠斉」「燔燎」「胙」という語が見えることから動物供犠の儀礼を行ったことが確認される。[注46] ただしこれは中国皇帝祭祀をそのまま導入したものであり、令制神祇祭祀の枠外にあるものだった。

これに関連して『日本紀略』の弘仁十一年二月丁丑（五日）条に釈奠を停めた記事がある。この日は前日の四日に行われる祈年祭の後斎日に当り、三牲を忌むべきであることが理由であった。以後は祈年祭の祭日と重ならないよう春の釈奠には仲丁の日を用いるように定めている。このように動物供犠を伴う大陸系祭祀は令制神祇祭祀の立場からは禁忌に触れるものと見なされたのである。

また「陰陽寮式」には儺祭の料として堅魚・鰒・乾魚等の魚介類に加えて、「脯」「醢」各一斤が見え、[注47]御本命祭に「脯廿五朐」三元祭にも「脯九朐」が見える。[注48]さらに「織部司式」によれば七夕にあたる七月七日の織女祭にも「脯一斤」[注49]が祭料の中に見える。脯は薄切りの干肉であり、醢は肉の塩漬け、ないしはそれに由来する調味料をいう。これらの材料は魚肉の場合もあるが、おそらく獣肉を材料にしたものであったろう。[注50]ただしこれらの祭はいずれも中国の祭祀・年中行事に由来するものであり、また大学寮・陰陽寮・織部司がそれぞれ所管する祭祀であるので、神祇官が関与する祭祀ではなかった。

さらには、竈神の祭にも獣肉を供えることがあった。「大炊寮式」の「竈神八座」の祭料にも「東鰒三斤、猪宍、雑腊・堅魚・海藻各二斤八両、塩一升六合、米・酒各八升、稲八束」[注51]と見え、東鰒・堅魚・海藻等とともに「猪宍」が供えられている。さらに「造酒司式」の「四座竈神」の祭料にも「猪宍」[注52]と見える。これは竈神が大陸系の渡来神であったことの痕跡を示すものであろう。[注53]ただしこれらもまた大炊寮・造酒司の官司内における祭祀であり、「神祇式」に定める神祇官の管掌する祭祀ではなかった。

一方「神祇式」においても、同様の竈神の祭として鎮竈鳴祭・御竈祭・御井幷御竈祭・中宮御竈祭が見えるが、これらの諸祭はいずれも祭料に畜獣の肉は見えず、大陸系祭祀の特徴が払拭されている。すなわち意識的に畜獣の神饌を排除したと考えられる。[注54]

しかしながら「祝詞式」の広瀬大忌祭・龍田風神祭・道饗祭の祝詞には「山（山野）に住む物は、毛の和き物、毛の荒き物」と見える。これは山に棲む鳥獣を意味するものとされるが、「四時祭式」の右の諸祭の幣帛の品目には鳥獣は見当たらない。この矛盾点については本来鳥獣が捧げられていたが、時代と共にそうした風習が衰退したと見なして、「祝詞式」に収める広瀬大忌祭・龍田風神祭・道饗祭の祝詞と「四時祭式」の祭料に関する式文の成立に時代差があったと推測することも可能であろう。例えば三宅和朗氏は広瀬大忌祭・龍田風神祭の祝詞は律令成立期に遡るとしている。[注55]「四時祭式」の祭料に関する式文は『弘仁式』あるいは『貞観式』段階まで下るとすれば、その間に鳥獣の献饌が廃されたという可能性もあり得よう。

「祝詞式」には鳥獣の他に「甘菜・辛菜」を神饌として供えたことが祈年祭・春日祭・平野祭・月次祭・鎮御魂斎戸祭・遷却祟神の祝詞に見えるが、四時祭式の祭料には甘菜・辛菜に相当する品目がやはり見当らない。

さらに言えば、祈年祭において「祝詞式」に祭に捧げる神饌として「大野の原に生うる物は甘菜・辛菜、青海原に住む物は鰭の広物・鰭の狭物、奥つ藻葉・辺つ藻葉に至るまで」との語がありながら、「四時祭式」では神祇官の官幣に預かる祭神七三七座のうち、五三九座の神には神饌に充てるべき食品が幣帛の中に全く含まれておらず、残る一九八座（幣を案上に奠る社）の祭神に対しても「甘菜・辛菜」に相当する品目が見えない。

このことは「神祇式」の祭料に列挙される食品が、神饌の全てであったとは限らないことを意味する。「神祇式」の祭料の中に見える食品は、神祇官の管掌のもと、神祇官及び太政官の諸官司により調達されるべき品目のリストであり、朝廷から支給されない品目については現地の祭祀組織による調達であったことが窺われ、鳥獣類もそうした品目として扱われていたのだろう。

獣類を神饌とすることは信州の諏訪神社や中世の阿蘇神社、宇都宮二荒山神社にもあり、さらには椎葉神楽・

銀鏡神楽など現在民間に行われる祭祀・芸能にも鹿・猪等を供える事例が多くある。また諏訪神社の御射山御狩神事や阿蘇神社の下野狩のように狩猟そのものが神事として位置付けられていたため、鳥獣類を朝廷からの支給に頼らないという事情もあったものと思われる。山岳高地など稲作不適の地域においてはこうした縄文時代からの狩猟文化の系譜を引く祭りが行われていたのである。

それゆえに「神祇令」「神祇式」の「食宍」の禁忌はあくまで朝廷内の斎戒や祭祀に適用されるものであり、神祇官が支給する祭料には禁忌とされる宍が含まれないが、中祀・小祀に列格する諸社の公祭をはじめ、各神社における祭祀については規制の対象にならなかったといえよう。

また、神社の神饌について中世の文献には「魚鳥」と表現する例も多い[注56]。『延喜式』神祇式に見える神饌の品目には鳥類が含まれていないが、香取神宮大饗祭の鴨や春日若宮御祭の大宿所祭の懸鳥の雉など、神社の神饌において魚介類とともにしばしば雉・鴨・鶉などの野鳥が献じられる。京都の賀茂社の神饌にも、神饌の中に野鳥が含まれている[注57]。野鳥を神饌に供えることは縄文時代の狩猟文化の系譜ともいえるが、稲作文化においては、稲作が営まれる沼沢地に生息する水鳥を狩る文化が付随していたことも指摘されている[注58]。鳥類を神饌に加えることはこうした稲作文化の系譜に列なるものとも考えられる。

しかしながら注意すべきは「神祇式」の祭料には野鳥類もまた見えないことである。また『儀式』「践祚大嘗祭・中」にも大嘗祭の神饌について『延喜式』より詳しい品目を載せるが、この中にも野鳥類は見えない。『儀式』の新嘗祭や月次祭の神今食の記事においても同様である。

一方、天皇の日常の食膳について「内膳司式」によって見れば、五月五日節の料に「鳥腊四斤[注59]」とあり、また「諸国貢進御贄」の中の「節料」に「参河国進雉[注60]」、「年料」の中にも尾張国と太宰府が「雉腊[注61]」を貢進することが定められている。このように鳥類が天皇の食膳に上っていたことを踏まえれば、神事において鳥類を供えたり、鳥類の神人共食が見えないことには宗教的規制が働いていた可能性があるだろう。すなわち右に見たように諸社の祭における神饌には鳥類への忌避意識がなかったようであるが、朝廷の神祇祭祀においては鳥類を宍の一種と見なして忌避する意識が働いていたということが考えられる。ただしそれが律令制定時、あるいはそれ以前からの禁忌としてあったのか、その後時代とともに獣肉禁忌意識が強まると共に鳥類をも宍の一種として排除していったものであるのか、今後の課題になろう。

三　令制神祇祭祀と民間の家畜供犠祭祀

次に令制神祇祭祀と民間の家畜供犠の祭祀との関連について検討してみたい。『古語拾遺』の「御歳神」条に見える田植の饗宴に牛肉を食したことに御歳神が怒って祟を及ぼしたという話は、祈年祭の祭儀とは結び付かないとしても大陸系の殺牛祭祀の反映と捉える見方が一般的である。[注62]古代日本において大陸系の家畜供犠祭祀が広く行われていたことは、『日本書紀』皇極元年七月二十五日条に村々の祝部が牛馬を殺し諸社の神を祀って祈雨したと見えるのをはじめ、同三年七月条にも大生部多が富士川の付近で常世神と称して虫を祭り人々に広めたため、朝廷が秦河勝に命じて禁制させたとの記事があるが、その時常世神に「六畜」を供えたことが見える。さらに延暦十年（七九一）に伊勢・尾張・近江・美濃・若狭・越前・紀伊等の百姓らに牛を殺して漢神を祀ることを禁じ、[注63]同二十年（八〇一）にも越前国に対して同様の禁令を下している。[注64]また『日本霊異記』にも中巻第五話の漢神の祟により牛を殺して祭った話や、同巻第二十四話に見える閻羅王の使者である鬼に牛の宍を饗として差し出す話なども、大陸系の殺牛祭祀が当時民間に広く流布していたことが窺わせる。

さらに笹生衛氏は、上総国府に近い千葉県市原市の稲荷台遺跡（九世紀後半〜十世紀）で郊祀や釈奠と共通性を有する供犠祭祀が行われていたことをはじめ、各地の国衙・郡衙に同様の祭祀が行われた可能性を指摘している。[注65] 大陸系の家畜供犠祭祀は官衙における公的祭祀にも及んでいたことが窺える。

これらの供犠を伴う大陸系祭祀は皇極三年の常世神の流行や延暦年間の漢神祭祀については、いずれも朝廷から禁制されており、また皇極元年の村々の祝部の殺牛馬祭祀も祈雨の効験がなかったことを語っている。朝廷の立場としては大陸系祭祀に一定の距離を置いていたことが窺える。[注66] さらに『延喜式』段階では先に見たように「神祇式」から意識的に動物供犠の要素を排除したことがわかる。

『延喜式』の神饌に米が重要な地位を占め、さらに豊富な魚介類が含まれることの文化的源流は、稲作文化の発祥した中国の長江文明にまでたどり着くだろう。古代中国では華北地方の畑作と畜産を組み合わせる文化に対して、長江流域においては稲作文化を柱としたわけであるが、そこにおいては沼地に稲を植えつつ、湿地帯の魚介類を採集する生活文化が営まれ、漁労は稲作と一体不可分の関係にあったのである。長江中流域から海岸部へと進出した海洋的稲作民が日本に渡来し弥生人となった。[注67] 神社祭祀の神饌に魚介類が欠かせないことにはこうした文化的源流があると考えられる。これは朝廷が家畜犠牲を伴う中国皇帝祭祀と日本の朝廷神祇祭祀との相違を明確に意識し、大陸系の家畜供犠祭祀を神祇祭祀から排除し、米と魚介類を柱とする祭祀の体系を意図的に編成していったことを意味すると思われる。時代が下る史料ではあるが『八幡愚童訓』下「放生御事」に次のように見える。

唐土ニハ神ヲ祝テハ、生ニエトテ、イキナガラ人ヲマツリ、禽獣ヲタムケ、我朝ニハ大権ノ垂跡ニテマシマ

セバ、生ナガラ人ヲマツル事ハ無ト云ドモ、魚鳥ノ肉迄モ断ジ玉フ事ナシ。[注68]

ここには中国の人身供犠や禽獣の供犠を伴う祭祀と、日本の魚鳥を中心とする祭祀の相違点を認識していたことがはっきりと窺うことができる。

四　令制神祇祭祀の神饌と仏教

仏教においては、基本的戒律である五戒の中に不殺生戒が含まれており、また大乗仏教経典の『涅槃経』や『梵網経』には肉食禁断が説かれている。大乗仏教の不殺生・肉食禁断と令制神祇祭祀の肉食禁忌とはどの程度関連性があったかについては課題が多い。

このことに関連して平雅行氏は「日本社会における獣肉禁忌は、元来、仏教に由来するものでもなければ、獣肉穢れ観に由来するものでもなかった。それはうまき酒肉を断つことによって神に願いを叶えてもらおうとする心性から発した[注69]」と述べており、獣肉禁忌と仏教を結びつける見方を否定して、斎戒における謹慎の在り方として酒や肉を断つという行為が行われたことによると論じている。

平氏が酒肉を断った具体的事例として挙げるものは、持統五年（六九一）の長雨に公卿百寮人に酒肉を断って摂心悔過するよう求めたこと、天平勝宝元年（七四九）の八幡神上洛に、迎えの者に酒肉を与えないように命じたこと、宝亀元年（七七〇）の疫病で天下に五辛酒肉を断つよう布告したこと、養老六年・天平四年・天平九年の旱魃疫病に、禁酒と断屠を命じてたこと等であり、いずれも仏教の不飲酒戒・不殺生戒・肉食禁断の理念に由来するもので、神祇祭祀の獣肉禁忌とは関係ない事例であるとすべきだろう。[注70]

また平氏は肉が酒と同様「口に甘」き贅沢な食べ物だから食断ちをしたのだとも述べるが、氏が注に典拠として示した『将門記』によれば「口に甘しといへども、畏れて生類を食すべからず。心に惜しむといへども、好みて仏僧に施し供すべしてへり」[注71]とあるように、この言葉も仏教的な殺生禁断を説く文脈上で使われたものであり、忌むべき対象とされるものは「獣肉」ではなく「生類」である。口に甘きものゆえに祈願のためにそれを断つという意味合いではない。そもそも肉に限らず酒や魚味もまた口に甘きものであったはずであるが、これらを神事斎戒において禁忌とすることは無かった。むしろ祭儀にとっは不可欠なものであった。なぜあえて獣肉のみが禁忌の対象とされたのか説明が付かないだろう。

原田信男氏は、奈良時代末に浄穢・吉凶という対立概念が高まったとする高取正男氏の説[注72]を踏まえて、肉食が穢れとして意識され始めたのも、おそらくこの頃であり、その前提として仏教の戒律に基づく殺生禁断や放生思想の普及という条件があったと指摘している。[注73]古代の日常生活において、仏教の肉食禁断の思想が貴族層を中心に影響を与えていったことは否定できないだろう。

古代から近世にかけての日本人の肉食習慣は本論文の直接のテーマではないが、肉食の衰退は仏教思想に由来するだけではなく、農業開発とそれに伴う人口の増加がもたらした狩猟資源の枯渇と温暖湿潤な気候による畜産文化の未発達という条件のもと、時代とともに稲作＋漁撈の文化に傾斜していったことによるものではなかろうか。[注74]獣肉が多くの人口を支える食料資源となり得なくなった事情もあって、一部の地域を除けば狩猟文化的要素も次第に祭儀や神饌から影を潜めていったとみられる。

神事斎戒における肉食禁断についても、仏教の影響とは切り離して考えるべきであろう。仏教における殺生禁断・肉食禁止は生類全てに適用されるものであり、神祇の斎戒では許される魚鳥も例外とはならない。放生を説く代表的経典である『金光明最勝王経』の「長者子流水品」は魚の放生を説いており、魚介類も当然殺生禁断の対象となるものだった。また放生会の儀礼で解き放つ生類は中国仏教の段階から魚と鳥が主であった。[注75]八幡神の登場以降、仏教の戒律を守る精進神が登場してくるが、そうした例外を除き古代の神事斎戒に限っては、仏教の影響を過大に評価してはならないだろう。さらに旧稿でも論じたが、中世を通じて神社の魚鳥の神饌は続けられていったのであり、肉食禁断を説き、魚鳥を放生の対象とした仏教の影響は排除されていたのである。[注76]

結びにかえて

『続日本紀』によれば、道鏡に従って出家した称徳天皇が尼形のまま重祚して間もない天平宝字八年（七六四）十月に、

勅曰、天下諸国、不レ得下養二鷹狗及鵜一以畋獦上。又諸国進二御贄雑宍魚等類一悉停。又中男作物魚宍蒜等類悉停、以二他物一替宛。但神戸不レ在二此限一。[注77]

とあるように、天下諸国に鷹・狗・鵜を養い漁猟することを禁じ、諸国から宍・魚等の御贄を進上すること、中男作物の魚・宍・蒜等を停止することを命じている。ただし神戸については此の限りにあらずとしていることは注目される。殺生禁断と、朝廷に進上する魚宍・五辛の類の禁断を命じていながら、神戸においてはこうした仏教の戒律に由来する禁制を適用していないのである。このことは従来の神祇優先の原則を覆して、神祇より仏を上位に位置付けることを大嘗祭の宣命で明言した称徳朝においても、神道と仏教の領域を自覚的に切り分けており、それぞれの異なる宗教的論理が使い分けられていたことを意味する。

黒田俊雄氏は、奈良時代後半期から平安時代後期にかけての期間は「神道」が仏教に包摂され、その体系に組み込まれてしまう過程だったとして、「神道」なる言葉でいわれる独立の宗教は現実には存在しなかったのであると論じている。[注78]

しかしながら右に見てきたように、神仏習合は仏教による神道の一方的な包摂によって成り立っていたわけではなく、朝廷の神祇を優先する原則と神仏隔離の意識のもと、神道の宗教的な体系は仏教に対して異なる価値観を貫く独自性を保っていったのである。個人や社会が一つの宗教思想や宗教的価値観に統合されていて然るべきだという思い込みを払拭しなければ、日本の古代中世の神仏関係を正確に理解することはできないだろう。

注

1 坪井洋文『イモと日本人』（未来社、一九七九年）。
2 原田信男『歴史のなかの米と肉』（平凡社、一九九三年）、同『なぜ生命は捧げられるか――日本の動物供犠』（御茶の水書房、二〇一二年）。同『神と肉　日本の動物供犠』（平凡社、二〇一四年）など。
3 中村生雄『祭祀と供犠　日本人の自然観・動物観』（法蔵館、二〇〇一年）、中村生雄・三浦佑之・赤坂憲雄編『動物と供犠の文化誌』（森話社、二〇〇七年）など。
4 平林章仁『神々と肉食の古代史』（吉川弘文館、二〇〇七年、初出二〇〇〇年）。他に荒木敏夫「古代国家と民間祭祀」（『歴史学研究』五六〇、一九八六年）がある。
5 義江明子「殺牛祭祀と魚酒――性別分業と経営の観点より――」（佐伯有義先生古稀記念会編『日本古代の祭祀と仏教』（吉川弘文館、一九九五年））。
6 栗原朋信「犠牲礼についての一考察」（『上代日本対外関係の研究』（吉川弘文館、一九七八年、初出一九六九年）。

7 井上光貞『日本古代の王権と祭祀』（東京大学出版会、一九八四年）二六～三四頁。
8 腊は『延喜式』「主計寮上」の「中男一人輸作物」の中に「腸腊」「雉腊」とあるように鳥獣肉を用いることもあるが、「腊」「雑腊」とある場合は魚介類を材料とするものと見られる。
9 神饌に関するまとまった研究としては、岩井宏實・日和祐樹『神饌 神と人との饗宴』（法政大学出版局、一九八一年）、矢野憲一『伊勢神宮の衣食住』（東京書籍、一九九二年）、小泉芳孝『稲作民俗の源流 日本・インドネシア』（文理閣、二〇〇一年）第二章「例祭の古式神饌について――京都・奈良・滋賀を中心に――」、南里空海『神饌 神様の食事から〝食の原点〟を見つめる』（世界文化社、二〇一一年）、吉野亨『特殊神饌についての研究』（武蔵野書院、二〇一五年）など。
10 『澁澤敬三著作集』第一巻（平凡社、一九九二年）所収。
11 『訳註日本史料 延喜式上』（集英社）二六頁。
12 「葛木御歳社」については、『延喜式』「神名式」の「鴨都波八重事代主命神社」に比定する西宮秀紀の説（『律令国家と神祇祭祀制度の研究』第Ⅰ部附論「葛木鴨（神社）の名称について」塙書房、二〇〇四年、初出一九九一年）や、葛木鴨地域で広く信仰されていたタカテルヒメ＝シタテルヒメであるとする平林章仁の説（『神々と肉食の古代史』吉川弘文館、二〇〇七年、第Ⅰ部第２章）などがあるが、ここではこの問題には立ち入らない。
13 「玉」「横刀」「鏡」「倭文」の語に付された細注は省略した。
14 『訳註日本史料 延喜式上』五〇二頁。
15 前川明久『日本古代氏族と王権の研究』（法政大学出版会、一九八六年）第三部第四章「伊勢神宮の神饌卵と祭祀氏族」（初出一九七七年）。
16 『同右』。
17 『同右』の「付記」二八三頁。
18 前川氏は『同右』二七一頁にも「鶏卵（鶏をふくめて）を神饌とする風習とは朝鮮からの渡来信仰にねざしているのではあるまいかと推察され」とも述べている。
19 『同右』二八三頁。
20 岡田精司「伊勢神宮の成立をめぐる問題点」（『東アジア世界における日本古代史講座』第九巻、学生社、一九八二年）。

21 『神道大系　皇大神宮儀式帳・止由気宮儀式帳』より引用。
22 ただし『止由気宮儀式帳』の正殿心柱奉造のための「木本祭」と御船代木のための「山口祭」の用物の記載では、「雞」は塩と祭器の間に置かれている。
23 佐原真『食の考古学』（東京大学出版会、一九九六年）第一章「豚・鶏・茸・野菜」。なお江戸時代の鶏肉や卵の食用は南蛮文化の影響とみられる。なお佐原氏の指摘に加えて鶏は闘鶏にも盛んに用いたようである。
24 『日本書紀』天武四年四月十七日条。
25 関根真隆『奈良朝食生活の研究』（吉川弘文館、一九六九年）一四二頁。
26 奈良文化財研究所の木簡データベースによると平城宮出土木簡や平城宮左京二坊坊間大路西側溝出土木簡等、五例確認される。（以下木簡についても同データベースを利用した。）
27 平城京左京三条二坊八坪二条大路出土木簡の一例確認される。
28 例えば『九暦』天暦五年（九五一）十月二十六日条に「糟交雉」、『小右記』永延元年（九八七）二月二十三日条に「酒一瓶・雉一枝」『中右記』嘉承二年（一一〇七）一月十九日条に「汁膾、加二雉焼物一如レ恒」と見える。
29 『新日本古典文学大系　古事談・続古事談』二三三～二三四頁（巻第二第九六話）。
30 佐原氏前掲書。
31 『神話と文化史　三品彰英論文集第三巻』（平凡社、一九七一年）三六〇頁。
32 『新訂増補国史大系　令集解』により引用。
33 嵐義人「古記の成立と神祇令集解」（『神道及び神道史』二五、一九七六年）、日本思想大系『律令』（岩波書店、一九七七年）の解説・井上光貞「日本律令の成立とその注釈書」七八〇～一頁。
34 平林章仁『神々と肉食の古代史』（吉川弘文館、二〇〇〇年）八～二六頁、六八～九頁。
35 平林章仁前掲書。葛城地域の渡来人については加藤謙吉『大和の豪族と渡来人――葛城・蘇我氏と大伴・物部氏』（吉川弘文館、二〇〇二年）の論考がある。
36 原田信男『なぜ生命は捧げられるか――日本の動物供犠』一六六～八頁。
37 『同右』一六八～一七〇頁。

38 日本思想大系『律令』一二三〜四頁。

39 前掲・井上光貞「日本律令の成立とその注釈書」。

40 斎宮・斎院においては恒常的な斎戒生活がなされる関係上、宍の忌詞や食宍の禁忌も恒常的に守られていたものと考えられるが、令制神祇祭祀における肉食禁忌は、原則としてあくまで神祇令に規定された祭日を含む斎戒の期間に限られていることであり、日常的な肉食禁忌の問題とは区別されるべきである。諸社の服忌令に見られる鹿食等の肉食禁忌も、社参にあたっての斎戒として行われるものであり、日常の肉食を忌避すべきことを意味するものではない。

41 平雅行「日本の肉食慣行と肉食禁忌」(脇田晴子・アンヌ ブッシイ編『アイデンティティ・周縁・媒介』吉川弘文館、二〇〇〇年)。

42 同右。

43『令集解』の「戸令」国司郡司条に引かれる「朱云」の文中に「魚宍」の語が見えるが、これは魚の宍という意味ではなく、魚と宍の両者を指す語として用いているのだろう。

44 木簡データベースによれば「鹿宍」は平城宮遺跡、平城京東三坊大路遺跡、長岡京左京三条二坊八町遺跡、同八・九条遺跡、平城宮宮城南面西門(若犬養門)地遺跡(「鹿干宍」)、「猪宍」は藤原宮北辺地区遺跡、長岡京左京三条二坊八町遺跡。なお『延喜式』には「雑式」の諸国釈奠式の中に「胙宍」の語がある以外、宍の種類を特定できる語例はないようである。

45 原田信男『なぜ生命は捧げられるか──日本の動物供犠』一八九頁。

46『続日本紀』延暦四年十一月十日条、同六年十一月五日条、『日本文徳天皇実録』斉衡三年十一月二十五日条。日本での郊祀に関する近年の研究としては河内春人「日本古代における昊天祭祀の再検討」(『古代文化』五二―一、二〇〇〇年)、佐野真人「日本における昊天祭祀の受容」(『続日本紀研究』三七九、二〇〇九年)がある。

47『訳註日本史料 延喜式下』三七六頁。

48『同右』三八〇頁。

49『同右』一三二頁。

50『延喜式』「主計寮式上」の「調絹絁 伊勢国」条には「雑魚脯」が見える。

51『訳註日本史料 延喜式下』二九二頁。

52『同右』五四〇頁。

53　水野正好「外来氏族と竈の信仰」(『大阪府の歴史』二、一九六九年)。渋澤敬三も「『延喜式』内水産神饌に関する考察若干」の中で、大炊式・造酒式の竈神に猪宍を献じるのは、竈が我が国固有の炉と異なり、外来文化であり、従って竈神も外来神的性質があるのではないかとしている。

54　しかしながら当時日常のレベルで肉類を食料としていなかったというわけではない。例えば「民部省式」「主計寮式」等にみえる全国各地からの租税品目には、獣類(鹿・猪の脯・醢・鮨)や鳥類(雉の脯)も多種多様に含まれており、日常の食生活にも取り入れられていたと思われるのである。ただし『延喜式』にみえる神祇官の所管する祭祀にはこれらの品目が採用されていない。

55　三宅和朗『古代国家の神祇と祭祀』(吉川弘文館、一九九五年)九六～一三二頁。

56　ただし『延喜式』では神饌の中に獣類に加えて鳥類も除外されている。その理由については今後の課題としたい。

57　『古事談』第五によれば賀茂の社前に「魚鳥」を供えたことが見える(新日本古典文学大系『古事談・続古事談』四五〇～一頁)。また『神饌要覧』「鴨社」には賀茂臨時祭の神饌の「御肴二種」の中に「附鳥。雉付二木枝一、雉替ハ鴨、或鳴」と見える。(神社本庁編『神社祭式行事作法典故考究』二七一頁)。

58　小山田宏一「狩猟と漁撈の道具」(大阪府立弥生博物館編『卑弥呼の食卓』吉川弘文館、一九九九年)。

59　『訳註日本史料　延喜式下』四九二頁。

60　『同右』五一八頁。

61　『同右』五一八・五二〇頁。

62　近年の研究として先掲の原田信男氏の研究の他に、桜井秀雄「殺牛馬祭祀に関する文献史料の再検討――日本古代の動物犠牲について――」(『信濃』四四―四、一九九二年)、義江明子「殺牛祭神と『魚酒』――性分業と経営の観点より――」(佐伯有清先生古稀記念会編『日本古代の祭祀と仏教』吉川弘文館、一九九五年)、義江明子『日本古代の祭祀と女性』(吉川弘文館、一九九六年)第三―一「殺牛祭祀と魚酒」等がある。

63　『続日本紀』延暦十年九月甲戌条、『類聚三代格』巻第一九。

64　『日本紀略』延暦二十年四月八日条。

65　笹生衛「古代動物供犠祭祀とその背景」(『神道宗教』一一四、一九八四年)また稲荷台遺跡についての最近の論考は西野雅人

66 「市原市稲荷台遺跡の円丘祭祀――桓武・文徳朝の郊祀との関係について」(『千葉史学』六九、二〇一六年)がある。

67 桓武朝の殺牛祭祀の禁制は、延暦四年・六年の郊祀からさほど隔たらない時期であり、朝廷の行った郊祀と類似する祭祀を民間が行うことに対する禁制という意味があった可能性もある。

68 鳥越憲三郎『古代中国と倭族――黄河・長江文明を検証する』(中央公論社、二〇〇〇年)、安田喜憲『稲作漁撈文明――長江文明から弥生文化へ』(雄山閣出版、二〇〇九年)。

69 日本思想大系『寺社縁起』。

70 平雅行前掲論文。

71 八幡神上洛時の酒肉の禁断は、仏教に帰依した八幡神の神仏習合的神格によるものであり、それ故に仏教の戒律に従ったのであって、この件は本来の神事斎戒の意義を探る材料にはならない。

72 日本思想大系『日本古代政治思想』(岩波書店)二二六頁。

73 高取正男『神道の成立』(平凡社、一九七九年)。

74 原田信男『歴史のなかの米と肉』(平凡社、一九九三年)一〇一頁。

ただし畜産文化のうち、豚の飼育は大陸の稲作文化においても広く受容されていた。日本でも弥生時代には飼育が確認される。豚の飼育は草食家畜と違って自然環境に由来する阻害要因がなかったにも関わらず、食用としての豚の飼育は古墳時代以降次第に衰退に向かったとされる。雑食動物である豚の食用飼育の衰退についてはどう理解すべきか、今後の課題である。日本古代における豚の飼育については佐原真前掲書一八～二五頁、西本豊弘編『人と動物の日本史』1(吉川弘文館、二〇〇八)のⅢ「家畜と日本人」三「ブタと日本人」(執筆・西本豊弘)。

75 『道端良秀著作集』第三巻第四章「放生思想と断肉食」(株式会社書苑、一九八五年)。

76 拙稿「本地垂迹説の存立の根拠をめぐって――神仏習合を捉え直す――」(伊藤聡編『中世神話と神祇・神道世界』中世文学と隣接諸学3、竹林舎、二〇一一年)および拙稿「山王神道と日吉社の祭祀――神饌の歴史的変遷をめぐって」(『季刊日本思想史』七八、二〇一一年)。また精進神については拙稿「宮寺の神仏習合上の特質とその変容」(『日本の仏教』三、法蔵館、一九九五年)。

77 『続日本紀』天平宝字八年十月甲戌条。

78 黒田俊雄『日本中世の社会と宗教』(岩波書店、一九九〇年)四六頁。

九世紀に出現する陰陽道祭祀に関する覚書
――具体像の検討を中心として――

高田　義人

はじめに

近年九世紀を古代国家の転換期と位置づける研究の潮流があるが、陰陽道史においても、大きな変革の時期であった。最も顕著な変化は陰陽道祭祀の出現であろう。

陰陽寮官人が令規定にない呪術・祭祀を執行したのは、天平宝字五年（七六一）に石山寺建立の際に陰陽師が地鎮を行った例まで遡る。[注1]ついで『類聚国史』延暦十六年（七九七）七月丙戌条に、大和国平群山・河内国高安山の二山が崩れ、人家が埋まったため、朝廷から陰陽少属菅原世通と陰陽博士中臣志斐国守を二山に遣わし鎮祭を行った記事が現れる。同十九年（八〇〇）七月己未条には早良親王の怨霊を恐れた桓武天皇の命により、同親王を崇道天皇と追称し、淡路国にある山陵に僧と共に陰陽師を派遣し鎮謝させるという記事がみえ、弘仁元年（八一〇）七月丙辰条にも天皇不予が山陵の祟りとされたため、陰陽頭安倍真勝等を遣わし高畠山陵（藤原乙牟漏）

を鎮祭している。これらについては令に規定されている陰陽師の職務「相地」から次第に関与が拡大し地鎮・鎮祭へと展開した可能性も指摘[注2]されているが、確証はない。さらに弘仁十二年（八二一）成立の官撰儀式書『内裏式』中・大儺式には陰陽師が祭の中で疫鬼駆逐の呪文を読む次第がみえる。このように八世紀後半から九世紀初頭には、陰陽寮が呪術・祭祀を職務としていたのである。

九世紀中頃になると、『続日本後紀』承和十年（八四三）五月辛卯条に、天文変異に関して神祇官・陰陽寮をして解謝せしめること、『日本文徳天皇実録』仁寿三年（八五三）十二月甲子条では、陰陽寮の奏上により、諸国郡および国分二寺に陰陽書法によって毎年の害気を鎮めることが行われている。数年後の天安二年（八五八）には、本稿で採り上げる高山祭の執行が確認できる。そして貞観六年（八六四）に属星祭、同九年（八六七）に鬼気祭、元慶年中（八七七〜八八五）に雷公祭、仁和四年（八八八）に本命祭が史料に登場してくる。これらが九世紀に現れる初期の陰陽道祭祀であり、十世紀以降、陰陽道祭祀の種類はさらに増加し続ける。

以上のような変化は早くから注目されており、次節に挙げたような先行研究によってその特質が指摘されている。しかしながら、陰陽道祭祀の具体的な式次第や作法については、史料上の制約もあって進展しているとは言いがたい。祭祀の具体像解明の立ち遅れは、神祇祭祀や密教修法、さらには道教儀礼などとの比較検討を困難にしており、陰陽道史の大きな課題となっている。そこで本稿では、九世紀の史料に現れる五つの祭祀（高山祭・属星祭・鬼気祭・雷公祭・本命祭）を採り上げ、祭物・祭文及び実例から可能な限り祭祀の具体像を探り、その歴史的な展開を考察したい。

一　陰陽道祭祀の成立及び特質に関する先行研究

九世紀に出現する陰陽道祭祀の個別の検討に入る前に、それが成立する背景及びその宗教的特質について先学の研究を整理しておきたい。

1　陰陽道祭祀成立の背景

陰陽道祭祀成立の背景について、小坂真二氏[注3]や山下克明氏[注4]によって災異観（災害観）の変化が存在することが指摘されている。すなわち御霊思想の拡大を背景として八世紀末頃から災害は政治の責任とする儒教的な災害観から、神の祟りとする日本的な災害観に比重が移っていった。これにより災害・怪異の際に頻りに神祇官・陰陽寮が卜占を行うようになり、特定の神や山陵の祟りとされることが多くなった。ついには承和十一年（八四四）の藤原良房らの朝議により卜占で怪異の正体を探ることが是とされ、卜占が重視されるに至る。この結果、卜占の需要が増大し、陰陽寮官人の活動が活発化し、占いにより祟りを見抜く力を持つ彼らに、災いをはらう呪力をも期待するようになり、陰陽道祓の創出、陰陽道祭祀の成立など陰陽寮の職務拡大へとつながっていった。

神祇祭祀の限界も背景の一つに挙げられる。岡田荘司氏[注5]は、祭祀を執り行ってきた神祇官人の活動は、清浄が重視されたがゆえに制約を受け、また本来個人の祈願や祓を行わなかった神祇祭祀は縮小限定され、個人祈禱を中心とする陰陽道祭祀が定着発展していったと指摘する。

また、近年細井浩志氏[注6]は、八世紀半ばの藤原仲麻呂政権期に、呪禁師は典薬寮から陰陽寮に所属が移され、八世紀末～九世紀初に令制陰陽師に統合されたと想定し、これによって治病のための呪術や疫鬼を防ぐ祭祀などを、陰陽師が継承し、呪術・祭祀活動を活発化させていったとの説を提示している。

以上のような背景の存在から、怪異・怨霊などの災いを畏れる貴族社会の必要に応じて、陰陽寮官人は道術的な祓・解除を積極的に受容したのであるが、その典拠となるテキストを輸入したことで、それは達成されたと考えられる。

そもそも陰陽寮の学生が学ぶべきテキストは、令に明記されておらず、『続日本紀』天平宝字元年（七五七）十一月癸未条において指定されるが、いずれも占術・暦・天文の書であり、呪術や祭祀に関する書はみられない。呪術・祭祀執行の典拠として早い段階に現れるのは『陰陽書』及び『董仲舒祭書』である。『陰陽書』は唐代の太常博士呂才によって編纂された五行家説の集成書であり、奈良時代には輸入され、正倉院文書の天平十八年（七四六）写疏所解[注7]に同書の書写のことがみえている。前述仁寿三年（八五三）十二月甲子条で、「陰陽書法」によって毎年の害気を鎮めることが行われているが、この典拠も同書とみられる。また『天地瑞祥志』第二十宗廟によって、『陰陽書』には「斬草謝墓祭」が載せられていることが判明し、天慶八年（九四五）に重明親王が亡室藤原寛子の埋葬に際して陰陽允平野義樹に行わせた「斬草祭」[注8]の典拠と目されている。[注9]『董仲舒祭書』は九・十世紀に出現する高山祭・鬼気祭・火災祭・代厄祭の典拠であり、山下氏[注10]は「初期の呪術・祭祀活動の主要なより所となった」とし、「おそらく董仲舒の令名に仮託した後代の書」と指摘している。このような中国の陰陽家・卜者が用いていた典籍が採用され、陰陽寮官人の呪術・祭祀の執行が可能となった。

これらのテキストを請来した主体としては、小坂氏[注11]は「承和度を最後とする遣唐使などを通じて大量の五行書が請来され、そのうち職掌内容に合うごく一部がテキストとして採用され」たと述べる。山下氏[注12]も道教的要素をもつ祭祀は、「八世紀後半に密教と道教信仰とが融合して、道教で司命神とされた北極星・北斗七星、冥官神の泰山府君等の信仰を取り入れた多数の道密混淆経典が作られ、それらの多くは正統な密教経典とともに九世紀の入唐僧により日本へもたらされた」とみている。また、細井氏[注13]は小坂・山下両氏の指摘を認めつつも、『延喜式』大蔵省式入蕃使条に注目し、遣唐使の構成員に留学生・請益生とは別に陰陽師がみえることから、彼らも新知識の獲得に寄与した可能性を指摘している。

2　陰陽道祭祀の宗教的特質

陰陽寮官人が祭祀や祓に関与するようになることについて、神祇官卜部との関係をいち早く論じたのは、野田幸三郎氏[注14]である。同氏は陰陽師と神祇官卜部はほぼ同一の儀礼を実修していたとし、陰陽道は卜部によって行われてきた「宗教観念（鬼気・穢等）と宗教儀礼（祭・祓・祓具・中臣祓等）」を摂取しつつ展開したと論じる。

岡田氏[注15]は、陰陽道祭祀の性格によって、①年穀と祈雨の祭、②道と堺の祭、③祓と鎮めの祭、④星辰と冥府の祭とに分け、①②③は神祇祭祀と共通する性格を有するが、④はこれとは異質であると指摘する。また撫物や祭物に注目し、撫物は星辰の祭には鏡を、祓や呪詛や招魂など個人の呪的祭祀には衣を用いること、祭物は精進物を供する祭と、魚味を供する祭とに分けられ、精進物は星辰の祭の特徴であると指摘する。

小坂氏[注16]は、陰陽道祭祀は八世紀後半から九世紀初頭に、禁忌を避ける神祇を代行した寺院造作の鎮祭や山陵鎮謝等の神祇補完として出現し、九世紀中頃に、a神祇祭祀を踏襲移管した祭祀（怪異の解謝）、b基幹部分は神祇を踏襲しながらも一部五行家説を混入した祭祀（鬼気祭）、c神祇ではなく、呪禁や四方拝などの年中行事（属星祭）、陰陽道の勘申部門（本命祭）、五行書（鎮害気、高山祭）に求められる祭祀が、それぞれ成立すると述べる。

ついで十世紀後半には、道教との習合を経た唐末密教との交渉・影響のもと、冥道（泰山府君祭など）や星辰信仰の祭祀が創出され、五行家色の強い反閉・呪符という呪術儀礼が職務となると、移徙法・宅鎮祭などが成立すると指摘し、九世紀中頃と十世紀後半との二つの画期を想定している。

山下氏[注17]は、祭神によって陰陽道祭祀を分類し、①五行説による東西南北及び中央の五方神を祀るものを、五行説を背景とする攘災型祭祀とし、②道教の天地水山の様々な神を祀るものを、個人の現世利益祈願型祭祀とした（本命祭・属星祭など）。祭儀の具体像については、依頼者の邸宅の庭や河原など野外に棚・祭壇を設け、御幣・供物を載せ神々の来臨を請い、堂・社など宗教施設を有する神祇や仏教との相違を明確にする。さらに祭祀執行時の陰陽師の服装は衣冠・束帯であり、執行時間は、星神・鬼神・冥官神などが闇の世界で活動する存在であったため夜間が多いことを明らかにした。このような諸点から、陰陽道の宗教的特質を、死後の展望、来世観を持たないため、本来陰陽師が死者の祭祀や追善供養を行うことはなく、現世に生きる人の願望を満たす世俗的な宗教と結論づけたのである。

以上の先行研究は、宗教的な特質を抽出する際には、祭文の有無、神座数や祭神名、執行時間や祭場、祭祀の典拠、撫物・祭物などに留意することが有効であることを示している。次節ではこのような視点を継承しつつ、具体的な祭祀の次第や流れに迫ってみたい。

二　九世紀にみえる陰陽道祭祀の具体像

以下では、九世紀段階に現れる五つの陰陽道祭祀に焦点を当て、初見の早い順に祭祀の具体像を検討したい。

しかしながら、その次第や作法などを具体的に記述した史料は九・十世紀段階にはほとんどなく、鎌倉時代後期に成立した陰陽道書『文肝抄』[注18]なども参照し、鎌倉時代まで視野を広げ、その時代的変遷などもみていきたい。

1　高山祭

本稿で扱う祭祀のうち最も早く史料に現れるのが高山祭であり、以下に挙げる史料によって執行を確認できる。

史料①『日本三代実録』貞観元年八月三日丙戌条

遣二従五位下行備後権介藤原朝臣山陰・外従五位下行陰陽権助兼陰陽博士滋岳朝臣川人等一、於二大和国吉野郡高山一、令レ修二祭礼一、董仲舒祭法云、螟螣賊二害五穀一之時、於二害食之州縣内清浄処一、解レ之攘レ之、故用二此法一、前年命二陰陽寮一、於二城北船岳一修二此祭一、今亦於レ此修レ之、蓋択二清浄之処一、

史料②『日本三代実録』巻七　貞観五年二月甲午朔条

勅二従五位下行陰陽権助兼陰陽博士播磨権大掾滋岳朝臣川人一、率二大属従八位上日下部利貞幷陰陽師等一、向二大和国吉野郡高山一、修二祭事一、預攘二虫害一也、

史料③『日本三代実録』巻十三　貞観八年七月二日甲辰条

大二祓於建礼門前一、発二遣高山祭使従四位下行大学頭潔世王・外従五位下行音博士清内宿禰雄行等一、

貞観元年（八五九）八月に虫害を払うために、大和国吉野の高山で行われたのが初見であるが、前年に平安京の北にある船岳においてこの祭祀を行ったと記しているので、はじめて行われたのは天安二年とみられる。典拠は前述した「董仲舒祭法」であり、これに従って清浄の地（実例では船岳と吉野高山のみ）を祭場に選び執行された。

貞観五年二月にも吉野の高山で、農事の開始期にあらかじめ虫害を払うために執行されている。同八年七月にも高山使発遣の記事がみえ、目的は記されていないが、時期的に収穫前に虫害を払うためであると推測される。以上から高山祭は、もっぱら吉野の高山で執行され、陰陽寮が執り行う虫害の災厄を払うための国家的な祭祀ということができる。

しかし、次に挙げる十世紀以降の史料では、疫癘を払うために行われている。

史料④『侍中群要』第七（御祭等事）

高山御祭、於二大和国吉野山一祭、往還間国司供給、給二所牒一、海若御祭、於二摂津国難波海一祭、往還供給、国々勤レ之、

史料⑤『本朝世紀』正暦五年（九九四）五月十六日条

近来公家被レ勤二海若祭・名〔高カ〕山祭等一、是又為下消二疫癘一攘中病患上也、

史料⑥『小右記』長和四年（一〇一五）四月二十七日条

又高山・海若幷四角・四堺等祭事、依二光栄上奏一所レ被レ行也、

④は祭場に派遣される使者への往還時の供給手段を記しており、十世紀以降も高山使が派遣されていたことを確認できる。⑤では疫病が猛威を振るった正暦五年に、海若祭とともに行われており、目的は疫気を消し病患を払うためであった。なお、同じ目的で行われた海若祭は、史料上の初見は『西宮記』（臨時二、改年号類）の康保元年（九六四）であり、この年が甲子革令の年に相当し、その災厄を払うため同年八月二十一日に賀茂保憲を難波湖に遣わしこの祭を修している。⑥は三条天皇の眼疾のため、高山祭・海若祭と四角・四堺祭が同時に行われ、これも病患を払うためであった。

以上の史料を一見すると、九世紀では虫害を払う目的で行われていた祭祀が、十世紀以降では疫癘を払う祭祀

に変容したかにみえる。しかし、注目しなければならないのは、この祭祀の典拠「董仲舒祭法」である。この書は後述する鬼気祭の典拠でもあることから、高山祭には虫害のみならず疫気・病患の除去も内包されていた可能性があろう。したがって変化したというよりは、除去する災厄の対象が病患に移っていったと見るべきであろう。海若祭も、初見史料では、革令年の災厄を払う目的で行われたが、史料⑤⑥では病患を払うために行われている。おそらく高山・海若両祭は様々な災厄の除去に対応可能な祭祀であったと想定される。

高山祭の祭物や祭文は未詳であり、祭神や執行時間、撫物の有無などは解明できない。同祭は十一世紀半ば以降史料上確認できなくなる。おそらく鬼気祭や四角四堺祭など都の中枢部において疫病を防ぐ祭祀に取って代わられていくものと推測される。

2　属星祭

生まれた年の十二支を北斗七星の一星に配当し、それを属星とする考えは、隋の蕭吉撰『五行大義』第四に、

黄帝斗図云、一名二貪狼一、子生人所レ属、二名二巨門一、丑・亥生人所レ属、三名二禄存一、寅・戌生人所レ属、四名二文曲一、卯・酉生人所レ属、五名二廉貞一、辰・申生人所レ属、六名二武曲一、巳・未生人所レ属、七名二破軍一、午生人所レ属、

とあるのに由来する。人は生まれた年によって属星が定まっており、その星が寿命や禍福を支配するという道教の星辰信仰に基づいている。

日本でも九世紀には宮中に取り入れられ、元日四方拝において属星を拝礼することが行われ、その作法は、九世紀前半の成立とされる『内裏儀式』に「天皇端レ笏、北向称二所レ属之星名字一、当年属星名禄存、字禄会〔子脱カ〕、此北斗第三之星也、再拝、呪曰、

（略）」とあるように、北に向かい天皇自身の属星の名字（この場合は名は禄存星、字は禄会子[注19]）を称し、再拝し呪を唱えるというものであった。また、有名な藤原師輔（九〇八～九六〇）の家訓『九条右丞相遺誡』でも「先起称二属星名号一七遍、微音、其七星、貪狼者子年、巨門者丑・亥年、禄存者寅・戌年、文曲者卯・酉年、廉貞者辰・申年、武曲者巳・未年、破軍者午年、」とみえるごとく、十世紀頃には属星の名字を七遍称する作法[注20]が貴族社会で行われ、属星への信仰が浸透していた様子を窺える。

陰陽寮官人が行う属星祭は、各人の属星を祭り延命招福を祈るものであり、その初見は『政事要略』所引「善家異記」である。

弓削是雄有二徴験一事

内豎伴宿禰世継、貞観六年、為二穀倉院交易使一、帰来之次、宿二近江国介藤原有蔭館一、時有蔭招二陰陽師弓削是雄一、令レ祭二属星一、与二世継一同宿二館中一、其夜世継頻有二悪夢一、令下二是雄一占中夢吉凶上、是雄転レ式、大駭曰、君若帰レ家、即日当二為レ鬼殺戮一、慎勿レ入レ家、可レ免二此殃一、（中略）是雄占験、管郭之輩也、

これは貞観六年（八六四）に陰陽師弓削是雄が近江介藤原有蔭館で行った例である。ついで『日本紀略』寛平八年（八九六）閏正月二十六日条に「於二神泉院〔苑〕一行二属星祭一、供二祭物一之間、牝鹿入二池水一溺死、依レ穢止レ之、」と神泉苑で行われたが、祭物を供えている時、牡鹿溺死による穢れにより、取りやめとなったようである。九世紀の例はこの二例だけであるが、十世紀になると次の『新儀式』に天皇が行う属星祭の規定があり、ある程度作法等が判明する。

史料⑦『新儀式』第五（臨時下・御属星幷諸祭御禊等事）

蔵人奉レ仰、先定二吉日一、以二其祭物等支度文一奏聞、下二内蔵寮一之、録二用途物一奏聞、下二給上卿一、蔵人罷二向其所一、令二奉仕一之、御属星祭、或皇上於二東廂一遙向二祭所方一、端レ笏礼拝卅九度、星辰祭、賜二御鏡一、河臨御禊、賜二御衣一、但四角四界祭等、遣二蔵人所雑色以下等一、

これによれば、天皇は祭場には出御せず、東庇より祭所の方角に向かい、笏をただし拝礼するというものである。ここで「卅九」度拝礼するとあるが、この拝礼数の意味するところは不明である。注21

同時期の実例では『貞信公記』の延長三年（九二五）三月十九日に陰陽師と思われる「嘉枝」が属星祭に奉仕しており、また、承平二年（九三二）七月十六日には「内裏属星祭、（出雲）惟香奉仕、拝㆓第二星㆒間星降来者」とみえ、天皇の属星祭を陰陽師出雲惟香が奉仕し、七星のうちの第二巨門星を祭っている際、星が降り来たることがあったという記事がみえる。このほか『革暦類』第八所収の弘長三年十二月大外記中原師光勘例（「勘申甲子年幷兼被行例事」）中、応和四年（九六四）六月廿三日に天文博士賀茂保憲を八省院に遣わし、三ヶ夜属星祭を修したとみえている。

十一世紀以降の例となると、『侍中群要』第七（御祭等事）に「大属星御祭、五箇日斎籠精進、属星御祭、三日斎籠精進、従㆓初夜㆒祭、」とみえ、斎籠精進期間の長短により大属星祭と属星祭の区別があったことが知られる。このほか『中右記』寛治七年（一〇九三）八月二十日条に、天皇不予により夜間禁中において修した例、後掲の『文肝抄』には大治四年（一一二九）七月に待賢門院藤原璋子の御産御祈で修された例、『愚昧記』安元三年（一一七七）四月十日に、藤原経宗の病のために修した例など、除病や御産御祈の目的で夜間行われた実例がある。

鎌倉時代後期に成立した『文肝抄』には、属星祭について次のように記載されている。

属星
御精進　撫物　鏡
神座　斎籠三ケ日、毎夜祭㆑之、
或説八座　北辰一、或又輔星座歟、
以上斎籠也、祭物尤可㆑被㆑召㆓支度㆒、抑地震・属星者、自㆓初夜㆒三ケ日祭也、

（中略）

一、丙寅日被レ行二属星御祭一例

大治四年己酉七月十八日甲子、女院(藤原璋子)御祈被レ行二属星御祭一、三十日丙寅申時癸未歟、令レ遂二御産一給了、件祭広賢(安倍)勤レ之、

これによれば撫物は鏡であり、三ヶ日斎籠して毎夜祭る。祭神は通常貪狼星以下七座であるが、これに北極星あるいは輔星（第六星傍らの星）を加え八座とする説もあるという。つまり四方拝や『九条右丞相遺誡』が自身の属星のみを拝礼するのに対し、属星祭は自身の属星一星だけでなく七星もしくは八星すべてを祀るというものであった。

祭文は平安時代の実例は確認できないが、鎌倉時代の実例が『広義門院御産御記』[注22]延慶四年（一三一一）正月二十一日条および二月十日条にみえる。同史料は後伏見上皇の宸記であり、その女御であった広義門院藤原寧子が珣子内親王を出産した際の詳細な記録である。正月二十一日条には、「自二今日一三ヶ夜属星御祭、在彦(賀茂)行レ之、蔵人橘以為申二出御撫物一、御鏡一、納二弘盖一不レ裹二打裹一也、祭料本所沙汰、女房御代官精進、御祭文草勘解由長官在兼(菅原)卿、不レ令二清書一乍レ草也、」とあって、属星祭は三ケ夜行われ、執行者は御産管領陰陽師賀茂在彦であった。撫物には鏡を用い、祭文は儒者菅原在兼によって作成された。

この属星祭の祭文は最も古い実例と思われるので、やや長文ではあるが、正月二十一日条掲載のものを左に示しておく。

維日本国延慶四年歳次辛亥正月甲戌朔廿一日甲午、吉日良辰、仙院斎戒沐浴、謹遣二有司一、馳二誠青天一、至レ望二星宮一、奉下設二清壇一、香花礼奠上、

謹請天皇太帝曜魄宝、
謹請北斗七星魁岡府君、第一貪狼星、字希神子、主室・辟・奎・婁、其数常直建、
謹請第二巨門星、字貞文子、主胃・昴・異〔畢〕・觜、其数常直除・閉、
謹請第三禄存星、字禄存会子、主参・井・鬼・柳、其数常直満・開、
謹請第四文曲星、字微恵子、主星・張・翌〔翼〕・軫、其数常直平・収、
謹請第五廉貞星、字衛不隣子、主角・元〔亢〕・氐・房、其数常直定・成、
謹請第六武曲星、字大東子、主心・尾・箕・斗、其数常直執・危、
謹請第七破軍星、字持大景子、主牛・女・虚・危、其数常直破、
伏願、星神廻先《光》就レ座、所レ献尚饗、再拝、
南無天皇太帝曜魄宝、
南無貪狼星、字希神子、
南無巨門星、字貞文子、
南無禄存星、字禄存子〔會脱〕、
南無文曲星、字徴〔微〕恵子、
南無廉貞星、字衛不隣子、
南無武曲星、字大東子、
南無破軍星、字大景子、
謹啓、北斗七星者、七政之枢機、万物之精命也、以二神道之智一、掌二世之事為一、以二自在之威一、定二人之寿筭一、

若致二欽戴一、必施二感応一、伏惟、初擬二后宮之正位一、今儼二仙院之微号一、巻耳慙レ詠、雖レ謝二周雅之詞一、斎躰承レ恩、忝備二燕寝之礼一、然間昨歳呈二吉兆之瑞一、此春当二誕弥之期一、安全之謀、不レ如二致敬一、懇祈之道、無レ軼為レ善、是以迎二万斯年之初節一、設二三个夜之簿奠一、百和之供二奇香一也、添下以二梅花一開窓之勾上、五彩之陳二宝幣一也、交下以二松雪一残砌之色上、願施二哀納一、立垂二答貺一、然則玉體無レ恙、慣二西華瑶姫之方一、珠胎共全、伴二東萊金母之筭一、両仙洞成二寿木之林一、前相府増二繁華之栄一、外成内平、上治下安、謹啓、

南無天皇太帝曜魄宝、

南無貪狼星、字希神子、

南無巨門星、字貞文子、

南無禄存星、字禄存子〔會脱〕、

南無文曲星、字微恵子、

南無廉貞星、字衛不隣子、

南無武曲星、字大東子、

南無破軍星、字〔持脱〕大景子、

謹重啓、神者人之師レ仰也、人者神之所レ恒也、礼有二五経一、莫レ重二於祭一、祭有二十倫一、莫レ最二於礼一、方今専翹二発露一、敬奠二尊星一、廿八宿之先、恒時加護、卅六雨之候、理世為レ槃、天孽不レ侵、地祓〔祅カ〕忽休、謹啓、

南無天皇太帝曜魄宝、

南無貪狼星、字希神子、

南無巨門星、字貞文子、

南無禄存星、字禄存子〔會脱〕、
南無文曲星、字微恵子、
南無廉貞星、字衛不隣子、
南無武曲星、字大東子、
南無破軍星、字〔持脱〕大景子、
謹重啓、降㆓臨諸神等㆒、清酌三献、繁漏㆓五更㆒、礼微座久、不㆓敢稽留㆒、乞廻㆓星駕㆒、各還㆓天宮㆒、今日以後、
遐年無彊、門楣耀㆓光彩㆒、国家属㆓休明㆒、謹啓、

願主は後伏見上皇であり、斎戒沐浴し、一行目の「仙院」の文言に続き上皇自身の諱を書き入れたと考えられ、[注23]実際二月十日条の祭文には「仙院」の下に空白が存在する。祭壇は星空のもと野外に設けられ、撫物の鏡が安置され、諸神の降臨を請い、香華等が供えられる中、祭文が読み上げられたと推測される。祭文に列記される貪狼星以下の七星が祭神であり、その最初に記される「天皇太帝」「曜魄宝」は共に北斗星の異名であり、七座に先がけて名が唱えられたのであろう。そして「南無〇〇星、字〇〇〇」という文言こそ『九条右丞相遺誡』にみえる、声に出して唱える名・字なのではないだろうか。

3　鬼気祭

鬼気祭は『日本三代実録』貞観九年（八六七）正月廿六日丁卯条に

神祇官・陰陽寮言、天下可㆑憂㆓疫癘㆒、由㆑是令㆘㆓五畿七道諸国㆒、転㆓読仁王般若経㆒幷修㆗鬼気祭㆖

とみえるのを史料上の初見とし、疫癘等を鎮めるのを目的として行われる。ついで仁和二年（八八六）十月九日甲

寅条に光孝天皇不予につき、陰陽寮が承明門前において邪気を払う祭祀を修しており、これも鬼気祭の可能性が高い。

そもそも鬼気とは、鬼（疫神）の気であり、これに触れると病にかかるというものである。これをわかりやすく示しているのが、次に挙げる『日本霊異記』第二十五「閻羅王使鬼受二所レ召人之饗一而報レ恩縁」であろう。

讃岐国山田郡有布敷臣衣女、聖武天皇代衣女忽得レ病、時偉備二百味一祭二門左右一、賂二於疫神一而饗レ之也、閻羅王使鬼来召二衣女一、其鬼走疲見二祭食一、靦就而受レ之、鬼語二衣女一言、我受二汝饗一故、報二汝恩一、若有二同姓同名人一耶、（中略）備レ饗賂レ鬼、此非二功虚一、凡有レ物者、猶可二賂饗一、是亦奇異事矣、

病にかかった衣女が、家の門の左右に疫神への賂として食事を饗応し、冥府に召されずにすんだ話である。疫神を門で祭るという作法は鬼気祭と共通する。ここで「疫神」として登場するのは閻羅王の使の鬼であり、冥官である。この閻羅王の使の鬼は同書第二十四「閻羅王使鬼得二所レ召人之賂一以免縁」にも登場し、冥府に召すべき相手の楢磐嶋に対して、「我気」によって病になるから近づくなと語っており、これこそがまさに鬼気なのである。

鬼気祭の典拠については、すでに山下氏[注24]が指摘しているように『朝野群載』巻二十一所収の天承二年（一一三二）閏四月八日中原師元勘文[注25]に、

天下不静間事

（中略）

今案、国若有二妖祥一、君可レ施二徳化一、（中略）重検二古典一、董仲舒曰、故防二解天下之疾癘一、以二三月八日一、解二祭鬼気一、因レ茲永観（九八五）三年三月十八日陰陽道勘文云、行二宮城四角鬼気祭一、可レ防二疫病一者、

と見えて、高山祭と同様に「董仲舒祭法」と考えられている。

また、『文肝抄』には、

鬼気、灰少々、魚味、撫物無、

十二座、建仁元、被レ行二四角・四堺・鬼気御祭一之時支度云、神座九十六前、四角四十八前、四堺同之、

大鬼気祭同レ之、祭文不レ同也、於二門外一可レ行レ之、門内ニシテ不二勤仕一者也、四角・四堺御祭四角四堺座別、同レ之、内裏之四角、会坂・大枝・龍華細々座別、・山崎等行レ之者也、大鬼気祭牛皮略定、一枚也、四角ト謂者、内裏四角之外也、私云、以レ良為二上首一、

一名、続命祭、（以下図略）

と見え、鬼気祭では十二座を祀り、撫物はなく、祭物に灰と魚味が、また祭文も用意される。おそらく門外に祭壇を設け、祭物が供えられ、祭文が読み上げられるものと推測される。神祇の疫神祭祀では祝詞であるのに対し、鬼気祭は祭文であり、この点は相違する。残念ながら鬼気祭の祭文は伝存例がなく祭神などは未詳である。一方で、牛皮・魚味など祭物が神祇の道饗祭・疫神祭と共通することが指摘されており、神祇祭祀を参考として成立したとする見方の根拠となっている。また、四角・四堺祭についての記述もあり、十二座を祀る鬼気祭と同様の祭祀が、内裏の四角（四十八座分）と逢坂以下の四堺（四十八座分）において行われていたことになり、陰陽師もこれに対応して複数人が勤仕した。

このほか平安時代の実例によって以下のことが指摘できる。[注26] 天皇を対象とする場合は建礼門前など宮城の門前で執行され、執行時間は疫鬼が活動するとされる夜間である。十世紀以降になると四角・四界祭として大規模化する傾向や、さらに定期化する傾向がみられる。

さて、鬼気祭の成立に関しては、疫神を祀る祭祀として先行する神祇恒例の道饗祭、また臨時の祭として宝亀

頃から現れる疫神祭との関係が論じられている。

小坂氏[注27]は、鬼気祭は「董仲舒祭法」を典拠としつつ、神祇の疫神祭と共通する牛皮や魚味などの祭物を踏襲した面もあり、神祇と五行家説との制約を受けながら、独自の祭祀として成立したと述べる。また宮崎真由氏[注28]も、陰陽道の対疫病祭祀の成立を神祇祭祀と対比させ、神祇の道饗祭（恒例）・疫神祭（臨時）に対応して、陰陽寮の追儺（恒例）・鬼気祭及び四角・四堺祭（臨時）として成立したと論じる。[注29]確かに神祇には疫神をまつる道饗祭や疫神祭があり、「宮城四隅」や「畿内堺十処」で行うものもあり、陰陽寮官人が行う鬼気祭や四角・四堺祭と対応しており、小坂・宮崎両氏が述べるように神祇祭祀を参考として陰陽寮官人が創始した祭祀とみてよいであろう。

4　雷公祭

雷公祭については、史料上の初見である次の記事に、同祭執行の経緯が記されている。
史料⑧壬生本『西宮記』第十二軸（臨時御願裏書）
延喜四年十二月十九日、此日使二左衛門督藤原朝臣（有実）一令レ祭二雷公北野一、此祭本意、訪二左大臣（藤原時平）一曰、此故太政（藤原基経）大臣昭宣公、元慶中為二年穀一祈二雷公一有二感応一、因毎年秋必祭レ之、仁和中不レ祭、寛平初年頻不レ祭、彼時奏下元慶祭二雷公一故事上、太上法皇（宇多）因レ之、臨時令下二諸司一祭上有レ験、自レ爾以来祭レ之不レ絶、今因レ之為二豊年一可レ祭、又不レ可下以二季冬一祭上レ之、此度事已俄爾、故因二循年来之例一、
これによれば、藤原基経が元慶年中（八七七〜八八五）に年穀を祈るために雷公に祈ったところ効験があったので、毎年秋に必ず祭るようになったという。ところが仁和年中（八八五〜八八九）に絶えてしまい、寛平初年、元慶時に験あったことを宇多天皇に奏し、臨時に雷公祭を行ったところ効験があり、以来絶えることなく執行されていると

いう。ここでは、陰陽寮が行うかどうかは記されていないが、壬生本『西宮記』第十二軸臨時（臨時御願）に引かれる延喜十四年十月二十三日の例では、

雷公祭試楽、雅楽々人、楽所人等候、楽舞、童舞給レ禄、於二本殿東庭一有レ之、四界祭、陰陽寮向二四界祭一、以二蔵人所人一為レ使、四角祭、陰陽寮宮城四角祭、有レ使、所人、已上天下有レ疫之時、陰陽寮進二支度一、料物官宣、

とあって、雷公祭・四界祭・四角祭ともに陰陽寮が支度を進めることが記されている。また十一世紀以降では『侍中群要』第七（御祭等事）に雷公祭の名を確認でき、『文肝抄』には、

雷公、於二北野社右近馬場一勤二仕之一、斎籠第三日夕祭レ之、

魚味、撫物、鏡近例也、

五座、霹靂時幷為二天下豊饒一被レ行レ之、斎籠・御撫物・御祭文・用途等同二属星一、

とあって、祭場は北野社右近馬場であり、霹靂時と豊穣を祈る時に行われることがわかる。三日間の斎籠、鏡を撫物とすること、さらに祭文・用途などは属星祭と同じであるという。なお、陰陽道の雷公祭は鎌倉時代には風伯祭と併せて執行される例[注30]が多くなる。

ところで、神祇にも霹靂神祭が存在する。『延喜式』神祇式四時祭上に四月の祭として「霹靂神祭三座、坐二山城国愛宕郡神楽岡西北一、」と見え、祭料として鮭・鰒・堅魚・腊などを列記した後、「令二卜部一人一吉日祭レ之、十一月亦同」とあるから、四月と十一月に卜部一人が神楽岡に派遣され霹靂神三座を祭っていたようである。臨時祭にも霹靂神祭が規定されており、やはり祭料として鰒・堅魚・腊などを列記した後に「右、荒魂・和魂各中分、並煮レ粥而祭、若新有二霹靂神一者、依レ件鎮祭、移二棄山野一」とみえ、祭料を荒魂・和魂に二分して、共に粥を煮て祭り、もし新たに雷が落ちた樹木などがあれば、同様に鎮祭をして、山野に移して棄てるという。『左経記』長元五年

四月廿四日条には「伝聞、神祇権大副兼忠（卜部）、於二船岡一奉二仕雷公祭一云々、」という記事があり、京内の船岡山において神祇官人による雷公祭が行われているが、これは霹靂神祭もしくはその系譜を引く神祇祭祀ではないかと思われる。

神祇と陰陽道とで同様の祭祀が行われ、祭物に魚味がみられる点でも、鬼気祭と同様であり、神祇祭祀を参考として創始された陰陽道祭祀といえるのではないだろうか。

5　本命祭

本命日に益算・招福・攘災のために行われる祭であり、『延喜式』陰陽寮式には、天皇・中宮・東宮の本命祭が規定されている。本命日とは人の生年干支の日で、道教においては身中の吏兵が功過を天神に報告する日とされ、個人の禍福や寿命に関わるが故に、身を慎み潔斎して祭祀を行う日とされた。『卅五文集』に仁和四年（八八八）本命祭文が載せられており、これが本命祭の初見史料とされている。但し、本命日自体は『続日本後紀』承和十年（八四三）七月辛丑条に天皇・太皇太后の本命日に先帝の周忌御斎会を避けた例がみえており、さらに遡る。

本命祭の典拠については、山下氏[注31]・小坂氏[注32]によって『白宝口抄』巻百六十（本命星供）[注33]中の賀茂保憲勘文に引かれる『梵天火羅図』所引「葛仙公礼北斗法」・『祭宿曜法』・『劔南婁益開五路謝冥官焼本命銭文』など道教系の経典であることが指摘されている。

ところで密教には「本命供」という修法があるが、山下氏[注34]は「密教の本命供は北斗七星や二十七宿を祭るものである」のに対し、陰陽道の本命祭は、後述の本命祭文にみえる祭神（天曹・地府・司命・司録・河伯水官・掌籍・掌算）を根拠に、「直接星辰を対象とするものではなかった」ことを指摘している。

次に本命祭の具体像について、伝存する祭文や『延喜式』『文肝抄』等の祭物を列記した史料によって検討していく。

史料⑨『卅五文集』紀家本命祭文[注35]

維仁和四年歳次戊申二月己巳朔某日甲子〔午カ〕、其姓名(紀長谷雄)敬設㆓礼奠㆒、謹請㆓天曹・地府・司命・司録・河伯水官・掌籍・掌算之神㆒、夫倚伏不㆑定、吉凶相交、慢㆑神者膺㆓其殃㆒、敬㆑鬼者受㆓其福㆒、祭㆑之為㆑義、不㆓其然㆒乎、奉㆓為賢姑㆒、将尽㆓礼典㆒、人神合契、福祚何疑、況亦為㆑祝㆓知命之年㆒、殊設㆓本命之祀㆒、雖㆑欲㆑無㆑咎、神其舎㆑諸、伏願、諸神特降㆓祉福㆒、使㆓温順之徳㆒、無㆑窮㆓於家庭㆒、慈愛之仁、不㆑衰㆓於氏族㆒、不㆑触㆓時之感㆒、敢申㆓転㆑禍之誠㆒、尚饗、

紀家

史料⑩『延喜式』巻十六陰陽寮23御本命祭

神座廿五前

名香廿五両、紙七百五十張、作㆓銭形二万五千文、絹形二百五十疋、馬形五十疋㆒料、筆一管、墨一廷、小刀一柄、布一端、敷布料、脯廿五朐、酒・醴各三斗、米三斗、筵七枚、食薦十三枚、坏二百口、盤五十口、折櫃八合、桶二口、杓五柄、中取二脚、松明卌把、炭五斗、缶二口、瓮二口、銭二貫文、浄衣六具、巾二条、中宮准㆑此、

右料物前㆑祭請㆓内蔵寮㆒、毎年六度祭㆑之、其中取年中一度請㆓木工寮㆒通用、

史料⑪『文肝抄』

本命祭、十二前、或廿五前、撫物鏡、斤一具、精進、

嘉応二年十月廿八日在憲(賀茂)勤㆑之、件時廿五前之様ヲ被㆑用了、保憲(賀茂)安和二年勤仕之支度顕然也、

史料⑨の祭文の作者は「紀家」、すなわち紀長谷雄（八四五〜九一二）であり、願主も同人であろう。祭文中の「其姓名」は願主が自署する箇所であろう。また文中に「奉二為賢姑一」「況亦為レ祝二知命之年一」とあるから、五十歳（知命之年）を迎える彼の姑のために招福を願って行われた本命祭であった。祭神は天曹・地府・司命・司録・河伯水官・掌籍・掌算の冥道神七座であり、これらの神の降臨を請い、祭壇を設け饗応するものであったことがわかる。

史料⑩には、天皇が行う本命祭の祭物を列記しており、そのうち筆・墨・小刀・脯・酒・醴などは道教儀礼にみられる祭物であり、その影響が窺える。この記事から、祭は二十五の神座を設け、各座に名香一両、紙で作った銭一千文・絹十疋・馬二疋、脯や酒などが供えられ、さらに筆・墨・小刀といった筆記具が用意されたことが知られる。

祭神は史料⑨で冥道神七座であったが、史料⑩の段階で二十五座、史料⑪では十二座もしくは二十五座とあり、九世紀段階と比べると神座が増加している。増加した祭神や背景等については明らかにし難いが、小坂氏[注36]によれば泰山府君祭も十世紀初期では七献上章祭と称され、祭神は七座であったが、十世紀末頃には泰山府君祭と称され十二座に増加し、この背景に密教修法あるいは仏書の影響があるという。これを参考に憶測を述べれば、本命祭も史料⑩の『延喜式』段階までに祭るべき冥道諸神が加増され、泰山府君祭と同じように再編されたと考えられるのではなかろうか。

また、史料⑩の祭物中、紙製の銭形・絹形・馬形や、筆・墨・小刀など筆記具は、泰山府君祭と共通する。泰山府君祭では冥道十二神にそれぞれ模造の銀銭・白絹・鞍馬・勇奴等が献上され、祭物に硯・筆・墨・小刀も用意される。[注37]本命祭で用意される銭形・絹形・馬形も神への献上品であろう。筆記具は、道教儀礼で用いられる上章文の範例集『赤松子章暦』所収の章文に「筆・墨・算子、注㆓上生名㆒」や「紙・筆・墨、以書立㆓生籍㆒」などの文言がみられるように[注38]、司命・司禄・掌籍・掌算といった冥府の神に、自身の名を死籍から削り生籍に書き改めてもらうために用意されるもので、延命除災を祈願する道教儀礼では特徴的な祭物であった。願主から預かる撫物は史料⑪にみえる鏡であり、これも泰山府君祭と共通する。両者の祭神・祭物の類似は、先行する本命祭が泰山府君祭の成立に影響を与えていることを想起させる。

執行日は毎年六度行うとあるから、年に六度ある天皇の本命日（生年干支の日）に行う定めとなっていた。貴族達も同様に本命祭を行っており、『貞信公記』から記主藤原忠平の例を拾ってみると、次の通りである。

○『貞信公記』にみえる藤原忠平〈元慶四年庚子の年生まれ〉の本命祭

延喜十八年（九一八）十二月一日　庚子、本命祭、
延喜十九年（九一九）六月五日　庚子、定㆓祈雨幣使㆒、暁本命祭、
延喜二十年（九二〇）二月七日　庚子、本命祭、
延喜二十年（九二〇）六月十日　庚子、本命祭、氏、（氏江カ）
延喜二十年（九二〇）十一月十三日　庚子、本命祭、
延長二年（九二四）五月三日　（庚子）、本命祭、嘉枝、
延長二年（九二四）七月三日　庚子、本命祭、氏、（氏江カ）
延長三年（九二五）三月八日　庚子、本命祭、氏、（氏江カ）

元慶四年（八八〇）庚子の年生まれの忠平が、生年干支と同じ干支日に本命祭を行っている様子がよくわかる。日記の伝存状況により年六度行っていたかどうかまでは確認できない。「氏」「嘉枝」は祭祀を執行した陰陽寮官

人の名とみられる。

祭の時間は、延喜十九年の例が暁に行われていること、祭物に「松明卌把」がみえること、冥官を祭神とすること、などにより夜間に行われる祭であったと推定される。祭場も他の陰陽道祭と同様に野外に祭壇を設けて行われたものであろう。

結びにかえて

九世紀に出現する五つの陰陽道祭祀の具体像を検討してきた。鎌倉時代までを視野に入れ、確認できた基本的な性格を一覧にしておきたい。

祭祀	祭文	神座（祭神）	時間	祭場	撫物	祭祀の典拠	目的	主な祭物
高山祭	未詳	未詳	未詳	船岡・吉野郡高山	未詳	董仲舒祭法	虫害や病を除く	
属星祭	有	七座（北斗七星魁岡府君第一貪狼星・第二巨門星・第三禄存星・第四文曲星・第五廉貞星・第六武曲星・第七破軍星）※北辰や輔星を加え八座とする説あり	夜間	野外	鏡	未詳	御産御祈・除災	
鬼気祭	有	十二座（未詳）	夜間	門前	なし	董仲舒祭法	除病	魚味・牛皮・灰
雷公祭	有	五座（未詳）	夕	北野	鏡	未詳	豊穣を祈る	魚味
本命祭	有	七座（天曹・地府・司命・司録・河伯水官・掌籍・掌算）※のち十二座もしくは二十五座	夜間	野外	鏡	葛仙公礼北斗法・祭宿曜法・剣南婁開五路謝冥官焼本命銭文	益算・招福・除災	名香、紙製の銭形・絹形・馬形、筆、墨、小刀、脯、酒、醴、米

表の項目中、まず祭文であるが、伝存するのは属星祭・本命祭のみで、ともに儒者により作成され、願主自身が名を書き入れる形式であった。執行の時間・式場では、夜星空の下で野外に祭壇を設け執行するという祭祀の特質を確認でき、祭祀の典拠とともに、先学の指摘を再確認する結果となった。祭物の特徴としては、鬼気祭・雷公祭の魚味に神祇祭祀の影響を、本命祭の筆記具に道教儀礼の影響を看取できる。

以下、表で示せなかった祭の作法・形成過程・時代的変遷などを今一度整理しておきたい。

①高山祭の具体像は未詳であるが、九世紀段階では虫害を払うために執行されていたが、十世紀末以降は除病のために行われるようになり、様々な災厄に対応可能な祭祀であったと考えられる。十一世紀半ば以降は史料上確認できなくなることから、鬼気祭や四角四堺祭など平安京及びその近郊において疫病を防ぐ祭祀に取って代わられるものと推測される。

②属星祭は自身の属星一星だけを祭るのではなく、北斗七星すべてを祭るものであった。また四方拝などで自身の属星を拝礼する際に唱える文言は、属星祭文にみえる「南無〇〇星、字〇〇〇」ではないかと推測した。

③鬼気祭・雷公祭には先行する同様の神祇祭祀が存在し、また魚味など共通する祭物がみえる。このことから、先学が指摘する鬼気祭の成立過程と同様に、雷公祭も神祇祭祀の一部を取り込み形成された可能性がある。

④本命祭は、冥道神を祭る道教儀礼の影響を受けて成立し、祭神・祭物は泰山府君祭と共通する部分が多く、成立の遅れる泰山府君祭に影響を与えた可能性がある。また、祭神は九世紀段階では冥道神七座であったが、十世紀初期成立の『延喜式』では二十五座、『文肝抄』には十二座もしくは二十五座とあって神座が増加している。同じく冥道神を祀る泰山府君祭も十世紀初めに七座であったが、十世紀末頃には十二座に改変

されたと指摘されていることから、神祇祭祀に淵源を持たない冥道神を祀る祭祀は十世紀に再編された可能性がある。

以上、初期の陰陽道祭祀の具体像の解明を目的とし、紙幅の許す限り関係資料を掲出し、校訂も含めて見直してきたが、先学の成果を再確認した感は否めない。また、④の変化の背景として密教修法や仏書などの影響が指摘されているが、詳細な検討はできなかった。今後の課題としたい。

最後に、本稿で触れられなかった陰陽道祭祀成立に伴う寮職務の拡大を支えた要因について見通しを述べておきたい。

陰陽道祭祀の成立は、直接的には新たなテキストを受容したことが要因の一つであったことは前に述べた。しかし、受容のみでは職務拡大はなし得ず、それを習得し執行できる人材が必要となる。鎮祭を執行した陰陽博士中臣志斐国守、高山祭を執行した陰陽博士滋岳川人[注39]、属星祭を執行した陰陽師弓削是雄などは陰陽道祭祀の創始に尽力した官人だったのではなかろうか。陰陽寮は九世紀中頃より技能保持者が頭以下四等官にまで拡大し、主要官職は技能官人によって占められることになる。これこそ前述した災異観の変質による卜占の需要増大と、さらには呪術・祭祀の執行といった陰陽寮の職務拡大に対応した人事面の施策と考えられる。

このような人材面の需要に応えたのが、九世紀中頃より顕著となる陰陽等の技能を代々継承する氏族であった。彼らは官司内での養成が破綻して以降、国家の後押しもあって一族内で技能者を養成する構造をつくり始めており、技能を保持した子弟らを次々と寮官に送り込むようになっていた。天文分野では中臣志斐氏、暦分野では大春日氏や刀岐氏などはその顕著な例であり、やがて賀茂氏・安倍氏の登場をみるのである。

このように、受容されたテキストを使いこなす人材面の充実が陰陽寮の祭祀執行という職務拡大を支えたと考えているが、これについては別に検討し、ひとまず擱筆することとしたい。

注

1 『大日本古文書』二十五所収の天平宝字五年造寺雑物請用帳に「一段、院中鎮祭陰陽師浄衣料」とみえ、また同二十四所収の天平宝字六年石山院所銭用帳に「廿文、鎮祀地陰陽師布施料」とある。

2 斉藤英喜『安倍晴明』(ミネルヴァ書房、二〇〇四年)・見留武士「古代地鎮の執行者について」(『仏教大学大学院紀要』第三十六号、二〇〇八年)は相地から地鎮への展開を想定しているが、中村航太郎「古代の陰陽師の「相地」考――その職能と位置づけ――」(『紀尾井論叢』第四号、二〇一六年)は、この点に関しては慎重である。

3 小坂真二「九世紀段階の怪異変質にみる陰陽道成立の一側面」(『古代天皇制と社会構造』校倉書房、一九八〇年)。

4 山下克明「陰陽道の成立と儒教的理念の衰退」(『平安時代陰陽道史研究』第一部第一章、思文閣出版、二〇一五年〈初出二〇〇七年〉)。

5 岡田莊司「陰陽道祭祀の成立と展開」(『陰陽道叢書』一・古代、名著出版、一九九一年〈初出一九八四年〉)。

6 細井浩志a「陰陽道の成立についての試論――呪禁師との関係と「初期陰陽道」概念について――」(吉川真司・倉本一宏『日本的時空間の形成』思文閣出版、二〇一七年)、同b「陰陽道と東アジア――国立天文台の変質としての陰陽道の形成――」(田中史生編『古代日本と興亡の東アジア』竹林舍、二〇一八年)。以上の論文において、細井氏は八世紀前半から九世紀後半に陰陽寮が占術、呪術・祭祀、日時・方角禁忌という主要な職務を備えるに至ったとし、この時期を陰陽道の成立期と捉え、「初期陰陽道」と称することを提唱している。

7 『大日本古文書』二所収。

8 九条家本『仁和寺流記』所収「吏部王記」(図書寮叢刊『諸寺縁起集』及び史料纂集『吏部王記』所収)による。

9 山下克明「陰陽道の典拠」(『平安時代の宗教文化と陰陽道』第一部第二章、岩田書院、一九九六年〈初出一九八二年〉)。

10 山下克明a『陰陽道の発見』(NHK出版、二〇一〇年)、同b「陰陽道の宗教的特質」『平安時代陰陽道史研究』(思文閣出版、二〇一五年〈初出二〇〇六年〉)。

11 小坂真二「陰陽道の成立と展開」（『古代史研究の最前線』第四巻〔文化編〕下、雄山閣出版、一九八七年）参照。
12 前掲注10山下b論文参照。
13 前掲注6細井b論文参照。
14 野田幸三郎「陰陽道の一側面――平安中期を中心として――」（『陰陽道叢書』一・古代、名著出版、一九九一年〔初出一九五五年〕）。
15 前掲注5岡田論文参照。
16 前掲注11小坂論文参照。
17 前掲注10山下a・b論文参照。
18 村山修一編著『陰陽道基礎史料集成』（東京美術、一九八七年）所収。
19 所功氏は、この場合の「当年」とは天皇自身の生年干支寅・戌を意味し、天皇は延暦五年丙寅生まれの嵯峨天皇に該当するとする。所功「元旦四方拝の成立」（『平安朝儀式書成立史の研究』第二編第一章、国書刊行会、昭和六十年〔初出一九七五年〕）参照。
20 『江家次第』巻一でも属星名字を七遍称することがみえる。
21 「卌九」の誤写ではないかと考え、宮内庁書陵部及び国立公文書館等で『新儀式』の主要な写本を確認してみたが、いずれも「卅九」であった。また、『西宮記』臨時（侍中事・臨時雑祭等事）にも同様の記述があるが、尊経閣本等の古写本はやはり「卅九」であった。もし四十九度拝であれば、北斗七星の一星につき七度礼拝することと思われ、四方拝の作法や『九条右丞相遺誡』の記述にみえる自身の属星の名字を七遍唱える作法と対応するのであるが、現時点では推測の域を出ない。
22 皇室制度調査室「伏見宮本『広義門院御産御記　後伏見天皇宸記』翻刻」上・下（『書陵部紀要』六十三・六十四号、二〇一一年・二〇一二年）参照。但し、若干翻刻を改めた箇所がある。なお、前掲注18村山編著書所収『祭文部類』にも弘治二年（一五五六）の属星祭の祭文がある。
23 鎌倉時代の実例では、『岡屋関白記』宝治二年閏十二月二十二日条および建長三年閏九月二日条に、儒者が作成した属星祭の祭文に天皇の諱を書き加えるのが例であることを示す記事がある。
24 前掲注9山下論文参照。
25 東山御文庫本・葉室本によって、新訂増補国史大系本の「以二月」を「以三月」と校訂した。

26 紙幅の関係から実例を挙げるのは略したが、宮崎真由「陰陽道祭祀の一考察――鬼気祭・四角四堺祭を中心に――」（『皇學館論叢』第四十五巻第三号、二〇一二年）に、平安時代の主要な実例を載せており、参照されたい。
27 前掲注11小坂論文参照。
28 前掲注26宮崎論文参照。
29 このほか考古学の立場から鬼気祭に論及したものに笹生衛「奈良・平安時代における疫神観の諸相」（『平安時代の神社と祭祀』国書刊行会、一九八六年）があり、十世紀代に皿形人面土器が成立する背景として、鬼神への食物饗応を祭祀の中心とする鬼気祭など陰陽道祭祀の盛行を想定している。
30 『民経記』貞永元年四月十五日日及び正元元年十一月二十一日条など。『勘仲記』弘安九年八月五日条には、雷公祭を賀茂在言、風伯祭を賀茂在秀が勤め、祭文は儒者の藤原明範が草したことが記される。
31 前掲注9山下論文参照。
32 前掲注11小坂論文参照。
33 『大正新修大蔵経』所収。
34 山下克明「密教星辰供の成立と道教」（『平安時代の宗教文化と陰陽道』第三部第一章、岩田書院、一九九六年〔初出一九八八年〕）。
35 竜門文庫本を底本とした。本文において「某日甲子」とするが、仁和四年二月朔日が己巳であるから、この月内に甲子の日は存在せず、「甲午」ではないかと思われる。甲午であれば二月二十六日が該当する。
36 前掲注11小坂論文参照。
37 拙稿「泰山府君都状の古文書学的考察――鎌倉初期までの残存例を中心に――」（『古文書研究』八十五号、二〇一八年）参照。
38 『赤松子章暦』（『道蔵経』〔明版〕第一一二二所収）巻三「青糸抜命章」及び巻四「駅馬章」には、祭物に筆・墨・算子・書刀がみえ、章文に「筆・墨・算子、注二上生名一」や「紙・筆・墨、以書立二生籍一」の文言がある。福永光司「道教における「醮」と「章」」（福永光司編『道教と東アジア――中国・朝鮮・日本』人文書院、一九八九年）参照。
39 陰陽道祭祀の形成に滋岳川人の関与を強調する近年の研究に、前掲注26宮崎論文および那須香織「滋岳川人の登場と九世紀の陰陽寮」（『学習院大学人文科学論集』二十五、二〇一六年）がある。

野生の声を聞く〈文化〉の一断面
――「百恠図」と狐鳴占卜――

北條　勝貴

はじめに――「百恠書図」と中国の「陰陽師」――

いわゆる陰陽道については、最近二〇年ほどの間で大きく研究が進展し、その成果を概説した書物も幾つか刊行されている。[注1] それらによれば、かつて中国からの将来といわれた陰陽道は、現在、陰陽五行思想など種々の知識・技術をもとに、日本の律令官司陰陽寮において醸成された呪術宗教である、という見解が一般的となっている。そこでは、「陰陽道」や「陰陽師」という言葉自体、列島文化のうちに生じたものだ、と考えられているかもしれない。しかし、中国中世の重要史料を豊かに遺存する敦煌文書のなかに、現在判明しているうちで唯一、「陰陽師」なる用語を記した古文書が存在する。大英博物館現蔵、S.4400「太平興国九年（九八四）二月廿一日帰義軍節度使曹延禄醮奠文」がそれである。まずは、該当箇所を訓読文で掲げておこう。

……謹於百尺池畔、有二地孔穴自生一、時常水入無レ停、経旬亦不二断絶一。遂使二心中驚愕、意内惶忙一。不レ知二是上天降禍一、不レ知二是土地変出一。伏覩二如レ斯災現一、所三事難レ暁二於吉凶一。恠異多般、只恐二暗来而攪擾一。遣下問二陰陽師卜一、検中看百恠書図上。或言二宅中病患一、或言二家内死亡一、或言二口舌相連一、或言二官府事起一。無レ処二避逃一、解二其殃祟一。謹択二良月吉日一、依レ法充〔?〕二備書符、清酒雑菓、乾魚鹿肉、銭財米飯一。是事皆新、敬致レ祭二于五方五帝、土地陰公、山川百霊、一切諸神一。……[注2]

敦煌文書の年紀が集中している九世紀中葉～一一世紀前半は、敦煌が、河西帰義軍節度使政権に統治されていた時代に当たる。これは、前半は張氏、後半は曹氏を筆頭に、表向きは中原漢人王朝に従属しつつ、内実は、コータンやウイグルなどのシルクロード諸国と独自に外交する、自立的性格の強い政権だった。[注3]赤木崇敏氏によると、とくに曹氏政権においては、かつて祈願文などで中国皇帝を当てていた「菩薩之人王」＝転輪聖王を、やがて自分たち自身に対し使用するようになってゆく。[注4] S.4400に名前のある曹延禄は、第六代の曹氏節度使で、コータン王国と密接な関係を持っていた。[注5]彼は、突如地面に空いた穴から水が噴き出すという事象に遭遇、中国王朝の伝統に則って天地のもたらす怪異と判断し、まずは吉兆か凶兆かを確認しようとする。そこで召喚されたのが「陰陽師」（正確には「陰陽師卜」を一語として読むべきだろうが）で、家宅のうちで病患がある、人死がある、争論が続く、役所で問題が起きるなどと占断したらしい。よって彼は、予想される災禍を解除するために書符や供物を調え、吉日を選んで五方五帝、土地陰公、山川の神霊、一切の諸神に対し祭祀を行うという。岩本篤志氏によればこの「陰陽師卜」は、帰義軍記沙州に設置されていた伎術院の官員か、州学陰陽科の学生の可能性があるという。[注6]「師」の語からすると、やはり前者であろうか。内容的に注意したいのは「百恠書図を検看する」とあることだが、文脈的に考えれば、これは怪異占を集めた占書の類であり、対象となる怪異の性格と卜占の結果などから、それが吉兆か凶兆か、未来にいかなる事態をもたらすか指し示すものと推測できる。「宅中病患」「家内死亡」「口舌相連」「官府事起」などが、占文に存在した具体的な字句だろう。すでに山下克明氏は同書について、「動物・植物やその他、山・川・石などさまざまな自然物が示す怪異がどのような未来の吉凶を予告するかという事例を図とともに記した五行占書とみてよいであろう」と述べている。[注7] 近年、佐々木聡氏が復元研究を行った、やはり敦煌文書に含まれる絵入りの陰陽占書『白澤精怪図』なども、それに類するものと想定されている。[注8]

日本の陰陽師は式盤を用いた六壬式占を主な占法とするが、[注9] 占断の際には暦・天文・五行関係書、道教経典、道教の教説を引用した医書・類書など、多くの漢籍が援用された。『続日本紀』天平宝字元年（七五七）十一月九日条には、天文生の教習すべき典籍として『史記』天官書・『漢書』天文志・『晋書』天文志・『三家簿讃』・『韓楊要集』、陰陽生の場合は『周易』・『新撰陰陽書』・『黄帝金匱』・『五行大義』、暦生の場合は『漢書』律暦志・『晋書』律暦志・『大衍暦議』・『九章』・『六章』・『周髀』・『定天論』が掲げられている。藤原佐世撰『日本国見在書目録』からは、九世紀末までに天文家八五部四六一巻、暦数家五五部一六七巻、五行家一五六部九一九巻にも及ぶ漢籍が伝来していることが分かる。それを反映するかのように、同時期から列島独自の陰陽書、中国陰陽書の注釈なども編纂され始め、例えば鎌倉後期の『本朝書籍目録』には、滋丘川人撰『六甲六帖』『宅肝経』、志悲連猪養撰『枢機経』、安倍晴明撰『占事略決』、賀茂保憲撰『暦林』、賀茂家栄撰『雑書』が見出される。[注10] これらはいずれも複雑かつ難解な様相を持つが、しかし一方で、院政期頃からか、前述したS.4400と類似の、陰陽占書に依拠した占断も見受けられるようになる。例えば、九條兼実『玉葉』治承元年（一一七七）六月十二日条には、次のような記事がある。

天陰雨下、物忌也。余冠鼠咋レ之、昨日戌刻見二付之一。仍卜筮、申二慎之由一、甲乙之日云々。件事去夜問二泰

茂一、百恠図之中有二所見一、明日可レ令二注申一之由申レ之。今日注二進之一、同可レ慎云々。[注11]

兼実は、物忌の最中に冠を鼠に囓られたため、卜筮により、「〇〇の日には××の危険があるので、身辺を慎め」との占断を得る。陰陽師の安倍泰茂に問うと、「百恠図に関係の記述がある」との答えがあり、翌日やはり「慎め」との注進を受けたという。山下克明氏は、前掲敦煌文書「百恠書図」に類する卜占書が一二世紀の日本へも伝来しており、陰陽師の安倍氏が所蔵、怪異の占断にも使われていたと推測している。[注12] しかし一方で山下氏は、このような占書に基づく災害・怪異の五行占は、災禍を神祇の祟りとし、卜占や託宣を通じ神意を問うことを重視した列島には定着せず、その相違が陰陽道を生じたとも考えている。[注13] 果たしてそういえるのかどうか、岩本篤志氏は他の陰陽占における敦煌文書、和文献の記述を比較しつつ、「しかし、『百恠図』に近い占法はかつて想像されている以上に日本で広く流布していた可能性がある」と述べる。[注14] また、凶兆の予測には多くの場合それを解除する方法が伴うが、それは広義の修祓に含まれ、夙に岡田莊司氏が指摘しているように、列島の祭祀文化において陰陽道の独占的に管掌する部門となってゆく。[注15] 本稿では紙幅の関係もあり、「百恠書図」の形式のうち狐の鳴き声から未来の吉凶を見通してゆく占法の伝来・消化を軸に、これらの問題を考えてゆきたい。

一　耳を澄ます占卜の系譜——自然／文化における狐の境界性——

現代は、人間の五感のうち、視覚に関する情報が著しく増加し、多様化した時代である。しかし前近代社会、あるいは民族社会においては、聴覚情報について鋭敏な感性が求められた。[注16] 例えば柳田国男『遠野物語拾遺』一六四話には、次のような記載がある。

深山で小屋掛けをして泊っていると、小屋のすぐ傍の森の中などで、大木が切倒されるような物音の聞える場合がある。これをこの地方の人たちは、十人が十人まで聞いて知っている。初めは斧の音がかきん、かきん、かきんと聞こえ、いいくらいの時分になると、わり、わり、わりと木が倒れる音がして、その端風が人のいる処にふわりと感ぜられるという。これを天狗ナメシともいって、翌日行って見ても、倒された木などは一本も見当たらない。またどどどん、どどどんと太鼓のような音が聞こえて来ることもある。狸の太鼓だともいえば、別に天狗の太鼓の音とも言っている。そんな音がすると、二、三日後には必ず山が荒れるということである。[注17]

まさに、音響の怪異とでもいうべきもので、視覚的あるいは接触的に確認できる実体はなく、すべてが聴覚のみを通じて経験される現象である。知覚者は音響から一定の映像を思い浮かべるが、本当の発音主体は、そうした認識をもう一次元超越したところに位置している。音だけの樹木伐採である天狗ナメシも、あるいはどこから太鼓の音が聞こえてくる狸／天狗の太鼓も、人跡のまれな深山における怪異であり、山の荒れる予兆でもあるという。[注18]人々はそれに耳を澄まして、自分を取り巻く情況を確認し、災難を回避すべく行動する。いわばかかる聴覚情報は、自然／文化のせめぎあう場所で生活する人間にとって、自らの生命を守るために大切な〈野生の声〉なのである。それゆえに古代の王やシャーマンには、そうした〈声〉を正しく聞き分け、統治に活かすことが求められた。古代インドの神話伝承に基づく仏教の本生譚は、非アーリア世界の習俗・心性を反映した一種の民俗誌としても読むことができるが、例えば次のような象徴的な説話を伝えている。

バーラーナシーの王は、ツル、カラス、木喰虫、ホトトギス、シカ、サル、キンナラ、独覚の八種の声を聞き、それがいかなる凶事の予兆であるかを怖れた。そこでバラモンに相談し、富と名誉を求めるあまり言動の濁った彼の勧めで、八種の要素をすべて盛り込んだ供犠を行おうとする。しかし、すべての真実を聞き分けた菩薩に諭され、王はその声の内容すべてに応じ、犠牲に供されようとしていた生き物を解放して、修行者を供養した。[注19]

仏教には、殺生戒喧伝の関係でバラモン教の動物供犠を批判する必要があり、その点で幾分かの政治的バイアスがかかっていることは否めない。しかし、釈迦の前生と位置づけられた菩薩が、異類の声を聞き人間との調停者になっている点は、シャーマンの理想像を示していて重要である。なお、このような立場で王に諫言し、その行動を正しい方向へ導く役割は、古代中国の卜官・史官・祭官においても共通する。すなわち東アジア的文脈のなかにこの構図を置き直すと、野生の〈声〉は何らかの怪異として現象し、やはり何らかの宗教的知識・技術を持つ者がそれを受け止め、読み解いて、王権や国家、社会に貢献をするということになろうか。例えば、安倍氏土御門家から伝承された「若杉家文書」では、中国の怪異占を受け継いだ雑怪事占法〔三二〕に、「六畜人語、此人君、淫二於近臣婦女一、且亡二失国一」、同じく〔四三〕に、「鬼、夜哭、不レ出二一年一、天下争レ土。又、一云二哭祖一、民散」などとみえる。[注20]前者は六畜が人の言葉を語るという秩序の混乱が、君主が近臣の婦女と邪な関係を持ち亡国を生じることを、後者は夜に死霊の哭く声の聞こえる怪異が、天下騒乱の前兆となることを示している。怪異占として形式化してはいるが（その分、冒頭に触れた「百怪図」に近い）、いずれも〈野生の声〉を聞くことの延長線上に捉えられよう。

このような怪異については、以前、鳥の鳴き声の聞こえた時間、方角、様態などから将来の吉凶事を予測する、鴉鳴占卜の歴史について論じたことがある。この占卜には大別して二つの流れがあり、ひとつは、鳥の囁きを分節して具体的な意味内容を把握しようとするシャーマニックな方法で、もうひとつは、鳥を外部化したうえでその生態に何らかのサインを看取しようとする方法である。後述するように、鴉鳴占卜も「百恠図」に採り入れられているが、それは後者の文脈に属し、インドからチベットを経由して東漸、同文化と漢文化との接点となる地域で育まれたものと推測された。[注21] また、これと類似の占卜に釜鳴占卜があり、やはり「百恠図」のなかに採り入れられて、日本列島にも伝来したらしい。近年の佐々木聡氏の詳細な研究によれば、もともと精魅・鬼神の拠る代表的な容器のひとつであった釜・甑・竈の一セットに対し、モノ＝鬼神を対象になされていた占断と辟邪が、次第にコト＝怪異それ自体を対象に行われるようになってゆく。[注22] 前者の伝統は、日者という呪師の駆使した古代の「日書」、例えば戦国末期の睡虎地秦簡『日書』甲種「詰」篇に遡り、『女青鬼律』『太上洞淵神呪経』といった六朝期の神呪系道教経典を経て、『白澤精怪図』「百恠図」といった通俗的怪異占書へ繋がってゆく。[注23] この変化のなかで釜鳴を扱った占文も頻繁に現れ、日本列島にも断片的に伝わったと考えられる。

少々踏み込んでみておくが、例えばかつて、列島中世における釜鳴の怪異を網羅的に扱った西山克氏は、東福寺僧太極による『碧山日録』応仁元年（一四六七）十一月十九日条を、釜鳴の鎮めをめぐる鍵となる史料として掲げた。[注24]

十九日甲辰、昧爽、西家釜大鳴。(a)鬼名二婆女一、但呼二其名字一、亦不レ為レ災、却招二吉利一。又云、釜鳴不レ得二驚呼一、(b)須下一男子作二婦人一拝上、即日止。又云、(c)釜鳴、甑虚気充則鳴、非レ怪、但掲二去蓋一則已。凡人家厨下、頭レ鍋遇レ夜、須二刷洗浄満一レ注レ水、不レ可レ令レ干。如空則使二主人心焦一。又云、(d)鍋釜夜深、莫レ停レ水云々。家主咲而喜得レ焉、及退曰、若来日遇レ鳴、則恐レ失二其神名一、乃復誦二云々、婆女、々々、々々、々々。[注25]

(a)は、釜鳴の主体として「婆女」なる精魅を掲げ、災禍を避け吉利に転じる方法として、その名前を呼ぶことを記す。(b)は、女装した男性に拝礼させれば止む、との方法である。(c)(d)は釜鳴のメカニズムを説明しており、甑に虚気が充満すると鳴るので蓋を取ればよい、洗浄したあとは水で満たしておかないと家主に焦燥感を抱かせる、しかし深夜まで水を留めておいてはならない、などとある。西山氏の論が重視したのは(b)、異性装のシャーマンによる鎮祭の問題であったが、(a)についても、「婆女」は道教の神であり、太極が紐解いた書物は中国の陰陽書のようなものではなかったかと、重要な推測をしている。[注26] 近年、その研究を受けた佐々木聡氏は、南宋・周守中撰『養生類纂』巻一一 井竈（鍋釜付）条所引『瑣砕録』逸文に、「釜鳴、甑虚気衝則鳴、非レ怪。但掲二去蓋一、即已」「釜鳴不レ得二驚呼一。須下一男子作二婦人一拝即止上。或婦人作二男子一拝亦止」[注27] などとあることを見出している。当初西山氏が想定したとおり、南宋期の通俗的な怪異占書が、中世初期の段階で列島へ伝来していたものだろう。備前吉備津神社の釜鳴神事をはじめ、中世に列島各地で釜の鳴動が確認されるのは、これを受けてのことと考えられる。

古代〜中世の陰陽書系類書、『二中歴』や『拾芥抄』には、これら鴉鳴や釜鳴とともに、狐鳴の占卜が特徴的に現れる。鳥が餌を確保するために人里近くに出現する野生動物であるのに対し、釜は無生物ながら火という五行のひとつを湛えている点で、家屋のなかに埋め込まれた野生であると解釈することができる。[注28] その点で鳥も釜・竈も自然／文化の臨界に位置するものであり、それゆえにその音声を聞くことに意味が見出されるのだと考えられるが、狐という野生動物こそ、そうした境界性を最も強く湛えた存在といえるかもしれない。

列島文化における狐の象徴性についてはいうまでもなく、人間を化かすこと、稲荷信仰との結びつき、中臣鎌足や安倍晴明との関連性などが、一般にもよく知られるところだろう。狐に関する研究[注29] は数多いが、里や耕地に餌を求めて現れる姿が、野生／文化の間を往還するマージナルなものと認識されたという位置づけが、とりあえずは通説的だろう。だからこそ、キツネやタヌキ（狸・貉）は〈化ける〉のであると。また、この〈化ける〉

〈化かす〉については、中国的な妖狐のイメージが影響を与えたことも大きい。東晋・干宝撰『捜神記』、郭璞撰『玄中記』、唐・薛用弱撰『集異記』、載孚撰『広異記』といった、六朝から隋唐にかけての志怪小説に、これらの原像を看取することができよう。狐の属性とはいいがたい祥瑞関係をひとまず除くとすると（『日本書紀』や『続日本紀』に、白狐・玄狐の記載がある）、『日本霊異記』の異類婚姻譚に始まるこの系統のカテゴライズは、先行説話集からの再話も含め二〇前後に及ぶ狐関連説話を収める『今昔物語集』、院政期の大江匡房撰『狐媚記』で一定の完成をみる。[注30] そこへ、狐憑きを解除すべく特化された六字経法、即位灌頂におけるダキニ修法などを通じ、密教におけるダキニ天との習合が進行、[注31] 種々の要素が積み重なってゆくなかで、稲荷の神使としての位置づけが構築されてゆくとみられる。[注32]

康和三年、洛陽大有二狐媚之妖一。其異非レ一、初於二朱雀門前一、儲二羞饌礼一、以二馬通一為レ飯、以二牛骨一為レ菜。次設二於式部省後一、及二王公卿士門前一、世謂二之狐大饗一。……嗟呼、狐媚変異、多載二史籍一。殷之妲己、為二九尾狐一、任氏為二人妻一、到二於馬嵬一、為レ犬被レ獲。或破二鄭生業一、或読二古冢書一。或為二紫衣公一到レ県、許二其女屍一。事在二倜儻一、未二必信伏一。今於我朝、正見二其妖一。雖レ及二季葉一、恠異如レ古。偉哉。[注33]

大江匡房は先の『狐媚記』において、康和三年（一一〇一）に京都にて生じたという狐による怪事件を詳述してゆき、「このような出来事は史籍（漢籍）に数多あるが、実際に起きたこととはいまひとつ信じることができなかった。しかしいまわが朝で起きたことをみてみると、末の世に至ったものの怪異自体は古のままだ」と述懐している。傍線部にみるような妲己＝九尾の狐、沈既済の伝奇小説『任氏伝』、劉義慶撰『幽明録』所載の「淳于衿」など、漢籍のさまざまな妖狐譚が将来され、匡房ら文人貴族の知るところとなっていたのは確かだろう。[注34] 狐との異類婚姻譚については、すでに『日本霊異記』巻上／狐為レ妻令レ生レ子縁第二、『扶桑略記』寛平八年

（八九六）九月二十二日条所引『善家秘記』逸文[注35]などに、漢籍と呼応する説話がみえる。前者は狐直のトーテム的な始祖伝承であり、それほど狐に対するマイナスの印象は見出せないが、これが淫靡なイメージに堕してゆくのは、偏に匡房の引用するような漢籍の影響によると思われる。『霊異記』にはこのほか、自分の子を串刺しにした橘奈良麻呂に復讐する中四〇、前世で自分を殺した人間を取り殺す下二など、狐が〈化ける〉〈憑依する〉といった特別な能力を使って人間に報復する説話があり、これらも狐への恐怖を喚起したに違いない。

　しかし、匡房が列挙している怪事件は、いずれもこれといって狐に結びつけられる特徴があるわけではない。それを「狐大饗」と呼称するようなリテラシーが、当時の平安京一般に存在したのだろうか。『日本三代実録』元慶五年（八八一）正月是月条には、「諸衛陣多ニ恠異一。右近衛陣、大将以下将曹已上座、狐頻遺レ尿。府掌下毛野安世宿ニ侍陣座一、狐溺ニ其上一。左近衛府生佐伯安雄剱・胡禄等緒、有ニ鼠噛断而将去一。近衛笠吉人胡禄緒、為レ狐所ニ噛去一。人驚而引レ之、狐猶不レ放、遂噛断而将去。左兵衛陣有レ狐、噛ニ所レ納之剱一而遁走、兵衛等追得ニ取留一」[注36]とあり、宮中に頻りに狐が出現し、諸衛府の座を汚したり、剣・胡禄の緒を噛み切ったりする事例が報告されている。類似の事例は古記録にも、例えば藤原忠平／実頼『貞信公記抄』天慶九年（九四六）五月十八日条によると、「中使公輔、将ニ来狐咋断御剱緒恠御占文一。又御修法行、五ヶ日吉也者」[注37]、藤原実資『小右記』寛仁元年（一〇一七）十月二十三日条には、「呼ニ遣頭弁経通一、即来。付ニ先日下給孝義朝臣申請砂金等文・勘解由勘文・公卿定文一、〻〻今般加奏、宰相来言ニ参内之由一。乗レ暗又来云『按察・四条大納言、拾遺納言、左大丞在レ陣談、火事重畳、天下滅亡。亦一昨申剋狐在ニ御在所一、御占申ニ火事一、〻可ニ急速一』云々者」[注38]などとあり、一〇世紀の段階で、狐の所業が一種の凶兆と怖れられ、怪異占の対象となっていたことがうかがえる。同書長元四年（一〇三一）八月四日条には、斎宮嫥子女王による伊勢大神託宣事件に際し、斎宮寮権頭藤原相通の妻小忌古曽を糾弾する文言として、

「寮頭相通不レ善、妻亦狂乱。造二立宝小倉一、申二内宮・外宮御在所一、招二集雑人一、連日連夜神楽狂舞。京洛之中、巫覡祭レ狐、枉定二大神宮一。如レ此之事不レ然之事也」とみえる。この時点ですでに、狐を対象とする淫祀（伊勢大神を詐称するものであったらしい）が、平安京で盛んに行われていたことを推測させる。康和三年の五年後には、藤原宗忠『中右記』嘉承元年（一一〇六）十二月七日条に、「早旦検非違使資清為二別当使一入来云、『近隣可レ有二追捕之事一、可二用意一』者、乍レ驚閇二東門一相待之処、富小路東小屋也。是年来居住老女、或称レ祭レ蛇、或称レ祭レ狐、好色諸女深信二此事一誠以成レ市、詐二取人宝貨一聞二已及レ高、今日已被二追捕一云々」[注39]との記事がある。年来富小路東の小屋に住み着いていた老女が、蛇や狐を祀って「好色諸女」を騙していたという。詳細は不明だが、漢籍にみえる狐が淫靡なイメージを帯び、蛇が男性象徴や女性自身として認識されていたことを考えると、これらの異類に働きかけ、意中の男性を射止める呪術などを実践していたのだろう。いずれにしろ院政期までには、漢籍的な妖狐の印象は平安京社会に一般化し、怪異なす存在とみなされていたものと考えられる。

二　狐鳴占卜の展開――狐の声を聞く形式の東アジア的交渉――

それではこの、「漢籍による狐イメージの形成」に、怪異占が果たした影響とはどのようなものだったのだろうか。すでに、列島における狐説話の実質的な濫觴ともいうべき『日本霊異記』に、その端緒がうかがえる。巻下／災与レ善表相先現而後其災善答レ彼縁第卅八をみよう。

……又僧景戒夢見事、(a)「延暦七年戊辰春三月七日乙丑之夜夢、見三景戒身死之時、積レ薪焼二死身一。爰景戒之魂神、立二於焼身之辺一而見レ之如レ意不レ焼也。即自取レ楉、所レ焼己身策棠、串レ梲、返焼。云二教先焼之他人二言、「如レ我能焼之。」己身之脚膝節骨、臂頭、皆所レ焼断落也。爰景戒之神識、出レ聲而叫。有レ側人耳、当レ口而叫、教二語遺言一。彼語言音、空不レ所レ聞者、彼人不レ答。爰景戒惟忖、「死人之神者無レ音故、我叫語之音不レ聞也。」夢答未レ来、唯惟之者、(a)2若得二長命一矣、若得二官位一。自レ今已後、待二夢見答一而知之耳。(a)3然延暦十四年乙亥冬十二月卅日、景戒得二伝燈住位一也。

(b)1同天皇平城宮治二天下一延暦十六年丁丑夏四五両月頃、景戒之室毎夜々狐鳴。并景戒之私造堂壁、狐堀入レ内、仏坐上屎矢穢。或昼向二於屋戸一而鳴。(b)2然経之二百廿餘箇日、以二十二月十七日一、景戒之男死也。

(c)1又十八年己卯十一・十二箇月頃、景戒之家狐鳴。又時々蠑鳴也。(c)2次来十九年庚辰正月十二日、景戒之馬死也。又同月廿五日、馬死也。是以当レ知、災相先兼表、後其実災来也。(d)然景戒未レ推二軒轅黄帝之陰陽術一、未レ得二天台智者之甚深解一故、不レ知二免レ災之由一、而受二其災一。不レ推二除レ災之術一、而蒙二滅愁一。不レ応レ不レ勤、不レ可レ不レ恐也。[注40]

同話は、後半部分に、撰者の景戒の自伝的な記述が挟まれ、彼の経験を通じて表＝予兆／相＝現実との関係が説かれる。具体的には、傍線(a)1自分の遺体を自身で火葬する夢（延暦七年）→(a)2長命か官位を得る前兆との占断→(a)3僧位伝燈住位の獲得（延暦十四年）、傍線(b)1毎夜室の周辺で狐が鳴く、私造の堂の壁を壊して狐が内に入り仏座に脱糞、昼間に家に向かって鳴く（延暦十六年四・五月）→(b)2息子の死去（同十二月）、傍線(c)1家で狐が鳴き、時折ニイニイ蟬も鳴く（延暦十八年十一・十二月）→(c)2馬の死亡（同一月）と関連付けられている。それぞれにおいて、年月日をある程度正確に記録／想起しようとしていること、傍線(d)において「陰陽術」と関連づけられていること、傍線(a)2の占断が、敦煌文書『周公解夢書』器服章第五（S.2222）などにみえることが注意される。恐らく景戒の認識の枠組みは、敦煌文書にみられるような、中国民間の陰陽五行・干支などを軸とした卜占世界に連結していると考えられる。

狐鳴に関する先行説話としては、早く『捜神記』巻三―五九がある。

譙人夏侯藻、母病困、将レ詣二智卜一。忽有二一狐一、当レ門向レ之嗥叫。藻大愕懼、遂馳詣レ智。智曰、「其禍甚急。君速帰、在二狐嗥処一拊レ心啼哭、令二家人驚怪一。大小畢レ出、一人不レ出、啼哭勿レ休。然其禍僅可レ免也。」藻還、如二其言一、母亦扶レ病而出。家人既集、堂屋五間、拉然而崩。[注41]

夏侯藻は、母の病の件を卜者の智卜に訊ねようとしていたが、一匹の狐が門に向かって鳴き叫ぶのを聞いて不安に思い、急いで智卜のもとを訪れる。彼のいうとおり、自ら狐が鳴いた場所で啼哭していると、母を含めて驚いた家人がみな外に出て来たところで、突然家が潰れてしまう。藻らは間一髪で災難を免れたわけだが、すでに、狐鳴が卜占や辟邪方法と結びつけられている点が注目される。

なお参考程度のことながら、「若杉家文書」雑怪事占法〔三八〕には、狐が人家へ上がってくることについて、「［狐］（爪）、上二人居屋一、不レ出二一年一有レ喪。人淫乱所レ致」と記している。やはり、人死や淫奔の凶兆とされている。これに先行する漢籍、瞿曇悉達撰『開元占経』には、巻一一六 獣占／野獣入宮室に『京房易候』を引き、「野獣入二居室一、茲謂、不レ転レ徳、室不レ居」、また京房曰として、「野獣大小入二邑中及王朝廷一、若大道上、邑有二大害一、君亡レ地、有二流血一。野獣無レ故入レ邑、居二朝廷門及宮府中及邑一、廷且虚、家無レ人。野獣群鳴、邑中且空虚。野獣自経二於市中一、邑且大歳凶。野獣入二軍中一、将軍大戦必敗、急祭二祀鬼神一以救レ之。野獣鳴二軍中一、大邦小、小邦大。野獣生二子邑中一者、其邑大虚」、『地鏡』を引き、「野獣入二宮門及寺門一、用事者罷。野獣入二城郭一、臣下迷惑、有レ兵。野獣上レ城入二宮中一、不レ出二一年一、主死」といった占文が認められる。[注42] 狐と明記はされていないが、野獣が宮廷・家室・軍陣などに入り込んだり、あるいは群鳴したりした場合は、大道に大害がある、君主が領土を失う、流血事件がある、家邑に人がいなくなる、戦争がある、戦争に敗れる、大邦が小邦になり小邦が大邦になる、主君が死ぬなどの凶事がある。恐らく、野生のものが文化の領域へ闖入することを、秩序の攪乱若しくは逆転の予兆と把握しているのだろう。さらに同書には、『災異図』を引いて「王公不レ祇二上命一、刻二暴百姓一、人民籲嗟、則一頭両身狐見」、京房の占文として「狐逐二家人犬一者、夷狄且来、入二君邑中一。又曰、狐入レ室、必有二大喪一、将レ出レ室不レ居」、『地鏡』を引いて「狐入レ室、有二暴喪一、上レ屋亦然、以レ淫危レ主」といった記事もみえる。こちらは狐に特化しているが、いずれも先掲の事例に類するものであろう。

さて、狐鳴をはじめとする狐の怪異は、すでに触れたように、奈良期の史書から平安期の古記録に至るまで、相応の記事を見出せる。『続日本紀』天平十三年（七四一）閏三月己巳条には、「難波宮鎮レ怪。庭中有二狐頭断絶一而無二其身一。但毛屎等、散二落頭傍一」[注43]とあるが、漢籍の怪異占に広くみられる宮室への侵入、脱糞などが怪異とみなされたのだろう。同様の事例は、同書宝亀三年（七七二）六月己巳条・同六年五月乙巳条・同六年八月戊辰条・延暦元年（七八二）四月乙丑条、『日本後紀』大同三年（八〇八）八月乙丑条・弘仁三年（八一二）七月辛酉条、『日本紀略』弘仁八年九月戊戌条、『続日本後紀』天長十年（八三三）八月乙未条・嘉祥二年（八四九）二月戊戌条、『日本文徳天皇実録』斉衡二年（八五五）閏四月壬辰条、『日本三代実録』貞観五年（八六三）十一月十四日癸卯条・同十三年六月廿日乙未条・同十三年七月十九日癸亥条・同十七年十月九日戊午条・同十七年十月十九日戊辰条・元慶五年（八八一）正月廿五日甲戌条・同五年正月是月条などにみえる。狐鳴については、先の『日本霊異記』の記事にやや先行する『続日本紀』宝亀五年正月乙丑条に、山背国からの報告として、「去年十二月、於管内乙訓郡乙訓社、狼及鹿多。野狐一百許、毎夜吠鳴。七日乃止」との記事があり、恐らくは普及し始めた怪異占に触発されながら、狐鳴への注意が高まっていったことが想定される。以降、主に内裏や太政官庁などの宮中で意識され、『日本紀略』延暦二十二年十二月戊申条・天長四年十一月甲子条、『三代実録』貞観十三年七月十九日癸亥条・元慶六年四月十日壬午条などに記載が残る。古記録においては、とくに一二世紀に入る頃に、賀茂上下社・河合社・住吉社・日吉社などで狐鳴の怪異が報告され、軒廊御卜の対象となっている。『中右記』永久五年（一一一七）九月十六日条では、石清水八幡宮寺による秋篠山陵（神功皇后陵）の鳴動、日吉社司による狐鳴、北野神宮寺による御輿の帷が鼠に喰われた怪異の各報告に対し御卜がなされ、「公家御慎、神事不レ信不レ浄、又従二巽・南方一奏二兵革一事歟」と、神祇への不敬と戦乱の予兆とが勘申されている。しかし、同書長治二年（一一〇五）四月十日条では賀茂社での狐鳴を「本所口舌之由」、藤原忠実『殿暦』永久四年七月六日条でも、春日社回廊における板敷の下で狐の遺体が発見されたことを、「件卜同口舌也」と定型的に表現している。軒廊御卜の結果ではあるが、その占断にかかる表現には、何らかの典拠があったものと思われる。

そこで院政期以降の陰陽書の類を紐解くと、十二支による支日や方角を軸に、家人や六畜の死亡・病患・口舌・訴訟・盗賊などを警告する、短い占文が添えられる形式を確認することができる。

狐鳴
子日　卅日北家人死　又訴訟　見血流
丑日　十五日東男子死　又県官凶
寅日　十九日東北小児死　亦為訴訟凶
卯日　卅日東男子死　又奴凶
辰日　東南在破凶
巳日　十五日西人死　北方四方病
午日
未日
申日
酉日
戌日
亥日

八日口舌　　十九日南大　　十九日東北小　　十八日西南人死　　卅日北人死　　卅日北人死
西北人死　　男子卅日盗人来　　児死　　北男生死　　東里邑人死　　東里邑女死
申ニ在艮

狐屎下

子	丑	寅	卯	辰	巳	午	未	申	酉	戌	亥
里邑女死	母死	財得	口舌人死	西方病人死	十五日西人死北牛馬死	悪事在忌	盗事在大凶	女死	使来	盗人艷	父母死凶[注44]

平安末期の学的知識が列挙された『二中歴』第九　恠異歴には、以上のように「狐鳴」「狐屎下」の項目があり、前述『霊異記』における(b)1→2、(c)1→2の連想に符合する。『二中歴』の「狐鳴」は、子日から亥日までの支日を掲げ、それぞれに狐鳴があった場合に想定される凶事を、短い占文で掲げてゆく。例えば、冒頭の子日については、同日に狐鳴があれば、三〇日以内に北方の家で人死、あるいは訴訟、血の流れる事件があると読める。「男子死」「小児死」との記載もみえるが、しかし方角を「〇方の家」とのみ解釈してしまうと、自家での凶事については言及していないことになり、『霊異記』の占断と正確には一致せず、そもそも占卜をする意義が不明瞭になる。ここでは、自家の構成員も含めて〇方で人死があるということ、例えば丑日の「十五日東男子死」は、一五日以内に東方で男児が死ぬ、との意味に解釈しておきたい。「狐屎下」のほうも、同様に、狐の糞を確認した子日から亥日において起きうる事象を掲げており、巳日には「北牛馬死」との占文もある。これを北で牛馬が死ぬとの意味に解釈できれば、『霊異記』との繫がりも見出せよう（ただし、『霊異記』の記事には怪異の

あった日＝干支が記載されておらず、検証ができない）。これとまったく同じものが、平安初期までに中国から将来されていたとはいえないが、同種の怪異占の類は間違いなく伝来し、それを知り使用できるような職種・階層の人々に知られていたと推測することはできよう。

また、時代はやや降るが、一三〜一四世紀の類書『拾芥抄』にも、上巻に「野干鳴吉凶部第一六」を設け、支日に従った占文を載せる。

寅日鳴、北南人死、三十日。

寅日 東鳴人死、南鳴在満、西鳴口舌凶、北鳴客人来、 卯日 東鳴事在、南鳴小吉、西鳴酒食、北鳴客来、 辰日 西鳴愁来、南鳴愁在、東鳴客来、北鳴愁在、 巳日 東鳴人死、南鳴在愁、西鳴客来、北鳴愁在、
午日 東鳴凶、南鳴愁事、西鳴金財得、北鳴愁在、 未日 東鳴人死、南鳴女愁事、西鳴客来、北鳴客来、 申日 東鳴酒食、南鳴大凶、西鳴吉、北鳴客来、 酉日 東鳴客来、南鳴客来、西鳴凶、北鳴家事在、 戌日 東鳴客来、南鳴事在、西鳴金財得、北鳴客来、
亥日 東鳴得賊、南鳴事在、西鳴大吉、北鳴人死、 子日 東鳴官口舌事、南鳴人死三十日、 丑日 鳴北方里邑人死、大神心在五日忌、 又云、子日 官口舌事 丑日 病事 寅日 病事 卯日 馬牛死、
辰日 火失事 巳日 物得 申日 子死大凶 酉日 病事 戌日 水流死 亥日 同上。注45

形式は『二中歴』のそれとほぼ同様だが、こちらは占文がより詳細化し、各日に狐鳴が聞こえた方角ごとに、異なる吉凶事をそれぞれ示す。例えば寅日においては（一行目は錯簡だろうか）、東で鳴き声がすれば人死があり、南なら満足することがあり、西なら悪い争論があり、北なら来客があるということになる。『二中歴』と比較して、一日に四種の出来事が想定される分、その種類も増しているが、凶事だけではなく吉事の書かれていることも特徴のひとつだろう。「在満」「小吉」「酒食」「金財得」「大吉」「物得」などがあり、「客来」も吉事と考えてよいかもしれない。ただし、例えば十二支と四方の五行配当について、相生の関係にあれば吉事、相克の関係にあれば凶事など、明解な論理が一貫しているわけではない。鴉鳴や釜鳴の研究を援用して考えれば、これ

らは宋代に中国から新しい怪異占書が将来され、その内容が反映された結果と推測される。次章で、その典型としての敦煌文書を確認しよう。

三　敦煌文書にみる狐鳴占卜――「百恠図」と「陰陽師卜」の役割――

すでに「はじめに」でも触れたように、結論からいえば、二でみた占文の変化は、中国唐宋代の「百恠図」など通俗的怪異占書類が、日本列島へ伝来したことによって生じたと考えられる。その逸文は、幾つかの書物に断片的にみられるが、まとまったものとしては、敦煌文書中、P.3106、P.4793、羽044、Дx.06698、Дx.03876に見せる。[注46]岩本篤志氏はその形式・内容を整理し、何らかの怪異現象を憂事と結びつけ、支日もしくは十干に配列し厭勝法を示したもので、本来は**P.2682・S.6261**『白澤精恠図』のように、挿画を伴っていたものと想定した。[注47]そのうち狐鳴占卜を含むものは羽044に過ぎないが、敦煌文書の鴉鳴占卜を研究した西田愛氏は、鴉鳴に関する断簡をも「百恠図」と位置づけ、またそのなかに狐鳴占卜の占文が紛れ込んでいることを指摘した。[注48]次の**P.3988**がそれに当たる。

……占三孤〔狐カ〕鳴二坐地一。孤鳴二子地一、不レ出二卅日一、西家有レ死、見二血光子地一。厭レ之吉。鳴二丑地一、不レ出二五十日一、南家死者、又小女亡、埋二虎刑〔形カ〕一吉。鳴二寅地一、不レ出二十三〔五カ?〕日一、東北家女人凶、虎頭玄二寅地一。鳴二卯地一、不レ出二三十日一、東家長子死、銭十斤玄二五尺杵頭卯地一、吉。鳴二辰地一、不レ出二十五日一、西及北家口死、以二皮丈杵頭一向二辰地一、吉。鳴二巳地一、不レ出二卅日一、西南家有レ死、猪頭著二巳地一。鳴二午地一、不レ出二卅日一、東家死舌、大厭レ之吉。鳴二未地一、不レ出二十日一、東北家亡、闘諍見レ血、以二羊頭一枚一玄二未地一。……[注49]

西田氏は、「孤鳴」が「狐鳴」の誤写であると指摘したが、烏は多く屋根の上や木の上に位置し、鴉鳴占卜の「百佐図」にもその種の記載が多いので、「坐地」によって占う本断簡は、やはり狐鳴占卜に関するものとみるべきだろう。内容としては、狐鳴を予兆に生じる吉凶事を、鳴き声を発した場所の方位（十二支）から知ろうとするものである。占文の形式は、(a)狐鳴の方位→(b)吉凶事が生じるまでの期間→(c)吉凶事の内容→(d)辟邪の方法、となろう。内容を整理すると、以下のとおりとなる。

(ア) (a)子地→(b)三〇日→(c)西方の家宅で人死・子の地で血流事件→(d)厭
(イ) (a)丑地→(b)五〇日→(c)南方で人死・少女の死亡→(d)虎形を埋める
(ウ) (a)寅地→(b)一三日→(c)東北方の家宅で女人に凶事→(d)寅の地に虎の頭を埋める
(エ) (a)卯地→(b)三〇日→(c)東方の家宅の長子が死亡→(d)五尺の杵の頭で卯の地を掘り、銭一〇斤を埋める
(オ) (a)辰地→(b)一五日→(c)西・北方の家宅で家人が死ぬ→(d)皮製の一丈の杵の頭を辰の地へ向ける
(カ) (a)巳地→(b)三〇日→(c)西南方の家宅で人死→(d)猪の頭を巳の地に付ける
(キ) (a)午地→(b)三〇日→(c)東方の家宅の舌が死ぬ→(d)大いに厭す
(ク) (a)未地→(b)一〇日→(c)東方の家宅が消える・闘争で血が流れる→(d)羊の頭で未の地を掘る

厭勝の手順や「虎形」のありようなど、具体的には不明の部分が多いが、前稿で指摘したとおり、その内容や論理に狐との関わりがあるものではなかろう。ここでは、狐の鳴き声は烏のそれや釜の鳴動と同じく、怪異を示す記号のひとつに過ぎない。ただし、近年影印本が刊行され全貌が知られるようになった羽田亨の個人コレクション、杏雨書屋蔵の敦煌文書にも、狐鳴占卜の「百佐図」のあることが判明している。「陰陽書（占法）」と題された羽044の、該当部分を掲げておこう。

占狐鳴恠第廿九

凡是狐鳴、妖魅□精亡鬼打二一切之物一以二鳴声鳴一、或死或生、具レ状如レ此。狐無レ故入二人家宅一、及遠レ舎而去、作二其声一、向必憂二喪亡・官事一。□以□〔用カ〕二黄土泥一竈上方□二五寸一、又泥二壁□〔四カ〕方寸一吉。狐鳴、守二人門戸一、家有二移及遠行一。狐無レ故従レ東来鳴而去、有レ驚二立亡之憂一。狐鳴二舎上一、泥二四壁方九寸一。

子日鳴、不レ出二三十日一、東家・北家憂二小口女患一、聞レ及二官事一、六畜死。用二桃木長九寸六牧〔枚カ〕一、以二□〔狗カ〕血四升、努〔弩カ〕箭一牧一、於庭中、以二炭二斤一懸二一竿上一着二戸左右一、又以二鶏四子一桃木柴焼レ之、埋二於門中一、吉。

丑日鳴、不レ出二一七日一、東家男子死、西家官事、南家死亡。用二桐木長八寸四牧、宍二斤、努箭二牧一、於未地埋レ之。銅三斤懸二一丈竿上一、庭中向者、吉。

寅日鳴、憂下東北家有二亡失一、北家官事・失財上、南家吉。用二宍二斤、努箭一牧一、埋二着庭中一、以二金鉄一向者。五尺竿向者。又用二一家奨〔漿カ〕一向者。又用二甑帯一懸向者、吉。

卯日鳴、北家有二死亡・官事・婦女口舌一。南家有二死亡一、不レ出二七日一。西家男子死、不レ出二三十日一。用二桃木長七寸六牧、□〔猗カ〕宍二斤、努箭一牧一、瓮中着、埋二於酉地一、吉。又作二木免刑〔形カ〕一向者、吉。

辰日鳴、東家官事・失火・少子憂死・婦女憂死、不レ出二七日一不レ解凶。解者、桐木長七寸四牧、丹二書天文符一、以二酒脯一於星下祭者、吉。

巳日鳴、不レ出二五十日一、西家兵死、東家患二傷六畜一、西家女子死。用二李木長八寸三牧一、丹鶏血書二天文符四牧一、埋二厠中一。又以二炭三斤一懸二於一丈竿上一向者、吉。又穿レ地三尺、満レ中着レ水向者、吉。

午日鳴、不レ出二六日一、西家男子死及失火・六畜亡。用二桃木長五寸三牧一、鳥鶏血丹二書天文符一、赤小豆等、於庭中、土三升合、懸二一丈竿上一向者、吉。

未日鳴、不レ出二卅日一、東北家失火・官事、南家闘訟。用二桐木長九寸二牧一、鶏血書二天文符一、置二四城中一埋者、亦可下取二城中土一、和埋上レ井。以二炭三斤一、懸二於一丈竿上一向者、吉。

申日鳴、憂二官事・死亡・盗賊起一、西家有レ死、南家憂二女婦一。用二桃木長七寸三牧一、丹鶏血書二天文符一和二赤小豆一升一、埋二於竈口中一、又以二金鉄一斤一懸二着戸上一、吉。又黄土三升懸二於一丈九尺竿上一、亦大吉。

酉日鳴、東家・南家憂二長子・官事・失火一、不レ出二三日一。用二桃木長八寸三牧一、鳥鶏血書二天文符一、用二三〔二カ〕家漿三升一埋二於厠中一、又以二炭二斤一懸二於丈三竿上一向者、吉。

戌日鳴、西南家憂二官事・六畜死亡・失火・女亡一、不レ出二三十日一。地家男子、用二桃木長八寸三牧一、以二丹書天文符一和二鶏血一作者、和合埋二於庭中一、又以二井華〔香カ〕水二升一咸二瓶中一、於八尺竿上向者、又以二土二升一懸二於竿上一。

亥日鳴、不レ出二卅日一、西家女子亡・官事・盗賊見レ血、北家男子死。用二桃木長三寸三牧、醤豉共三升一和二金鉄三斤一、懸二於丈五竿上一向者、吉也。注50

「百怪図」については、現行の占文として書かれていること自体が占断の基準であり、背景に一貫した論理があるか否か不明の場合が多い。しかし同文書については、冒頭に短いながら、狐鳴の生じる仕組みが記されている。それによると狐鳴は、妖魅・精霊・亡鬼の類が何かを打つと音が鳴り、生／死の予兆をなすものという。これはひとつ狐鳴に限らず、鵄鳴や釜鳴についてもいえることであろう。佐々木聡氏は前述のとおり、「白澤図」や釜鳴の怪異をめぐる研究で、怪異占書が精魅＝モノを対象とした段階から、怪異それ自体＝コトを対象とするものへ遷移したことに触れているが、右の「百恠図」は狐鳴＝コトを対象にしつつ、その背景にはモノ＝精魅の働きを明確に意識していることになる。続いては、狐鳴の怪異の一般論として、狐が家宅の周囲で起こす怪異について、それが知らせる実相と辟邪の方法について列挙する。狐が理由もなく人家に入り込んだり、家の周囲を繞って鳴き声を挙げれば、必ず喪葬や訴訟がある。そうした場合は、黄土の泥をもって竈の上方五寸を覆い、あるいは壁の四方に一寸ほど泥を塗れば、吉に転じることができる。また、門戸において狐が鳴くと、家に転居や遠行のことが生じる。さらに、狐が理由もなく東方から来て鳴いて去れば、たちどころに人死の出る危険がある。狐が屋根のうえで鳴けば、四方の壁に方九寸の泥を塗ればよい。

以降の形式は **P.3988** と大差ないが、こちらはより『二中歴』や『拾芥抄』の狐鳴占卜に近く、支日が基軸となっている。具体的には、(a)狐鳴のあった支日→(b)吉凶事が生じるまでの期間→(c)吉凶事の内容→(d)辟邪の方法、の文脈となるが、特徴は(d)が極めて詳細な点である。やはり簡単に整理しておこう。

(ア)　(a)子日→(b)三〇日→(c)東家・北家の子供や女が罹患、官庁に関わる事態の発生、六畜の死亡→(d)長さ九寸の桃の板を六枚、□の血を四升、弩の箭を一本用意し、庭で炭二斤を一（長さ一丈か）竿の上に懸けて戸の左右に立て、鶏卵四個を（先の）桃で焼き、門の内に埋めれば吉に転じる

(イ)　(a)丑日→(b)一七日→(c)東家の男子が死亡、西家では官事（訴訟）、南家でも人死→(d)長さ八寸の桐の板を四枚、宍肉を二斤、弩の箭を二本用意し、未の方角の地に埋める。銅三斤を長さ一丈の竿の上に懸け、庭に向け（立て）れば吉に転じる

(ウ)　(a)寅日→(b)なし→(c)東北家に人死、北家に官事（訴訟）・失財、南家は吉→(d)宍肉二斤、弩の箭一本を用意して庭に埋め、金鉄を五尺の竿に懸け、それへ向けて配置する。あるいは、一家の重湯を甑に入れ、竿に懸けて庭に向けて立てれば、吉に転じる

(エ)　(a)卯日→(b)（下記に個別）→(c)北家に人死・官事（訴訟）・婦女の争論、七日のうちに南家で人死、三〇

日のうちに西家で男子の死亡↓(d)長さ七寸の桃の板を六枚、□肉二斤、弩の箭一本を甕の内に収め、酉の方角の地に埋めれば吉に転じる。また、木免（不明）の形を作ってこれに向かわせれば、吉に転じる

(オ) (a)辰日↓(b)なし↓(c)東家で官事（訴訟）・失火・子供や婦女の死亡の心配、七日のうちに解除しなければ凶↓(d)長さ七寸の桐の板四枚に天文符を丹書し、酒肉を供え属星の下に祭りを行えば、吉に転じる

(カ) (a)巳日↓(b)五〇日↓(c)西家で戦死者、東家で六畜に病傷、西家で女子の死亡↓(d)長さ八寸の李の板三枚に、鶏の血で天文符四枚を書し、厠の内に埋める。また、炭三斤を長さ一丈の竿の上に懸けて、これに向けて立てれば吉に転じる。また、地を三尺掘り、なかに水を満たしてこれに向かわせれば、吉に転じる

(キ) (a)午日↓(b)六日↓(c)西家で男子の死亡・火事・六畜の死亡↓(d)長さ五寸の桃の板三枚に、鶏の血で天文符を丹書し、赤小豆などを準備、土三升を合わせて、長さ一丈の竿の上に懸け、庭に向けて立てれば吉に転じる

(ク) (a)未日↓(b)三〇日↓(c)東北の家で火事・官事（訴訟）、南家で暴力沙汰を伴う争論↓(d)長さ九寸の桐の板二枚に、鶏の血で天文符を丹書し城中四隅に埋める。あるいは、城中の土を取って、（これらと）合わせて井に埋める。炭三斤を長さ一丈の竿の上に懸け、これに向けて立てれば吉に転じる。

(ケ) (a)申日↓(b)なし↓(c)全体的に官事（訴訟）・死亡・盗賊の蜂起の心配がある、西家で喪事、南家で婦女に関わる心配事↓(d)長さ七寸の桃の板三枚に、鶏の血で天文符を丹書し、赤小豆一升と合わせ、竈の口のなかに埋める。また、金鉄一斤を戸の上に懸ければ、吉に転じる。また、黄土三升を長さ一丈九尺の竿の上に懸けて立てれば、大吉に転じる。

(コ) (a)酉日→(b)三日→(c)東家・南家は長子に、また官事（訴訟）・火事の心配あり→(d)長さ八寸の桃の板三枚に、鶏の血で天文符を丹書し、三（二?）家の重湯三升と合わせて厠の内に埋める。また、炭二斤を長さ一丈三尺の竿の上に懸け、これに向けて立てれば吉に転じる。

(サ) (a)戌日→(b)三〇日→(c)西家・南家に官事（訴訟）・六畜の死亡・火事・女性の死亡の心配あり→(d)同家の男子が、長さ八寸の桃の板三枚、鶏の血で丹書した天文符を合わせ、庭に埋める。また、井で汲んだ香水二升を瓶に満たし、長さ八尺の竿の上に懸けてこれに向けて立てる。あるいは、土二升を竿の上に懸けて立てる（立てれば吉に転じる）

(シ) (a)亥日→(b)三〇日→(c)西家・南家に女子の死亡・官事（訴訟）・盗賊による血流事件、北家に男子の死亡→(d)長さ三寸の桃の板三枚、醤豉三升を準備し、金鉄三斤と合わせ、長さ一丈五尺の竿の上に懸けてこれに向けて立てれば、吉に転じる。

辟邪の方法については、まず、桃や李、桐など、古代から邪気を斥ける力を持つと考えられた木の板を、特定の長さ・数量で用意し（一・三・五・九、あるいは八など、卜占で重視される数や聖数が配されており、実数として意味を持ったものではあるまい）、鶏血で天文符を丹書、被害の予想される家で米を炊いた重湯、赤小豆、醤豉、井水、庭土、黄土、金鉄などと合わせて庭、厠などに埋めたり、あるいは一丈余の竿に懸けて門戸に立てたりする形式で一貫している。『二中歴』、『拾芥抄』、P.3988の狐鳴占卜は、言説形式としては酷似しているが、占文の内容は相互に微妙に異なっている。鴉鳴占卜でも事情は同じで、その点は前稿でも指摘したが、多様な「百怪図」の形式が通用しており、人々は複数の陰陽占書を駆使して、よりよい未来を手に入れようとしたのであろう。[注51]

恐らく、冒頭で言及したS.4400「太平興国九年（九八四）二月廿一日帰義軍節度使曹延禄醮奠文」にみえる中国の「陰陽師（卜）」たちは、これら複数ある占書の厖大な情報を取捨し、クライアントにとって最適な情報を選択して提示する役割を担っていたのだろう。同文書中の「検看百恠書図」は、そのことを意味していると考えられる。また羽044の辟邪方法の煩雑さからすれば、その取捨選択や実践にこそ、彼らの本領が発揮されたのかもしれない。この点では、かかる占書を用いる宗教技術者の実践のありようは、戦国楚簡にみる卜筮祭禱簡の段階から、あまり変化していないともいえる。[注52]佐々木聡氏が提示した釜鳴占卜における『琑碎録』の占文のように、どの段階の「百恠図」がいつ伝来したのか、明確な想定をすることはできないが、唐宋期以降にこれら通俗的な陰陽占書が、そのものか、あるいは類書などに引用される形で波状的に伝来し、日本列島の陰陽道にも影響を与えるようになったのだろう。『日本霊異記』から『二中歴』、『拾芥抄』にかけての変化も、主にかかる外部情報の将来が契機になったと考えられる。

これら「百恠書図」にみられるような狐鳴占卜は、恐らくは陰陽書や大雑書などを通じて民間に広がり、習俗化していったことが想定される。鈴木棠三氏は多くの狐鳴の習俗を紹介しているが、それらのうちには鳴き方を詳しく分節し、その差異から凶事の内容を判断する事例もみられる。「百恠書図」との関係で注意されるのは、狐鳴を火災の予兆だという事例（青森県、岩手県、福島県、秋田県・同平鹿郡、長野県、石川県鳳至郡・同金沢市、福井県、静岡県、岐阜県、京都府北桑田郡、奈良県、宮崎県、鹿児島県）、死者の出る予兆だという事例（宮城県牡鹿郡、秋田県鹿角郡、愛知県、富山県下新川郡・氷見市、岐阜県郡上郡、和歌山県・同南部）が極めて多く、夜に狐が鳴けば「女がもめる」との事例（新潟県栃尾市）もあるという。鈴木氏は『拾芥抄』の内容を略述し、「こうした知識がどの程度民間に流布したものか明らかでないが、その一部は影響したであろう」と推測しているが[注53]、かかる事象も、東アジア的な知的交渉の結果として考えてゆくべきだろう。

おわりに――野生のアイコン――

以上、中国から恐らくは書物の形で波状的に伝来し、列島文化のなかで変遷、民間習俗化してゆく狐鳴占卜の歴史を概観してきた。列島の神道史においては、狐は稲荷の眷属として独特の地位を占めているが、その内実は仏教や道教とも関わる極めて複雑なものであり、本稿で扱った狐鳴占卜もその一端をなしている。しかしそもそも、なぜ狐が特徴的に、野生のアイコンとして扱われるようになるのだろうか。ヨーロッパにおいても、狐の文化史的な位置はアジアのそれに近く、人間を騙す狡猾さを持つマージナルな存在で、しかし狼などには叶わず卑屈になる。『ライナールト物語』『イセングリムス』など、その類の物語、伝説、民話なども枚挙に暇がない[注54]。この位置づけはやはり、牧畜をめぐる家畜被害に由来するのだろうか。いささか図式的にはなるが、農耕をめぐる害獣駆除に期待した列島社会と異なり、その点、ヨーロッパのほうがマイナス・イメージは強かったかもしれない。

中国における狐の原風景を考えてみると、古代から、蜀地や西域に接する地域で、狐を狩猟し毛皮を取る習俗のあったことが確認できる[注55]。『尚書』『詩経』『史記』その他に関連の記述があるが、例えば『尚書』禹貢三／梁州八では、「厥貢璆・鉄・銀・鏤・砮・磬、熊・羆・狐・貍」と出ている[注56]。狐の毛皮は、以降も長期にわたって王権への貢納が続けられ、近世から近代にかけては、北アメリカのハドソン湾周辺、北アジアのアムール川周辺を二つの中心に、王権・国家・少数民族を巻き込んだ巨大な交易圏を形成してゆくことになる[注57]。人間たちは、一方で生業の差異から狐の毀誉褒貶を、一方ではその殺害と毛皮の奪取を繰り返してきた。先述の交易圏は、やがて現地での狐を絶滅寸前に追い込み、それでも飽き足らずドメスティケーションの技法を開発して、近代的な養殖場へと大きく舵を切ってゆく。狐の境界的な位置づけは、これらを含めた集合的負債感に基づいているのかもしれない。列島の祭祀文化を追究してゆくことは、たとえ本稿で扱ったような極めて些細なテーマであっても、アジアあるいはユーラシアの自然／文化の関わりを、豊かに明らかにしてゆくことと繋がっているのである。

注

1 林淳・小池淳一編『陰陽道の講義』（嵯峨野書院、二〇〇二年）、鈴木一馨『陰陽道――呪術と鬼神の世界――』（選書メチエ／講談社、二〇〇二年）、山下克明『陰陽道の発見』（NHKブックス／日本放送出版協会、二〇一〇年）、斎藤英喜『陰陽師たちの日本史』（角川選書／角川書店、二〇一四年）など。

2 岩本篤志「敦煌占怪書『百怪図』考――杏雨書屋敦煌秘笈本とフランス国立図書館蔵本の関係を中心に――」（『敦煌写本研究年報』五、二〇一一年）などを参照し、国際敦煌学プロジェクトの高精細図版より直接翻刻した。URLは、http://idp.afc.ryukoku.ac.jp/（二〇一六年八月二十八日最終アクセス）。

3 帰義軍政権については、馮培紅『敦煌的帰義軍時代』（甘粛教育出版社、二〇一〇年）が網羅的で詳しい。

4 赤木崇敏「金輪聖王から菩薩の人王へ――一〇世紀敦煌の王権と仏教――」（『歴史の理論と教育』一三九、二〇一三年）。

5 赤木崇敏「曹氏帰義軍節度使系譜攷――二つの家系から見た一〇～一一世紀の敦煌史――」（土肥義和・気賀澤保規編『敦煌・吐魯番文書の世界とその時代』汲古書院、二〇一七年）。

6 岩本注2論文、七二～七三頁。

7 山下克明「若杉家文書『雑卦法』の考察」（大東文化大学東洋研究所 小林春樹・山下克明編『「若杉家文書」中国天文・五行占資料の研究』大東文化大学東洋研究所、二〇〇七年）、一三九～一四〇頁。

8 佐々木聡『復元白沢図――古代中国の妖怪と辟邪文化――』（白澤社、二〇一七年）参照。

9 六壬式占については、西岡芳文「六壬式占と軒廓御卜」（今谷明編『王権と神祇』思文閣出版、二〇〇二年）・「式盤をまつる修法――聖天式法・頓成悉地法・ダキニ法――」（『金澤文庫研究』三一八、二〇〇七年）、小坂眞二『安倍晴明『占事略決』と陰陽道』（汲古書院、二〇〇四年）など参照。

10 増尾伸一郎「陰陽道の形成と道教」（林・小池編注1書）、中村璋八『日本陰陽道書の研究 増補版』（汲古書院、二〇〇〇年、初刊一九八五年）参照。

11 引用は、国書双書刊行会『玉葉』二（名著刊行会、一九九三年）から行った。

12 山下注7論文、一四一～一四二頁。

13 山下注1書、五二頁。

14 岩本注2論文、七三頁。

15 岡田莊司「陰陽道祭祀の成立と展開」（同『平安時代の国家と祭祀』続群書類従完成会、一九九四年、初出一九八四年）、六四八頁。

16 常光徹「怪音と妖怪――聴覚と怪異現象――」（小松和彦編『進化する妖怪文化研究』せりか書房、二〇一七年）。

17 引用は、角川ソフィア文庫（『新版 遠野物語 付・遠野物語拾遺』角川書店、二〇一八年、初版一九三五年）から行った。

18 黒田智「中世日本の「里」と「山」――加賀軽海郷の開発と洪水――」（結城正美・黒田編『里山という物語――環境人文学の対話――』勉誠出版、二〇一七年）に、洪水を象徴するものとして太鼓の音が聞こえる事例が紹介されている。それを受けた鼎談、結城正美・黒田智・北條「里と山の相克」も参照（同書所収、三〇六～三一三頁）。

19 中村元監修・補注、松本照敬訳『ジャータカ全集』五（春秋社、一九八二年）、一四四～一五〇頁（四一八話）。内容を要約して掲げた。

20 小林・山下編注7書。

21 拙稿「未知なる囁きへの欲求――鴉鳴占卜にみる交感の諸相とアジア的繋がり――」（野田研一編『〈交感〉自然・環境に呼応する心』ミネルヴァ書房、二〇一七年）。最近では、房継荣『敦煌本烏鳴占文献研究』（甘粛人民出版社、二〇一六年）が刊行されている。

22 佐々木聡「釜鳴をめぐる怪異観の展開とその社会受容」（『人文学論集（大阪府立大学）』三五、二〇一七年）。

23 「日書」や日者については、工藤元男「睡虎地秦簡『日書』における病因論と鬼神の関係について」（『東方学』八八、一九九四年）・『睡虎地秦簡よりみた秦代の国家と社会』（創文社、一九九八年）・『占いと中国古代の社会――発掘された古文献が語る

――』（東方書店、二〇一一年）、森和「日者の語った天地の終始」（『アジア遊学』一一五、二〇〇八年）、神呪系経典については、菊地章太『神呪経研究――六朝道教における救済思想の形成――』（研文出版、二〇〇九年）、佐々木聡「『女青鬼律』に見える鬼神観及びその受容と展開」（『東方宗教』一一三、二〇〇九年）など参照。

24 西山克「異性装と御釜」（『日本文学』四五―七、一九九六年）四六頁。

25 引用は、大日本古記録から行った。

26 西山注24論文、四九頁。

27 佐々木注22論文、一〇・一二頁。

28 この点、唐宋期以降の釜鳴が、鬼神によるものから自然に生じるものと解釈しなおされてゆくことには、注意したい。佐々木注22論文、八～一一頁参照。

29 当然のごとく、先行研究としては、中村禎里『狐の日本史』古代・中世篇（日本エディタースクール出版部、二〇〇一年）、星野五彦『《増補改訂》狐の文学史』（万葉書房、二〇一七年、初刊一九九五年）の広汎な作業があり、本稿もこれらに負うところが大きい。

30 小峯和明「『狐媚記』を読む――漢文学と巷説のはざまで――」（同『院政期文学論』笠間書院、二〇〇六年、初出一九八五年）、胡堃／藤井義雄訳「中国古代狐信仰源流考」（『福岡教育大学紀要』四一、一九九二年）、深沢徹「『狐媚記』を〈読む〉」（同『中世神話の〈錬丹術〉――大江匡房とその時代――』人文書院、一九九四年）参照。

31 西岡注9論文（「式盤」）参照。

32 中村注29書参照。

33 引用は、日本思想大系（山岸徳平・竹内理三・家永三郎・大曾根章介校注『古代政治社会思想』岩波書店）から行った。

34 深沢注30論文、一四〇～一四一頁。

35 怪異史料研究会「三善清行『善家秘記』注解（その五）」（『続日本紀研究』三七一、二〇〇七年）参照。なお、主人公の賀陽良藤は備前国賀陽郡を本郷とし、弟の豊恒は吉備津神社の禰宜を務めており、狐鳴と釜鳴との関係を考えると注目される。

36 引用は、新訂増補国史大系から行った。

37 引用は、大日本古記録から行った。

38 引用は、大日本古記録から行った。
39 引用は、大日本古記録から行った。
40 引用は、新日本古典文学大系（出雲路修校注、岩波書店、一九九六年）から行った。
41 引用は、李剣国校注『新輯捜神記』（中華書局、二〇〇七年）から行った。
42 引用は、九州出版社版から行った。
43 引用は、新日本古典文学大系（青木和夫・笹山晴生・稲岡耕二・白藤礼幸校注、一九九二年）から行った。
44 引用は、改訂史籍集覧から行った。
45 引用は、新訂増補故実叢書から行った。
46 王晶波『敦煌占卜文献与社会生活』（甘粛教育出版社、二〇一三年）、五一三〜五二六頁に、簡明な紹介がある。
47 岩本注2論文、七〇頁。
48 西田愛『古チベット語占い文書の研究』神戸市外国語大学学術情報リポジトリ（学位論文、二〇一二年）、一一五〜一一六頁。
49 引用は、国際敦煌学プロジェクトの高精細図版に拠った。
50 引用は、財団法人武田科学振興財団杏雨書屋編『敦煌秘笈』影片冊一（同財団、二〇〇九年）から行った。
51 西田注48論文、一二〇頁。
52 池澤優「古代中国の祭祀における〝仲介者〟の要素――戦国楚の卜筮祭禱記録竹簡・子弾庫楚帛書と「絶地天通」神話を中心に――」（田中文雄・丸山宏・浅野春二編『講座 道教』二／道教の教団と儀礼、雄山閣出版、二〇〇〇年）、二四六頁。
53 鈴木棠三『日本俗信辞典』動植物編（角川書店、一九八二年）、一九五〜一九七頁。
54 檜枝陽一郎訳『中世オランダ語「狐の叙事詩」――『ライナールト物語』『狐ライナールト物語』』（言叢社、二〇一二年）、丑田弘忍訳『中世ラテン語動物叙事詩 イセングリムス』（鳥影社、二〇一四年）など参照。
55 李約瑟・成慶泰／郭郛訳『中国古代動物学史』（中国科学技術出版社、一九九九年）、四二〇〜四二一頁。
56 引用は、新釈漢文大系（加藤常賢訳注、『書経』上、明治書院、一九八三年）から行った。
57 木村和男『毛皮交易が作る世界――ハドソン湾からユーラシアへ――』（岩波書店、二〇〇四年）、下山晃『毛皮と皮革の文明史――世界フロンティアと掠奪のシステム――』（ミネルヴァ書房、二〇〇五年）など参照。

神仙思想と山岳信仰

時枝　務

はじめに

『国史大辞典』によれば、神仙思想は「道教の中核をなす思想。長生の法を守り養生節制すれば宇宙の根本で万物の根元である道に合一して天地と同じ不老長生を得ると説く」もの、山岳信仰は「山岳に宗教的意味を与えて崇拝し、また山岳を対象として種々の儀礼を行うこと」であるとされ、一見両者が密接な関係にあるようにはみえない。ところが、実際の歴史においては、両者は深い関係にあった。そのことは、高瀬重雄が『万葉集』『懐風藻』『続日本紀』『本朝神仙伝』などを素材に論じており[注1]、すでに実証済みのことに属する。

また、日本古代の神仙思想については、下出積與[注2]・和田萃[注3]らによって論じられており、下出が民間道教の日本への渡来を説くのに対して、和田は道教的信仰ということばを用いて慎重な姿勢をみせる。和田は、神仙思想の行為として、次の五つの指標を挙げた[注4]。①神仙境の憧憬と訪問、②神仙境とされる深山における辟穀の実践、③

神仙境を模した苑池などの造成と遊楽、④神仙になるための仙薬の服用、⑤医薬としての仙薬の服用である。そして、こうした指標によって認識できる神仙思想の受容は、推古朝に開始され、斉明朝に本格化し、天武・持統朝に栄えたと整理した。

しかし、それらの研究はもっぱら文献史料に依拠しており、考古資料をはじめとする非文字資料をほとんど使用していない。そこで、本稿では、奈良県の吉野を事例に、神仙思想と山岳信仰の関係を、考古資料などを積極的に駆使して検討する。考古資料などを研究対象に含めることで、従来の文献史料中心の研究とは異なった、新たな切り口から課題に迫ることが可能となるはずである。

一　神仙思想と吉野

吉野は、豊かな自然と独特な景観から、斉明朝頃から神仙境とされ、天武・持統朝から文武朝にかけては、天皇の吉野行幸が盛んにおこなわれた。『懐風藻』には吉野を詠んだ漢詩が収録されているが、「桃源」「神仙迹」「方丈」「望仙宮」など、吉野を神仙境として表現したものがみられる。ただし、『懐風藻』で詠じられる吉野は、吉野宮があった宮滝であって、今日の吉野山ではない点に留意する必要がある。

『懐風藻』に所収の藤原史（不比等）「五言。遊吉野」には、「文を飛ばす山水の地、爵を命す薜蘿の中。漆姫鶴を控きて挙り、柘媛魚に接きて通ふ。煙光巖の上に翠にして、日影滑の前に紅なり。翻りて知る玄圃近きことを、対翫す松に入る風」とある。[注5]漆姫が鶴とともに昇天し、柘枝姫が魚に近づいて美稲という男性と情を通じたという伝説は、いずれも仙姫に関わるもので、玄圃は崑崙山にある仙人の居所であるから、吉野が仙境であることを豊かな学識を織り込みながら詠みあげた詩であるといえる。
同じく『懐風藻』の丹墀眞人廣成「五言。遊吉野山」には、「山水臨に随ひて賞で、巖谿望を逐ひて新し。朝に峰を度る翼を看、夕に潭に踊る鱗を翫す。放曠幽趣多く、超然俗塵少し。心を佳野の域に栖まはしめ、尋ね問ふ美稲が津」とあり、[注6]山と渓谷からなる吉野が、神仙の遊ぶ境域とされていたことが知られる。仙人は、山に棲み、霞を食したといわれるが、いかにもそうした仙人がいそうな場所として、吉野は認識されていたのである。

ここで、注意しなければならないのは、神仙境とされたのは、山だけでなく、渓谷・淵・川・岩・峰などの環境や鳥・魚などの動物を含めた自然すべてであり、吉野という地域全体であったことである。山は、吉野の神仙境の一部であって、山岳信仰の対象となっていたかどうかさえ『懐風藻』では判然としない。

『懐風藻』の詩人たちがめでた吉野の自然は、吉野宮を中心とした地域のもので、現在の宮滝遺跡付近であった可能性が高い。宮滝遺跡は、一九三〇年から三八年にかけて末永雅雄を中心におこなわれた発掘調査で奈良時代の石敷遺構が検出され、[注7]一九七五年から継続的に実施されている橿原考古学研究所による発掘調査では、上位面から飛鳥時代から奈良時代にかけての掘立柱建物や苑池遺構、下位面から奈良時代の掘立柱建物や石敷遺構が発見されている。[注8]吉野宮の範囲や構造は、いまだあきらかになっていないが、宮滝遺跡を中心とした地域に所在したことは確実である。ここで、注目したいのは、苑池遺構の存在である。この苑池遺構は、出土した大量の須恵器・土師器から、七世紀前半に造成されたことが知られ、六五六年に斉明天皇が吉野宮を創設したときに遡るものと考えられる。風光明媚な土地に営まれた吉野宮に、あえて苑池を設けた背景に、神仙思想が介在している可能性があるのではなかろうか。

さて、『懐風藻』の葛野王「五言。遊龍門山」に「駕を命せて山水に遊び、長く忘る冠冕の情。安にか王喬が道を得て、鶴を控きて蓬瀛に入らむ」とある龍門山は、仙人の棲む蓬瀛へ鶴に乗ってゆく入口として位置づけられているが、宮滝に近い吉野町山口にある龍門岳（標高九〇四・三メートル）のことである。龍門岳中腹の標高三八〇メートル付近の谷沿い、龍門滝の上方に龍門寺跡があり、金堂・塔などが地形に即して任意に配置されている。塔跡は、一九五三年に奈良県綜合文化調査団によって発掘調査され、一辺一〇メートルの乱石積基壇の上に建つ小規模な建築であったことが判明した。[注9] 軒丸瓦は、岡寺式で、義淵創建という伝承と符合するが、時期は奈良時代初期のものである。龍門寺の一画には、仙人窟があり、修行窟として山林修行に使用されたと考えられるが、神仙思想との関連が推測できる。

いうまでもなく、龍門寺という寺名は、龍に由来するが、義淵が創建した寺院には龍蓋寺・龍門寺・龍峯寺・龍福寺・龍華寺の五龍寺があったとされ、そのうち龍蓋寺は岡寺の異名であるから、義淵の活動拠点である岡寺自体が龍の信仰と深い関係にあったことになる。龍が、神仙の乗り物であることはあえて指摘するまでもないが、飛鳥から吉野にかけて龍の信仰が広がっていたと推測できることは興味深い。後には、宇陀郡室生の龍穴神社が有名になるが、奈良時代初期頃には吉野が龍の信仰の中心であった可能性がある。ちなみに、大峰山寺の内々陣には「竜ノ口」があると伝えられており、大峰山もまた龍が棲む聖地であった。

しかし、ここで見落としてならないのは、龍の信仰が仏教寺院と結び付いていることである。龍は道教の産物であるが、吉野では、僧侶がその担い手で、仏教寺院において信仰が展開したのである。吉野の仏教の中心は、山林仏教であり、神仙思想が山林仏教と融和したことが知られるのである。中国の五臺山では、円仁の『入唐求法記』によれば龍堂や龍池など龍に纏わる宗教施設が多くみられ、仏教寺院の一画に祀られていた[注10]が、古代の吉野も同様なあり方をみせていたのである。

ところで、神仙思想においては、山は神仙の棲処であり、聖域視されたであろうことは容易に推測できるが、吉野においてもっとも神聖視された山はどこだったのであろうか。『万葉集』にみえる吉野の歌は、吉野川を詠んだものが多く[注11]、山を取り上げたものは少ない。それでも、巻六の九〇七・九一四などに三船山、同九二四などに象山、巻一三の三二九三などに御金岳、同三二九四などに吉野岳がみえ、古代の吉野に山岳信仰があったことがわかる。三船山と象山は、宮滝遺跡と吉野川を隔てた対岸にある山で、象山の南側の喜佐谷を登れば吉野山へ到ることができる。吉野岳は、青根ヶ峯、御金岳は金峯山、すなわち山上ヶ岳を指すと考えられる。青根ヶ峯の下には、吉野水分神社が鎮座し、吉野の水源の一つを祀っていた。もっとも、古くは現鎮座地ではなく、青根ヶ峯の北側の広野にあったと伝えられている[注12]。現在登山道はなさそうであるが、喜佐谷から南に分岐すれば青根ヶ峯に到ることから、青根ヶ峯の信仰が宮滝を拠点に展開した可能性が指摘されている[注13]。また、吉野山には、吉野山口神社と金峯神社が鎮座しており、早くから神祇信仰が定着していた。神祇信仰が、神仙思想と早くから習合したことは、すでに下出積與によってあきらかにされているが[注14]、吉野においても例外ではない。

このように、三船山・象山・吉野岳・金峯山を対象にした山岳信仰が存在した可能性が指摘でき、神仙思想・神祇信仰との関連が予測されるが、考古資料として確認できるのは金峯山のみである。金峯山を青根ヶ峯に比定する見解がかつて五来重によって主張されたが[注15]、山上ヶ岳から出土したと考えるのが適切であることが三宅敏之によって実証されており[注16]、その後おこなわれた大峰山頂遺跡の調査結果も三宅説を支持するものであった。したがって、金峯山は山上ヶ岳のことであり、青根ヶ峯ではない。後述するが、大峰山頂遺跡の出土品は、仏教的な色彩が濃厚であり、神祇信仰の強い影響をみることができるものの、山林仏教の遺品とするのがふさわしい。吉野の神仙思想は、仏教と神祇信仰と絡みつつ、神仏習合のなかに取り込まれていったのである。

二　金峯山信仰と御嶽詣

かつて金峯山と呼ばれた山上ヶ岳は、標高一七一九・二メートルを測り、山頂には現在大峯山寺本堂、いわゆる山上蔵王堂が建っている。大峯山寺の永暦元年（一一六〇）の梵鐘銘には、「金峯山寺」と明記されており、本来は大峯山寺でなく、金峯山寺であったことが知られる。現在、山上ヶ岳は、金峯山であるとともに、大峰山の一画と考えられているが、厳密には両者は区別されなければならない。金峯山は、吉野の山であるが、吉野の南限を画する山であった。大峰山は、吉野と熊野の間の山々の総称で、奥駈道が通る空間であった。金峯山信仰が栄えた十一世紀には、金峯山は御嶽と呼ばれ、貴族らの参詣が活発におこなわれた。つまり、金峯山までが俗人が立ち入ることのできる空間で、その奥の大峰山はもっぱら修行者の場であった。

　一九八三年から八六年にかけて、大峯山寺本堂の解体修理に際して、橿原考古学研究所によって本堂地下の発掘調査が実施された。その結果、石組護摩壇・灰溜・階段状遺構・石組溝・石垣などの遺構、金仏・銅鏡・鏡像・懸仏・仏具・銅板経・経軸端・飾金具・銭貨・緑釉陶器・黒色土器・青磁・白磁など豊富な遺物が発見された[注17]。遺物の時期は、六世紀から二十世紀に及ぶが、主体は十世紀から十二世紀にかけてである。七世紀以前の遺物は、製作されてから長い年月を経た後に山頂に奉納されたもので、遺物の製作時期が金峯山信仰の存在を示すものではないので注意が必要である。

　金峯山信仰が始まったのは八世紀後半のことである。秘所である「竜の口」と呼ばれる岩裂の周辺で、護摩が焚かれたことが確認され、古密教の行者が関与していたことが知られる。「竜の口」は、龍が棲むとされるところからその名があるが、見た者は必ず死ぬと伝えられ、大峯山寺本堂の内々陣の奥深く秘されている。岩裂は、福岡県宝満山や栃木県日光男体山の山頂遺跡でもみられ、古代には信仰の対象として一般的なものであった。その信仰の根源は、神祇信仰の磐座に由来する可能性が高いが、龍と関連づけられている点に神仙思想の影響をみることができる。

平安時代前期になると、「竜の口」の付近に固定した護摩壇が設けられ、「竜の口」を覆うように建物が設けられた。建物の規模など不明であるが、この建物が現在の大峯山寺に通じるものであることは疑いなく、最初の本格的な宗教施設であったと考えられる。護摩壇は、野外に設えられたもので、荒々しい護摩が焚かれたとみられ、溶けた仏具などが発見されている。仏具などを燃え盛る火中に投入したことが知られるが、こうした野性的な護摩は、古密教の修法と推測され、験者たちによっておこなわれたものであろう。金峯山信仰の隆盛に、古密教の験者が深く関与していたと考えられることは、修験道の根源を理解するうえで大いに参考となろう。

十一世紀になると、南側の湧出岩周辺に経塚が営造されたが、これが金峯山経塚である。[注18]伝統的な祭祀が執り行われた「竜の口」ではない点に注意が必要である。湧出岩は、蔵王権現が地中から出現した場所と伝え、山上ヶ岳における代表的な聖地であった。湧出岩が蔵王権現の祭場であることは、蔵王権現を象った鏡像や懸仏が多量に出土したことで実証できるが、それらは蔵王権現の供養に用いられたものと考えられる。鏡像は、行者が観想に用いるもので、一種の修法具である。それに対して、懸仏は、今日の絵馬のような奉納品であり、建物の軒などに懸垂されたものである。大量の懸仏が出土したということは、多くの参詣者があったことを物語り、御嶽詣の一端を示している。鏡像や懸仏を、従来は経塚副納品と理解してきたが、経塚とは直接関わるものではなく、むしろ参詣習俗の遺品であるといえる。

さて、金峯山経塚からは、寛弘四年（一〇〇七）銘の藤原道長奉納の金銅経筒が出土しているが、その長文の銘文には、五六億七〇〇〇万年後に弥勒如来が現れて説法する時に備えて、経典を保存した旨が説かれている。藤原道長は、釈尊報恩・弥勒値遇・蔵王親近・自身無常菩提・臨終正念・極楽往生・滅罪・竜華三会成仏・経巻涌出・神通力獲得など多様な造営目的を経筒の銘文に刻んでいるが、そのほか皇子出産祈願・厄年の厄払いなどを願ったと説かれることが多い。基本的には、経筒に納めた法華経を、弥勒如来の説法まで保存することが目的であって、そのために堅牢な経筒・外容器・石室を用意したのである。そして、経典を蔵王権現が保護することを期待したから、金峯山頂に埋納したのである。願わくば、弥勒如来の説法を聴聞したいというから、垂迹としての蔵王権現を介して弥勒菩薩と縁を結ぶことを意図したわけである。『御堂関白記』によれば、銅製の灯籠が経塚標識として造立されたことが判明するので、おそらく低いマウンドをもった独立した経塚であったに違いない。典型的な埋経の経塚である。

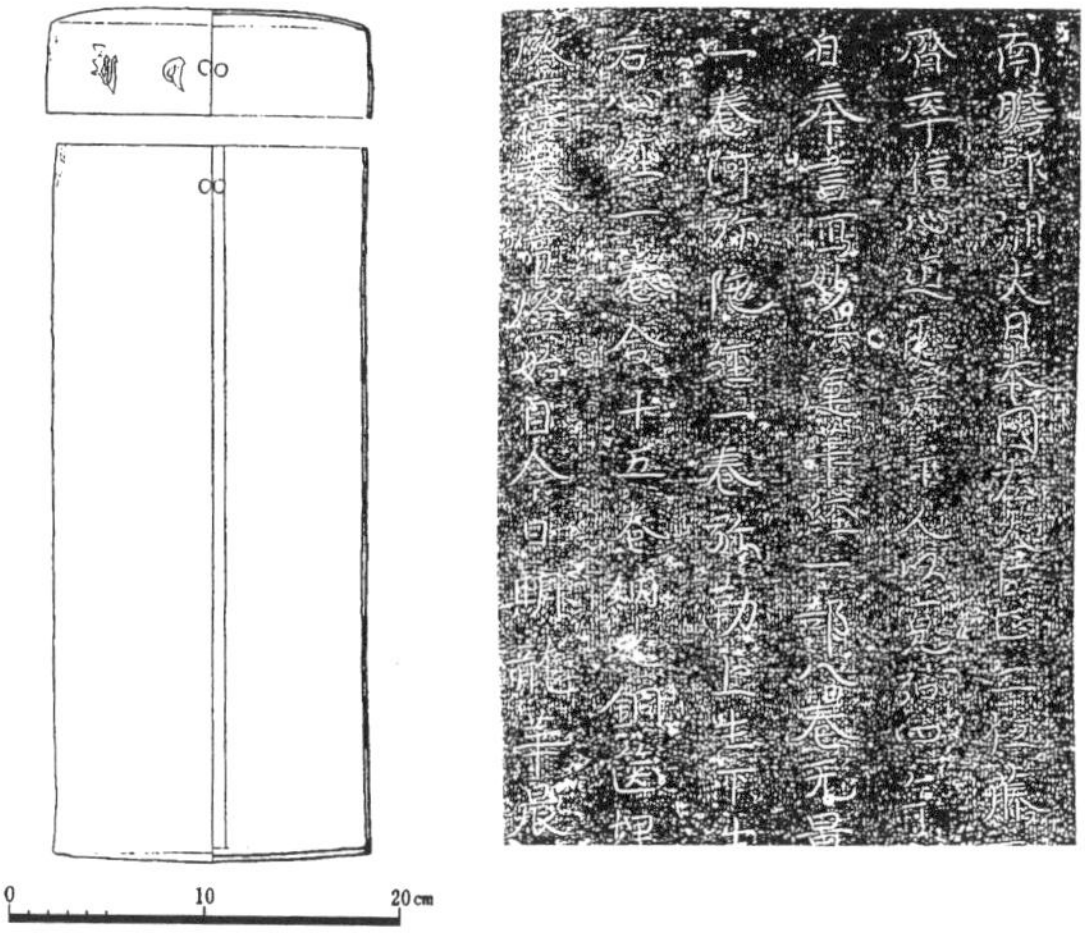

挿図１　藤原道長の経筒（銘文拓本は部分で縮尺不同）
（銘文は石田茂作・矢島恭介『金峯山経塚遺物の研究』東京帝室博物館、1937 年、実測図は奈良国立博物館『経塚遺宝』東京美術、1977 年による）

道長の経塚造営については、『御堂関白記』にも詳細に記されており、一連の作善を具体的に知ることができる。注19

道長は、山麓の吉野にあった金照房に宿泊し、先達金照房の案内で御嶽詣をおこなった。金照房は、吉野の岩倉千軒跡より高所に、金勝坊跡と伝えられる九面からなる雛壇状の平場群が残されており、十〜十一世紀の土師器皿、十二世紀の瓦器椀などが採集されている。[注20] 途中祇園と呼ばれた安禅に一泊したが、安禅の地が神仏分離で破壊され、現在は遺跡が残るのみであることは周知の通りである。そこから、苦労して山道を辿って金峯山に登拝し、山上にあった金照房に泊まった。山麓と同じ坊名であるところから、いずれも先達金照房が経営していた可能性が高い。翌日、金峯山頂で盛大な経供養を営み、埋経を済ませ、終了後直ちに下山した。ちなみに、大峰山頂遺跡からは京都産の白かわらけが多量に出土しており、山上で燃灯供養がおこなわれた可能性がある。この登拝において、注目したいのは、金照房の存在である。金照房は、坊名であり、同時に先達の名であったが、彼は山麓と山頂に宿泊施設を確保し、先達として活動していた。明記されているわけではないが、先達を務めていることから判断すれば、彼は山岳修行の練達者で、いわゆる験者であったに違いない。

ところで、金峯山経塚から出土した経筒の多くは、大きく破損している。道長の経筒のように堅牢な施設に納められていれば、破損は免れたはずで、それらは簡易な施設に納経されていたと推測できる。おそらく、道長の経塚造営以後、多くの参詣者が訪れ、岩の隙間に挿入するなど簡易な方法で納経したのであろう。道長の経塚の周囲には、大勢の参詣者が納経し、あたりに一大経塚群が形成されることになったのである。先達に案内されての参詣は、道長に留まるものではなく、ごく一般的なものであったと考えられる。本格的な埋経の経塚を造営した人物はきわめて限られていたが、簡易な方法で納経した参詣者は約五〇口の経筒の出土が確認されているので、それ以上の人数に及んだはずである。このように、十一世紀の金峯山では、山を熟知した先達に案内されて、聖地を登拝するシステムが確立されていたのである。

御嶽詣は、道長の埋経以後に隆盛期を迎えたとみられ、十一世紀から十二世紀にかけての貴族の願文が残されている。[注21]その内容は、弥勒下生の暁まで法華経を残すことを説く一方、さまざまな現世利益を期待するものとなっている。建前としての経典保存と、本音としての現世利益達成が見え隠れするわけであるが、それが御嶽詣の実態であったといえよう。山岳信仰は、大自然への崇高な観念に根ざしているかもしれないが、根底には現世利益への希求があった。懸仏の像容が、蔵王権現だけでなく、子守明神や勝手明神など、実に多様な神々がみられるのは、疑いもなく現世利益の信仰とつながる。子守明神に安産を祈願するというような状況を考えれば、金峯山信仰がいかに貴族の生活と密接な関係にあったかが窺い知れよう。

では、なぜ、金峯山信仰は、都の貴族の間に広まったのであろうか。第一に、金峯山が霊験のある霊場として受容されたからであり、霊場としてのシステムが整っていたことが挙げられよう。金峯山の魅力は、吉野の神仙思想とも融合しつつ、強烈なインパクトを与えたのであろう。また、吉野から金峯山までの参詣道は、険しいとはいえ、山下・安禅・山上に宿泊可能な施設が設けられていたわけで、十一世紀にこれほどインフラ整備が進んだ霊山がほかにあったとは考えられない。潔斎などの条件をクリアーする必要はあるが、先達の指導の下に実行すれば、決して不可能な登拝ではなかった。第二に、先達による勧誘や布教が大きく功を奏したことが予測できるが、先達が行者でもあったとすれば、霊験あらたかな祈禱などをおこなうカリスマ的な験者であった可能性も否定できない。吉野を拠点とする宗教家が、都まで出向いて活動したからこそ、多くの貴族が御嶽詣をおこなったのである。

三　笙ノ窟冬籠の性格

金峯山よりも奥の大峰山は、俗人の立ち入りを制限する聖地であったが、行者たちは行場として積極的に活用していた。山岳修行というと、山々を縦走する山岳練行を思い浮かべる向きが強いが、古代には山岳の一定の場所に参籠する修行が一般的であった。大峰山では、大普賢岳の中腹にある岩陰である笙ノ窟が、多くの行者たちの参籠場所として名高い。『大日本国法華験記』には、延喜年間（九〇一〜九二三）に、大峰山で修行していた陽勝が、笙ノ窟に参籠していた僧侶に出会ったことを記す。また、『扶桑略記』天慶四年（九四一）条所引の『道賢上人冥途記』は、道賢（日蔵）が金峯山の洞窟で修行していた折の体験を記したものであるが、建長三年（一二五一）に成立した『十訓抄』以来、その洞窟は笙ノ窟であるとする説が普及している。『道賢上人冥途記』によれば、道賢は洞窟に参籠して三十七日目に気息絶えて、金峯山浄土・大政威徳天の居城・地獄などを遍歴した後、再び蘇生したという。その折の見聞を、後にまとめたものが、『道賢上人冥途記』であるという。このように、笙ノ窟への参籠は、文献史料からは十世紀に遡ることが知られ、後述するように考古資料によっても確かめられている。つまり、金峯山信仰が隆盛する以前に、行者たちは大峰山に踏み込んでいたのであり、その活動拠点の一つが笙ノ窟であった。

さて、笙ノ窟は、間口約一二〇〇センチ・高三三〇センチ・奥行約七〇〇センチを測り、南に開口している。絶壁の裾が浸蝕されてできた自然の岩陰で、間口はアーチ形を呈し、外気がそのまま侵入してくる。しかし、寺本就一によれば、窟内に納まる切妻造妻入り庇付の建物があったとされ、冬籠も堂内での修行であったことにな

挿図2　笙ノ窟

る。[注22]内部は採光が割合によく、季節にもよるが、比較的乾燥している。中央部に一辺約二〇〇センチの方形石積基壇があり、現在石造不動明王像・木造前鬼像・木造後鬼像などが祀られているが、一九四二年まで寛喜四年（一二三二）銘の銅造不動明王像が安置されていた。この不動明王が安置される以前には、不動明王以外の尊格が祀られていた可能性があるが、詳細は不明である。窟内部の東壁沿いには水滴を受けて溜めるための石積がある。つまり、笙ノ窟は、高所にあるにも拘らず、水を確保できる場所であった。そのことは、長期間の参籠行にとって、またとない好条件であった。

　笙ノ窟は、平成三年に、奈良山岳遺跡研究会を母胎とする笙ノ窟発掘調査団によって発掘調査が実施され、さまざまな事実が解明された。[注23]窟内には長一二〇センチ・幅九〇センチの石組があり、周辺から炭化物が検出されたことから、護摩を焚く施設として用いられたと推測されている。また、東西方向に一列に並ぶ礎石らしい石が確認されており、建物が設けられていたと考えられる。

　窟内からは、仏像片・六器・飾金具・和鏡・鐶・水晶五輪塔・火打鎌・水晶小玉・ガラス小玉・鏡像・鉄釘・土師器（皿・甕・羽釜・焙烙）・須恵器・灰釉陶器・黒色土器（A類片・B類椀）・瓦器椀・近世陶磁（土瓶・土鍋・灯明皿）・銭貨などが出土した。仏像片は、衣の部分の破片で、寛喜四年銘の銅造不動明王像に接合した。水晶小玉・ガラス小玉などは、仏像などを荘厳するために用いられたもので、窟内にあった仏堂と深い関係にあろう。六器は、いうまでもなく密教法具であり、密教的な色彩の強い儀礼がおこなわれたことが想定できる。火打鎌は、火を切るための道具で、火を使用した宗教儀礼、たとえば護摩などがおこなわれていたことを示唆する。和鏡と鏡像は、本尊の観想のために用いた宗教用具である可能性が高く、窟内での修法の一端が推測できよう。水晶五輪塔は、納骨容器として用いられることが多く、笙ノ窟でも納骨がおこなわれた可能性があるが、ほかの遺物と比べて異質である。土師器は、甕・羽釜・焙烙など調理具がみられるところから、参籠している行者が生活のために用いたものと考えられる。皿は灯明皿かもしれないが、食器として用いたもの、もしくは本尊への供献具の可能性も考えられる。黒色土器や瓦器椀も同様である。近世陶磁は、土瓶や土鍋は行者のためのもの、灯明皿は本尊への供養具である可能性が高い。銭貨は賽銭であろう。遺物の時期は、須恵器・灰釉陶器・黒色土器A類が九〜十世紀、黒色土器B類椀が十一世紀、仏像片・鏡像・六器・和鏡・水晶五輪塔・火打鎌・ガラス小玉が十二〜十三世紀、土師器羽釜が十四世紀のものと考えられる。

ところで、笙ノ窟は、考古学的には典型的な修行窟として位置づけられる。修行窟は、僧侶や修験者によって、参籠行の行場として使用された洞窟や岩陰のことで、九〜十世紀に出現し、一九世紀まで連綿と営まれるが、とくに十三世紀から十六世紀にかけて盛んに造営された。自然の洞窟・岩陰を利用したものと人工的なものに大別できるが、それぞれ変化に富んだ様相をみせている。笙ノ窟同様平安時代に遡る類例は、富山県立山、石川県白山、福岡県宝満山、同英彦山、同求菩提山で知られている。もっとも古い時期の宝満山の大南窟は、八世紀中葉に祭祀遺跡として出現し、十二世紀までには修行窟として利用されたことが推測できる。[注24]修行窟として利用されるようになった時期は、笙ノ窟よりも遅れる可能性が高いが、当初神の祭場として祀られた場所であることは注目される。神の居所に参籠することで、超能力を得ようという信仰を基礎に、修行窟が出現した可能性が高いことが知られよう。おそらく、笙ノ窟も、当初は神の祭場として認知され、やがてそこが参籠行の行場とされたのであろう。

窟修行の成立の様相は、不明な点が多いが、神仙思想の影響も考慮する必要がある。というのは、道教において、洞窟は仙人の居所とされ、天や福地に通じる入口とされているからである。中国・朝鮮半島・ベトナムでは、洞窟信仰が顕著にみられるが、その多くは道教に由来するものと推測できる。しかも、洞窟の多くは山岳地帯に存在し、山岳信仰と密接な関係をもっている。ときには仏教と習合し、観音菩薩などが祀られることもあり、参籠行が実修されている事例も知られている。修行窟と神仙思想の関係は、東アジア的な広がりのなかで検証する必要があり、今後の課題としたい。

それでは、笙ノ窟では、どのような修行がおこなわれていたのであろうか。『金峰山草創記』によれば、九月九日から翌年三月三日までの半年間にわたって、笙ノ窟に参籠する修行がおこなわれていたことが知られる。[注25]その修行を、十三世紀の『尺素往来』では、「笙岩窟冬籠」と呼んでいる。秋から春までの長期間にわたって参籠することで、窟内に祀られた本尊と対面し、供養する修行であったとみられる。冬期間であることは、「みたまのふゆ」、すなわち魂の増殖と関連する可能性があるが、今は深入りしない。笙ノ窟の出土遺物に、密教法具である六器、護摩と関連する可能性が高い火打鎌、観想に用いたであろう鏡像などがみられることから、密教的な修行であった可能性が指摘できよう。おそらく、供養をすることで本尊と交歓し、それを繰り返すことで本尊と一体化し、本尊のもつ超能力を自らのものとする修行であったと考える。本尊がなにかによって、体得できる超能力は異なることになるが、験力を得るための修行であったことは疑いなかろう。参籠行は、超能力を自らのものとし、験者になるための修行の一方法であったのである。

参籠行は、平地の仏堂でもおこなわれていたが、笙ノ窟などの場合は山中の修行窟に参籠したわけで、間違いなく山岳修行の一つの形態である。山岳修行といえば、大峰山の奥駈修行に代表される山岳練行を連想するが、羽黒山の秋峰のような参籠行を主体とした山岳修行もあることを見落としてはならない。[注26] 羽黒山では、入峰に先立っておこなわれる「笈からがき」で行者の死を象徴し、その後峰中の宿に入る。参籠中の宿は、母の胎内になぞらえられ、天井から胎盤にみたてた班蓋のような飾りを垂らし、そこに籠ることは再生の過程と位置づけられている。出峰に際しては、行者は、産道になぞらえた参道を駈け下り、「おんぎゃー」の声とともに焚火を飛び越える。いわゆる擬死再生儀礼である。おそらく、笙ノ窟での冬籠も、同様な解釈がおこなわれていた可能性がある。後に修験道に発展する山岳宗教は、最初は参籠行が主体で、やがて山岳練行が顕著になるようである。その点、笙ノ窟での修行は、修験道の原点を示すものといえるかもしれない。

ところで、笙ノ窟の冬籠は、もっぱら専門的な宗教家によっておこなわれた修行で、一般信者が参加できるものではなかった。金峯山の先達は、験者としての側面をもっていた可能性が高いが、その能力はこうした大峰山での修行によって鍛えられたのである。冬籠を終えた行者が、金峯山へ出峰すると、多くの信者に聖者として迎えられたと推測できる。いずれにせよ、笙ノ窟の冬籠は、御嶽詣の先達の宗教的背景をなすものであったと考えられる。

四　大峰山の山岳練行

専門家の山岳修行のもう一つの形態は、いうまでもなく山岳練行で、大峰山では奥駈修行が典型的なものである。吉野から金峯山の参詣道は、金峯山よりも南に伸び、熊野にまで達する。この奥駈道に沿って点在する行場でおこなう山岳練行が奥駈修行であり、専門的な修験者のみがおこない得る厳しい修行であったが、その成立過程はどのようなものであったのであろうか。

大峰山での行者の活動が八世紀に遡ることは、山中の各所で採集された遺物から推測できる。[注27] たとえば、七曜岳・行者還岳間の鞍部で須恵器長頸壺片、山上ヶ岳・弥山池の谷・八経ヶ岳などで須恵器片が採集されており、山中で須恵器を用いた祭祀がおこなわれたと考えられる。須恵器長頸壺は、水などの液体を納めるための容器であり、水を用いた祭儀が執行された可能性を考えたい。ただ、須恵器出土地点も点在しており、体系的な宗教儀礼が展開された可能性は低く、個々の行者が独自な活動をおこなっていたとみたい。

九世紀になると、標高一八九五メートルの弥山山頂遺跡で、古密教の仏具である憤怒形三鈷杵と火を切る道具である火打鎌が出現し、護摩など仏教色の強い儀礼が執行された可能性が指摘できる。弥山やその南側の八経ヶ岳は、山上ヶ岳から徒歩で約一日の距離にあるが、そのような大峰連峰の奥深い場所に、八〜九世紀という意外に早い段階から行者が入り込んでいたことが知られるのである。弥山は天川の上流である弥山川の源泉に当たり、池の谷などでは湧水がみられることから、水源に対する信仰にもとづく祭祀をおこなうために行者が入山したことが推測できよう。とすると、この時期の遺跡は、山上での祭祀を示す痕跡で、かならずしも修行と関連するものではない可能性がある。祭祀のために山岳登拝をおこなっていた段階がいつまで続き、いつから山岳登拝行が成立してくるのか、厳密に論じることは、現段階では難しい。しかし、八〜九世紀に行者が大峰山に入山していた事実は重要であり、山中での祭祀がやがて修行へと展開したと考えられることも確かである。

十世紀から十一世紀にかけては、大峰山頂遺跡が独自な展開を遂げたことを除けば、顕著な動向を把握することはできない。むしろ、この時期は、金峯山信仰が成立し、御嶽詣が活発化した時期と位置づけることができよう。大峰山で、特徴的な自然地形などを利用して修行がおこなわれるようになったのは、十二世紀になってからのこととみられる。大日岳で十二世紀の湖州鏡、笙ノ窟で十二〜十三世紀の瓦器椀・銅六器・銅鏡・水晶五輪塔・ガラス小玉・火打鎌・銅造不動明王立像、前鬼の金剛界窟で永仁三年（一二九五）銘の碑伝、笙ノ窟で十四世紀の土師器羽釜片、釈迦ケ岳で十三〜十四世紀の古瀬戸陶片、両童子岩で十二世紀の東播系須恵器鉢片が採集されている。これらの考古学的事実から、奥駈修行が、十二世紀に成立し、十三〜十四世紀に宿や行場の整備がなされたことが推測できる。十四世紀に出現する羽釜や鉢などの日常的な調理具は、行者の生活用具として山中に持ち込まれたもので、長期間山中に滞在するような修行がおこなわれたことを示している。とすれば、奥駈修行が集団による山岳練行として完成された時期は、十二世紀に遡る可能性があるが、十三〜十四世紀とみたほうが安全である。

ところで、大峰山には、多数の宿が設けられている。[注28] 宿は、奥駈道に沿って配されており、山岳練行のための施設であったことは疑いないが、その機能は大きく二つに分かれるようである。一つは、神仏を祀る聖地としての機能で、人工的な祭祀施設が存在する場合もあれば、岩や湧水など自然そのものの場合もある。もう一つは、宿泊施設としての機能で、仏堂とともに今日の山小屋に通じる建物が存在した例が知られている。一つ目の機能はすべての宿が満たしているが、二つ目の機能は一部の大規模な宿のみに認められるもので、全体としては少ない。このことから、宿は本来神仏が宿るところを意味していたが、後に山中の宿泊場所をも含意するようになったと考えられている。

宿泊施設をともなう宿のうち、もっとも大規模なものは小篠宿で、行者堂を中心に、四十九面の平場から構成されている。[注29] 東西に貫ける奥駈道に沿って、北側は短軸方向が道に面する状態で屋敷地が並び、南側の傾斜面で

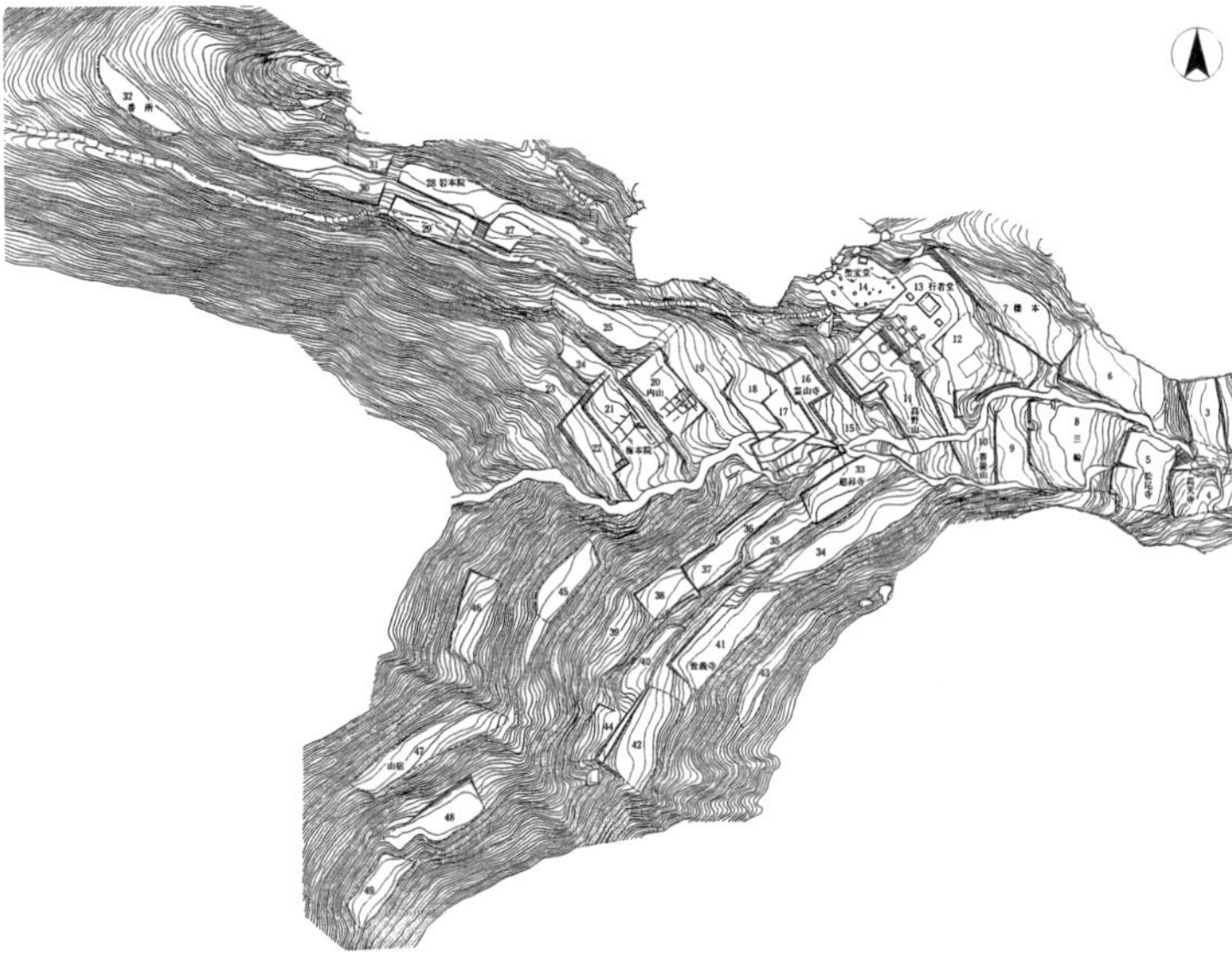

挿図３　小篠宿測量図（2500分の１縮尺、『大峰山岳信仰遺跡の調査研究』2003年による）

は長軸方向が道に面する状態で雛壇状に屋敷地が営まれている。屋敷地は石垣で画される。南北とも、中心部を離れるに従い、長狭な屋敷地がみられるようになる。現在みることができるのは、近世の遺構であるが、それ以前にも多数の屋敷地が造成されていたと推測できる。屋敷地は広狭さまざまであり、院坊の社会的地位を反映していると考えられるが、小篠の場合は当山方の組織と関連するとみられる。つまり、近世の宿は修験道教団のあり方によって大きく規制されていたのであるが、これほど顕著ではないにせよ、中世の宿も教団の影響を受けずにはいられなかったであろう。いずれにせよ、小篠宿における、行者堂と奥駈道を基準に、四十九面の屋敷地が整然と配された状況は、一見都市的なあり方にさえみえる。

　そうした大規模な宿に対して、通常の宿は、実に簡素なものである。たとえば、脇宿には、近世には行者堂があったが、現在は失われ、付近の岩壁に経典を納めたという経函石がある。禅師宿は、大峰八大金剛童子の第一検増童子の居所であるが、「禅師の森」と呼ばれる森林が広がるばかりである。脇宿のように人工物がある場合もみられるが、より多くの場合は禅師宿のように自然物があるのみで、顕著な施設がない。

奥駈道を通ると、多くの宿を拝して進むことになるが、それらの宿が織り成す世界は独自な宗教的世界観を表現する。文章化されたものとしては、『金峯山本縁起』や『大菩提山等縁起』の縁起があるが、その下地にはリアルな空間に実在する宿や行場があったのである。いわば、大峰山曼荼羅が、単なる観念的なものとしてではなく、実際の山中の行場として構築されていたわけである。古代以来、神聖視された聖地が、宿や行場に再編成され、集団での入峰修行である奥駈修行に組み込まれたわけで、ここに中世的な山岳修行のあり方を見出すことができよう。

周知のように、大峰山の入峰修行には、吉野から熊野に向かう逆峰と熊野から吉野へ行く順峰があり、本山派では順峰、当山派では逆峰が採用されていたが、いずれの場合でも同じ入峰道を辿ることに違いはなかった。修験道では、宿をはじめとする大峰山全体は、それぞれ独自な宗教的意味を付与され、一つの完結した宇宙に見立てられ、金剛界・胎蔵界の曼荼羅として把握されていた。山中にある両部分けは、岩場のキレットで、ここを境に金剛界と胎蔵界が分離されるとされた。行者は、鎖に頼りながら両部分けを越えることで、曼荼羅世界で修行していることを実感した。また、近世には入峰道の途中に発心門・修行門・菩提門・涅槃門の四門に比定される門が設けられ、奥駈道を含む入峰道を進むことが成仏の過程に対応することを象徴的に示し、奥駈修行の教学的な意味づけがなされていた。中世にも、奥駈道・宿・行場が、なんらかの宗教的意味を付与されていた可能性が高い。このように、奥駈修行は、基本的には、コスミック・マウンテン、すなわち宇宙山で修行をする意識に裏づけられたものであった。

奥駈修行は吉野と熊野を駈けるものであるが、奥駈道の実質的な始点と終点は、金峯山と熊野本宮備崎にあった。備崎は熊野本宮旧鎮座地の大斎原の対岸に位置する宿で、大峰山を逆峰で駈けてきた山伏は、熊野川を渡り、濡れたままの草鞋で本宮に参拝したと伝え、それを「濡れ草鞋の入堂」といった。実は、備崎には十二世紀の大規模な経塚群が存在し、十一世紀に造営された金峯山経塚に対比できる。順峰か逆峰かで、始点と終点が入れ替わるが、どちらにも大規模経塚が存在したことは偶然ではあるまい。大規模な経塚の造営は、奥駈道の始点・終点を明瞭化するとともに、大峰山の聖域を結界する意味をもっていた可能性が高い。大峰山という聖地は、吉野と熊野との境界を明瞭化することで生み出されたもので、一般人が自由に参詣できる吉野と熊野の間に設定されたプロの山伏のための空間であった。

吉野と熊野が、誰でも参詣することができる開放された霊場であったことは、あらためて指摘するまでもない。吉野はおもに摂関期、熊野はおもに院政期に隆盛期を迎えたが、両者には共通点も多い。第一に、神仏習合の霊場であり、山岳との関連が濃厚にみられることである。第二に、貴族や上皇が参詣し、やがて一般の参詣者も訪れたことが挙げられる。第三に、先達が率いる形態が発達し、験者や山伏が関与する場合が多かったことを付け加えておこう。吉野金峯山への御嶽詣よりも、熊野詣が一層栄えたことは、膨大な数が残る那智御師に捧げられた願文からも窺えよう。

やがて、中世になると、大峰山は修験道の本山として広く知られるようになり、本宮長床衆を中心に山伏の組織化が進められる。集団での入峰修行の形式が整えられ、峰中で補任状が発給されるようになり、山伏の衣体が身分を表示するまで組織化が進む。それは、大峰山の山岳信仰ではなく、修験道というある程度の普遍性を具えた宗教である。修験道に道教的要素がみられることは、早く小柳司気太によって指摘され[注30]、その後窪徳忠によって詳細に論じられている。注31 彼らによれば、修験道の禹歩や九字は、道教の入山作法に由来するものであるという。神仙思想の影響は、山岳信仰を超えて修験道にまで及んでいる可能性があるが、その実証は筆者の力量をはるかに超えている。

おわりに

以上、神仙思想が山岳信仰に及ぼした影響について、吉野の事例を中心に検討してきた。

まず、古代吉野にみられる神仙思想の実態を、『懐風藻』などの古典と考古資料を手がかりに考察した。その結果、吉野宮周辺で神仙思想が顕著に認められたこと、三船山・象山・吉野岳・金峯山を対象にした山岳信仰が存在した可能性が高いことなどをあきらかにした。

ついで、金峯山信仰と御嶽詣をめぐる諸問題について考察し、神仙思想のみならず、仏教や神祇信仰の強い影響を受けつつ、山岳信仰が発展した様相をみた。金峯山は、今日の山上ヶ岳にあたり、そこが吉野の南の境界として意識されたことを確認した。

そのうえで、吉野の南に展開する大峰山において、笙ノ窟でおこなわれた参籠行である冬籠行について検討し、山岳修行としての特質に迫った。窟修行が、どのような系譜に位置づけられるのか定かでないが、験者・先達を養成するような修行であったと推測し、金峯山信仰を下支えしたものとみた。

さらに、典型的な入峰修行である奥駈修行について論じ、吉野と熊野に挟まれた大峰山の聖域の性格を考察した。そこでは、独自な世界観に支えられた本格的な山岳宗教が生み出されたが、山岳信仰から自立した修験道が成立したのもこの大峰山である。

このように、吉野から熊野へと展開した山岳信仰の実態をあとづけたが、それだけでは神仙思想と山岳信仰の関係が十分に明らかになったとはいえない。ただ、両者が密接な関係にあり、神祇信仰や仏教と絡めて複雑なあり方をみせる事実はあきらかにできた。

最終的には、修験道にまで説き及んだが、修験道は十五世紀末に成立した新しい宗教であり、実は古代の問題とは無縁である。かつて五来重は、修験道が古代に遡ると説き、その本質を野性の宗教と規定した[注32]が、それはあまりにも実証的でなかった。修験道は、中世の顕密寺院の行人たちが、山岳修行の場で寺院の枠を越えて連帯を図り、役行者や聖宝に連なるという認識を強めていった結果誕生したことが、近年あきらかになったのである。平安時代の修験は、修験者や験者ではあっても、教団としての修験道に属する人々ではなかったのである。それは、単なる用語の問題であるかもしれないが、使用にあたっては注意したいところである。

また、「はじめに」に掲げた和田の神仙思想の行為のうち、神仙境をめぐる行為についてはある程度迫ることができたが、仙薬についてはまったく触れることさえできなかった。今日の陀羅尼助につながるような重要な問題ではあるが、考古資料として確認できておらず、十分に踏み込むことができなかった。修験道の霊山では、しばしば薬が生産されているが、神仙思想と連綿と繋がるものなのか、ぜひとも知りたいところではある。今後の課題としたい。

そのほか、解明できていないことは多いが、用捨されたい。本稿が、神仙思想と山岳信仰の関係を考える「よすが」となれば、幸いである。

注

1　高瀬重雄『古代山岳信仰の史的考察』角川書店、一九六九年

2　下出積與『神仙思想』吉川弘文館、一九六八年、同『道教――その行動と思想』評論社、一九七一年、同『日本古代の神祇と道教』吉川弘文館、一九七二年、同『道教と日本人』講談社、一九七五年、同『古代神仙思想の研究』吉川弘文館、一九八六年

3　和田萃『日本古代の儀礼と祭祀・信仰』塙書房、一九九五年

4　和田萃「道術・道家医方と神仙思想――道教的信仰の伝来」『信仰と世界観』岩波書店、二〇〇六年

5　小島憲之校注『懐風藻　文華秀麗集　本朝文粋』（日本古典文学大系六九）岩波書店、一九六四年

6　同右。

7　末永雅雄『宮滝の遺跡（増補版）』木耳社、一九八六年

8　奈良県立橿原考古学研究所『宮滝遺跡　遺構編』（奈良県史跡名勝天然記念物調査報告七一）奈良県、一九九六年

9　堀池春峰「龍門寺」『奈良県綜合文化報告書　吉野川流域龍門地区』奈良県、一九五三年、浅野清・日名子元雄・中村春寿「龍門寺の調査」『奈良県綜合文化報告書　吉野川流域』奈良県、一九五四年

10　時枝務『霊場の考古学』高志書院、二〇一四年

11　上野誠「万葉歌にみる吉野世界――蓄積されるイメージ――」『吉野　仙境の歴史』文英堂、二〇〇四年

12　宮坂敏和『吉野　その歴史と伝承』名著出版、一九九〇年

13　同右文献。

14　注2文献。

15　五来重「修験道文化について（二）」『修験道の美術・芸能・文学Ⅱ』（山岳宗教史研究叢書一五）名著出版、一九八一年

16　三宅敏之「藤原道長の埋経」『角田文衛博士古稀記念古代学叢論』古代学協会、一九八三年（『経塚論攷』雄山閣、一九八三年に再録）

17　奈良県立橿原考古学研究所・大峯山寺『速報展大峯山寺の出土遺宝』奈良県立橿原考古学研究所、一九八四年、奈良県立橿原考古学研究所『大峯山寺の出土遺宝』大峯山寺・日本経済新聞社、一九八五年、奈良県文化財保存事務所『重要文化財　大峰

18 山寺本堂修理工事報告書』奈良県教育委員会、一九八六年、菅谷文則・前園実知雄・西藤清秀「大峯山寺の発掘調査について」『仏教芸術』一六八号、毎日新聞社、一九八六年、菅谷文則「大峰山寺の発掘調査とその意義」『日本考古学協会第五三回総会研究発表要旨』日本考古学協会、一九八七年、前園実知雄「大峯山寺の地下調査」『月刊文化財』二八二号、第一法規出版、一九八七年、菅谷文則「大峯山寺の発掘」『山岳修験』第一六号、日本山岳修験学会、一九九五年
19 石田茂作・矢島恭介『金峯山経塚遺物の研究』（帝室博物館学報第八冊）東京帝室博物館、一九三七年
20 東京大学史料編纂所編『御堂関白記』上（大日本古記録）岩波書店、一九五二年、寛弘四年八月十一日条など。
21 泉武・竹田政敬「吉野山金峰山下遺跡群の遺構と遺物」『山岳信仰と考古学』同成社、二〇〇三年
22 首藤善樹編『金峯山寺史料集成』国書刊行会、二〇〇〇年
23 笙ノ窟発掘調査団『奈良県上北山村笙ノ窟発掘調査概要報告書』上北山村教育委員会、一九九五年
24 同右。
25 時枝務『山岳宗教遺跡の研究』岩田書院、二〇一六年
26 注20文献。
27 H・バイロン・エアハート『羽黒修験道』弘文堂、一九八五年、戸川安章『出羽修験の修行と生活』佼成出版社、一九九三年、同『出羽三山と修験道　戸川安章著作集一』岩田書院、二〇〇五年、同『修験道と民俗宗教　戸川安章著作集二』岩田書院、二〇〇五年
28 森下恵介「大峰山系の遺跡と遺物」『山岳信仰と考古学』同成社、二〇〇三年
29 森下恵介「大峰の宿とその遺跡」『伊達先生古希記念　古代文化論叢』伊達先生古希記念論集刊行会、一九九七年
30 小澤毅・入倉徳裕「小篠宿跡の測量調査」『大峰山岳信仰遺跡の調査研究』由良大和古代文化研究協会、二〇〇三年
31 小柳司気太「道教と真言密教との関係を論じて修験道に及ぶ」『哲学雑誌』三九―四五〇・四五一、哲学会、一九二四年
32 窪徳忠「道教と修験道」『宗教研究』一七三号、日本宗教学会、一九六二年
33 五来重『山の宗教　修験道』淡交社、一九七〇年

あとがき

編集の最終段階に入った頃、連続して地震・台風・水害が起こり、自然の脅威に、ただただ畏怖するばかりである。東日本大震災いらい、毎年のように繰り返される災害に、衣食住を確保することは、現代においても苦難といえるが、古代においては、とくに食料供給において、さらに深刻に意識されていたであろう。古代の神話と歴史の筋道には、自然災害が強く反映している。そして信仰と祭祀にも、古代から現代まで、当然このことが組み込まれてきたと思われる。

戦後の古代祭祀研究において、神祇イデオロギー論をはじめ、さまざまな学説が提示されてきた。本書にお集まりいただいた先生方は、それぞれ独創的な新たな見解を数々発表してこられたが、必ずしも、その論議が完全に一致・共有されているわけではない。本書の序文についても、多くの異論があることは承知しているところである。ただし、本書は、「Ⅰ祭祀考古学からみた古代祭祀」「Ⅱ文学の発生源」「Ⅲ古代律令祭祀の成立と展開」「Ⅳ異文化・信仰との交流」の四章にわたって、各学問分野からなる立場の異なる二十名の研究者が、学問の枠組みを乗り越えて、一堂に集まったことについて、大きな意義を見出すことができる。

わたしが、この研究分野に立ち入ったのは、半世紀昔のことである。当時、七十年安保の学生運動が盛んな時期であった。古代・中世の神祇と神道を研究することは、周囲の環境が厳しい状況であったことは、肌で感じていた。あれから半世紀、平成に入り、大嘗祭論争が一段落すると、少しずつ学問環境が良好になっていった。とくに延喜式研究会に参加できたこと、また、井上寛司先生から中世諸国一宮制研究会（のち一宮研究会）にお誘いいただいたこと、これにより古代史・中世史研究者と議論を重ねることができたことは、大きな垣根が解体されていく感覚であった。それは学問の立場を乗り越えて、史料をとおして相互の研究に、向かいあおうとする真摯な姿勢がみられるようになった。そして今、このように本書が刊行できたことは、隔世の感といえよう。

わたしは、ことし十一月古稀を迎え、来春、平成の終わりとともに、勤務先の専任を退き、後継者育成から身を引くことになっている。延喜式研究会でお世話になった虎尾俊哉先生は、その会合で、老・壮・青への学問継承を強く期待されていた。ここに集った老・壮の執筆陣の学問が、壮から青へと、着実に受け継がれていくことを願ってやまない。お忙しい中、お一人の脱落者もなく、ご寄稿いただいた先生方に心より厚く感謝申し上げたい。

最後に、本書の監修をいただいた鈴木靖民先生、すばらしい企画を立ち上げられ、編集に多くのお世話になった竹林舎の黒澤廣氏に御礼申し上げます。

平成三十年九月十五日

石清水祭・鶴岡八幡宮の祭礼の日に　岡田莊司

執筆者一覧

有働　智奘	うどう ちじょう	日本宗教思想史	國學院大学兼任講師、武蔵野大学非常勤講師
岡田　莊司	おかだ しょうじ	日本神道史	國學院大學教授
小倉　慈司	おぐら しげじ	日本古代史	国立歴史民俗博物館准教授
斎藤　英喜	さいとう ひでき	神話・伝承学	佛教大学教授
笹生　　衛	さそう まもる	日本考古学・日本宗教史	國學院大學教授
佐藤　眞人	さとう まさと	日本古代中世宗教史	北九州市立大学教授
白江　恒夫	しらえ つねお	上代の文学と言語	芦屋大学特任教授
高田　義人	たかだ よしひと	日本古代史	宮内庁書陵部主任研究官
時枝　　務	ときえだ つとむ	宗教考古学	立正大学教授
西宮　秀紀	にしみや ひでき	日本古代史	愛知教育大学名誉教授
野口　　剛	のぐち たけし	日本古代史	帝京大学教授
橋本　輝彦	はしもと てるひこ	日本考古学	桜井市教育委員会
早川　万年	はやかわ まんねん	日本古代史	岐阜大学教授
藤森　　馨	ふじもり かおる	日本古代史・書誌学	国士館大学教授
北條　勝貴	ほうじょう かつたか	古代心性史・環境文化史	上智大学准教授
穂積　裕昌	ほづみ ひろまさ	日本考古学	三重県埋蔵文化財センター
松尾　恒一	まつお こういち	儀礼・芸能史・民俗宗教	国立歴史民俗博物館教授 ／総合研究大学院大学教授
松尾　充晶	まつお みつあき	考古学	島根県古代文化センター専門研究員
丸山　裕美子	まるやま ゆみこ	日本古代史・日唐比較文化史	愛知県立大学教授
米川　仁一	よねかわ じんいち	日本考古学	奈良県立橿原考古学研究所

監修

鈴木　靖民	すずき やすたみ	日本古代史・東アジア古代史	横浜市歴史博物館館長

古代の信仰・祭祀　〈古代文学と隣接諸学 7〉

2018年10月25日　発行

編　者　岡田　莊司

発行者　黒澤　廣

発行所　竹林舎
112-0013
東京都文京区音羽 1-15-12-411
電話 03(5977)8871　FAX03(5977)8879

印刷　シナノ書籍印刷株式会社

ISBN 978-4-902084-77-1

古代文学と隣接諸学〈全10巻〉

監修　鈴木靖民

第1巻	古代日本と興亡の東アジア	編集　田中 史生
第2巻	古代の文化圏とネットワーク	編集　藏中 しのぶ
第3巻	古代王権の史実と虚構	編集　仁藤 敦史
第4巻	古代の文字文化	編集　犬飼 隆
第5巻	律令国家の理想と現実	編集　古瀬 奈津子
第6巻	古代寺院の芸術世界	編集　肥田 路美
第7巻	古代の信仰・祭祀	編集　岡田 莊司
第8巻	古代の都城と交通	編集　川尻 秋生
第9巻	『万葉集』と東アジア	編集　辰巳 正明
第10巻	「記紀」の可能性	編集　瀬間 正之